신비한 동양철학 · 33

四柱大成

道觀 朴興植 著

삼한

■ 自 序

 동방(東方) 간지문화(干支文化)의 역사는 수천 년이 넘으며, 수많은 현철(賢哲) 석학(碩學)들의 연구에 의해 전승·발전되어 왔다. 복희씨(伏羲氏)가 팔괘(八卦)를 창안(創案)한 이래 황제(黃帝), 풍후(風后), 우왕(禹王), 문왕(文王), 주공(周公), 공자(孔子)를 거치면서 주역(周易)이 완성되었으며, 주역(周易)과 오행(五行), 간지(干支), 절기(節氣) 등을 이용한 상수학(象數學)의 발달로 생로병사(生老病死)와 흥망성쇠(興亡盛衰)에 관한 길흉(吉凶)을 추단(推斷)할 수 있는 데까지 이르게 되었다. 사주학(四柱學)은 자평술(子平術), 명리학(命理學), 추명학(推命學), 팔자학(八字學) 등으로 불리며, 대표적인 인물로는 주(周)나라의 강태공(姜太公), 숙복(叔服), 전국(戰國)시대에는 낙록자(珞琭子), 귀곡자(鬼谷子), 한(漢)나라 때는 장자방(張子房), 사마리(司馬李), 엄군평(嚴君平), 동방삭(東方朔), 동중서(董仲舒), 유위정(有魏定), 박북재(璞北齋), 삼국(三國)시대에는 제갈공명(諸葛孔明), 관로(管輅), 진유곽(晋有郭), 당(唐)나라 때는 원천강(袁天), 이순풍(李淳風), 이정(李靖), 이허중(李虛中), 일행선사(一行禪師), 이필(李泌), 오대말 송초(五代末 宋初)에는 진희이(陳希夷), 송(宋)나라 때는 소강절(邵康節), 서자평(徐子平), 마의선(麻衣仙), 명(明)나라 때는 유백온(劉伯溫), 우사회(牛思晦), 우사계(牛思繼), 장남(張楠), 만육오(萬育吾), 청(淸)나라 때는 여춘대(余春臺), 심효첨(沈孝瞻), 진소암(陳素庵), 임철초(任鐵樵), 근대(近代)에는 원수산(袁樹珊), 위천리(韋千里), 서락오(徐樂吾), 백혜문(白惠文), 공치천(龔稚川) 선생 등이 유명하다.
 사람의 운명과 길흉성패(吉凶成敗)를 보는 데는 여러가지 학설류가 있다. 그 중 어떤 것이 적중률이 높다고 단정할 수는 없다. 각각 장단점이 있으며 학리의 종류에 있는 것이 아니라 어떤 학술이 얼마나 노력해 어느 경지에 오르느냐에 달렸다고 본다.

학술류에는 사주학(四柱學)과 주역(周易)을 위시해 황극책수(皇極策數), 황극경세(皇極經世), 매화역수(梅花易數), 하락이수(河洛理數), 범위수(範圍數), 소자수(邵子數), 육효학(六爻學), 대정수(大定數), 육임신과(六壬神課), 기문둔갑(奇門遁甲), 태을신수(太乙神數), 월영도(月影圖), 현무발서(玄武發書), 칠정사여(七政四餘), 철판신수(鐵版神數), 자미두수(紫微斗數), 구성학(九星學), 성명학(姓名學), 풍수지리학(風水地理學), 점성술(占星術), 택일방위학(擇日方位學), 관상(觀相), 수상(手相), 골상(骨相), 족상(足相) 등 수많은 종류가 있다. 그 중 여러분께 권하고 싶은 것은 사주(四柱), 육효(六爻), 관상(觀相), 수상(手相)이다. 모두 다 터득한다는 것은 아마 영원히 불가할 것이다. 역학(易學)은 수천 년간 동방(東方) 석학(碩學)들에 의해 갈고 닦아진 철학이요 학문이며, 정신문화로서 영과학적(靈科學的)인 상수문화(象數文化)로서 자랑할만한 위대한 학문이다.

　본서에는 과거, 현재, 미래를 알 수 있는 비결을 실어놓았다. 다만 사주학을 공부하고져 하는 여러분께 얼마나 도움이 될런지 두려운 마음이 앞선다. 원래 본인이 천견박식(淺見薄識)한 관계로 잘못 기록된 부분도 있겠으나 강호제현(江湖諸賢)의 이해와 지도편달을 바라며, 끝으로 본서의 출간을 쾌히 승낙하신 김충호 사장님께 깊은 감사를 드린다.

道觀 朴興植 謹識

차 례

제1편. 사주학(四柱學)의 기초(基礎)

제1장. 음양오행(陰陽五行) ——————————— 15

1. 음양(陰陽) ————————————————— 15
2. 오행(五行) ————————————————— 16
3. 오행(五行)의 상생(相生) ——————————— 18
4. 오행(五行)의 상극(相剋) ——————————— 18
5. 오행(五行)의 상생(相生)과 상극(相剋)의 원리 ——— 19

제2장. 천간지지(天干地支) ————————————— 21

1. 천간(天干) ——————— 18 / 2. 지지(地支) ——— 22
3. 간지(干支)의 음양(陰陽) ——————————— 22
4. 간지(干支)의 오행(五行) ——————————— 23
5. 간지(干支)의 방위(方位) ——————————— 23
6. 십이지(十二支)의 동물(動物) ————————— 24
7. 간지(干支)의 선천수(先天數) ————————— 24
8. 간지(干支)의 후천수(後天數) ————————— 24
9. 십간(十干)의 성질 ————————————— 25
10. 지지(地支)의 성질 ————————————— 27

제3장. 육십갑자(六十甲子) ————————————— 29

1. 육십갑자(六十甲子)의 납음오행(納音五行) ———— 29
2. 육십갑자(六十甲子)의 오행납음법(五行納音法) ——— 31
3. 육십갑자(六十甲子)의 납음오행(納音五行)과 공망(空亡) 34

제4장. 사주론(四柱論) ———————————— 38

■ 연주(年柱)-38 ■ 월주(月柱)-40 ■ 일주(日柱)-42
■ 시주(時柱)-44 ■ 태월(胎月)-47

제5장. 사주팔자(四柱八字)를 정하는 법 ——————— 49

1. 연주(年柱)를 정하는 법 ————————————— 49
2. 월주(月柱)를 정하는 법 ————————————— 50
3. 일주(日柱)를 정하는 법 ————————————— 50
4. 시주(時柱)를 정하는 법 ————————————— 52
5. 대운(大運)을 뽑는 법 ————————————— 54
6. 행운세수(行運歲數) 대운수(大運數) 산출법(算出法) — 55

제6장. 육신법(六神法) ———————————— 59

1. 육신표출법(六神表出法) ————————————— 59
2. 육신(六神)의 배속표(配屬表) ———————————— 62
3. 육신(六神)의 성정(性情)과 물상(物象) ——————— 64
4. 육신(六神)의 년,월,일.시론(年月日時論) —————— 70
5. 육신(六神)의 작용 ————————————— 78
6. 같은 육신(六神)이 많을 때의 작용 ———————— 106
7. 육신(六神)이 형충(刑沖) 되었을 때의 작용 ———— 110
8. 육신(六神)의 작합(作合) ————————————— 114
9. 육신(六神)의 혼잡(混雜) ————————————— 115

제7장. 십이운성론(十二運星論) ———————— 118

1. 십이운성(十二運星) 이란? ———————————— 118
   /십이운성(十二運星) 조견표(早見表)——————— 120
2. 십이운성(十二運星) 표출법(表出法) 예시(例示) —— 121
3. 사주(四柱)의 십이운성(十二運星) ——————— 126
4. 육신(六神)과 십이운성(十二運星) ——————— 135

제8장. 합론(合論) ——————————————— 153

- 천간합(天干合) — 153
- 지지합(地支合) — 156
- 삼합(三合) —— 157
- 암합(暗合) —— 159
- 방합국(方合局) — 160
- 준삼합(準三合) — 161
- 준방합(準方合) — 161
- 우합(隅合) —— 161
- 동합(同合) —— 162
- 명암합(明暗合) — 162

제9장. 신살론(神殺論) ——————————————— 163

제10장. 십이신살론(十二神殺論) ——————————— 268

- 겁살(劫殺)- 271
- 재살(災殺)- 280
- 천살(天殺)- 285
- 지살(地殺)- 290
- 연살(年殺)—295
- 월살(月殺)- 304
- 망신살(亡身殺)- 308
- 장성(將星) —— 313
- 반안(攀鞍) —— 318
- 역마살(驛馬殺)- 323
- 육해살(六害殺)- 330
- 화개살(華蓋殺)- 334

제2편. 사주해법(四柱解法)

제1장. 각종 팔자론(八字論) ——————————— 341
제2장. 사주단식판단(四柱單式判斷) ——————— 390
제3장. 여명통법예식(女命通法例式) ——————— 435
제4장. 부성희기표(夫星喜忌表) —————————— 452
제5장. 성정용모론(性情容貌論) —————————— 477
제6장. 직업론(職業論) —————————————— 499
제7장. 질병론(疾病論) —————————————— 515

제3편. 격국용신론(格局用神論)

제1장. 간명비법(看命秘法) —————— 535

- 정신기(精神氣) —— 535
- 한신(閑神) ———— 535
- 청탁(淸濁) ———— 536
- 진가(眞假) ———— 538
- 기반(羈絆) ———— 538
- 유정무정(有情無情) - 538
- 천복지재(天覆地載) - 539
- 길신태로(吉神太露) - 540
- 조후(調候) ———— 540
- 통관(通關) ———— 541
- 통근(通根) ———— 542
- 중화(中和) ———— 542
- 동정(動靜) ———— 543
- 병약(病藥) ———— 544
- 체용(體用) ———— 545
- 은원(恩怨) ———— 546

제2장. 신강신약론(身强身弱論) —————————— 549

1. 득령(得令)과 실령(失令) ——————————— 551
2. 득지(得地)와 실지(失地) ——————————— 551
3. 득세(得勢)와 실세(失勢) ——————————— 551
4. 간지오행(干支五行)의 왕쇠조견표(旺衰早見表) —— 553
5. 신강신약(身强身弱)의 실례(實例) —————— 554
6. 신강사주(身强四柱) ——————————————— 561
7. 신약사주(身弱四柱) ——————————————— 562
8. 어느 오행(五行)이 많을 시에는 ——————— 562
9. 어느 오행(五行)이 없을 시에는 ——————— 563

제3장. 용신론(用神論) ————————————————— 565

- 억부용신(抑扶用神) - 567
- 조후용신(調候用神) - 567
- 병약용신(病藥用神) - 568
- 전왕용신(專旺用神) - 568
- 통관용신(通關用神) - 569
- 격국용신(格局用神) - 569
- 용신정법(用神定法) - 570
- 용신(用神)의 실례(實例) - 575

■ 조후용신표(調候用神表) ——————— 595
■ 사시희기표(四時喜忌表) ——————— 597
■ 일주(日主) 대(對) 월령(月令)과의 희기표(喜忌表) —— 598
■ 일주(日主)와 월주(月柱)와의 희신표(喜神表) ——— 600
■ 용신(用神)에 의한 성격(性格) ——————— 602

제4장. 격국론(格局論) ——————— 606

■ 식신격(食神格)-619   ■ 상관격(傷官格)-622
■ 편재격(偏財格)-627   ■ 정재격(正財格)-630
■ 편관격(偏官格)-633   ■ 정관격(正官格)-637
■ 편인격(偏印格)-640   ■ 인수격(印綬格)-642
■ 건록격(建祿格)-645   ■ 양인격(羊刃格)-647
■ 곡직격(曲直格)-650   ■ 염상격(炎上格)-651
■ 가색격(稼穡格)-652   ■ 종혁격(從革格)-653
■ 윤하격(潤下格)-654   ■ 임기용배격(壬騎龍背格)-655
■ 공록격(拱祿格)-656   ■ 공재격(拱財格)-657
■ 일인격(日刃格)-658   ■ 일귀격(日貴格)-657
■ 일덕격(日德格)-660   ■ 전록격(專祿格)-661
■ 시묘격(時墓格)-662   ■ 괴강격(魁罡格)-663
■ 합록격(合祿格)-665   ■ 형합격(刑合格)-667
■ 금신격(金神格)-668   ■ 도충격(倒冲格)-669
■ 재관쌍미격(財官雙美格)-670   ■ 공귀격(拱貴格)-671
■ 귀록격(歸祿格)-672   ■ 정란차격(井欄叉格)-673
■ 구진득위격(句陳得位格)-674   ■ 육음조양격(六陰朝陽格)-674
■ 육을서귀격(六乙鼠貴格)-675   ■ 비천록마격(飛天祿馬格)-676
■ 축요사격(丑遙巳格)-678   ■ 자요사격(子遙巳格)-679
■ 육갑추건격(六甲趨乾格)-680   ■ 육임추간격(六壬趨艮格)-681
■ 사위순전격(四位純全格)-682   ■ 간지동체격(干支同體格)-683
■ 오행구족격(五行俱足格)-685   ■ 세덕부재격(歲德扶財格)-685
■ 세덕부살격(歲德扶殺格)-686   ■ 호우분사격(虎牛奔巳格)-686
■ 귀인황추격(貴人黃樞格)-686   ■ 전재격(專財格)-687

■ 삼기진귀격(三奇眞貴格)-687   ■ 녹마교치격(祿馬交馳格)-688
■ 용호포승격(龍虎包承格)-689   ■ 양격저사격(羊擊猪蛇格)-689
■ 자오쌍포격(子午雙包格)-689   ■ 오성공수격(五星拱水格)-690
■ 일순삼위사위격(一旬三位四位格)-690
■ 천관지축격(天關地軸格)-691   ■ 종왕격(從旺格)-691
■ 종강격(從强格)-692   ■ 종아격(從兒格)-693
■ 종재격(從財格)-694   ■ 종관살격(從官殺格)-695
■ 양신성상격(兩神成象格)-695   ■ 양간부잡격(兩干不雜格)-698
■ 일덕수기격(日德秀氣格)-699   ■ 교록격(交祿格)-699
■ 현무당권격(玄武當權格)-700   ■ 복덕격(福德格)-700
■ 화기격(化氣格)-703
■ 잡기재관인수격(雜氣財官印綬格)-707
■ 토국윤하격(土局潤下格)-710   ■ 천간연주격(天干連珠格)-710
■ 지지연여격(地支連茹格)-711   ■ 간지쌍련격(干支雙連格)-711
■ 간합지형격(干合支刑格)-711   ■ 천원일기격(天元一氣格)-712
■ 지진일자격(支辰一字格)-712   ■ 발모연여격(拔茅連茹格)-712

제4편. 사주(四柱)와 운세해단(運勢解斷)

제1장. 사주실관(四柱實觀) ──────── 715
■ 명조록(命造錄)- 844   ■ 내정법(來情法)- 855

제2장. 행운론(行運論) ──────── 866
1. 대운(大運)대 용신(用神)의 길흉(吉凶) ──────── 866
2. 유년간법(流年看法) ──────── 867
3. 유년(流年)과 운(運)의 관계(關係) ──────── 868
4. 유년(流年)의 간지(干支) ──────── 869

　　5. 월건간법(月建看法) ──────────── 870
　　6. 월건(月建)과 유년(流年)의 관계(關係) ──────── 871
　　7. 년운(年運)과 월운(月運)의 대조(對照) ──────── 872

제3장. 운세비결(運勢秘訣) ──────────── 874
제4장. 신수(身數)보는 법 ──────────── 911
　　■비견(比肩)이 희신(喜神)이면-911　/ 흉신(凶神)이면-912
　　■겁재(劫財)가 희신(喜神)이면-914　/ 흉신(凶神)이면-914
　　■식신(食神)이 희신(喜神)이면-915　/ 흉신(凶神)이면-916
　　■상관(傷官)이 희신(喜神)이면-917　/ 흉신(凶神)이면-918
　　■편재(偏財)가 희신(喜神)이면-920　/ 흉신(凶神)이면-921
　　■정재(正財)가 희신(喜神)이면-922　/ 흉신(凶神)이면-922
　　■편관(偏官)이 희신(喜神)이면-924　/ 흉신(凶神)이면-924
　　■정관(正官)이 희신(喜神)이면-926　/ 흉신(凶神)이면-927
　　■편인(偏印)이 희신(喜神)이면-928　/ 흉신(凶神)이면-929
　　■인수(印綬)가 희신(喜神)이면-931　/ 흉신(凶神)이면-932

제5장. 목적(目的)에 의한 행운론(行運論) ──────── 934
　　■부친운(父親運)-934　　■부망운(父亡運)-935
　　■모친운(母親運)-935　　■모망운(母亡運)-936
　　■남편운(男便運)-937　　■처운(妻運)-937
　　■처첩 생이사별운(妻妾 生離死別運) ──938
　　■자녀운(子女運)-939　　■형제자매운(兄弟姉妹運)-939
　　■시험운(試驗運)-940　　■학업중단운(學業中斷運)-940
　　■영전, 승진운(榮轉, 昇進運)-941　　■이사운(移徙運)-942
　　■해외운(海外運)-943　　　■여명임신년(女命姙娠年)-943
　　■출생자(出生子)하는 년(年)-944
　　■관재, 구설, 소송년(官災, 口舌, 訴訟年)-944
　　■교통사고(交通事故) 당할 운(運)-945　■질병운(疾病運)-946
　　■손재운(損財運)-946　　　■재운(財運)-947

■ 이성건(異性件)으로 인한 구설 망신운(口舌 亡身運) ── 948
■ 귀인(貴人) 상봉(相逢) 및 합년(合年) ───────── 948
■ 결혼운(結婚運) ─────────────────── 949
■ 매매(賣買), 문서(文書), 신규사업(新規事業)의 운(運)── 951
■ 객사시체(客死屍體) 집에 온다 ───────────── 951
■ 직업이동(職業移動) 불길년(不吉年) ─────────── 952
■ 남편(男便) 불화, 증오하는 운(運) ───────────── 952
■ 처첩(妻妾) 의심, 증오하는 운 ──────────────── 952
■ 의처증(疑妻症) 발작 극처년(剋妻年) ──────────── 953
■ 의부증(疑夫症) 발작 극부년(剋夫年) ──────────── 953
■ 화액(火厄), 수액(水厄), 흉액운(凶厄運) ─────────── 953
■ 가축(家畜)이 죽는다 ───────────────────── 954
■ 겁탈(劫奪), 강간(强姦), 망신(亡身) 당하는 해 ─────── 954
■ 관직자(官職者) 구설년(口舌年) ──────────────── 954

제6장. 일주(日柱)에 의한 운세법(運勢法) ─────── 955

제 1 편 · 사주학의 기초

第1章. 음양오행(陰陽五行)

1. 음양(陰陽)

　무극(無極)이 태극(太極)으로 태극(太極)에서 양의(兩儀) 곧 동정(動靜)의 양기(兩氣)인 음양(陰陽)이 생겨났다. 음양(陰陽)은 사상(四象)을 생(生)하고 사상(四象)은 팔괘(八卦)를 생한다. 양기(兩氣)란 태양(太陽)과 태음(太陰)을 말하고, 사상(四象)은 태양(太陽), 소음(少陰), 태음(太陰), 소양(少陽)을 말한다.

　무극(無極)에서 일기(一氣)가 시생(始生)하고, 일기(一氣)에서 음양 양의(陰陽 兩義)로 분리되므로 비로소 음양(陰陽)의 조화로 인하여 우주가 창시되고 삼라만상(森羅萬象)이 창시되었다. 자연계에 존재하는 사물의 성질은 모두 음(陰)과 양(陽)으로 나눠진다. 동(動)은 양(陽)이요, 정(靜)은 음(陰)이며. 하늘은 양(陽)이요. 땅은 음(陰)이며. 위는 양(陽)이요, 아래는 음(陰)이며. 해는 양(陽)이요, 달은 음(陰)이며. 아버지는 양이요, 어머니는 음이며. 남자는 양이요, 여자는 음이며, 수컷은 양이요, 암컷은 음이며. 밝음은 양이요, 어둠은 음이며. 낮은 양이요, 밤은 음이며. 겉은 양이요, 속은 음이며. 나온 것은 양이요, 들어간 것은 음이며. 앞은 양이요, 뒤는 음이며. 봄· 여름은 양이요, 가을· 겨울은 음이며. 따뜻함은 양이요, 추움은 음이며. 강함은 양이요, 약함은 음이며. 임금· 대통령은 양이요, 신하· 장관은 음이며. 착함은 양이요, 악함은 음이며. 부귀는 양이요, 빈천은 음이며. 길복(吉福)은 양이요, 흉화(凶禍)는 음이며. 긴 것은 양이요, 짧은 것은 음이며. 가벼움은 양이요, 무거움은 음이며. 상승은 양이요, 하강은 음이며. 피부는 양이요, 피는 음이며. 과학은 양이요, 종교와 철학은 음이다. 이밖에도 모든 사물에는 상대성을 들 수 있다.

2. 오행(五行)

오행(五行)이란 목,화,토,금,수(木,火,土,金,水)의 다섯가지를 가리키며 목(木)은 나무, 화(火)는 불, 토(土)는 흙, 금(金)은 쇠, 수(水)는 물로서 자연계에 존재하는 모든 것을 다섯 가지로 구분한 것이다.

사상(四象)에서 오행(五行)이 자연적으로 발생하게 되는데 토(土)는 만물의 모체로서 우주 처음 시작이 토(土)에서 이루어진 것으로 추측된다.

기(氣)가 아직 형성되지 않았던 때 태역(太易)이 생하여 수(水)

가 되고, 기(氣)는 있으나 형태가 아직 형성되지 않았던 때 태초(太初)가 생하여 화(火)가 되고, 태시(太始)가 생하여 목(木)이 되고, 태소(太素)가 생하여 금(金)이 되고, 태극(太極)이 생하여 토(土)가 되었다.

오행(五行)이 쉬지 않고 운동하여 만물을 작용시키므로 한,난,조,습(寒,暖,燥,濕)의 기후 변화가 생겨 춘,하,추,동(春,夏,秋,冬) 사계절을 만들고, 이러한 작용이 삼라만상과 인생의 여정에서 길흉화복(吉凶禍福)의 변화를 가져오는 것이다.

목(木)에는 나무, 목성(木星), 동쪽, 봄, 청색, 바람, 어짊, 간장, 3, 8, 신맛, 아침, 아버지, 성냄, 청제신(靑帝神), 청룡신(靑龍神)

화(火)에는 불, 화성(火星), 남쪽, 여름, 적색, 예의, 더위, 쓴맛, 낮, 심장, 2, 7, 딸, 기쁨, 적제신(赤帝神), 주작신(朱雀神)

토(土)에는 흙, 토성(土星), 중앙, 사계절, 황색, 단맛, 습기, 믿음, 위장, 5, 10, 대낮, 조부모, 생각, 황제신(黃帝神), 구진신(句陳神), 등사신(騰蛇神)

금(金)에는 쇠, 금성(金星), 서쪽, 가을, 흰색, 매운 맛, 건조, 의리, 폐장, 4, 9, 저녁, 어머니, 근심, 백제신(白帝神), 백호신(白虎神)

수(水)에는 물, 수성(水星), 북쪽, 겨울, 흑색, 추위, 짠맛, 지혜, 신장, 1, 6, 밤, 아들, 놀램, 흑제신(黑帝神), 현무신(玄武神)

3. 오행(五行)의 상생(相生)

금(金)은 물을 맑게 하는 바 암석 사이로 물이 흐름에 물이 맑아지고 쇠가 녹으면 물이 되므로 금생수(金生水)하고, 목(木)은 수(水)가 아니면 생장(生長)할 수 없으므로 수생목(水生木)하고, 화(火)는 목(木)이 아니면 발할 수 없으므로 목생화(木生火)하고, 토(土)는 불을 받음으로써 질이 강해지므로 화생토(火生土)하고, 금(金)은 토(土)의 압력에 의하여 강해지므로 토생금(土生金)한다.

이를 다시 요약하면 물은 돌이나 바위가 아니면 생길 수가 없고, 나무는 물을 먹어야 살 수가 있고, 불은 나무가 없으면 살수가 없고, 흙은 불이 없으면 형체를 만들 수가 없고, 금(金)은 땅이 없으면 생성되지 못한다.

목생화 (木生火)	화생토 (火生土)	토생금 (土生金)	금생수 (金生水)	수생목 (水生木)

4. 오행(五行)의 상극(相剋)

금(金)이 목(木)을 절벌(折伐)하므로 금극목(金剋木)하고, 목(木)이 토(土)를 뚫고 들어가기 때문에 목극토(木剋土)하고, 토(土)는 물을 막기 때문에 토극수(土剋水)하고, 수(水)가 화(火)를 끄기 때문에 수극화(水剋火)하고, 화(火)가 금(金)을 녹이기 때문에 화극금(火剋金)한다.

이를 다시 요약하면 금(金)으로서 나무를 베어내고 쪼개며, 나무가 땅속에 뿌리를 박으며, 흙은 물을 못흐르게 막아 버리고, 물은 타는 불을 꺼버리고 불은 쇠를 녹여버리므로 상극(相剋)이 된다.

목극토 (木剋土)	토극수 (土剋水)	수극화 (水剋火)	화극금 (火剋金)	금극목 (金剋木)

5. 오행(五行)의 상생(相生)과 상극(相剋)의 원리

금(金)이 토(土)의 생(生)함을 받으나 토(土)가 많으면 금(金)이 매몰되고, 토(土)가 화(火)의 생함을 받으나 화(火)가 많으면 흙이 열로 인하여 못쓰고, 화(火)가 목(木)의 생함을 받으나 목(木)이 많으면 불이 꺼지며, 목(木)이 수(水)의 생함을 받으나 물이 많으면 떠내려가고 수(水)가 금(金)의 생함을 받으나 금(金)이 많으면 물이 탁해진다.

금(金)이 수(水)를 생하나 물이 너무 많으면 금(金)이 물에 가라앉고, 수(水)가 목(木)을 생하나 목(木)이 너무 많으면 물이 말라 버리고, 목(木)이 화(火)를 생하나 불이 너무 많으면 나무가 타버리고, 화(火)가 토(土)를 생하나 흙이 너무 많으면 불이 꺼지고, 토(土)가 금(金)을 생하나 금(金)이 너무 많으면 토(土)가 못쓰게 되고, 금(金)이 목(木)을 극(剋)하나 목(木)이 매우 강하면 금(金)이 일그러져 마모되며, 목(木)이 토(土)를 극하나 흙이 많으면 목(木)이 꺾어지고, 토(土)가 수(水)를 극하나 물이 많으면 흙이 무너져 흐트러지며, 수(水)가 화(火)를 극하나 불이 강하면 물이 말라버리고, 화(火)가 금(金)을 극하나 금(金)이 강하면 불이 꺼진다.

금(金)이 약한데 왕성한 불을 만나면 금(金)이 녹아버리고, 화(火)가 약한데 왕성한 물을 만나면 불이 꺼지고, 수(水)가 약한데 왕성한 토(土)를 만나면 물이 흙에 흡수되어 버리고, 토(土)가 약한데 왕성한 목(木)을 만나면 흙이 무너지고, 목(木)이 약한데 강한 금(金)을 만나면 나무가 꺾어지거나 쪼개지고, 금(金)이 왕성한데 수(水)를 만나면 강함을 설기하여 좋고, 수(水)가 왕성한데 목(木)을 만나면 세력을 설기하여 좋고, 목(木)이 강한데 화(火)를 만나면 활력에 통명(通明)으로 이롭고, 화(火)가 왕성한데 토(土)를 만나면 열기를 통제하며, 토(土)가 왕성한데 금(金)을 만나면 좋은 전답이 되고, 금(金)이 왕성할 때 화(火)를 만나면 좋은 물품이 이루어지고, 화(火)가 왕성할 때 수(水)를 만나면 조화를 형성하여 기제(既濟)의 공(功)을 얻고, 수(水)가 왕성하여 물결처럼 흐를 때 토(土)를 만나면 연못, 저수지, 댐 등을 이루어 공(功)을 얻으며 토(土)가 왕성한데 목(木)을 만나면 소통(疏通)의 공(功)이 되며 목(木)이 왕성한데 금(金)을 만나면 좋은 재목으로 이루어진다.

第2章. 천간지지(天干 地支)

1. 천간(天干)

 천간(天干)은 하늘의 기(氣) 형성과 물상(物象)을 상징하는 천기(天氣)로서 하늘의 오운(五運)인 목,화,토,금,수(木,火,土,金,水)로 기상(氣象)을 이룬다. 천간(天干)을 약칭해서 간(干)이라 하고, 천간의 부호가 10종이므로 십간(十干)이라고 한다.

십간(十干)

1	2	3	4	5	6	7	8	9	10
甲(갑)	乙(을)	丙(병)	丁(정)	戊(무)	己(기)	庚(경)	辛(신)	壬(임)	癸(계)

2. 지지(地支)

지지(地支)는 땅의 질상(質象) 물상을 상징하는 지기(地氣)로서
땅의 형체를 이룬 것이며, 지지(地支)를 약칭해서 지(支)라 하고
지지의 부호가 12종이므로 십이지(十二支)라고 한다.

십이지(十二支)

1	2	3	4	5	6	7	8	9	10	11	12
子(자)	丑(축)	寅(인)	卯(묘)	辰(진)	巳(사)	午(오)	未(미)	申(신)	酉(유)	戌(술)	亥(해)

3. 간지(干支)의 음양(陰陽)

天干 (천간)	甲(갑)	乙(을)	丙(병)	丁(정)	戊(무)	己(기)	庚(경)	辛(신)	壬(임)	癸(계)
陰陽 (음양)	陽(양)	陰(음)	陽(양)	陰(음)	陽(양)	陰(음)	陽(양)	陰(음)	陽(양)	陰(음)

양(陽)은 갑,병,무,경,임(甲,丙,戊,庚,壬)과 자,인,진,오,신,술
(子,寅,辰,午,申,戌)이다.

음(陰)은 을,정,기,신,계(乙,丁,己,辛,癸)와 축,묘,사,미,유,해
(丑,卯,巳,未,酉,亥)이다.

4. 간지(干支)의 오행(五行)

天干(천간)	甲,乙(갑,을)	丙,丁(병,정)	戊,己(무,기)	庚,辛(경,신)	壬,癸(임,계)
五行(오행)	木(목)	火(화)	土(토)	金(금)	水(수)
地支(지지)	寅,卯(인,묘)	巳,午(사,오)	辰,戌,丑,未 (진,술,축,미)	申,酉(신,유)	亥,子(해,자)
五行(오행)	木(목)	火(화)	土(토)	金(금)	水(수)

갑,을,인,묘(甲,乙,寅,卯)는 목(木)이요. 병,정,사,오(丙,丁, 巳,午)는 화(火)요. 무,기,진,술,축,미(戊,己,辰,戌,丑,未)는 토(土)요. 경,신,신,유(庚,辛,申,酉)는 금(金)이며, 임,계,해,자(壬,癸,亥,子)는 수(水)이다.

5. 간지(干支)의 방위(方位)

甲,卯,乙 (갑,묘,을)	辰,巳 (진,사)	丙,午,丁 (병,오,정)	未,申 (미,신)	庚,酉,辛 (경,유,신)	戌,亥 (술,해)	戊,己 (무,기)	壬,子,癸 (임,자,계)	丑,寅 (축,인)
東 (동)	東南 (동남)	南 (남)	西南 (서남)	西 (서)	西北 (서북)	中央 (중앙)	北 (북)	東北 (동북)

6. 십이지(十二支)의 동물(動物)

子(자)	丑(축)	寅(인)	卯(묘)	辰(진)	巳(사)	午(오)	未(미)	申(신)	酉(유)	戌(술)	亥(해)
쥐 鼠(서)	소 牛(우)	범 虎(호)	토끼 兎(토)	용 龍(용)	뱀 蛇(사)	말 馬(마)	양 羊(양)	잔나비 猴(후)	닭 鷄(계)	개 狗(구)	돼지 猪(저)

7. 간지(干支)의 선천수(先天數)

甲,己,子,午 (갑,기,자,오)	乙,庚,丑,未 (을,경,축,미)	丙,辛,寅,申 (병,신,인,신)	丁,壬,卯,酉 (정,임,묘,유)	戊,癸,辰,戌 (무,계,진,술)	巳,亥 (사,해)
9	8	7	6	5	4

8. 간지(干支)의 후천수(後天數)

壬,子 (임,자)	癸,亥 (계,해)	丁,巳 (정,사)	丙,午 (병,오)	甲,寅 (갑,인)	乙,卯 (을,묘)	辛,酉 (신,유)	庚,申 (경,신)	戊,辰,戌 (무,진,술)	己,丑,未 (기,축,미)	己 (기)
1	6	2	7	3	8	4	9	5	10	100

천지생수(天地生數)는 1,2,3,4,5. 천수(天數)는 1,3,5,7,9. 천
지성수(天地成數)는 6,7,8,9,10. 지수(地數)는 2,4,6,8,10. 생수

(生數)와 성수(成數)의 총합수(總合數)가 55인데 이 55수를 천지 본체수(天地本體數)라고 하며, 55數에서 오행수(五行數) 5를 빼면 나머지가 50數인데 50수에서 태극수(太極數) 1을 빼면 나머지가 49數인데, 49수가 대연수(大衍數)이며 곧 용수(用數)가 된다.

9. 십간(十干)의 성질

① 갑(甲)은 껍질로 봄에 모든 열매와 나무는 그 껍질을 터뜨리고 싹이 나오며, 동물은 막(膜)을 터뜨리고 출생한다. 음기(陰氣)에 둘러쌓인 양기(陽氣)가 껍질이 터져 밖으로 나오는 생장발육을 뜻한다. 갑(甲)은 대림목(大林木), 순양목(純陽木), 과실나무, 목재, 고목이다.

② 을(乙)은 풀들이 껍질을 비비고 밖으로 처음 자라남에 있어서 꾸불꾸불하게 을자형(乙字形)으로 나가는 싹의 모양을 형용한다. 화초목(花草木)으로서 작은 나무, 덩굴, 잎사귀, 꽃, 채소, 풀을 뜻한다.

③ 병(丙)은 만물을 환히 밝혀 정체를 나타내는 뜨거운 태양에 비유하며 발산과 선양을 나타내며 태양, 큰 불덩이, 용광로, 밝은 불을 뜻한다.

④ 정(丁)은 만물을 이루게 하는 역할을 하며 밝은 등불에 비유한다. 등촉화(燈燭火)로서 작은 불, 횃불, 촛불, 전기불, 화롯불, 불씨, 눈빛, 시력, 태양의 광선, 하늘에서는 열성(列星) 달을 뜻한다.

⑤ 무(戊)는 만물을 무성하게 해주는 작용을 하는데 화(火)의 상승기운과 수(水)의 하강기운을 억제조절 조화작용을 하여 통일과 저장을 맡는다. 성원토(城垣土)로서 큰 흙, 육지, 산, 제방, 넓은 평원, 운동장을 뜻한다.

⑥ 기(己)는 만물의 형상을 완전히 완성단계에 이르렀음을 표기해주는 작용을 하며 저습(低濕)하여 일어난다. 전원토(田園土)로서 작은 땅, 작은 흙, 토기, 도자기, 전원, 논, 밭, 초목 배양, 오곡을 발육, 화분 흙을 뜻한다.

⑦ 경(庚)은 만물을 결실하게 하는 작용을 하며 변경되어 강경숙살(强硬肅殺)하는 금철(金鐵)에 비유하며 만물이 결실, 수확, 수축, 응고, 고체화하여 내적으로 성물(成物) 완성을 뜻한다. 검극금(劍戟金)으로서 큰 쇳덩이, 철광, 자동차, 연장, 무기, 하늘에서는 달을 뜻한다.

⑧ 신(辛)은 만물의 열매를 영글게 하는 성장, 성숙, 결실 작용을 하며 결실을 이루어 모체로 부터 떨어지는 사별의 고통을 뜻한다. 주옥금(珠玉金)으로서 금, 은, 보석, 바늘, 침, 칼, 수저, 못, 나사, 금속제품, 작은쇠를 뜻한다.

⑨ 임(壬)은 겨울에 양기(陽氣)가 내장(內藏)하여 잉태케 하는바 음양(陰陽)의 교합으로 회임(懷妊)의 작용을 한다. 강호수(江湖水)로서 바다, 강, 큰물, 호수를 뜻한다.

⑩ 계(癸)는 겨울에 토기(土氣)가 있어서 회임(懷妊)된 양기(陽氣)가 나오기 전까지 규탁(揆度)함에 비유한다. 우로수(雨露水)로서 작은 물, 빗물, 이슬비, 눈물, 눈, 서리, 잉크, 하늘에서는 은하(銀河)를 뜻한다.

10. 지지(地支)의 성질

① 자(子)는 열두 지지중에 가장 처음에 시작하는 지지로 회임(懷妊)의 뜻이 있으니 음(陰)이 극(極)에 달하여 일양(一陽)이 시생(始生)하는 11월이다. 물, 깨끗한 물, 동지(冬至), 자시(子時), 얼음, 시냇물, 한냉한 물, 활수(活水), 생수(生水)를 뜻한다.

② 축(丑)은 음(陰)이 이양(二陽)을 잡고있는 12월로서 일년중 가장 추운 때로 대지는 온통 꽁꽁 얼어붙어 있으며 얼음냉장고와같이 냉습(冷濕)하여 금고나 창고를 뜻한다.

③ 인(寅)은 얽매인 것을 끌어당겨 옮기며 신장시키는 1월로서 초봄을 말하고, 나무, 양목(陽木), 뿌리가 단단한 큰 나무, 강목(强木), 조목(燥木), 사목(死木)을 뜻한다.

④ 묘(卯)는 2월로 봄에 버들강아지가 먼저 싹트고 무성하는 달이며 봄이 한창 무르익는 때, 해돋을 때, 음목(陰木), 습목(濕木), 활목(活木), 생목(生木)을 뜻한다.

⑤ 진(辰)은 만물이 약동하는 따뜻한 3월로서 온도는 서서히 따뜻해지나 땅 속으로는 아직 습한 기운이 있으며 땅이 비옥하게 되니 만물은 성장을 하고 곡식을 재배할 수 있는 습한 흙과 시기를 뜻한다.

⑥ 사(巳)는 순양(純陽), 육양(六陽)의 4월로서 양기(陽氣)가 더한 때라 다시 일어나는 달이다. 초여름, 양화(陽火), 사화(死火), 강렬한 불, 용광로 불을 뜻한다.

⑦ 오(午)는 만물이 풍성 장대한 5월달로 양(陽)이 극(極)에 달

해 음(陰)이 시생(始生)하는 달이다. 한여름, 음화(陰火), 생화(生火), 활화(活火), 어둠을 밝혀주는 광선, 등촉불, 화산의 불덩어리를 뜻한다.

⑧ 미(未)는 6월로서 여름철에 뜨거워진 메마른 흙, 왕토(旺土), 조토(燥土), 삼복더위를 뜻한다.

⑨ 신(申)은 신체가 성장하여 완성된 7월달 초가을로서 무쇠덩어리 또는 교통수단에 이용되는 자동차와 같은 쇠, 양금(陽金), 사금(死金), 강금(强金)을 뜻한다.

⑩ 유(酉)는 성숙이 끝나 쇠하여 오므라드는 8월달 가을로서 금속기구와 같은 쇠, 금은보석, 음금(陰金), 생금(生金), 유금(柔金)을 뜻한다.

⑪ 술(戌)은 만물이 멸(滅)하는 9월달로서 일년 농사를 끝내고 휴식하는 건조한 흙, 산, 화산(火山), 제방, 양토(陽土), 강토(强土), 조토(燥土)를 뜻한다.

⑫ 해(亥)는 순음(純陰)의 10월달로 음기(陰氣)가 성하여 만물의 일생이 끝나는 달이지만 핵(核)이 내포되어 있다. 겨울의 시작, 육음(六陰), 양수(陽水), 온난수(溫暖水), 해수(海水), 사수(死水)를 뜻한다.

第3章. 육십갑자(六十甲子)

1. 육십갑자(六十甲子)의 납음오행(納音五行)

9 甲	49	5	7 丙	49	3	5 戊	49	6	8 庚	49	7
9 子	-34	土	7 寅	-26	木	5 辰	-23	水	9 午	-32	火
8 乙	15	生	6 丁	23	生	9 己	26	生	7 辛	17	生
+ 8 丑	-10	金	+ 6 卯	-20	火	+ 4 巳	-20	木	+ 8 未	-10	土
34	5	金	26	3	火	23	6	木	32	7	土
6 壬	49	5	9 甲	49	3	7 丙	49	9	5 戊	49	2
7 申	-24	土	5 戌	-26	木	9 子	-30	金	7 寅	-22	火
5 癸	25	生	8 乙	23	生	6 丁	19	生	9 己	27	生
+ 6 酉	-20	金	+ 4 亥	-20	火	+ 8 丑	-10	水	+ 6 卯	-20	土
24	5	金	26	3	火	30	9	水	27	7	土
8 庚	49	5	6 壬	49	1	9 甲	49	9	7 丙	49	7
5 辰	-24	土	9 午	-28	水	7 申	-30	金	5 戌	-22	火
7 辛	25	生	5 癸	21	生	8 乙	19	生	6 丁	27	生
+ 4 巳	-20	金	+ 8 未	-20	木	+ 6 酉	-10	水	+ 4 亥	-20	土
24	5	金	28	1	木	30	9	水	22	7	土
5 戊	49	8	8 庚	49	1	6 壬	49	9	9 甲	49	5
9 子	-31	木	7 寅	-28	水	5 辰	-20	金	9 午	-34	土
9 己	18	生	7 辛	21	生	5 癸	29	生	8 乙	15	生
+ 8 丑	-10	火	+ 6 卯	-20	木	+ 4 巳	-20	水	+ 8 未	-10	金
31	8	火	28	1	木	20	9	水	34	5	金

7 丙 49 3 7 申 -26 木 6 丁 23 生 +6 酉 -20 火 26　3 火	5 戊 49 6 5 戌 -23 水 9 己 26 生 +4 亥 -20 木 23　6 木	8 庚 49 7 9 子 -32 火 7 辛 17 生 +8 丑 -10 土 32　7 土	6 壬 49 5 7 寅 -24 土 5 癸 25 生 +6 卯 -20 金 24　5 金
9 甲 49 3 5 辰 -28 木 8 乙 23 生 +4 巳 -20 火 28　3 火	7 丙 49 9 9 午 -30 金 6 丁 19 生 +8 未 -10 水 30　9 水	5 戊 49 2 7 申 -27 火 9 己 22 生 +6 酉 -20 土 27　2 土	8 庚 49 5 5 戌 -24 土 7 辛 25 生 +4 亥 -20 金 24　5 金
6 壬 49 1 9 子 -26 水 5 癸 21 生 +8 丑 -20 木 26　1 木	9 甲 49 9 7 寅 -30 金 8 乙 19 生 +6 卯 -10 水 30　9 水	7 丙 49 7 5 辰 -22 火 6 丁 27 生 +4 巳 -20 土 22　7 土	5 戊 49 8 9 午 -31 木 9 己 18 生 +8 未 -10 火 31　8 火
8 庚 49 1 7 申 -28 水 7 辛 21 生 +6 酉 -20 木 28　1 木	6 壬 49 9 5 戌 -20 金 5 癸 29 生 +4 亥 -20 水 20　9 水	1과 6은 水 2와 7은 火 3과 8은 木 4와 9는 金 5와 10은 土	

납음오행법(納音五行法)을 갑자, 을축(甲子, 乙丑)을 예(例)로 들 겠다. 여기에서는 선천수(先天數)를 사용하는데 갑(甲)은 9, 자 (子)도 9이며, 을(乙)은 8, 축(丑)도 8이니 간지합수(干支合數) 가 34수인데 이 34수를 천지대연수(天地大衍數)인 49에서 빼면 15가 남는다. 이 15수에서 생수(生數)의 만수(滿數)인 10을 제하 면 5가 남는다. 5는 토(土)요. 토(土)가 생하는 것은 금(金)이 된다. 또 자축(子丑)은 북방(北方)이요. 물이며 겨울이요. 검은 색이니 깊은 물을 의미하므로 바다 가운데의 금(金) 즉 해중금 (海中金)이 되는 것이다.

2. 육갑(六甲)의 오행납음법(五行納音法)

納音五行數(납음오행수)	1	2	3	4	5
納音五行 (납음오행)	火(화)	土(토)	木(목)	金(금)	水(수)

5數(수)이상이면 5를 뺀 나머지 수로 본다.

9 甲 9 子 8 乙 +8 丑 3④ 金	9 甲 9 午 8 乙 +8 未 3④ 金	7 丙 7 寅 6 丁 +6 卯 26 -5 2① 火	7 丙 7 申 6 丁 +6 酉 26 -5 2① 火	5 戊 5 辰 9 己 +4 巳 2③ 木	5 戊 5 戌 9 己 +4 亥 2③ 木	8 庚 9 午 7 辛 +8 未 3② 土	8 庚 9 子 7 辛 +8 丑 3② 土
6 壬 7 申 5 癸 +6 酉 2④ 金	6 壬 7 寅 5 癸 +6 卯 2④ 金	9 甲 5 戌 8 乙 +4 亥 26 -5 2① 火	9 甲 5 辰 8 乙 +4 巳 26 -5 2① 火	7 丙 9 子 6 丁 +8 丑 30 -5 2⑤ 水	7 丙 9 午 6 丁 +8 未 30 -5 2⑤ 水	5 戊 7 寅 9 己 +6 卯 27 -5 2② 土	5 戊 7 申 9 己 +6 酉 27 -5 2② 土
8 庚 5 辰 7 辛 +4 巳 2④ 金	8 庚 5 戌 7 辛 +4 亥 2④ 金	6 壬 9 午 5 癸 +8 未 28 -5 2③ 木	6 壬 9 子 5 癸 +8 丑 28 -5 2③ 木	9 甲 7 申 8 乙 +6 酉 30 -5 2⑤ 水	9 甲 7 寅 8 乙 +6 卯 30 -5 2⑤ 水	7 丙 5 戌 6 丁 +4 亥 2② 土	7 丙 5 辰 6 丁 +4 巳 2② 土
5 戊 9 子 9 己 +8 丑 3① 火	5 戊 9 午 9 己 +8 未 3① 火	8 庚 7 寅 7 辛 +6 卯 28 -5 2③ 木	8 庚 7 申 7 辛 +6 酉 28 -5 2③ 木	6 壬 5 辰 5 癸 +4 巳 20 -5 1⑤ 水	6 壬 5 戌 5 癸 +4 亥 20 -5 1⑤ 水		

納音五行數 (납음오행수)	1	2	3	4	5
納音五行 (납음오행)	木(목)	金(금)	水(수)	火(화)	土(토)

甲,乙 (갑을)	丙,丁 (병정)	戊,己 (무기)	庚,辛 (경신)	壬,癸 (임계)	子,午,丑,未 (자오축미)	寅,申,卯,酉 (인신묘유)	辰,戌,巳,亥 (진술사해)
1	2	3	4	5	1	2	3

5數(수) 이상이면 5를 뺀 나머지 수로 본다.

1甲 +1 子 2 金	1乙 +1 丑 2 金	1甲 +1 午 2 金	1乙 +1 未 2 金	2丙 +2 寅 4 火	2丁 +2 卯 4 火	2丙 +2 申 4 火	2丁 +2 酉 4 火	3戊 +3 辰 6 -5 1 木	3己 +3 巳 6 -5 1 木
4庚 +1 午 5 土	4辛 +1 未 5 土	4庚 +1 子 5 土	4辛 +1 丑 5 土	5壬 +2 申 7 -5 2 金	5癸 +2 酉 7 -5 2 金	5壬 +2 寅 7 -5 2 金	5癸 +2 卯 7 -5 2 金	1甲 +3 戌 4 火	1乙 +3 亥 4 火
1甲 +3 辰 4 火	1乙 +3 巳 4 火	2丙 +1 子 3 水	2丁 +1 丑 3 水	2丙 +1 午 3 水	2丁 +1 未 3 水	3戊 +2 寅 5 土	3己 +2 卯 5 土	3戊 +2 申 5 土	3己 +2 酉 5 土
4庚 +3 辰 7 -5 2 金	4辛 +3 巳 7 -5 2 金	4庚 +3 戌 7 -5 2 金	4辛 +3 亥 7 -5 2 金	5壬 +1 午 6 -5 1 木	5癸 +1 未 6 -5 1 木	5壬 +1 子 6 -5 1 木	5癸 +1 丑 6 -5 1 木	1甲 +2 申 3 水	1乙 +2 酉 3 水

1甲 +2寅 3 水	1乙 +2卯 3 水	2丙 +3戌 5 土	2丁 +3亥 5 土	2丙 +3辰 5 土	2丁 +3巳 5 土	3戊 +1子 4 火	3己 +1丑 4 火	3戊 +1午 4 火	3己 1未 4 火
4庚 +2寅 6 −5 1 木	4辛 +2卯 6 −5 1 木	4庚 +2申 6 −5 1 木	4辛 +2酉 6 −5 1 木	5壬 +3辰 8 −5 3 水	5癸 +3巳 8 −5 3 水	5壬 +3戌 8 −5 3 水	5癸 +3亥 8 −5 3 水		

3.육십갑자(六十甲子)의 납음오행(納音五行)과 공망(空亡)

甲子	海中金	甲戌	山頭火	甲申	泉中水	甲午	沙中金	甲辰	覆燈火	甲寅	大溪水
乙丑		乙亥		乙酉		乙未		乙巳		乙卯	
丙寅	爐中火	丙子	澗下水	丙戌	屋上土	丙申	山下火	丙午	天河水	丙辰	沙中土
丁卯		丁丑		丁亥		丁酉		丁未		丁巳	
戊辰	大林木	戊寅	城頭土	戊子	霹靂火	戊戌	平地木	戊申	大驛土	戊午	天上火
己巳		己卯		己丑		己亥		己酉		己未	
庚午	路傍土	庚辰	白鑞金	庚寅	松栢木	庚子	壁上土	庚戌	釵釧金	庚申	石榴木
辛未		辛巳		辛卯		辛丑		辛亥		辛酉	
壬申	劍鋒金	壬午	楊柳木	壬辰	長流水	壬寅	金箔金	壬子	桑柘木	壬戌	大海水
癸酉		癸未		癸巳		癸卯		癸丑		癸亥	
戊亥 空亡		申酉 空亡		午未 空亡		辰巳 空亡		寅卯 空亡		子丑 空亡	

甲子	屋上之鼠	甲申	過樹之猴	甲辰	伏潭之龍
乙丑	海內之牛	乙酉	唱午之雞	乙巳	出穴之蛇
丙寅	山林之虎	丙戌	自眠之狗	丙午	行路之馬
丁卯	望月之兔	丁亥	過山之猪	丁未	失群之羊
戊辰	淸溫之龍	戊子	倉內之鼠	戊申	獨立之猴
己巳	福氣之蛇	己丑	欄內之牛	己酉	報曉之雞
庚午	堂裏之馬	庚寅	出山之虎	庚戌	寺觀之狗
辛未	得祿之羊	辛卯	蟾窟之兔	辛亥	圈裏之猪
壬申	淸秀之猴	壬辰	行雨之龍	壬子	山上之鼠
癸酉	棲宿之雞	癸巳	草中之蛇	癸丑	欄內之牛
甲戌	守身之狗	甲午	雲中之馬	甲寅	立定之虎
乙亥	過往之猪	乙未	敬重之羊	乙卯	得道之兔
丙子	田內之鼠	丙申	山上之猴	丙辰	天上之龍
丁丑	湖內之牛	丁酉	獨立之雞	丁巳	塘內之蛇
戊寅	過山之虎	戊戌	進山之狗	戊午	廏內之馬
己卯	山林之兔	己亥	道院之豬	己未	草野之羊
庚辰	恕性之龍	庚子	梁上之鼠	庚申	食菓之猴
辛巳	冬藏之蛇	辛丑	路途之牛	辛酉	籠藏之雞
壬午	軍中之馬	壬寅	過林之虎	壬戌	顧家之犬
癸未	群內之羊	癸卯	出林之兔	癸亥	林下之豬

월간지 조견표 (月干支 早見表)

연간(年干)		갑기년 (甲己年)	을경년 (乙庚年)	병신년 (丙辛年)	정임년 (丁壬年)	무계년 (戊癸年)
음력(陰曆)	절명(節名)					
정월(正月)	입춘(立春)	병인(丙寅)	무인(戊寅)	경인(庚寅)	임인(壬寅)	갑인(甲寅)
이월(二月)	경칩(驚蟄)	정묘(丁卯)	기묘(己卯)	신묘(辛卯)	계묘(癸卯)	을묘(乙卯)
삼월(三月)	청명(淸明)	무진(戊辰)	경진(庚辰)	임진(壬辰)	갑진(甲辰)	병진(丙辰)
사월(四月)	입하(立夏)	기사(己巳)	신사(辛巳)	계사(癸巳)	을사(乙巳)	정사(丁巳)
오월(五月)	망종(芒種)	경오(庚午)	임오(壬午)	갑오(甲午)	병오(丙午)	무오(戊午)
유월(六月)	소서(小暑)	신미(辛未)	계미(癸未)	을미(乙未)	정미(丁未)	기미(己未)
칠월(七月)	입추(立秋)	임신(壬申)	갑신(甲申)	병신(丙申)	무신(戊申)	경신(庚申)
팔월(八月)	백로(白露)	계유(癸酉)	을유(乙酉)	정유(丁酉)	기유(己酉)	신유(辛酉)
구월(九月)	한로(寒露)	갑술(甲戌)	병술(丙戌)	무술(戊戌)	경술(庚戌)	임술(壬戌)
시월(十月)	입동(立冬)	을해(乙亥)	정해(丁亥)	기해(己亥)	신해(辛亥)	계해(癸亥)
십일월(十一月)	대설(大雪)	병자(丙子)	무자(戊子)	경자(庚子)	임자(壬子)	갑자(甲子)
십이월(十二月)	소한(小寒)	정축(丁丑)	기축(己丑)	신축(辛丑)	계축(癸丑)	을축(乙丑)

시간지 조견표 (時干支 早見表)

일간(日干) / 시간(時干)		갑기일 (甲己日)	을경일 (乙庚日)	병신일 (丙辛日)	정임일 (丁壬日)	무계일 (戊癸日)
자시 (子時)	오후 11시부터 오전 1시 까지	갑자(甲子)	병자(丙子)	무자(戊子)	경자(庚子)	임자(壬子)
축시 (丑時)	오전 1시부터 오전 3시 까지	을축(乙丑)	정축(丁丑)	기축(己丑)	신축(辛丑)	계축(癸丑)
인시 (寅時)	오전 3시부터 오전 5시 까지	병인(丙寅)	무인(戊寅)	경인(庚寅)	임인(壬寅)	갑인(甲寅)
묘시 (卯時)	오전 5시부터 오전 7시 까지	정묘(丁卯)	기묘(己卯)	신묘(辛卯)	계묘(癸卯)	을묘(乙卯)
진시 (辰時)	오전 7시부터 오전 9시 까지	무진(戊辰)	경진(庚辰)	임진(壬辰)	갑진(甲辰)	병진(丙辰)
사시 (巳時)	오전 9시부터 오전 11시까지	기사(己巳)	신사(辛巳)	계사(癸巳)	을사(乙巳)	정사(丁巳)
오시 (午時)	오전 11시부터 오후 1시 까지	경오(庚午)	임오(壬午)	갑오(甲午)	병오(丙午)	무오(戊午)
미시 (未時)	오후 1시부터 오후 3시 까지	신미(辛未)	계미(癸未)	을미(乙未)	정미(丁未)	기미(己未)
신시 (申時)	오후 3시부터 오후 5시 까지	임신(壬申)	갑신(甲申)	병신(丙申)	무신(戊申)	경신(庚申)
유시 (酉時)	오후 5시부터 오후 7시 까지	계유(癸酉)	을유(乙酉)	정유(丁酉)	기유(己酉)	신유(辛酉)
술시 (戌時)	오후 7시부터 오후 9시 까지	갑술(甲戌)	병술(丙戌)	무술(戊戌)	경술(庚戌)	임술(壬戌)
해시 (亥時)	오후 9시부터 오후 11시까지	을해(乙亥)	정해(丁亥)	기해(己亥)	신해(辛亥)	계해(癸亥)

第4章. 사주론(四柱論)

1. 연주(年柱)

사주의 연주는 첫머리 기둥으로서 바탕근본 뿌리이므로 근(根)이라고 하며 세덕(歲德) 또는 진태세(眞太歲)라고도 한다.

생년은 종(宗)이요. 근본이므로 선대조상의 상황, 전생, 과거, 선산, 묘지, 가통(家統), 생활의 근거지, 집터, 터전, 본동, 대지 등 언제 어디서 어떤 환경에서 출생했으며 발복과 재액을 보는데 주로 출생에서 15세까지 소년시절에 학업, 질병, 빈부등 어릴때의 길흉을 본다.

사격(四格)중에 원격(元格)에 해당되고, 계절로는 봄에 해당되고, 일수는 365일에 해당된다. 그외에 국가, 조국, 임금, 사회상사, 기관장, 천시(天時), 주체, 시대성, 그림자, 원(遠), 시(始)에 해당된다.

연주에 희신, 길신이 있으면 조상덕을 보고 일찍 발달하며, 기신, 흉신이 있으면 어릴때에 고생이 많다.

연주에 비견이 있으면 장남이 아니거나 분가한 집안의 출생이고, 겁재가 있으면 조상덕이 적고 재산을 물려받더라도 지니지를 못한다. 연주에 식신이 있으면 조상은 양반이거나 부잣집이고 조상덕과 수복을 누리고, 상관이 있으면 조업을 파하거나 부모가 장수하지 못하며, 여명은 부가(夫家)를 극한다. 연주에 편재가 있으면 부모가 상업을 경영하며 조부 또는 부친이 양자간 명이고, 정재가 있으면 부자집의 출생이고 부모덕을 본다. 연주에 정관이 있으면 명문가의 태생이고, 재성과 함께 있으면 부귀를 겸비한 집안의 출생이다. 연주에 편인이 있으면 타향객지나 외국에 나가 살고, 다른 곳에 편인이 또 있으면 홀아버지, 홀어머니를 모시거나 양자갈 명이고, 인수가 있으면 권세가의 출생으로 조업을 계승하고 부귀를 누린다. 조상은 문장가 명망가이다. 연주와 일주가 천충지충되면 단명하거나 변사한다.

　생년이 공망이면 조종(祖宗)이 빛이 없고 미미하며 조상덕과 옛터와 인연이 없다. 생년이 희신이면 조상이 부귀하고 음덕이 지대하며, 기신이면 조상이 미미하고 소년때 빈천하다. 연이 길성인데 월이 기신이 되거나 월이 연을 극하면 부모가 조기(祖基)를 파하고 부모대에 가세가 빈천하다. 연의 비겁이 희신이면 장남태생이라도 장남구실을 못하고, 기신이면 조상이 빈천하다.

　연월간이 합하고 희신, 길성이면 조상 부모가 상속을 이어 받고, 음덕이 지대하며 조년에 발달한다. 연월이 공망이면 고아나 양자를 가게 되니 출신이 미미하고 빈천하며 모든 일이 용두사미격이다. 연월이 삼합되어 인성이면 두 어머니, 두집 살림 가정이 복잡하다.

2. 월주(月柱)

월주는 둘째 기둥으로서 뿌리에서 싹이 트므로 잎과 가지 줄기가 된다. 그러므로 묘(苗)라고 하며 제강(提綱)이라고도 한다.

사격(四格)중에 형격(亨格)에 해당되고 계절로는 여름, 12개월중에는 30일에 해당되고, 하루중에는 낮, 연령으로는 15세부터 30세까지 청년기를 주로 보는데 어떤 학자는 월주에서 출생부터 25세까지 본다.

월주에서는 주로 부모, 형제, 자매, 사회인, 사회, 직장, 상사, 국장, 과장, 친구, 집안, 가정, 가문의 환경, 가옥, 사업, 유산, 상속관계, 사춘기와 학업관계, 목표, 욕망, 포부, 군복무, 후원(後園), 골(骨), 금세, 현재, 현생, 현실 등을 본다.

월주에 비견, 겁재가 있으면 형제가 있고, 다른곳에 비겁이 여러개 있으면 양자의 명이거나 생가를 떠난다. 부모가 재산을 탕진, 유산을 갖고 형제가 서로 시비분쟁을 한다.

월주에 식신이 있고 신왕한 자는 체격이 좋고 도량이 넓으며 복력이 두텁다. 그러나 편인을 만나면 그렇지 못하다.

월주에 상관이 있으면 백부, 숙부, 형제가 온전하지 못하다. 월주에 상관이 있는데 타에 상관이 또 있으면 빈한해지고, 겁재가 있으면 빈한한 집안의 출생이다.

월주에 재성이 있으면 사업가정, 부모가 부유함, 유산이 가득하고 일찍 사장이 된다. 월주에 정재가 있으면서 식상의 생부가 있고 신왕하면 부자집 출생이거나 자수성가로 부자가 된다.

월주에 편관이 있으면 부모덕이 없고, 타에 편관이 많으면 생활상 어려움이 많고 형제자매의 인연도 박하다. 기신이면 액이 많고 희신이면 권세와 복록의 가정이다. 월주에 정관이 있고 왕하면 직위가 높아지고 똑똑한 자식에 인연이 있으며, 공무원 집안 태생 명문가 출신이다.

월주에 편인이 있고 타에 편관이 두개 정도 있으면 부모가 온전하지 못하여 양자가거나 늙어서는 자식복이 없어 고독하다. 월주에 인수가 있고 상하지 않으면 문장가정, 학자가정, 부자집 출생이며 부모가 현달한다. 총명하고 절개가 굳으며 실천력이 있고 견식이 높다.

월이 희신이고 형, 충, 파, 해, 공망이 없으면 양가(良家)에 태생하고 어릴때 영화롭다. 월이 공망이면 부모와 인연이 없고 만사에 장해가 있고 파란이 중중하다. 월에 편인이 있으면 모친과 옛터의 인연이 없고 산재가 중중하며 양자로 입적하거나 서자출신이며 고독하다.

연월이 형충되면 고기(古基) 또는 조상부모와 인연이 박하고 조년에 고향을 떠난다. 월이 인수인데 편인이 당령(當令)하면 서출이나 적자로 행세하며 입적하는데 어머니가 재가댁이다. 연월에 편인이 있고 일시에 인수가 있으면 어머니가 재취댁으로 왔다. 월 정재격에 편재가 당령하면 형제중에 자기가 부모재산을 상속한다.

월이 편인격인데 인수가 당령하면 생모와는 인연이 적고 서모양모에 생육을 당한다. 식신격인데 편관이 당령하면 본인이 출생 후에 가계(家系)가 융성한다. 연이 기신이고 월이 희신이면 부모가계를 융성시키고 부모가 현달한다.

3. 일주(日柱)

일주는 셋째 기둥이기 때문에 뿌리에서 싹인 줄기와 잎이 돋아나고 활짝핀 얼굴이 꽃에 해당되므로 화(花)라고 한다. 연령을 말할때는 30세부터 45세까지 장년기를 보는데 어떤 학자는 25세부터 50세까지 본다. 일간을 자기자신인 주체로 보고, 일지를 배우자, 가정, 연하로 보는데 육친관계는 주로 배우자, 남편, 아내, 정부, 애인, 심복부하, 비서, 참모, 신하, 남자는 여자친구, 여자는 남자친구 등을 본다. 가정, 인근, 우리집, 주방, 생명, 얼굴, 피부, 현재, 현세, 당시, 현실, 당면환경을 본다. 사격중에 이격(利格)에 해당되고, 계절로는 가을, 일년중 1일에 해당되고 좌(座)를 말한다.

일주의 간지가 같은 오행이면 배우자를 극한다. 그러나 신약하면 배우자의 도움을 받는다. 일지가 식신이면 배우자가 비대하고 도량이 넓으며 의식주가 풍족하다. 그러나 타에 편인이 있으면 배우자의 신체는 왜소한 편이다. 일지에 상관이나 재성이 있는 남명은 처가 미모이며 말이 많고 재능이 있다. 일지가 상관인데 타에 재성이 있으면 자기 자신이 미모이다. 일지에 편재가 있으면 배우자는 명쾌하다.

남명이 일지에 편재가 있고 타에 재성이 왕하면 여자관계가 복잡하고 연애결혼한다. 일지가 편재면 처의 수단과 축재능력이 지대하다. 일지에 정재가 있으면 좋은 배우자와 인연이 있고 재물이 풍족하며 여명은 부자인 남편을 만난다.

일지에 편관이 있으면 배우자는 영리하나 조급하고 흉폭하며 비정상적인 이성관계가 된다. 남자는 공처가요. 처의 성품이 횡포하고 부부 불화가 있다. 일지에 정관이 있으면 인격이 높은 배우자에 인연이 있다. 그러나 충,형이 되면 배우자 관계가 원만하지 못하다.

일지에 편인이 있으면 정신적으로 부담스러운 배우자에 인연이 있다. 묘계가 많으나 부부불화와 자기 꾀에 자기가 패하고 축재하기 어렵다. 일지에 편인이 있어도 신약한 경우에는 배우자의 도움을 받는다.

일지에 인수가 있으면 배우자는 현명하고 정의가 두텁다. 그러나 타에 인수가 많으면 중년후에 별거, 이별등이 발생한다. 일지가 충,형되면 배우자와의 사이가 원만하지 못하다.

연에서 일지를 충,형,극,해하면 조업을 이어받지 못하고 받아도 파하게 된다. 일에서 연을 극하면 고향을 등지고 타향살이 하거나 외국에 나가 살며 조상제사에 성의가 없다.

월에서 일지를 충하면 부부간에 동요가 생겨서 원만한 가정을 이루기 어렵다. 일주와 연주가 같으면 부부간에 정이 없다. 일록(日祿)이면 남녀 공히 사업을 하고 특히 남자는 부인이 사업, 직업을 가진다. 남명에 일지 정재가 희신이면 처의 내조가 많고 득처후에 축재한다. 여명은 일지가 길신이면 남편복이 많다. 남명에 일지가 기신이고 망신이면 처로 인하여 화를 부른다. 일주간지가 합되면 부부가 유정하다.

일지가 타간과 간합이나 암합되어 합신이 비견겁재이면 처가 사통한다. 일지가 인성과의 형,충이면 모친과 처가 불화하다. 일지가 시와 간합하고 관성이 형,충인 여명은 자식은 좋아하나 자식과 작당하여 남편을 쫓아내는 격이다. 일지와 월이 형,충이면 부부형제와 불화하고 인연이 없다. 일지와 시가 형,충이면 자식과 불화하고 불효한다.

4. 시주(時柱)

　시주는 넷째 기둥이기 때문에 꽃이 피면 결실인 열매를 맺으므로 실(實)이라고 한다. 재물, 명예, 학문, 업적의 결실을 보며 만년과 자손궁을 파악한다.

　연령으로는 45세부터 임종까지 보며, 어떤 학자는 50세부터 임종까지 보며, 사후에 까지 볼 수 있다. 시주에서는 주로 자녀, 자손, 부하, 후계자, 후배, 종업원, 노예, 측근, 환경, 입체, 후손, 미래, 내세, 미래예측, 문정(門庭), 도로, 담장, 대문, 부엌, 쌀창고, 그릇, 피 등을 본다.

　일수는 $\frac{1}{12}$일인 1시간에 해당되며 긴(緊), 말(末)을 보며, 죽으면 장지는 어느 곳이며 어떻게 되는가를 추리하니 사후의 세계를 관찰하는 곳이다. 시주에 비견이 있으면 길명이다.

　그러나 타에 비견, 겁재가 많으면 재물에 대한 인연이 박하다. 시주에 겁재가 있고, 타에 또 겁재가 있으면 처를 극하거나 처에 산액이 있고 극자한다. 여명은 게으르고 남편을 배반하거나 항상 잔질로 고생한다. 시주에 식신이 있으면서 왕하면 무병장수하고 자식은 효순하며 크게 가계를 융성시킨다. 시주에 상관이 있으면 자식이 우매하고 여명은 자식복이 있다. 그러나 상관이 양인과 함께 있으면 자식은 도심(盜心)이 있다. 시주에 편재가 있으면 중년후에 부귀해지고, 역마와 같이 있으면 타향에서 성공한다. 시주에 정재가 있으면 자손이 재산을 모으고, 먼저는 가난하나 뒤에는 부유해진다. 시주에 편관이 있고 신강하면 자식의 인연이 두텁고, 신약하면 자식연이 박하다. 시주에 정관이 있으면 중년 이후에 영달하고 자식연이 있다. 시가 인성이면 늙도록 부모 또는 조모를 모신다. 시주에 편인이 있는 경우 신강하면 박복하고, 신약하면 유복하다. 그러나 식신격이면 단명하거나 만년에 고독하다. 시의 편인이 기신이면 자기대를 자손이 파하고 불효하며, 여명은 산액이 있다. 시주에 인수가 있으면 만년이 행복하고 자식복이 있으며 무병장수 한다. 시주와 태월이 충되면 조산하거나 만산한다.

시에 문창, 학당이 놓이면 자손의 학문이 높고 공부 잘 한다. 일시가 형충되면 자손과의 불화, 자식연이 박하다. 시가 목욕이고 기신이면 자손이 유랑, 방탕하다. 시에 천을귀인, 천덕, 월덕 등이 놓이면 귀자를 둔다. 일시 삼형에 도화살을 띠면 처가 외부(外夫)와 통한다. 시가 기신이면 자식이 독립하여 노복(老福)이 적으며 결과는 좋지 못하다. 시가 희신이거나 생, 왕, 양이면 자식이 많고 왕성한다. 시가 기신, 구신이면 모든 일의 결과가 좋지 못하다. 시에 사, 절, 묘가 놓이면 자기는 융성해도 자손은 약하거나 없다. 시가 공망이면 자손이 없거나 있어도 늙어서 무자격이요, 고독 박명이다. 시간이 시지를 극하면 자손이 약하거나 신체 허약하다. 시에 편인, 상관, 겁재면 자손이 적거나 불효한다. 시가 양인이고 희신이면 권세를 잡고, 기신이면 자손이 부모를 크게 욕보이고 파가한다.

5. 태월(胎月)

입태월(入胎月)은 선천적인 운명의 청순, 혼탁, 보조, 형파 등을 암시한다. 태월의 납음오행이 길신과 상생하고 천을 귀인, 천덕, 월덕 등이면 부모의 음덕이 있고 어릴때에 가정환경 등이 길하고 평생 안락하다. 태월이 연월을 형, 충, 파, 해하면 부모와의 조별, 옛터 고향을 떠나고 형제이별이다.

태월이 공망되면 선천적으로 모든 육친 및 일마다 무실하고 백사불성이다. 그러므로 공망중에 태월공망이 가장 흉하다. 태월이 일시와 형, 충이면 처자궁이 불미하고 노년에 쇠퇴한다. 태월이 양인이고 명궁과 형, 충이면 재앙이요, 불량아로 가기(家基)를 대파한다.

태월이 일시와 삼합이면 남녀 공히 부부해로 못한다. 태월이 명국(命局)을 형, 충, 파, 해하고 양인태월이면 선천적인 불구자가 많다.

태월이 일주의 녹지(祿地)면 양가(良家)에 출생하고 음덕이 크다. 태월이 연월과 형, 충이면 출생후 부모에게 해를 끼친다. 그러나 흉신을 형, 충하는 것은 길하다. 태월양인은 조기(祖基)를 파하고 난폭, 살생, 형옥인이다. 태월이 천을귀인이고 녹지(祿地)면 매우 길하다. 태월(胎月)은 생월(生月)을 기준 육십갑자

(六十甲子) 순서를 거꾸로 거슬러 아홉번째 닿는 곳이다.

예를 들어 갑자월생(甲子月生)이라면 1.계해(癸亥) 2.임술(壬戌) 3.신유(辛酉) 4.경신(庚申) 5.기미(己未) 6.무오(戊午) 7.정사(丁巳) 8.병진(丙辰) 9.을묘(乙卯). 을묘(乙卯)가 태월(胎月)이고 을축월생(乙丑月生)이라면 병진(丙辰)이 태월이며, 병인월생(丙寅月生)이라면 정사(丁巳)가 태월이다. 임술월생(壬戌月生)이라면 계축(癸丑)이 태월이며, 계해월생(癸亥月生)이라면 갑인(甲寅)이 태월이 된다.

태월조견표(胎月早見表)

생월 (生月)	태월 (胎月)	생월 (生月)	태월 (胎月)	생월 (生月)	태월 (胎月)	생월 (生月)	태월 (胎月)	생월 (生月)	태월 (胎月)
갑자 (甲子)	을묘 (乙卯)	병자 (丙子)	정묘 (丁卯)	무자 (戊子)	기묘 (己卯)	경자 (庚子)	신묘 (辛卯)	임자 (壬子)	계묘 (癸卯)
을축 (乙丑)	병진 (丙辰)	정축 (丁丑)	무진 (戊辰)	기축 (己丑)	경진 (庚辰)	신축 (辛丑)	임진 (壬辰)	계축 (癸丑)	갑진 (甲辰)
병인 (丙寅)	정사 (丁巳)	무인 (戊寅)	기사 (己巳)	경인 (庚寅)	신사 (辛巳)	임인 (壬寅)	계사 (癸巳)	갑인 (甲寅)	을사 (乙巳)
정묘 (丁卯)	무오 (戊午)	기묘 (己卯)	경오 (庚午)	신묘 (辛卯)	임오 (壬午)	계묘 (癸卯)	갑오 (甲午)	을묘 (乙卯)	병오 (丙午)
무진 (戊辰)	기미 (己未)	경진 (庚辰)	신미 (辛未)	임진 (壬辰)	계미 (癸未)	갑진 (甲辰)	을미 (乙未)	병진 (丙辰)	정미 (丁未)
기사 (己巳)	경신 (庚申)	신사 (辛巳)	임신 (壬申)	계사 (癸巳)	갑신 (甲申)	을사 (乙巳)	병신 (丙申)	정사 (丁巳)	무신 (戊申)
경오 (庚午)	신유 (辛酉)	임오 (壬午)	계유 (癸酉)	갑오 (甲午)	을유 (乙酉)	병오 (丙午)	정유 (丁酉)	무오 (戊午)	기유 (己酉)
신미 (辛未)	임술 (壬戌)	계미 (癸未)	갑술 (甲戌)	을미 (乙未)	병술 (丙戌)	정미 (丁未)	무술 (戊戌)	기미 (己未)	경술 (庚戌)
임신 (壬申)	계해 (癸亥)	갑신 (甲申)	을해 (乙亥)	병신 (丙申)	정해 (丁亥)	무신 (戊申)	기해 (己亥)	경신 (庚申)	신해 (辛亥)
계유 (癸酉)	갑자 (甲子)	을유 (乙酉)	병자 (丙子)	정유 (丁酉)	무자 (戊子)	기유 (己酉)	경자 (庚子)	신유 (辛酉)	임자 (壬子)
갑술 (甲戌)	을축 (乙丑)	병술 (丙戌)	정축 (丁丑)	무술 (戊戌)	기축 (己丑)	경술 (庚戌)	신축 (辛丑)	임술 (壬戌)	계축 (癸丑)
을해 (乙亥)	병인 (丙寅)	정해 (丁亥)	무인 (戊寅)	기해 (己亥)	경인 (庚寅)	신해 (辛亥)	임인 (壬寅)	계해 (癸亥)	갑인 (甲寅)

第5章. 사주팔자(四柱八字)를 정하는 법

1. 연주(年柱)를 정하는 법

연주(年柱)는 출생한 생년(生年)의 간지(干支)를 말한다. 갑자년(甲子年)에 태어났으면 갑자(甲子)가 연주(年柱)이고 을축년(乙丑年)에 태어났으면 을축(乙丑)이 연주(年柱)가 된다.

년(年)의 분계점은 정월(正月) 초하루가 아니라 입춘절(立春節)이 드는 월일시각(月日時刻)을 분계점으로 삼는다. 그러므로 12월생과 정월생은 입춘 전후인가를 잘 살펴야 한다. 예를들면 임진년(壬辰年) 정월 9일 사시생(巳時生) 이라면 임진년생(壬辰年生)이 아니고 신묘년생(辛卯年生)이다. 왜냐하면 1월 10일 오전 5시 53분에 입춘(立春)이 입절(入節)되었기 때문이다.

계묘년(癸卯年) 12월 25일 축시생(丑時生)이라면 계묘년생(癸卯年生)이 아니고 갑진년생(甲辰年生)이다. 왜냐하면 12월 22일 오전 4시 5분에 입춘(立春)이 입절(入節)되었기 때문이다.

2. 월주(月柱)를 정하는 법

월주(月柱)는 생월(生月)의 간지(干支)로 정하며, 매월의 초하루 부터 그 달의 월건(月建)을 쓰는 것이 아니라 그 생월(生月)의 월(月) 절입(節入)을 보아 생일 생시가 그 월절입(月節入)이 드는 시각 이후면 그 생월의 간지(干支) 월건을 월주(月柱)로 세우고, 그 월절입이 드는 시각 이전이면 전월(前月)의 월건간지(月建干支)를 월주(月柱)로 삼는다.

임술년(壬戌年)을 예로들면 2월인 경우 2월절인 경칩(驚蟄)이 2월 11일 오전 6시 55분에 입절(入節)하였다. 그런데 2월 11일 오전 4시에 출생하였다면 2월 절입전(節入前)이므로 전월(前月)인 정월의 월건간지인 임인(壬寅)을 월주(月柱)로 삼는다. 9월 23일 오후 2시에 태어났다면 9월 23일 오전 3시 4분에 시월절입(十月節入)이 들었으므로 경술(庚戌)을 월건으로 삼지 않고, 신해(辛亥)를 월주(月柱)로 정한다.

3. 일주(日柱)를 정하는 법

출생한날의 간지(干支)를 일주(日柱)로 정한다.
연주(年柱)가 바뀌거나 월주(月柱)가 바뀌어도 일주(日柱)는 그대로 출생한날을 사용한다. 다만 일진(日辰)은 오늘밤 11시 부터 내일 새벽 1시 까지를 자시(子時)로 삼는다.

예를들면 5일인 갑자일(甲子日) 오후 11시 35분에 출생하였다면 5일 간지인 갑자(甲子)가 일주(日柱)가 되는 것이 아니라 다음날인 을축(乙丑)이 일주가 된다. 혹자는 오후 11시 부터 12시 까지는 갑자일(甲子日) 야자시(夜子時)가 되어 갑자일(甲子日) 병자시(丙子時)라고 하여 일진(日辰)은 변하지 않고 시간만 다음날의 자시(子時)를 쓰고 12시 부터 새벽 1시 까지는 명자시(明子時)라고 하여 을축일(乙丑日) 병자시(丙子時)로 정한다.

야자시 명자시설은 인위적인 것으로 순환법칙에 어긋난 것이니 후학들은 정신공해에 현혹되지 말라.

오후 11시 부터 오전 1시 까지가 자시(子時)인 것은 만고불변의 철리요 진리이다. 우리나라의 표준시는 동경 127도 30분인데 현행 시각은 일본 동경 135도 시각을 사용하고 있으므로 약 30분 정도의 시차가 생기므로 30분 정도 늦추어봄이 마땅하다. 밤 12시 자정이면 실제 시각은 오후 11시 30분이 되는 것이다. 우리나라의 표준시각인 동경 127도 30분에 의한 시각을 사용해야 이러한 모순이 없어질 것이다.

현행 동경 135도 시각을 쓰는 상황에서 보면 오후 11시 30분 부터 다음날 오전 1시 30분 까지가 자시(子時)이며, 오전 1시 30분 부터 오전 3시 30분 까지가 축시(丑時)이며 오전 3시 30분 부터 오전 5시 30분 까지가 인시(寅時)인 셈이다.

4. 시주(時柱)를 정하는 법

시주(時柱)는 생일의 생시(生時)를 기준으로 삼아 시주를 정한다. 시두법(時頭法)은 아래와 같으니 조견표를 참고하라. 갑기야반(甲己夜半) 갑자시(甲子時)요, 을경야반(乙庚夜半) 병자시(丙子時)요, 병신야반(丙辛夜半) 무자시(戊子時)요, 정임야반(丁壬夜半) 경자시(庚子時)요, 무계야반(戊癸夜半) 임자시(壬子時)가 된다.

예1) 1970년 경술년(庚戌年) 음력 5월 4일 사시생(巳時生)이 있다면 사주 네 기둥은 아래와 같다.

정 무 임 경
사 오 오 술
⌒ ⌒ ⌒ ⌒
丁 戊 壬 庚
巳 午 午 戌
⌣ ⌣ ⌣ ⌣

경술년(庚戌年)에 출생하였으므로 연주 간지는 경술(庚戌)이요, 5월 절후인 망종입절(芒種入節) 이후에 태어났으므로 임오(壬午)가 월주가 되었고, 4일은 무오일(戊午日)이므로 무오(戊午)가 일주인 것이요, 사시생(巳時生)이라 정사시(丁巳時)가 된다.

예2) 1963년 계묘년(癸卯年) 음력 12월 23일 묘시생(卯時生)인 사람이 있다면 사주 기둥은 다음과 같다.

기　을　병　갑
묘　유　인　진
(己)(乙)(丙)(甲)
卯　酉　寅　辰

년(年)의 경계인 입춘(立春)이 22일 4시 5분에 입절(入節)되었으므로 계묘(癸卯)를 연주(年柱)로 삼지 않고 갑진(甲辰)을 연주로 삼는다. 12월생이지만 정월절인 입춘이후에 출생하였으므로 을축(乙丑)을 월주(月柱)로 삼지않고, 병인(丙寅)을 월주로 삼는다. 23일은 을유(乙酉)이므로 을유(乙酉)가 일주(日柱)가 되고, 을경일(乙庚日)의 묘시(卯時)는 기묘(己卯)이므로 기묘(己卯)가 시주(時柱)가 된다.

예3) 1998년 무인년(戊寅年) 음력 6월 18일 축시생(丑時生)인 사람이 있다면 사주 기둥은 다음과 같다.

계　무　경　무
축　자　신　인
(癸)(戊)(庚)(戊)
丑　子　申　寅

무인년(戊寅年)에 출생하였으므로 무인(戊寅)이 년주(年柱)가 되고, 6월 18일은 7월절인 입추(立秋)를 지났으므로 기미월(己未月)이 아니라 경신(庚申)이 월주(月柱)가 된다. 6월 18일은 무자일(戊子日)이므로 무자(戊子)가 일주(日柱)가 되고 무계일(戊癸日) 축시(丑時)는 계축시(癸丑時)가 되므로 계축(癸丑)이 시주(時柱)가 된다.

5. 대운(大運)을 뽑는 법

양남음녀(陽男陰女)는 월주(月柱)에서 순행(順行)을 하고, 음남양녀(陰男陽女)는 월주(月柱)에서 역행(逆行)을 한다.

양남음녀와 음남양녀는 출생한 태세(太歲)로 구분을 하며 생년(生年)이 갑,병,무,경,임 (甲丙戊庚壬)의 양간년(陽干年)에 출생한 남자를 양남(陽男)이라 하고, 여자를 양녀(陽女)라 하며, 을,정,기,신,계(乙丁己辛癸)의 음간년(陰干年)에 출생한 남자를 음남(陰男)이라 하고, 여자를 음녀(陰女)라 한다.

(1) 건명(乾命) 양남(陽男)의 (2) 곤명(坤命) 음녀(陰女)의
　　예(例)　　　　　　　　예(例)

(시주)	(일주)	(월주)	(년주)		(사주)		(시주)	(일주)	(월주)	(년주)		(사주)
甲	戊	甲	戊				丁	壬	己	癸		
寅	午	寅	子				未	子	未	巳		
庚	己	戊	丁	丙	乙	(대운)	乙	甲	癸	壬	辛	庚	(대운)
申	未	午	巳	辰	卯		丑	子	亥	戌	酉	申	

(3) 건명(乾命) 음남(陰男)의 예(例)

(시주)	(일주)	(월주)	(년주)	(사주)
戊	戊	辛	辛	
午	申	卯	卯	

						(대운)
乙	丙	丁	戊	己	庚	
酉	戌	亥	子	丑	寅	

(4) 곤명(坤命) 양녀(陽女)의 예(例)

(시주)	(일주)	(월주)	(년주)	(사주)
戊	乙	壬	甲	
寅	巳	申	申	

						(대운)
丙	丁	戊	己	庚	辛	
寅	卯	辰	巳	午	未	

6. 행운세수(行運歲數) 대운수(大運數) 산출법(算出法)

양남음녀(陽男陰女)는 미래절(未來節)을 쓰고, 음남양녀(陰男陽女)는 과거절(過去節)을 쓴다. 대운(大運)이 순행(順行)하는 양남음녀(陽男陰女)는 출생일(出生日)로 부터 다가오는 절입(節入)까지 날짜를 세어서 3으로 나누어진 수가 대운수(大運數)이고, 대운(大運)이 역행(逆行)하는 음남양녀(陰男陽女)는 출생일(出生日)로 부터 지나온 절입(節入)까지 일수(日數)를 세어서 3으로 나누어진 수가 대운수(大運數)이다. 만약 3으로 나누어서 나머지가 1이면 버리고, 나머지가 2이면 나누어진 수에다 1을 가산하는데 이것을 일사이입법(一捨二入法)이라 한다.

(1) 건명(乾命) 1938년 3월 15일 유시생(酉時生) 양남(陽男)의 예(例)

己	丁	丙	戊
酉	丑	辰	寅

57	47	37	27	17	7
壬	辛	庚	己	戊	丁
戌	酉	申	未	午	巳

양남(陽男)은 미래절(未來節)을 쓰므로 생일인 3월 15일에서 앞으로 나아가면 첫 번째 이르는 절입(節入)인 입하(立夏)가 4월 7일에 들었다. 3월 15일에서 4월 7일 까지 일수(日數)를 세어보니 21일 이다. 21을 3으로 나누면 7로 나눠진다. 이 7이 대운(大運)숫자인 것이다.

(2) 곤명(坤命) 1941년 11월 9일 축시생(丑時生) 음녀(陰女)의 예(例)

癸	戊	庚	辛
丑	申	子	巳

54	44	34	24	14	4
丙	乙	甲	癸	壬	辛
午	巳	辰	卯	寅	丑

음녀(陰女)는 미래절(未來節)을 쓰므로 생일(生日)인 11월 9일에서 앞으로 나아가면 첫 번째 이르는 절입(節入)인 소한(小寒)이 11월 20에 들었다. 생일인 11월 9일부터 미래절(未來節)인 소한(小寒)까지 일수(日數)를 세어보니 11일 이다. 11을 3으로 나누면 3으로 나눠지고 2가 남는다.

남는 2를 일사이입법(一捨二入法)에 의하여 1로 계산하므로 나눠진 3에 1을 더하니 4가 된다. 이 4가 대운수(大運數)이다.

(3) 건명(乾命) 1951년 5월 20일 술시생(戌時生) 음남(陰男)의 예(例)

丙	乙	甲	辛
戌	未	午	卯

56	46	36	26	16	6
戊	己	庚	辛	壬	癸
子	丑	寅	卯	辰	巳

음남(陰男)은 과거절(過去節)을 쓰므로 생일(生日)인 5월 20일에서 지나간 달의 절입(節入)인 망종(芒種)이 5월 2일에 들었으므로 생일인 5월 20일부터 과거절(過去節)인 망종(芒種)이 든 5월 2일까지 일수(日數)를 세어보니 18일간이다. 18을 3으로 나누면 6으로 나눠지며 나누어진 6이 대운수(大運數)이다.

(4) 곤명(坤命) 1984년 11월 29일 해시생(亥時生) 양녀(陽女)의 예(例)

癸	戊	丁	甲
亥	午	丑	子

55	45	35	25	15	5
辛	壬	癸	甲	乙	丙
未	申	酉	戌	亥	子

양녀(陽女)는 과거절(過去節)을 쓰므로 생일(生日)인 11월 29일에서 지나간 달의 절입(節入)인 소한(小寒)이 11월 15일에 들었으므로 생일인 11월 29일에서 과거절인 소한(小寒)이 든 11월 15일까지 일수(日數)를 세어보니 14일이다. 14를 3으로 나누면 4로 나눠지고 2가 남는다. 2가 남으면 나누어진 수에다 1을 가산하므로 5가된다. 그러므로 5가 대운수(大運數)이다.

(5) 곤명(坤命) 1962년 8월 2일 사시생(巳時生) 양녀(陽女)의 예(例)

```
癸  辛  戊  壬
巳  丑  申  寅

58  48  38  28  18   8
壬  癸  甲  乙  丙  丁
寅  卯  辰  巳  午  未
```

양녀(陽女)는 과거절(過去節)을 쓰므로 생일(生日)인 8월 2일에서 지나간 달의 절입(節入)인 입추(立秋)가 든 7월 9일까지 일수(日數)를 세어보니 일수가 23일이다. 23을 3으로 나누면 7로 나눠지고 2가 남는다. 남는 2를 일사이입법(一捨二入法)에 의해 1로 계산하
여 나눠진 7에 보태니 8이 되므로 8이 대운수(大運數)이다.

(6) 곤명(坤命) 1975년 8월 25일 진시생(辰時生) 음녀(陰女)의 예(例)

```
戊  己  乙  乙
辰  卯  酉  卯

53  43  33  23  13   3
辛  庚  己  戊  丁  丙
卯  寅  丑  子  亥  戌
```

음녀(陰女)는 미래절(未來節)을 쓰므로 생일(生日)인 8월 25일에서 앞으로 나아가면 다음달의 절입(節入)인 한로(寒露)가 9월 5일에 들었다. 8월 25일에서 한로(寒露)가 든 9월 5일까지 일수를 세어보니 9일이다. 9를 3으로 나누면 3으로 떨어지니 이 3이 대운수(大運數)이다.

第6章. 육신법(六神法)

1. 육신표출법(六神表出法)

생아자는(生我者)는 부모(父母)요
아생자(我生者)는 자손(子孫)이요
극아자(剋我者)는 관귀(官鬼)요
아극자(我剋者)는 처재(妻財)요
비화자(比和者)는 형제(兄弟)이다.

비화자(比和者)는 비견,겁재(比肩,劫財)가 되고
아생자(我生者)는 식신,상관(食神,傷官)이 되고
생아자(生我者)는 편인,인수(偏印,印綬)가 되고
아극자(我剋者)는 편재,정재(偏財,正財)가 되고
극아자(剋我者)는 편관,정관(偏官,正官)이 된다.

비견 (比肩)	일간(日干)과 오행(五行)이 같고 음양(陰陽)도 같은 것
겁재 (劫財)	일간(日干)과 오행(五行)은 같으나 음양(陰陽)이 다른 것
식신 (食神)	일간(日干)이 생하는 것으로 음양(陰陽)이 같은 것
상관 (傷官)	일간(日干)이 생하는 것으로 음양(陰陽)이 다른 것
편재 (偏財)	일간(日干)이 극하는 것으로 음양(陰陽)이 같은 것
정재 (正財)	일간(日干)이 극하는 것으로 음양(陰陽)이 다른 것
편관 (偏官)	일간(日干)을 극하는 것으로 음양(陰陽)이 같은 것
정관 (正官)	일간(日干)을 극하는 것으로 음양(陰陽)이 다른 것
편인 (偏印)	일간(日干)을 생하는 것으로 음양(陰陽)이 같은 것
인수 (印綬)	일간(日干)을 생하는 것으로 음양(陰陽)이 다른 것 것을 말한다.

육신조견표(六神早見表)

日干 六神	甲日	乙日	丙日	丁日	戊日	己日	庚日	辛日	壬日	癸日
比肩	甲寅	乙卯	丙巳	丁午	戊辰戌	己丑未	庚申	辛酉	壬亥	癸子
劫財	乙卯	甲寅	丁午	丙巳	己丑未	戊辰戌	辛酉	庚申	癸子	壬亥
食神	丙巳	丁午	戊辰戌	己丑未	庚申	辛酉	壬亥	癸子	甲寅	乙卯
傷官	丁午	丙巳	己丑未	戊辰戌	辛酉	庚申	癸子	壬亥	乙卯	甲寅
偏財	戊辰戌	己丑未	庚申	辛酉	壬亥	癸子	甲寅	乙卯	丙巳	丁午
正財	己丑未	戊辰戌	辛酉	庚申	癸子	壬亥	乙卯	甲寅	丁午	丙巳
偏官	庚申	辛酉	壬亥	癸子	甲寅	乙卯	丙巳	丁午	戊辰戌	己丑未
正官	辛酉	庚申	癸子	壬亥	乙卯	甲寅	丁午	丙巳	己丑未	戊辰戌
偏印	壬亥	癸子	甲寅	乙卯	丙巳	丁午	戊辰戌	己丑未	庚申	辛酉
印綬	癸子	壬亥	乙卯	甲寅	丁午	丙巳	己丑未	戊辰戌	辛酉	庚申

2. 육신(六神)의 배속표(配屬表)

비견 (比肩)	남(男)	형제자매, 며느리, 사촌, 처의 외간 남자, 친구, 동료, 고모부, 처남의 아들, 자매의 시아버지, 조카
	여(女)	형제자매, 친구, 이복형제, 남편의 첩, 동서, 시아버지, 시아버지의 형제, 조카
겁재 (劫財)	남(男)	형제자매, 이복형제, 친구, 며느리, 처의 외간 남자, 고조모, 딸의 시어머니, 처남의 딸, 자매의 시아버지, 조카
	여(女)	형제자매, 이복형제, 친구, 남편의 첩, 시아버지, 동서, 아들의 장인, 시아버지의 형제자매, 조카, 며느리
식신 (食神)	남(男)	손자, 장모, 사위, 증조부, 조모, 외조부, 생질, 생질녀, 장인, 조카
	여(女)	아들, 딸, 조카, 증조부, 편조모, 손부, 사위의 아버지, 시누이의 남편, 손자의 첩, 손자
상관 (傷官)	남(男)	조모, 손녀, 외조부, 첩의 어머니, 증손부, 사위, 생질, 외숙모, 딸의 시동기
	여(女)	아들, 딸, 조모, 조카, 외손부, 시누이의 남편, 손자
편재	남(男)	아버지, 첩, 첩의 형제, 아버지의 형제자매, 형제의 재혼처, 애인, 고손자, 형수, 제수, 외사촌, 자매의 시어머니

(偏財)	여(女)	아버지, 아버지의 형제, 자매의 시어머니, 외손자, 며느리의 어머니, 시어머니, 오빠의 첩, 오빠첩의 오빠, 시외숙, 증손녀, 증손자
정재 (正財)	남(男)	아내, 어머니의 외간 남자, 숙부, 고모, 이모부, 형수, 제수, 고손녀, 자매의 시어머니
	여(女)	시어머니, 편시어머니, 어머니의 외간남자, 아버지의 형제자매, 이모부, 외손녀, 증손녀, 증손자, 시조부, 시이모, 오빠의 처첩
편관 (偏官)	남(男)	아들, 딸, 외조모, 증조부의 재혼처, 매부, 조카, 질녀, 고조부, 딸의 시아버지, 사촌형제
	여(女)	재혼남편, 외간남자, 정부, 남편, 남편의 형제자매, 형부, 증조모, 며느리, 아들의 첩, 며느리의 오빠
정관 (正官)	남(男)	딸, 아들, 손부, 첩의 딸, 증조모, 외조모, 매부, 조카, 질녀
	여(女)	남편, 증조모, 형부, 제부, 사위의 모친, 자부의 형제자매, 며느리, 시동생, 시누이, 손부
편인 (偏印)	남(男)	계모, 이모, 유모, 서모, 숙모, 조부, 어머니, 처남의 처, 외삼촌, 증손자, 외손자, 며느리의 어머니
	여(女)	계모, 이모, 유모, 서모, 숙모, 조부, 어머니, 외삼촌, 사위, 손자, 시조모, 시외조부, 사위의 형제

인수 (印綬)	남(男)	어머니, 이모, 장인, 외손녀, 증손녀, 조부의 자매, 백모, 숙모, 고손부, 처남의 처, 며느리의 편모, 외숙부, 조부
	여(女)	어머니, 이모, 백모, 숙모, 조부의 자매, 외숙부, 증조부, 손녀, 대고모, 사위의 여동생, 사촌형제

3. 육신(六神)의 성정(性情)과 물상(物象)

비견 (比肩)	주연, 두각, 경쟁, 투쟁, 시비구설, 불화논쟁, 고집, 강기, 독립, 분리, 분가, 이별, 고독, 변동, 변업, 자아, 사교성, 거래, 교제, 유대, 동업, 공동, 협동, 공익사업, 공동분배, 회우, 배경, 낭비, 지출, 소모, 양자, 사회, 분점, 지점, 소개소, 자유, 솔직, 담백, 극부, 극재, 문담, 변소, 형제
겁재 (劫財)	실수, 분취(分取), 강압, 흉포, 잔인, 겁탈, 융통, 처액, 보증, 파손, 파연, 손재, 산재, 패망, 채권, 투기, 실패, 기강, 낭비, 자존, 부족, 상한(常恨), 고통, 불만, 이산, 이별, 요행, 기벽, 배경, 수하 보호, 분점, 지점, 소개소, 의형제, 양자, 극처, 군중합세

식신 (食神)	활동, 진출, 결혼, 양보, 퇴위, 수양, 성실, 풍류, 명랑, 총명, 식록,의식주, 식당, 물자, 비대, 후덕, 낙천, 덕망, 도량, 경영, 번영, 지달(智達), 생산, 증식, 소득, 실리, 발명, 개척, 창조, 사육, 양육, 유치원, 취업, 관대, 유정, 호식, 손명(損名), 건강, 장수, 복덕, 양명지물(養命之物), 병원, 약국, 가축
상관 (傷官)	사재(私財), 비행, 수완, 상해, 이고(離苦), 고만(高慢), 언행, 발성, 필설, 문화, 예술, 교육, 기술, 종교, 연구, 발표, 이지(理智), 박학다식, 도탈, 이탈, 해출(咳出), 질병, 좌천, 손명(損名), 중간 역할, 파괴, 손실, 유흥, 색정, 방종, 사악, 실귀(失貴), 이중인격, 실물, 방뇨, 낙제, 관재, 구설, 타인무시, 반항, 필설지화, 극부, 극자, 공격, 희생봉사, 도매상, 전당포, 유치원
편재 (偏財)	채무, 부채, 부담, 외상, 은행, 담보, 융통, 투자, 무역, 투기, 낭비,지출, 도박, 금전, 재물, 부정횡취, 일확천금, 횡재, 요행, 경쟁, 모험, 폭리지심(暴利之心), 제조판매, 교묘, 민첩, 수단, 과대망상, 애욕, 할인, 이동, 호색, 정사, 내역, 결혼, 활동, 강개, 의협, 솔직, 회사, 처가

정재 (正財)	현금, 증식, 수입, 보수, 급료, 저축, 승진, 취직, 결혼, 자손, 신용, 명랑, 독실, 근면, 성실, 검소, 인색, 이기주의, 정확, 충실, 상공업, 회사, 처가, 방정, 애정, 연애, 결혼, 양심, 세밀, 조심
편관 (偏官)	취업, 이동, 반항, 상해, 사고, 살상, 투쟁, 전쟁, 관재, 형벌, 위험, 질병, 고통, 손재, 오귀(五鬼), 노동, 공포, 강제, 권위, 강금, 망신, 구타, 복종, 용기, 희생, 엄숙, 부채, 의협, 청부, 무관, 두목, 감독, 도적, 군부대, 경찰서, 영웅호걸, 조급, 모험, 과단, 총명, 번민, 고심
정관 (正官)	직책, 당선, 신용, 덕망, 회복, 사업, 후중, 세밀, 정치, 통치, 충성, 발령, 준법, 사명, 솔선수범, 관료, 행정, 명령, 자격, 진급, 시험합격, 윤리도덕, 법률, 기강, 권위, 명예, 관청, 직장, 국가, 정의, 근면, 총명, 자애, 존경, 온건, 착실, 정자, 사당, 시가
편인 (偏印)	불안, 적자, 채용(債用), 부실, 학업중단, 고독, 요령, 배신, 실직, 실권, 손실, 사기, 명예훼손, 가식, 도벽, 임기응변, 악습, 학술, 예술, 의술, 역술, 인기예능, 기술, 문서, 지연, 실패, 위선, 고집, 극자, 신경성 소화기 질병, 우환, 천재지변, 용두사미, 변덕, 게으름, 가옥, 편업, 자기본위

인수 (印綬)	명예, 귀인, 계승, 승진, 온후, 자비, 문서, 문필, 의류, 진리탐구, 신앙, 학문, 문화, 계약, 허가장, 유가증권, 자격증, 표창, 산업, 기술, 이익, 기억, 자연 생산물, 지혜, 다식(多識), 장상수혜(長上受惠), 양심, 신불(神佛), 보수적임, 나태, 인색, 친정

육신표출법(六神表出法) 예시(例示)

정	일	상	겁		편	일	편	비		식	일	정	상		비	일	인	편
관	주	관	재		관	주	인	견		신	주	재	관		견	주	수	재
甲	己	庚	戊		癸	丁	乙	丁		乙	癸	丙	甲		甲	甲	癸	戊
子	丑	申	寅		卯	酉	巳	未		卯	亥	子	子		子	午	亥	申
편	비	상	정		편	편	겁	식		식	겁	비	비		인	상	편	편
재	견	관	관		인	재	재	신		신	재	견	견		수	관	인	관

비	일	편	인		겁	일	겁	정		겁	일	편	정		비	일	정	편
견	주	관	수		재	주	재	재		재	주	관	관		견	주	관	재
庚	庚	丙	己		甲	乙	甲	戊		乙	甲	庚	辛		辛	辛	丙	乙
辰	申	寅	酉		申	亥	子	寅		亥	辰	寅	丑		卯	巳	戌	亥
편	비	편	겁		정	인	편	겁		편	편	비	정		편	정	인	상
인	견	재	재		관	수	인	재		인	재	견	재		재	관	수	관

건명(乾命)

조모		조모	장모
손녀	나	손녀	손자
(상관)	(일주)	(상관)	(식신)
己	丙	己	戊
亥	戌	未	午
(편관)	(식신)	(상관)	(겁재)
자녀	장모	조모	형제
	손자	손녀	자매

		조부	조모
자녀	나	이모	손녀
(편관)	(일주)	(편인)	(상관)
庚	甲	壬	丁
午	辰	寅	亥
(상관)	(편재)	(비견)	(편인)
조모	부친	형제	조부
손녀	처첩	자매	이모

장모			
손자	나	모친	자녀
(식신)	(일주)	(인수)	(정관)
辛	己	丙	甲
未	巳	寅	子
(비견)	(인수)	(정관)	(편재)
형제	모친	자녀	부친
자매			처첩

곤명(坤命)

	형제		
자녀	나	자매	남편
(식신)	(일주)	(비견)	(정관)
庚	戊	戊	乙
申	午	子	酉
(식신)	(인수)	(정재)	(상관)
자녀	모친	숙부	자녀
		고모	조모

	숙부		
자녀	나	고모	남편
(식신)	(일주)	(정재)	(정관)
丁	乙	戊	庚
丑	酉	寅	辰
(편재)	(편관)	(겁재)	(정재)
부친	정부	형제	숙부
시모		자매	고모

	형제	조부	
남편	나	자매	이모
(정관)	(일주)	(겁재)	(편인)
癸	丙	丁	甲
巳	子	卯	申
(비견)	(정관)	(인수)	(편재)
형제	남편	모친	부친
자매			시모

사주에 편인이 없으면 인수를 조부로 보고, 상관이 없으면 식신을 조모로 보고, 편재가 없으면 정재를 부친으로 보고, 인수가 없으면 편인을 모친으로 보고, 식신이 없으면 상관을 장모로 보고, 정재가 없으면 편재를 숙부, 고모로 보고, 정관이 없으면 편관을 남편으로 보고, 정재가 없으면 편재를 처로 본다.

4. 육신(六神)의 연,월,일,시,론,(年,月,日,時,論)

▶ 비견(比肩)

1. 연비견(年比肩) : 공덕으로 출생, 비호 양육, 양반, 빈가 출생 형제간중 최저생활. 일찍 객지생활. 동생의 신분으로 출생함이 많고 장남인 경우라도 가업과 부모의 사업과는 인연이 없다.
2. 월비견(月比肩) : 부모에게 불효하는 경우가 많고 반항심이 강하다. 동기간에 불목. 걸핏하면 남과 다툼이 생기며 성질이 불과 같다. 건강하나 욕심없다. 생활고에 굴곡, 빚을 지고 살 팔자다.
3. 일비견(日比肩) : 독신 별거, 상부상처, 만혼, 집안 불목, 일간이 약하면 배우자의 덕이 있을 수 있다. 탕진하는 동기간 둠. 근거가 동요. 음일간 여명은 형제, 자매의 사이가 나빠진다.
4. 시비견(時比肩) : 주거변동 빈번. 신경질병. 바람기. 길한 인연을 못만남. 여자는 배우자를 잘 만나기 어렵고 가정불화가 따른다. 자식과의 인연이 박하다. 양자나 사생자식을 둘 수 있고 형제가 요절하기 쉽고 신왕하면 재물을 모으지 못해 늙어서 빈천해진다.

▶ 겁재(劫財)

1. 연겁재(年劫財) : 부모와 일찍 이별하거나 편친을 섬기게 된다. 이복형제. 형제혼잡. 동기간에 부정, 행위분주, 구설, 투쟁, 상신, 일찍 고생이 많고 사업은 파산 해산된다.

2. 월겁재(月劫財) : 생활의 기복이 심함. 동업사업 하지말 것. 재산 손재 파가. 인덕없음. 포악스런 남편 노릇을 하거나 처자에게 무리한 희생을 요구하고 가정풍파가 많다. 부부지간 이별, 동기간에 해끼친다. 부모가 조망하기 쉽다.

3. 일겁재(日劫財) : 부부무정. 이별. 자식에게 괴로움을 주거나 자식이 실패하며 자식덕이 없다. 상해흉터, 수술, 동기간으로 재물손재 인덕이 없음. 수심이 풀리지 않는다.

4. 시겁재(時劫財) :신용잃고 질병발생. 사생자식둠. 자식과 사별하거나 자식으로 인해 재산을 소모시킨다. 요행심 투기심이 있음. 처자극상, 인기하락, 처가 어질지 못하다.

▶ 식신(食神)

1. 연식신(年食神) : 장수가문, 인물조상, 조상양반, 선대번창, 부호가에 출생. 선조의 덕이 있다. 그러나 공망(空亡)을 만나면 몰락해지고 있는 상태다. 인물수려. 교육집안. 지혜총명. 신장 비장에 고장난다.

2. 월식신(月食神) : 만혼, 만자하게 됨. 효성지극, 신체건강, 공부에는 재주없다. 원한관계 맺지 않는다. 월에 식신이 있고

시주에 정관(正官)을 만나면 크게 발전, 안락한 생활을 누린다.

3. 일식신(日食神) : 배우자 체격풍후. 자녀숫자 많지 않음. 재물있으나 자식근심. 배우자의 덕으로 의식주의 혜택을 본다. 용서와 이해를 잘해 줌. 부부지간 유정해도 상부상처 염려된다.

4. 시식신(時食神) : 아들 딸 많이 두고 자식덕이 있다. 그러나, 공망(空亡)되면 복이 헛된다. 풍요한 생활, 유산이 적지 않음. 건강장수. 남자는 자식근심이나 여자는 효자둔다. 명성이 문에 이른다.

▶ 상관(傷官)

1. 연상관(年傷官) : 자손 끊긴 가문. 혈광액사. 청년에 죽은 조상 많다. 조상덕이 없음. 기술조상. 무식가문. 아버지 이별. 재화를 초래하고 압력, 갈등, 트러블이 일어나고 복분을 상하며 단명의 우려도 있다.

2. 월상관(月傷官) : 부친과 일찍 이별. 부모형제 인연없음. 육친골육 불화 가출습관. 심성이 정직하지 못함. 여성은 남편극해. 반항심이 있다. 예술과 기술이 있다. 겁재(劫財)가 있으면 빈가 출생이다.

3. 일상관(日傷官) : 처는 미인. 여성은 미모이나 남편을 업신여기는 경향이 있다. 남편과 이별수. 재주 예능있고 돈 잘 벌며 모험심 있으나 관재수 자주 생김. 직업곤란 받음. 친척이 해끼친다.

4. 시상관(時傷官) : 자식이 어리석음. 불효자식 두게 됨. 말년에 질병으로 신세가 처량하게 된다. 양인(羊刃)과 같이 있으면 그의 자식은 마음이 응큼하다.

▶ 편재(偏財)

1. 연편재(年偏財) : 조상대에 부자였으나 부모대에 몰락하며 선친은 혈혈단신 조모에게 양육되거나 부모와 인연이 박함. 빈가에 출생, 타가에 입적함. 부모의 자산(資産)이 있더라도 상속받기 어렵다.
2. 월편재(月偏財) : 선심공세 잘하고 물질경시. 자유결혼 많이하고 주색으로 패가망신. 부모의 혜택을 입지 못한다. 부모의 근심. 배짱좋고 잘 살아도 외부내빈이다.
3. 일편재(日偏財) : 처가와 화목치 못함. 바람끼가 심함. 연애혼인. 금전낭비. 빈궁으로 곤경이 심하다. 산재망신, 부부풍파, 약자를 깔본다.
4. 시편재(時偏財) : 자수성가. 돈 잘 벌고 통이 커서 출세하고 빚을 무서워 않고 말년넉넉 부귀행복. 처덕으로 성공한다.

▶ 정재(正財)

1. 연정재(年正財) : 선대조가 양반. 부호가의 출생많고 조상덕을 봄. 가내에 근심. 두뇌총명. 장남노릇 하게 되고 생활순탄, 자수성가 비겁(比劫)이 많으면 형제간에 재산 싸움이 일

어나고 가운이 기울어 진다. 연월주(年月柱)에 정재가 있고, 타에 정관(正官)이 있으면, 독립적으로 부와 명예를 얻는다.

2. 월정재(月正財) : 효자 장수가 출생. 애처가며 처가에다 상속권. 근면과 신용으로써 발전하고 형제자매의 도움을 입는다. 수전노. 건강하며 고생없고 독립정신 투철. 자수성공. 신약(身弱)사주면 아내로 인한 재화(災禍)가 있다.

3. 일정재(日正財) : 남자는 처가편 된다. 현명한 아내를 맞아 도움을 본다. 그러나 형충공망(刑冲空亡)되면 불량 부정한 아내 때문에 고생한다. 사람이 인색하지만 알부자로 지낸다. 시부모는 인정이 없다.

4. 시정재(時正財) : 아들 딸을 많이 둔다. 중년부터 부귀하며, 말년에 벼슬하며, 가정생활 태평하고 크게 번창한다. 아름다운 아내를 얻고 자식이 영달한다. 신왕(身旺)사주에 건록(建祿)과 같이 있으면 대부(大富)한다.

▶ 편관(偏官)

1. 연편관(年偏官) : 조상덕은 전혀없고 서민가문, 기술가문. 부모와 인연이 박하고 부모로 인하여 곤경에 처하는 일이 있다. 동기간에 흩어짐. 심기가 부동(浮動). 족보상에 수치스러움. 신상질병 안떠난다. 충극(冲剋)이 있으면 고향을 떠나 살게 된다.

2. 월편관(月偏官) : 주거전전 많이하며 무관이나 기술가문. 힘도 세고 기골이 장대함. 학력이 짧고 고학경험. 약 떠나서 못

살 팔자. 양인(羊刃)까지 있으면 생애중 파란이 많고 고독하게 지낸다. 타주(他柱)에 정편관(正偏官)이 많으면 형제와 인연이 박하다.

3. 일편관(日偏官) : 전공을 지키지 못함. 고위직 중책, 혁명의 기질. 노고가 많고 즐거움이 적으며 본인은 수술, 부상, 신상 장애, 형제간에 불화, 똑똑한 배우자 상봉. 고집세고 영리함. 변태성 이성관계

4. 시편관(時偏官) : 아들수는 적지만 출세하는 자식둠. 말년에 불치병 발생. 상한풍질(傷寒風疾)이 염려된다. 제화(制化)가 있거나 신왕(身旺)하면 자식덕이 있고, 신약(身弱)하면 자식 덕이 없다.

▶ 정관(正官)

1. 연정관(年正官) : 혈통좋은 가문출신. 선대집안 양반. 부모의 힘을 얻어 태평히 지내고 부모의 업을 이어받는다. 공부하길 좋아하며 중요자격 지닌다. 자주 아프며 전염병이 우려 된다. 비겁(比劫)이 많으면 아우로 태어나고, 상관이 없고 재성이 있으면 부귀가문에 출생한다.

2. 월정관(月正官) : 공부하길 즐기고 명예욕이 많고 봉사정신이 투철하다. 관직하면 대길하고 장사하면 패망하기 쉽다. 인성이 있으면 고관이 되고, 연시주(年時柱)에서 편관을 보면 길함이 감소된다.

3. 일정관(日正官) : 처가혈통 양반. 부부지간 맞벌이하고 명예
   욕이 대단하다. 집안이 창성하여 명예와 재산을 얻는다. 외로
   운사람 구제하고 배우자간에 다정하다. 신왕(身旺)하면 현부
   현처를 맞이하나, 신약(身弱)하고 형충(刑冲)되면 부부반목하
   고 이별하기 쉽다.
4. 시정관(時正官) : 늦게까지 직업가짐. 배경없이 출세함. 돈은
   없어도 효자자식 두게되고, 말년에는 영귀(榮貴)하며 자식덕
   으로 태평하게 지낸다. 자손의 학문이 훌륭하다.

▶ 편인(偏印)

1. 연편인(年偏印) : 조상대에 절손경험. 학식없는 선대조상, 조
   상조업 따로없다. 부모의 유산을 지키지 못하고 생활에 궁핍
   이 있다. 부모님이 가난하고 내과병이 안떠나 자식들과 불목
   한다.타도나 타국에서 살아본다. 양(養)에 놓이면 계모에게
   양육된다.
2. 월편인(月偏印) : 부모중에 혈통혼잡. 자식이 없거나 늦게둔
   다. 부모연이 박하고, 계모나 조모에게 양육되기 쉽다. 처음
   시작 잘되나 사업실패 많이 있다. 운명가, 의사, 배우, 이발
   사 등의 편업이 길하다. 식신이 있으면 체구가 왜소하고 수상
   인의 방해가 있다. 돈이 생기나 부양의무가 있다.
3. 일편인(日偏印) : 성질이 조급하며 매사가 중단되거나 불성
   됨. 남의 말을 믿지 않는다. 배우자연이 부족하니 착한 인연
   힘이 들어 불화하니 결혼생활에 애로가 많고 어려서는 병약했

다. 신약하면 길하나 신왕하면 처자복이 없다. 음일주 남자는 처에 의존하고 양일주 여자는 부부가 현명하나 박정하다.

4. 시편인(時偏印) : 자식이 없거나 늦고, 말년에 다병하거나 고독하며 자식들이 흩어지고, 양자두는 수가 있고 생식기에 질환이 있다. 아내와 인연이 박하고 여자는 난산의 액이 있다. 신약하면 남의 도움도 많고, 남을 위하여 봉사도 해본다.

▶ 인수(印綬)

1. 연인수(年印綬) : 선대조상 학자, 의사, 예술, 선비가문이요. 좋은 가문의 출신이다. 외가 모친덕을 보니 외가가 훌륭하다. 머리가 총명한 천재이나 고독. 자식이 늦고 허약. 문장으로 이름난다.

2. 월인수(月印綬) : 한쪽 부모 모셔봄. 후배를 많이 거느림. 오래살고 머리총명. 의사, 선생 많이보고 자식을 늦게 두면 게으르게 생활한다. 부잣집 태생으로 총명하고 지조가 있으며 실천력이 강하다. 그러나 형충파해(刑冲破害)를 만나면 빈곤한 소년기를 보내고 상속인의 지위라 해도 그 혜택을 받을 수 없다. 학업이 발전되고, 신분이 향상된다.

3. 일인수(日印綬) : 배우자 가족을 자기 혈족처럼 뫼실 수. 생활의 기복이 심하다. 재물재산 욕심없고 자손인연 늦게 있다. 현명하고 유정하며 친절하고 배우자가 학식이 있다. 신약하면 서로 협조한다. 공망(空亡)이나 파(破)가 되면 생모와 인연이 박하다.

4. 시인수(時印綬) : 자식이 늦고 고독함. 양자두는 수 있음. 자식을 두어도 어리다. 학문 예술 교육후손 두게 됨. 늦게 영화가 있고 자녀가 출세하며 효자이다. 타주(他柱)에도 인수가 많으면 자식이 병약하고, 식신이 많으면 복록이 적고 단명한다. 신왕사주에 관살이 없으면 재주는 있으나 고독하고, 관살이 있으면 식도락가이며 출세하고 무병·장수한다.

5. 육신(六神)의 작용(作用)

▶ 비견(比肩)

1. 비견(比肩)이 왕(旺)하고 신왕(身旺)하면 아우로 태어난다.
   비견(比肩)이 왕(旺)하면 형이나 누나가 있다.
2. 비견(比肩)이 많고 관살(官殺)이 없으면 재혼한다.
3. 비견(比肩)이 천간(天干)에 많은 여자는 정조를 잃는다.
   비견(比肩)이 왕지(旺地)에 놓이면 형제의 도움이 있고 약지(弱地)에 있으면 내가 형제를 도와주게 된다.
4. 사주가 전부 비견(比肩)이면 부친 및 처자와 인연이 없고 두 집안을 관장하든가 양자를 간다.
5. 사주가 모두 비견(比肩)이고 재성(財星)이 하나만 있으면 거지가 된다.
6. 비견(比肩)과 겁재(劫財)가 동주(同柱)하면 부모형제의 덕이 없고 인덕이 없다. 비견(比肩), 겁재(劫財)가 모두 있으면 손

재나 부부이별이 있다.

7. 비견(比肩)이 사,묘,절,욕,지(死,墓,絶,浴,地)에 놓이면 형제가 무능하여 빈천하지 않으면 일찍 죽는다.

8. 비견(比肩)에 건록(建祿)이 동주(同柱)하면 형제자매에게 부귀영화가 있다.

9. 비견(比肩)이 공망(空亡)되면 형제자매와 인연이 없고 비견(比肩)이 형,충,파,해,공망(刑,沖,破,害,空亡)되면 부모, 처자, 남편의 덕이 없고 이별한다.

10. 왕(旺)한 비견(比肩)이 형충(刑沖)되면 형제자매나 친구와 불목하니 도움이 없다. 약(弱)한 비견(比肩)이 형충(刑沖)되어 파손되면 형제자매가 수술을 하거나 불구가 되며 일찍 죽는 수도 있다.

11. 사주에 비견(比肩)이 많으면 극부(剋父) 손재를 하게 되며 평생에 고생이 많고 형제, 남편, 처덕이 없으며 이별한다.

12. 남명(男命)이 비견(比肩)을 많이 만나면 상처. 손재가 많고 동기간이나 친구간에 손실을 많이 보게 되고 동업, 합자, 주식회사, 금전대채업(金錢貸債業) 등 투기성 있는 사업이나 공동 사업을 하면 실패한다.

13. 여명(女命)이 비견(比肩)이 많으면 고집이 세어서 부부불화하거나 남편이 첩을 얻어 나가며 혹은 본인이 첩이 되거나 독신생활을 하게 되며 색정으로 인한 번뇌가 많으며, 비견(比肩)이 강하고 관살(官殺)이 약하면 부부간의 애정이 없다. 천간(天干)에 비견(比肩)을 많이 만나면 다정하여 정조를 잃는다.

14. 비견(比肩)이 지살(地殺) 역마(驛馬)에 놓이면 형제자매가 원행하거나 타향에 나간다.

15. 연주(年柱)에 비견(比肩)이 있으면 장남이 아니며 고향을 떠나 산다. 연간(年干)에 비견(比肩)이 있으면 형님이나 누님이 있으며 양자를 가거나 타향살이 한다.

16. 월주(月柱)에 비견(比肩)이 있으면 형제가 있으며 고향을 떠나 산다. 월주(月柱)에 비견(比肩)이 있고 신왕(身旺)하면 부모형제의 덕이 없으며 생가를 떠나 타가를 상속한다.

17. 월간(月干)에 비견(比肩)이 있으면 형제자매가 있으며 고향을 떠나 산다.

18. 월간(月干)이 편재(偏財)이고 월지(月支)가 비견(比肩)이면 부친이 가산을 탕진하거나 객사한다.

19. 월지(月支)에 비견(比肩)이 있으면 장자가 되지 못하는 경향이 많고 유산을 물려 받아도 탕진하기 쉬우며 자수성가하게 되는데 부친을 일찍 사별하는 경향이 많다.

20. 월지(月支)에 비견(比肩)이 있고 비견(比肩) 겁재(劫財)가 많으면 부모형제와 인연이 없고 성품이 포악하며 양자갈 팔자이다.

21. 일지(日支)에 비견(比肩)이 있으면 동생이 있으며 부부간에 다른 마음을 가지므로 불화한다.

22. 시주(時柱)에 비견(比肩)이 왕하면 양자로 대를 잇고 시주(時柱)에 비견(比肩)이 있고 신왕(身旺)하면 자손덕이 없고 재물을 모으지 못하며 늙어서 빈천해진다.

▶ 겁재(劫財)

1. 겁재(劫財)와 비견(比肩)이 많은 여자는 부부간에 원한이 생긴다.
2. 겁재(劫財)가 편관(偏官)과 합(合)이 되면 형제의 힘을 얻는다.
3. 겁재(劫財)와 양인(羊刃)이 많고 관살(官殺)이 없으면 재혼을 하고 일생 빈천하다.
4. 겁재(劫財)와 양인(羊刃)이 동주(同柱)하면 성격이 포악무도하고 타향살이를 하며 재물과 여자로 인해 재앙이 그치지 아니하고 극빈하거나 단명한다.
5. 겁재(劫財)와 상관(傷官)과 양인(羊刃)이 함께 있으면 형옥(刑獄) 또는 재앙, 변사하거나 단명한다.
6. 겁재(劫財)와 상관(傷官)이 동주(同柱)하면 이중인격자이고 사기성이 있으며 간악하여 칼에 맞거나 감옥에 갇히며 가난하지 않으면 일찍 죽는다.
7. 겁재(劫財)가 두 기둥에 동주(同柱)하면 혼사가 잘 깨어지고 곤고적막하여 여자나 재물로 인해 재앙이 생긴다.
8. 사주에 겁재(劫財)가 많으면 겉보기에 화려해도 속은 비었다. 부부간에 불화쟁론이 많고 이별수가 있으며 형제자매 친구간에도 불화한다. 가정이 적막하고 재(財)로 인한 흉화를 종종 입게 되는데 혼담이 깨어지기 쉬우며 약혼후에도 파혼이 잘된다.
9. 사주에 겁재(劫財)가 있으면 이복형제가 있고, 겁재(劫財)가 태왕(太旺)하면 이중인격자이다.

10. 겁재(劫財)가 왕(旺)하고 정재(正財)가 쇠(衰)하면 형제간에 잘 싸우고, 사주가 비견(比肩) 겁재(劫財)로 되어 있고 재성(財星)이 하나만 있으면 거지가 되고 만약 재운(財運)을 만나면 사망한다. 비겁(比劫)이 많고 재성(財星)이 있으면 도심(盜心)이 있다.

11. 비겁(比劫)과 상관(傷官)이 많으면 남녀 모두 부부이별하고 자녀를 극한다.

12. 비겁(比劫)과 인성(印星)이 많은 남자는 처가 산액이 있다.

13. 연주(年柱)에 겁재(劫財)가 있으면 가난한 집 지차로 출생했으며 조상덕이 없고 출생지를 떠나 산다.

14. 연월(年月) 중에 겁재(劫財)를 만나면 장자는 못되고, 겁재(劫財)와 비견(比肩)이 사주의 대부분을 차지한 남자는 화류계 여성을 정처(正妻)로 삼는 경우가 많다.

15. 월주(月柱)에 겁재(劫財)가 있으면 형제가 있는 집안의 동생으로 출생했으며 고향을 떠나 타향살이를 한다.

16. 월지(月支)에 겁재(劫財)가 동주(同柱)하고 신왕(身旺)하면 가난한 집안에서 출생했으며 형제의 정이 없고 인덕이 없으며 부모가 일찍 죽는다.

17. 월간(月干)에 겁재(劫財)가 있으면 부친이 신병이 있다.

18. 일지(日支)에 겁재(劫財)가 있으면 부부간에 불화하며 냉정하다.

19. 일지(日支)에 겁재(劫財)가 있고 신왕(身旺)하면 배우자궁이 대흉하고 신약(身弱)하면 도리어 길하다.

20. 일(日)과 시(時)에 비겁(比劫)이 함께 있으면 처가 산액이

있다.

21. 시주(時柱)에 겁재(劫財)와 상관(傷官)이 함께 있으면 극자(剋子) 한다.

22. 시지(時支)에 겁재(劫財)가 있으면 처가 어질지 못하고 자식으로 인해 패가한다.

23. 신왕(身旺)한 사주의 시지(時支)에 겁재(劫財)가 있고 일지(日支)에 재성(財星)이 있으면 상처한다.

▶ 식신(食神)

1. 신왕(身旺)한 사주에 식신(食神)과 재성(財星)이 있으면 여복과 재복이 있으며 뭇사람의 사랑을 받아 성공하며 여자는 효자를 둔다.

2. 식신(食神)이 왕(旺)한 사주에 겁재(劫財)가 많고 편인(偏印)이 있으면 걸식하거나 일찍 죽는다.

3. 식신(食神)이 있고 편인(偏印)이 많으면 굶어 죽는다. 식신(食神)과 편인(偏印)이 동주(同柱)하면 노고와 재해가 많다.

4. 사주에 식신(食神)이 너무 많으면 신체가 허약하고 부모덕이나 자식덕이 없으며 양일생(陽日生) 여자는 창녀가 되고 음일생(陰日生) 여자는 기생이 되거나 첩살이를 하며 과부가 된다.

5. 식신(食神)이 편인(偏印)에 의해 극(剋)을 당하면 신체가 왜소하거나 추하며 단명하고 음식물이나 약물중독 또는 굶어 죽는다. 여자는 공방살이 하거나 산액이 있고 자녀들이 질병을

자주 앓든지 자녀중에 불구 자손이 있을 위험이 있고 젖이 부
족한 경향이 있는데 풍족하다면 유종병을 앓게 된다.

6. 식신(食神), 겁재(劫財), 편인(偏印)이 모여 있으면 단명하고
   식신(食神)과 편인(偏印)이 함께 있으면 고생이 많으며 대액
   을 당한다.

7. 식신(食神)과 양인(羊刃)이 중첩되면 몸이 약하거나 신병이
   있다. 식신(食神)과 편인(偏印)이 있고 양인(羊刃)을 만나면
   큰 인물이 된다.

8. 식신(食神)이 있는 사주에 편관(偏官)과 정관(正宦)이 있으면
   구류술업(九流術業)을 한다.

9. 식신(食神)이 공망(空亡) 충극(冲剋)되고 편인(偏印)이 있으
   면 정신병이나 위장병으로 갑작스럽게 죽는다.

10. 식신(食神)이 간합(干合)하면 관리로 출세하고, 음일주(陰日
    主)의 여명(女命)에 식신(食神)이 인수(印綬)와 합(合)되면
    나의 자식을 친정어머니가 길러 주거나 친정집에서 성장하게
    된다.

11. 신왕(身旺)한 여명(女命)에 식신(食神)이 건록(建祿)이나 왕
    지(旺地)에 놓이면 자식이 출세한다. 시주(時柱)에 건록(建
    祿), 제왕(帝旺) 등이 붙어 있으면 자식이 크게 부귀하고 남
    명(男命)은 비견(比肩), 겁재(劫財) 등이 식신(食神)을 생왕
    (生旺)하면 부귀한다.

12. 식신(食神)에 목욕(沐浴), 병(病), 사(死), 묘(墓), 절(絶)
    등이 있으면 미천한 팔자이며 자식을 극하고 식신(食神)이
    형충(刑冲)되면 어머니와 이별한다.

13. 여명(女命)에 식신(食神)이 형충(刑冲)되면 자궁수술 있어보고 나팔관 임신을 하여 나팔관 수술을 하여보며 처녀시절에 발육할 때 유방이 작게 되고 그렇지 않으면 유종병을 앓아보고 유산 혹은 산후에 병을 잘 얻는다.

14. 식신(食神)이 인성(印星)과 형충(刑冲)된 자는 친정에 가서 초산하지 말라. 두 생명이 같이 갔다가 한 생명은 잃고 돌아오는 길에 홀로 슬픈 눈물을 흘리게 된다.

15. 식신(食神)에 급각살(急脚殺)이 임하거나 형,충,공,망(刑冲空亡)을 만난 자는 소아마비 자녀를 두게 되니 예상주사를 놓아주라. 혹은 자식이 교통사고, 낙상 등으로 다리를 다친다.

16. 여명(女命)에 양식신(陽食神)이 작합(作合) 또는 암합(暗合)하면 아들놈이 바람나고, 음식신(陰食神)이 작합(作合) 또는 암합(暗合)하면 여식 연애가 걱정된다.

17. 식신(食神)이 왕(旺)한 사주에 쇠약한 재관(財官)이 파극(破剋)되면 여자는 자식은 잘 되나 남편이 어리석고 무능하다.

18. 연주(年柱)에 식신(食神)이 있으면 양반집 태생이며 조상이 부귀했고 조상덕이 있다.

19. 연간(年干)에 식신(食神)이 있고, 연지(年支)에 비견(比肩)이 있으면 경제적으로 윤택하며 귀인의 도움을 받고, 부잣집에 양자를 가거나 타인의 도움을 받으며 경제적 수완이 있다.

20. 연간(年干)에 식신(食神)이 있고 연지(年支)에 겁재(劫財)가 있으면 남의 흉사(凶死)로 이득을 보는 수가 있다.

21. 월주(月柱)에 식신(食神)이 있으면 조업이 융성하다.

22. 월주(月柱)에 식신(食神)이 있고 시주(時柱)에 정관(正官)이 있으면 관리로 출세한다.

23. 사주에 식신(食神)이 있고 일지(日支)에 정관(正官)이 있거나 월지(月支) 또는 시지(時支)에 건록(建祿)이 있으면 대귀대부(大貴大富)한다.

24. 식신(食神)이 월지(月支)에 있으면 명랑하며 신체가 비대하고 일지(日支)에 있으면 어진 아내를 얻고, 일지(日支)에 식신(食神)이 왕(旺)하면 배우자가 뚱뚱하고 마음씨가 너그러우며 의식이 풍족하다. 그러나 편인(偏印)이 가까이 있으면 그렇지 못하다.

25. 일지(日支)에 식신(食神)이 있고 시간(時干)에 정관(正官)이 있으면 명리(名利) 통달한다. 일(日)과 시(時)에 식신(食神)과 정관(正官)이 같이 있으면 얼굴에 파상(破傷)이 있다.

26. 일간(日干)이 월지(月支)나 시지(時支)에 녹(祿)을 얻고 한 개의 식신(食神)이 왕(旺)하면 부귀한다.

27. 시주(時柱)에 식신(食神)이 왕하고 길신(吉神)이면 처자복이 있고 장수한다.

28. 시주(時柱)에 식신(食神)과 편인(偏印)이 함께 있으면 어려서 젖이 부족했고 여자는 산액이 있으며 늙어서 굶어 죽는다.

▶ 상관(傷官)

1. 사주에 상관(傷官)이 많으면 남녀 공히 병약하고 극자하며 음란하다. 남자는 관운(官運)이 없고, 여자는 미모이며, 첩살이나 화류계로 나가고 과부이다. 신왕(身旺)하고 상관(傷官)이 많으면 예술가, 음악가로 출세하거나 종교가가 된다.

2. 상관(傷官)과 겁재(劫財)가 같이 있으면 재산을 목적으로 결혼하는 탐욕에 찬 사람이다.

3. 상관(傷官)만 있고 재성(財星)이 없으면 재주는 있으나 빈천하고, 사주에 상관(傷官)이 많고 재성(財星)이 없으면 부부연이 박하다.

4. 상관(傷官)과 편인(偏印)이 동주(同柱) 하거나 상관과 편인이 가까이 있는 여명(女命)은 남편복과 자식복이 없다. 상관과 편인이 중첩된 여명은 자녀와 이별하지 않으면 자녀를 데리고 재혼한다.

5. 상관(傷官)과 정관(正官)이 같이 있으면 호색다음하고 상관(傷官)이 많고 정관(正官)이 없으면 관골이 높고 눈썹이 거칠며 눈빛이 예리하고 재예가 있으나 교만하다. 상관(傷官)만 있고 관살(官殺)이 없는 여명(女命)은 정조관념이 강하다.

6. 상관(傷官)이 있고 정관(正官)을 보면 예절과 법을 무시하고 하극상하며 비방을 들으면 크게 성낸다. 상관(傷官)이 있는 사주에 편관(偏官)이 있으면 영민하고 타인을 애호한다.

7. 상관(傷官)이 있는 사주에 인수(印綬)가 있으면 사람이 원만하고, 사주에 상관(傷官)만 있고 인수(印綬)가 없으면 욕심이

많고, 정관(正官)이 없으면 재주는 있으나 교만하고 재물이 없으며 비천하다.

8. 상관(傷官)이 있는 사주가 비겁(比劫)이 많으면 예절과 법을 무시하고 하극상하며 비방을 들으면 크게 노한다.

9. 신왕(身旺)하고 상관(傷官)이 많은 사주에 제화(制化)가 없으면 예술가나 승려가 된다.

10. 상관(傷官)과 양인(羊刃)이 동주(同柱)하면 부모에게 해로우며 남의 집 고용살이를 한다.

11. 상관(傷官)이 삼합국(三合局)을 이루고 양인(羊刃)이나 겁재(劫財)가 있으면 조상을 욕되게 한다.

12. 상관(傷官)이 사지(死地)에 놓이면 질투심이 강하나 우유부단하다.

13. 토일주(土日主)가 월(月)과 시(時)에 상관(傷官)이 있으면 얼굴이나 머리에 결함이 있고 어려서 농혈병을 앓는다.

14. 연주(年柱)에 상관(傷官)이 있으면 아우로 출생하며 가난한 집 태생이면 편친을 일찍 여의고 조업을 파한다.

15. 연상(年上)에 상관(傷官)이 있는 남명(男命)은 재혼하는 모친을 따라 가서 양육당한다. 연간(年干)에 상관(傷官)이 있으면 부모덕이 없고 생가에 오래 머물지 못하는 것이다.

16. 연간(年干)과 연지(年支)에 상관(傷官)이 모두 있으면 단명하고, 연주(年柱)와 월주(月柱)에 상관(傷官)이 있으면 부모와 처자가 온전치 못하다.

17. 연주(年柱)에 상관(傷官)이 있고 월주(月柱)에 재성(財星)이 있으면 복록이 있다.

18. 월주(月柱)에 상관(傷官)이 있으면 부모 형제자매가 온전치 못하고, 월주(月柱)에 상관(傷官)이 있고 상관(傷官)이 많으면 빈천하지 않으면 단명한다.

19. 일지(日支)에 상관(傷官)이 있으면 부부궁과 자식궁이 온전치 못하며 욕 잘하고 구설이 많다. 일지(日支)에 상관(傷官)이 왕(旺)한 여명(女命)은 남편과 이별하고, 일지(日支)에 상관(傷官)이 있고 신왕(身旺)하면 배우자가 미인이다.

20. 여명(女命)에 상관(傷官)이 있고 일지(日支)에 양인(羊刃)이 같이 있으면 남편이 횡사하고, 연주(年柱)에 상관(傷官)이 있으면 산액이 있다.

21. 일지(日支)에 상관(傷官)이 있고, 재성(財星)이 없으며 비겁(比劫)이 많으면 여자는 남편을 사별하고 선부후빈(先富後貧)하고 일지(日支)에 상관(傷官)이 있고 시지(時支)에 재성(財星)이 있으면 다능다변하며 본인이 미인이다.

22. 일지(日支)와 시주(時柱)에 상관(傷官)이 있으면 얼굴에 상처가 있다.

23. 시주(時柱)에 상관(傷官)이 있는 남명(男命)은 자식이 우매하여 온전치 못하고 자신보다 먼저 죽으며 여명(女命)은 자녀복이 있다. 시주(時柱)에 상관(傷官)이 있고 양인(羊刃)이 있으면 도심(盜心)이 있다. 연주(年柱)와 시주(時柱)에 상관(傷官)이 있으면 남녀불문하고 자식에게 해로우며 극자(剋子)한다.

▶ 편재(偏財)

1. 편재(偏財)가 천간(天干)에만 있으면 주색을 좋아하고 의로운 일에 재물을 희사한다. 편재(偏財)가 지지(地支)에만 있으면 교제를 좋아하고 재리(財利)에 힘쓰며 에누리를 잘 한다.

2. 편재(偏財)가 왕성하고 신왕(身旺)이면 사업대성하며 편재(偏財)가 왕성하고 천덕(天德)이나 월덕(月德)이 있으면 부친이 현명하고 명망이 있으며 복록이 많다.

3. 사주에 편재(偏財)가 많으면 다정다욕하고 주색을 좋아하며 처보다 첩을 편애하고 양자를 가거나 돌아다니기를 좋아하며 타향에 나가서 성공한다. 편재(偏財)가 너무 많으면 첩을 많이 얻는 수가 있다. 여명(女命)에 편재(偏財)가 많으면 재복이 없다.

4. 편재(偏財)와 비견(比肩)이 함께 있거나 편관(偏官)과 함께 있으면 여난을 당하고 부친덕이 없다. 간지(干支)가 모두 편재(偏財)면 처덕이 많다.

5. 편재(偏財)가 공망(空亡)되면 부친덕과 처복이 없고 편재(偏財)가 간합(干合)하면 독립하여 부귀한다. 재성(財星)이 충(冲)이나 공망(空亡)되면 양자갈 팔자이며 타인에게 폐를 끼친다.

6. 편재(偏財)와 정재(正財)가 동주(同柱)하거나 나란히 있으면 처첩과 동거하고 편재(偏財)와 편관(偏官)이 동주(同柱)하면 부친무덕하고 여자로 인하여 손재한다.

7. 편재(偏財)와 비겁(比劫)이 동주(同柱)하면 부친덕이 없고 만

약 부모유산을 물려받아도 가산을 탕진하고 여자로 인하여 손재한다. 편재(偏財)와 비견(比肩)이 연주(年柱)에 함께 있으면 부친이 객사한다.

8. 재성(財星)이 명암(明暗)으로 투합(妬合)이나 쟁합(爭合)이 되면 재혼을 하거나 처첩이 부정하다. 재성(財星)이 편관(偏官)과 회합(會合)되면 의외득재하고 처가 미인이다.

9. 인신사해(寅申巳亥)가 재관(財官)이 되면 여자는 고향떠나 시집가고 진술축미(辰戌丑未)가 재성(財星)이 되거나 재성(財星)이 묘고(墓庫)에 놓이면 객사한다.

10. 편재(偏財)가 장생(長生)에 놓이면 외재(外財)을 많이 얻으며 부자간에 화목하며 부친이 장수한다. 편재(偏財)가 도화(桃花), 목욕지(沐浴地)에 놓이면 부친이 풍류를 즐기고 편재(偏財)가 묘고(墓庫)에 놓이면 부친을 일찍 이별하고 편재(偏財)가 생왕묘(生旺墓)에 놓이면 큰 부자가 된다.

11. 연주(年柱)에 편재(偏財)가 있으면 상가(商家)태생이며 부친이나 조부가 양자이거나 유산을 물려받되 늦는 경향이 있다.

12. 연주(年柱)에 편재(偏財)가 동주(同柱)하고 비겁(比劫)이 없으면 부유한 가정에서 출생했다. 비겁(比劫)이 많으면 부친 재산문제로 형제간에 싸움이 일어난다.

13. 연지(年支)에 있는 편재(偏財)가 공망(空亡)되면 부친이 타인에게 양육되었다. 연간지(年干支)가 모두 편재(偏財)면 양자로 가는 수가 있다.

14. 월주(月柱)에 편재(偏財)가 있으면 부잣집 태생이며 청년기에 발복하고, 월주(月柱)에 편재(偏財)가 있고 재성(財星)이

많아 신약(身弱)하면 인색하고 박복하다.

15. 월주(月柱)에 편재(偏財)가 있고 비겁(比劫)이 많으면 쟁재(爭財)하고 파재(破財)한다. 월주(月柱)에 편재(偏財)가 있고 겁재(劫財)가 있으면 선부후빈(先富後貧)한다.

16. 월주(月柱)에 편재(偏財)가 있고 시주(時柱)에 겁재(劫財)가 있으면 초기에는 부귀하나 만년에는 빈천하기 쉬운데 월주(月柱)에 있는 것이 좋다. 월간(月干) 월지(月支)가 모두 편재(偏財)면 고향을 떠나 성공한다.

17. 일지(日支)에 편재(偏財)가 있으면 에누리를 잘하고 연애 결혼하며 배우자가 명쾌하다. 일지(日支)에 편재(偏財)가 있고 다른 데 재성(財星)이 또 있으면 남자는 삼각관계를 갖게 된다.

18. 일지(日支)에 있는 재성(財星)이 상(傷)함이 없고 희신(喜神)이면 남자는 내조가 있는 처를 얻고 여자는 부잣집에 시집간다.

19. 일(日)과 시(時)에 편재(偏財)가 있으면 독립하여 집안을 일으키며 중년에 발복한다.

20. 사주에 비견(比肩)이나 겁재(劫財)가 있고 시간(時干)에 편재(偏財)가 있으면 재산을 탕진하고 패가 상처한다.

▶ **정재(正財)**

1. 정재(正財)와 식신(食神)이 가까이 있으면 처의 내조가 많고 정재(正財)와 정관(正官)이 가까이 있어도 어진 아내를 맞이

하여 내조가 크다.

2. 정재(正財)가 도화(桃花)나 목욕살(沐浴殺)에 놓이고 비겁(比劫)이 있으면 처가 부정하다.

3. 정재(正財)와 겁재(劫財)가 동주(同柱)하면 부친이 파산을 했거나 가난했으며 조별하지 않으면 객사하므로 임종을 못하거나 처덕이 없다.

4. 정재(正財)와 인수(印綬)가 동주(同柱)하면 뜻을 이루기가 어렵고 여명(女命)에 정재(正財)와 인수(印綬)가 많으면 음란하여 화류계로 흐르기 쉽다.

5. 정재(正財)는 현처를 얻으며 의협심이 있고 대중의 의사를 존중하며 공명정대하다. 신왕(身旺)에 정재(正財)가 있으면 처첩과 더불어 향락을 누리나 신약(身弱)이면 부귀한 집에서 빈천하게 사는 격이다.

6. 정재(正財)가 공망(空亡)되면 처덕이 없고 재화(財貨)를 얻기 힘들며, 정재(正財)가 쇠,병,사,묘,절지(衰,病,死,墓,絕地)에 놓이면 처가 병약하거나 어리석으며 재가하기 쉽다.

7. 재성(財星)이 왕(旺)한데 관살(官殺)이 많아 신약(身弱)하면 처첩이나 여자로 인해 치욕을 당하고 주색으로 패망한다. 재성(財星)이 약(弱)하고 관살(官殺)이 왕(旺)한데 식상(食傷)은 없고 인성(印星)이 있으면 처가 병약하거나 어리석다.

8. 재성(財星)이 살지(殺地)에 놓이면 상처를 하거나 가정을 돌보지 않으며 타인에게 금전적으로 피해를 준다. 여명(女命)에 정재(正財)와 인수(印綬)가 형충극파(刑冲剋破)되면 시모와 서로 화목하지 못한다.

9. 사주에 정재(正財)가 많으면 정으로 인해 손해가 많고 엄처시하(嚴妻侍下)에 있게 되고 어머니와 이별하든지 모친이 병약하고 재산을 모으기 힘이 들며 비록 배운것이 있어도 빈한하게 되며 여명(女命)은 빈천하다.

10. 재성(財星)이 일간(日干)외에 간합(干合)하면 처가 부정하거나 재혼한다. 사주에 정재(正財)와 식신(食神)이 있으면 행복한 가정을 이루나 만일 겁재(劫財)가 있으면 흉으로 변한다.

11. 간(干)에 정관(正官)이 있고 지(支)에 정재(正財)가 있으면 부귀하게 되니 정재(正財)는 지(支)에 있는것이 좋다. 더우기 월지(月支)에 있는 것이 제일 길하며 명문가의 딸과 결혼한다. 일지(日支)나 시지(時支)에 있는것도 좋다.

12. 연주(年柱)에 정재(正財)가 있어 월령(月令)에 통기(通氣)하면 부잣집 태생이며 조부가 부귀했고 조부덕이 있다.

13. 연주(年柱)에 정재(正財)가 있고 비겁(比劫)이 많으면 집안이 기울거나 재산 때문에 싸운다.

14. 연월주(年月柱)에 정재(正財)와 정관(正官)이 있으면 부모가 부귀하였으며 연간(年干)에 정재(正財)가 있으면 조부모가 부귀하였다.

15. 월간(月干)에 정재(正財)가 있으면 부지런하고, 월지(月支)에 정재(正財)가 있으면 행복한 가정에서 출생했으며 내조를 잘하는 어진 아내를 얻고 사회적으로 덕망이 높으며 성격도 온후 단정하다. 정재(正財)가 묘(墓)와 동주(同柱)하면 인색하여 수전노(守錢奴)라는 이름을 듣는다.

16. 일지(日支) 또는 월간(月干)에 정재(正財)가 있으면 처덕이 있고 근면하여 자수성가 한다. 일지(日支)에 정재(正財)가 있고 다른 데 편재(偏財)가 있으면 첩을 두거나 바람을 피운다.

17. 일지정재(日支正財)가 장성(將星)에 놓이면 남자는 명문가에 장가가고 여자는 부잣집에 시집간다. 일지(日支)에 정재(正財)가 있고 재성(財星)이 합(合)이 되면 처가 외정(外情)이 있다.

18. 시간(時干)에 정재(正財)가 있으면 처자가 길하고, 성질이 급하나 자수성가 하고 데릴사위가 되기 쉽다. 시지(時支)에 있는 정재(正財)가 상(傷)함이 없으면 처가 미인이고 외재(外財)에 녹(祿)이 있다.

▶ 편관(偏官)

1. 편관(偏官)이 많고 재성(財星)이 있으면 남편 외에 정부를 둔다.

2. 편관(偏官)이 공망(空亡)되면 남자는 상사의 도움이 없고 여자는 남자복이 없어 이별 혹은 별거한다.

3. 편관(偏官)과 인수(印綬)가 있을 때 인수(印綬)가 더 왕(旺)한 살약신왕(殺弱身旺)이면 문관(文官)이요. 편관(偏官)이 더 왕성한 살왕신약(殺旺身弱)이면 무관(武官)으로 출세한다. 인수(印綬)와 편관(偏官)이 모두 있으면 크게 성공하며 많은 사람을 거느린다.

4. 편관(偏官)이 괴강(魁罡)이 되면 군인으로 즐세하고, 편관(偏官)과 괴강(魁罡) 양인(羊刃)이 모두 있으면 무관으로서 크게 성공한다. 편관(偏官)과 양인(羊刃)이 동주(同柱)하면 군인으로 공명을 세우나 뇌병으로 사망한다.

5. 편관(偏官)과 편인(偏印)이 동주(同柱)하면 외국을 편력하거나 타향에 나가며 행상인(行商人)이 되고, 편관(偏官)과 편재(偏財)가 동주(同柱)하면 부친과 인연이 없다.

6. 사주에 편관(偏官)과 식신(食神)이 있고 신왕(身旺)이면 대귀(大貴) 대부(大富)하는데 만일 신약(身弱)에 식신(食神)이 너무 많으면 도리어 빈한하게 된다.

7. 정관(正官) 편관(偏官)이 동주(同柱)하고 비견(比肩) 겁재(劫財)가 많으면 자매 또는 친구간에 한 남편을 두고 서로 다투게 되므로 남편이 축첩(蓄妾)한다.

8. 여명(女命)에 지지편관(地支偏官)이 충(冲)되면 부부불화 하고 여명(女命)에 편관(偏官)이 많은데 다시 정재(正財)와 편재(偏財)가 있으면 남편외에 또 밀부(密夫)를 둔다.

9. 관살혼잡(官殺混雜)되면 사람됨이 잔꾀에 능하고 호색다음하며 의외의 재화를 당하거나 잔 근심이 그치지 아니한다. 그러나 거살유관(去殺留官) 또는 거관유살(去官留殺)이 되면 오히려 귀격(貴格)이 된다. 편관과 정관이 혼잡되고 제화(制化)가 없는 여명은 간부(姦夫)를 두지 않으면 재혼하고 첩이나 광대 화류계가 되며 색정으로 패가 망신한다. 관살혼잡이 되고 다시 삼합(三合)이나 육합(六合)이 되면 음란하여 그 정부를 알아보지 못할 정도가 된다.

10. 편관(偏官)이 충(沖)이 되고 합(合)이 없으면 폭역(暴逆)하고 흉사한다.

11. 병오(丙午), 무오(戊午), 임자일생(壬子日生)이 편관(偏官)이 있으면 남편과 이별하기 쉬운데 첩, 간호원, 조산원 등이 되면 면한다.

12. 편관(偏官)과 건록(建祿)이 동주(同柱)하면 배우자의 신체가 건강하고 부귀하다. 편관(偏官)이 장생(長生)에 놓이면 여자는 어질고 학식이 풍부한 귀부(貴夫)를 얻는다.

13. 편관(偏官)이 목욕(沐浴) 또는 도화(桃花)에 놓이면 남편이 풍류호색하여 바람을 잘 피운다. 편관(偏官)이 묘고(墓庫)에 놓이면 근심이 많거나 남편과 사별하기 쉽다.

14. 연주(年柱)에 편관(偏官)이 있으면 장남이 아니고 조부덕이 적으며, 장남으로 태어나면 부모에게 불리한 일이 있다.

15. 연주(年柱)에 관살(官殺)과 비견(比肩)이 겹쳐 있으면 아우가 가계를 이어가고, 연월(年月)에 편관(偏官)이 있고 신약(身弱)하면 빈천한 가문에서 출생했으며 부모덕이 없고 형제와 불목한다.

16. 편관(偏官)이 월주(月柱)에 양인(羊刃)과 함께 있으면 모친과 일찍 이별하고, 월주(月柱)에 편관(偏官)이 있으면 부모와 인연이 없고, 부모재산을 받지 못하며 이마가 일그러졌다.

17. 월주(月柱)에 편관(偏官)이 있고 관살(官殺)이 많아 신약(身弱)하면 부모덕이 없고 고생하며 형제가 없거나 있어도 일찍 죽는다.

18. 일지(日支)에 편관(偏官)이 있으면 영리하고 총명하나 성질이 급하고 부부궁이 흉하다. 일지(日支)에 편관(偏官)이 있고 타주(他柱)에 또 편관(偏官)이 있어 제화(制化)가 안되면 성품이 험독하고 다병하지 않으면 단명한다.

19. 일지(日支)의 편관(偏官)이 묘고(墓庫)가 되면 매사 걱정이 끊이지 않고 즐거움이 적다. 일(日)이나 시(時)에 편관(偏官)이 있으면 타향에 나가서 성공한다.

20. 시주(時柱)에 편관(偏官)이 있으면 늦게 득자(得子)하고 제화(制化)가 있으면 인격자로 크게 출세한다. 제화(制化)가 없으면 성질이 강직하고 불굴의 기상이 있다.

21. 시상(時上)에 편관(偏官)이 있으면 성품이 강직하고 세정이 서투르다. 시주(時柱)에 편관(偏官)이 있고 신왕(身旺)하면 자식덕이 있고, 신약(身弱)하면 자식덕이 없고 자식이 불초하다.

22. 시(時)에 편관(偏官)이 입묘(入墓)하면 반드시 죽는다. 시(時)에 편관(偏官)이 있고 일시(日時)에 식신(食神)과 편인(偏印)이 나란히 있으면 남자는 처가 산액이 있다.

▶ **정관(正官)**

1. 정관(正官)이 합(合)되면 다정하고 여자는 애교가 많다. 정관(正官)이 일간(日干)외에 간합(干合)하면 명리(名利)가 공허하다.

2. 사주에 정관(正官)이 있으면 음성이 명랑하고 용모가 수려하다. 사주에 정관(正官)이 하나만 있으면 길하고 많으면 빈곤과 재난을 당한다. 정관(正官), 정재(正財), 편재(偏財)가 있으면 대길해지나 상관(傷官), 편관(偏官), 형충파해(刑冲破害)가 있으면 흉해진다.

3. 정관(正官)이 하나만 있고 편관(偏官) 및 상관(傷官)이 없으면 강직하고 독후(篤厚)한 군자가 된다. 여명(女命)에 일위(一位) 정관(正官)이 유기하고 천덕(天德), 월덕(月德) 이나 천을귀인(天乙貴人)이 있고 형,충,파,공망(刑,冲,破,空亡)이 되지 않으면 귀부인이 된다.

4. 정관(正官)과 인수(印綬)가 함께 있으면 명예를 얻고 복있는 팔자이다. 사주에 정관(正官)이 있더라도 인수(印綬)가 없으면 명리(名利)를 얻기 힘들다.

5. 정관(正官)이 과다하면 부부불화하고 독신 아니면 기생, 여급, 창녀가 되거나 과부가 된다. 정관(正官)이 약하고 인성(印星)이 많거나 정관(正官)과 인수(印綬)가 많으면 남편을 벌어 먹이거나 공방수가 있다.

6. 정관(正官)이 형충(刑冲) 되거나 공망(空亡)되면 군인이거나 하급관료이며, 정관(正官)이 공망(空亡)된 여명(女命)은 남편과 인연이 없다.

7. 정관(正官)이 충(冲)되면 관록이 길지 못하고 생가와 고향을 떠나 산다. 정관(正官)이 약하고 상관(傷官)이 왕하면 남자는 손자가 가계를 잇고, 여자는 생자(生子) 후에 별부(別夫)한다.

8. 정관(正官)이 도화살(桃花殺)에 놓이면 남편이 온순하고 풍류 기가 있으며, 정관(正官)이 역마살(驛馬殺)에 놓이면 이동이 많고 여자는 친정 멀리 떠나 산다.

9. 정관(正官)이 장생지(長生地)에 놓이면 학식이 있고 여자는 귀부(貴夫)를 얻는다. 정관(正官)이 사,묘,절,공망(死,墓,絶,空亡)에 놓이면 남편덕이 없으며 생사이별한다.

10. 연주(年柱)에 정관(正官)이 있으면 명문가의 장남이며 일찍 출세한다. 연주(年柱)에 정관(正官)이 있고 비겁(比劫)이 많으면 아우로 태어나지만 가업을 상속한다.

11. 연주(年柱)에 정관(正官)이 있고 재성(財星)이 있으면 부귀 가문에 출생하고 가명(家名)을 상속한다.

12. 정관(正官)이 연월간(年月干)에 투출하면 선조의 음덕을 누리며 가권을 상속 받는다.

13. 월주(月柱)에 정관(正官)이 있으면 명문가 태생이며 노고가 적고 안락하며 장남이 아니다. 월지(月支)에 정관(正官)이 있고 인성(印星)이 있으면 고관이 되고 부귀하며 정관대운(正官大運)을 만나면 대귀하게 된다.

14. 일지(日支)에 정관(正官)이 있으면 장남이 아니고 노고가 적으며 영민하고 임기응변에 능하며, 신왕(身旺)하면 어진 배우자를 맞이하나 신약(身弱)하고 형충(刑沖)되면 부부불화하고 이별한다.

15. 시주(時柱)에 정관(正官)이 있으면 늦게 영달하고 형충(刑沖)이 안되면 어진 아들을 둔다.

▶ 편인(偏印)

1. 편인(偏印)과 인수(印綬)가 혼잡되면 두 가지 직업을 갖는 수가 많고 한가지 일에 전념하지 못하며 어머니가 둘이다.

2. 사주에 편인(偏印)이 많으면 부모를 조별하고 처자와 인연이 없으며 명예를 훼손하고 재난과 재앙이 많다.

3. 사주에 재성(財星)과 관살(官殺)이 있고 편인(偏印)이 있으면 부귀한다.

4. 천성(天星)과 지성(地星)이 모두 편인(偏印)이거나 상관(傷官)과 함께 있으면 남편과 자식의 인연이 없다.

5. 편인(偏印)이 상관(傷官)과 식신(食神)을 만나면 재물에 속성속패하여 성패가 많다. 편인(偏印)이 식신(食神)을 만나면 기복이 심하고 신체가 왜소하다. 여명(女命)에 식신(食神)이 있고 편인(偏印)이 많으면 산액이 있고 자식에게 해롭다.

6. 편인(偏印)과 비견(比肩)이 동주(同柱)하면 계모나 이복형제가 있거나 양자갈 팔자이며, 편인(偏印)과 겹재(劫財)가 동주(同柱)하면 혼담에 장애가 많으며 타인으로 인하여 실패가 많다. 편인(偏印)이 상관(傷官)과 동주(同柱)하면 남편과 자식의 인연이 없다.

7. 편인(偏印)이 장생(長生)에 놓이면 생모와 인연이 없고 조부가 장수한다. 편인(偏印)이 건록(建祿)과 함께 있으면 부귀한 집에 태어나나 13세를 전후해서 부친을 여의고 패가한다. 직업은 학자나 의사가 적합하다. 편인(偏印)이 제왕(帝旺)에 놓이면 계모로 인하여 고생이 많다. 편인(偏印)이 관대(冠帶)에

놓이면 양일생(陽日生)은 부친과 이별수가 있고 음일생(陰日生)은 계모나 의모(義母)에게 양육당한다.

8. 편인(偏印)이 쇠,병,사,묘,절(衰病死墓絶) 등에 놓이면 편친과 이별하고 고생이 많다. 편인(偏印)이 목욕(沐浴)에 놓이면 계모가 부정하거나 계모의 양육을 받는다.

9. 연주(年柱)에 편인(偏印)이 있으면 조업을 파하거나 계승하지 못하며 타향이나 타국에 나가 산다.

10. 연주(年柱)에 편인(偏印)이 있고 인성(印星)이 많으면 편친을 모시거나 양자를 간다. 연주(年柱)에 편인(偏印)이 양(養)에 놓이면 계모나 유모에게 양육되며 조업을 파한다.

11. 월지(月支)에 편인(偏印)이 있으면 운명가, 의사, 배우, 예술가, 이발사 등의 편업이 길하다. 월지(月支)에 편인(偏印)이 왕(旺)하면 변심을 잘 한다.

12. 월지(月支)에 편인(偏印)이 있고 식신(食神)이 있으면 체구가 왜소하고 수상인의 방해가 있다. 월지(月支)에 편인(偏印)이 있고 편관(偏官)이 많으면 부모가 온전치 못하고 부친의 재산을 물려받지 못하며 양자를 가거나 자식을 극한다.

13. 월지(月支)에 편인(偏印)이 쇠,병,사,절(衰病死絶) 등에 놓이면 인기가 없다. 일지(日支)에 편인(偏印)이 있으면 남녀 공히 결혼운이 나쁘며 배우자와 인연이 없다.

14. 일지(日支)에 편인(偏印)이 있고 식신(食神)이 있으면 유아때 젖에 굶주렸다. 일지(日支)에 편인(偏印)이 있고 신약(身弱)하면 길하나 신왕(身旺)하면 처자복이 없다.

15. 음일간(陰日干) 남자 사주에 일지(日支)에 편인(偏印)이 있

으면 처에 의존하고, 양일간(陽日干) 여자 사주에 일지(日支)에 편인(偏印)이 있으면 부부가 현명하나 박정하고 중년에 남편을 사별한다.

16. 여명(女命)이 일지(日支)나 시지(時支)에 편인(偏印)이 있으면 산액이 많고 자녀질액이 잦다. 시주(時柱)에 편인(偏印)이 있으면 조업을 파하고 무자하지 않으면 극자(剋子)한다.

▶ 인수(印綬)

1. 인수(印綬)와 편인(偏印)이 동주(同柱)하면 결단력이 없다.

2. 사주에 인수(印綬)가 많으면 모친을 두분 모시거나 남자는 처와 인연이 없고 자식이 불효하며 여자는 모친과 이별하고 남편과 자식의 인연이 없다.

3. 인수(印綬)가 많아 신왕(身旺)하면 주색을 좋아하나 빈곤하고 자녀가 적으며 타인에게 양육을 당한다.

4. 인수(印綬)가 태왕(太旺)하고 관살(官殺)이 약한 여명(女命)은 남편을 벌어 먹이고 늙어서 남의 집살이를 한다. 인수(印綬)가 많고 관(官)이 없으면 예술가로서 이름을 떨치나 고독하다.

5. 인수(印綬)와 비견(比肩)이 동주(同柱)하면 형제와 친구를 위해 노력을 아끼지 않으며, 인수(印綬)와 겁재(劫財)가 동주(同柱)하면 형제나 친구를 위해 노력을 해도 결과가 나쁘다.

6. 인수(印綬)와 식신(食神)이 함께 있거나 인수(印綬)와 편재(偏財)가 함께 있으면 사업이 번창하여 이득이 많고 가정도

원만하며 타인의 존경을 받는다.

7. 인수(印綬)와 상관(傷官)이 동주(同柱)하면 모친과 충돌이 많고 사이가 나쁘며 여자는 승려가 되기 쉽다. 여자의 사주에 인수(印綬)와 상관(傷官) 양인(羊刃)이 함께 있으면 남편 또는 자식의 덕이 없다.

8. 사주에 인수(印綬)가 있고 정재(正財)가 많으면 만사에 실패가 많고 어머니와도 일찍 이별하며 또한 재운(財運)을 만나면 흉사한다. 인수(印綬)와 정재(正財)가 동주(同柱)하면 모친과 처 사이가 나쁘며 여명(女命)은 시모와 뜻이 맞지 않는다.

9. 인성(印星)이 많고 투합(妬合)되고 재성(財星)이 없으면 모친이 재가한다. 여자의 사주에 인수(印綬)가 있고, 정재(正財)가 너무 많으면 화류계에 몸을 담거나 음란하다.

10. 인수(印綬)와 정관(正官)이 동주(同柱)하면 명리(名利)가 많고 여자는 남편과 자식복이 좋다. 여명(女命)에 관살(官殺)이 약하고 인수(印綬)가 왕성하면 남편덕이 없다.

11. 인수(印綬)가 건록(建祿)과 함께 있으면 부모덕이 좋고 인수(印綬)와 제왕(帝旺)이 동주(同柱)하면 부친이 데릴사위 이다. 인수(印綬)와 목욕살(沐浴殺)이 동주(同柱)하면 어머니가 과부로 늙고, 인수(印綬)와 관대(冠帶)가 함께 있으면 부잣집의 자손으로 태어나고, 인수(印綬)가 장생(長生)에 놓이면 부모가 단정하고 모친이 현명하며 타인의 사랑을 많이 받는다.

12. 인수(印綬)가 약(弱)하고 재성(財星)이 많으면 매사에 막힘이 많고 모친을 조별(早別)한다. 여명(女命)은 음란하고 천

한 팔자이다.

13. 인수(印綬)가 있고 편인(偏印)이나 양인(羊刃)이 함께 있으면 심신이 허약하거나 결단력이 없다. 인수(印綬)가 있고 상관(傷官)이 많으면 간지(奸智)에 능하고 인색하다. 인수(印綬)와 양인(羊刃)이 동주(同柱)하면 여자는 남편과 자식의 인연이 없고 승려가 되기 쉽다.

14. 인수(印綬)가 쇠,병,사,묘,절(衰病死墓絶)에 놓이면 부모덕이 없으며 어머니의 건강이 좋지 않고 항상 질액이 많이 따른다.

15. 인수(印綬)와 장성(將星)이 함께 있으면 훌륭한 부모를 모신다.

16. 인수(印綬)가 연간(年干)에 있고 초년 대운(大運)이 길하면 부모덕이 많은 양가(良家)의 자손이며, 연주(年柱)에 인수(印綬)가 있으면 권세가 태생이며 조업이 있고 문장으로 이름나고 연간(年干)에 인수(印綬)가 쇠,병,사,절(衰,病,死,絶)에 놓이고 겁재(劫財)가 있으면 아우가 상속한다.

17. 월주(月柱)에 인수(印綬)가 있으면 부잣집 태생으로 총명하고 지조가 있으며 실천력이 강하다. 월지(月支) 또는 월간(月干)에 인수(印綬)가 있고 형,충,파,해(刑,冲,破,害)되지 않으면 총명하여 문장으로 이름을 떨치며 용모와 인격이 고상하다. 월간(月干)에 있는 인수(印綬)가 재성(財星)에게 파극(破剋)되거나 월주인수(月柱印綬)가 형충(刑冲)되면 외가가 몰락한다.

18. 일지(日支)에 인수(印綬)가 있으면 현명하고 유정하며 친절

하고 배우자가 학식이 있다. 일지(日支)에 인수(印綬)가 있고 신약(身弱)하면 서로 협조한다.

19. 시주(時柱)에 인수(印綬)가 있으면 재주가 있고 늦게 영화를 누리고 자녀가 출세하며 효자이다. 시주(時柱)에 인수(印綬)가 있고 인성(印星)이 많아 신왕(身旺)한 사주에 관살(官殺)이 없으면 재주가 있어 예술가로 이름을 떨치나 고독하다. 시주(時柱)에 인수(印綬)가 있고 관살(官殺)이 있으면 식도락가이며 높이 출세하고 무병장수한다.

6. 같은 육신(六神)이 많을 때의 작용(作用)

▶ 비겁(比劫)이 많으면

1. 이복형제가 있거나 양자를 가며 부모형제와 이별하기 쉽다.
2. 모친과 인연이 없고 학업을 중단하거나 부친을 조별하고 결혼운이 나빠 결혼이 늦거나 혼담에 장애가 생기며 부부궁은 생사이별한다.
3. 시모가 없는 집안에 시집을 가거나 시모와 불화한다. 여자는 고집이 세어 남편을 받들지 못하며 남편은 첩을 얻어 집을 나가니 독수공방하게 된다. 팔자가 세어 남편을 잃거나 아예 시집가지 아니하고 독신생활을 하는 수도 있다.
4. 성격이 편벽되어 동기간에 불목하여 고집이 세어서 남에게 지

기 싫어하고 고독하며 난폭하고 독선적이며 사교성과 자비심이 없으며 인덕이 없다.

5. 재물을 불로소득하나 낭비벽으로 흩어버리니 빈털털이가 되므로 재정상 궁핍하며 빈천하다.

6. 독립된 직업이 길하고 월급생활이나 동업은 좋지 않으며 버릇이 없고 안하무인이다.

7. 남자는 고독하여 동기간이 없거나 있더라도 덕이 없고, 유산이 없거나 있더라도 인연이 없으며 경쟁자가 많아 성공키 어려우며 사업운, 재운이 나쁘다. 여자는 첫 자식을 잃든지 산액으로 고생해 본다.

▶ 식상(食傷)이 많으면

1. 남자는 조모나 장모가 이복이거나 두 분이며 손자가 많고 여자는 성씨가 다른 자녀를 두게 된다.

2. 형제 자매가 무능하거나 조망하고 본인은 빈천하지 않으면 병약하든지 단명한다.

3. 남자는 자녀가 없거나 부실하며 관운이 없고 관직으로 진출하더라도 상위가 되기 어렵다. 여자는 남편과 생이사별하여 과부가 되거나 화류계나 소실살이를 하게 되며 색정상 음란하다. 남녀 공히 일생 관재가 따르고 신약한 여자는 난산으로 고생한다.

4. 비밀이 없고 솔직하며 재주있고 총명하며 임기응변에 능하고 말을 잘하며 노래와 춤을 즐긴다.

5. 자존심이 강하여 남을 무시하고 오만불손 방자하여 법을 무시하고 식성이 좋다.
6. 박사, 교육, 선생 등의 정신분야와 연예계, 흥행업, 서비스업, 식품업, 요식업, 직업군인이 적격이다.

▶ 재성(財星)이 많으면

1. 부친이 이복이거나 의부가 있게 되며 부친이 조망하고 재복이 없다. 남녀 공히 친연이 박하여 두 아버지와 인연이 있고 손윗사람의 도움은 기대키 어렵다. 남자는 처첩이 많고 여자는 시모가 이복이거나 두 분을 모신다.
2. 처에게 의존하여 살아가는 공처가가 되니 처가 가권(家權)을 유지하고 부(夫)는 권위를 떨치지 못한다.
3. 일생동안 금전의 고통이 끊어지지 않으며 돈 걱정을 한다. 여명은 자식연이 박하고 남명은 자녀의 심신이 유약하다.
4. 모친이 조망하고 외가가 몰락하며 학문과 인연이 없게 된다. 여명은 출가 후 시가는 흥하고 친정은 망하게 된다.
5. 인색하고 꼼꼼하며 사물에 빈틈이 없으나 의심이 많아 타인을 불신하므로 부지런하나 결단력이 없어 매번 기회를 놓치고 다정다욕하며 학문에는 뜻이 없고 여색을 밝히며 욕심으로 망한다.
6. 상업, 금융, 무역, 청부, 소매상, 행상을 하게 된다.

▶ 관살(官殺)이 많으면

1. 남자는 배다른 자식을 두거나 자식이 불효하며 여자는 남편덕이 없거나 정부를 두게되고 두 마음을 갖고 살며 창녀나 화류계로 빠지기 쉬우며 과부로 지내는 일이 있다.
2. 자신의 몸이 병약하거나 관재를 자주 당하고 형제가 고독하며 부친과 처첩의 인연이 없고 재복도 없어 가난하게 되며 사회적으로도 발전을 못한다.
3. 권위의식과 명예욕이 강하여 허세와 허풍을 잘 떨며 자존심이 강하여 남에게 굴하지 않는다. 특히 남명은 사업이 과중하여 오래도록 지속키 어렵다.
4. 신경질적이고 참을성이 없으며 성급하여 경거망동 하므로 실수가 많고 난폭하므로 남과 융화가 안된다. 인색하고 살기 위해 잔재주를 잘 부리며 법을 두려워 한다.
5. 정신 활력이 결핍하고 박력이 부족하며 융통성이 없고 활동이 편협하다.

▶ 인성(印星)이 많으면

1. 어머니가 이복이 아니면 계모나 서모가 있게 되고 모친과 인연이 없다. 조부가 이복이었거나 장인을 두 분 모시기 쉽고 여자는 시어머니가 재혼하기 쉽다.
2. 조상이 미천하고 부모가 고생했으나 자신은 귀하게 성장했으며 편친을 일찍 여의거나 부친이 처첩을 두어 가정적으로 불행하게 된다. 친연이 박하고 후원자의 원조도 바랄 수 없다.

3. 정신기력이 약하고 어리석으며 게으르고 무사안일주의이며 매사를 자기 본위대로 행동하려 하고 변덕스러우니 매사가 용두사미이며 도량은 넓으나 인색하고 유흥에는 취미가 없다. 남녀 모두 배우자 인연에 고정(苦情)이 있기 쉽고 자녀연이 박하거나 귀하여 노후를 고독하게 지내게 된다.
4. 학술, 문예, 교육, 언론, 보도, 문화, 생산, 기술직, 피복, 수예, 의사, 약제사, 역학 등이 적합하다.
5. 독립심이 약해서 남에게 의존하려 하고 사람을 깔보고 버릇이 없으며 박복하다.

7. 육신(六神)이 형,충(刑,冲) 되었을 때의 작용

▶ 비겁형충(比劫刑冲)

1. 형제자매에게 신액이 생기거나 불화 이별이 생기고 형제나 친구간에 갈등과 경쟁이 생기며 동업자와 분쟁이 생기거나 갈라진다.
2. 시비논쟁이 생기므로 대인관계가 나쁘며 이웃 사람이나 친척에게도 불신을 당한다.
3. 자신의 신상에 상해를 입게 되거나 질병이 따른다.
4. 남자는 형제자매나 친구 또는 동서와 불화하고, 여자는 형제자매, 동서, 시아버지, 친구와 불목한다.

5. 약한 비겁(比劫)이 형충(刑冲)되면 형제자매나 동서, 시아버지가 신병이 있거나 수술하며 불구 아니면 단명하고 흉살(凶殺)에 놓여 파극(破剋)되면 비명횡사한다.

▶ 식상형충(食傷刑冲)

1. 남자는 장모나 조모, 손자와 불화하거나 인연이 없으며 실물수가 있고 식중독으로 고생하든지 음식물에 잘 체한다.
2. 여자는 조모나 자식으로 인하여 근심이 생기고 패가 하든지 사별하는 수가 있다.
3. 상신 수술하거나 수하자나 부하와 불목하고 대립, 충돌, 불화하고 제자나 수하자로부터 불신, 불경을 당한다.
4. 여자는 음식솜씨가 없고 그릇을 잘 깨며, 유방이나 자궁에 병이 있거나 인공유산, 낙태, 제왕절개, 유방이나 자궁수술을 하게 되고 병신 자식을 두기 쉽다.
5. 약한 식상(食傷)이 형충(刑冲)되면 남명은 조모나 장모, 손자가 신병이 있거나 수술하며 불구가 아니면 단명하고, 여명은 조모나 자식이 신병이 있거나 수술하며 불구가 아니면 단명하게 되며 흉살(凶殺)에 놓여 파극(破剋)되면 흉사한다.
6. 남녀 모두 자라날 때 젖이 부족하여 배를 굶주렸고 기생충이 많아 체구가 왜소하며 수술하거나 병신되기 쉽다.

▶ 재성형충(財星刑冲)

1. 실물, 도난, 수표부도 파산하고 채권 독촉, 재산 압류, 기물 손괴가 있다.
2. 재물이나 여자로 인해 이성구설과 불륜관계로 재물이 흩어지 며 재물로 인하여 관재와 소송이 일어나고 도적을 당하거나 채무의 독촉을 받아 재산 압류, 강탈, 탈세와 사업이 부도난 다.
3. 남자는 부친 또는 처첩, 숙부, 고모와 불목하고, 여자는 시어 머니 또는 숙부, 고모와 불화하거나 인연이 없다.
4. 약한 재성(財星)이 형충(刑冲)되어 파극(破剋)되면 남명은 부 친, 처첩, 숙부, 고모가 여명은 부친, 시어머니, 숙부, 고모 가 신병이 있거나 수술하며 불구가 아니면 일찍 죽으며 흉살 (凶殺)에 놓여 파극(破剋)되면 비명횡사한다.

▶ 관살형충(官殺刑冲)

1. 관재구설, 송사가 발생하고 직장구설, 견책, 파면 등이 발생 하고 신병, 수술, 상해, 부상 등이 발생한다.
2. 직업의 불안이 있고 관록을 오래도록 먹지 못하며 직업을 자 주 바꾸게 되며 관운의 일로 해직이나 퇴직이 된다.
3. 남자는 자녀에게 신액이 생기거나 자녀와 불화하고, 여자는 남편과 불화하거나 남편에게 걱정 근심이 일어나며 정부가 생 겨서 이혼당하든지 남편과 이별하며 관청에 하는 일은 매사가 안된다.

4. 학생은 학업이 중단되고 중도에서 포기하게 된다.

5. 약한 관살(官殺)이 형충(刑冲)되면 법과 예의를 무시하고 관록이 길지 못하며 남자는 자식이 부실하고, 여자는 남편이 온전치 못하여 생이사별을 하게 된다. 관살(官殺)이 흉살(凶殺)에 놓여 형충(刑冲)되면 남자는 자녀가, 여자는 남편이 흉사한다.

▶ 인성형충(印星刑冲)

1. 주거불안, 이사 고민이 있고 공직자는 직업을 변동하고 나니 후회가 막심하다. 학생은 학업에 장애가 생겨 휴학 또는 퇴학으로 학업이 중단된다.

2. 어머니 신상에 질병이 발생하고, 노모가 계시면 사망하게 된다. 모친과 친척 또는 손윗사람과 불화하거나 인연이 없다.

3. 약한 인성(印星)이 형충(刑冲)되면 외가가 망하고 손윗사람을 공경하지 않으며 학업이 중단되고 일생에 문서에 하자가 생기며 문서분실이나 계약이 잘 깨어지고 부동산 매매로 관재나 언쟁이 일어나며 소송도 일어난다. 남자는 모친과 조부 또는 장인이 신병이 있거나 일찍 죽고, 여자는 모친이나 조부가 신병으로 고생하거나 불구가 되며 흉살에 놓여 파극(破剋)되면 비명횡사한다.

8. 육신(六神)의 작합(作合)

남녀(男女) 작합(作合)	남명(男命)	여명(女命)
비견(比肩)의 작합(作合) 겹재(劫財)의 작합(作合)	형제자매가 바람핀다.	형제자매가 바람핀다. 시아버지가 풍류가. 바람핀다.
식신(食神)의 작합(作合)	장모님이 풍류가이다. 손녀가 연애한다.	자식이 연애한다.
상관(傷官)의 작합(作合)	조모님이나 손녀가 연애한다.	자식이 연애한다.
편재(偏財)의 작합(作合)	아버지형제가 바람핀다. 자수성가한다.	외손자녀가 연애한다. 아버지형제가바람핀다.
정재(正財)의 작합(作合)	고모가 바람핀다.	외손자녀가 바람핀다. 시어머니가 바람핀다.
편관(偏官)의 작합(作合) 정관(正官)의 작합(作合)	자식이 연애한다. 매부가 풍류가이다.	시누이가 재혼한다. 며느리가 바람을 피운다.
편인(偏印)의 작합(作合)	조부가 바람피운다. 외손녀가 연애한다.	사위가 바람난다. 손녀가 연애한다.
인수(印綬)의 작합(作合)	어머니가 연애한다. 외손녀가 연애한다.	어머니가 연애한다. 사위가 바람난다. 손녀가 연애한다.

9. 육신(六神)의 혼잡(混雜)

남녀(男女) 육신(六神)	남명(男命)	여명(女命)
비견(比肩) 겁재(劫財)의 혼잡	자식이 바람나거나 재혼 한다. 색다른 형제자매가 있다.	남편이 바람을 피우거나 첩을 둔다. 두여인이 같은 남편으로 싸운다. 이색 형제자매가 있게 된다.
식신(食神) 상관(傷官)의 혼잡	따님이 재가한다. 조모님이 두분이다.	사위가 바람 작첩하게 된다. 남의 자식 기르거나 두 집에 가서 애를 낳는다.
편재(偏財) 정재(正財)의 혼잡	여자문제로 염문이 많다.바람나거나 첩을 본다. 첩을 2~3명 거느릴 수 있다. 아버지의 형제가운데 색다른 형제가 있다. 월과 일에 혼합되면 태어난 곳과 자란 곳이 다르다.	자부의 모친이 두 분이다. 시모를 둘 모신다. 시아버지가 바람 작첩 하게 된다. 아버지의 형제가운데 이색 형제가 있다. 월과 일에 혼합되면 태어난 곳과 자란 곳이 다르다.

편관(偏官) 정관(正官)의 혼잡	사위가 바람나거나 첩을 얻는다. 배다른 자식을 둔다. 소실에게서 자식을 본다. 평소 생활상 고심이 있다. 신변에 항상 이동의 뜻이 있 고 주거변동도 많다. 심의(心意)가 부정 (不定)하고 부박에 흐르기 쉽다. 직업상 미(迷)가 생기고 직업을 변경하는 일 이 있다. 장남으로 태어나도 상속상에 지장이 생 기기 쉽다. 열심히 근무해도 고위직에 오르기 어렵다.	딸의 시모가 두분이다. 작부(作夫)하게 된다. 바람을 핀다. 첩이 되기도 한다. 평소 생활상에 고심이 있다. 남편의 신변에 미(迷) 하기 쉽다. 정처(正妻)가 되어도 연담(緣談)에 고정 (苦情)이 있기 쉽다. 자기에게 삼각관계가 일어나거나 남편에게 이 일이 있어 고로 (苦勞) 한다. 재혼하는 일이 있다. 과부가 되기 쉽다. 이성을 접하는 기회가 많고, 조행상 풍문을 만나기 쉽고, 남자 고 르기에 세월을 보낸다.

편인(偏印) 인수(印綬)의 혼잡	아들의 장모가 두분 이다. 어머니가 둘 이상 이 거나 서모를 봉양한 다. 그렇지 않으면 편모슬하에서 자란다	딸이 바람피우며 작부 (作夫)재가한다. 어머니가 둘 이상 이 거나 서모를 봉양한다 그렇지 않으면 편모 슬하에서 자란다.

第7章. 십이운성론(十二運星論)

1. 십이운성(十二運星)이란?

우주현상계는 상대성인 까닭에 능동적(能動的)인 십운(十運)과 수동적(受動的)인 십이기(十二氣)의 엄격한 변화와 순환의 법칙 하에 운행되고 있다. 수동적인 지구(地球)는 고정좌표(固定座標)와 일정한 경사도(傾斜度)를 유지하면서 태양(太陽)의 위성(衛星)으로서 자전(自轉)과 공전(公轉) 운동을 하고 있는 까닭에 일자전(一自轉)과 일공전(一公轉)의 순환질서의 법칙은 변함없이 반복되는 항구불변의 진리이다.

이와같이 수동체(受動體)의 순환법칙에는 변함이 없으나 매년 매월 매일 매시 기상(氣象)을 비롯한 사물의 변화가 일정치 아니하고 언제나 다른 이유는 천운(天運)에 있다. 천운(天運)은 성간 공간(星間空間)의 운행인 까닭에 상대적 대화(對化) 작용으로서 변화운동을 반복하며 항구적으로 본체(本體)의 통일과 유지를 스스로 보전하고 있으며 지기(地氣)도 일정한 순환법칙을 유지하면서 천운(天運)의 변화를 수동적으로 받아들여 현상계(現象界)를 유지하고 있다. 수동적인 지기(地氣)는 좌표(座標)에 의하여 고정되어 있으나 능동적인 천운(天運)은 운동에 의해 변화하고 있는데서 십이순환법칙(十二循環法則)은 천운(天運)이 지기(地氣)에 미치는 순환의 원리이며 변화의 법칙인 것이다. 십이운성(十二運星)이란 포태법(胞胎法)을 말하며 육신(六神) 기운의 강약관계를 측정하는 것이며 십이운성(十二運星)의 원리는 사람이 출생할 때부터 죽을 때까지의 과정의 이치를 비유해서 천리순환(天理循環)의 이치를 논한 것이다.

한마디로 말해서 생로병사의 생장성멸(生長成滅)의 십이순환(十二循環)인 것이며 불교의 십이인연(十二因緣)과 같은 것이다. 포(胞)은 아무것도 없는 것이요. 영혼의 개입직전의 과정이다. 태(胎)는 부모가 음양교접으로 정자와 난자가 만나 모태에 잉태되는 과정이다. 양(養)은 잉태된 태아가 뱃속에서 자라나는 과정이다. 장생(長生)은 모태 속에서 자라난 아이가 비로소 세상밖으로 출생하는 과정이다. 목욕(沐浴)은 출산과 동시에 목욕을 시키는 과정이다. 관대(冠帶)는 소년이 되면 허리에 띠를 두르고 관을 쓰는 과정이다. 건록(建祿)은 벼슬자리에 오르고 직업을 갖는 과정이다. 제왕(帝旺)은 장년에 혈기왕성하게 활동하는 과정이다. 쇠(衰)는 나이가 들며 늙어서 심신이 쇠약해지는 과정이다. 병(病)은 늙으면 병이 들게 되는 과정이다. 사(死)는 병들어 죽는 과정이다. 葬(墓)은 죽으면 장사 지내고 무덤에 들어가는 과정이다.

십이운성 조견표(十二運星 早見表)

일간 (日干) 십이운성 (十二運星)	갑일 (甲日)	을일 (乙日)	병무일 (丙戊日)	정기일 (丁己日)	경일 (庚日)	신일 (辛日)	임일 (壬日)	계일 (癸日)
절,포(絶,胞)	신(申)	유(酉)	해(亥)	자(子)	인(寅)	묘(卯)	사(巳)	오(午)
태(胎)	유(酉)	신(申)	자(子)	해(亥)	묘(卯)	인(寅)	오(午)	사(巳)
양(養)	술(戌)	미(未)	축(丑)	술(戌)	진(辰)	축(丑)	미(未)	진(辰)
장생(長生)	해(亥)	오(午)	인(寅)	유(酉)	사(巳)	자(子)	신(申)	묘(卯)
목욕(沐浴)	자(子)	사(巳)	묘(卯)	신(申)	오(午)	해(亥)	유(酉)	인(寅)
관대(冠帶)	축(丑)	진(辰)	진(辰)	미(未)	미(未)	술(戌)	술(戌)	축(丑)
건록(建祿) 임관(臨官)	인(寅)	묘(卯)	사(巳)	오(午)	신(申)	유(酉)	해(亥)	자(子)
제왕(帝旺)	묘(卯)	인(寅)	오(午)	사(巳)	유(酉)	신(申)	자(子)	해(亥)
쇠(衰)	진(辰)	축(丑)	미(未)	진(辰)	술(戌)	미(未)	축(丑)	술(戌)
병(病)	사(巳)	자(子)	신(申)	묘(卯)	해(亥)	오(午)	인(寅)	유(酉)
사(死)	오(午)	해(亥)	유(酉)	인(寅)	자(子)	사(巳)	묘(卯)	신(申)
묘,장(墓,葬)	미(未)	술(戌)	술(戌)	축(丑)	축(丑)	진(辰)	진(辰)	미(未)

2. 십이운성 표출법(十二運星 表出法) 예시(例示)

(1) 일간(日干) 대(對) 연,월,일,시지(年,月,日,時支)

갑甲 경庚 을乙 무戊
신申 자子 축丑 술戌
  :   :   :   :
건建 사死 묘墓 쇠衰
록祿

일간 경금(日干 庚金)이 년지 술(年支 戌)에 쇠(衰)가 되고

일간 경금(日干 庚金)이 월지 축(月支 丑)에 묘(墓)가 되고

일간 경금(日干 庚金)이 일지 자(日支 子)에 사(死)가 되고

일간 경금(日干 庚金)이 시지 신(時支 申)에 녹(祿)가 되고

계癸 계癸 계癸 임壬
축丑 유酉 묘卯 신申
  :   :   :   :
관冠 병病 장長 사死
대帶   생生

일간 계수(日干 癸水)가 년지 신(年支 申)에 사(死)가 되고

일간 계수(日干 癸水)가 월지 묘(月支 卯)에 생(生)이 되고

일간 계수(日干 癸水)가 일지 유(日支 酉)에 병(病)이 되고

일간 계수(日干 癸水)가 시지 축(時支 丑)에 관대(冠帶)가 된다.

일간 병화(日干 丙火)가 년지 해(年支 亥)에 절(絶)이 되고

일간 병화(日干 丙火)가 월지 사(月支 巳)에 녹(祿)이 되고

일간 병화(日干 丙火)가 일지 신(日支 申)에 병(病)이 되고

일간 병화(日干 丙火)가 시간 인(時干 寅)에 생(生)이 된다.

경庚 병丙 을乙 정丁
인寅 신申 사巳 해亥
: : : :
장長 병病 건建 절絶
생生 　 록祿

(2) 천간(天干) 대(對) 지지(地支)

년간 무토(年干 戊土)가 년지 술(年支 戌)에 묘(墓)가 되고

월간 임수(月干 壬水)가 월지 술(月支 戌)에 관대(冠帶)가 되고

일간 을목(日干 乙木)이 일지 사(日支 巳)에 목욕(沐浴)이 되고

시간 병화(時干 丙火)가 시지 자(時支 子)에 태(胎)가 된다.

병丙 을乙 임壬 무戊
자子 사巳 술戌 술戌
: : : :
태胎 목沐 관冠 묘墓
　 욕浴 대帶

병(丙) 갑(甲) 계(癸) 신(辛)
인(寅) 자(子) 사(巳) 축(丑)
: : : :
장생(長生) 목욕(沐浴) 태(胎) 양(養)

년간 신금(年干 辛金)이 년지 축(年支 丑)에 양(養)이 되고

월간 계수(月干 癸水)가 월지 사(月支 巳)에 태(胎)가 되고

일간 갑목(日干 甲木)이 일지 자(日支 子)에 목욕(沐浴)이 되고

시간 병화(時干 丙火)가 시지 인(時支 寅)에 생(生)이 된다.

(3) 각 육신(六神) 대(對) 육친궁(六親宮)

각 육신(六神)에 해당되는 육친궁(六親宮)에 대조할 때는 양간(陽干), 음간(陰干)을 불문하고 양간(陽干)으로 기준하며 해당 육친성(六親星)이 명조(命造)내에 없더라도 가상하여 대조하여 본다.

건명(乾命)
무(戊) 신(辛) 기(己) 경(庚)
술(戌) 유(酉) 축(丑) 오(午)
: : : :
묘(墓) 태(胎) 양(養) 제왕(帝旺)

조상인 병화관성(丙火官星)이 년지 오(年支 午)에 제왕(帝旺)이 되고, 부모인 무토인성(戊土印星)이 월지 축(月支 丑)에 양(養)이 되고, 처첩인 갑목재성(甲木財星)이 일지 유(日支 酉)에 태(胎)가 되고, 자식인 병화관성(丙火官星)이 시지 술(時支 戌)에 묘(墓)가 된다.

조상인 갑목관성(甲木官星)이 년지 자(年支 子)에 목욕(沐浴)이 되고, 부모인 병화인성(丙火印星)이 월지 묘(月支 卯)에 목욕(沐浴)이 되고, 처첩인 임수재성(壬水財星)이 일지 술(日支 戌)에 관대(冠帶)가 되고, 자식인 갑목관성(甲木官星)이 시지 신(時支 申)에 절(絶)이 된다.

건명(乾命)	경신: 절 庚申: 絶	무술: 관대 戊戌: 冠帶	정묘: 목욕 丁卯: 沐浴	갑자: 목욕 甲子: 沐浴

조상인 병화관성(丙火官星)이 년지 인(年支 寅)에 장생(長生)이 되고, 부모인 무토인성(戊土印星)이 월지 술(月支 戌)에 묘(墓)가 되고, 남편인 병화관성(丙火官星)이 일지 신(日支 申)에 병(病)이 되고, 자식인 임수식상(壬水食傷)이 시지 해(時支 亥)에 건록(建祿)이 된다.

곤명(坤命)	정해: 건록 丁亥: 建祿	경신: 병 庚申: 病	병술: 묘 丙戌: 墓	경인: 장생 庚寅: 長生

<table>
<tr><td rowspan="2">곤명
(坤命)</td><td>乙卯</td><td>戊子</td><td>丙戌</td><td>乙巳</td></tr>
<tr><td>：</td><td>：</td><td>：</td><td>：</td></tr>
<tr><td></td><td>胎</td><td>沐浴</td><td>墓</td><td>病</td></tr>
</table>

조상인 갑목관성(甲木官星)이 년지 사(年支 巳)에 병(病)이 되고, 부모인 병화인성(丙火印星)이 월지 술(月支 戌)에 묘(墓)가 되고, 남편인 갑목관성(甲木官星)이 일지 자(日支 子)에 목욕(沐浴)이 되고, 자식인 경금식신(庚金食神)이 시지 묘(時支 卯)에 태(胎)가 된다.

(4) 일간(日干) 대(對) 대운(大運)

<table>
<tr><td rowspan="2">건명
(乾命)</td><td>己巳</td><td>己酉</td><td>辛亥</td><td>壬戌</td></tr>
</table>

62	52	42	32	22	12	2
戊午	丁巳	丙辰	乙卯	甲寅	癸丑	壬子
：	：	：	：	：	：	：
建祿	帝旺	衰	病	死	墓	絶

곤명
(坤命)　임壬 병丙 경庚 병丙
　　　　진辰 진辰 인寅 술戌

63	53	43	33	23	13	3
계癸	갑甲	을乙	병丙	정丁	무戊	기己
미未	신申	유酉	술戌	해亥	자子	축丑
:	:	:	:	:	:	:
쇠衰	병病	사死	묘墓	절絶	태胎	양養

3. 사주(四柱)의 십이운성(十二運星)

▶ 절, 포(絶, 胞)

① 연절(年絶) : 조상의 음덕이 부족하여 조업을 파하고 타향살이 하게 되며 부모덕이 없다. 선대는 양자 또는 서계(庶系)가 되기 쉽다.

② 월절(月絶) : 성장 과정에서 고생이 많고 부모 형제와 인연이 없는 사람이다. 매사 손실이 많다. 대인관계가 원만하지 못하여 사회생활을 하는데 고립되기 쉽다.

③ 일절(日絶) : 부모인연이 약하다. 주관이 없어 남의 꼬임에 잘 빠진다. 장남이라도 타향살이 하게 된다. 색에 빠져 화를 당하기 쉽다. 배우자 연이 박하다. 갑신일생(甲申日生), 신묘일생(辛卯日生) 여자는 성질이 급하고 부부궁이 나쁘며 춤과 노래를 즐긴다.

④ 시절(時絶) : 자식연이 박하다. 자식이 처음에는 똑똑해도 나
중에는 학업중단되고 자식으로 인해 근심이 있다.

▶ 태(胎)

① 연태(年胎) : 조상은 발전하였으며 부모는 어렸을 때 변화가
많았었다. 조상의 마음이 원만해서 별탈없이 살아가나 자신은
유년시절 고생이 많고 늙어서는 가족 때문에 고민을 할 수 있
다.
② 월태(月胎) : 직업변화가 많고 계획과 행동 방침이 자주 바뀐
다. 집안의 운기가 약해 자신이 대성하기 어려우니 매사를 굳
게 밀고 나가라. 고독하다. 형제 수가 적다. 부모대에 이사를
자주했다.
③ 일태(日胎) : 어릴 때 허약하고 고생이 많았으나 중년이후 부
터는 건강해진다. 육친에 대한 인연이 박하고 직업을 자주 바
꾼다. 여자는 시어머니와 갈등이 심하다. 자식 때문에 고민할
일이 생긴다. 여성중에 삼태(三胎)가 있으며 심중이 적막하
다. 병자일생(丙子日生), 을해일생(乙亥日生) 여자는 가정 불
화가 많다.
④ 시태(時胎) : 자식이 부모의 업을 이어받지 못한다. 아들보다
딸을 많이 두게 된다. 여자는 남편이나 시부모 풍파가 많다.
늙어서 친척에게 괴로움을 끼친다.

▶ 양(養)

① 연양(年養) : 아버지가 양자이었거나 자신이 양자로 가거나 일찍 분가하여 독립 생활을 한다. 타부모를 모셔본다.

② 월양(月養) : 중년에 여색으로 재난을 자초한다. 어릴때 부터 타향살이 하게 된다. 주색잡기로 가산을 탕진하기 쉽다.

③ 일양(日養) : 어릴 때 생모가 아닌 사람에게 양육을 받는 수가 있다. 남자는 호색하여 재혼할 가능성이 많다. 남난과 여난도 있으며 사교에도 능하여 팔방미인과 같다. 경진일생(庚辰日生) 여자는 남편운이 좋지 않다.

④ 시양(時養) : 늙어서 자식의 효양을 받는다. 자녀 인연이 없어 무자인 사람도 있다. 설사 인연이 있어도 별거할 수 있다. 여자는 대체로 길한 편이다.

▶ 장생(長生)

① 연장생(年長生) : 윗대가 좋았고 복록이 증진되고 만년에 길운이 온다. 그러나 형(刑), 충(冲), 파(破), 공망(空亡)이 되면 복이 감소된다. 선조가 발달하여 가문을 빛냈거나 명문가이다.

② 월장생(月長生) : 부모 형제가 발달하고 인덕이 있고 윗사람을 잘 모신다.

③ 일장생(日長生) : 현처를 얻으며 부부 금슬이 좋고 장자가 아니더라도 부모의 혜택을 많이 받는다. 언행이 온순하다. 수명

이 길며 부모형제와 화목하고 타인과도 형제처럼 친하게 지낸다. 남녀 불문하고 무인(戊寅), 정유(丁酉) 생은 박복하다. 병인일생(丙寅日生), 임인일생(壬寅日生) 여자는 남편덕이 없어 신세를 한탄하게 된다.

④ 시장생(時長生) : 귀자를 두게 되며 말년이 발복하여 더욱 행복하다. 대개 자녀가 효도를 한다.

▶ 목욕(沐浴)

① 연목욕(年沐浴) : 윗대에서 주색 방탕하여 파가 하거나 빈한한 경우가 많다. 부부도 젊은 시절에 이별수가 있다. 인수(印綬)가 목욕(沐浴)이면 어머니가 풍류인이다. 여자는 정편관(正偏官)이 목욕이면 기생이나 첩이 되어 바람둥이 남편에게 시집간다.

② 월목욕(月沐浴) : 끈기가 없어 용두사미격이다. 어머니가 재가하거나 이복형제가 있거나 장자를 손실하게 된다. 배우자와의 생이사별이 있다. 남자 형제 주색 잡기를 하거나 아버지가 호색일 수 있다.

③ 일목욕(日沐浴) : 사교적이긴 하나 부모 덕이 없이 어린 시절부터 고생이 많다. 주색풍파를 조심해야 한다. 타향살이하며 부모와의 인연이 없어 생이사별할 수도 있다. 갑자일(甲子日), 신해일생(辛亥日生)은 고집이 세며 부부 이별수. 을사(乙巳)일생 남자는 덕망있고 존경을 받으나 금전을 치부하면 병신되기 쉽다.

④ 시목욕(時沐浴) : 자식 문제로 고민이 많고 말년에 고독하게 지낸다. 처자가 무정하다. 처궁에 변화가 있는 수도 있다. 자녀가 바람을 피우기도 한다.

▶ 관대(冠帶)

① 연관대(年冠帶) : 가문이 좋고 유복하며 유산을 물려받고 일찍 출세한다. 중년에 부부 인연이 박뀔 악운이나 노년기에 재혼하는 경우가 있다.

② 월관대(月冠帶) : 고집이 세고 집념이 강하며 출세와 명예를 위한 일이라면 물불을 가리지 않는다. 사회적으로 출세하나 가정적으로는 화목치 못한 일이 자주 생긴다. 40세 후로는 복을 이룬다.

③ 일관대(日冠帶) : 형제간에 우의가 좋고 준재로서 공명을 얻으나 애정이 순탄치 못하고 주소 변동이 잦다. 자녀가 총명하고 영리하여 만년에 행복이 찾아온다. 임술일(壬戌日), 계축일(癸丑日)생. 여자는 고집이 세고 남편이 바뀔 수 있다. 패션디자인을 하면 좋다.

④ 시관대(時冠帶) : 자식이 발복 영달하여 그 덕을 받는다. 재능이 뛰어나고 인망(人望)을 얻는다. 늙어서 재혼수 있다.

▶ 건록(建祿)

① 연건록(年建祿) : 윗대가 번창했거나 부친이 자수성가 하였

다. 만년에 행복하다. 초년에도 순탄한 가정을 지니게 된다.

② 월건록(月建祿) : 자립심이 강하고 고집이 있다. 형제는 자수성가 한다. 여자는 맞벌이 하거나 혼자서 가정 경제를 책임한다. 부모가 대성공하여 유산을 받을 수도 있고 자신은 중년에 발전한다.

③ 일건록(日建祿) : 독립심이 강하고 건전한 사상으로 성공하지만 애정문제에는 애로가 많다. 남자는 장남 역할을 하는 수가 있고 여자는 남편이 첩을 보거나 혼자되기 쉽고 생활전선에서 고생한다. 재물이 있으면 처가 흉하게 되고 재물이 없으면 처가 장수한다.

④ 시건록(時建祿) : 자식이 발전하고 말년이 행복하다. 자녀가 입신 출세한다.

▶ **제왕(帝旺)**

① 연제왕(年帝旺) : 윗대는 부귀 명문가이다. 본인은 자비심이 많다. 선조가 부자이거나 고관자(高官者)이며 자기는 자신감이 많다.

② 월제왕(月帝旺) : 고집이 세고 독립심이 강하며 수완이 좋아 선두자가 된다. 부모형제와는 인연이 박하다. 장중 엄격한 심성을 가졌고 장대한 것을 좋아한다. 남의 밑에 있는 것을 싫어한다.

③ 일제왕(日帝旺) : 부모와 배우자 인연이 박하고 고향을 떠나게 된다. 지나치게 강한 성격으로 인해 흉함도 있을 수 있으

며 타향살이 하게 된다. 무오(戊午), 병오(丙午), 정사(丁巳), 기사(己巳), 임자(壬子), 계해(癸亥) 일생은 부부관계가 변하거나 이별 또는 과부가 되기 쉽다. 제왕(帝旺)이 중(重)하면 배우자에게 해롭고 반드시 피해를 입는다.

④ 시제왕(時帝旺) : 자식이 발달하여 가문을 빛내거나 혹 실자(失子) 하든지 질병으로 고생할 때가 있다. 말년이 좋고 학문 분야에서 명성을 얻을 수 있다.

▶ 쇠(衰)

① 연쇠(年衰) : 선대가 점차 쇠퇴했고 가정에서는 성실해도 사회적으로 두각을 나타내기 어렵다. 만년운이 불길하고 부모덕이 없다. 가산이 쇠하고 가운이 기울어질 때 내가 태어났다.

② 월쇠(月衰) : 부모 형제 덕이 없으며 청년기에 발전이 없으며 남의 형편을 보아주다 금전 손실을 당한다. 마음이 약하여 타인에게 피해를 입을 수 있으니 주의해야 되며 가산을 탕진하기 쉬우리라.

③ 일쇠(日衰) : 경제관념이 강하고 차분하고 조용한 편이다. 보증 등을 조심하라. 현모양처형이다. 부모운이 없어서 타향살이 한다. 남의 꾐에 빠진다. 갑진(甲辰), 을축(乙丑), 경술(庚戌), 신미(辛未) 일생은 부부해로 하기가 어렵다. 박력과 줏대가 없다. 시부모를 잘 모시지 못한다.

④ 시쇠(時衰) : 자녀덕이 약하고 자녀로 인하여 근심 걱정이 있고 말년에 고독하거나 고생이 있다. 불초 자식이 있다.

▶ 병(病)

① 연병(年病) : 선대가 빈곤하였고 부모가 병약하거나 자신이 어릴 때 질병으로 고생한다. 그렇지 않으면 만년에 가사로 심통하거나 병약해진다.

② 월병(月病) : 부모 형제중 누군가가 없거나 청년기에 운이 좋지 못하고 병이 많거나 집안 일로 어려움이 따른다. 겉으로 태연하지만 속으로는 근심 걱정이 많고 비관도 잘하며 결단력과 실천력이 부족하다.

③ 일병(日病) : 다정다감하지만 어릴때는 병약하고 성장후에는 부모덕과 배우자덕이 박하다. 큰 병에 잘 걸리고 조실부모하거나 부모곁을 일찍 떠난다. 양일간(陽日干)은 진취성이 있으나 성질이 급하다. 음일간(陰日干)은 활발치 못하다. 형제의 의가 좋지 않고 힘이 되기 어렵다. 무신(戊申), 임인(壬寅), 병신(丙申), 계유(癸酉) 일생 여자는 고독한 경우가 많다.

④ 시병(時病) : 자식으로 인한 근심걱정이 많고 말년이 좋지 않다. 자손이 병약하다. 여자는 남편에게 버림 받는다.

▶ 사(死)

① 연사(年死) : 선대가 빈천하였거나 병약했다. 부모와 인연이 박하여 곁을 떠나 타향살이 한다.

② 월사(月死) : 부모형제와 인연이 박하고 고독하다. 머리는 좋으나 활동력이 부족하다.

③ 일사(日死) : 큰 병으로 고생하거나 유산을 물려받기 어렵다. 처의 신병이 있거나 처연(妻緣)이 박하며 자식 얻기가 어렵고 근심이 많다. 부부운이 좋지 않다. 을해일(乙亥日), 경자일생 녀(庚子日生女)는 남편과 이별하거나 자식 얻기가 어렵다.

④ 시사(時死) : 자식연이 박하고 괴로움이 따르므로 만년이 좋지 않다. 자식이 용기가 없다.

▶ 묘, 장(墓, 葬)

① 연묘(年墓) : 선조의 묘를 잘 돌보므로써 혜택이 따르고 장남이 아니라도 선조의 묘를 잘 돌본다.

② 월묘(月墓) : 육친 무덕하고 매사 손실이 많다. 타인으로 인해 손해를 보는 수가 있다. 월(月)과 일(日)이 충(冲)되면 부잣집에 태어나서 재록이 풍부하다. 좋은 운이 늦게 오며 장자가 아니라도 묘를 돌본다.

③ 일묘(日墓) : 부모 형제 배우자 연이 박하고 고향을 떠나 살게 된다. 가난하게 태어나면 중년이후 부터 발전이 있게 된다. 부자집에서 태어난 사람은 중년이후 쇠퇴. 기축(己丑)일생 여자는 말주변이 없고 낯가림을 잘한다. 정축(丁丑), 임진(壬辰) 일생 여자는 부부연이 박하거나 남편으로 인하여 근심 걱정이 많다.

④ 시묘(時墓) : 신체가 허약하고 자식으로 인한 걱정이 많다. 어려서 질병으로 고생하는 수가 있고 만년에 외롭게 된다.

4. 육신(六神)과 십이운성(十二運星)

▶ 절(絶)

① 비겁절(比劫絶) : 형제의 덕이 없다. 형제의 인정이 없고 미약하다.

② 비견절(比肩絶) : 형제의 인연이 박하여 사별함이 있다.

③ 겁재절(劫財絶) : 가운을 파하고 조상의 이름을 더럽힐 불초한 인간이 되기 쉽고, 불우하게 지내기 쉬우니 독단적인 고집을 삼가야 한다.

④ 식신절(食神絶) : 좋은 집안에 출생해도 우연히 재액이 생겨 몰락하기 쉬우니 분발노력하여 미연에 방지하라. 의식주에 곤란을 겪고 활동력도 약하다. 여자는 자식덕이 없고, 자녀 갖기가 어렵다. 있어도 훌륭한 자녀가 못된다. 남자는 복록, 인기, 인덕이 두절된다.

⑤ 상관절(傷官絶) : 편친과 일찍 사별할 우려가 있고 고난과 재액이 따르며, 친한 사람을 도와주려다 도리어 곤경에 처하기 쉽다.

⑥ 재성절(財星絶) : 재물로 인한 애로가 많다. 처의 질병 또는 이별 등의 애로가 많고 빈곤하다.

⑦ 편재절(偏財絶) : 부친과 일찍 사별하기 쉽고 가정적으로 적막하다. 일생 성패가 다단하고 가정운이 나쁘다.

⑧ 정재절(正財絶) : 부유한 집안에서 출생하더라도 운세가 쇠하

여 중년 후반부터는 신고함이 많다. 을정일생(乙丁日生)은 상처하기 쉽고, 갑병일생(甲丙日生)은 이혼하기 쉽다.

⑨ 관성절(官星絶) : 남자는 자식복이 박하다. 직위가 보잘것 없고 명예를 얻기가 어렵다. 직업운이 약하고 구직난을 겪는다. 여자는 남편복이 박하다.

⑩ 편관절(偏官絶) : 주거가 불안하고 금전적으로 고통이 심하다. 자식운이 없다.

⑪ 정관절(正官絶) : 가문을 더럽히고, 유산이 있더라도 불운으로 다 없앤다. 여성은 남편과 생이사별할 우려가 있다.

⑫ 인성절(印星絶) : 부모덕이 없다. 어머니와 인연이 희박하다. 공부에 취미가 없고 학업운이 나쁘다. 문서분실도 있어 본다.

⑬ 편인절(偏印絶) : 부모와 형제의 덕이 없어 일신이 고립된 상태이므로 남의 덕을 볼 생각을 말고 자수성가 하라.

⑭ 인수절(印綬絶) : 부모의 덕이 없으며 간간 파란도 있다. 그러나 근면노력하면 안정된 생활의 기반을 세우게 된다.

▶ 태(胎)

① 비겁태(比劫胎) : 형제나 동료로 부터 도움이 되어 발전의 기틀을 세운다.

② 비견태(比肩胎) : 장남으로 태어났더라도 친부모를 섬기지 않고 타에 양자가 되는 경향이 있다.

③ 겁재태(劫財胎) : 가정의 불안이 많고, 이부(異父)를 섬기거나 이복형제자매가 있는 경우가 있다.

④ 식신태(食神胎) : 좋은 가정에서 태어나 일생을 고생을 모르고 태평히 지낸다. 부모덕과 남의 인덕도 많으며 의식주가 윤택해지고 처가 잉태하게 된다.

⑤ 상관태(傷官胎) : 일생 기복이 많다. 가정적인 덕은 없고 조모나 숙부모 손에 길러지거나 처가에 의탁하기 쉽다.

⑥ 재성태(財星胎) : 의식주 생활이 향상되고 재산이 늘어간다. 처가 잉태하게 된다.

⑦ 편재태(偏財胎) : 가정의 혜택은 없으나 자라면서 금전면에 애로는 없다.

⑧ 정재태(正財胎) : 유족한 가정에서 태어나 부모의 혜택을 받으며 성장한다. 을정일생(乙丁日生)은 처의 병으로 인해 곤액을 당한다.

⑨ 관성태(官星胎) : 직무상 발전이 있다. 자녀 임신 소식이 있다. 직장인은 승진한다.

⑩ 편관태(偏官胎) : 유족한 가정에 출생하여 일생 행복을 누린다.

⑪ 정관태(正官胎) : 좋은 가문의 태생으로 재능이 뛰어나 크게 발전하고, 타인의 도움으로 일취월장한다.

⑫ 인성태(印星胎) : 학문 연구 생활에 발전과 진전이 따른다.

⑬ 편인태(偏印胎) : 생모와 인연이 없어 부모슬하에서 단란하게 성장하지 못하고 고독하며 불운한 생애를 지낸다.

⑭ 인수태(印綬胎) : 안정되고 평화로운 가정에 태어나 행복을 누린다.

▶ 양(養)

① 비겁양(比劫養) : 형제들이 온순 선량하고 이복형제가 있다.

② 비견양(比肩養) : 형제가 흩어지고 이복형제가 있기 쉬우며, 중간에 헤어졌다가 노년에 이르러 다시 만나게 된다.

③ 겁재양(劫財養) : 타부모에게 양육되는 수가 있고, 아내를 고생시키거나 딴 여자와 다시 인연을 맺는다.

④ 식신양(食神養) : 의식주에 관한 가축사육 성공, 세균, 효소 배양 등으로 생활이 적합하고 처가나 장모의 배려가 따른다. 부유한 가정에 출생하여 일생 궁핍됨이 없이 안정된 생활을 누린다.

⑤ 상관양(傷官養) : 어릴적에 조모나 숙모의 손에 양육되기 쉬우며 일생 큰 고생은 없다.

⑥ 재성양(財星養) : 재물운이 풍족하지는 못하나 좋아진다. 이부(異父)나 타곳에서 자란다. 이처(二妻)에 마음이 있다. 여자로 인한 구설을 조심하라.

⑦ 편재양(偏財養) : 부친이 양자인 경우가 많고, 아니면 자신이 양자로 들어가기 쉽다.

⑧ 정재양(正財養) : 유족한 가정에 태어나 호강으로 지내며, 좋은 집안의 딸을 아내로 맞게 되며, 다만 을정일생(乙丁日生)은 처에 덕스러운 기색이 없다.

⑨ 관성양(官星養) : 명리가 별로 높지 않으나 직업운이 좋다. 자식이 대체로 양호하다.

⑩ 편관양(偏官養) : 풍족한 가정에 태어나 극진한 사랑으로 자

라며 발달 성공하여 명리를 얻는다.

⑪ 정관양(正官養) : 온건착실하고 무슨 일에나 재능을 발휘하여 뭇사람의 윗자리에 군림하게 되는 행운이 있다.

⑫ 편인양(偏印養) : 어릴적에 부모와 생이별하고 편친을 섬길 수다. 계모 슬하에서 자라는 수가 있고 이복형제가 있기 쉽다. 어렵고 신고함이 많으며 편업에 종사하면 재물의 궁핍은 없다.

⑬ 인수양(印綬養) : 농업인이나 공업인의 자식으로 태어나 그 가업을 계승. 운이 길리하여 그 업을 중흥시킨다.

▶ 장생(長生)

① 비겁장생(比劫長生) : 형제의 덕을 본다. 혹 양자가 되거나 이복형제가 있을 수도 있다.

② 비견장생(比肩長生) : 남의 양자로 들어가거나 타인에게 기대어 살기 쉬우나 어릴 때는 행복하게 지낸다.

③ 겁재장생(劫財長生) : 형제가 발전하지만 형충파해(刑冲破害)가 되면 형제불화, 가정분열이 생기고, 부친이 후처를 얻기 쉽다.

④ 식신장생(食神長生) : 의식주가 풍성하고 가업이 번창하며 남의 호감을 산다. 여성은 내주장하기 쉽다.

⑤ 상관장생(傷官長生) : 부모연이 박하여 조부모나 숙부모에 의해 양육되기 쉽고, 예술에 종사하면 성공한다. 여성은 자식덕을 본다.

⑥ 재성장생(財星長生) : 거부가 된다.

⑦ 편재장생(偏財長生) : 부모의 덕으로 일생 의식이 유족하다.

⑧ 정재장생(正財長生) : 부유한 가정에서 태어나 호강으로 지내고 여성은 좋은 남편을 만나 행복하게 산다.

⑨ 관성장생(官星長生) : 영예스러운 직위에 오르며 남자는 현명한 자녀를 두며, 여자는 남편덕이 크다.

⑩ 편관장생(偏官長生) : 처자와 상사의 덕이 있고, 여성은 초혼은 이롭지 않으나 재혼이면 좋은 남편을 만나 행복하다.

⑪ 정관장생(正官長生) : 부모의 유업을 계승하여 사회적으로 신용을 얻고 여성은 훌륭한 인연을 만난다.

⑫ 편인장생(偏印長生) : 인기와 예능 기술로써 이름이 난다. 부모연이 박하고 계모에게 양육되기 쉽다.

⑬ 인수장생(印綬長生) : 문필로써 이름을 얻는다. 어머니나 벗, 상사의 혜택이 있고, 여성은 현모양처가 된다.

▶ 목욕(沐浴)

① 비겁목욕(比劫沐浴) : 형제자매 등이 주색에 탐닉한다. 그로 인하여 가업을 탕진하기 쉽다.

② 비견목욕(比肩沐浴) : 형제 자매와 인연이 박하여 일찍 사별하거나 거주지를 자주 옮기게 된다.

③ 겁재목욕(劫財沐浴) : 거주의 노고가 많고 빈곤하며 형제자매의 덕이 없다.

④ 식상목욕(食傷沐浴) : 잘되면 연예계, 예술계에서 이름나고

못되면 화류계로 흐르기 쉽다. 부자집에서 태어나도 파산 수라. 대인관계 불리하고 고독 곤고하다.

⑤ 식신목욕(食神沐浴) : 부유한 집에서 출생했을지라도 파산된다. 여성은 음란 호색한 자가 많고 다방, 술집을 경영하거나 남의 후처나 첩이 되기 쉽고 자식복이 없다.

⑥ 상관목욕(傷官沐浴) : 고독 곤고함이 있고 반항심이 강하고 대인관계가 원만치 못하며, 여성은 산액이 있다.

⑦ 재성목욕(財星沐浴) : 돈을 버는 것 보다 쓰는데 더 적극적이다. 가산 탕진의 위험이 따르고 투기를 피해야 한다.

⑧ 편재목욕(偏財沐浴) : 어려운 환경에서 자라나며 처나 여자로 인해 정신적인 번민이 많다.

⑨ 정재목욕(正財沐浴) : 어릴 때 고생이 많고, 처가 부정하여 가정풍파가 생긴다.

⑩ 관성목욕(官星沐浴) : 직업에 애로가 많고 명예를 지탱하기가 어렵다. 낭비벽이 많다. 남자는 바람 피우고 방탕한 자식이 있다. 여자는 남편이 바람둥이요, 사치 방탕한다.

⑪ 편관목욕(偏官沐浴) : 직업에 발전이 없고 변동이 심하며 상업에 손대면 고전을 면치 못한다. 여성은 남자문제로 고민이 생기며 불우하게 살기 쉽다.

⑫ 정관목욕(正官沐浴) : 상속문제로 갈등이 생기고, 친한 사람에게 소외를 당하며, 여성은 혼담이 잘 깨지고 남편의 외도로 속상하며 심하면 독신 생활을 하게 된다.

⑬ 편인목욕(偏印沐浴) : 부모와 인연이 박하고 금전고에 허덕이며 어머니로 인한 애로가 많다.

⑭ 인수목욕(印綬沐浴) : 사업실패, 직장의 실직 등으로 곤고함
이 있고, 후처나 과부 신분의 모친을 섬기는 일이 많으며 어
머니가 방탕하기 쉽다.

▶ 관대(冠帶)

① 비겁관대(比劫冠帶) : 타인의 도움이 있다. 청년기에는 여유
있는 생활을 한다.
② 비견관대(比肩冠帶) : 양자의 신분이 되거나 남의 집에서 자
라는 경우가 많고 그곳의 혜택이 크다.
③ 겁재관대(劫財冠帶) : 청년기에는 풍족하게 지내지만 중년기
에는 파란이 많고, 형제자매의 문제로 상심이 크다.
④ 식신관대(食神冠帶) : 좋은 환경에서 호강하게 자라 일평생
편안하고 행복하다. 처자의 덕이 있으며 사업확장 또는 승진
이 평탄하다. 여성은 훌륭한 남편을 만나고 자녀가 발달한다.
⑤ 상관관대(傷官冠帶) : 지능발달. 사람이 총경하다. 사업에 부
진함이 있으며 남자는 직장을 잃게 되고 여성은 남편으로 인
한 고생이 많고 남편과 이별, 질병 또는 남편이 하는 일에 장
애가 따르거나 재취하기 쉽다.
⑥ 재성관대(財星冠帶) : 재물은 풍족해지나 처가 고집이 세고
가권을 잡는다.
⑦ 편재관대(偏財冠帶) : 번영한 가정에서 출생하여 부모의 은혜
를 받으며 가업을 계승 발전시킨다. 남녀 모두 좋은 배우자를
만난다.

⑧ 정재관대(正財冠帶) : 명문가에 출생하여 호강하고 중년부터 가업을 중흥시킨다. 여성은 타주에 겁재(劫財)가 있으면 남편궁에 어려움이 있다.

⑨ 관성관대(官星冠帶) : 각종 시험운이 좋고, 관직에 나아가면 승진이 잘되고 중용된다. 상관(傷官) 대궁은 삭탈관직 직장 잃게 된다.

⑩ 편관관대(偏官冠帶) : 명문가의 출생으로 자아심이 강하고 편굴된 성격으로 인해 화를 자초하는 불운을 겪게 된다. 여성은 남편문제로 곤고함이 있다.

⑪ 정관관대(正官冠帶) : 발전, 행복하고 계획사는 성취된다. 여성은 좋은 남편을 만나 사랑을 받는다.

⑫ 편인관대(偏印冠帶) : 기술과 예술 방면에 발전이 있고 자유업도 좋다. 타인으로 부터 사기를 당하기 쉽고 도난, 실물 또는 배신이 따른다. 음일생(陰日生)은 길하고, 양일생(陽日生)은 파란만장하게 살아간다. 여성은 자식문제로 걱정이 많다.

⑬ 인수관대(印綬冠帶) : 명문가에 출생하여 지위와 명예를 모두 얻는다.

▶ **건록(建祿)**

① 비겁건록(比劫建祿) : 형제 발전하고 배경이 좋다.
② 비견건록(比肩建祿) : 신망을 얻고 혜택을 받으며 대개 타향에 나가 성공하며 분가 양자가 되기 쉽다.
③ 겁재건록(劫財建祿) : 부모의 재물과 인연이 없고 파란이 중

중하다. 남에게 속박되기를 싫어하며 여성은 재혼하기 쉽다.

④ 식신건록(食神建祿) : 부유한 가정에서 태어나 의식주가 풍족하고 직장생활에 발전이 양호하다. 딸이 있으면 훌륭한 사위를 얻어 그의 덕으로 크게 발전한다.

⑤ 상관건록(傷官建祿) : 일찍 타향에 나가 자수성가 한다. 부모의 유산은 미약하다.

⑥ 재성건록(財星建祿) : 재물이 풍족하고 직장 생활에 발전이 있다. 남자는 처로 인하여 재물을 얻는다.

⑦ 편재건록(偏財建祿) : 부모의 덕이 있고 사업도 발전한다. 특히 갑병일생(甲丙日生)은 재산가의 사위가 된다.

⑧ 정재건록(正財建祿) : 유복한 가정에서 태어나 가업을 번창시키고 특히 내조의 공을 입고 행복을 누린다.

⑨ 관성건록(官星建祿) : 직장 생활을함에 간부급이 되어 부하를 많이 두게 된다. 남자는 자식이 현출하고 여자는 남편덕이 크다.

⑩ 편관건록(偏官建祿) : 명문가의 출신으로 사회적 지도층에 군림하며, 여성은 이별, 재혼의 위험이 있다.

⑪ 정관건록(正官建祿) : 명문가에서 출생하여 파란, 곤경을 많이 겪으며 중년은 대발하고 말년은 쇠운이다. 시주(時柱)에 있으면 더욱 그러하다.

⑫ 인성건록(印星建祿) : 부모의 덕이 좋다. 학문에 이름을 얻으며 어머니가 발달한다.

⑬ 편인건록(偏印建祿) : 부친과의 인연이 박하고 유족한 집안에서 출생했더라도 점차 가운이 기운다.

⑭ 인수건록(印綬建祿) : 부모의 덕으로 호강하게 자라나지만 반면에 자신은 부모님께 근심만 끼치게 된다.

▶ 제왕(帝旺)

① 비겁제왕(比劫帝旺) : 너무 지나쳐서 나 자신이 상하지 않으면 남을 상하게 한다.

② 비견제왕(比肩帝旺) : 형제나 벗의 협조가 있고 인생살이에 파란이 많으나 독립심이 강하여 운을 개척한다.

③ 겁재제왕(劫財帝旺) : 배우자가 변동되기 쉽고 가정의 인연이 박하다. 여성은 재혼하기 쉽다.

④ 식신제왕(食神帝旺) : 경제활동과 기업을 운영하든가 의약업이나 식품업으로 성공한다. 백부모의 혜택이 있고 주위 환경의 후원으로 발전하고 일평생 편안하다.

⑤ 상관제왕(傷官帝旺) : 나 자신을 상하게 하지 않으면 남을 상하게 한다. 생애중에 곤경함도 겪으나 말년에는 행운이 보장되며, 여성은 남편과 자식의 인연이 박하여 이별하고 재혼하기 쉽다.

⑥ 재성제왕(財星帝旺) : 재물이 모일때까지 다 모여서 나가기 쉽다. 부잣집에 생하여 잘 산다. 누이같은 처에 지배당하거나 처가살이 한다.

⑦ 편재제왕(偏財帝旺) : 어릴때는 부모의 사랑을 듬뿍 받으나 부모의 덕이 없다. 여성은 좋은 남편을 만난다.

⑧ 정재제왕(正財帝旺) : 부유한 가정에서 출생하여 안정된 생활

을 하게 되며 처에 지배되거나 처가살이를 하기 쉽고 여성은 과부운이다.

⑨ 관성제왕(官星帝旺) : 권위직이나 생살지권을 갖는다.

⑩ 편관제왕(偏官帝旺) : 실력이 있어도 편굴된 성격으로 인해 기회를 놓치고 불우하게 되며 여성은 독신녀가 많다.

⑪ 정관제왕(正官帝旺) : 인망(人望)이 있고, 지위가 상승되고 명리를 얻으며 자식덕도 있고 만년에 평안하다.

⑫ 인성제왕(印星帝旺) : 재혼모를 따라 이부(異父)를 섬기거나 양부밑에서 성장하여 지도자가 된다.

⑬ 편인제왕(偏印帝旺) : 부모궁이 불길하여 의부(義父)를 섬기는 수가 있거나 어릴때에 곤고함이 많아 부모를 이별하고 친척집에서 자라나는 수가 있다.

⑭ 인수제왕(印綬帝旺) : 부친이 양자로 갔기 쉬우며, 사회적으로 지도적인 위치에 군림한다.

▶ 쇠(衰)

① 비겁쇠(比劫衰) : 형제덕이 없고 쇠퇴한다. 배경세력이 퇴조한다. 선조 몰락, 조업이 없다.

② 비견쇠(比肩衰) : 형제자매와의 인연이 박하다.

③ 겁재쇠(劫財衰) : 일찍 한쪽 부모와 이별이 있거나 남의 집에서 양육되는 수가 있고, 중년이후 동기간이 모두 행복해진다.

④ 식신쇠(食神衰) : 활동이 저조하고 지능이 낮으며 사고력이 감퇴된다. 건강상태도 쇠락에 접어든다. 부유한 가정이 점차

기울어져 가며 부모의 우환과 근심이 많고 부모대의 재산 손재가 많다.

⑤ 상관쇠(傷官衰) : 부모와의 인연이 적고 불우하다.

⑥ 재성쇠(財星衰) : 가업이 쇠퇴하여 재물이 흩어진다.

⑦ 편재쇠(偏財衰) : 명문가의 출생일지라도 소년기 이후 가운이 쇠하여 만년에는 불우하게 지낸다.

⑧ 정재쇠(正財衰) : 부유함이 점차 기울어지나 장성하여 자신이 직접 산업을 부흥시키며 재혼여성과 결혼하는 수도 있다.

⑨ 관성쇠(官星衰) : 지위가 낮고 가문이 번성하지 못하며 자식이 유약하다. 직업운 나쁘고 보잘것 없다. 남편이 저조하다.

⑩ 편관쇠(偏官衰) : 곤고함이 심하고 일찍 고향을 떠나며 자수성가한다. 여성은 남편운이 나쁘고 금전고가 심하다.

⑪ 정관쇠(正官衰) : 명리를 얻기는 어려우나 평온무사한 삶을 누린다. 여성은 극부하기 쉽다.

⑫ 인성쇠(印星衰) : 어릴때 모친과 이별, 고독, 부모덕이 없으나 자력으로 삶을 영위해간다.

⑬ 편인쇠(偏印衰) : 어릴적에 한쪽 부모와 이별하기 쉽고 고독하다. 여성은 자식과 인연이 박하다.

⑭ 인수쇠(印綬衰) : 예술방면에 재능이 있고, 재능을 발휘하여 안정된 삶을 누린다. 그러나 부모의 은덕은 없다.

▶ 병(病)

① 비겁병(比劫病) : 형제자매에 질병이 있고, 배경이 미약하다.

선대가 병약하다.

② 비견병(比肩病) : 고향과의 인연이 박하고, 가정사에 복잡함이 생겨 고통을 겪는다.

③ 겁재병(劫財病) : 부모의 덕이 없고, 부모 형제로 인하여 어려움을 겪으며 자기도 역량이 부족하여 발전성이 없다.

④ 식신병(食神病) : 병에 잘 걸리며 식도 또는 소화기계의 질병이 있다. 재산가의 태생이지만 가정내의 갈등이 빈발하여 마음이 불편한다. 다만 자식덕으로 만년에 편안하다.

⑤ 상관병(傷官病) : 부모와의 인연이 박하고, 질투심이 강하며 남을 무시하는 경향이 있다.

⑥ 재성병(財星病) : 처가 질병으로 고생하거나 재물이 흩어진다. 재산 모으기가 힘들다.

⑦ 편재병(偏財病) : 처음은 좋으나 나중에는 나쁘다. 부유한 가정이 파산되고 여성은 결혼 후 병약으로 고생한다.

⑧ 정재병(正財病) : 부유한 가정에 출생하지만 성쇠가 심하다. 병일생(丙日生)은 양자운이고, 을정생(乙丁生)은 경제적으로 안정된다.

⑨ 관성병(官星病) : 신분이나 직업이 미천하다. 남명은 자식에게 질병이 있고, 여명은 남편에게 질병이 있거나 지위가 미천하다.

⑩ 편관병(偏官病) : 일생 파란이 많고 복이 박하다. 여성은 초혼중에는 남편덕이 없으나 재혼인 경우는 행복하다.

⑪ 정관병(正官病) : 부친으로 인하여 고민이 있고, 경제적인 혜택도 없다. 청소년 시절에는 거주지를 자주 옮기며 남녀 모두

자식덕이 없다.

⑫ 인성병(印星病) : 어머니가 병약하거나 생이사별, 부모덕이 없다. 학업운이 나쁘고 부모의 유산이 있어도 지키지 못한다.

⑬ 편인병(偏印病) : 부모의 유산을 지키지 못하고, 편친슬하에서 자라는 경우도 있다.

⑭ 인수병(印綬病) : 생애가 불안정하고 직업을 자주 바꾸어 실패가 많고 신용까지 상실되어 일어나기 힘든다.

▶ 사(死)

① 비겁사(比劫死) : 형제자매의 발전이 없고 지지멸멸하다. 어려움을 겪는다.

② 비견사(比肩死) : 형제의 인연이 박하고 육친의 덕이 없다. 중년부터 운이 열려 편안한 생활을 누린다.

③ 겁재사(劫財死) : 어릴적에 형제자매와 사별하기 쉽다. 인정이 없고 냉혹하여 부랑아가 되기 쉽다.

④ 식신사(食神死) : 의식주 생활에 어려움이 많고 재화(財貨)가 줄어든다. 부모덕이 없고 자수성가하는 노력가이다. 여성은 자식복이 없다. 혹자는 의식주에 궁핍함이 없다.

⑤ 상관사(傷官死) : 부모와 일찍 사별하기 쉽고, 열등의식과 질투심으로인해 대인관계가 원만치 못하여 고립되기 쉽고 곤액을 면키 어렵다.

⑥ 재성사(財星死) : 재물에 어려움이 많다. 재물덕이 없고 도산된다.

⑦ 편재사(偏財死) : 가정생활이 궁핍하여 고생을 겪고, 가족과 이별이 심하고, 설령 부친이 자산을 많이 지녔다 해도 인색하여 가족을 고생시킨다.

⑧ 정재사(正財死) : 부유한 집안의 출신이나 점차 가세가 기울어 중년을 고비로 파산될 우려가 있고, 갑병일생(甲丙日生)은 좋은 배필을 얻으나, 을정일생(乙丁日生)은 중혼(重婚)할 염려가 있다.

⑨ 관성사(官星死) : 직위가 낮고 명리는 구할 수 없다. 여명은 남편과 생이별이나 사별하게 된다.

⑩ 편관사(偏官死) : 일생 기복이 심하므로 환경을 변경하지 않는 것이 좋다. 여성은 일찍 남편과 사별하고 재취하기 쉽다.

⑪ 정관사(正官死) : 명예훼손으로 인한 형사문제가 일어날 염려가 있고, 운이 약하여 매사에 진전이 없다.

⑫ 인성사(印星死) : 부모덕이 없다. 어머니와 생사별, 재액으로 곤고하며 복록이 없다. 건강에 애로가 있다.

⑬ 편인사(偏印死) : 건강상으로 애로가 많고 박력이 없다. 재앙이 따르고 박복한데 만약 기술이나 예능방면으로 생활한다면 대성은 못해도 소성은 가능하다.

⑭ 인수사(印綬死) : 모친과 인연이 박하여 생이사별한다. 조금 인색한 편이고 사업에는 애로가 따르지만 종국에는 안정된다.

▶ 묘(墓)

① 비겁묘(比劫墓) : 형제자매가 편안하게 잘 있으나 간혹 감옥

에 들어가든가 사별하는 수가 있다.

② 비견묘(比肩墓) : 형제와 생이사별하고 고독하며 성패가 극단 적이다.

③ 겁재묘(劫財墓) : 가정불화가 잘 생기고 부모의 혜택을 받지 못하여 성격이 모가 나고 불우 불행한 삶을 누린다.

④ 식신묘(食神墓) : 재물을 잘 모으나 요절하기도 한다. 재산 모을줄만 알고 써보지도 못한 채 죽는 경우가 있다. 조상의 유산을 물려 받으나 청년기를 지나서부터 운이 막혀 재산을 탕진한다. 여성은 자식과 사별하는 수도 있다.

⑤ 상관묘(傷官墓) : 부모와의 인연이 박하고 안정된 일생을 보 내기가 어렵다. 기예로써 명성을 날리나 요절하기도 한다 학 문과 예술로 명성을 떨친다.

⑥ 재성묘(財星墓) : 재산을 모으기만 하고 쓸 줄 모르는 수전노 이다. 의처증이 생기며, 처의 질액으로 상처수도 따른다. 창 고 재물을 쌓으며 현금을 축재한다.

⑦ 편재묘(偏財墓) : 부친과의 인연이 박하다. 고향떠나 풍상을 겪으며 중년에 대발하지만 만년에 다시 쇠퇴하여 매사에 여의 치 못하다.

⑧ 정재묘(正財墓) : 유복한 가정의 출신으로 호강하게 지낸다. 갑일생(甲日生)은 배우자의 덕이 있으나 을정기일생(乙丁己日 生)은 아내와 사별할 우려가 있다.

⑨ 관성묘(官星墓) : 직위와 명리는 기대할 바 못된다. 여자는 남편과 생이사별수가 있다. 남자는 처와 생사별거수가 있다.

⑩ 편관묘(偏官墓) : 불운이 잘 따라 부침변전됨이 많고 처자와

도 별거한다. 여성은 남편과 일찍 이별하기 쉽다.

⑪ 정관묘(正官墓) : 가문을 더럽힐 우려가 있고 법적인 문제가
많이 생기고, 가정에 근심 걱정이 늘 따른다.

⑫ 인성묘(印星墓) : 조상의 정기를 받으며 윗사람으로 부터 혜
택을 입는다. 어머니의 우환,모친과 생사이별, 의지박약, 게
으르다.

⑬ 편인묘(偏印墓) : 의지가 박약하여 과감하게 밀고 나가지 못
하고 게으르며, 매사 용두사미격이다. 여성은 가정적으로 불
행하고, 노고가 끊이지 않는다.

⑭ 인수묘(印綬墓) : 모친과 인연이 박하거나 모친의 우환으로
자신도 고생하며 대체로 경제적으로 안정된다.

第8章. 합론(合論)

1. 천간합(天干合)

甲己合土	乙庚合金	丙辛合水	丁壬合木	戊癸合火

　천간합은 간합(干合)이라고도 하며 마치 남녀가 서로 다른 환경에서 자라다가 부부로서 일가를 이루어 또다른 가정을 만들어 냄과 흡사하다. 합은 우주본체를 항구적으로 계승, 보전, 성취케하는 작용이다. 무한한 분열을 제지하고 통일하는 인력작용을 한다. 음양속성이 다르면서도 동일한 기세로 집합하는 이치를 말하며 남녀가 결합함도 합의 원리이다. 합은 영원할 수 없으며 일정한 시간이 경과하면 분리되게 마련이다.

　천간합의 작용은 주로 인연, 유정, 동중정, 상통, 결합, 성취,

유대, 연결, 통합, 의합, 취합, 계약, 약속, 화순, 만남, 취득, 결정, 합격, 가결, 합법, 융합, 병합, 응합, 응기, 혼합 등이 있다.

갑기합(甲己合)은 중정지합(中正之合)이라고도 하며 도량이 넓고 자기 분수를 지킨다. 순리를 따르므로 남과 다투지 않고 주위로부터 존경을 받는다. 명조에 화(火)가 있고 격의 구성이 좋으면 출중한 명이다. 생월이 인묘월(寅卯月)이면 매사 노력해도 성공을 거두기 어렵다. 간혹 처신도 제대로 못하면서 간계만 능한 자도 있다. 갑일생(甲日生)이 기(己)가 있어 합이 되는 자는 신의는 있으나 지혜가 부족하다. 기일생(己日生)이 갑(甲)이 있어 합이 되는 사람은 신의가 없으며 음성이 탁하고 코가 낮은 편이며 십중팔구는 이복형제가 있다. 갑기합(甲己合)이 있고 지지에 형(刑)이 있으면 팔, 어깨, 다리에 질병이 있다.

을경합(乙庚合)은 인의지합(仁義之合)이라고도 하며 강건, 불굴, 과감, 강직, 용맹하여 다소 지나침이 있다. 그러나 인의가 두텁다. 편관이나 사,절과 동주하면 용감해도 천한 경향이 있다. 생월이 사고(四庫)가 되면 가문이 번영하고, 화국(火局)이 되면 의식주 문제로 분주한 명이다. 을일생(乙日生)이 경(庚)과 합되면 예의를 잘 안지키며 결단성이 부족하다. 경일생(庚日生)이 을(乙)과 합하면 자비심이 없으면서도 가식적으로 의로운 척하고, 치아가 튼튼한 편이다. 을경합(乙庚合)이 되고 지지에 금(金)이 왕하면 남명은 인격과 권위가 있고, 여명은 미도이다.

병신합(丙辛合)은 위엄지합(威嚴之合)이라고도 하며 위세가 당당하나 편굴하며 변덕이 심하고 잔인하며 색정이 강한데 명조에 편관이 있음을 좋아한다. 명조에 신(辛)이나 토(土)가 겹쳐 있으면 빈천하다. 병일생(丙日生)이 신(辛)과 합되면 지혜는 뛰어나나 예의가 없고, 사기와 모략을 잘 한다. 신일생(辛日生)이 병(丙)과 합되면 체격도 작고 야망과 포부도 없는 사람이다. 병신합(丙辛合)이 있고 갑진(甲辰)이 있으면 매우 좋다. 금(金)이 왕하면 행복의 명이다. 진술축미월생은 고심이 많고 또 토(土)가 있으면 빈천한 명이다.

정임합(丁壬合)은 인수지합(仁壽之合)이라고도 하며 아첨하고 정에 흐르기 쉽다. 색욕을 탐하며 고결하지 못하다. 명조중에 편관이나 도화가 있으면 색정으로 인해 파가한다. 여명은 음란하고 만혼을 하거나 나이 많은 사람에게 시집간다. 일생중 전반이 좋으면 후반이 나쁘고, 전반이 나쁘면 후반이 길운이 되고, 월지가 인묘(寅卯)가 되면 상당한 발달을 한다. 정일생(丁日生)이 임(壬)과 합되면 키가 크고 날씬한 사람이며 몸이 마르고 소심하며 질투심이 강하다. 임일생(壬日生)이 정(丁)과 합되면 몸집이 크고 부지런한데 신의가 없고 편굴하며 화를 잘낸다. 정임합(丁壬合)이 있고 그 밑에 목욕이 있으면 첩 등에서 출생한 사생아 이다. 여명이면 사생아를 낳거나 남편이 외도가 심하다.

무계합(戊癸合)은 무정지합(無情之合)이라고도 하며 용모는 아름다우나 정이 없고 사치함을 좋아한다. 색욕에 빠질 우려가 많으며 남명은 독신주의를 고집하는 자가 있고, 여명은 미남에 인연이 있다. 월지(月支)가 화국(火局)이 되면 대귀의 명이다. 명조중에 목(木)이 있으면 의식이 풍족하다. 명조에 수(水)가 많으면 상극(傷剋) 분파(奔波)의 명이다. 무일생(戊日生)이 계(癸)와 합되면 다정한 듯하나 내심은 정이 없고, 얼굴은 붉은 편이며 총명하다. 계일생(癸日生)이 무(戊)와 합되면 지능이 낮고 질투심이 많다. 시작은 잘해도 끝맺음을 못하는 용두사미격이다. 남자는 늙은 여자에, 여자는 늙은 남자에게 시집가는 경향이 있다. 무계합(戊癸合)에 화(火)가 왕하고 인(寅)이나 묘(卯)가 있으면 행복의 명이다. 명조중에 수(水)가 많거나 행운(行運)에서 그러하면 분파(奔波)의 명이다.

2. 지지합(地支合)

子丑合	寅亥合	卯戌合	辰酉合	巳申合	午未合
土	木	火	金	水	不變

지합(支合) 또는 육합(六合)이라고도 하며 남명이 합이 많으면 사교성이 있어 교제가 넓고, 외교적인 수완이 뛰어나고 육친간에 화합하며 성격이 온순하고 원만하며 인정도 많다. 그러나 여명에 합이 많으면 정이 헤퍼서 정조를 잃는다. 길신(吉神)이 합이 되면 길함이 배가 되고, 흉신(凶神)이 합이 되면 흉함이 배가 된다. 지합(支合)은 공망, 형, 충, 파, 해를 해소하나 그 역량은 떨어진다. 연과 월의 지합은 부자유친하고 조업계승이 이뤄진다.
장남이 아니라도 가권을 상속할 명이다. 연과 일의 지합은 배우자가 시부모와 화합, 원만한 가정이 이뤄진다. 일과 시의 지합은 노후가 행복하고 자식과 화합하므로 같이 살아도 좋다.
연과 시의 지합이나 월과 시의 지합은 요합(遙合)이기 때문에 작용력이 약하므로 중요시 하지 않는다. 자축합(子丑合)에 있어서 일지가 축(丑)이고 자(子)의 합이 있으면 복이 후하고, 일지가 자(子)이고 축(丑)의 합이 있으면 복이 가볍다. 인해합(寅亥合)에 있어서 일지가 인(寅)이고 해(亥)의 합이 있으면 복이 두텁고, 일지가 해(亥)이고 인(寅)의 합이 있으면 복이 가볍다.

묘술합(卯戌合)에 있어서 일지가 묘(卯)이고 술(戌)의 합이 있으면 복이 후하고, 일지가 술(戌)이고 묘(卯)의 합이 있으면 복이 가볍다. 진유합(辰酉合)에 있어서 일지가 유(酉)이고 진(辰)의 합이 있으면 복이 두텁고, 일지가 진(辰)이고 유(酉)의 합이 있으면 복이 가볍다.

사신합(巳申合)이 있으면 시비구설의 일이 있다. 일지가 신(申)이고 사(巳)의 합이 있으면 복이 후하고, 일지가 사(巳)이고 신(申)의 합이 있으면 복이 경하다. 오미합(午未合)에 있어서 일지가 미(未)이고 오(午)의 합이 있으면 복이 길하고, 일지가 오(午)이고 미(未)의 합이 있으면 복이 가볍다.

3. 삼합(三合)

寅午戌合	申子辰合	巳酉丑合	亥卯未合
火局	水局	金局	木局

삼합(三合)은 동일한 오행의 속성이 장생, 제왕, 묘 등이 합하여 국세(局勢)를 나타내는 것을 말한다. 다수인이 결합하여 사회 공동생활을 영위해나가는 조직, 단체 결성 등이 삼합에 해당되

며, 합하면 합할수록 세력이 확장되어 더욱 공고해진다.

삼합은 각자가 분리되어 있을 때는 독자적 개성이 지배하나 삼합을 이루면 개성은 삼합국세에 동화되어 귀의하게 된다. 일지와 행운(行運)이 연결되어 삼합이 되면 혼인이 성사되거나 타인과의 공동 협조할 일이 많이 발생한다. 명조에 삼합이 있는 자는 육친 골육간에 화목하고 친선함이 남다르다. 용모가 수려하고 총명, 정직하며 인격자이다. 길신이 삼합되면 더욱 길이 되고, 흉신이 삼합되면 더욱 흉이 된다. 건록이 삼합과 연결되면 명망과 복이 있고 의외의 횡재한다. 식신이 삼합과 연결되면 의식주가 풍족하고 식도락가이다. 정관, 인수, 천을귀인이 삼합과 연결되면 복이 많고 귀인의 도움을 받는다.

삼합이 되면서 원진, 형, 해가 있으면 무례하고 말은 선하게 하나 행동은 그렇지 못하고 음성은 탁하다. 합한 가운데 충을 만나면 파국이 된다. 함지가 합을 이루면 간악, 사통하거나 불량· 음란한 행동을 저지른다. 관부(官符)와 합하면 형옥, 송사, 비방, 시비 등을 잘 일으킨다.

합에는 긴합(緊合), 격합(隔合) 원합(遠合)을 가까이 가져옴으로 희(喜)하는 경우와 합함으로 좋아지는 경우와 나빠지는 경우를 잘 살펴야 한다.

근합(近合)은 길흉간에 중하고, 원합과 격합은 길흉간에 길흉력이 가벼워진다. 인오술(寅午戌)이 합하면 화국(火局)이 되며 염상(炎上)이다. 정신문화, 화학공업, 연료, 색소, 예술, 화기, 법, 홍등가, 예도, 학문의 전당, 문화관, 언론기관 등에 해당된다. 신자진(申子辰)이 합하면 수국(水局)이 되며 윤하(潤下)이다. 액체물질, 수자원, 해안, 어망, 강하, 상하수도, 댐, 저수지, 수력발전소, 원자력, 전자제품, 견직, 섬유물, 선(線) 등에 해당된다.

사유축(巳酉丑)이 합하면 금국(金局)이 되며 종혁(從革)이다. 고체물질, 금속자원, 금은보석, 철기계류, 무기, 화폐, 현금, 전기제품, 폭발물 저장소 등에 해당된다. 해묘미(亥卯未)가 합하면 목국(木局)이 되며 곡직(曲直)이다. 식물성 자원, 목재, 토목건축, 섬유질, 영농, 종묘, 가구, 제사(製絲), 방직, 펄프, 건축자재 등에 해당된다.

신자진(申子辰)은 임(壬)을 생산하고, 인오술(寅午戌)은 병(丙)을 생산하고, 사유축(巳酉丑)은 경(庚)을 생산하고 해묘미(亥卯未)는 갑(甲)을 생산한다. 삼합에는 순합(順合)과 역류합(逆流合)이 있는데 연월일순으로 신자진삼합은 순합이요. 연월일에 진년자월신일이나 진월자일신시는 역류합이다. 순합은 조부손(祖父孫)의 순성이요, 정상적인 순리이다. 역류합은 가정, 부모, 자식 관계가 역행이다.

4. 암합(暗合)

子巳	子辰	子戌	寅丑	寅午	寅未	卯申	巳丑	午亥

암합이 있으면 사람이 더욱 사교적이고 치밀하며 조직적이다. 기신을 합해서 길로 바꾸면 길하고, 길신을 합해서 흉으로 바꾸면 흉하다. 한신을 암합하여 길신으로도 되고 흉신으로도 된다.

특히 여명에 합이 많으면 부정하게 되니 크게 꺼린다. 연월일시 지지의 인원사사(人元司事)로 암합을 형성하는 것이다. 인오(寅午), 인미(寅未), 인축(寅丑)이 있으면 갑기합토(甲己合土)가 되고, 자사(子巳), 자진(子辰), 자술(子戌)이 있으면 무계합화(戊癸合火)가 되고, 묘신(卯申)이 있으며 을경합금(乙庚合金)이 되고, 사축(巳丑)이 있으면 무계합화(戊癸合火), 병신합수(丙辛合水)가 된다. 오해(午亥)가 있으면 정임합목(丁壬合木), 갑기합토(甲己合土)가 된다. 인축(寅丑)이 있으면, 다만 축(丑)이 개고(開庫)되었을 때 갑기합토(甲己合土), 병신합수(丙辛合水), 무계합화(戊癸合火)가 된다.

5. 방합국(方合局)

寅卯辰	巳午未	申酉戌	亥子丑
東方木局	南方火局	西方金局	北方水局

방합국은 동서남북 사방위 또는 춘하추동 사계로 세 자가 모여 국을 이룬 것인데 작용력은 삼합국(三合局)과 비슷하다. 인묘진은 동방이요, 봄이니 목왕절(木旺節)이라 목국을 이루고, 사오미는 남방이요, 여름이니 화왕절이라 화국을 이루고, 신유술은 서방이요, 가을이니 금왕절이라 금국을 이루고, 해자축은 북방이요, 겨울이니 수왕절이라 수국을 이루는 것이다.

6. 준삼합(準三合)

申子	子辰	申辰	亥卯	卯未	亥未	寅午	午戌	寅戌	巳酉	酉丑	巳丑
水			木			火			金		

준삼합이란 삼합에서 하나씩 빠지고 두 자만 합이 된것을 말한
다. 작용력은 삼자회국(三字會局)보다 약하다. 삼자회국의 중간
자가 빠진 반합은 중간자가 있는 반합보다 화기가 더욱 약하다.

7. 준방합(準方合)

寅卯	卯辰	寅辰	巳午	午未	巳未	申酉	酉戌	申戌	亥子	子丑	亥丑
木			火			金			水		

준방합이란 방합에서 하나가 빠지고 둘만으로도 합의 작용이 이
뤄지기 때문에 준방합이라고 하며, 작용력은 삼자회국보다 약하
다.

8. 우합(隅合)

丑寅 (艮)	辰巳 (巽)	未申 (坤)	戌亥 (乾)

우합은 동서남북 네 모퉁이 즉, 각 간방(間方)에서 동궁(同宮)
으로 합이 되는 것인데 합이 되어도 오행은 변하지 않고 단합 결
속할 따름이다.

9. 동합(同合)

子	丑	寅	卯	辰	巳	午	未	申	酉	戌	亥
子	丑	寅	卯	辰	巳	午	未	申	酉	戌	亥

같은 자끼리 합이 되는 것을 동합이라고 하는데 합이 되어도 오행은 변하지 않고 다만 오행의 기세가 강해진다. 동합가운데 진진, 오오, 유유, 해해는 자형(自刑)이 되니 형합(刑合)이 되므로 흉하다. 동합은 복음(伏吟)이므로 태세에서 만나면 슬픈일이 생긴다. 자기에 재해가 없으면 타인에게 폐를 끼친다. 처자를 극하지 않으면 생활상 근심이 있다.

10. 명암합(明暗合)

辛	壬	丁	戊	癸	甲	己	乙	戊	庚	丙	壬
巳	午	亥	子	巳	午	亥	巳	辰	辰	戌	戌
純合								雜合			

명암합은 간지합인데, 천간이 좌한 지지장간과 합이된 것이며 일명 천지합(天地合)이라고도 한다. 작용력은 즈로 바꾸어보자는 정신이 농후함으로 인하여 애기낳고 살다가도 가출하여 파경하기 쉬우며, 소실살이 또는 국제결혼, 해외에 출가하며, 애인을 숨겨놓고 사는 경우가 많다.

第9章. 신살론(神殺論)

 사주팔자중에서 서로 만나서 오행의 생극관계, 음양의 조화관계가 길상한 상황에 있으면 이것을 길신(吉神) 또는 길성(吉星)이라 하고, 그 관계가 좋지 않은 상태에 있으면 이것을 흉살(凶殺) 또 흉신(凶神), 흉성(凶星)이라고하며, 길신을 신(神), 흉신을 살(殺)이라고 한다. 길성이 용신(用神)이나 희신(喜神)에 놓이면 더욱 길하고, 흉성이 기신(忌神)이나 구신(仇神)에 놓이면 더욱 흉하게 된다.

 비록 길성이 놓여도 형,충,파,해,공망 등이 되면 길한 작용을 못하게 되고, 흉살이 놓여도 합이되어 얽매이거나 공망이 되면 흉한 작용을 못하게 되므로 길리하게 된다. 길신이 더욱 좋아질 수도 있고 나빠질 수도 있으며, 흉신이 더욱 나빠질 수도 있고 좋아질 수도 있다. 체(體), 용신(用神), 희신(喜神), 기신(忌神), 구신(仇神), 한신(閒神), 신강(身强), 신약(身弱), 정신기(精神氣), 중화(中和), 청탁(淸濁), 한난조습(寒暖燥濕), 왕상휴

수사(旺相休囚死) 등을 살펴 용신격국(用神格局)을 정한 다음 신살을 대입하여 오행과 육친 각종 길흉을 통변해야지 아떤 신살 하나를 놓고 흉하느니 길하느니, 죽느니 사느니 하는 경거망동한 언행을 삼가야 한다.

　간혹 사이비 역술인들이 흉살을 미끼로 비방술이니 예방법이니 하면서 거금을 뜯어내는 사례가 있는데 사이비 역술인들은 각성하길 바라며 학문연구에 전진하길 빈다. 한두명의 사이비 역술인 때문에 역학계가 흐려지니 바른길을 갈지어다.

1. 천을귀인(天乙貴人)

日干	甲	乙	丙	丁	戊	己	庚	辛	壬	癸
天乙貴人	丑未	子申	亥酉	亥酉	丑未	子申	丑未	寅午	巳卯	巳卯

　지혜 총명하고 의기 활달하여 세인의 존경을 받으며 관록과 의식이 유여하다는 최고의 희신(喜神)이다. 천을귀인이 제왕, 장생 되면 길하고 형, 충, 공망, 쇠, 병, 사, 장 되면 불길하다. 천을 귀인이 관성이 되면 옥당 급제하고, 식신이 되면 의식이 풍족하다. 천을귀인이 있고 합(合)된 사람은 그의 이름이 사해에 떨치고 승승장구한다. 천을귀인이 정관, 인수, 역마, 장생, 제왕, 건록에 해당하고 합(合)을 이루고 있으면 평생 복록이 넘친다. 월일에 천을귀인이 있으면 극히 귀한 사람이 되고, 일시에 있으면

그 복력이 더욱 배가 된다. 국제 경기나 각종 경기에서 입상한 다. 괴강과 동주(同柱)하면 사리에 밝아 세인의 존경을 받으며, 쾌활하고 용기가 있는 남아이다. 천을귀인이 있는 주(柱)가 간합 (干合)이나 지합(支合)되면 인품이 후덕하고 사회의 신용을 얻고 존경을 받으며 크게 발달하여 한평생 형벌의 난과 도난 등 재앙 을 만나지 않는다. 연지에 있고 형, 충, 파, 해가 없으면 조상덕 이 많고, 월지에 있고 형, 충, 파가 되지 않으면 총명한 사람으 로서 현명한 배우자를 만난다. 시지에 있고 형, 충, 파가 없으면 자녀가 귀하게 되고 자손덕이 있다. 연천간에서 일지를 봐서 천 을귀인이 되면 현처의 내조를 얻고 여명도 귀부(貴夫)를 만난다. 남명은 천을이 쌍좌(雙座)면 조년에 상처한다. 삼형이 천을이면 인품이 정대하고, 고관대작이 된다. 역마가 천을이면 외교력이 능하고 외국에서 발달하며 일을 도모함이 능하다. 외교가가 되기 쉽고, 꽃과 달처럼 용모가 아름답다. 비겁이 천을이면 형제자매 가 대발하고 친우의 내조가 있다. 상관이 천을이면 기능이 만능 하여 발명, 특허를 얻으며, 여명은 자식이 대발하고 총명한 수재 이다. 천을이 공망되면 가무에 능하고 기예인, 무당, 가수가 된 다. 겁살이 천을이면 화기가 있고 용모가 준수하며 지모와 계략 이 있다. 화개가 천을이면 문장과 예도에 특출하고 청고하며 지 혜가 밝다.

2. 천복귀인(天福貴人)

日干	甲	乙	丙	丁	戊	己	庚	辛	壬	癸
天福貴人	酉	申	子	亥	卯	寅	午	巳	丑未	辰戌

인품이 후덕하고 활달 정직하여 만인의 존경을 받으며 부귀공명을 누리고 일생 행복하게 살게 되는 길신(吉神)이다. 군인, 관리, 공무원 등 공직자는 승진 기회가 빠르고 자연히 지위향상 발전이 빠르고 경제적으로도 윤택하게 된다. 천복귀인이 부모, 형제, 부부, 자녀중 해당 육친에 임하면 그 가족이 일생 행복하게 잘 살게 된다. 만약 천복귀인이 공망, 형, 충, 파를 만나면 도리어 인덕이 없고 손재 실패를 자주한다.

3. 천관귀인(天官貴人)

日干	甲	乙	丙	丁	戊	己	庚	辛	壬	癸
天官貴人	未	辰	巳	酉	戌	卯	亥	申	寅	午

관직으로 입신출세한다는 길성이다. 사주에 임하고 귀격(貴格)이 되면 고관대작과 명진사해하게 된다. 문장에도 능하고 부귀를 누린다. 마음먹은 일이나 하는 일마다 순조롭게 진행, 성사된다. 만약 천관귀인이 형, 충, 공망되면 도리어 관재구설, 형액을 당하게 된다. 시상(時上)에 천관귀인이 있는 것은 지극히 좋다.

4. 천주귀인(天廚貴人)

日干	甲	乙	丙	丁	戊	己	庚	辛	壬	癸
天廚貴人	巳	午	巳	午	申	酉	亥	子	寅	卯

천주귀인은 수복이 쌍전하고 명리가 건전하며, 관직을 한다면 재무관, 은행계 요직을 많이 차지한다. 정관이나 인수에 천주귀인이 있으면 관직으로 출세하고, 의식주를 주관하는 일을 맡게되면 대부· 대귀하게 된다. 재복이 많아서 평생동안 생활에 곤궁하는 일이 없다. 미식가로서 요리를 잘 만들거나 요리가로 명성을 얻는다. 천주귀인이 비록 길하나 형, 충, 공망, 사, 절되면 복력이 줄어진다.

5. 당부(唐符)

日干	甲	乙	丙	丁	戊	己	庚	辛	壬	癸
唐符	酉	戌	子	丑	子	丑	卯	辰	午	未

흉을 화(化)하고 길을 더한다. 천덕, 월덕, 국인과 같은 효과가 있다.

6. 절도귀인(節度貴人)

日干	甲	乙	丙	丁	戊	己	庚	辛	壬	癸
節度貴人	巳	未	巳	未	巳	未	亥	丑	亥	丑

모든일에 의리가 강하고 분수를 지키며 조화가 잘 되고 누구라도 협조 원만하고 선천(先天)의 복덕을 가진다. 인격이 원만하고 남에게 존경과 신뢰를 받는 길명이다. 다만 소극적이어서 여러 사람의 윗자리에서 뭇사람을 통솔하는 능력은 결여되었다.

7. 일덕(日德)

日干	甲	乙	丙	丁	戊	己	庚	辛	壬	癸
日德	寅	申	巳	亥	巳	寅	申	巳	亥	巳

이날에 출생한 자는 신왕(身旺)을 좋아하고, 사주에 복덕이 중복되면 좋고 신왕운이 오면 발복되고 만사 여의하다.

8. 국인(國印)

日干	甲	乙	丙	丁	戊	己	庚	辛	壬	癸
國印	戌	亥	丑	寅	丑	寅	辰	巳	未	申

결재하는 권한의 도장이라는 뜻으로 권리를 의미한다. 흉함은

화하고 길함을 더한다. 천덕,월덕과 같은 효과가 있으며, 공무
원, 국가가 인정하는 사람이 된다.

9. 뇌관살(腦關殺)

日干	乙,戊	庚,辛	壬,癸
腦關殺	戌	寅	子酉

뇌막염이나 소아마비를 주의하고, 신체가 기형으로 되기 쉬우니
주의하라.

10. 계비관살(鷄飛關殺)

日干	甲	乙	丙	丁	戊	己	庚	辛	壬	癸
鷄飛關殺	巳酉丑	子	子	子	子	巳酉丑	亥卯未	寅午戌	寅午戌	寅午戌

살생을 하지 말것이며 살생된 것을 보지도 말라. 살생을 보면
살이 침입하여 신음신음 앓다가 죽기 쉽다.

11. 취명관살(取命關殺)

日干	甲乙丙丁	戊己庚	辛壬癸
取命關殺	申子辰	亥卯未	寅午戌

절, 사당, 묘지, 하천에 가까이 말라. 잡귀를 씌우게 되기 쉽
다.

12. 단장관살(斷腸關殺)

日干	甲乙	丙丁	庚辛	壬癸
斷腸關殺	午未	辰巳	寅	丑

도살장 근처에 가지 말라. 창자가 꼬이거나 끊기며 위험하다.

13. 백호관살(白虎關殺)

日干	甲乙	丙丁	戊己	庚辛	壬癸
白虎關殺	酉	子	午	卯	午

교통사고나 불의의 사고를 주의하라. 홍역이나 마마에도 각별 주의하라.

14. 천록(天祿)

日干	甲	乙	丙	丁	戊	己	庚	辛	壬	癸
天祿	寅	卯	巳	午	巳	午	申	酉	亥	子

정록(正祿) 혹은 건록(建祿)이라고도 하며 관록, 식록, 의록이 풍부함을 말하는데 사주에서 길성(吉星)과 동주(同柱)하면 복록이 왕성하고 크게 출세하나 흉성(凶星)과 동주하면 나쁘게 된다.

15. 절로공망(截路空亡)

日干	甲己	乙庚	丙辛	丁壬	戊癸
截路空亡	申酉時	午未時	辰巳時	寅卯時	子丑時

 사람이 길을 가던 중 홍수를 만나 더 나아갈 수도 없고 건널수 도 없는 진퇴양난의 처지에 있음을 뜻하는데 사주중에 있으면 평 생토록 고생이 많고 불길하다.

16. 협록(夾祿)

日干	甲	乙	丙	丁	戊	己	庚	辛	壬	癸
夾祿	丑卯	寅辰	辰午	巳未	辰午	巳未	未酉	申戌	戌子	丑亥

 겉보기와는 달리 항상 안으로 복이 풍후한 덕이 있으며, 친척친 구나 타인의 도움을 많이 받고 재산이 풍부하며 편안한 여생을 보낸다.

17. 탕화살(湯火殺)

日干	甲丙戊庚壬	乙丁己辛癸
湯火殺	寅午	丑

湯火殺	甲午, 甲寅, 乙丑, 丙寅, 丙午, 丁丑, 戊寅日 戊午, 庚午, 庚寅, 辛丑, 壬午, 壬寅, 癸丑日

뜨거운 물이나 불에 데어서 큰 상처를 입거나 혹은 화재나 연탄 가스, 부탄이나 LP가스 등으로 죽는다. 어떤 사람은 농약, 싸이나, 청산가리, 마약 등의 독약을 마신다. 총탄에 죽거나 상처를 입는 사람도 있다.

18. 복성귀인(福星貴人)

日干	甲	乙	丙	丁	戊	己	庚	辛	壬	癸
福星貴人	寅	丑亥	子戌	酉	申	未	午	巳	辰	卯

스스로 덕망을 갖춰서 크게 성공하며 재정적으로도 언제나 유복하다. 수복을의미하는 길성(吉星)으로 사주에 있으면 뭇사람의 흠앙을 받으며 식록이 풍족하여 명리가 따르는데 시지에 있으면 제일 좋고, 일지에 있으면 차길(次吉)하다.

19. 태극귀인(太極貴人)

日干	甲乙	丙丁	戊己	庚辛	壬癸
太極貴人	子午	卯酉	辰戌, 丑未	寅亥	巳申

제삼자의 물질적 원조를 얻으며 평생동안 곤란을 겪지 않는다. 생각지도 않던 복이 들어오는 횡재수도 있다. 사회적 지위가 높아지는 등 성공의 기회를 잡으면 반드시 두각을 나타내는 길성(吉星)이다. 사주에 태극귀인이 있고 격국이 순청하면 입신출세하게 되며 고관이 된다. 육친에 태극귀인이 임하면 해당자가 입

신출세하는 수도 있다. 선천적으로 복록이 후하고 주위로 부터 협력이 많아 일생동안 고생을 모르고 살게되는 길성이다. 연지에 있으면 공무계통 복이 많다. 태극귀인이 공망, 형, 충, 사, 절되면 무위도식하고 뭇사람의 지탄을 받는다.

20. 문곡귀인(文曲貴人)

日干	甲	乙	丙	丁	戊	己	庚	辛	壬	癸
文曲貴人	亥	子	寅	卯	寅	卯	巳	午	申	酉

문학, 예술방면에 특출한 재능을 갖추어 음악이나 미술로 명성을 얻으며, 연구심이 강하고 학문이 깊으며 사후에 더욱 평가된다. 지혜·총명하고 위인이 준수하며 사주의 격이 순청한 사람은 재상이 된다. 육친에 문곡귀인이 임하면 해당자는 입신양명한다. 공망, 형, 충, 사, 절되면 길한 작용을 못한다.

21. 문창귀인(文昌貴人)

日干	甲	乙	丙	丁	戊	己	庚	辛	壬	癸
文昌貴人	巳	午	申	酉	申	酉	亥	子	寅	卯

위인이 지혜·총명하고 문채가 있고 풍류와 학문을 즐긴다. 사주가 순청하고 생왕(生旺)되면 당대에 최고의 문장으로 뭇사람의 존경을 받게 된다. 사회적으로 명성을 얻으며 생전에 부귀하고

사후에는 문장이다. 예술이나 학술방면에 재능이 뛰어나고 연구, 발명, 창조 등의 업에서 크게 발전한다.

　문창귀인이 합이나 형,충을 만나면 가난한 선비에 불과하다. 문창성은 학문에 박식하고 화술이 좋으며 교수. 학계에서 양명한다. 연월이면 대학, 고등이요, 일시는 저급으로 중학이나 초등이다. 문창성에 관인(官印)이 있어야 국가에서 인정한다. 관인이 없으면 저급 무자격이다. 문창성이 이삼중이면 힘을 감하여 무력하다. 연월이 문창이면 조상부모는 학자, 학자가문이고, 일지가 문창이면 처 또는 본인의 학문이 높다. 시상에 문창이 놓이면 자식의 학문이 통달되어 석사, 박사가 된다. 관인이면 국공립이요, 관인이 없으면 무자격 또는 사립이다. 천의(天醫)가 문창이면 의학계에 명진하고, 식신이 문창이면 교수· 학계에서 양명, 교육사업계에서 입신한다. 편인이 문창이면 연예· 예능계에서 양명하고, 인수가 문창이면 학자, 학계에서 양명한다. 괴강이 문창이면 의약· 활인업에서 양명, 의사, 약사, 간호원, 조산원이 된다. 상관이 문창이면 지혜· 총명하고 다재다능하며 재예, 기술계에 양명 출세한다. 재성이 문창이면 처가 교수나 교사가 되며 학벌이 높으며 학계, 교육사업이 길하다.

　문창성이 재(財)를 생하면 교육사업이 길하고, 문창식신이 희신해(喜神害)면 필화사건이 생기며, 문창이 기신(忌神)이 되어도 필화사건이 생긴다. 금재성(金財星)이 문창이면 시계, 귀금속, 거울을 의미하고, 문창이 공망되면 아나운서가 되고, 토금상관격이면 더욱 확실하다. 문창에 역마가 있으면 외국에 가게 된다. 유학을 가거나 학술세미나 혹은 국제회의에 참석해 본다.

22. 학당귀인(學堂貴人)

日干	甲	乙	丙	丁	戊	己	庚	辛	壬	癸
學堂貴人	亥	午	寅	酉	寅	酉	巳	子	申	卯

위인이 지혜·총명하며 문장이 뛰어나고 관록도 좋으나, 교직 생활에 종사하는 사람이 많다. 월이나 시지에 있는 것이 제일 좋다. 문장에 특성을 살리면 선생, 학자, 논설가로 명망을 얻으며 학문에 능하여 박사, 대학교수 등이 많다. 사주가 청하면 부귀하고, 기가 탁하면 평상인이다. 신약하고 형,충,파,해,공망되면 아무런 도움이 되지 못한다.

23. 관귀학관(官貴學舘)

日干	甲乙	丙丁	戊己	庚辛	壬癸
官貴學舘	巳	申	亥	寅	申

뭇사람의 선망의 대상이 된다. 위인이 지혜·총명하고 학문이 뛰어나 교육자가 되는 수가 많다. 관운이 좋아 남보다 먼저 승진하고, 또 스카웃 대상이 되기도 하는 관직에서의 출세하는 길성이다. 공망,형,충,사,절되면 그 작용을 못한다.

24. 금여록(金輿祿)

日干	甲	乙	丙	丁	戊	己	庚	辛	壬	癸
金輿祿	辰	巳	未	申	未	申	戌	亥	丑	寅

두뇌회전이 빠르고 영리하며 정교하여 사회에 기여하거나 지위가 향상된다. 충이나 공망되면 길한 뜻이 소멸된다. 위인이 온후유순하며 절의와 절도가 있고, 음덕의 특성이 있어 자연의 행운을 받을 암시가 있어 세인의 도움을 받으며, 또 좋은 인연의 특성으로 남녀 공히 훌륭한 배우자를 만나고, 남자는 발명의 재간과 미덕이 있고 처가의 도움을 받으며, 여자는 대체로 미모이고 항상 면모에 화애한 기가 있다. 특히 일시에 있으면 시종 일생이 편안하고 자손이 번창하며 친근자의 도움을 받는다. 흔히 황족(皇族) 사주에 많이 있으며 금여는 금수레, 꽃가마, 고급승용차에 해당된다. 재성이 금여성이면 남자는 처가가 귀족이고, 여자는 시가가 귀족이다. 관성이 금여성이면 남자는 자식이 관계에 입신하고, 여자는 귀족에게 출가한다. 인성이 금여성이면 외가나 본인이 귀족출신이다. 식신이 금여성이면 남자는 장인, 장모가 귀족출신이고, 여자는 자식이 명문가의 배우자를 만난다.

25. 홍염살(紅艶殺)

日干	甲	乙	丙	丁	戊	己	庚	辛	壬	癸
紅艶殺	午	午	寅	未	辰	辰	戌	酉	申	申

남녀 모두 미인이다. 여명에 있으면 낭만적인 성격이 농후하고 음란·부정하다. 고로 사사로운 정을 통하여 남편을 두고 정부를 따라 달아나는 경우도 많다. 웃음과 색을 파는 화류계인에게 많다. 홍염은 미색이 수려함을 의미하고, 또한 치장과 장식을 뜻한다. 정관홍염이 길신이면 관계에 양명하고 만인이 따른다. 식신홍염은 화식, 양식, 양과 등 화려한 식품이요, 재성홍염은 남자는 처가 미색이고 화려한 업종에 종사한다. 을목홍염재(乙木紅艶財)는 양재, 양장 등이다. 여명의 홍염은 관재성(官財星) 홍염을 제외하고는 길조가 별로 없다.

26. 암록(暗綠)

日干	甲	乙	丙	丁	戊	己	庚	辛	壬	癸
暗綠	亥	戌	申	未	申	未	巳	辰	寅	丑

숨어 있는 길성이라 어려울때 용하게도 남의 보이지 않는 도움이 있어 위기를 모면하는 행운을 갖고 있다. 항상 재물이 끊이지 않고 금전이 떨어졌다 해도 의외에 돈이 생기고, 또는 타인이 모르는 재록이 따르고 성질도 온후하고 영리하다. 연월암록은 조상 음덕, 부모, 친족, 연장자의 음덕이요, 일지암록은 처의 도움이요, 친우 동료의 도움이요, 시지암록은 자식, 후배의 원조다. 암록성이 흉신이거나 형,충,파,해,공망,사,절이면 힘이 없다. 식신암록이면 남자는 장인, 장모, 수하인, 후배, 부하의 도움이요, 관성암록이면 관리, 관계의 도움이 크고, 여자는 남편덕이 있다.

재성암록이면 남자는 처덕과 금전으로 양명하고, 인성암록이면
어머니, 외가 친족, 수상인의 도움이 크고 비겁암록이면 형제자
매, 동료의 도움이 있다.

27. 양인살(羊刃殺)

日干	甲	乙	丙	丁	戊	己	庚	辛	壬	癸
羊刃殺	卯	辰	午	未	午	未	酉	戌	子	丑

양인은 국권, 권력, 무력이라 형벌을 맡은 악살로서 강렬, 폭
력, 성급, 상신, 수술을 나타낸다. 인생행로에 파란이 있고 쓸데
없는 강렬과 고집, 폭력, 시비, 피살, 타살 등으로 관형을 살게
된다. 무기에 의한 악사나 교통사고로 죽는 수가 많다. 이 살이
때로는 불세출의 괴걸, 열사, 열녀, 여걸, 투사 등의 위인도 나
온다. 특히 군인, 경찰, 형법관, 의사, 간호원, 식육점 식당으로
출세하는 사람이 많다. 살인양정(殺刃兩停)이면 지위가 왕후에
이른다. 신강한데 양인이 또 있으면 재화가 닥친다.

연주가 양인이면 조업을 파하거나 은혜를 배반하는 수가 있다.
월주가 양인이면 성정이 편중하므로 편굴하고 괴팍해지거나 속을
잘못 쓰는 수가 있다. 일주가 양인이고 시에 편인이 있으면 그
처가 난산의 액이 두렵고, 시주가 양인이면 처자식을 극해하고
만년에 재화를 초래한다. 겁재와 양인이 동주하면 조부모와 동거
할 수 없고, 표면으로는 겸양하고 부드럽고 화해보여도 자비심이

없고, 성정이 혹렬하고 가정도 심히 적막한 경우가 많다. 정재와 양인이 동주하면 재물이 파멸될 우려가 있고 가정도 몰락하고, 사회생활에 있어서 명예상 오욕을 받을 염려가 있다. 양인과 겁재상관이 동주된 자는 만년에 재화가 발생, 실직으로 곤궁하거나 신고한다. 양인과 인수가 동주하면 비록 공명은 성취하나 병약, 신약으로 신고한다. 양인이 삼합회국(三合會局)을 이루면 항상 고향을 떠나 살며 타향 멀리 떠돌아 다닌다.

  양인살이 세개이상 있으면 강한 작용을 못하고 도리어 온후유순하며 농아인이 되는 수도 있다. 양인살이 많은 사람은 상부, 상처, 부부이별, 사업실패, 재물손실이 항상 많이 따른다. 양인이 희신이면 만인을 제압, 만리까지 권위를 떨치고, 기신이면 형옥, 불의에 사고, 수술, 비명횡사를 당한다.

  화(火)양인은 수화상전(水火相戰), 초멸(焦滅)을 뜻하고 수(水)양인은 숙살, 방해, 용갈(湧渴)익사를 의미하고 금(金)양인은 사고, 악사, 절상(折傷)을 뜻하고, 토(土)양인은 붕괴를 의미하고, 목(木)양인은 잔질, 최절(摧折)을 의미하고, 양인현침이면 침술, 도살자, 도적, 살인을 뜻한다. 양인은 연월일시 순으로 흉하고, 양인은 강력이요.

  음인은 내성적, 간접적이다. 양인은 합이면 수술이요, 형충이면 옥사, 횡사, 사고이다. 양인에 살을 가하면 권위만리요 혹은 활인업이다. 양인은 처와 재물을 타격하는 악살이다. 연월양인이면 조상부모 악사, 요사하고, 길신이면 권세가정 혹은 의사이다. 일시양인이면 처자 악사, 산재, 가난, 가정파탄이다. 양인편관이면 권리만리, 군인, 법조, 형법관, 의업이 길하다. 양인정관이면 집도(執刀)행정, 권병(權柄)행정이다. 양인인성이면 권병기관의 우두머리, 병원장, 법원장, 검사장 등이다.   양인정재합이면 처로 인하여 욕을 입거나 화를 초래하고, 혹은 부인이 의사나 간호원이 된다. 양인이 목욕이면 긴병을 앓거나 성병을 얻으며, 검난, 강탈, 겁탈을 당한다. 양인공망이면 처사에 부실하고 잘난척하며 의외에 재액을 겪거나 원한을 사는 기회주의자이다.

태월이 양인이면 존친이 악사하거나 불량한 악인이다. 양인과 비인이 중첩되면 타인과 연대하여 화를 초래하고 망동하여 액을 초래하며 악사, 급변사한다. 양인이 천을귀인이면 권위양명하고, 의술, 역술로 이름을 날린다. 양인식신이면 언론, 방송, 평론가, 변호사 등이고, 양인은 갑무경이 중하고 병임은 경하다. 간재지인(干財支刃)이면 재백손실, 불측재화, 처가 악사하고, 간살지인(干殺支刃)이면 귀명인데 조화가 파하면 비명횡사한다.

인두재(刃頭財)면 재백을 산모(散耗)하고, 도적을 만나 흉사하며, 처가 악사하거나 처로 인하여 욕을 입는다. 인두귀(刃頭鬼)면 명령에 불복종하고 항거하므로 액을 초래하고, 뇌병이 있거나 선종(善終)치 못한다.

연주양인(連珠羊刃)이면 남명은 처자를 극하고 농아인, 불구가 되고, 여명은 남편과 자식을 극한다. 조원양인(朝元羊刃)이면 자식의 액이 많다. 산후에 악사하거나 품성이 불량하고 선종치 못한다.

첩신양인(貼身羊刃)이면 남자는 극처하거나 산재하고, 여명은 극부극자한다.

28. 비인살(飛刃殺)

日干	甲	乙	丙	丁	戊	己	庚	辛	壬	癸
飛刃殺	酉	戌	子	丑	子	丑	卯	辰	午	未

무슨 일에나 열중하면서도 싫증을 잘 낸다. 그러므로 모험을 좋아하다가 실패도 잘하고, 또 요행수로 일시적 성공도 잘 하는데 오래가지 못하는게 흠이다. 도박성, 투기성의 기질이 많으며 외유내강하고 급진적인 성향이다.

29. 칠살(七殺)

	甲	乙	丙	丁	戊	己	庚	辛	壬	乙
七殺	庚	辛	壬	癸	甲	癸	丙	丁	戊	己

간충이라고도 하며, 생년칠살은 조실부모 및 본인 또한 횡액, 불구, 단명, 질병으로 고생한다. 생월칠살은 형제 및 불구, 급변사고로 불구, 단명, 횡액, 고생이 발생하고, 생일칠살은 본인이 급변사고로 비명, 횡액, 불구, 고질병, 밤낮 약으로 살며 단명한다. 생시 칠살은 자녀가 급변사고로 비명, 횡사, 불구, 고질병, 병신이 된다. 칠살은 인명 최대 흉악살로서 불구, 병신, 비명, 횡액을 당한다는 악살이다. 부모, 형제, 부부, 자녀궁에 봐서 해당자는 흉액을 당한다.

갑경충은 신경통, 정신이상, 광증, 두통, 눈병, 중풍, 복부, 혈압, 코, 지라, 간병, 쇠붙이에 상처, 손재수가 있다. 을신충은 신경통, 하초, 간장, 담병, 목병, 두통, 가슴통, 치통, 수족상, 관절염, 사기수가 있다. 병임충은 대장, 폐병, 심장, 중풍, 안질, 간담, 하초, 마음의 병, 혈압, 주색으로 인한 폐가 있다. 정계충은 심장, 중풍, 안질, 열병, 소장, 신경성, 신병, 쇠붙이에 상처, 물불로 인한 액이 있다. 무갑충은 비장, 위장, 적혈, 적담, 피부, 척추, 늑막염, 신병, 관액, 송사 등이 있다. 기을충은 비장, 중풍, 늑막염, 복막염, 장부, 복부, 하체상함, 관형액이 있다. 경병충은 마음병, 두통, 안질, 귓병, 입병, 대장, 폐, 코, 사지, 화재, 손 절단이 있다. 신정충은 신경병, 폐염, 장, 늑막, 요통, 다리병, 수족병, 화재, 신병, 당뇨, 쇠붙이에 상함이 있다. 임무충은 미친병, 두통, 신장, 방광, 혈압, 간암, 복부, 탈장, 정갱이, 문서손실 등이 있다. 계기충은 기운이 흩어짐, 신장, 중풍, 간암, 눈병, 두려움, 복부, 설사, 급병, 신병, 문서손재 등이 있다.

30. 유하살(流霞殺)

日干	甲	乙	丙	丁	戊	己	庚	辛	壬	癸
流霞殺	酉	戌	未	申	巳	午	辰	卯	亥	寅

다정다감하여 외정을 즐기는 수도 있고, 연예계나 화류계에 나가는 자도 있고 끼가 있다. 남자는 타향에서 객사를 당하고, 여자는 산망(産亡)한다는 흉살이다. 그리고 피나는 노력으로 모은 재물이 안개처럼 사라지고 사고로 피흘리게 된다.

31. 낙정관살(落井關殺)

日干	甲	乙	丙	丁	戊	己	庚	辛	壬	癸
落井關殺	巳	子	申	戌	卯	巳	子	申	戌	卯

물에 빠져 죽거나 죽을 고비를 넘기게 된다는 살이다. 칠,팔,구세때에 가장 주의해야 한다. 바닷물, 강물, 웅덩이, 도랑, 맨홀, 인분통, 정화조, 구덩이에 조심해야 된다. 유년에 만나면 절벽, 계단, 맨홀 등에 떨어질 염려가 있으므로 등산, 피서, 뱃놀이 등을 조심해야 한다. 또한 중상모략이나 모함을 당할 염려가 있다.

32. 뇌공관살(雷公關殺)

日干	甲乙	丙丁	戊己	庚辛	壬癸
雷公關殺	丑午	子	戌未	寅	酉亥

벼락을 맞는다는 살이다. 지금은 주로 전기 감전사고, 화재, 연탄가스 중독, 엘피가스, 도시가스 폭발사고, 교통사고로 많이 죽는다. 우뢰가 치는 날에는 높은곳에 올라가지 말고 철물을 갖지 말라. 벼락맞을 우려가 있으니 우뢰가 칠 때에는 외출을 삼가야 한다.

33. 천일관살(千日關殺)

日干	甲乙	丙丁	戊己	庚辛	壬癸
千日關殺	辰午	申酉	巳戌	寅	丑亥酉

생후 천일이 되기 전에 경풍과 젖을 잘 토하고 잔질이 떠나지 않고 심하면 사망도 한다. 삼년간은 가정부, 식모, 보모, 유모 등 남의 손에 애기를 키우지 말라. 남의 집에 가서 맷돌질도 하지 말라.

34. 백호관살(白虎關殺)

日干	甲乙	丙丁	戊己	庚辛	壬癸
白虎關殺	酉	子	午	卯	午

몸에 붉은 점이 있거나 아니면 몸에 큰 상처를 입는다. 주로 수술받은 상처가 있게 되며, 홍역이나 마마, 교통사고 등도 주의해야 한다.

35. 철사관살(鐵蛇關殺)

日干	甲乙	丙丁	戊己	庚辛	壬癸
鐵蛇關殺	辰	未申	寅	戌	丑

마마, 홍역, 콜레라 등의 돌림병이나 전염병을 앓다가 생명을 잃는 수가 많다. 어른이 되어서는 쇠에 크게 다치거나 몸에 칼로

수술하여 본다. 짐승에게 액을 당하는 수도 있다. 습진이나 무좀, 소아마비 등도 주의하고 예방주사를 놓아주라.

36. 겁살(劫殺)

年,日支	申子辰	巳酉丑	寅午戌	亥卯未
劫殺	巳	寅	亥	申

급변, 재난, 사고의 악살이다. 본인은 물론 부모, 형제, 부부, 자녀중 해당 육친도 천재지변이나 급변사고 교통사고, 화재, 수재, 낙상, 관재구설, 불구, 단명, 횡액, 조실부모, 형제급사, 상부, 상처, 손재, 도난, 사기, 재산실패 등을 당한다는 흉살이다. 겁살과 천을귀인이 동주하면 자연히 위엄을 갖추며 교묘하게 일을 꾸미길 잘한다. 길성과 함께 있으면 총명· 민첩하고 재지가 넘친다. 관살과 동주하면 불시에 재화가 닥치며 사상의 액이 있다. 겁살이 있으면 건강이 허약하며 특히 위장병으로 고생해 본다. 술을 자제치 않을 경우에는 남의 따돌림을 자초하여 신용을 잃는다. 이비인후 질환에 잘 걸리며 심한 경우 농아가 되기도 한다. 십이신살론(十二神殺論)을 참조하라.

37. 재살(災殺)

年,日支	申子辰	巳酉丑	寅午戌	亥卯未
災殺	午	卯	子	酉

일명 수옥살(囚獄殺)로서 형무소 생활이나 천재지변, 급변사고, 불구, 단명, 횡액을 당한다는 흉살이다. 군인이나 경찰, 법관, 형무관, 검찰, 세관원은 승진· 출세한다. 사주에 수옥살이 있는데 세운에 또 만나면 관재구설과 사고, 수술 및 질병으로 고생하게 된다. 여명에 관성이 수옥살이 되면 남편이 형을 받게도 된다. 다른 육친도 이 살에 걸리면 관형을 살게 되거나 사고, 수술 등을 겪는다. 십이신살론(十二神殺論)을 참조하라.

38. 장성(將星)

年, 日支	申子辰	巳酉丑	寅午戌	亥卯未
將星	子	酉	午	卯

주체의식이 강하고 출세성공한다. 무관으로 출세 권력을 누린다. 문무 겸전하고 녹이 중하고 관이 높다. 장성이 편관이나 양인과 동주하면 인간 생살지권을 잡는다. 장성과 재성이 동주하면 국가 재정을 장악한다. 여명에 장성이 있으면 내주장하고 살거나, 혼자 독수공방하게 된다. 성격이 남자 성격이라서 잘산다. 남자가 무기(無氣)하고 공망되면 복을 감하고, 여자가 신약하면 유복하다. 남자가 생왕(生旺)하고 길성을 만나면 발복하고, 여자가 생왕함이 태과하면 빈천하고 과부를 면치 못한다. 십이신살론(十二神殺論)을 참조하라.

39. 역마살(驛馬殺)

年,日支	申子辰	巳酉丑	寅午戌	亥卯未
驛馬殺	寅	亥	申	巳

동분서주 돌아 다닌다는 살이다. 타향생활, 해외출입, 이동, 변동의 살이다. 길신에 해당하면 활동력이 많고 비약적으로 발전하고, 흉신에 해당하면 일생 풍파가 많고 식소사번으로 분주다사하고 역마가 생왕하고, 재성과 동주하면 일찍부터 재물을 모으고 임기응변의 재주가 있고 외교에 능하며 운수사업으로 성공한다.

고향을 떠나 살고 이사를 많이 한다. 역마살이 형,충되면 교통사고를 많이 당하고 또 고향떠나 객사한다. 역마가 일주와 상합(相合)되면 방외나 차중에서 출생하고 아니면 병원에서 출생한다. 육친중 해당자는 역마살 작용을 받는다. 역마가 있고 대운에 역마운이 와서 길신에 해당하면 영전하게 되고 합운(合運)에도 발전한다. 역마가 칠살과 동궁(同宮)이면 타향에 가서 고생한다.

역마가 편인이나 겁재와 같이 있으면 인격이 떨어지고 동분서주한다. 역마와 식신이 함께 있고 건왕하면 복력이 두텁다. 초년과 노년의 역마운은 불리하다. 역마가 병부살과 함께 있으면 병으로 놀라고, 관부살과 같이 있으면 관사로 인하여 놀란다. 대운, 세운, 월운이 모두 역마를 충하는 운이 오면 자동차 오토바이, 비행기, 선박으로 인한 재액이 발생하나 통관신이 있으면 액을 면한다. 시지가 역마면 해외이민, 해외직장 등 해외에 장기간 거주하게 되고, 유년 역마운에는 이동, 이사, 계급 직위의 변동, 원행, 해외출입 등이 있다.

40. 화개살(華蓋殺)

年,日支	申子辰	巳酉丑	寅午戌	亥卯未
華蓋殺	辰	丑	戌	未

종교적 활동 문장과 예술적 소질이 있고 학술이 뛰어나며 신앙심이 강하고 근면하다. 지혜·총명하며 화개와 인수가 동주하면 대학자가 된다. 화개가 공망을 만나면 총명하나 중이나 성직자가 된다. 화개가 형,충을 만나면 문화사업으로 동분서주한다. 화개가 연지와 일지에 함께 있으면 목에 태줄을 걸고 난다. 화개는 문화, 예술, 신앙의 전당인 사찰, 불당, 교회, 신당, 사당, 학교, 학원, 극장, 문화관, 미술관, 박물관, 도서관, 학회, 병원, 점술가의 집, 철학관, 무당, 영능력자, 도장, 기도원 등에 속한다. 작용은 주로 수련, 수도생활, 신명숭상과 감응, 꿈과 예지, 예측, 추단, 직감력이 있다. 설법, 설교, 염불, 법령, 철학, 점술, 무복, 역학, 예언, 의료 등 정신적인 면에 강하다.

41. 절방살(絶房殺)

年支	子午卯酉	寅申巳亥	辰戌丑未
絶房殺	十一月	七月	二月

부부간에 생이사별하고 홀로 빈방을 지킨다는 살이다. 때로는 서로 불화하여 별거생활하거나 아니면 남자가 첩을 얻어 따로 사는 경우도 많다. 또는 피치못할 사정으로 인하여 이삼년 또는 일이년 혹은 여러해 떨어져 산다.

42. 지살(地殺)

年,日支	申子辰	巳酉丑	寅午戌	亥卯未
地殺	申	巳	寅	亥

지상이변, 이사, 이전, 전직, 답지, 여행, 소폭적인 이동 작용을 한다. 연지, 일지가 지살이면 초년에 풍상이 많고 일찍 고향을 떠나 동서사방으로 돌아다니면서 살게 된다. 지살이 길신에 해당하면 외교관, 기술자, 여행사, 조종사로 해외만리 이국땅을 많이 밟고 산다. 이민가서 사는 사람도 많다. 지살이 흉신에 해당하면 행상인, 기술자, 운전기사 등으로 고향떠나 가족떠나 객지생활 하게 된다. 지살이 임한 육친도 객지생활 하게 된다.

십이신살론(十二神殺論)을 참조하라.

43. 도화살(桃花殺)

年,日支	申子辰	巳酉丑	寅午戌	亥卯未
桃花殺	酉	午	卯	子

남녀를 불문하고 호색가이며 풍류를 좋아하는데 주색으로 패가망신하는 수가 많다. 도화가 관성이면 처가의 덕으로 부자가 되거나 처의 내조로 인하여 벼슬한다. 도화가 재의 녹지가 되면 첩으로 인해 부자가 된다. 도화가 인수가 되면 후처 장모님을 모셔봄이 있다. 도화가 삼형살을 만나면 화류병에 걸린다. 여명에 도화와 건록이 동주하면 양귀비의 미모가 된다. 일지에 도화가 있

으면 미모이고 청수하다. 풍류를 좋아하고 호색다음하며 연애 결혼을 한다. 도화와 역마가 동주하면 간부와 타향으로 도망간다. 여명에 편관이 도화가 되고 역마와 동주하면 간부와 타향으로 도망간다. 남명에 편재가 도화가 되고 역마와 동주하면 첩을 데리고 타향으로 떠난다. 도화좌하(坐下)가 생왕하면 용모가 아름답고 주색에 빠져 환락을 쫓다가 가업을 돌보지 않고 끝내는 패재파가로 망신한다. 도화좌하가 사, 절되면 언행이 교활하고 방탕에 휩쓸리거나 망은, 배신을 좋아해서 가업을 소홀히 한다.

도화와 양인이 일, 시에 동주하면 학문, 예술에 재능이 뛰어나 남들의 선망의 대상이 되나 몸이 허약하거나 질병으로 신고한다. 도화와 목욕에 진신성이 동주하면 용모 자태가 매우 아름다워 절세미인이 되나 호색가이다. 도화에 칠살이 있으면 창녀, 기생, 연예인이 되고, 남명도 연예인이 되는 사람이 있다.

44. 고신살(孤神殺)

年支	寅卯辰	巳午未	申酉戌	亥子丑
孤神殺	巳	申	亥	寅

고진(孤辰)이라고도 하며 홀아비살이다. 동분서주하고 남명에 있으면 부부 생이사별하거나 상처한다. 고신살이 있고 화개가 있으면 고독한 신세라 중이 될 팔자다. 특히 고신살이 월, 일에 있고 화개가 일, 시에 있으면 객지를 떠돌아 다니거나 중, 목사, 신부, 수녀 등 성직자의 명이다. 역마와 동주하면 주색에 방탕하

여 타향에 유리한다. 고신이 시에서 공망을 만나면 소년시절 노고가 많은 사람이다. 고신이 시에 있으면 처자식이 불초하다.

45. 과숙살(寡宿殺)

年支	寅卯辰	巳午未	申酉戌	亥子丑
寡宿殺	丑	辰	未	戌

 과부살로서 여명에 있으면 부부 생이사별한다. 과숙살이 화개와 동주하면 독신으로 늙거나 중 될 팔자다. 육친의 덕이 없으며, 시에 과숙살이 있으면 자식덕이 없다. 과숙이 역마와 동주하면 주색에 방탕하여 타향에 유리한다. 과숙이 시에서 공망을 만나면 소년시절 노고가 많은 사람이다. 유년에 만나면 남자는 상처 또는 부부이별하게 되며 그렇지 않으면 사업실패한다. 여자는 남자에 근심이 발생하며 간부가 생기게 되는 망신의 운세이므로 양화(陽禍)를 주의하라.

46. 원진살(怨嗔殺)

年,日支	子	丑	寅	卯	辰	巳	午	未	申	酉	戌	亥
怨嗔殺	未	午	酉	申	亥	戌	丑	子	卯	寅	巳	辰

 원진(元辰)이라고도 하며 미워하고 원망하는 살로서 부모 불친하고 형제 불화하며 부부생이사별, 자녀불순, 불효, 무자하게되

고 기타 실패, 불구, 단명, 질병, 수술, 색난 등으로 일생 불행스럽게 살아간다는 최대 흉악살이다. 특히 부부궁에 권태가 잘 생기고 성생활이 맞지 않아 외도를 많이 하거나 남자는 첩을 얻으며 여자는 정부를 두고 사는 수가 많다. 별거생활도 하여본다. 특히 여자 사주에 원진살이 있으면 목소리가 크고 성품이 탁하며 천한 사람과 사통을 하고 불효, 불순한 자식을 두게된다.

 일월이 원진되면 육친과 불화하고 파가 이별한다. 일,시가 원진되면 부부불화하고 자녀와 불목하며 변태성이다. 연,월이 원진되면 부친과 조부간에 불목하고 애정없이 성장한다. 상관과 원진이 동주하면 겉과 속이 다르고 독설에 남의 흉을 잘 보고 간사한 독종이 되기 쉽다. 자미원진이 있으면 이별, 횡액, 원한, 산액, 고독, 자녀고충, 무자, 색난, 사업실패 등이 있고, 축오원진이 있으면 이별, 횡액, 고독, 산액, 유산, 자녀실패, 정신병, 무자, 색난, 사업실패가 있다. 인유원진이 있으면 신병, 수족상해, 불구, 단명, 부부이별, 색난, 사업실패가 있고, 묘신원진이 있으면 질병, 수족상해, 수술, 불구, 단명, 부부이별, 색난, 실패가 있으며 진해원진이 있으면 독립, 질병, 수술, 도난, 액운, 원망, 고독, 이별, 자녀고충, 실패가 있다. 사술원진이 있으면 질병, 화액, 고독, 이별, 자녀실패, 손재 등이 있다. 특히 종교가, 운명철학가 무당, 박수, 의사, 약사, 신경성 질환자 등에서 많이 보인다. 유년에 원진을 만나면 수명이 위태롭다. 대운이 길하면 원지 여행, 관재 구설, 사고, 놀람, 불목과 질시가 있고, 대운이 흉하면 부모상을 입음. 중병수, 교통사고, 고생, 직장 낙직, 학업 중지가 있다.

47. 상문살(喪門殺)

年,日支	子	丑	寅	卯	辰	巳	午	未	申	酉	戌	亥
喪門殺	寅	卯	辰	巳	午	未	申	酉	戌	亥	子	丑

상가집에 가서 상문살을 많이 당하고, 특히 재수없고 우환질병 사고가 있다. 집안에 상을 당한다는 살이며 명조에 상문살이 있는데 연운, 월운에 재차 오게 되면 그 해 또는 그 달에 상복입을 일이 일어난다. 보통 연운, 월운에 오면 친족 또는 붕우 등과 불화가 생한다. 가벼워도 친척 또는 원친에 불행사가 있다.

48. 조객살(弔客殺)

年,日支	子	丑	寅	卯	辰	巳	午	未	申	酉	戌	亥
弔客殺	戌	亥	子	丑	寅	卯	辰	巳	午	未	申	酉

상갓집에 갔다 오면 자주 신음신음 아프다. 부모나 친척의 상을 당한다는 살이다. 상문, 조객일에 상갓집에 가지말라. 명조에 조객살이 있고 연운이나 월운에 재차 오게 되면 그해 또는 그 월에 상복사가 일어난다.

49. 구신살(句神殺)

年,日支	子	丑	寅	卯	辰	巳	午	未	申	酉	戌	亥
句神殺	卯	辰	巳	午	未	申	酉	戌	亥	子	丑	寅

구신살이 중첩하고 삼형살이 있으면 형액을 자주 당한다. 구신살과 교신살이 연,일에서 상충이나 삼형되면 부부 생이사별, 작첩, 정부문제로 가정파탄 오기 쉽다. 구신이나 교신을 세운에 만나면 재해가 있고, 상신 또는 산재의 근심이 있고 흉해가 있게 된다. 재앙이 항상 체류하여 퇴재와 구속납치, 포로의 일이 있고, 또 구신, 교신에 삼형살이 가하면 재혼이나 작첩하게 되며 구설수와 형옥의 액이 따른다.

50. 교신살(絞神殺)

年,日支	子	丑	寅	卯	辰	巳	午	未	申	酉	戌	亥
絞神殺	酉	戌	亥	子	丑	寅	卯	辰	巳	午	未	申

구신살과 작용이 비슷하며 목매어 죽은 귀신이 있어 백사가 난망하다. 가정불화나 몸을 다침이 있다. 세운에 만나면 본인이나 해당 육친, 부모, 형제, 부부, 자녀중에 재액을 많이 당하고 상신 손재한다.

51. 상충살(相沖殺)

子午沖	丑未沖	寅申沖	卯酉沖	辰戌沖	巳亥沖

가장 강렬한 흉살로서 황폭, 망은, 상부, 상처, 이별, 파가, 시비, 관재, 구설, 교통액, 충돌사고, 병고, 불구, 단명, 손재, 실패, 배신 등을 초래하는 흉살이다. 부모궁 상충은 조실부모하거

나 부모 무덕하고 혹자는 남의 부모 모셔본다. 형제궁 상충은 형제 조망(早亡) 불화하고 각거 타향한다. 부부궁 상충은 상부, 상처 이별하거나 두집생활 및 원망하며 산다. 자녀궁 상충은 자녀 불순, 불효, 불구, 단명, 횡액, 무자하게 된다. 자오충이 있으면 심장, 방광, 신장, 폐, 생식기, 지라, 눈, 수술, 손재, 실패, 불안, 초조, 항상 일신이 불안하며 타향생활을 오래한다. 갑, 경일생이 자오충이 있으면 타향생활을 한다. 수도, 수리, 문화, 정신과 관계가 있다.

축미충이 있으면 비장, 위장, 피부병, 내장, 맹장, 수족부상, 수술, 손재, 실패, 매사가 많이 막힌다. 형제가 각각 다른 마음이 있고 재산으로 다투기 쉽다. 축미충은 전택, 토지매매사, 영농, 토목공사와 관계가 있다. 인신충이 있으면 신경, 간장, 두통, 광증, 폐장, 골절, 위장, 축농증, 당뇨, 충돌, 색난, 파패, 다정다감하여 애정이 많고 바람나며 구설수가 많거나 쟁투한다. 일시가 인신충이 된 자는 자식이 없다. 인신충은 도로, 교통, 희소식, 흉한 소식, 편지, 전달, 원행, 이동과 관계가 있다. 묘유충이 있으면 신경, 담낭, 두통, 폐장, 대장 간장, 간암, 수족불구, 당뇨, 말초신경 질병, 주체, 귀신이 침입, 손재, 실패, 친한 사람을 배반하고 근심 걱정이 많고 부부가 불화하여 골육이 상한다. 묘유충은 문호갱신의 일, 이동, 거주 불안, 가문변화와 관계가 있다. 혹자는 상배무자(喪配無子)한다.

진술충이 있으면 비장, 위장, 위암, 심장, 복부, 피부질환, 신장, 당뇨, 불치병, 불안, 초조, 배우자를 잃고 고독하며 친절미가 없다. 진술은 충함으로 길경사가 발생하는 수도 있다. 진술충은 전택, 토지, 소송, 투쟁시비와 관계가 있다. 사해충이 있으면 미친 병, 두통, 심장, 소장, 신장, 눈병, 방광, 혈압, 요통, 술병, 대소변, 가슴답답, 쓸데없이 남의 걱정을 잘 한다. 적게 시작하여 크게 벌어지고 선득후실하며 권태변덕이 심하고 형액수가 있으며, 반복이 많고 가벼운 것이 중하게 되고 구한 뒤에 손해를 본다. 사해충은 연료, 폭발, 해사(海事), 이동, 원행과 관계가 있다. 연지와 월지가 상충되면 부모와 조부간에 불목하고 각거했으며, 조업을 파하고 생가를 떠나며 조상제사에 무성의하다.

연지와 일지가 충되면 배우자와 부모가 불화하다. 존장을 공경치 않고, 상사와 수상인의 덕이 없으며 조상제사에 성의가 없다. 월지와 시지의 충이나 연지와 시지가 상충되면 성격이 광포하거나 오랜 병환을 앓는다. 월지와 일지가 상충된 자는 자신과 배우자는 부모형제와 불화하며 같이 살지 못하고 타관살이를 하게 되며 손윗사람과 인연이 없다. 일지와 시지가 상충된 자는 자신과 배우자는 자손과 인연이 없고 부부 불화하거나 이별하게 되고 아랫사람과 인연이 없다. 기술이나 의술업을 갖게 되면 길하다.

간동지충(干同支冲)이 되면 조업을 파하고 항상 마음이 편치 못하다. 여명이 일지와 시지에 진술충이 있으면 고독한 명이다. 여명이 간합(干合)이 있고 일지가 충되면 고생이 많다. 희신은 충되면 흉이 되고, 흉신은 충이 되면 길이 된다. 명조중에 충이 겹쳐 있으면 어릴 때 고생이 많고 매사 초기 단계에는 고난이 많다. 구하는 것이 없으면 평생 빈한하다. 명조중에 공망, 충, 원진이 모두 있으면 빈천한 명이다. 병오일생이 행운에서 임자를 만나고, 정사일생이 계해를 만나면 천충지충(天冲地冲)이 되어 각종 재난이 발생하고 냉증으로 인한 각종 질병이 발생한다.

을묘일생이 신유와 천충지충이 되면 종교에 관여하고, 신유일생이 을묘가 있으면 종교 성직자가 되더라도 언젠가는 환속하게 된다. 명조중에 형.충.파.해가 겹쳐 있으면 군으로 진출하는게 좋고, 신일생(辛日生)이 무토(戊土)가 있으면 군인으로서 크게 출세한다.

52. 상파살(相破殺)

子酉破	丑辰破	寅亥破	午卯破	戌未破	巳申破

평생 손재와 실패가 따라 다니고 교통사고와 가정풍파가 쉴사이 없이 연속된다. 연지를 파하면 양친과 일찍 상별하기 쉽다. 부모· 조상의 덕이 없고 타향살이를 한다. 월지를 파하면 변동이 심하고 타관을 전전하며 형제지간에 불화한다. 일지를 파하면 일신이 고립하고 부부의 인연이 박약하고 풍파가 있다. 시지를 파하면 자손의 연이 박하고 만년에 고독하다. 일과 월이 상파되면 처를 상한다.

자유파가 있으면 폐염, 요통, 골수염, 요도염, 성병, 팔다리 신경통, 생리통 등이 있고 불륜관계가 있으며, 부모형제의 사이가 안좋고 인덕이 없으며 부부지간 무정하고 풍파가 많으며 남녀 공히 본인이 아니면 배우자가 신경쇠약, 정신이상, 변태성, 의처증, 의부증이 심하고 자식이 불초하며 술이나 물과 연관된 직업을 가진다. 축진파가 있으면 맹장염, 피부질환, 대장, 소장, 비장, 요통, 위장병, 복막염, 상치(傷齒), 냉증 등의 질환이 발생하고 관재구설과 질병이 많고 인덕이 적으며, 자기 스스로 화를 자초한다. 납치, 감금, 교통사고, 불구가 되기 쉽다. 축대붕괴, 조경, 땅 경계선 다툼, 경지정리, 택지 수리 등이 있다.

인해파가 있으면 위장병, 방광염, 담석증, 두통, 당뇨, 신경통, 마비증, 요통, 정신질환, 불안 초조, 손재, 실패, 정 주고 배신 당함, 부부풍파가 많다. 산신기도를 드리면 길하리라. 오묘파가 있으면 위장병, 간장, 색맹, 담석증, 난시, 신경질환 등의 질병이 발생한다. 매사에 막힘이 많고 주색, 유흥, 오락으로 인한 명예 실추가 있고 사업은 실패가 잦다.

사신파가 있으면 소장, 대장, 삼초, 심장병, 냉증 등의 질환이 생긴다. 처음에 합도 도중에 불화, 관재, 구설, 시비, 가정파탄, 파산, 손재, 매사에 장애 등이 있다. 술미파가 있으면 신경질환, 척추, 요통, 신경통, 마비증, 좌골신경통 등의 질병이 발생한다.

골육상쟁하여 구설시비 또한 주위 사람과 상호간에서 오는 배신, 시기, 질투, 손재, 관액등의 일이 일어난다. 인해파나 사신파가 있으면 유혹을 잘 당하고, 사주에 인신사해가 다 있으면 유혹을 당하기 쉽고, 남자는 대부귀하고 여자는 음란·방탕하고 파란이 많으며 쌍생아를 출산하거나 과부가 되기 쉽다. 자유파, 오묘파는 주색을 좋아하고 음탕하며 기술, 예술, 문학에 뛰어난다.

사주에 자오묘유가 구전하면 남녀 공히 음탕하며, 남자는 부귀하나 여자는 사랑을 따라 도망간다. 자오묘유가 연월에 있으면 연상의 애인을 두고, 일시에 있으면 연하의 애인을 둔다. 또한 이성을 만나기 바쁘게 헤어지고 매사 속성속패한다. 자오묘유가 석 자 이상 있으면 부부불화로 풍파가 않으며 매사에 막힘이 많

고 수술하여 본다. 자오묘유생이 사(巳)가 있고 장생을 만나면
도살자가 아니면 식육점을 하고, 자오생(子午生)이 사오(巳午)를
만나면 조국을 떠나 빈한하게 된다. 축진파나 술미파는 육친간에
소원하고 배우자와 자녀궁이 흉하다. 사주에 진술축미가 구전하
면 성질이 집요하고 강하나 덕행인이다. 외관상 온화하나 내심은
노하기 잘하고 극처, 극부, 극자한다. 남자는 부귀하나 여자는
인품이 좋지 않고 음탕하여 풍파가 많고 무부, 무자하기 쉬우며
남편의 직업은 의약계, 형권직, 식품영양사, 술객이 많다. 여명
에 관살이 사고(四庫)에 암장되면 숨은 정부를 두고 연애한다.

53. 삼형살(三刑殺)

三刑殺	寅巳申三刑	丑戌未三刑	子·卯相刑	
自刑殺	辰辰自刑	午午自刑	酉酉自刑	亥亥自刑

형액, 관재, 액난을 초래하는 흉살로서 관재, 구설, 송사 등의
예측치 못한 일이 돌발하고 가정풍파 및 병고, 산액, 파탄, 부부
생이사별 등의 액난을 당하는 흉살이다. 사주가 길하고 형살이
있으면 군경, 검찰, 판사, 변호사, 검사, 교도관으로 입신· 출세
하여 위진만리· 명진사해하게 된다. 때로는 의사, 약사, 간호원,
식육점, 식당업 등의 활인업을 하는 사람도 많다. 인사신삼형은
자기세력만 믿고 거세게 나가다가 큰 화를 입으며 사, 절되면 소
아마비에 걸리기 쉽고 교활, 간사, 비굴하며, 남자는 어리석고
여자는 고독하다.

축술미삼형은 은혜를 원수로 갚거나 불의를 예사로 저지르며 냉정, 친구가 적고, 비밀폭로, 불량, 산액이 있고, 부부 생이사별 수가 있다. 자묘상형은 예의가 없고 건방지며 타인에게 불쾌감을 준다. 성병을 한두번 걸려보며 여자는 냉정, 자궁수술수가 있고, 갑을일주가 자묘형살되면 음부에 털이 없다.

진진, 오오, 유유, 해해자형살은 스스로 화를 초래하는 형국으로 잘난체하고 자기 주장을 내세우다가 적을 불러들이며 의타심이 강하고 매사에 용두사미격이요. 지능부족 및 불구가 되기 쉽다. 삼형으로 인한 질병은 심신장애, 뇌신경이상, 심장판막증, 늑막염, 골수염, 좌골신경통 등이 있다. 양(陽)을 형하면 남자에게 화가 발생하고, 음(陰)을 형하면 여자에게 화가 일어난다. 삼형과 양인이 있고 일간을 극하면 검난이 있다.

인사형이 있으면 쟁투, 세력의 갈등, 경쟁, 시비, 망은, 배신, 형액, 골육무정, 송사 등이 발생하고 질병은 소장, 삼초, 편도선, 독극물 중독, 고질병, 교통사고 등이 발생한다. 사신형이 있으면 은인이 적으로 변하고 장유(長幼)가 불순하며 실패, 불화, 반목, 시비등이 일어나고 소장, 삼초, 대장의 질병과 한열(寒熱) 등이 발생한다. 축술형이 있으면 배신, 불신, 투쟁, 가정암투 및 관재, 구설, 손재, 실패요. 여자는 부부불화, 고독, 이별하고 배신당할 수 있다. 심신장애, 신경계통, 뇌신경질환, 심장판막증, 신장, 위장병 등이 있다. 술미형이 있으면 축술형과 비슷하며 손재, 실패 및 비장, 위장병, 좌골신경통, 폐막염 등이 발생한다.

자묘형이 있으면 패륜, 불륜, 무례, 간통, 색정사건, 변태 성욕, 간음 등의 일로 관재구설, 음독자살, 성병, 자궁병, 간장질병 등이 있다. 진진자형이 있으면 법원, 검찰청, 천재지변, 억압, 구속, 관액, 실형언도, 구설, 시비, 당뇨병, 위장, 피부병, 붕괴, 보관, 냉동 등이 있다. 오오자형이 있으면 폭발, 불에 타 죽음, 가스폭발, 차량폭발, 본드나 부탄가스 흡입, 익사, 자살, 자해행위, 충돌, 교통사고, 화재, 화상, 음독 등이 있다. 유유자형이 있으면 억압, 억제, 자상, 수술, 상해, 칼이나 유리·쇠붙이 등의 물체에 다쳐본다. 위장, 간장병, 수족부상, 기관지병, 술주정, 당구나 볼링, 전자오락 등에 빠져본다. 해해자형이 있으면 혈액요도, 당뇨병, 고혈압, 어업, 농작물, 수재, 폭풍, 풍랑, 침수, 청소업, 세탁업 등이 있다. 자형살이 있으면 의뢰심이 많아 자주정신이 박약하고 매사에 용두사미격이요. 자기 주장만 내세우기 때문에 적을 만들고 내심 험독하고 지능이 낮으며 불화하고, 지병으로 불구가 되기 쉽다. 일지가 형이 되면 처가 병약하고, 시지가 형이 되면 자식이 병약하다. 유유자형은 몸에 흉터가 있는데 유(酉)가 재성이면 처가 불구이다.

54. 백호대살(白虎大殺)

甲辰	乙未	丙戌	丁丑	戊辰	壬戌	癸丑

최대흉악살이다. 주로 급변, 재난, 사고, 교통사고, 피살, 타살, 자살, 총살, 옥사, 객사, 횡사, 변사, 수술사, 산망, 혈압, 중풍, 낙상, 미친개에 물리거나 독충, 맹수에 상하며 소뿔에 부딪침 등의 혈광사로 비참하게 죽음을 당한다는 살이다. 백호대살

이 공망을 만나면 불구, 병신이 되거나 폭력, 데모, 투쟁, 관형을 살게 된다. 사주가 길하고 백호대살이 되면 무과에 급제하여 위진만리하게 되며 생살권을 잡는다. 사주에 백호대살이 있고 평길하면 군인, 경찰, 형법관으로 출세한다. 범인은 운전수, 광산업, 축산업, 식육점, 식당업 등을 많이 한다.

그러나 일주에 백호대살이 있는자는 축산업을 절대로 하지 말아야 한다. 연주에 백호대살이 있으면 조부모 흉사, 생사이별, 불구나 단명, 신병으로 고생, 피흘리고 사망하는 수도 있다. 월주에 백호대살이 있으면 부모형제 생사이별·흉사하고, 불구, 단명, 신병, 조난, 총사 등 피흘리고 사망한다. 일주에 백호대살이 있으면 부부는 생사이별 아니면 본인이 불구, 단명하며 어린시절부터 여러가지 장애가 많다. 시주에 백호대살이 있으면 자손액살, 무자하거나 유산이나 낙태가 많고 만일 자식이 있으면 불구단명, 횡사, 횡액이 있다.

갑진백호가 있으면 조실부모, 부친객사, 부부생이사별, 처 음독, 고독, 당뇨병, 신병이 있다. 을미백호가 있으면 조실부모, 부부 생이사별, 고독, 처 음독, 신병이 있게 된다. 병술백호가 있으면 부부 풍파이별, 자궁액살, 신병, 무자, 자궁수술수가 있다. 정축백호가 있으면 부부 풍파이별, 자궁액살, 산액, 무자, 자궁수술액이 있다. 무진백호가 있으면 부부 생이사별, 자식액살, 수술산액, 유산, 낙태수가 있다. 임술백호나 계축백호가 있으면 고집과 자존심이 세면서도 마음이 약한 면도 있다. 부부 생이사별 및 객사, 횡사, 자녀불구, 단명, 자궁수술, 무자하는 수도 있다. 정미와 갑술도 준백호살 작용을 한다고 본다.

백호살이 육친에 임하면 해당 육친이 행방불명되거나 흉사한다. 비겁에 백호살이 놓이면 동기간이 흉액을 당하고, 편재에 백호살이 임하면 부친의 사업실패나 부친, 처첩의 패망·흉사함이 있고, 관성에 백호살이 놓이면 남편에게 흉사 단명이 있고, 남자는 자식이 흉액을 당한다. 여명이 식상에 백호가 임하면 자식이 흉하다. 인성이 백호살이면 모친, 이모, 조부, 계모, 숙모, 백모 등이 흉액이 있다. 재성에 백호살이 임하면 처, 아버지, 처남, 처형, 처제, 백부, 숙부, 고모가 흉하다. 남명이 식상에 백호살이 임하면 조모나 손자, 장모가 흉액을 당한다고 보면 된다. 유년에 백호살을 만나면 교통사고를 당한다.

연주가 백호대살인데 백호대살년을 만나면 사회적으로 악흉한 운이 된다. 월주가 백호대살인데 백호대살을 만나면 부모가 악사하거나 형제가 악사한다. 일주가 백호대살인데 백호대살년을 만나면 부부,첩 등이 악사한다. 시주가 백호대살인데 백호대살년을 만나면 자손이 악사한다.

55. 검봉(劍鋒)

年,日支	子	丑	寅	卯	辰	巳	午	未	申	酉	戌	亥
劍鋒	戊子	己丑	甲寅	乙卯	戊辰	丁巳	丙午	己未	庚申	辛酉	戊戌	癸亥
	子丑	丑戌	寅甲	卯乙	辰巳	巳丙	午丁	未巳	申庚	酉辛	戌戊	亥壬

총이나 칼로 몸을 다쳐본다. 사주에 양인이 있고 검봉살을 띠면 악화를 주사(主司)한다. 행운(行運)에 검봉을 만나면 재해를 면치 못한다.

56. 대화살(大禍殺)

年,日支	申子辰	巳酉丑	寅午戌	亥卯未
大禍殺	丙丁	甲乙	壬癸	庚辛

전쟁이나 쟁투로 인하여 재액을 입는다.

57. 정기(旌旗)

年,日支	寅卯辰	巳午未	申酉戌	亥子丑
旌旗	癸酉	癸卯	戊子	戊午

주륙(誅戮)을 당하기 쉽다. 생시에 정기살이 있고 악살이 겹치면 악사한다. 하급인에게 이 살이 있으면 동분서주하는 팔자다.

58. 병부살(病符殺)

年,日支	子	丑	寅	卯	辰	巳	午	未	申	酉	戌	亥
病符殺	亥	子	丑	寅	卯	辰	巳	午	未	申	酉	戌

질병이 많이 따르고 잔병이 많다. 연운에서 만나도 그 해에는 질병이 많이 따른다. 사주에 띠고 세운에서 만나면 두렵다.

59. 비부(飛符)

年,日支	子	丑	寅	卯	辰	巳	午	未	申	酉	戌	亥
飛符	辰	巳	午	未	申	酉	戌	亥	子	丑	寅	卯

사주에 비부살이 있는데 길신의 상부(相扶)가 없으면 평생 관재가 있다. 도박을 하면 속패, 파가한다. 세운, 월운에 만나면 관사(官事)의 화가 일어난다.

60. 천액(天厄)

年,日支	子	丑	寅	卯	辰	巳	午	未	申	酉	戌	亥
天厄	未	申	酉	戌	亥	子	丑	寅	卯	辰	巳	午

신체불구 및 지병을 갖고 있다. 칠살과 동궁(同宮)에 있으면 재액을 면치 못한다. 세운에 천액을 만나면 재해가 생하고 월운에 천액을 만나면 불시의 액난이 있다.

61. 격각(隔角)

年,日支	子	丑	寅	卯	辰	巳	午	未	申	酉	戌	亥
隔角	寅	卯	辰	巳	午	未	申	酉	戌	亥	子	丑

고독하고 팔이나 다리를 상하며 혈광을 보게 된다. 일,시에 있

으면 처자식에 해롭고 태월에 있으면 부모를 해롭게 한다. 주로
육친의 덕이 없다. 행운에 만나면 원행한다.

62. 피두(披頭)

年,日支	子	丑	寅	卯	辰	巳	午	未	申	酉	戌	亥
披頭	辰	卯	寅	丑	子	亥	戌	酉	申	未	午	巳

　사주에 흉성과 동궁이면 골육의 인연이 박하다. 직업이 낮고 인
격이 떨어진다. 대운, 세운에 피두를 만나면 사상(死喪) 효복(孝
服)의 근심이 생한다.

63. 오귀관살(五鬼關殺)

年,日支	子	丑	寅	卯	辰	巳	午	未	申	酉	戌	亥
五鬼關殺	辰	巳	午	未	申	酉	戌	亥	子	丑	寅	卯

　산소나 장례식에 가지 말 것. 허깨비, 사귀, 요정, 귀신에 홀리
기 쉬우며 가정에 재액이 많다.

64. 관부살(官符殺)

年,日支	子	丑	寅	卯	辰	巳	午	未	申	酉	戌	亥
官符殺	辰	巳	午	未	申	酉	戌	亥	子	丑	寅	卯

인덕이 없고 고독, 빈곤, 관재, 구설이 생긴다. 일이나 시에 범하면 평생 관재가 많다. 양인살과 같이 있으면 형벌을 받게 되고 공망이 되면 진실되지 못하고 실성한 소리를 잘하여 망어살(妄語殺)이라고도 한다.

65. 사부살(死符殺)

年,日支	子	丑	寅	卯	辰	巳	午	未	申	酉	戌	亥
死符殺	巳	午	未	申	酉	戌	亥	子	丑	寅	卯	辰

사부살이 명조에 있으면 길신이 도와주지 않는 고로 관액, 시비·구설 및 질병이 따르고 신음하다가 생명을 잃으며 축재를 못한다.

66. 비렴살(飛廉殺)

年,日支	子	丑	寅	卯	辰	巳	午	未	申	酉	戌	亥
飛廉殺	申	酉	戌	亥	子	丑	寅	卯	辰	巳	午	未

남자는 유랑의 명이고, 여자는 화류계에 활동하던가 또는 신체불구자이다.

67. 용덕(龍德)

年,日支	子	丑	寅	卯	辰	巳	午	未	申	酉	戌	亥
龍德	未	申	酉	戌	亥	子	丑	寅	卯	辰	巳	午

평생 귀인의 도움이 끊이지 않는다. 그러나 생활에 풍파가 많다. 용신기도를 하면 많은 효험을 받는다.

68. 삼재(三災)

年支	申子辰生	巳酉丑生	寅午戌生	亥卯未生
三災	寅卯辰年	亥子丑年	申酉戌年	巳午未年

삼재란 천재, 인재, 지재 혹은 전란, 병난, 기근을 말하며, 팔난(八難)은 손재, 주색, 질병, 부모, 형제, 부부, 자식, 관재, 학업, 혹은 수(水), 화(火), 도(刀), 병(兵), 한(寒), 서(暑), 갈(渴), 기(飢)를 말한다. 삼년간 재수가 없고, 하는 일이 막히며 천재지변과 인간으로 인한 손재와 실패, 유혹과 사기, 관재와 구설시비, 망신과 상해 등에 걸려 고생한다.

삼재 첫해는 이동, 변동의 해이다. 삼재는 대운이 흉하면 반드시 흉하나 구신, 은성(恩星)이 있으면 소흉하다. 삼재는 대운, 유년이 길하면 삼배의 길경사가 된다. 삼재는 대운이 흉하고 망신, 겁살, 재살이면 필히 질병, 산재가 생긴다. 가족중에 세명 이상이 삼재면 화가 크다. 삼재가 드는해에 식구가 늘면 불길하고, 복(伏)삼재, 즉 유삼재(留三災) 마찬가지이며, 출(出)삼재는 가족중 출타함이 길하다.

천재지재, 인재란 수해, 한해, 설해, 냉해, 풍해, 낙뢰, 전기, 전염병, 지진, 화재, 붕괴, 사태, 낙석, 급변사고, 낙상, 교통사고, 토지, 가옥, 대지 문서, 구설, 시비, 관재, 매매상의 손해,

도난, 손재, 실패, 형액, 질병, 수술, 구타, 사망, 실직, 좌천, 학업저조, 시험낙방, 실패, 부부파탄, 유산, 낙태등이 있다. 그러므로 삼재가 낀 사람은 부부다툼, 이별수, 가정운수 나감. 자식액을 조심, 재물손해, 여색조심, 관재구설, 명예손상, 직장불길, 조상(弔喪), 병고, 패재, 파산, 사고 등이 있으니 주의하라. 그러나 사주가 생생불식(生生不息)하고 은성(恩星)이 많으면 삼재가 못낀다.

69. 표미살(豹尾殺)

年,日支	申子辰	巳酉丑	寅午戌	亥卯未
豹尾殺	戌	未	辰	丑

파재하고 구설이 많다. 행운(行運)에 오면 구설, 가정에 불안이 일어난다.

70. 탄함살(呑陷殺)

年,日支	子	丑	寅	卯	辰	巳	午	未	申	酉	戌	亥
呑陷殺	戌	寅	丑	戌	辰	卯	寅	寅	戌	戌	寅	寅

각종 재난·재액이 따른다. 사,오,미,신,술,해,자 생은 상신의 액이요, 인묘생은 고향을 멀리 떠나 살고, 유생은 처가 도망가고, 진생은 수액과 옥살이를 조심하라. 혹은 자생은 악사하고,

축오생은 상해를 당하고, 사오생은 도형(徒刑)이라고 한다. 사주 일시에 띠고 대운 또는 세운, 월운에 오면 골육과 형해, 불화 등이 일어난다.

71. 천모살(天耗殺)

年,日支	子	丑	寅	卯	辰	巳	午	未	申	酉	戌	亥
天耗殺	申	戌	子	寅	辰	午	申	戌	子	寅	辰	午

세운으로 주로 보는데 사주 일지에 있고 또 천모살년을 만나면 외적인 문제, 즉 가정밖의 모든 마음 먹었던 일이 무너지고 허사가 된다. 세운 월운에 오면 관재구설이 잇다.

72. 지모살(地耗殺)

年,日支	子午	丑未	寅申	卯酉	辰戌	巳亥
地耗殺	巳	未	酉	亥	丑	卯

세운으로 주로 보는데 지모살년을 만나면 내적인 문제, 즉 가정 내의 모든 마음 먹었던 일이 무너지고 또 허사가 된다. 세운 월운에 오면 관재구설이 있다.

73. 부벽살(斧壁殺)

年,日支	子午卯酉	寅申巳亥	辰戌丑未
斧劈殺	巳	酉	丑

　도끼나 칼, 쇠붙이에 크게 다치게 된다는 살이다. 그리고 일생 동안 손재와 실패가 많다. 빈뇨, 잔질, 파재, 형액 등 재앙이 생긴다.

74. 단명관살(短命關殺)

年,日支	申子辰	巳酉丑	寅午戌	亥卯未
短命關殺	巳	寅	辰	未

　어려서 밤에 잘 울고 자주 놀래고 잔병이 많다. 피부에 기생충을 주의할 것. 소아 경기주의, 비명횡사, 유괴, 타살, 조난, 낙상, 교통사고로 단명하기 쉽다. 어릴적을 잘 지나더라도 오십을 넘기 어렵다.

75. 해신(解神)

年,日支	子	丑	寅	卯	辰	巳	午	未	申	酉	戌	亥
解神	戌未	酉未	申	未申	午未	巳酉	辰戌	卯戌	寅亥	子亥	子午	亥午

　중이 될 팔자다. 속인으로 살면 늘 구설이 분분하다.

76. 천구관살(天狗關殺)

年,日支	子	丑	寅	卯	辰	巳	午	未	申	酉	戌	亥
天狗關殺	戌	亥	子	丑	寅	卯	辰	巳	午	未	申	酉

피를 보기 쉽다. 수술, 파편, 교통사고 등의 재액을 당하기 쉽고, 자녀와의 인연이 희박하다.

77. 천랑살(天狼殺)

年,日支	子	丑	寅	卯	辰	巳	午	未	申	酉	戌	亥
天狼殺	卯日時	辰日時	巳日時	午日時	未日時	申日時	酉日時	戌日時	亥日時	子日時	丑日時	寅日時

자식을 앞세운다는 흉살이다. 자식을 기르기 어렵고 또는 다른 자식이라도 언젠가는 부모보다 먼저 이세상을 하직한다는 흉살이다.

78. 천조관살(天弔關殺)

年,日支	申子辰	巳酉丑	寅午戌	亥卯未
天弔關殺	巳午	子卯	辰午	午申

부모의 상을 일찍 당하기 쉽다. 울일이 발생하고 답답한 일들이 생긴다.

79. 당명관살(撞命關殺)

年,日支	子寅	丑戌	卯	辰巳申	午未	酉亥
撞命關殺	巳	未	子	午	丑	亥

병약하여 양육하기 어렵다. 소아 경기가 발작되기 쉽다.

80. 매아관살(埋兒關殺)

年,日支	子午卯酉	辰戌丑未	寅申巳亥
埋兒關殺	丑	卯	申

어릴적에 땅에 묻힌다는 살이다. 장례식을 보지 말고 묘지나 죽은 사람을 보지 말라. 애기 죽은 귀신이 붙어다녀 백사가 되는 일이 없고 헛고생만 한다.

81. 결항살(結項殺)

年,日支	申子辰	巳酉丑	寅午戌	亥卯未
結項殺	壬子時	辛酉時	庚午時	乙卯時

목매어 죽는다는 살이다. 심신이 괴롭고 딱한 처지에 놓였을 때에 순간적인 오판으로 목을 매어 죽거나 아파트에서 뛰어내리며 기타 자살행위를 하게 된다.

82. 중혼살(重婚殺)

年,日支	子	丑	寅	卯	辰	巳	午	未	申	酉	戌	亥
重婚殺	四月	五月	六月	七月	八月	九月	十月	十一月	十二月	一月	二月	三月

 남녀를 막론하고 초혼 부부 실패하고 두세번 재혼하게 된다는 흉살이다.

83. 재가살(再嫁殺)

年,日支	子	丑	寅	卯	辰	巳	午	未	申	酉	戌	亥
再嫁殺	五月	六月	七月	八月	九月	十月	十一月	十二月	一月	二月	三月	四月

 출가후 남편과 생이사별하거나 남편의 버림을 받아 다시 다른곳으로 시집간다는 살이다.

84. 농아살(聾啞殺)

年,日支	申子辰	巳酉丑	寅午戌	亥卯未
聾啞殺	酉時	午時	卯時	子時

 귀먹고 벙어리 된다는 살이다. 농아가 되지 않으면 귀나 입에 이상이 있다. 부부 두사람다 농아살이 있으면 벙어리 자식을 낳게 된다.

85. 폭패살(暴敗殺)

年,日支	子	丑	寅	卯	辰	巳	午	未	申	酉	戌	亥
暴敗殺	未	申	酉	戌	亥	子	丑	寅	卯	辰	巳	午
	夏	秋	冬	冬	夏	夏	冬	春	秋	秋	春	春

 남자는 부부궁이 불길하고 여자는 친가가 불길하다. 여자 사주
에 폭패살이 있으면 출가후 남자의 가정이 점점 쇠망한다. 음주
가이고 만용으로 실패한다.

86. 곡배살(曲背殺)

年,日支	子午	丑未	寅申	卯酉	辰戌	巳亥
曲背殺	卯酉時	辰戌時	巳亥時	子午時	丑未時	寅申時

 꼽추가 되거나 척추를 다쳐 수술을 받거나 허리를 앓게 된다.

87. 오귀살(五鬼殺)

年,日支	申子辰	巳酉丑	寅午戌	亥卯未
五鬼殺	酉戌	丑午	卯辰	子丑

 남녀 막론하고 질병이 따르고 부부 사이에 공방수가 따른다. 귀
신이 잘 따르고 또 잘 침해한다. 육친으로 보아 해당자도 귀신이
잘 붙는다.

日干	甲乙	丙丁		庚辛
五鬼殺	子丑	卯辰		丑午
年柱	丙寅	丁卯	壬申	癸酉
五鬼殺	午	未	子	丑

88. 자결살(自結殺)

年,日支	子	丑	寅	卯	辰	巳	午	未	申	酉	戌	亥
自結殺	寅日時	卯日時	辰日時	巳日時	午日時	未日時	申日時	酉日時	戌日時	亥日時	子日時	丑日時

목을 매거나 음독, 총칼로 자해하고, 혹은 달리는 차량에 뛰어들거나 높은 곳에서 뛰어내린다는 흉살이다.

89. 태백살(太白殺)

年,日支	子午卯酉	寅申巳亥	辰戌丑未
太白殺	巳	酉	丑

사주에 있으면 고독 빈천하고 단명한다.

90. 관형살(官刑殺)

年,日支	子	丑	寅	卯	辰	巳	午	未	申	酉	戌	亥
官刑殺	卯	戌	巳	子	午	丑	寅	酉	未	亥	辰	申

관형을 살게된다는 흉신이다.

91. 천옥살(天獄殺)

年,日支	子	丑	寅	卯	辰	巳	午	未	申	酉	戌	亥
天獄殺	甲日時	乙日時	丙日時	丁日時	戊日時	己日時	庚日時	辛日時	壬日時	癸日時	甲日時	乙日時

옥살이를 하게된다는 흉살이다. 육친중 해당자도 옥살이를 하게
된다.

92. 천형살(天刑殺)

年,日支	子	丑	寅	卯	辰	巳	午	未	申	酉	戌	亥
天刑殺	未	申	酉	戌	亥	子	丑	寅	卯	辰	巳	午

신체불구 및 신액이 있다. 사주에 있는데 세운에 오면 친족 골
육의 형각(刑角)이 생한다.

93. 음살(陰殺)

年,日支	申子辰	巳酉丑	寅午戌	亥卯未
陰殺	丑	戌	未	辰

주색으로 패가 또는 음독도 해본다. 사주에 있는데 연운, 월운
에오면 암(暗)으로 재화(財貨)를 잃는다.

94. 태양(太陽)

年,日支	子	丑	寅	卯	辰	巳	午	未	申	酉	戌	亥
太陽	丑	寅	卯	辰	巳	午	未	申	酉	戌	亥	子

얼굴색이 검고 붉으며 재난이 없다. 모든 흉한 재액을 푼다. 세
운, 월운에 오면 모든 흉재(凶災)가 풀린다.

95. 세합(歲合)

年,日支	子	丑	寅	卯	辰	巳	午	未	申	酉	戌	亥
歲合	丑	子	亥	戌	酉	申	未	午	巳	辰	卯	寅

목적을 순조롭게 달성시킨다. 대운에 오면 목적을 순조롭게 달
하고, 세운 역시 길하다.

96. 졸폭(卒暴)

年,日支	子	丑	寅	卯	辰	巳	午	未	申	酉	戌	亥
卒暴	卯	辰	巳	午	未	申	酉	戌	亥	子	丑	寅

불의의 재앙이 생긴다. 항상 불안함을 가진다. 폭발물 사고가 있다.

97. 복덕(福德)

年,日支	子	丑	寅	卯	辰	巳	午	未	申	酉	戌	亥
福德	酉	戌	亥	子	丑	寅	卯	辰	巳	午	未	申

여행중에 기쁜일이 많고 복록이 후하다. 집을 새로 짓던가 이사하는 기쁨이 있다. 연운, 월운에 오면 여행, 전택 등의 생각이 생기던가 기쁜일이 있다.

98. 황번(黃旛)

年,日支	申子辰	巳酉丑	寅午戌	亥卯未
黃旛	辰	丑	戌	未

만사가 여의치 못하고 모든 일이 혼미하다.

99. 장군전(將軍箭)

年,日支	子	丑	寅	卯	辰	巳	午	未	申	酉	戌	亥
將軍箭	申	巳	酉	戌	辰	未	卯	子	午	寅	丑	亥

단명 또는 양자의 명이다. 상갓집, 장례식, 무덤, 장군의 사당 등에 가지 말라. 상문살이 침입하기 쉽기 때문이다.

100. 지배(指背)

年,日支	申子辰	巳酉丑	寅午戌	亥卯未
指背	申	巳	寅	亥

배신을 당해 본다. 남녀 모두 질투심이 강하다.

101. 천공(天空)

年,日支	子	丑	寅	卯	辰	巳	午	未	申	酉	戌	亥
天空	丑	寅	卯	辰	巳	午	未	申	酉	戌	亥	子

실속이 없다. 길성, 길신, 강소(强所)는 이를 꺼리고 칠살, 기타 흉신이 모인 곳은 희(喜)한다.

102. 파군(破軍)

年,日支	子午卯酉	寅申巳亥	辰戌丑未
破軍	巳	酉	丑

파쇄(破碎)라고도 하며 파재 또는 형사문제가 발생된다. 사주에 띠고 형충이 되고 또 세운에 오면 파재 또는 형사 문제가 일어난다.

103. 천곡살(天哭殺)

年,日支	子	丑	寅	卯	辰	巳	午	未	申	酉	戌	亥
天哭殺	午	巳	辰	卯	寅	丑	子	亥	戌	酉	申	未

의지할 곳 없는 고아의 명이다. 하늘을 쳐다보면서 신세를 한탄하며 운다고 하는 살이다. 사주에 있으면서 행운에 오면 효복의 근심이 일어난다.

104. 귀문관살(鬼門關殺)

年,日支	子	丑	寅	卯	辰	巳	午	未	申	酉	戌	亥
鬼門關殺	酉	午	未	申	亥	戌	丑	寅	卯	子	巳	辰

정신이상이나 신경병에 걸린다는 흉살이다. 변태성에 걸린다.

남자 사주 일지로 여자사주 일지에 대조하여 귀문관살이 되면 여자가 정신이상에 걸린다. 여자 일주로 남자 일주가 귀문관살이 되면 남자가 정신이상에 걸린다.

때로는 혈압으로 본인이나 부부가 죽는 수도 많다. 여행이나 사찰, 사당, 묘지에 가지말라. 신경쇠약 정신질환이 있게 되고 무당, 박수, 중, 목사, 역술인이되기도 한다.

유년에 귀문관살을 만나면 각종 신경계통질환, 불면증, 쇠에 부딪힌 듯한 띵함, 신경쇠약, 노이로제 등에 주의를 요한다. 각종 비정상적인 행동을 하게 된다. 특히 변태적 애정행각에 주의를 요한다. 번뇌망상, 타인 보기에 미친 것. 혹자는 죽은 망령이 자주 보이고 신을 받아 무당 박수가 되기도 한다. 흉살이 겹치면 정신병이 염려된다.

105. 천무살(天無殺)

年,日支	寅	巳	申	亥
天無殺	四,八,十月	一,五,九月	二,六,十二月	三,七,十一月

늘 온몸이 나른하고 기력이 없으며 머리가 아프며, 양어깨가 욱신하게 아프고 가슴이 답답하고 때로는 손발이 저리기도 하고 따끔따끔하다. 심하면 눈알이 빠지는듯 아프다. 병원에 가보아도 병명도 없이 신경성병이라고 하니 약효가 없다. 주로 이런 사람은 무당, 박수, 점술가, 승려, 독신생활을 많이 한다.

106. 골파쇄(骨破碎)

年,日支		子	丑	寅	卯	辰	巳	午	未	申	酉	戌	亥
骨破碎	男	二月	三月	十月	五月	十二月	一月	八月	九月	四月	十一月	六月	七月
	女	六月	四月	三月	一月	六月	四月	三月	一月	六月	四月	三月	一月

남자는 결혼 후에 처가가 쇠망하고, 여자는 시가가 몰락·패망하게 된다는 흉살이다.

107. 권설살 (卷舌殺)

年,日支	子	丑	寅	卯	辰	巳	午	未	申	酉	戌	亥
卷舌殺	酉日	戌日	亥日	子日	丑日	寅日	卯日	辰日	巳日	午日	未日	申日

재산 풍파가 많고 걱정하는 일이 많다.

108. 철소추(鐵掃帚)

年,日支		子	丑	寅	卯	辰	巳	午	未	申	酉	戌	亥
鐵掃帚	男	一月	六月	四月	二月	一月	六月	四月	二月	一月	六月	四月	二月
	女	十二月	九月	七月	八月	十二月	九月	七月	八月	十二月	九月	七月	八月

남자는 처가가 패망하고, 여자는 시가가 쇠망한다는 흉살이다.

109. 화상관(和尚關)

年, 日支	子午卯酉	寅申巳亥	辰戌丑未
和尚關	辰戌丑未	寅申巳亥	子午卯酉

애기가 어릴적에는 사찰이나 사당에 데리고 가지말라. 고독한 살이 침범하여 승려가 되기 쉽다.

110. 공망(空亡)

甲子旬中	甲戌旬中	甲申旬中	甲午旬中	甲辰旬中	甲寅旬中
戌亥空亡	申酉空亡	午未空亡	辰巳空亡	寅卯空亡	子丑空亡

헛된 것, 빈 것, 망한 것, 없어지는 것, 고독한 것을 뜻한다. 흉살이 공망되면 길하게 되고, 길성 길신이 공망되면 흉작용을 한다. 연지가 공망이면 조부모의 기지(基地)가 미약했으며 조상의 음덕이 부족하고 어린 시절 자란 형편이 불우했으며 조상을 받들지 않는다. 선대의 묘가 파손되거나 중년전에 편친과 생사별 하거나 고향을 떠나게 된다. 노력은 하나 뜻을 이루지 못하여 일생동안 고생을 간간이 하게 되는 사람이 많게 된다. 조업이나 유산이 없다.

월지가 공망이면 부모 형제가 무력하고 중년에 풍파가 많이 있다. 부모의 덕이 없고 고향을 떠나간다. 형제의 발전이 없으며 고독, 독신, 자수성가, 타향살이, 하늘을 바라보고 원망한다. 형제인연이 박하고 부모운도 불리하여 일찍 부모형제와 생이별이나 사별을 하게되는 사람도 있게 된다. 형제자매와 사이가 좋지 않거나 멀리 떨어져 살고 생가에서 살지 못한다. 일지가 공망이면 생가를 떠나 다른 집에서 자라게 되는 수가 많고, 본인이 현달하지 못하다. 남자는 현처를 만나기가 어렵고 또한 처를 다스리지 못하니 가정이 불안정하게 되고, 여자 역시 남편과 불화·불목하게 되며 남녀를 막론하고 부부에 액운이 있으며 가정 생활에 파란이 따르게 된다. 무위도식하는 자가 많으며 부부생이사별수가 있다. 처는 가풍같은 것은 아랑곳 없이 자기 생각대로 한다.

여명은 좋은 남편에 인연이 없고, 주책을 떠는 남편에 인연이 있다. 시지가 공망이면 집요하고 야망은 커도 성공이 안된다. 화개와 동주하면 자식복이 박하여 자식을 두기 어려우며 두어도 힘을 얻지 못한다. 불초하거나 해가 있게 된다. 자식이 무력하고 말년에 불우하며 죽을때 관이 없는 형상이다. 여자는 대개가 친정이 무후하기 쉽고, 고독하게 되는 수가 많다. 남자는 처자 무덕하다. 입태월이 공망이면 동분서주하고 일찍 고향을 떠나 살게 되며 부모중 한 분을 일찍 이별을 하는 사람이 많다. 연주에서 보아 월일시 삼위 공망 혹은 일주에서 보아 연월시 삼위 공망이면 다른 사람의 도움으로 복을 얻거나 양자로 가서 행복해지거나 구류술업을 가지는 사람도 있게 된다. 비견, 겁재가 공망이면 형제자매가 없거나 있어도 무력하고 개운하지 못하여 정의가 없다.

형제무덕, 형제가 없거나 있어도 그 수가 줄어든다. 비견공망이면 형제와 친구 동료가 빈약하다. 겁재공망이면 형제동기간 우애없다. 식신 상관이 공망이면 전진하는 일이 자주 막히고 발전성이 없고 종내가서 좌절된다. 식신공망이면 남자는 활동이 막히고 실직을 자주하며 재능을 발휘하기 어렵고 의록, 식록이 부족하고 건강도 좋지 않고 장수하지 못하고 대개 단명한다. 여명은 자녀복이 박하다. 큰 발전에 뜻이 없으며, 가난하지 않으면 대개가 단명하며 식후에 잘 체한다. 상관이 공망이면 고아가 되기 쉽고 혼담에도 구설이 따른다. 주로 첫 딸을 두며 종교계로 진출한다. 여성은 독자의 운명이다. 자녀복이 박하고 남편을 극하지 않으며 사치하지 않는다. 관성이 공망이면 명리를 원치 않는다. 남명은 자식과 인연이 박하고, 여명은 남편덕이 없으며 심하면 부군과 생이사별 아니면 부군 횡액 수가 있다. 편관이 공망이면 일반적으로 길이 되지만 직위는 높지 않다. 떠돌이 생활을 많이 하고, 남자는 벼슬운이 약하고 여명은 혼사가 늦어지거나 남편운이 없다. 관리는 직위가 낮고 변동이 심하여 이사도 자주하게 된다. 정관이 공망이면 명리는 기대할 수 없고, 직위가 낮고 불안정하다. 남명은 자식복이 박하고 여명은 혼사가 늦어지지 않으면 남편덕이 없다. 재성이 공망이면 재물로 인한 어려움이 많다. 재물에 욕심이 없고 허황하다. 게으르고 무능력하며 낙천적이다. 부친 불구, 무력, 쇠약, 병약하고 시어머니가 쇠약하다. 처를 상하거나 처궁 무덕, 병약, 불구, 쇠약하다.

편재가 공망이면 남자는 직업과 재복이 없고 처덕이 없다. 정재가 공망이면 재물 욕심이 없고 남자는 극처하고 늦게 결혼한다. 인성이 공망이면 조별모친, 모친무덕, 학문중단수가 있다. 의술, 자선사업에 흥미를 가진다. 타인에게 원조를 구하지 않는다. 편인이 공망이면 일반적으로 길이 된다. 아버지 형제에 대한 인연은 박하다. 편업에는 적당하지 못하고 교육계나 배움에는 중단되고, 신약자에게는 흉함이 많고 사회적으로 인정받기 힘든다. 인수가 공망이면 남녀간에 부모덕이 없고, 학교를 중단하며 집을 자주 옮기고 도움을 받지 못하는 사람이며 부모와 인연이 박하고 학문으로 대성할 수 없다. 인격이 떨어지고 가정이 원만하지 못하고 부부는 해로하지 못한다. 고진, 과숙이 공망되면 어린 시절에 노고가 많다. 역마가 공망이면 직장과 주거를 전전한다.

도화가 공망이면 재물이 더욱 흩어진다. 삼기, 학당, 화개가 공망이면 총명하고 학자로서 대성하게 된다. 육해, 함지, 양인이 공망이면 성질은 난폭하고 흉명이다. 여성은 색정으로 개가하며 남자는 신병으로 고생이 많다. 건록이 공망이면 평지 파란 곡절이 많고 복이 적으며 만년은 빈명이 된다. 노년에도 역시 쓸쓸하게 고생을 많이 하게 된다. 생, 왕이 공망이면 도량은 넓으나 실속은 없어 외화내빈이다.

사, 절이 공망되면 평생 변화 기복이 심하다. 겁살이 공망되면 교활하고 열등하며 용기는 있는 듯하나 만용에 지나지 않는다.

망신이 공망이면 평생동안 심신이 부정하고 방랑생활을 하게 된다. 사주 모두가 공망되면 타향에서 발달한다. 공망이 합(合)되면 총명하다. 명조중에 갑인과 계축이 있고 무기(無氣)하고 공망되면 승도의 명이다. 연주와 일주가 호환(互換)공망이 되고 충, 파, 양인 등이 있고 일간을 극함이 있으면 남명은 신체가 허약하고 여명은 색정이 깊다.

녹마귀인이 공망이면 인격이 떨어진다. 명조의 간합, 지합, 삼합이 공망되면 유한인(有閑人)이다 진술축미 중에서 재성이 되고 공망이면 의식주에 곤란이 있다. 공망을 충하면 고독하고 빈천하게 된다.

흉신이 공망이면 공망이 나갈 때에 재액이요, 길신이 공망이면 공망이 나갈 시에 길하다. 연월공망은 세 번 일어나고 세 번 패한다. 사맹(四孟)공망은 독함을 주도, 기교가 있고 모사와 꾀가 출중함. 명진사해하거나 술객이 많다. 재성이 공망이면 깡통 통조림이다. 식신 공망은 희신이더라도 깡통 통조림이다. 파조 공망되면 조기(祖基)를 파하고 조상에게 욕을 일힌다. 극해공망되면 처자를 형극하거나 홀아비, 과부를 주도한다.

111. 천덕귀인(天德貴人)

月支	寅	卯	辰	巳	午	未	申	酉	戌	亥	子	丑
天德貴人	丁	申	壬	辛	亥	甲	癸	寅	丙	乙	巳	庚

모든 흉살을 제거하고 좋게하는 길신이다. 길한 즉 더욱 길하고, 흉한 사주는 흉이 반감해진다. 천을귀인을 대동하면 더욱 길하다. 그러나 천덕귀인이 형,충,파,해,공망되면 천덕의 길한 작용을 못한다. 천덕귀인이 관성에 임하면 관운과 자손운이 좋다. 천덕이 인수에 임하면 부모· 조상의 덕이 높아 이름을 얻는다. 천덕귀인이 재성에 임하면 현모양처를 얻을 수 있고 재운이 좋다. 천덕귀인이 식상에 임하면 의식과 복록이 좋다. 천덕이 일간에 임하면 천우신조가 있어 일생 행복하다. 천덕이 시상에 임하면 귀자를 두고 늦복이 많다. 천덕이 연간에 임하면 조상덕이 있고, 월주에 임하면 부모 형제의 덕이 있다. 비겁에 천덕이 임하

면 형제가 고귀하고, 길신이면 형제, 자매, 동료덕으로 양명득재한다. 천월덕이 같이 있는 여명은 유덕·온순하다.

112. 월덕귀인(月德貴人)

月支	寅	卯	辰	巳	午	未	申	酉	戌	亥	子	丑
月德貴人	丙	甲	壬	庚	丙	甲	壬	庚	丙	甲	壬	庚

천덕귀인에 버금가는 길성으로 작용력은 천덕귀인과 비슷하다. 길신과 함께 있으면 복력이 증가해서 예상보다 웃도는 대발전을 본다. 그러나 만약 흉성과 함께 있으면 도리어 횡포해진다. 월덕귀인은 선조의 덕이 있고 관형, 기타 재앙이 소멸되는 길성이다. 일간이 월덕귀인이면 덕망이 있어 존경을 받는다. 일간이 월덕귀인을 극하면 언행을 잘못하여 실덕한다. 월덕이 재성에 임하면 재복이 있고, 관성에 임하면 관록이 있으며 인성에 임하면 윗사람의 덕이 있다.

113. 천덕합(天德合)

月支	寅	卯	辰	巳	午	未	申	酉	戌	亥	子	丑
天德合	壬	巳	丁	丙	寅	己	戊	亥	辛	庚	申	乙

모든 재앙이 침범치 못한다. 흉화도 능히 해소하며 길로 변화시킨다.

114. 월덕합(月德合)

月支	寅	卯	辰	巳	午	未	申	酉	戌	亥	子	丑
月德合	辛	己	丁	乙	辛	己	丁	乙	辛	己	丁	乙

천덕합과 작용이 비슷하며 명조에 있으면 흉화도 길로 변해진다.

115. 황은대사(皇恩大赦)

月支	寅	卯	辰	巳	午	未	申	酉	戌	亥	子	丑
皇恩大赦	戌	丑	寅	巳	酉	卯	子	午	亥	辰	申	未

황은대사는 군왕의 은총을 받는다는 길성으로 관재나 관형을 당하여도 요행히 특사를 받는다는 길성이다. 귀양, 유배, 좌천, 실각했던 자가 대사면령으로 복권, 정계· 군계· 행정계에 기용되는 길성이다. 과거나 고시에 합격하고 군왕의 은총으로 크게 벼슬하게 되며 길하다.

116. 천희신(天喜神)

月支	寅	卯	辰	巳	午	未	申	酉	戌	亥	子	丑
天喜神	未	午	巳	辰	卯	寅	丑	子	亥	戌	酉	申

작용력은 황은대사와 비슷하다. 목전의 흉사가 길로 변한다. 천

희신은 직업상 활인사업이 좋다. 세운에 만나면 일년의 기쁨이 있고, 월운에 만나면 그 월중의 기쁨이 있다.

117. 천의성(天醫星)

月支	寅	卯	辰	巳	午	未	申	酉	戌	亥	子	丑
天醫星	丑	寅	卯	辰	巳	午	未	申	酉	戌	亥	子

활인을 하는 의사, 약사, 간호원, 종교인, 역술가, 점술가, 침구사, 유흥업 등에 종사하면 좋다.

118. 혈지(血支)

月支	寅	卯	辰	巳	午	未	申	酉	戌	亥	子	丑
血支	戌	亥	子	丑	寅	卯	辰	巳	午	未	申	酉

위장병을 조심하고 복부 건강에 유의하라. 교통사고, 상신등 급변 재화를 주의해야 한다.

119. 천전살(天轉殺)

月支	寅卯辰	巳午未	申酉戌	亥子丑
天轉殺	乙卯日	丙午日	辛酉日	壬子日

봄에는 변치 않으나 여름에는 변업하기 쉽고, 가을, 겨울에는
아침에 우루고 저녁에 파한다. 일정한 업에 종사치 못하고 이일
저일 여기저기서 일하게 된다는 살로서 한가지 일을 꾸준히 밀고
나가면 불행하고 실패하며, 금전이 안개처럼 사라진다는 흉살이
다.

120. 지전살(地轉殺)

月支	寅卯辰	巳午未	申酉戌	亥子丑
地轉殺	辛卯日	戊午日	癸酉日	丙子日

단명 요사한다. 금전은 버는것 보다 쓸 일이 많아 허비하고, 자
연히 금전이 잘 모이지 않으며 직업에 장래성이 없으며 불의의
지변이나 실패, 전업, 재난을 당한다.

121. 사주관살(四柱關殺)

月支	寅申	卯酉	辰戌	巳亥	子午	丑未
四柱關殺	巳亥時	辰戌時	卯酉時	寅申時	丑未時	子午時

일생에 한 번 높은데서 떨어져 크게 다치거나 불구, 단명하게
된다는 흉살이다. 가마, 인력거, 말, 지붕, 베란다, 각종차량,
절벽, 비행기 등을 주의해야 된다.

122. 수화관살(水火關殺)

月支	寅卯辰	巳午未	申酉戌	亥子丑
水火關殺	未戌時	丑辰時	丑戌時	未辰時

물에 빠져 보거나 화상을 입어 보며 화재를 당한다는 흉살이다.

123. 금쇄관살(金鎖關殺)

月支	寅申	卯酉	辰戌	巳亥	子午	丑未
金鎖關殺	申時	酉時	戌時	亥時	子時	丑時

단명하는 성이라 하며, 자기 또는 자식에게 재액이 있어 요절하는 명이다. 어려서 쇠나 자물쇠, 동전, 금은, 보석, 반지, 팔찌, 못, 바늘 등을 가지고 놀다가 변을 당하며 커서는 무단히 형법을 범하고 옥살이를 하게 된다는 흉살이다. 금쇄관살은 자물쇠를 열고 도둑질을 하던가 도둑을 잡는 사람이던가, 자물쇠, 보관, 감금 등을 의미한다.

124. 건각살(蹇脚殺)

月支	寅	卯	辰	巳	午	未	申	酉	戌	亥	子	丑
蹇脚殺	寅	卯	申	丑	戌	酉	辰	巳	午	未	亥	子

다리를 절거나 절단되었거나 신경통을 앓거나 이상이 있다.

125. 하정살(下情殺)

月支	寅卯辰	巳午未	申酉戌	亥子丑
下情殺	子丑寅酉	巳戌亥	丑申	子午

동정심이 많고 감정과 인정에 약하다는 살이다. 자기도 바쁘면서 남의 어려움을 보면 발벗고 나서는 폐단이 있다.

126. 장명성(長命星)

月支	寅	卯	辰	巳	午	未	申	酉	戌	亥	子	丑
長命星	亥	戌	酉	申	未	午	巳	辰	卯	寅	丑	子

장수한다는 길성으로서 잔질이 적고 죽을 고비를 몇 번씩 당하여도 죽지 않고 살아난다.

127. 단명성(短命星)

月支	寅	卯	辰	巳	午	未	申	酉	戌	亥	子	丑
短命星	巳	辰	卯	寅	丑	子	亥	戌	酉	申	未	午

비명, 횡액, 불구, 질병, 수술 등으로 일찍 죽는다는 흉살이다. 유아때 잘 놀라고 울며 단명한다.

128. 맹인살(盲人殺)

月支	寅卯辰	巳午未	申酉戌	亥子丑
盲人殺	酉日時	辰日時	未日時	戌日時

장님이 되거나 시력이 나쁘며 눈에 이상이 있게 된다. 부부사주에 둘다 맹인살이 있으면 봉사나 눈이 나쁜 자식을 두게 된다.

129. 안맹살(眼盲殺)

月支	寅卯辰	巳午未	申酉戌	亥子丑
眼盲殺	申	未	寅	丑

맹인살과 같으며 장님이 되거나 시력이 나쁘며, 눈에 이상이 생겨 안경을 쓰거나 또는 자녀에게 이상이 있다.

130. 백의살(白衣殺)

月支	寅	卯	辰	巳	午	未	申	酉	戌	亥	子	丑
白衣殺	巳	子	丑	申	卯	戌	亥	午	未	寅	酉	辰

남자는 처자를 앞세우고, 여자는 남편이나 자식을 일찍 잃게 되는 흉성이다. 생일이 약하면 자신이 단병하고, 강하면 불구자나 병신이 되는 수도 있다.

131. 월공(月空)

月支	寅午戌	亥卯未	申子辰	巳酉丑
月空	壬	庚	丙	甲

세상에 명망이 높아 지도자의 위치에 군림한다.

132. 격각살(隔角殺)

月支	寅卯辰	巳午未	申酉戌	亥子丑
隔角殺	辰巳	未申	戌亥	丑寅

성격이 삐뚤어진 자가 많고 언동에 모가 난다. 방탕, 무뢰한이
되어 부모와의 의가 끊기는 것은 물론이고, 사람에 따라서는 형
옥에 갇히는 수도 많으며 육친간에 불화한다.

133. 주수(注受)

月支	寅	卯	辰	巳	午	未	申	酉	戌	亥	子	丑
注受	子	亥	戌	酉	申	未	午	巳	辰	卯	寅	丑

부귀를 불러다 주는 길신으로 위험한 곳에 처하더라도 타인의
도움을 얻어 난이 해소된다.

134. 직난관살(直難關殺)

月支	寅卯	辰巳	午未	申酉	戌亥	子丑
直難關殺	午	未	酉戌	巳申	寅卯	辰酉

소아시에 예리한 쇠붙이에 크게 다치게 된다는 살이다.

135. 사계관살(四季關殺)

月支	寅卯辰	巳午未	申酉戌	亥子丑
四季關殺	丑巳	辰申	未亥	寅戌

때때로 감기에 잘 걸린다. 계절성 유행병을 주의해야 한다. 일생 질병이 떠날 날이 없다.

136. 무정관살(無情關殺)

月支	寅卯辰	巳午未	申酉戌	亥子丑
無情關殺	子寅酉	巳戌亥	申	午

어려서 부모중 한 분을 이별하고 편친 슬하에서 자라게 되거나 두아버지, 두어머니를 섬기거나 양부모를 모신다.

137. 심수관살(深水關殺)

月支	寅卯辰	巳午未	申酉戌	亥子丑
深水關殺	寅申時	未時	酉時	丑時

 깊은 물에 빠져 본다는 살이다. 배 타는 것을 주의해야 한다. 칠월 칠석일에 사방을 향하여 절을 하지 말라. 치료하기 힘든 병이 발생하기 쉽다. 청명절 제사와 칠석 제사에 참석하지 말라.

138. 야제살(夜啼殺)

月支	寅卯辰	巳午未	申酉戌	亥子丑
夜啼殺	午	酉	子	卯
月支	寅申巳亥	子午卯酉		辰戌丑未
夜啼關殺	寅	未		酉

 애기 때 낮에는 자고 밤만 되면 잠을 자지 않고 많이 울어대는 살이므로 부모 애간장이 탄다. 일생을 통해볼 때 슬픈 일들이 자주 발생한다.

139. 수혈관살(水穴關殺)

月支	寅卯辰	巳午未	申酉戌	亥子丑
水穴關殺	未戌	丑辰	酉	丑

 하천, 호수, 연못, 샘, 뱀, 독충 등을 가까이 말며 물가에 사는 것도 위험하다.

140. 천사성(天赦星)

月支	寅卯辰	巳午未	申酉戌	亥子丑
天赦星	戊寅日	甲午日	戊申日	甲子日

일생동안 우환이 적으며 온갖 재해를 구원해 준다는 길신이다.
대병과 대란을 면하고 복록과 천수를 누리며 술을 좋아한다.

141. 진신(進神)

月支	寅卯辰	巳午未	申酉戌	亥子丑
進神	甲子日	甲午日	己卯日	己酉日

매사가 방해없이 발전하고, 자기 고집이 강하여 기여코 성공을
거두는 사람이다. 그러나 진신성이 형.충.공망되면 길한 작용을
못한다.

142. 홍란성(紅鸞星)

月支	寅	卯	辰	巳	午	未	申	酉	戌	亥	子	丑
紅鸞星	丑	子	亥	戌	酉	申	未	午	巳	辰	卯	寅

남자는 용모 준수하고, 명랑 쾌활하다. 여자는 용모가 아름답고
심성이 온후하다. 남자는 여자가, 여자는 남자가 많이 따라 골치
가 아프다. 악성 질병도 잘 치유된다.

143. 단교관살(斷橋關殺)

月支	寅	卯	辰	巳	午	未	申	酉	戌	亥	子	丑
斷橋關殺	寅	卯	申	丑	戌	酉	辰	巳	午	未	亥	子

 부모, 형제, 친척과의 인연이 박하고, 외국 등 먼 곳에 가서 소식이 없거나 맺었던 인연이 자연적으로 끊긴다는 살이다. 배를 타지 말고 외나무 다리, 돌다리를 건너지 말 것. 물에 빠지거나 몸을 다치기 쉬우니 낙상, 불구, 골절, 수족절단, 신경통, 소아마비 등을 조심하라. 유년에 만나면 각종 사고로 팔다리의 부상, 소아마비, 신경병 등이 재발, 내지 발생한다.

144. 급각살(急脚殺)

月支	寅卯辰	巳午未	申酉戌	亥子丑
急脚殺	亥子	卯未	寅戌	丑辰

 소아마비 혹은 크게 다치거나 골절 또는 수술, 신경통으로 고생하게 되며, 이빨이 상하거나 빠지고, 육친으로 보아 해당자는 다리에 이상이 생긴다. 가옥을 고치지 말 것. 유년에 급갑살을 만나면 신경통, 척추 관계 질병, 뼈의 질병, 치아의 질병, 두통, 낙상, 절골 등이 발생한다.

145. 욕분관살(浴盆關殺)

月支	寅卯辰	巳午未	申酉戌	亥子丑
浴盆關殺	辰	未	戌	丑

 출생후 초탕에 주의할 것. 목욕탕이나 찬물, 수영장, 우물, 끓는 국이나 찌개 등에 주의해야 한다.

146. 혈인살(血刃殺)

月支	寅	卯	辰	巳	午	未	申	酉	戌	亥	子	丑
血刃殺	丑	未	寅	申	卯	酉	辰	戌	巳	亥	午	子

 일생중에 예리한 쇠붙이나 칼, 유리, 기타 사고로 몸을 크게 다쳐 피를 많이 흘리고, 남의 피를 수혈받아 보거나 수술을 하여 본다는 살이다. 유년에 만나면 각종 피를 보는 사고, 자상 등이나 각종 출혈과 관계되는 질병이 발생한다. 간혹 혈인년과 삼재년을 같이 만나면 강도나 원수에게 피살된다.

147. 염왕관살(閻王關殺)

月支	寅卯辰	巳午未	申酉戌	亥子丑
閻王關殺	丑未	辰戌	子午	卯酉

 불교의식의 장례식을 보지 말고, 오래된 부처나 미륵에 가지말라. 염라대왕의 사자에게 잡혀가는 수가 있다.

148. 장군살(將軍殺)

月支	寅卯辰	巳午未	申酉戌	亥子丑
將軍殺	辰酉戌	子卯未	丑寅午	巳申亥

묘지나 장례식장 사람죽은 곳에 함부로 가지 말고, 특히 장군의 사당에 가지 말라. 병으로 고생하거나 직업군인으로 전사한다.

149. 백일관살(百日關殺)

月支	寅申巳亥	子午卯酉	辰戌丑未
百日關殺	辰戌丑未	寅申巳亥	子午卯酉

출생후 백일내에는 외출을 하지 말것. 바깥 밝은 것을 보면 불리하다. 특히 출생후 백일째 되는 날에는 애기를 안고 밖에 절대로 나가지 말라.

150. 과분살(過分殺)

日支	子	丑	寅	卯	辰	巳	午	未	申	酉	戌	亥
過分殺	辰申	巳酉	午戌	未亥	申子	酉丑	戌寅	亥卯	子辰	丑巳	寅午	卯未

과분살이란 분수를 넘어서므로 궤도이탈 및 추월한다는 뜻으로서 식구중에 과분살에 해당되는 자는 가출하거나 방탕자이다. 아니면 기타 큰 문제성이 있는 사람이다.

151. 천화살(天火殺)

사주에 인오술 화국(寅午戌 火局)을 이루고 천간에 병정(丙丁)
이 투출하였으며 주중에 한 점의 수(水)가 없어야 해당된다.

연운에서도 화(火)를 생부(生扶)하거나 화기(火氣)가 생왕(生
旺)하는 곳을 만나면 화재를 조심해야 한다.

152. 용호귀인(龍虎貴人)

연,월,일,시주와 태월주(胎月柱)의 납음오행이 사목일화(四木
一火), 사화일금(四火一金), 사금일수(四金一水)로 구성된
것을 말한다.

나가매 장수요, 들면 정승이니 군장성이 되거나 장차관이 되는
대귀격으로 행정관, 무관, 법관이 되기도 한다.

153. 신통귀인(神通貴人)

사간(四干)이 모두 목(木) 이거나 화(火)로 되고, 태월간지
(胎月干支)에 토(土)가 놓인 자를 말한다.

신통, 영통, 도통을 하여 도사가 되거나 술사가 되며 교주나 종
정이 된다. 크게 되면 신선이 되고, 작게 되면 술객이 된다.

154. 문성귀인(文星貴人)

> 연,월,일,시간(年,月,日,時干)과 태월간(胎月干)이 삼병일갑
> (三丙一甲), 삼정일을(三丁一乙), 삼무일병(三戊一丙), 삼기
> 일정(三己一丁), 삼경일무(三庚一戊), 삼신일기(三辛一己),
> 삼임일경(三壬一庚), 삼계일신(三癸一辛), 삼갑일임(三甲一
> 壬), 삼을일계(三乙一癸)로 구성된 것을 말한다.

고시에 합격하여 청고한 벼슬에 오르게 되어 무관, 법관, 행정
관이 되거나 대학교수가 된다.

155. 복성귀인(福星貴人)

> 오간(五干)이 모두 금(金)이고, 지지에 축(丑)이 하나만 놓인 것
> 오간(五干)이 모두 화(火)이고, 지지에 술(戌)이 하나만 놓인 것
> 오간(五干)이 모두 목(木)이고, 지지에 미(未)가 하나만 놓인 것
> 오간(五干)이 모두 수토(水土)이고, 지지에 진(辰)이 하나만 놓인 것

대부귀를 누리게 된다.

156. 수성귀인(壽星貴人)

> 태월(胎月)의 천간이 일간(日干) 및 시간(時干)과 같거나
> 태월지(胎月支)가 일지(日支) 및 시지(時支)와 같은 것

수명 장수하게 된다는 길신이다.

157. 성덕귀인(聖德貴人)

사간(四干)이 모두 양(陽)이고, 시(時)의 납음(納音)이 천상화(天上火)요, 태월지(胎月支)는 양(養), 생(生), 대(帶), 관(官), 왕(旺)으로 구성된 것을 말한다.

성인, 현인이 되어 그 이름을 천추에 전하게 된다.

158. 영학귀인(榮學貴人)

연,월,일,시(年,月,日,時), 납음오행(納音五行)이 태월납음(胎月納音)과 비화(比和)된 것을 말한다.

학덕이 높으므로 만인의 사표가 된다. 말년에 지방관이 되거나 세상을 은둔해 사는 청고한 도인의 상이다.

159. 귀한일(鬼限日)

生年納音	木性	火性	土性	金性	水性
鬼限日	乙卯	丁丑	己亥	庚午	癸酉

용모와 자태가 연령이상으로 늙어보이고 때로는 백발인이 많고 안면에도 주름살이 많다.

160. 여착일(女錯日)

生年納音	木性	火性	土性	金性	水性
女錯日	丁丑	丙午 丁未 戊申	※	辛卯 辛酉	癸巳 癸亥

여명만 보는 살로서 육친골육에 인연이 박하고, 어릴 때에 사별하거나 타가에 양육을 받거나 하여 심하면 천애의 고독이 있다.

161. 재고일(財庫日)

生年納音	木性	火性	土性	金性	水性
財庫日	丙辰	乙丑	壬辰	癸未	甲戌

빈가에 태어나더라도 점진적으로 향상·발전하여 일대 부귀를 얻는 날이다. 여자도 재를 얻고 행복하다.

162. 정도화일(正桃華日)

生年納音	木性	火性	土性	金性	水性
正桃華日	卯亥	午戌	午戌	巳酉	子申

남녀 모두 색정이 깊고 타에 각종의 유위(有爲)의 재능은 구비하여도 색정으로 신용을 떨어뜨리고 때로는 몸을 그르치는 일이 있다.

163. 정수일(正綬日)

生年納音	木性	火性	土性	金性	水性
正綬日	癸未	甲戌	丙辰	乙丑	壬辰

정관계(政官界)에 이름을 날리는 덕분이 있다. 독립 자영자(自營者)의 경우는 사업이 상당히 발전하고 사회적 명예를 받는다.

164. 방해일(妨害日)

生年納音	木性	火性	土性	金性	水性
妨害日	子丑	寅卯	酉戌	午未	酉戌

남녀 모두 부부연에 지장이 있기 쉽고, 조그마한 일에 파경의 근심이 있게 된다. 때로는 일찌기 사별할 수 있고, 장기간 독신으로 지내기 쉽다.

165. 복신(福神)

갑인일(甲寅日), 무진일(戊辰日), 무인일(戊寅日), 무자일(戊子日), 계유일(癸酉日) 생(生)

지혜와 인품이 고상하고 복록이 무진하다.

166. 음욕살(淫浴殺)

갑인(甲寅), 을묘(乙卯), 정미(丁未), 무술(戊戌),
기미(己未), 경신(庚申), 신묘(辛卯), 계축(癸丑)일 생(生)

색정의 트러블이 있고 성질이 강인하여 남이 싫어한다. 존친 및 처자와 인연이 박하든가 고생이 많으며 육친과 불화한다. 남명은 배우궁이 중도실패요, 생이사별 수가 있다. 여명은 부모연이 박하고 양친에게 괴로움을 끼친다. 남녀간에 생시에 있으면 자녀의 신상문제로 고생이 많다.

167. 괴강살(魁罡殺)

경진일(庚辰日), 경술일(庚戌日), 임진일(壬辰日),
임술일(壬戌日), 무술일(戊戌日) 생(生)

네 기둥 어디에 있어도 해당되나 일주를 중시한다. 모든 신살중에서 극에서 극단으로 작용하며 뭇사람을 제압하는 강렬한 살이다. 길하면 대부·대귀·엄격·총명하고, 흉하면 횡포·살생·극빈·재앙이 강렬하게 작용한다. 권세, 권력직으로 출세하며 남자는 약사, 의사, 군인, 경찰, 검찰, 정객, 열사가 많고 여자는 활동 여성, 여장부가 많으나 호명(好命)이 없다.

괴강살이 합되면 작용력이 약하다. 남자의 괴강은 일반적으로 그 성질이 총명, 지혜롭고 결백하며 편벽되지 않고 용단성과 과감성이 있어 남아다운 기상으로 고귀하게 출세하는 사람도 많다.

여자의 괴강은 일반적으로 용모는 아름다우나 그 성질은 남자 같이 고집이 세어서 내주장 하기 때문에 남편과 참다운 화합을 할 수 없어 이혼하거나 과부가 됨이 많다.

 여자는 대체적으로 부부해로 하는 자가 드물고, 남편이 급변 사고나 교통사고, 납치, 구속, 흉액, 흉사를 당함이 있거나 부군이 무책임하게 가출하여 가정을 돌보지 않거나 직업이 없이 건달 생활하고, 때로는 깡패조직에 들어가 싸움질이나 하고 유흥가에서 여자들을 대상으로 등치고 기대어 사니 여자가 벌어 먹고 살게 된다. 괴강사주에 편관이 있으면 군인·법관·경찰관으로 출세하고, 괴강살이 형·충 되면 재앙이 백 가지로 일어나고 일생이 빈한하다. 경진일이나 경술일생이 관살이 있거나, 임진일이나 무술일생이 재성이 있으면 극빈하기 쉽다. 일위의 괴강이 형, 충되고 재관이 특출한 자는 재앙이 많다.

168. 음착살(陰錯殺)

> 정축(丁丑), 정미(丁未), 신묘(辛卯), 신유(辛酉), 계사(癸巳), 계해일시생(癸亥日時生)

 상부, 상처, 부부불화, 이별, 처갓집이나 외갓집이 망한다는 살로서 출생일에 있으면 외가집이 쇠망하고, 시에 있으면 처가집이 쇠한다. 외삼촌이 외롭고 처남이 고독하다는 살이다. 음착살이나 양착살이 사주에 있으면 혼담 장애가 생기고 상중에 득처하거나 부부불화하며 풍파가 많다. 남자는 양착살이 더 흉하고, 여자는 음착살이 더 흉하다. 남편이 바람을 피우고 부부불화하며 근친으로 인해 공방살이 하거나 시가가 쇠몰한다. 여자 사주에 음양착살이 세 개 이상 있으면 반드시 시가가 망한다. 시주에 음양착살 있는 남자는 처남이 고독하거나 처가가 망하며 처가와 원수진다. 단 귀격을 이룬 자는 무방하다.

169. 양차살(陽差殺)

> 병자(丙子), 병오(丙午), 무인(戊寅), 무신(戊申), 임진(壬辰),
> 임술일시생(壬戌日時生)

일명 양착살(陽錯殺)로서 작용력은 음착살과 같다. 부부간에 풍파가 많고 결혼에 어려움이 많다. 상부상처·이별이 있기 쉽고, 생일에 있으면 외가가 몰락하거나 고독하고, 생시에 있으면 처가가 고독하거나 몰락한다.

170. 평두살(平頭殺)

> 갑자일(甲子日), 갑진일(甲辰日), 갑인일(甲寅日),
> 병진일(丙辰日), 병술일(丙戌日), 병인일(丙寅日)

무당, 점술가가 되기도 하며 양인살과 동주하면 살생을 해보거나 스스로 몸을 자해해 보는 경우가 있다. 도축업, 식육점, 식당업 등에 종사하는 사람이 많다.

171. 천라지망(天羅地網)

> 병정일(丙丁日)은 술해(戌亥)가 천라(天羅), 임계일(壬癸日)은
> 진사(辰巳)가 지망(地網)

술해는 남자가, 진사는 여자가 더욱 해롭다. 술해는 개와 돼지가 서로 미워하는 뜻이요. 천문고성(天門孤星)이므로 처자를 극하고 고독하다. 진사는 용과 뱀이 혼잡이므로 일진일퇴니 용이 뱀을 보면 퇴(退)요. 뱀이 용을 보면 조상이라 하여 진(進)한다. 일,시가 연(連)하고 연월이면 조기(祖基)를 파하고 부모연이 없다. 진사가 혼잡이면 남녀공히 부부인연이 적다. 진사는 땅에 거미줄이 끼여 전도가 안보인다는 뜻이다. 천라지망이 있으면 남명은 만사가 여의치 못하고 금전운이 박하며, 여명은 파혼이 중중, 남편연이 변하든가 자식복이 없고 박명이다. 남녀간에 감금, 구속, 관재, 시비, 구설, 송사를 당해보기 쉽고, 교도관, 경찰, 군인, 수사관, 법관, 종교인, 약사, 의사, 간호원, 역술인, 무당 등의 직업을 갖는 경우가 많다. 술해나 진사가 원명에 있을 때는 술해는 진사년, 진사는 술해년이 오면 반드시 재액이 발생한다.

172. 봉장살(棒杖殺)

> 갑술일(甲戌日), 무진일(戊辰日), 무인일(戊寅日),
> 경오일(庚午日), 경진일(庚辰日) 생(生)

신상에 상해부상, 타박을 당하며 매맞는다는 살로써 울일이 많이 있게 된다.

173. 구추(九醜)

> 무자(戊子), 무오(戊午), 임자(壬子), 임오(壬午), 정사(丁巳),
> 정묘(丁卯), 기유(己酉), 기묘(己卯), 신유(辛酉), 신묘(辛卯)일
> 생(生)

주색에 빠져 가사를 망각하고 아무데나 추행을 범하여 형벌을
받게 된다는 흉신이다.

174. 현침살(懸針殺)

> 갑오일시생(甲午日時生), 갑신일시생(甲申日時生),
> 신묘일시생(辛卯日時生), 신미일시생(辛未日時生)

사주의 어느곳에 있어도 해당되며, 일주에 있으면 처자를 극하
고, 주중에 기유(己酉)를 만나면 살상을 범한다. 여자에게 가장
흉한 별이다. 생김새나 성격이 바늘과 송곳같고, 예리하고 무도
하며 관재나 사고 재액을 자주 당한다. 의약업, 침술업, 기술업,
역술업, 종교인 등의 직업을 갖는 경우가 많다. 현침살이 길신이
면 활인업, 침술 등으로 뜻을 세우지만 기신이면 강도, 검난, 횡
액, 도적, 불량아이다. 주중에 형,충이 많고 현침살이 있으면 도
살업, 포수, 검난, 흉범이다. 양인살과 동주하면 도살업, 식육점
에 종사한다.

175. 곡각살(曲脚殺)

을사(乙巳), 을축(乙丑), 기사(己巳), 기축일(己丑日)에
출생한 사람이 이곳에 충(冲)이나 형(刑)을 맞으면 해당된다.
시주에 있어도 해당된다.

손이나 발에 이상이 있거나 몸에 흉터가 있다.

176. 음양살(陰陽殺)

남자는 병자일생(丙子日生), 여자는 무오일생(戊午日生)이면
해당된다.

병자일에 태어나면 미녀와 결혼하고, 무오일에 태어나면 미남과
결혼한다. 또 이들은 평생동안 대인관계에서 미남 미녀와의 접촉
이 많은데, 단 도화살이나 원진살이 붙으면 행실이 음란하다.

177. 유실살(有室殺)

갑오(甲午), 을사(乙巳), 정사(丁巳), 무진(戊辰), 경진(庚辰),
병술(丙戌), 임술(壬戌), 을해(乙亥), 신해(辛亥), 무자(戊子),
임오(壬午), 신묘(辛卯), 정유(丁酉)일 생(生)

처를 두고 첩을 본다는 살로서 두 집 생활하는 남자가 많다.

178. 소실살(小室殺)

갑술(甲戌), 을유(乙酉), 을사(乙巳), 병자(丙子), 병진(丙辰),
무진(戊辰), 기묘(己卯), 기해(己亥), 경오(庚午), 경술(庚戌),
임오(壬午), 계사(癸巳), 계해(癸亥)일 생(生)

소실생활을 하게된다는 살이다. 십세 이상 연상자와 결혼하거나 재취로 시집을 가면 이 살을 면한다. 처녀 총각이 결혼하면 생이 사별한다는 흉살이다.

179. 화상살(畵象殺)

인신사해일생(寅申巳亥日生)이 사주에 또 인신사해(寅申巳亥)가 있는 사람
자오묘유일생(子午卯酉日生)이 사주에 또 자오묘유(子午卯酉)가 있는 사람
진술축미일생(辰戌丑未日生)이 사주에 또 진술축미(辰戌丑未)가 있는 사람
상기 해당자로서 사자(四字)중에 삼자(三字)나 사자(四字)가 있는 자

마음이 허약하여 공포영화나 무서운 그림, 또는 무서운 사건·사고같은 말만 들어도 잘 놀란다.

180. 양정살(陽情殺)

갑인(甲寅), 갑신(甲申), 정축(丁丑), 무신(戊申),
기축(己丑), 신미(辛未), 임인(壬寅), 계미(癸未)일 생(生)

남련살(男戀殺)이라고도 하며 아내 모르게, 남 모르게 여자 애인을 숨겨 놓고 살거나, 아니면 바람을 많이 피운다. 주로 춤바람 나며 관재, 구설, 망신당할 수가 있다.

181. 음정살(陰情殺)

을축(乙丑), 병신(丙申), 정축(丁丑), 기미(己未),
경인(庚寅), 신미(辛未), 임인(壬寅), 임신(壬申)일 생(生)

여련살(女戀殺)이라고도 하며, 남편 몰래 남모르게 애인을 숨겨 놓고 살거나 아니면 바람을 많이 피운다. 주로 춤바람나고 불륜 관계로 구설, 망신, 관액을 당한다.

182. 일덕(日德)

갑인일생(甲寅日生), 병진일생(丙辰日生), 임술일생(壬戌日生)

성격이 온유하고 자비심이 있다. 흉운을 만나도 능히 구해주고 어려움이 있어도 재액을 받지 않는다.

183. 일귀(日貴)

정해일생(丁亥日生), 정유일생(丁酉日生), 계사일생(癸巳日生),
계묘일생(癸卯日生)

순수한 성격과 인망을 지니고 있다. 용모가 단정하고 수려하며 가문을 빛내고 자신의 명성도 떨친다. 다만 형,충을 만나면 길한 작용이 없어진다.

184. 고란살(孤鸞殺)

> 갑인(甲寅), 을사(乙巳), 병오(丙午), 정사(丁巳), 무신(戊申),
> 무오(戊午), 기유(己酉), 신해(辛亥), 임자(壬子)일 생(生)

과곡살(寡鵠殺) 또는 신음살(呻吟殺)이라고도 하며 자식을 이삼 남매 낳은 뒤에 상부하게 된다는 흉살이다. 대체로 초년부부 생사이별하고 이삼차 재가하여 보아도 남편덕은 별로 없다. 차라리 신세타령하면서 홀로 고생스럽게 사는게 마음 편할지 모르겠다. 부부궁은 원만치 못하여 생사이별하거나 부군이 무능력하여 부득이 자신이 생활전선에 사회로 뛰어야 되며, 고집이 세고 자기 주장을 내세우며 특히 신해일, 기유일생 여자는 자식을 낳은 후부터 남편운이 패망에 들게된다.

185. 퇴신(退神)

> 정축일생(丁丑日生), 정미일생(丁未日生), 임진일생(壬辰日生),
> 임술일생(壬戌日生)

나아가면 어려움이 생기고 물러나면 길리를 얻는 신이다. 이날 출생자는 물에 굴탁하지 않고 기분이 협쾌한 성질이다. 모든것이 나아가면 불리하고, 물러나면 의외의 안립을 얻는다.

186. 의처살(疑妻殺)

> 갑오(甲午), 을사(乙巳), 정사(丁巳), 을해(乙亥), 신해(辛亥),
> 병술(丙戌), 임술(壬戌), 무진(戊辰), 경진(庚辰)일 생(生)

의처살이 있는 남자는 의처증에 걸리게 되는데 주로 자기
아내가 바람을 피우지 않나하고 의심하게 된다.

187. 교신(交神)

> 병자일생(丙子日生), 병오일생(丙午日生), 신묘일생(辛卯日生),
> 신유일생(辛酉日生)

무슨 일이든지 다른 사람과 같이하지 못한다는 성좌로, 생각은
깊으나 자존심과 자아심이 있어 남이 하는일이 마음에 들지않아
같이 못하게 된다. 친구도 적고 세상사나 환경이 마음에 들지 않
고 자기의 마음과 같지 않다.

188. 생이사별살(生離死別殺)

> 갑인일(甲寅日), 을묘일(乙卯日), 병오일(丙午日),
> 정사일(丁巳日), 무진일(戊辰日), 무술일(戊戌日),
> 기축일(己丑日), 기미일(己未日), 경신일(庚申日),
> 신유일(辛酉日), 임자일(壬子日), 계해일(癸亥日) 생(生)

생이별하거나 사별하게 된다는 흉살이다. 생활환경이나 직업상
멀리 떨어져 살거나 인정이 없어 별거하거나 생이사별, 이혼, 공

방수가 있다.

189. 육수성(六秀星)

병오일(丙午日), 정미일(丁未日), 무자일(戊子日), 무오일(戊午日), 기축일(己丑日), 기미일(己未日) 생(生)

얼굴도 잘 생겼지만 재주도 뛰어난 사람이다.

190. 재고귀인(財庫貴人)

日干	甲乙	丙丁戊己	庚辛	壬癸
財庫貴人	辰	丑	未	戌

재물을 많이 모아 거부가 된다는 길신이다.

191. 천소살(天掃殺)

日干	甲	乙	丙	丁	戊	己	庚	辛	壬	癸
天掃殺	癸未	壬午	辛巳	庚辰	己卯	戊寅	丁丑	丙子	乙亥	甲戌

남명에 있으면 세 번 이상 아내를 맞이 한다는 살이다.

192. 교록성(交祿星)

갑신생(甲申生)은 경인일(庚寅日), 경인생(庚寅生)은 갑신일(甲申日),
병자생(丙子生)은 계사일(癸巳日), 계사생(癸巳生)은 병자일(丙子日),
무자생(戊子生)은 계사일(癸巳日), 계사생(癸巳生)은 무자일(戊子日),
신묘생(辛卯生)은 을유일(乙酉日), 을유생(乙酉生)은 신묘일(辛卯日)

재주가 비범하고 능수능란하여 재주꾼으로 통한다.

193. 사대공망(四大空亡)

갑자순중(甲子旬中) 임신일(壬申日), 계유일(癸酉日),
갑오순중(甲午旬中) 임인일(壬寅日), 계묘일(癸卯日),
갑인순중(甲寅旬中) 경신일(庚申日), 신유일(辛酉日),
갑신순중(甲申旬中) 경인일(庚寅日), 신묘일(辛卯日)

이 살을 범하면 단명하거나 빈한하다. 장애가 많고 고생이 많다. 대운에 만나도 역시 불길하다.

194. 혈빈살(血貧殺)

춘월생(春月生)이 술일(戌日)이나 술시생(戌時生), 하월생(夏月生)이 축일(丑日) 미시(未時) 또는 미일(未日) 축시생(丑時生)

하혈을 자주 하거나 혈변도 보게 되고, 폐가 약한 사람은 피를 토하기도 한다.

195. 고허살(孤虛殺)

갑자순중(甲子旬中)은 진사(辰巳), 갑술순중(甲戌旬中)은 인묘(寅卯),
갑신순중(甲申旬中)은 자축(子丑), 갑오순중(甲午旬中)은 술해(戌亥),
갑진순중(甲辰旬中)은 신유(申酉), 갑인순중(甲寅旬中)은 오미(午未)

남녀를 막론하고 난폭, 방탕, 음란해서 부부간에 권태가 생겨 일생동안 부부생활을 지속하지 못하고 중간에 무단가출 및 상부 상처, 이혼, 이별하고 독수공방하게 된다.

196. 팔풍일(八風日)

해자축(亥子丑) 동월(冬月)에는 갑인일(甲寅日), 갑술일(甲戌日)
인묘진(寅卯辰) 춘월(春月)에는 정축일(丁丑日), 정사일(丁巳日)
사오미(巳午未) 하월(夏月)에는 갑진일(甲辰日), 갑신일(甲申日)
신유술(申酉戌) 추월(秋月)에는 정미일(丁未日), 정해일(丁亥日)

이날 출생자는 주색의 난이 있고 색정이 강하다. 이것이 지나쳐 서 몸을 그르치게 한다.

197. 사패일(四敗日)

해자축(亥子丑) 동월(冬月)에는 병오일(丙午日), 정사일(丁巳日)
인묘진(寅卯辰) 춘월(春月)에는 경신일(庚申日), 신유일(辛酉日)
사오미(巳午未) 하월(夏月)에는 임자일(壬子日), 계해일(癸亥日)
신유술(申酉戌) 추월(秋月)에는 갑인일(甲寅日), 을묘일(乙卯日)

일생 고통이 많고 불신하며, 잔질이 있거나 불구가 되기 쉬우며 단명하는 수가 있다. 변화· 변전이 많고 장애가 많으며 모든일이 어긋남이 많고 따라서 생활상 걱정이 그치지 않는다. 부부풍파, 처자형극, 극부하기도 하며 시작은 있어도 마침이 없는 형상이다. 다만 명조에서 인수의 도움이 있으면 흉은 면한다.

198. 십악대패살(十惡大敗殺)

갑진일(甲辰日), 을사일(乙巳日), 병신일(丙申日),
정해일(丁亥日), 무술일(戊戌日), 기축일(己丑日),
경진일(庚辰日), 신사일(辛巳日), 임신일(壬申日), 계해일(癸亥日)

인간관계의 실패, 부부이별, 재물의 실패 등 인패· 재패를 하게 된다. 만일 길신이 도와주면 약간 길하다. 애기 낳고 살다가도 정부와 함께 달아나는 수가 있다.

199. 간학일(干學日)

生年納音	木性	火性	土性	金性	水性
干學日	己亥	丙寅	戊申	辛巳	甲申

학문과 기술에 빼어난 재능을 가지고 학문과 기능을 좋아하는 총명한 사람이다.

200. 장형살(杖刑殺)

무자(戊子), 무술(戊戌), 무신(戊申), 경자(庚子), 경인(庚寅), 경신(庚申), 경술(庚戌), 임술일생(壬戌日生)

가까운 일가친척이나 육친의 형상(刑傷)이 많고 액난을 많이 보게 된다.

201. 삼기귀인(三奇貴人)

천상삼기(天上三奇) 갑무경(甲戊庚)	인중삼기(人中三奇) 신임계(辛壬癸)	지하삼기(地下三奇) 을병정(乙丙丁)

정신이 다른 사람과 다르며 기이한 것을 좋아하고, 큰 것을 숭상하며 학문을 널리 익히며 재능이 탁월하다. 이 삼기는 반드시 연월일이나 월일시의 순으로 있어야 하고, 술해천문성이 있어야 하며 삼기가 흩어져 있으면 성패가 많고, 형충이나 원진, 함지살 등이 있으면 무용지물이요. 공망이 되면 세속에 물들지 않는 고상한 사람이 되고, 삼합회국이 있으면 거물이 되고, 천덕이나 월덕 혹은 천을귀인이 있으면 박학다식하고 흉재가 없으며 대학자가 된다.

202. 복마살(伏馬殺)

무신일생(戊申日生), 계사일생(癸巳日生), 계해일생(癸亥日生)

복마살이 있는 사람은 먹을 것이 없고 처가 없으며 흉하다. 여명은 남자가 없고 먹을것이 없어 이곳저곳에서 살게 되며 고독하다.

203. 괘검살(掛劒殺)

> 사유축(巳酉丑) 금국(金局)을 이루고 신(申)이 있으면 해당된다.

백호살, 관부살, 원진살, 금신 등이 있고 형,충,파,해가 많으면 흉포하여 살인을 하지 않으면 피살당한다.

204. 자의살(自에殺)

日支	子	丑	寅	卯	辰	巳	午	未	申	酉	戌	亥
自의殺	酉	午	未	申	亥	戌	丑	寅	卯	子	巳	辰

천원(天元)이 묘(墓)로 천원과 상극되면 크게 꺼리고 다시 천중(天中)에 관부살, 대모살이 있거나 공망되면 목매어 죽는다.

205. 천도살(天屠殺)

日支	丑	寅	卯	辰	巳	未	申	酉	戌	亥
天屠殺	亥時	戌시	酉時	申時	未時	巳時	辰時	卯時	寅時	丑時

군자가 범하면 이질(異疾), 장풍(腸風), 각기병을 주로 않으며,

소인이 범하면 사지절상(四肢折傷)을 주로 당하며, 거듭 범한 자는 귀양, 축출을 당한다.

206. 암금살(暗金殺)

日支	子午卯酉	寅申巳亥	辰戌丑未
暗金殺	巳	酉	丑

사(巳)는 모진 고문과 감금재액이요. 유(酉)는 파괴와 유혈이며, 축(丑)은 상복을 입고 울 일이 생기며 자손을 극한다. 사주에 귀인이 있고 청격이면 대권을 잡는 고관이요, 생왕이면 인품이 관대하고 도량이 크며 결단력이 강하고 형모가 청수하다. 사주가 탁하고 천격이면 흉화가 많으며, 살과 기신이 어울리면 관재·사상·유혈·장기간 질액을 앓는다. 망신살과 같이 있으면 관재가 생기고, 겁살과 같이 있으면 비명으로 죽으며, 백호살이나 양인과 같이 있으면 칼에 찔리거나 상흔이 있고, 혈병·악사·횡사·낙상·잔질 등이 있다. 일에 범하면 가장 흉하고, 시는 차로 흉하다.

207. 수익살(水溺殺)

병자(丙子), 계미(癸未), 계축(癸丑)

수액이 있다. 묘고나 칠살, 관부, 대모살 등과 같이 있으면 익사한다.

208. 천형살(天刑殺)

年,日支	子丑	寅	卯辰	巳	午未	申	酉戌	亥
天刑殺	乙時	庚時	辛時	壬時	癸時	丙時	丁時	戊時

시가 본명을 범한 자는 형액이나 질병을 만난다.

209. 금신(金神)

甲己日	乙丑時, 己巳時, 癸酉時

금신의 작용은 강건, 고체, 견고, 강단, 절단, 박치기, 강압, 뭉치는 성질, 불굴의 의지, 초지일관, 명민, 의강, 단단한 물질, 전깃줄, 각종기계 및 부품, 칼, 침, 총기, 총탄, 둥근 물건등을 의미한다. 경금일주(庚金日主)에 계유금신(癸酉金神)이면 무기, 칼, 침 등의 물건과 관련이 있고, 계일주(癸日主)에 을축금신(乙丑金神)이면 무관으로 출세하고, 양인칠살시(羊刃七殺時) 금신이면 역사(力士)로 이름을 떨친다.

210. 낭자살(狼藉殺)

年支	子	丑	寅	卯	辰	巳	午	未	申	酉	戌	亥
狼藉殺	辰月	申月	未月	未月	卯月	卯月	未月	子月	申月	申月	子月	子月

몸을 다칠 우려가 있고, 매사에 방해자가 생겨난다.

211. 다액살(多厄殺)

生年納音五行		木	火	土	金	水
多厄殺	男	子,丑月	卯,辰月	午,未月	酉,戌月	卯,辰月
	女	卯,辰月	子,丑月	卯,辰月	午,未月	酉,戌月

질병, 손재, 관재, 구설 등이 자주 이르나 작용력은 미약하다.

212. 삼구오묘(三丘五墓)

生月	春月	夏月	秋月	冬月
三丘殺	丑日	辰日	未日	戌日
五墓殺	未日時	戌日時	丑日時	辰日時

이따금 질병으로 고생하고 일이 잘 되어 가다가도 막히는 경우가 많다.

213. 제좌(帝座)

時柱納音五行	木	火,土	金	水
帝座	卯	午	酉	子

시주의 납음오행이 제왕지(帝旺地)가 됨을 말하며 제좌(帝座)는 시주의 납음오행이 왕(旺)하면 길하고 쇠(衰)하면 자식이 불초하다.

214. 두중미경(頭重尾輕)

　제일지(第一支)인 년지(年支)와 제이지(第二支)인 월지(月支)가 중복됨을 말하며, 사주에 일련(一連)의 기(氣)로 이뤄짐을 가르킨다. 사주에 있게 되면 주로 체약(體弱)하거나 유년기에 다병(多病)하며 요절(夭折)할 조짐이 있다.

○ ○ ○ ○	○ ○ ○ ○	○ ○ ○ ○
寅 丑 子 子	卯 寅 丑 丑	辰 卯 寅 寅
○ ○ ○ ○	○ ○ ○ ○	○ ○ ○ ○
巳 辰 卯 卯	午 巳 辰 辰	未 午 巳 巳
○ ○ ○ ○	○ ○ ○ ○	○ ○ ○ ○
申 未 午 午	酉 申 未 未	戌 酉 申 申
○ ○ ○ ○	○ ○ ○ ○	○ ○ ○ ○
亥 戌 酉 酉	子 亥 戌 戌	丑 子 亥 亥

例式 1>　　　　　例式 2>　　　　　例式 3>

乙 甲 癸 癸　　　庚 己 庚 庚　　　丙 癸 壬 壬
丑 子 亥 亥　　　午 巳 辰 辰　　　辰 卯 寅 寅

第10章. 십이신살론(十二神殺論)

십이신살 조건표 (十二神殺 早見表)

연지(年支) 일지(日支) 일간(日干) 십이신살 (十二神殺)	신자진 (申子辰) 임 (壬) 신	신 (辛) 임 (壬)	사유축 (巳酉丑) 경 (庚) 정기 (丁己)	인오술 (寅午戌) 무 (戊) 을병 (乙丙)	해묘미 (亥卯未) 을 (乙)	갑계 (甲癸)
겁살(劫殺)	사(巳)		인(寅)	해(亥)		신(申)
재살(災殺), 수옥살(囚獄殺)	오(午)		묘(卯)	자(子)		유(酉)
천살(天殺)	미(未)		진(辰)	축(丑)		술(戌)
지살(地殺)	신(申)		사(巳)	인(寅)		해(亥)
연살(年殺), 도화살(桃花殺)	유(酉)		오(午)	묘(卯)		자(子)
월살(月殺), 고초살(枯草殺)	술(戌)		미(未)	진(辰)		축(丑)
망신살(亡身殺)	해(亥)		신(申)	사(巳)		인(寅)
장성(將星)	자(子)		유(酉)	오(午)		묘(卯)
반안(攀鞍)	축(丑)		술(戌)	미(未)		진(辰)
역마살(驛馬殺)	인(寅)		해(亥)	신(申)		사(巳)
육해살(六害殺)	묘(卯)		자(子)	유(酉)		오(午)
화개살(華蓋殺)	진(辰)		축(丑)	술(戌)		미(未)

십이신살 부법(十二神殺 附法)

1. 년지(年支) 기준

(丁亥) 지살　(庚戌) 천살　(己巳) 역마살　(庚午) 육해살　(癸丑) 화개살　(丙辰) 천살　(辛亥) 역마살　(戊子) 육해살　(丙戌) 화개살　(壬辰) 월살　(癸巳) 망신살　(甲寅) 지살

2. 일지(日支) 기준

(戊寅) 망신살　(甲子) 년살　(乙亥) 지살　(甲申) 겁살　(癸丑) 반안　(甲寅) 역마살　(甲子) 장성　(壬申) 지살　(辛巳) 망신살　(丙申) 역마살　(壬寅) 지살　(庚戌) 화개살

3. 년지(年支) 기준 대 대운(大運)

(辛卯)　(丙子)　(丁巳)　(癸未)　　　(乙未)　(丙辰)　(丙子)　(甲戌)

54	44	34	24	14	4	69	59	49	39	29	19	9
(辛亥)	(壬子)	(癸丑)	(甲寅)	(乙卯)	(丙辰)	(癸未)	(壬午)	(辛巳)	(庚辰)	(己卯)	(戊寅)	(丁丑)
지살	년살	월살	망신살	장성	반안	반안	장성	망신살	월살	년살	지살	천살

4. 년지(年支) 기준 대 세운(歲運)

(庚辰)　(庚申)　(丙寅)　(己酉)　　　(己巳)　(甲寅)　(辛亥)　(壬子)

(甲申年)	(癸未年)	(壬午年)	(辛巳年)	(庚辰年)	(己卯年)	(癸未年)	(壬午年)	(辛巳年)	(庚辰年)	(己卯年)
망신살	월살	년살	지살	천살	재살	천살	재살	겁살	화개살	육해살

▶ 겁살(劫殺)

1. 일간(日干)을 기준으로 묘지(墓地) 다음에 나타난 지지(地支)로서 중군(中軍), 장성(將星), 지휘처(指揮處), 전위(前位)를 부수며 가격하는 지지다. 갑계일주(甲癸日主)는 신(申)이 겁살이요, 을병무일주(乙丙戊日主)는 해(亥)가 겁살이요, 정기경일주(丁己庚日主)는 인(寅)이 겁살이요, 신임일주(辛壬日主)는 사(巳)가 겁살이다. 지지(地支)로는 삼합(三合)의 절지(絶地)다. 신자진생(申子辰生)은 사(巳), 사유축생(巳酉丑生)은 인(寅), 인오술생(寅午戌生)은 해(亥), 해묘미생(亥卯未生)은 신(申)을 말한다.

2. 겁살(劫殺)은 적장(敵將), 괴수(魁首), 역모(逆謀) 주동자, 방해살(妨害殺), 대모살(大耗殺), 일지(日支)면 정기살(旌旗殺), 시지(時支)면 영웅살(英雄殺), 허가없이 지은 건물, 고쳐야 할 곳, 파산, 부숴버릴 곳, 겁살맞은 행위, 비겁한 행위, 파괴 예정지, 말썽될 물건, 남들이 탐내는 곳, 금융업, 임대업 등을 나타낸다.

3. 겁살(劫殺)은 힘이 강하여 빼앗긴다는 뜻으로 자신의 당함이 크고 전장(戰場), 망신(亡身)과 상전(相戰)하는 곳을 말하는데 상전(相戰)하게 되면 대화(大禍)가 반드시 이른다.

4. 겁살년(劫殺年)이 오면 빼앗기고 빼앗으니 천지가 시끄럽고 요란하며 온가정이 동요될 수 있으며 하늘인 일간(日干)마저 극전(剋戰)하면 더욱 시끄럽고, 부부는 물론이며 이산가족을 만들 수 있다. 그러므로 관재, 구설, 시비, 송사, 상해, 투쟁

등으로 외부에 의해 빼앗기고 당하는 것을 말한다. 적장(敵將)은 은폐된 곳에서 나타나니 우연스런 돌발사고와 같은 형상이다. 겁살년에는 주로 라이벌이 생기고 시비와 구설이 많게 되며 하는 일마다 장애가 따른다. 실물, 도난, 강도, 투자실패, 손재, 부부이별, 질병, 교통사고, 여자는 관살합신(官殺合身)하고 겁살년(劫殺年)이면 강간주의, 처녀·총각은 결혼문제 발생, 자녀의 유괴사건 발생, 철거·차압 등 심신 불안정, 수표 부도, 수술, 사망하는 수도 있다.

5. 보이지 않는 곳, 외부의 방해로서 잘 풀리지 않고 타인으로 인해 잘못, 누명, 고자질 등이 나에게 닥치는 형상으로 자신이 곤경한 처지에 놓이게 된다. 특히 약체(弱體)와 약격(弱格)을 가진 자는 대운(大運:환경)이 불리할 때 더욱 심하게 나타나고, 즉 자기권이 아닌 대운(大運)에서는 당함이 크다.

6. 유년(流年) 겁살(劫殺)이 대운(大運)과 간합(干合)이나 지합(支合)하면 시끄러운 중에서도 나에게 의외로 도움을 안겨주는 어부지리의 형상이라서 우연히 득명(得名)하거나 영전되고 횡재하는 수가 있다.

7. 유년(流年) 겁살(劫殺)이 명조(命造)의 월지(月支)와 지합(支合)하여도 외형은 시끄러운 듯 하지만 자신은 우연스럽게 득리(得利)·득명(得名)하게 되는 결과를 얻는다.

8. 유년겁살(流年劫殺)이 약하고 일주(日柱) 자체와 환경(대운)이 길하면 겁살과 화합하는 형상이 되어 의외에 재물을 먼저 취한다. 약한 겁살이란 천간으로 인한 지지의 무력함을 말한다. 겁살유년(劫殺流年)에 명조(命造)의 월지(月支)와 근합

(近合)하여도 자체 겁살은 약화되고, 월지가 유년(流年)을 육
합(六合)하여도 그 위력은 약화된다고 본다.

9. 일지(日支)에 겁살(劫殺)이 있고 길신(吉神)이면 지모와 계략
   으로 대재(大財)를 이룰 수 있고 부인의 협조에 의하여 득재
   (得財)할 수 있다.

10. 겁살(劫殺)이 길신(吉神)이라 함은 명조(命造)내에서 육합
    (六合) 및 삼합(三合)으로 뚜렷한 작용을 못하고 대운(大運:
    환경)에서 자신을 보조할 때를 말한다. 가령 갑신일주(甲申
    日柱)에는 신(申)이 겁살인데 기신(忌神)으로서 부당하다.
    그러나 자수(子水)가 근접하고 있을 때는 갑(甲)을 협조한
    다. 신(申)은 임수(壬水)의 생지(生地)로서 갑(甲)의 진로에
    길사(吉事)를 전개할 수 있는 희신(喜神)으로 보강한 형상이
    된다.

11. 신사일주(辛巳日柱)는 사(巳)가 겁살인데 신(申)이 지합(支
    合)으로 근접하여 준다면 형제로 인하여 상당한 발전을 도모
    할 수 있다. 신(申)은 비겁(比劫) 형제인데 겁살인 사(巳)를
    사신합수(巳申合水)로 약화시키기 때문이다.

12. 시지(時支)에 겁살(劫殺)이 길신(吉神)이면 자녀가 대귀(大
    貴)하고 내실의 협조와 같은 형상이니 증권투자, 내기, 도
    박, 노름, 시합으로 상당한 재물을 취한다. 겁살이 타주(他
    柱)에 있다면 일주자체는 강체(强體) 일수록 피해가 적다.

13. 약한 체격(體格)에 또한 일지겁살(日支劫殺)이 자신의 연지
    (年支)를 충(沖)하면 빈곤을 초래할 수 있고 항상 마음의 불
    안이 해소되지 않는다.

14. 일지(日支)에 겁살(劫殺)이 있고 유년(流年)을 충(冲)하거나 천극(天剋)하면 가내에 혼란이 가중되고 자신이 위태로운 지경에 이르게 된다.

15. 겁살년(劫殺年)에 자녀를 두게 되면 가정이 몰락하거나 탕진해지고, 겁살(劫殺)에 해당하는 자식이 있으면 그 밑에는 터울을 팔지 않는다. 겁살 자식은 불구자·방탕아가 되든지 비명횡사하는 경우가 있다.

16. 겁살(劫殺)이 직업궁이 되었을 때는 의사, 약사, 법조인, 재단사, 이발사가 많이 된다.

17. 겁살(劫殺)이 장생지(長生地)에 임하거나 귀인성(貴人星)이 되면 가업을 일으키는 사람이 된다. 겁살(劫殺)이 정관(正官)이면 높은 벼슬에 오르고, 재성(財星)이면 부자가 되고, 편관(偏官)이면 서민, 천민이 된다.

18. 사유축생(巳酉丑生)은 인방(寅方)에 목물(木物)을 다룬 일이 있고, 해묘미생(亥卯未生)은 신방(申方)에 금속물을 다룬 일이 있고, 신자진생(申子辰生)은 사방(巳方)에 화력물(火力物)을 다룬 일이 있고, 인오술생(寅午戌生)은 해방(亥方)에 수물(水物)을 다룬 일이 있다.

19. 유년(流年) 겁살(劫殺)이 명조(命造)의 연지(年支)와 합세하여 자기인 일간(日干)을 해롭게 한다면 풍류심이 발동하여 가내가 시끄럽고 또한 년살(年殺) 도화(桃花)가 일지(日支)와 합하여 자기인 일간(日干)을 극하더라도 가내가 시끄럽다. 특히 부부외의 남녀로 인하여 일신에 망신이 나타나는 형상이다.

20. 명조(命造)에 겁살(劫殺)과 고신(孤神) 과숙(寡宿)이 연좌(連座)하면 승도지명(僧道之命)이거나 유랑생활로 끝이 없다. 속세에 산다면 외로운 신세다. 설령 귀관(貴官)을 얻었다고 할지라도 사간(邪奸)을 거듭하여 훗날 악평을 받게 된다.

21. 유년(流年) 겁살이 재(財)를 충형(沖刑)하면 재물과 처궁에 큰 불편함이 발생하고, 관(官)을 충형(沖刑)하면 직업이나 자식으로 불편함이 생기고, 비겁(比劫)을 충형(沖刑)하면 형제궁에 불편함이 발생하고, 인성(印星)을 충형하면 부모나 문서에 불편함이 발생하고, 식상(食傷)이 충형되면 자기의 활동무대에서 큰 불편함이 발생한다.

22. 유년겁살(流年劫殺)이 대운(大運)과 합(合)되면 그 작용력은 약하게 되고 위력이 없다. 그러나 대운(大運:환경)이 겁살을 협조하였다면 겁살의 위력은 막중하여 천지에 동요가 나타나고 걷잡을 수 없는 형상이 발생한다.

23. 유년겁살(流年劫殺)이 삼형살(三刑殺)을 형성하면 법적으로 형(刑)을 받지 않으면 질병의 악화나 돌발적인 사고로 대수술을 받는 형상이 된다.

24. 겁살(劫殺)과 대운(大運)이 합세하여 연지(年支)를 극충(剋沖)하면 조상의 기전(基田)이나 재산으로 시비·분쟁이 발생하고, 월지(月支)를 극충(剋沖)하면 부모의 재산에 의한 시비·분쟁이 발생하고, 일지(日支)를 극충(剋沖)하면 부부궁에서 시비·분쟁이 생기고, 시지(時支)를 극충하면 자녀로 인하여 시비·구설이 속출하여 망신을 혼자서 감수해야 한

다.

25. 겁살(劫殺)이 장생지(長生地)이고 희신(喜神)이면 가업이 성취되고 의외에 발전한다.

26. 겁살희신(劫殺喜神)은 적장(敵將)이 나를 도와주는 것이니 타인의 재(財)를 마음대로 아재(我財)로 하니 우연히 발전하고 민첩, 활달, 총명 이외에 대발(大發)을 주도한다.

27. 겁살(劫殺)은 외환(外患), 급변사(急變事), 우연하게 탈취, 관재 사고니 외부의 재액이다. 흉신겁살(凶神劫殺)은 모사, 간사, 내심으로는 독심, 무정하고 혹독하다.

28. 겁살(劫殺)이 일시(日時)에 있고 금수(金水)면 검난, 수난, 차량 전복등의 사고가 있다. 겁살(劫殺)이 공망(空亡) 또는 원진(怨嗔)이면 도심(盜心)이 있다.

29. 삼합(三合) 중 겁살(劫殺)이 있는데 삼합(三合)을 형(刑)하여 파(破)할 때는 전 식구에게 화가 미친다.

30. 겁살(劫殺)과 괴강(魁罡)과의 형충(刑冲)은 횡액, 변사, 급사, 교통사고 등이다.

31. 재성겁살(財星劫殺)이 일지(日支)에 있으면서 희신(喜神)이면 처덕이 많고 부유하며 창성하다. 정인겁살(正印劫殺)이 희신(喜神)이면 문장, 문학, 학계에서 양명(揚名)하며 부모덕이 있고 학문이 고원(高遠)하다. 편인겁살(偏印劫殺)이 희신(喜神)이면 편업, 기술로 공명 대발(大發)한다. 구류술업(九流術業)으로 진출함이 많다. 월(月)이나 연(年)에 있으면 외덕(外德)이 있다. 식신겁살(食神劫殺)이 희신(喜神)이면 외교활동으로 덕이 지대(至大)하다. 화술로 득재(得財)한다.

장인, 장모의 덕이 지대하다. 정관겁살(正官劫殺)이 희신(喜神)이면 관록이 연연하며 관계(官界)에 양명한다.

32. 명조(命造)에 겁살(劫殺)이 1개면 귀복(貴福)한데 신강(身强)하면 복이 스스로 온다. 겁살이 2개면 성품에 도심(盜心)이 있다. 겁살이 3개면 성품이 악하고 야수성(野獸性)이다. 쌍겁살(雙劫殺)이면 처자궁이 한탄스럽다. 흉겁살(凶劫殺)인 자는 혼탁하고 간사스러우며 숙질(宿疾)이나 죄를 범한다.

33. 겁살상합(劫殺相合)이란 갑인(甲寅)과 기해(己亥), 무인(戊寅)과 계해(癸亥), 경인(庚寅)과 을해(乙亥)와 같이 합함을 말한다.

34. 일(日)은 기(旗)요. 시(時)는 웅살(雄殺)이니 무수(武首)다. 토금망신겁살(土金亡身劫殺)은 무관(武官)이고, 수목망신겁살(水木亡身劫殺)은 문관(文官)이다.

35. 월지겁살(月支劫殺)이 기신(忌神)이면 고기(古基) 생가(生家) 때문에 고생이 중중하고 부모형제로 피해가 지대하다. 일지겁살(日支劫殺)이 기신(忌神)이면 처궁에 적장, 도적이 있으니 처액(妻厄)이 있거나 처로 인하여 화를 입거나 손재를 당한다. 시겁살(時劫殺)이 기신(忌神)이면 말년에 재액이 많다. 자식관계로 재액이 연연(延延)하고 자식이 불효한다.

36. 역마겁살(驛馬劫殺)이 기신(忌神)이면 교통사고를 당하거나 여행중에 재화를 입는다. 식신겁살(食神劫殺)이 기신(忌神)이면 남자는 말로인한 재액이 있으니 입조심해야 한다. 처가로 인하여 화를 입는다. 여자는 부군의 액이 많다. 칠살겁살(七殺劫殺)이 기신(忌神)이면 자식이 가기(家基)를 대파(大

破)한다. 관재, 사고로 대화(大禍)가 반드시 이른다. 목욕겁살(沐浴劫殺)이 기신(忌神)이면 주색, 여난, 춤바람 등으로 가정이 파한다.

37. 토겁살(土劫殺)은 토난(土難)붕괴, 담장 측대 붕괴, 산사태, 산중추락사의 변이 있으니 절벽, 난간을 주의해야 한다. 수겁살(水劫殺)은 산중액이 있다.

38. 세(歲)가 겁살(劫殺)을 극(剋)함을 경주겁살(瓊珠劫殺)이라 하여 주로 부유하고 창성한다. 관대지(冠帶地)이고 공망(空亡)인 경우를 의권겁살(宜權劫殺)이라 하며 일지(日支)가 생왕(生旺)되면 대귀하고 창성한다. 겁살(劫殺)이 희신(喜神)이고 장생지(長生地)에 임하면 정서겁살(呈瑞劫殺)이라고 하는데 재관(財官)이면 대부귀한다. 제화(制化)가 없는 칠살겁살(七殺劫殺)을 투쟁겁살(鬪爭劫殺)이라고 하며 도살업, 무의(巫醫), 살인, 도적이 된다. 겁살(劫殺)은 기신(忌神)인 경우 충형합(沖刑合) 다 재액이 발생한다.

39. 겁살(劫殺)이 길성(吉星)과 동주(同柱)하면 총명민첩하며 재주가 있다. 특히 천을귀인(天乙貴人)이나 천덕귀인(天德貴人) 월덕귀인(月德貴人)에 임하면 위엄이 있고 모사(謀事)에 능하다.

40. 겁살(劫殺)이 녹지(祿地)에 임하면 술과 계집을 즐기고 겁살이 많으면 병고가 많다. 겁살과 편관(偏官)이 동주하면 불시에 재화나 살상을 당하고, 겁살과 망신살(亡身殺)이 있는데 악살(惡殺)이 겹치면 빈한하거나 단명하다.

41. 겁살(劫殺)이나 망신살(亡身殺)이 도화살(桃花殺)이나 천을 귀인(天乙貴人)과 있으면 의약업, 점술업, 예술가로 출세하고 겁살과 편관이 왕(旺)한데 제복(制伏)이 없으면 구류술업(九流術業)이나 천업(賤業)에 종사하게 된다.

42. 경금(庚金)에 겁살(劫殺)이 임하면 무관(武官)이나 주물업, 조각가 이며, 병정화(丙丁火)에 겁살이 임하고 공망(空亡)되면 대장간, 철공업, 도살업을 하게된다.

43. 태세(太歲)가 겁살(劫殺)이고 길신(吉神)이 되지 못하면 가내의 우환 및 은폐된 곳에서 외부의 방해와 구설이 따르고 아랫사람의 배신으로 곤경에 처한다.

44. 겁살대운(劫殺大運)을 만나면 일명 방해운으로서 주로 부모형제를 여의고 타향에 유리(流離)하는 일이 있다. 사업은 속성속패하며 도난과 손재수가 많다. 처자궁에 액이 있고, 가기(家基)에 이사수가 있다. 의식은 자족하나 강제철거, 압류, 집행, 강탈 등을 자주 당하거나 설정된 부동산을 갖고 있으며 괴이한 급질, 파재, 돌발사고, 가정불화, 관재구설이 발생한다.

45. 년(年)에 겁살(劫殺)이 있으면 조상 패망, 조업계승 못함. 유년기에 죽을 고비, 타향팔자, 재산파탄 많다. 선대조에 비명횡사가 있다.

46. 월(月)에 겁살(劫殺)이 있으면 부모형제 이산, 고독, 객지생활, 조실부모, 형제친척 정이 없다. 부모형제 친척간에 불구나 단명 횡사 조심 성격이 불같고 밀어부치는 기질. 19세, 23세에 대액조심. 관액도 주의해야 한다.

47. 일(日)에 겁살(劫殺)이 있으면 부부지간 생사이별 아니면 남자는 첩을 둘 수 있고 본인은 질병으로 고생한다. 타향이 대길, 불구, 폐질 주의 삼처(三妻)를 얻을 운. 육친무덕하고 인덕이 없으며 파란 곡절이 많다.

48. 시(時)에 겁살(劫殺)이 있으면 자식이 귀하고 방탕불구자식이 두렵고, 자녀 단명하기 쉽다. 노상횡액, 자손 끊김, 조별부모, 생(生)이나 관대(冠帶)면 명진고위(名振高位)된다. 처자식을 극한다.

▶ 재살(災殺)

1. 재살(災殺)은 아장(我將)인 장성(將星:중군 지휘처)을 충(沖)한 지지로서 아장(我將:장성)을 습격해오니 적병(敵兵)이라하고 습격자, 도둑놈, 강도 등의 탈취자를 말한다. 재살(災殺)은 역모(逆謀) 동조자, 행동원, 수옥살(囚獄殺), 백호살(白虎殺), 배역살(背逆殺), 나쁜사람, 의료도구, 봉해놓은 봉창, 모든 재앙, 말썽있는 재산, 떠나갈 재산, 불투명한 창문, 설계업, 투기업 등을 말한다.

2. 갑계일주(甲癸日主)와 해묘미생(亥卯未生)은 유(酉)가 재살. 을병무일주(乙丙戊日主)와 인오술(寅午戌)생은 자(子)가 재살. 정기경일주(丁己庚日主)와 사유축생(巳酉丑生)은 묘(卯)가 재살. 신임일주(辛壬日主)와 신자진생(申子辰生)은 오(午)가 재살이다.

3. 재살(災殺)은 자기권에서 자신도 장성(將星)을 지냈으나 반대권에서는 별 수 없이 적병으로 가장하여 아장(我將:장성)을 괴롭게 하는 형상으로 강한 작용을 하게 된다. 체(體:일주)와 격(格:월주)이 강한 자는 내가 이기지만 체와 격이 또한 대운(大運:환경)이 약한 자는 패망을 면치 못하고 곤욕을 따르게 된다. 유년(流年)의 적장(敵將) 적병(敵兵)은 1~2차 만나는 형상이니 엎친데 덮친격이 되어 모든 일에 큰 불편을 당한다.

4. 유년(流年) 재살(災殺:적병)과 대운(大運) 재살(災殺:적병)이 합세하면 그 위력은 가공할 만큼 큰 작용을 하여 가내는 물론이며 주변까지 휩쓸은 형상이 나타나고 사회적인 무리도 일어날 수 있다.

5. 재살(災殺:적병)이 년지(年支)나 월지(月支)를 충(冲)하면 밖에서 실물을 당하기 쉽고, 일지(日支)나 시지(時支)를 충(冲)하면 가내에서 실물을 당하고, 부부의 갈등이 친족에 까지 미치는 수 있다.

6. 재살(災殺:적병)이 관성(官星)이면 직장이나 자식으로 인하여 손재수와 망신수가 따르게 된다. 여명(女命)은 남편 또는 외간남자나 시동기로 인하여 손재수나 망신수가 따르게 되며 남녀간에 관청에 불려가기 쉽다.

7. 재살(災殺:적병)이 인성(印星)이면 문서에 사기, 서류도둑이나 합작으로 인한 치밀한 계획의 손해 등을 당하기 쉽고 수표, 어음, 서류위조 등의 경제사범이 나타난다.

8. 재살(災殺)은 대운(大運)과 합세하지 않아야 하고 대운에서 협조하지 않는 적병은 약하다. 적병을 대운(大運)에서 협조하

면 큰 고액을 겪는다.

9. 겁살(劫殺:적장)은 간접적이라면 재살(災殺:적병)은 직접적으로 행동하니 두려운 살이다. 적병의 침입은 항시 허약을 노린다. 을병무일주(乙丙戊日主)나 인오술일지(寅午戌日支)인 자는 밤에 잘 당하고, 정기경일주(丁己庚日主)나 사유축일지(巳酉丑日支)인 자는 오전에 잘 당하고, 신임일주(辛壬日主)나 신자진일지(申子辰日支)인 자는 한낮에 잘 당하고, 갑계일주(甲癸日主)나 해묘미일지(亥卯未日支)인 자는 석양녘에 잘 당한다.

10. 장성(將星:아장)은 보호살로서 가장(家長), 사장, 상사 등 직접 나의 윗사람인데 재살(災殺:적병)은 윗사람과 나를 직접 괴롭게 하는 살이다. 관(官)이 당하면 직업, 직장, 남편, 자식이 당하고, 재(財)가 당하면 재물과 처가 당하는데 재(財)가 당함은 손실이 크다. 일간(日干)의 생지년(生地年)과 대운(大運)이 합세하면 부친이 사망하기 쉽다. 식상(食傷)이 당하면 아랫사람, 가정부, 비서, 종업원 등이 당하고 여명(女命)은 자녀가 당하기 쉽다.

11. 재살(災殺) 자식은 후일에 동정을 받거나 부양받을 대상이 된다. 부부가 파경에 이르렀을 때 배우자를 충동질하여 시비를 걸어오거나 헐뜯는 자는 본인을 기준하여 재살인(災殺人)이다.

12. 재살(災殺:적병)은 모두 자기권에서 장성,중군(將星,中軍)이다. 자오묘유(子午卯酉)가 자기 권역을 이탈하면 병부살(病

符殺)인 육해, 신병(六害, 神兵)에 걸려 포위를 당하게 되면 년살(年殺:시녀)로서 잡역(雜役)을 해야한다.

13. 체(體:일주)와 격(格:월지)이 강하고 적병(재살)이 무력하거나 대운(大運:환경)이 적병(재살)과 상호 전쟁(충, 극)을 선포할 때는 자신은 의외에 득재(得財) 득명(得名)을 얻을 수 있고 모든 적군의 군졸을 그냥 얻을 수 있는 기회를 얻는다. 양간 사묘절지(陽干 死墓絶地) 일주(日柱)와 음간 왕쇠병일주(陰干 旺衰病日柱)는 재살(災殺:적병)을 만나면 백사가 올바르게 된 일이 없다. 그러므로 일지(日支)에는 적병(재살)이 없어야 한다.

14. 재살운(災殺運)에는 급성질환이나 수술할 일이 발생하기 쉽다. 자생(子生)이 오재살(午災殺)을 만나면 물과 불로인해 액을 당하고, 묘생(卯生)이 유재살(酉災殺)을 만나면 몽둥이에 맞거나 칼날에 찔리는 액을 당한다.

15. 재살년(災殺年)에는 주로 관재, 구설, 소송, 감금, 즉결 심판, 입원, 차사고, 운수가 답답함, 남의 함정에 빠짐, 여자는 결혼 수술, 상해, 부상입을 운. 상업을 하는 자는 여의치 못함. 천재지변 분쟁, 신경질이 생김. 사주에 재살(災殺)이 있고 세운(歲運)에 오면 관재가 있던가 사상효복사(死喪孝服事)가 있다.

16. 재살대운(災殺大運)을 만나면 일명 재난운으로서 주로 신병(身病)으로 고생하거나 수옥(囚獄)의 위험이 있다. 처자의 이별수가 있거나 형제간에 관재구설이 있다. 자신의 주변측근을 악용하여 목적을 이룬후에 얕은 꾀를 써서 이리저리 피

해가며 낯선 곳에서 살아간다. 성심으로 신불(神佛)에 기도하면 전화위복한다.

17. 태세(太歲)가 재살(災殺)이고 길신(吉神)이 되지 못하면 가내의 우환, 도둑이 있는 형상으로 재물의 패가 발생하고 내부외부에서 습격받는 형상과 같고 우연스런 돌발사고와 모든 일에 이상스런 위험이 닥치게 된다.

18. 목재살(木災殺)이 있는 자는 몽둥이에 맞아 보거나 나무밑에 깔려보고, 화재살(火災殺)이 있는 자는 화상을 입어보거나 총알 파편에 맞아보고, 토재살(土災殺)이 있는 자는 낙상이나 흙더미에 깔려 보고, 금재살(金災殺)이 있는 자는 칼에 찔려 보거나 쇠뭉치에 맞아보고, 수재살(水災殺)이 있는 자는 수액(水厄)을 당해본다.

19. 재살(災殺)이 있는 자는 경찰, 검찰, 교도관, 첩보원, 감사원, 정보기관, 헌병에 종사해보며, 일반인은 관재구설 자주 생겨 경찰서에 드나들거나 병원신세 겪어보고, 재살(災殺)이 형충(刑沖)된 자는 감옥신세 당해본다.

20. 년(年)에 재살(災殺)이 있으면 조상패망, 조상중에 옥살이, 관재구설 아니면 질병, 부모형제 무덕, 급질 횡사, 혈광사(血光死)

21. 월(月)에 재살(災殺)이 있으면 육친 무덕, 상처, 질병고생, 왕(旺)이면 복이 많다. 실물수와 관액이 자주 있다. 부모 형제간 비명횡사 아니면 객사로 사망, 노상횡액이 있어 교통사고나 강탈을 당해 보기도 한다.

22. 일(日)에 재살(災殺)이 있으면 상처, 관재, 실물, 일평생 불안전하고 파란곡절이 많고 부부지간 비명횡사와 혈광사가 두렵다. 부운(夫運)이 불길하고 재물을 실패한다. 몸에 잔병이 많고 자손과의 연이 희박하다.

23. 시(時)에 재살(災殺)이 있으면 자식덕이 부족하고 비명횡사와 혈광사가 두렵다. 고생, 자식 노비 흩어짐, 흉터, 태(胎)면 공명하고 출세하지만 평생 재산은 없을 운이다. 풍파가 많고 구설이 분분하다.

▶ 천살(天殺)

1. 천살(天殺)은 시발, 시작 전위(前位)에 오는 조상이 예시, 영적계시, 현몽, 계획초에 오는 예감 등으로서 개시전(開始前)의 예시인 영감(靈感)을 말한다. 선대, 종주(宗主), 조상 등이 사전에 지시하여 준 살로서 시작전의 고사(告祀)와 같은 것이다.

2. 천살(天殺)은 상제(上帝), 제왕(帝王), 군왕(君王), 통치자, 고관(高官), 성당, 교회, 사찰, 국기 게양대, 예배드리는 방위, 부처님, 하늘보고 탄식하는 살, 밤하늘의 별, 교육업, 종교업 등을 말한다.

3. 옛부터 무슨 일을 시작하기 전에 고사(告祀)를 지내는 풍습이 있는데 이 고사가 상제(上帝)를 좋게하기 위한 제사를 말하는데 진술축미 토궁(辰戌丑未 土宮)에서 작용한다. 천살(天殺)

은 상제(上帝)로서 최고의 신(神)이요. 제왕(帝王)으로서 최고 높은 사람인데 명조(命造)에서 충형파(冲刑破)를 당하지 않아야 되고, 유년(流年)에서도 형(刑)을 당하지 않아야 한다.

4. 천살(天殺:진술축미토)에 충형파(冲刑破)와 같은 자극이 오면 가내에 우연스럽게 시끄러운 일이 발생하고 하는 일들이 꼬이고 예상못한 일들이 나타나서 주변을 어지럽게 한다. 병명을 모르는 환자가 발생하거나 가내에 귀신바람, 산소바람 등이 나타나고 간질병, 암, 에이즈, 마비환자가 생기기도 한다.

5. 일주(日柱)는 대지(帶地)의 힘으로 일어설 수 있으며 대지(帶地)는 중심력인 구심점으로 사생(四生)을 지구에서 이탈시키지 않고 살 수 있도록 정립한 곳인데 상제(上帝)는 이 대지(帶地)를 보호하고 길러주는 지지(地支)다. 이 보호 보육처가 충격을 받으면 바로 설 수 있는 힘을 돕지 못하고 상제(上帝)는 충형파(冲刑破)를 당하지 않아야 한다.

6. 천살(天殺) 방향에 종교물을 놓아서는 안된다. 종교물이란 성경, 찬송가책, 탱화, 성화, 불경, 불상, 염주, 단주, 부적, 십자가, 제기 등을 말한다.

7. 학생은 천살(天殺) 방향에다 책상을 두고 공부하면 우등생이 될 수 있지만 반안살(攀鞍殺)방향에다 책상을 두고 공부하면 열등생이 되어 성적이 저하된다.

8. 천살(天殺)에 해당하는 식구에게는 아무리 투자해도 허탕이다. 결국 파산하고 가정까지 몰락시킨다. 천살(天殺)에 해당하는 사람과 동업을 하게 되면 결국 파산된다.

9. 천살운(天殺運)에서 마비질환을 앓게 된다. 중풍, 암질환 등도 발생하기 쉽다. 천살(임금)은 존귀한 신분이니 내시나 백성들은 그 앞에 서면 몸이 뻣뻣해지는 까닭이다.

10. 상제(上帝:천살)는 절대로 모험을 싫어한다. 모험은 갑의(甲衣:반안살)를 입는 것을 말하는데 갑옷을 입는다는 것은 죽음을 무릅쓰고 출전(出戰)을 하는 마음인데 상제(上帝)는 절대 하지 말라고 말리는 형상이다.

11. 천살(天殺:상제) 유년(流年)에는 자신이 분란스럽고 정신적인 안정이 없으며 모든 일에 결정을 잘 지운 형상이 따른다. 그러나 꿈이 많고 현몽속에 예시를 표현하고 있으니 결정이 어렵다. 고기(古基)이전, 가택 변동, 성조 등을 하면 결과가 좋지 않다. 진술축미년(辰戌丑未年)에는 땅을 건드리지 않는 게 좋다. 건드리면 가택변화, 가산이 사산(四散)됨. 가족불안이 생기고 어지러운 상태만 일어난다. 그러므로 조상, 조왕, 영신(靈神), 세군(歲君:태세신)께 정성껏 기원하면 불리한 가운은 면한다. 천살년(天殺年)에는 주로 불의의 재난, 하늘에서 노하여 운세를 막음. 운수는 막힘이 많다. 기도 불공을 하여야 길하다. 사주에 천살(天殺)이 있고 다시 세운(歲運)에서 만나면 관재가 있던가 사상효복사(死喪孝服事)가 있다. 신분과 명예는 오르나 실속은 없다. 몸이 괴롭고 아프다. 동조자가 없고 괴롭고 고독하게 지낸다. 여자는 남자를 멀리하고 남자는 맥을 못쓴다. 사업가는 대도시에 나가 사업을 하게된다.

12. 천살(天殺:상제) 유년(流年)에 명조(命造)와 충극(冲剋)되면
    웃어른과 뜻이 맞지 않아 가족중에서 비난을 받을 수 있고
    노골적인 반발이 나타나고 냉전이 이뤄져 가내에 와병이나
    화병으로 불안한 냉기가 있게 된다.

13. 천살유년(天殺流年)이 양지(陽地)가 되고 자신을 협조하면
    의외에 성사로 순풍에 항해를 하는 격이라 길경(吉慶)한 일
    들이 스스로 온다. 천살유년(天殺流年)이 쇠지(衰地)가 되면
    자신을 해롭게 발신하여 모든 기능이 약화된다. 되지도 않는
    엉뚱한 짓을 하게 되고 의외에 흉사가 중중하며 가족과 떨어
    져 사는 형상이 나타나고 따돌림을 받게 되어 정신나간 사람
    꼴이 된다.

14. 천살(天殺)은 항시 조용함을 좋아하고 충동이 없어야 한다.
    절대 시끄럽게 해서는 안된다.

15. 갑계(甲癸)는 술(戌)이 상제(上帝)인데 갑(甲)은 양지(養地)
    가 되어 협조하고, 계(癸)는 쇠지(衰地)가 되어 괴로운 형상
    이다. 을병무(乙丙戊)는 축(丑)이 상제(上帝)인데 을(乙)은
    쇠지(衰地)라 괴롭고, 병무(丙戊)는 양지(養地)라 협조된다.
    나빠도 정성껏 기도하면 흉액은 면하리라. 정기경(丁己庚)은
    진(辰)이 상제(上帝)인데 정기(丁己)는 쇠지(衰地)라 불안이
    감돌고, 경(庚)은 양지(養地)라 만면에 웃음이 있다. 신임
    (辛壬)은 미(未)가 상제인데 신(辛)은 양권생(陽圈生)이면
    길하고, 음권생(陰圈生)이면 불길하다. 임(壬)은 양지(養地)
    라 평(平)하다. 천살(天殺)이 악살(惡殺)이면 충합(冲合)시
    재액, 질고, 상사 효복(喪事 孝服)을 입는다.

16. 태세(太歲)가 천살(天殺)이고 길신(吉神)이 되지 못하면 모든 계획이 부진하고, 계획하는 일이 중도에서 좌절되는 상태가 되어 결과는 불합리한 상태로 끝나게 되는 경우가 생긴다.

17. 천살대운(天殺大運)을 만나면 일명 문수운(文修運)으로 학업에 힘쓰게 된다. 불의의 천재(天災)로 고생하는 수도 있다. 자손의 병고가 있거나 경영하는 사업은 타인의 방해로 실패하는 일이 있다. 마비질환이 발생하기 쉬운데 언어장애, 말더듬, 중풍, 심장질환, 신경성 질환, 급성질환, 음주로 인한 재액이 발생한다.

18. 년(年)에 천살(天殺)이 있으면 부선망, 고독, 정신적 지주가 없다. 타향, 객지에서 고생, 선친때 비명횡사, 생(生)이나 제왕(帝王)이면 만사대길하다.

19. 월(月)에 천살(天殺)이 있으면 심장병이나 간병이 있다. 부모형제 덕이 없다. 처음은 곤하나 뒤에는 길하다. 19세, 27세에 중병을 조심하라. 예고없는 일이 많이 발생한다.

20. 일(日)에 천살(天殺)이 있으면 부친 무덕, 친척 무덕, 구설, 부부 금슬은 좋다. 부부의 죽음사는 비명횡사할 수로다. 관대(冠帶)가 동궁(同宮)이면 자손영화, 천덕귀인(天德貴人)이 있으면 백사대길, 고향떠나 고생하다가 말년에 부유해진다.

21. 시(時)에 천살(天殺)이 있으면 낙상당할 팔자. 고학으로 대성한다. 자식은 병이 많다. 자식은 효도한다 할지라도 자식의 죽음사는 감옥 형액할 수로다. 재산은 넉넉하다.

▶ 지살(地殺)

1. 이 살(殺)은 일간(日干)의 생지(生地)와 왕지(旺地)로 되어있다. 삼합국(三合局)으로 수위(首位)를 말하며 시발이며 계획 진행을 말한다. 고기(古基) 변동이며 시작이니 군마(軍馬)라고 한다. 군주(君主)가 변동하자면 많은 아랫사람, 수행비서를 동반하고 생활용품을 싣고 행차하니 군마(軍馬)에 비유한 것이다. 지살(地殺)은 주로 상제용(上帝用) 가마, 군왕(君王)의 가마, 고관(高官)의 자동차, 대통령 전용기, 외무대신, 경대, 문화적인 시설물, 대문, 현관, 신발 벗는곳, 눈물, 땅, 방문, 소원하는 땅, 문턱, 뜨락, 둥근물건, 산책로, 유흥업, 생산업 등을 말한다.

2. 갑계일주(甲癸日主)와 해묘미생(亥卯未生)은 해(亥)가 지살이요. 을병무일주(乙丙戊日主)와 인오술생(寅午戌生)은 인(寅)이 지살이요. 정기경일주(丁己庚日主)와 사유축생(巳酉丑生)은 사(巳)가 지살이요. 신임일주(辛壬日主)와 신자진생(申子辰生)은 신(申)이 지살이다. 지살(地殺)은 자기권을 이끌어갈 기초가 되니 변동에 방향을 잘 잡아야 한다. 새로운 터전의 선정이며 사업의 목표, 새로운 일의 진행을 뜻한다.

3. 명조(命造)의 연지(年支)에 지살(地殺)이 있는데 충(冲)하면 조상의 고향, 옛땅의 문제가 발생한다. 고기(古基) 이전, 분묘이장이 따를 수 있다. 군마(君馬)는 충파(冲破)를 싫어한다. 조용한 곳에서 세상을 지내고 싶어한다. 명조(命造)의 월지(月支)에 있을 때 충(冲)하면 부모 형제궁의 변화가 발생하

고 일지(日支)에 있을 때 충(沖)하면 부부간이나 가택의 변화가 발생하고 시지(時支)에 있을 때 충(沖)하면 자녀나 아랫사람의 변동 및 내실의 구조변화가 있다.

4. 군마(君馬)를 충파(沖波)하면 변동에 변동을 더하니 계획 및 진로수정과 같은 형상이므로 주변에서 걷잡을 수 없는 엇갈림이 뒤따른다.

5. 군마(君馬)는 인신사해(寅申巳亥)에 있으며 겁살(劫殺:적장)과 지살(地殺:군마) 망신(亡身:전마) 역마(驛馬:변동마,운반마)가 있다. 인신사해(寅申巳亥)는 사맹신(四孟神)이라고 하며 사마(四馬)라고도 한다. 언제나 전위부대(前衛部隊)요. 사군(四軍)을 안내하는 전초병 역할을 한다.

6. 명조(命造)에 지살(地殺)이 있고 원진살(怨嗔殺)이 있으면 안방에 틀어박혀서 생활하는 우물안 개구리와 같은 형상이니 직업없이 방탕하는 인생이다.

7. 지살(地殺)에 해당하는 자식이 있다면 함께 살지 못하고 어려서 부터 타국이나 타향에서 생활하기 쉽고 나와 인연이 없다.

8. 명조(命造)에 천살(天殺)이 한개 있고 지살(地殺)이 두개 있으면 일천이지(一天二地)라서 어머니가 둘이다.

9. 지살(地殺)이 재(財)와 합하면 국제결혼하거나 기차나 버스안에서 여자를 잘 사귀며 여행 도중에 애인이 생긴다.

10. 지살(地殺:군마,역마)이 많으면 항상 한곳에 오래 머물러있지 못하는 작용을 하며 방방곡곡을 돌면서하는 상업이나 가가호호 방문하는 상업자가 많으며 소품이라도 운반하면서 살고있는 사람이 많다. 연월지(年月支)에 있으면 초중년에 많

이 하고, 일시지(日時支)에 있으면 장년이나 말년에 많이 하고 변화가 많은 이사를 하게 된다.

11. 명조(命造)에 군마(君馬:지살) 및 전마(戰馬:망신)가 많으면 운반을 많이하는 사업을 하게된다. 인(寅)이 많으면 옛물건, 고품, 골동품, 식료품, 피복 등의 운반이요. 사(巳)가 많으면 신개발품, 선전광고품, 유류 등의 운반이요. 신(申)이 많으면 차량, 금속류, 전자류, 수집업 등의 운반이요. 해(亥)가 많으면 우유, 요구르트, 사이다, 콜라, 생수 등의 음료수. 배갈, 소주, 맥주, 양주, 막걸리 등의 주류. 수족관, 어물, 해물 등의 운반을 많이 한다.

12. 시지(時支)의 군마(君馬:지살)는 아장(我將:장성)을 협조 협력하여 가내에 임금(上帝상제)이 있는 형상이니 만인이 경의를 표한다.

13. 군마(君馬:지살)는 상제(上帝:천살)를 모시고 시녀(侍女:연살,도화)를 대동해야 출발이 가능하고 단독으로는 출행하지 못한다. 다시 말해서 예의를 갖춰야 움직인다는 것이고, 군마(君馬:지살)는 상제(上帝:천살)의 어가와 같고 이동의 편의물이라 하겠다.

14. 보통 사람의 출발(여행,출국)은 역마(驛馬:교통편)와 반안(攀鞍:여권,갑옷,앉는좌석)을 소지하고 육해(六害:마부, 운전기사, 조종사, 수속)가 있어야 출행한다.

15. 군마(君馬:지살)는 주변에 장성(將星:지휘관)이 있어야 부귀권세를 얻을 수 있다. 또한 군마(君馬:지살) 부근에 시녀살년(侍女殺年:연살년)이 오면 진행과정이 활발히 나타난다.

16. 을병무(乙丙戊)와 인오술(寅午戌), 신임(辛壬)과 신자진(申子辰) 명조(命造)인 자는 무장한 시녀가 따르고 갑계(甲癸)와 해묘미(亥卯未), 정기경(丁己庚)과 사유축(巳酉丑) 명조(命造)인 자는 춘색(春色:여비서)인 시녀(侍女)가 따른다. 연월지(年月支)의 명조(命造)인 자는 외부에 있고, 일시지(日時支)의 명조(命造)인 자는 가내(가정부)에 있다.

17. 인성(印星)의 군마(君馬:지살)가 유년(流年)에 오면 학문과 문서로 인한 부모같은 분의 도움으로 협조성의 변동이 나타나고, 관성(官星)의 군마(君馬:지살)가 유년(流年)에 오면 새로운 직업의 혁신이 일어나고 자녀의 협조와 길사(吉事)가 나타나고 어려운 가운데 희망이 나타나는 변동이 있다. 비겁(比劫)의 군마(君馬:지살)가 유년(流年)에 오면 형제 동료로 인한 변동을 자극받게 되고 길사(吉事)와 연결되어 간다.

18. 지살년(地殺年)에는 주로 이동, 이사, 변동, 분주 다사함. 여행, 환경변화, 삼형살(三刑殺)이 되거나 역마(驛馬)와 충(冲)하면 교통사고 등에 조심해야 한다. 도화살(桃花殺), 망신살(亡神殺), 목욕성(沐浴星)과 같이 있으면 색정의 난으로 실패한다. 출장이나 해외에 나감. 취직, 취업, 승진, 승급, 영전, 문서, 금전운 호전, 새집이나 새 가구 장만운, 부부불화, 별거, 이별 등의 길흉사가 있다.

19. 지살대운(地殺大運)을 만나면 일명 장생운(長生運)으로서 원행수도 있고 이사수도 있다. 가정이 화목하고 사업도 발전한다. 그러나 신의가 없는 사람과 함께 일하면 고생만하고 공이 없다. 큰 돈이 생기지 않고 잔돈만 생기는 등의 생활에

궁핍함이 발생한다.

20. 태세(太歲)가 지살(地殺)이고 길신(吉神)이 되지 못하면 가옥, 가구의 변동으로 불길한 일이 발생하고 변동사가 많으며 흉이 많고 길이 적은 복잡성이 나타난다. 다시말해서 노력에 비해 결화가 신통치 못하다.

21, 지살(地殺)이 연지(年支)나 월지(月支)에 있으면 일찌기 타향에 나가게 되고 이사수가 많으며 일지(日支)에 있어도 분주하게 돌아다니거나 타향에 나가산다. 사주에 지살(地殺)이 많으면 타향이나 타국에서 살아 보거나 해외 출입이 빈번하며 일생이 분주하다.

22. 지살(地殺)이 일지(日支)와 합(合)한 자는 병원, 차안, 길거리, 변소 등 옥외에서 출생했고, 지살(地殺)이 형충(刑冲)된 자는 교통사고를 당하거나 객사하기 쉬우며 방탕, 노고하게 된다.

23. 지살(地殺) 역마(驛馬)가 있는 자가 신약사주(身弱四柱)에 상관태왕(傷官太旺)이면 교통사고 당해보고, 재관태왕(財官太旺)이면 노상횡액 당해본다.

24. 년(年)에 지살(地殺)이 있으면 일찍 타향살이. 부모 등진다. 고생, 조실부모 선대조에 객사자가 있다. 중후(中後)는 대길, 자수성가 한다.

25. 월(月)에 지살(地殺)이 있으면 조업은 간데 없고 자수성공 팔자. 부모 망하고 질병, 두 부모 섬긴다. 양모(兩母)팔자 혹은 조별(早別), 중후(中後) 성가(成家). 부모형제는 객사고가 있게 된다. 양자 또는 재가한 어머니의 소생이 많다.

26. 일(日)에 지살(地殺)이 있으면 부부금슬 반감되니 이별수, 부부 이별사는 타향 혼귀(魂鬼), 문장력 재예(才藝) 출중. 만년에 질병주의. 이사를 자주하며 산다.

27. 시(時)에 지살(地殺)이 있으면 만년 부귀. 재물은 있다. 사방에 먹을것이로되 애지중지 기른 자식 타향객사할 수 있다. 연살(年殺)이 있으면 눈병자가 된다. 시력이 니쁘고 돌아다니기를 좋아한다.

▶ 년살(年殺)

1. 이 살(殺)은 자오묘유(子午卯酉)로서 지살(地殺:계획)의 다음 보조 지지로서 협조신이라고 볼 수 있다. 그러나 비겁(比劫)의 도화(桃花:년살, 시녀살)는 불길한 징조를 불러온다. 년살(年殺)은 주로 시녀(侍女), 도화살(桃花殺), 함지(咸池), 목욕살(沐浴殺), 소변보는 곳, 청소함 두는 곳, 매일 걸레질 하는 곳, 강변, 화장실, 깨끗하고 조용한 장소, 보관업, 위생업 등을 뜻한다.

2. 아장(我將:장성,지휘관)이 파(破)한 지지로서 또한 장성(將星)을 아첨하는 지지로서 희롱을 당하는 지지라고 할 수 있고 장성(將星)의 시녀역(侍女役)은 자(子)가 도화(桃花)요. 을병무일주(乙丙戊日主)와 인오술생(寅午戌生)은 오(午)가 도화요. 신임일주(辛壬日主)와 신자진생(申子辰생)은 유(酉)가 도화살(桃花殺)이다.

3. 과거 자기권에서는 장군(將軍)을 지냈으나 포위당한 현시점에 서는 계급없는 하나의 군졸로서 부역을 당하고 있는 형상이니 희롱감에 불과하며 장성(將星:본부장)의 말을 잘듣고 시킨대로 응하는 몰골이 되어 있으므로 아첨하는척 할 수 밖에 없는 형편이다. 년살(年殺)의 본뜻은 모든 들녘에 곱고 아름다운 꽃의 색채와 향기가 서로 자랑하고 시기하며 다투는 살로서 명조(命造)에 많이 있으면 아니된다. 색채와 향기를 풍기면서 자기의 욕망을 일시나마 채우려는 봄바람의 놀이터와 같은 작용이니 풍기문란, 주색탕진, 음란, 간신의 행위에 비유하고 술자리를 의미하기도 한다. 명조(命造)에 있으면서 조화가 되면 공교롭고 능수능란하면서도 또한 급한 성품이다. 욕심의 목적을 달성하기 위하여 인내하며 눈물을 과장할 줄 아는 교묘한 살로서 이면의 목적을 두고 표면을 달리하는 살이다. 애정이 풍만하고 사교 교제술, 외교 언변의 수단이 있고 풍모가 준수하며 임기응변의 재주를 겸비한 사람이 많다. 우선을 위한 특출한 연기력을 발휘하는 사람이다.

4. 년살(年殺)에 해당하는 자식이 있다면 그 아이는 방탕과 주색으로 한때 부모의 속을 끓인다. 혼전자식이나 외방의 자식인 경우도 있다. 년살(年殺) 자식은 끈기가 있고 나를 위해 궂은 일을 도맡아 할 사람이다.

5. 월지(月支)에 도화(桃花)나 망신(亡身)이 있으면 후처의 몸에서 태어난다.

6. 도화(桃花)가 형(刑)을 만나면 화류계에 몸담거나 성병에 걸려본다.

7. 수(水)의 도화(桃花)는 요염함과 음란성을 풍기고 왕궁(旺宮)에 있는 계일주(癸日主)는 음사로 가운이 기울고 욕지(浴地)에 있는 갑(甲)은 음사로 인한 부부간의 갈등을 초래할 수 있다. 갑계일주(甲癸日主)는 자(子)가 년살(年殺)로서 일면 총명과 현숙함을 풍기면서도 풍류에 응하는 형상이다.

8. 묘도화(卯桃花)는 요염함이 미색과 신체적인 면에서도 자랑스럽게 나타나고 육체는 자신이 있다는 형상이다. 을병무(乙丙戊日主)의 묘도화(卯桃花)는 외교가다운 면이 있고 정력적으로 활동하는 전략가와 같다. 월주(月柱)의 묘도화(卯桃花)는 길경(吉慶)한 징조다.

9. 오도화(午桃花)는 요염함이 활동적이며 특히 화술이 능란하여 삼군의 참모도 응할 수 있는 수완이 있다. 십이운성(十二運星)이 약하게 있는 명조(命造)는 떠돌이 장삿꾼에 불과하다. 정기경일주(丁己庚日主)의 오도화(午桃花)는 시(時)에 있는것이 좋고 정치적인 참모를 할 수 있는 수완이 있다.

10. 유도화(酉桃花)는 재리(財利)에 수완은 있으나 발휘하지 않고 정직 청렴을 나타내는 깨끗한 자성의 도화다. 계산에도 밝고 경제적 수완은 있으나 남의 재물을 모으는데 지도하는 경제학 교수의 스타일이라고 할 수 있다. 입으로 억(億)을 끌어당기는 묵직하고 듬직함의 재능가라고 할 수 있다.

11. 도화(桃花)가 공망(空亡)되고 명조(命造)에 천을귀인(天乙貴人)이 근접하여 있으면 신병(身病)으로 백약이 무효와 같은 형상으로 무당, 점술가가 많다. 여명(女命)은 무당이 많고 병명을 알 수 없는 사람도 많다. 남명(男命)은 공예품을 제

작하는 장인이 많고 조각, 도장 등을 하는 사람이 많다.

12. 인성 공망 도화(印星 空亡 桃花)는 무당, 박수의 행세를 면하기 어렵고 때로는 근거없는 헛소리도 잘한다.

13. 년살(年殺)이 명조(命造)에 있고 월지(月支)에서 협조하지 못한 경우는 몸에 신병(神病)으로 화할 수 있고 일종의 신병(身病)이 유발된다.

14. 자도화(子桃花)는 신장, 요도, 자궁에 조심하고, 묘도화(卯桃花)는 사지, 바람, 머리, 간경화가 우려되고, 오도화(午桃花)는 심장병, 눈병에 조심하고, 유도화(酉桃花)는 폐, 기관지, 피부병, 교통사고, 칼날 등을 주의해야 한다. 오도화(午桃花)가 오미합(午未合)이 되었거나 유도화(酉桃花)가 진유합(辰酉合)이 되면 위장에 이상이 생기기 쉽다. 또한 내장의 장애 요소가 나타날 수 있으니 각별히 주의해야 한다.

15. 일주(日柱)에 도화(桃花)가 있고 자기권에서 살지 못한 환경(대운)을 만나면 부부의 연이 박하고 상대자의 바람끼로 인하여 가정이 깨어지기 쉽다. 일주(日柱)에 도화(桃花)가 있고 시지(時支)나 월지(月支)가 충극(沖剋)하면 처가 불량하여 추한 꼴로 욕을 본다. 만약 대가(大家)라면 처가편의 형제들로 인하여 재물에 추한 일을 당하게 된다.

16. 도화살(桃花殺)은 장성(將星)이 강하면 모든 악살적인 것은 중단되고 장성에 협조하게 된다.

17. 유년도화(流年桃花)와 일지(日支)가 충(沖)되면 부부중에 도망이나 희생자가 발생할 우려가 있고 부부간에 떨어져있는 작용을 많이 하게 된다.

18. 도화(桃花)가 생왕(生旺)되고 길신(吉神)이면 용모가 수려하고 재주와 기술이 교묘하고 고상한 선비이며 풍류를 좋아한다. 사절(死絶)이면 언행이 불손하고 교활하며 거짓이 있고 유탕(遊蕩)하며 도박으로 가산을 탕진하고 은혜를 모르고 사통(私通)을 좋아한다.

19. 도화살(桃花殺)은 원진(怨嗔)이 있고 생왕(生旺)이 다시 임하면 악처(惡妻)요. 함지살(咸池殺:도화)이 길신(吉神)이고 귀인건록(貴人建祿)이 같이 있으면 기름, 소금, 술 등으로 축재하고 부인의 어두운 수단으로 축재하여 가계(家系)를 융성시킨다.

20. 천덕함지(天德咸池)는 풍월시가(風月詩歌)에 능하고 절경(絶景)에서 논다. 역마도화(驛馬桃花)는 표탕방랑(漂蕩放浪)이다. 일주(日柱)의 관성(官星)과 함지(咸池:도화살)가 같이 있으면 처로 인하여 치부(致富)한다. 도화(桃花)는 형합(刑合)을 꺼리고 공망(空亡)이면 길하다. 함지(咸池)와 편관(偏官) 동주(同柱)는 박복하지만 정관동주(正官同柱)는 길하다.

21. 함지(咸池)는 기술성인데 길신(吉神)이면 재예와 기교가 있으며 풍류가 있다. 함지(咸池)는 일시(日時)가 중하고 년월(年月)은 가볍다. 행년(行年)에 목욕흉신(沐浴凶神)인데 일간지(日干支)가 합이면 주색으로 망신이다.

22. 년살년(年殺年)에는 주로 풍류호색, 주색잡기, 색정지난, 친구교제, 이성망신, 인정손해, 활동적으로 사업이나 장사를 하기도 한다. 겉치례 사치, 허영으로 낭비하기도 함. 남녀 모두 재해 또는 불행, 상복의 근심이 있다. 말못할 비밀이

탄로나고 망신이 오는 운. 다방업, 주점, 여관, 목욕탕 등의 직업에 종사 부부불화로 가정파탄, 별거, 이별하게 된다.

23. 태세(太歲)가 연살(年殺)이고 길신(吉神)이 되지 못하면 부하, 아랫사람의 잘못, 배은망덕함이 나타나며 자신이 타에게 농락을 당한 형상과 같다.

24. 연살대운(年殺大運)을 만나면 일명 화류운(花柳運)으로서 풍류를 즐기며 주색으로 가사를 돌보지 않아 실패하는 일이있다. 허영과 사치에 동요하게 되고 이성에 마음이 빼앗겨 도리에 어긋난 행동과 성병에 걸리거나 도박에 빠지고 허영적인 사업에 손댔다가 파재한다. 의식은 자족하나 부부간에 이별수가 있기 쉽고 형제간에 불화가 생긴다. 여관업이나 음식업을 경영하면 좋으리라. 정부나 춤바람에 빠져 가출하여 정부와 도피하고 마음이 갈팡질팡하는 수가 있다.

25. 도삽도화(倒揷倒花)가 되면 음란, 방탕에 푹 빠진다. 일시(日時)에 도화살(桃花殺)이 쌍(双)으로 있는 자는 주색으로 패가망신하고 수화(水火)의 난을 겪거나 객사하기 쉬우며 일지양인(日支羊刃)이 도화살이면 재주있고 학식있으나 병약하며 골골한다.

26. 도화살(桃花殺)이 길신(吉神)이면 강개심이 있고 처첩의 덕이 있으며 도화(桃花)가 재관(財官)이나 천을귀인(天乙貴人)에 놓이면 연애로 즐거움이 그치지 않으며, 도화살(桃花殺)이 생왕(生旺)되면 미색(美色)이요. 도화살이 귀인(貴人)이나 건록(建祿)과 합(合)되면 색정으로 사욕을 채우고, 도화살이 귀인이나 건록과 동림(同臨)하면 유흥업이나 여자로 인

해 돈을 번다.

27. 양인(羊刃) 오귀(五鬼)가 도화살(桃花殺)을 띠면 대살도화(帶殺桃花)라 색정으로 인해 신액(身厄)이 생긴다.

28. 납음오행(納音五行)이 일간(日干)을 극(剋)하며 도화(桃花)가 되면 심이도화(沈離桃花)라 장질(腸疾)이 있게 된다.

29. 자오묘유(子午卯酉)가 구전(俱全)됨은 편야도화(偏野桃花)라 남자는 성질이 급하고 교묘하며 기술, 예술, 문학계통으로 부자는 되지만 주색에 빠지고, 여자는 골육과 등을 지고 음탕하여 정부와 도망간다. 만약 사주와 대운(大運) 중에서 함께 자오묘유(子午卯酉)가 있으면 남녀모두 불길하다. 자오묘유(子午卯酉)중 2자 이상이 있으면 도화가 아니더라도 도화살로 본다.

30. 갑자일(甲子日) 정묘시생(丁卯時生)과 을묘일(乙卯日) 병자시생(丙子時生) 여자는 음부에 털이 없다. 화일생(火日生) 남자가 유유자형(酉酉自刑)되면 처가 불구이다. 자묘상형(子卯相刑)이 있으면 흉터가 있고, 여자는 냉병, 자궁수술을 해보며 유유자형(酉酉自刑)이 있으면 흉터가 있거나 갈비뼈를 다쳐보고 여자는 자궁병이 있고, 오오자형(午午自刑)이 있으면 흉터가 있고 심장이 약하며 성병에 걸려본다.

31. 일지 정관도화(日支 正官桃花)가 되거나 정관도화(正官桃花)가 일지(日支)와 합(合)되면 녹방도화(祿榜桃花)라 여자는 애교가 있고 절세가인이며 수(水)를 만나면 음란하다.

32. 일간(日干)이 도화(桃花)위에 있거나 목욕살(沐浴殺)에 임하면 나체도화(裸體桃花)라 옷을 잘 벗고 음탕하기 짝이없다.

인오술(寅午戌)이 월일시(月日時)에 있고 묘년(卯年)을 보는 것.

사유축(巳酉丑)이 월일시(月日時)에 있고 오년(午年)을 보는 것.

신자진(申子辰)이 월일시(月日時)에 있고 유년(酉年)을 보는 것.

해묘미(亥卯未)가 월일시(月日時)에 있고 자년(子年)을 보는 것을 말한다.

33. 도화살(桃花殺)이 연지(年支)에 있으면 연상자나 씨족간에 연애하고, 월지(月支)에 있으면 유부남, 유부녀와 연애하거나 모친이 후실이며, 일지(日支)에 있으면 작첩동거(作妾同居)하게 되고 시지(時支)에 있으면 연하자나 화류계와 연애한다.

34. 비견도화(比肩桃花)는 연애하다 송사나고 손재보며, 식신도화(食神桃花)는 아랫사람 소개로 연애하고, 상관도화(傷官桃花)는 연애하다 관재구설 생기고, 재성도화(財星桃花)는 작첩(作妾) 치부(致富)하게 되고, 편관도화(偏官桃花)는 연애하다. 관재가 생기거나 병이 생겨 박복하고, 정관도화(正官桃花)는 복록있고 작첩진관(作妾進官)하게 되고 여명(女命)은 현란한 남편 만나 행복하고, 인수도화(印綬桃花)는 처첩의 내조가 많고, 처첩의 모친을 봉양하기 쉽고 스승하고 연애한다.

35. 연월도화(年月桃花)는 장내도화(牆內桃花)라 바람기가 적고, 부부가 서로 사랑하여 이로우나 충파(冲破)를 만나면 흉하

다. 일시도화(日時桃花)는 장외도화(牆外桃花)라 바람기가
많다. 사람마다 꺾으려는 격으로 여명은 더욱 불길하다.

36. 도화살(桃花殺)이 합(合)되면 풍류도화(風流桃花)라 총명하
다. 도화(桃花)와 역마(驛馬)가 함께 있으면 유랑도화(流浪
桃花)라 정부와 도주한다.

37. 일간(日干)과 시간(時干)이 간합(干合)하고, 일지(日支)와
시지(時支)가 상형(相刑)되면 곤랑도화(滾浪桃花)라 성병을
앓아 보고 주색으로 패가 망신한다.

38. 자년생(子年生)이 해묘미 구전(亥卯未 俱全)된 자. 오년생
(午年生)이 사유축 구전(巳酉丑 俱全)된 자. 유년생(酉年生)
이 신자진(申子辰)이 구전(俱全)된 자는 변덕도화(變德桃花)
라 간사하고 잘난 척하며 바람기가 있어 풍류를 즐긴다.

39. 도화(桃花)와 양인(羊刃)이 생시(生時)에 동궁(同宮)이면 다
능다예(多能多藝)하다. 그러나 쇠약하면 숙질(宿疾)이 있게
된다.

40. 도화살(桃花殺)이 회국(會局)하여 일간(日干)을 극하거나 설
기가 심하면 성병에 걸리거나 이질, 중풍으로 고생한다. 도
화살(桃花殺)이 삼합국(三合局)을 이루면 음란하기 짝이없고
간음한다.

41. 도화살(桃花殺)이 흉신(凶神)이면 수액(水厄)과 색난을 겪어
보고 폐병을 앓아본다. 도화살이 형충(刑冲)되면 성병, 치
질, 방광염, 신장염 등에 걸려보고 부부간에 송사한다.

42. 음일주(陰日主) 도화보다 양일주 도화(陽日主 桃花)가 바람
기가 더 많고, 도화살이 진신(進神)과 함께 있으면 파가하고

빈곤하다.

43. 년(年)에 년살(年殺)이 있으면 조부모 외도, 유년기 풍족, 귀염받고 자람, 부부다정, 선조 도화병으로 사망, 목욕(沐浴)이면 대실패, 관대(冠帶)나 제왕(帝旺)이면 횡재, 공망(空亡)이면 상처.

44. 월(月)에 년살(年殺)이 있으면 부모 형제가 화류병에 걸려 사망함이 두렵다. 부모가 색정에 빠짐. 어려서 연애, 첩있을 팔자, 목욕(沐浴)이면 부모가 일찍 죽음. 육친이 무덕하고 인덕이 없다. 모친이 재취나 소실로 시집왔다.

45. 일(日)에 년살(年殺)이 있으면 부부변화 등 만사가 불길하다. 부부이별운 혹은 무자. 재물복은 많다. 주색을 밝힌다.

46. 시(時)에 년살(年殺)이 있으면 분주, 늦바람, 부부의 변동과 자손이 화류계에 접근한다. 대인(大人)은 등과하고 소인(小人)은 우산쓰고 밭을 갈 팔자이므로 고향을 떠나라. 주색과 풍류를 즐기며 산다.

▶ 월살(月殺)

1. 월살(月殺)은 일명 장애살(障碍殺)로서 모든 일의 침체, 답보, 중단, 장벽, 좌절, 두절의 뜻을 지니고 있다. 진술(辰戌丑未)에만 있으며 언제나 나의 참모(화개)를 충(冲)하고 있는 지지로서 모든 것을 중단하게 하는 역활을 한다. 월살(月殺)은 주로 장애물, 경계선, 고초살(枯草殺), 고애살(苦哀殺),

내당마님, 침대 스탠드, 이부자리, 이불넣는 장롱, 첩, 사창가, 이성의 파란 상징, 유흥업, 보안등, 형광등, 스위치, 재혼, 바람둥이, 여관, 야시장, 건설업 등을 상징한다.

2. 갑계(甲癸)는 축(丑)이 월살(月殺)로서 묘(卯:장성)과 해(亥:전초병)의 중간에서 방해와 장애를 공작하고 있다. 을병무(乙丙戊)는 진(辰)이 월살로서 인(寅)과 오(午)의 중간에서 장벽 역활을 하고 있다. 정기경(丁己庚)은 미(未)로서 사(巳:전초병)와 유(酉:장성) 중간에서 차단하고 있는 형상이다. 신임(辛壬)은 술(戌)이 월살로서 신(申:전초병)과 자 (子:중군) 중간에서 애를 태우게 하고 있다. 신자진(申子辰)과 신임(辛壬)은 술(戌)이 월살, 사유축(巳酉丑)과 정기경(丁己庚)은 미(未)가 월살, 해묘미(亥卯未)와 갑계(甲癸)는 축(丑)이 월살, 인오술(寅午戌)과 을병무(乙丙戊)는 진(辰)이 월살이다.

3. 전초병(前哨兵:지살)은 진행의 계획자인데 중군(中軍:장성, 지휘본부)의 지휘연락을 월살(月殺)이란 토성(土城)이 중간에 막고 있어 지휘연락을 못하게 하는 형상이다. 그러므로 중단, 침체, 좌절, 두절이 나타난다.

4. 월살일(月殺日)에는 곡식 파종이나 계란을 안기는 일, 동물의 교미, 가옥건축, 약혼, 결혼식 등을 하지 않는다.

5. 월살(月殺)은 달빛으로 보는데 밤하늘의 달을 쳐다보며 한숨 짓는 고독살로서 무엇인가 앞을 가로막고 있듯이 답답한 생활을 하게 되니 발전이 없다. 명조(命造)에 월살(月殺)과 화개살(華蓋殺)이 함께 있으면 하체 불구자가 되거나 인생행로가 절름발이 신세와 같다.

6. 명조(命造)의 월살(月殺)은 흉하게 보고 대운(大運)의 월살은 먼길 여행에서 등불을 만난 것으로 본다.

7. 애인을 정하려거든 월살인(月殺人)을 택하면 혜택을 받고 금전 부탁을 해도 좋다.

8. 명조(命造)의 기신(忌神) 흉신(凶神)을 충파(冲破)하는 월살유년(月殺流年)은 도리어 기쁨을 얻게 되고 불로소득과 같은 형상이 나타난다.

9. 명조(命造)의 년지(年支)나 일지(日支)가 기신(忌神)인데 유년(流年)에 기신(忌神)인 월살(月殺)을 만나면 모든 일의 중단이 나타난다. 학생은 시험에 낙방, 직장인은 승진이나 영전이 좌절, 중단된다. 연락과 소식은 두절 단절되는 형상이다.

10. 월살(月殺)은 담장, 장벽살이자 침체살이라고 하며 중단을 의미하고 백사를 중단토록 하는 악살이다. 성사가 눈앞에 보이다가도 무산된다.

11. 행년(行年)에 월살(月殺)을 만나면 서류문제, 문서, 보증 등으로 침체를 초래하고 불성되며 일을 뒤로 미루는 보류의 형상이 나타난다. 월살년(月殺年)에는 주로 근심 걱정, 매사에 갈등, 용기 부진, 재수가 없음, 고갈 실패의 운수, 질병에 걸리거나 용두사미의 운세다. 답답한 운세, 발전 없다, 후퇴, 공직자는 좌천, 가택 가정요란, 여자는 남편과 별거, 이혼하려 함, 남에게 이용을 잘 당한다.

12. 월살대운(月殺大運)을 만나면 일명 고적운(孤寂運)으로서 부모형제의 이별이 있거나 고독하며 재물에 손해를 당하는 일이 있다. 타향살이를 하거나 입산수도 하는 수도 있다. 의식

은 족하나 부모로 인한 근심이 있다. 사례금을 받거나 위로금, 하사금을 받는 일이 발생하며 상속을 물려받는 일이 생긴다.

13. 월살(月殺)이 있으면 신경쇠약에 걸리고 자연 공상, 망상을 하며 신기(神氣)가 들기도 하고 몸이 마른다. 여명에 있으면 무녀, 보살, 승려가 되기도 하며, 월살이 2개 있거나 편관과 재(財)가 월살에 해당하면 반드시 무녀(巫女)가 된다.

14. 월(月)은 여자에 비유하므로 여인의 음해를 받거나 여자 때문에 손해를 본다고 하며, 월살이 너무 많으면 육친의 덕이 없고 남편, 아내, 자식과의 인연이 박하고 재취, 재가할 가능성이 있다. 일시(日時)가 월살이면 자식이 다리를 절거나 혹은 자식이 없다.

15. 年에 月殺이 있으면 조상중에 스님이 있었다. 신불(神佛)을 모심, 가내 전통 불안, 관재구설, 태(胎)이면 풍병(風病)온다. 병무생(丙戊生)은 횡액, 되는 일이 없다. 선망(先亡) 조상은 굶주린 영혼이다.

16. 月에 月殺이 있으면 이쪽 저쪽 머리를 써도 되는 일이 거의 없다. 부로 형제 죽음은 걸인의 영혼이다. 부모 스님 신불(神佛)을 좋아함. 조실부모하며 조업실패, 관액이 많이 있다. 타향살이, 사찰생활 경험해 본다.

17. 日에 月殺이 있으면 신기있고 질병, 부부풍파, 처자불길, 혹은 상처한다. 주색주의, 간질이 있고 혀약하며 박력이 없다.

18. 時에 月殺이 있으면 입산 귀의, 여자주의, 패함이 많은 운, 절(絶)이 있으면 풍병(風病)와서 병신되기 쉽다. 효자 자식

거의 없고 자식근심하다 보면 객사자식 영혼귀다. 풍파가 많다.

▶ 망신(亡身)

1. 이 살(殺)은 주로 아우성, 잡음이 많이 들리는 살이며 때로는 신체적 정신적으로 불편을 유발할 수도 있다. 장성(將星)의 전위(前位)에 있는 살로서 군(軍)의 야전병원을 방불케 하는 형상이다. 망신(亡身)은 주로 격전지, 패전자, 임금의 친척, 목욕탕, 화장실, 창고, 전망대, 심신 망신, 부정한 재물이 들어온다. 위법, 부당한 행위, 이성간의 불륜, 수집상, 접객업 등을 나타낸다.

2. 갑계(甲癸)와 해묘미(亥卯未)는 인(寅)이 망신(亡身), 을병무(乙丙戊)와 인오술(寅午戌)은 사(巳)가 망신, 정기경(丁己庚)과 사유축(巳酉丑)은 신(申)이 망신, 신임(辛壬)과 신자진(申子辰)은 해(亥)가 망신이다. 이렇게 인신사해(寅申巳亥)는 적장(敵將:겁살)을 공격하다가 부상당한 아장(我將:장성) 부근의 야전병원에 비유된다. 다시 말해서 투쟁한 전초자(前哨者)로서 구설, 시비, 송사, 투쟁을 직접 나타내는 곳이다.

3. 투기성 이익 제고(提高)는 당일 일진을 기준하여 망신살(亡身殺)방향을 등지고 앉거나 정면응시 자세를 취하면 백발백중 승리하게 된다. 유흥장에서 임시용 파트너를 구할 때는 당일 일진을 기준으로 망신살 방향의 사람을 취해야 한다.

4. 명조(命造)에 망신(亡身)이 있고, 유년(流年)에 충파(沖破)하면 구설이 따르거나 몸의 불편이 나타날 수도 있다. 해(亥)가 망신(亡身:전장)이면 주로 시비 구설 입씨름 신경전이 많고 인체에서는 신장, 방광, 하혈, 두중(頭重)등의 병이 나타날 수 있고, 인(寅)이 망신(亡身:전장)이면 주로 주먹질, 몽둥이 싸움, 머리가 터지는 수가 있고, 집 안밖까지 파급될 염려가 있고 인체에선 사지, 척추신경, 간에 질병이 나타날 수 있다. 사(巳)가 망신(亡身:전장)이면 주로 설전이 벌어지거나 중상모략, 시기와 질투가 있고, 인체에서는 눈병, 심장병, 화상에 주의해야 된다. 신(申)이 망신(亡身:전장)이면 총칼싸움, 교통사고, 시비가 발생하고 인체에선 폐, 기관지, 치아, 뼈의 이상 등이 나타날 수 있다.

5. 망신살(亡神殺)이 있는 사람은 혁명, 데모 등에 많이 가담한다.

6. 망신(亡身)에 흉성(凶星)이 많으면 성품과 마음이 좁고 거짓말과 시비를 잘 하고 주색과 풍류로 송사를 일으키기도 한다.

7. 여명(女命)에게 망신살(亡神殺)의 자식이 있다면 훗날 가문을 더럽히고 불치병 환자가 되거나 패륜아가 되기 쉽다.

8. 알고 지내다 헤어진 애인은 대부분 망신살(亡神殺)띠나 겁살(劫殺)띠다.

9. 외도하는 남편이나 첩이 붙어있는 남편을 귀가시키는 법은 반안살(攀鞍殺) 방향으로 머리를 두고 하체를 망신살(亡神殺) 방향으로 두고 자면서 기다리면 된다.

10. 일지(日支)에 망신(亡身:전장, 시비살)이 있으면 부부의 특

별한 정이 있다고는 볼 수 없다. 동등한 자격과 대우를 주장
한는 형상이니 부부간에 냉전살이라고도 한다. 시지(時支)에
있으면 자녀로 인한 구설이 따르기 쉬우니 자녀교육에 유념
해야 한다. 특히 남명(男命)은 화를 자초하고 처로 인하여
망신을 당한다.

11. 망신살(亡身殺)이 집결된 명조(命造)는 평생을 통해 구설이
많이 따르고 하는 일에 마(魔)가 많이 따른다. 또한 집집마
다 방문하면서 생활해도 별소득이 없는 형상이다.
남녀간에 망신(亡身)이 많으면 고독을 느끼게 되고 항상 분
주하면서도 결말이 나지 않는 형상이다. 정조관념이 희박한
사람이 많다.

12. 망신살(亡神殺)이 명조(命造)에서 원진(怨嗔)을 만나면 동성
연애나 근친혼을 하는 경우가 있다. 일시(日時)에 모두 망신
(亡身)이 있으면 부모를 극한다.

13. 망신살(亡神殺:전장)이 일지(日支)와 합(合)되면 남보기에
싸우는 것과 같으나 내정이 합치되니 안으로는 화해가 서로
따르고 있다. 싸우고 벗삼는 형상이 된다.

14. 일주(日主)가 강한 체(體)와 격(格)을 구비하였다면 유년(流
年)의 월살(月殺)과 망신살(亡神殺)을 만났다고 하더라도 적
을 항복시키는 형상이니 귀명이라 할수 있다.

15. 망신(亡身)은 장담을 잘 하고 말과 교제에 능하고 기민성이
있으며 장년에 발전한다. 흉신(凶神)이면 경거망동으로 화를
초래하고 시비를 좋아하므로 송사와 관사 많다. 망신(亡身)
은 칠살(七殺)을 만나면 화가 가볍지 않다. 칠살과 망신이

협공(夾拱)되면 심난행(心難行)이다. 망신(亡身)은 겁살상 (劫殺上)의 간재(干財)를 보면 축재하여 대부(大富)가 되고 극전(剋戰)하면 먹고 사는데 고생한다.

16. 망신건록(亡身建祿)이면 문장이 특출하고 농담과 언변에 능하다. 식신망신(食神亡身)이면 언어가 잡다하고 문장이 특출하며 농담에 능하고 화술로 화와 시비를 초래한다. 여자는 어려움이 많다. 망신장생(亡身長生)이면 소년, 조년에 이름을 드날리고 발달한다. 망신공망(亡身空亡)이면 허세와 허욕이 많고 타인을 많이 괴롭힌다. 망신칠살(亡身七殺)이면 조업을 파하며 관송(官訟)시비가 많고 형처극자(刑妻剋子)하며 부모에게 욕을 입힌다. 망신임관(亡身臨官)이면 관성(官星)이 희신(喜神)이라면 헌(軒)을 타는 귀관(貴官)이요, 악귀(惡鬼)면 주색을 탐한다. 역마망신(驛馬亡身)이면 기신(忌神)이라면 교통사고, 여행중에 재액, 길신(吉神)이면 외교에 능하다. 재성망신(財星亡身)이면 희신(喜神)이라면 처로 인하여 치부하고, 기신(忌神)이면 여자나 처로 인하여 화가 이른다.

17. 부장망신(富藏亡身)은 세(歲)가 망신(亡身)을 극할 경우인데 타인을 제압하여 성공 축재한다. 부모망신(父母亡身)은 망신생왕(亡身生旺)이고 세(歲)를 생하는 경우 재관성(財官星)이면 부귀를 주도한다. 아녀망신(兒女亡身)은 망신이 녹귀(祿貴)를 띠고 세(歲)를 생하면 부명(富命)이다.

18. 망신년(亡身年)에는 주로 이성의 망신, 재물의 망신, 명예의 망신, 계획이 수포로 돌아감. 강건한 활동적인 운세, 색정

난, 구설수, 실물, 투기, 노름, 투자 실패, 여자는 생남, 산부인과에 출입이 많음, 횡액수, 여성은 자궁병 조심, 불측의 재해가 일어난다.

19. 태세(太歲)가 망신(亡身)이고 길신(吉神)이 되지 못하면 비리가 속출하고 시비, 구설이 많고 관재구설, 송사시비 등의 불합리한 일이 발생한다.

20. 망신대운(亡身大運)을 만나면 일명 패전살(敗戰殺)로서 사업의 실패, 가정에 불행, 관재구설, 패가망신, 꾀하는 일의 불성, 목숨에 위험, 재산의 몰락 등이 우려된다. 집에 있으면 근심 걱정이 있고, 타향에 나가면 불행을 면할 수도 있다. 부모형제의 상을 당하는 일도 있다. 퇴직금, 사례금, 위로금, 상속금, 보상금 등을 받는 일이 발생하기도 한다.

21. 망신살(亡身殺)이 길신(吉神)이면 성격이 준엄하고 모략이 교묘하며 투쟁을 좋아하고 승리하며, 흉신(凶神)이면 성격이 좁고 경박하며 망상적이며 바람을 피운다.

22. 망신살(亡神殺)이 1개면 성격이 기밀하나 부모 재산을 털어먹기 쉽고, 2개면 결단력이 풍부하며, 3개면 망명을 하거나 감금당해 보며 사형을 당하는 자도 있다.

23. 망신(亡身)과 겁살(劫殺)이 겹치면 단명하고, 망신과 겁살이 삼형(三刑)을 띠면 가정불화하거나 중이 되며, 망신과 겁살이 생일(生日)에 임하면 극처한다. 망신과 겁살이 구교살(句絞殺)을 동반하면 교활하고 사기성이 있다.

24. 年에 亡身이 있으면 조부모님 후처나 첩살이, 서자 출신, 관대(冠帶)나 제왕(帝旺)이면 백액이 소멸된다. 장생(長生)이

면 귀인 많이 있다. 일찍 타향고생, 선대의 유업은 광풍에 몰락하고 객사하기 쉽다.

25. 月에 亡身이 있으면 자당님이 후처나 첩살이, 부모형제, 온전하지 못하고 여러번 변동수와 객사혼이 왕래하니 집안이 불안하다. 장생(長生)이면 귀인이다. 삼형살(三刑殺)이 있으면 형액이 있다. 감옥에 가 본다.

26. 日에 亡身이 있으면 부부지간 이별하고 또 다시 바뀌지며 잡객 귀신 왕래하여 배우 인연이 많으며 처궁이 불미하다. 만혼이 좋다. 낙상을 주의하라. 정신이 혼탁하니 신경질 주의하라.

27. 時에 亡身이 있으면 재산탕진, 자식연애, 말년에 한탄할 일이 많고 괴이한 일이 많은 반면에 청춘귀가 왕래하니 가정이 불안하다. 고독하며 외실하게 보이지만 내허하다. 중후(中後)태평, 자립성공 하게 되지만 첩을 거느리거나 여자로 망신당해 보는 일이 있다.

▶ **장성(將星)**

1. 이 살(殺)은 양간(陽干)의 왕지(旺地)와 음간(陰干)의 생지(生地)에 있다. 삼합국(三合局)에서는 중위(中位)에 있으니 총지휘 본부가 되는 곳이며 본 진영의 총사령관이 되는 곳이다. 자오묘유(子午卯酉)로서 자기권의 중심지지다. 갑계(甲癸)와 해묘미(亥卯未)는 묘(卯)가 장성(將星)이고, 을병무(乙

丙戌)와 인오술(寅午戌)은 오(午)가 장성이고, 정기경(丁己庚)과 사유축(巳酉丑)은 유(酉)가 장성이고, 신임(辛壬)과 신자진(申子辰)은 자(子)가 장성이다. 장성(將星)은 주로 충신, 장수, 내무장관, 최고 권위자, 보일러, 연료 탱크, 부엌, 베란다, 장독대, 공무원, 조용하고 순한 직장, 문관, 조용한 곳, 도둑 침입로, 중간 도매업, 중개업 등을 나타낸다.

2. 갑계일주(甲癸日主)는 묘(卯)가 장성(將星)이니 주재자(主宰者)요, 자(子:도화)는 포로된 형상이니 시녀역을 당하고 오(午)는 길잡이 노릇을 하는 마부(馬夫:육해)가 된다. 정기경일주(丁己庚日主)는 유(酉)가 주재자가 되고, 오(午)는 시녀요. 자(子)는 마부가 된다. 을병무일주(乙丙戌日主)는 오(午)가 주재자가 되고, 묘(卯)는 시녀요 유(酉)는 마부가 된다. 신임일주(辛壬日主)는 자(子)가 주재자가 되고 유(酉)는 시녀요. 묘(卯)는 마부가 된다.

3. 어느 물체의 존재도 과거, 현재, 미래가 있듯이 모든 생물은 시(始) 중(中) 말(末)이 있어서 보이지 않았던 세계에서 나타나 살고 있는 세계가 있고 없어지는 세계가 다르다. 인신사해(寅申巳亥)는 보이지 않는 곳에서 근기를 조정하고 있으며 자오묘유(子午卯酉)는 현재에서 본연의 생태를 주도하고 있으며 진술축미(辰戌丑未)는 생존이후를 주도한다. 장성(將星:아장)은 생명체의 존재를 주도한 지휘권적인 행동의 주된 힘을 말한다.

4. 일반적으로 장성살(將星殺)이 명조(命造)에 두개 이상있는 남자는 군인으로서 명성이 있으며 사병일지라도 군생활에 평안을 누릴 수 있고 군대생활을 전연 하지않은 사람도 많다. 여명(女命)은 자오묘유(子午卯酉)가 두개이상 있으면 생활전선에 직접 뛰어든 사람이 많고 집 안밖에서 자기 영역을 구축하는 사람이 많다. 장성(將星:아장)이 되지 못한 자오묘유(子午卯酉)가 많으면 신병(神病)이 나타나서 항상 자신의 몸을 무겁게 하며 심하면 병명을 모르는 귀신병같은 형상이 나타나고 불안한 가정을 만들기도 한다.

5. 여명(女命)의 장성살(將星殺)은 여자가 총칼을 찬 격이라서 남편을 형극(刑剋)하기 쉽고 지나치게 이론이 강하여 타협치 못하고 고독을 자초한다.

6. 장성살(將星殺)과 반안살(攀鞍殺)을 겸하면 목석같은 여성이니 석녀(石女)가 된다.

7. 장성살(將星殺)에 해당되는 딸은 외동딸이거나 학업중단의 경험이 있다. 장성살에 해당하는 아들을 두게되면 모든 일이 풀리고 좋아진다.

8. 위기에 처했을 때 구해주는 사람은 장성살(將星殺) 띠의 사람이다. 남녀교제 할 때 장성살 띠의 사람과 교제하면 막혔던 일이 순조롭게 풀린다.

9. 명조(命造)에서 장성(將星)이 강하고 월지(月支)에서 돕고 있으면 적병(재살, 습격자)과 적장(겁살)은 일전을 못하고 항복하니 내가 승리하는 기쁨을 얻는다. 장성은 월지에 있는것이 최상이고 일간 자체는 자기 생활권으로 대운(大運:환경)이 전

개되어야 한다. 장성(將星:아장)이 월지(月支)에 있고 강체로
서 자기 생활권으로 살아가는 명조(命造)가 자오묘유(子午卯
酉)로 균형을 이루고 있으면 대귀하고 대권을 잡고 국가사회
를 영도해 가는 인물에 비유한다.

10. 장성(將星:아장)이 인성(印星)이면 식록을 해(害)하는 형상
이나 외곬학문에 진취하는 경우가 많고 특출한 자기 학문을
만들 수도 있는 인물이다.

11. 장성살(將星殺) 부부에게 장성살의 자식이 태어나면 부부가
헤어지거나 별거하기 쉽다. 장성살(將星殺)자와 역마살(驛馬
殺)자가 같이 살면 휴직사태가 벌어진다.

12. 보통 동토(動土)가 나면 부작을 장성살 방향에 붙여야 한다.
장성(將星) 방향에 통하는 문이 있는 학성은 공부를 못한다.
장성방향의 문을 막아버려야 된다. 남자가 맞선볼 때 장성
(將星) 색상의 옷을 입으면 혼인이 깨어진다. 장성색상이란
신자진생(申子辰生)은 흑색, 사유축생(巳酉丑生)은 백색, 인
오술생(寅午戌生)은 적색, 해묘미생(亥卯未生)은 청색을 말
한다.

13. 장성(將星:아장)이 비겁(比劫)이면 형제 및 자신에게는 귀권
(貴權)이 있으나 부부간에는 떨어져 사는 경우가 많다. 장성
(將星:아장)이 식상(食傷)이면 식록이 많고 또한 계속성이
다르고 있으며 항상 화애한 기운과 명랑성이 있어서 주변사
람을 편안하게 하는 형상이다. 장성(將星:아장)이 재성(財
星)이면 부유하고 처복, 남편복이 있고 항상 너그러운 포용
력을 갖고 있다. 장성(將星:아장)이 관성(官星)이거나 관성

과 동주(同柱)하고 자기 생활권으로 살아가면 군인으로나 경찰간부로 혹은 행정직에서 장(長) 자리에 있는 인물이 된다. 장성(將星:아장)이 인성(印星)이거나 인성과 동주(同柱)하면 이름난 교육가, 학장, 총장 등의 학자로서 명성이 높은 인물이 많고 흑백과 공과 사를 분명히하는 지도자적인 인물이다.

14. 장성(將星)은 월지(月支)가 최고 좋고, 그 다음은 일지(日支)가 좋고, 시지(時支)에 있으면 자녀운이 길경(吉慶)하고 대권을 잡을 터전을 조성한다.

15. 장성년(將星年)에는 주로 자기 주관, 명예욕망, 번영, 승진, 강한 운기의 활동력 운세, 이동, 출장, 외국출입, 나라와 민족 혹은 가정과 가족을 위하여 전쟁이나 직업전선에 나간다. 여자는 남자 대리 역할로 가정과 자식을 위해 직업 전선에 나간다.

16. 장성(將星)은 정의감이 강하며 고집이 세고 강직하여 남에게 굽히기 싫어하며 자존심이 강하다. 지배욕이 강하여 문무겸전으로 타의 길신(吉神)과 겸한 가운데 사주 배합이 길하면 군경으로 출세한다.

17. 장성(將星)이 있고 신왕(身旺)하면 많은 사람을 거느리고 살며, 여명에 상관이 장성에 해당하면 고집이 세서 남편을 거느리고 살거나 이별하게 된다.

18. 태세(太歲)가 장성(將星)이고 길신(吉神)이 되지 못하면 지휘자가 통솔력을 잃은 형상으로 진행노선을 잡지 못해 방황하는 형상이 나타나고 꾀하는 일이 잘 될 듯 하지만 결과는 허무하게 된다.

19. 장성대운(將星大運)을 만나면 일명 충장신(忠將臣)으로서 관직인, 직장인은 승진 승급하고, 학생은 반장, 실장, 회장이 되고 혼기에 남녀는 좋은 배우자를 만나고 사업가는 자금이 넉넉하게 영업이 잘되어 입신양명하게 되니 의식이 풍족하고 가정이 화목하여 만사형통하게 된다. 군인이나 외교관은 공명을 세우고 출세한다.

20. 년(年)에 장성(將星)이 있으면 조상에 상위 권력가. 제왕(帝旺)이면 집권하여 만리까지 명성이 있다. 군인이 길하다. 목욕(沐浴)이면 손재 많다.선대조상은 전사함이 분명하다.

21. 월(月)에 장성(將星)이 있으면 부모가 권력가. 형제덕이 없다. 문무가 뛰어나서 손에 병권을 잡지만 부모형제는 전쟁터에서 총사했다. 극부(尅夫)한다. 어질고 영화있다. 사법관으로 진출하면 생사여탈권을 잡는다.

22. 일(日)에 장성(將星)이 있으면 자신이 권력가. 관록이나 사업대성. 잘못되면 깡패 해결사. 비록 명예는 있다하나 흉중에 근심이 있고 부부지간에 별거 이별한다. 처덕이 크다.

23. 시(時)에 장성(將星)이 있으면 대인은 녹을 더할 것이요. 소인은 길할 것이나 자식이 나라에 충성하며 권력가이다. 말년에 끗발 있다. 문무 겸비하여 특출하므로 소년에 등과한다.

▶ **반안(攀鞍)**

1. 이 살(殺)은 장성(將星) 다음 지지에 오며 항상 장성(將星)을

보필하고 편안하게 협조하는 지지다. 장성(將星)이 타는 말의 안장과 같은 형상으로 비서실장, 경호실장, 비서관, 경호원 등으로 볼 수 있고 출행하는 일에 없어서는 안될 살이다. 그러므로 갑옷, 무장 등의 출사에 필요한 물건이라고 할 수 있다. 반안(攀鞍)은 주로 철갑의(鐵甲衣), 내시, 희망살(希望殺), 금가마, 등의자, 옷 걸어두는 곳, 금고, 보석함, 장롱두는 곳, 방석, 시장, 파출소, 사대부(士大夫)가정 표시, 부속상, 의류상, 장신구 등을 나타낸다.

2. 갑계일주(甲癸日主)와 해묘미생(亥卯未生)은 진(辰)이 반안(攀鞍)이요, 을병무일주(乙丙戊日主)와 인오술생(寅午戌生)은 미(未)가 반안이요, 신임일주(辛壬日主)와 신자진생(申子辰生)은 축(丑)이 반안이다.

3. 장성(將星)이 반안(攀鞍)과 역마살(驛馬殺:발동, 병마)이 오면 완전하게 새롭게 출전하여 뜻을 제대로 이룰 수 없고 후퇴를 거듭하나 음간(陰干)은 그 중에서 즐거움이 따른다. 갑의(甲衣:반안)는 장성(將星)과 함께 명조(命造)에 있으면 충지(沖支)를 두려워하지 않는다. 충지(沖支:천살, 상제)는 출전을 하지 못하도록 말려주는 형상이나 장성(將星)과 연좌한 갑의(甲衣)는 두려움이 없다.

4. 갑의(甲衣)는 참모(화개)에 파를 당하는 곳이다. 즉 갑의(甲衣)는 경호실장이고 항상 장성(將星)과 동거동락하다시피 하고 있으나 참모장은 싫어하는 것이며 내부의 마찰이 나타날 수 있는 곳이다. 참모장(화개)은 경호실장을 항상 파할려고 하고 속으로 암투가 싹트고 있다. 아장(我將:장성)을 보필한

갑의(甲衣:반안)는 자신의 부위인 육신(六神)에 따라서 작용
은 달라진다. 또한 유년(流年) 참모(화개)와 싸우지 않아야
한다.

5. 식구중에 반안살(攀鞍殺)띠가 있으면 부리기 쉬운 사람이요,
   부담이 안가는 사람이다. 입이 무겁고 속이 깊어 마음을 털어
   놓고 애기할 수 있는 상대다.

6. 자금줄을 구할려면 반안살(攀鞍殺)띠를 찾아야 된다. 부하를
   찾을 때도 역시 반안살 띠가 좋다. 자금을 숨길 때도 반안살
   사람에게 의뢰하면 좋다. 잠을 잘 때 머리를 반안살 방향으로
   두고 자야 사업이 잘 되고, 직장인은 승진이 순조롭고 학생은
   성적이 오르고 혼기에 접어든 사람은 혼인길이 열리고 건강하
   다.

7. 판사, 검사, 회계사, 박사, 석사 등의 학위 취득 시기는 반안
   살(攀鞍殺)년월에 가능하다. 아들을 잉태하려면 남자의 생년
   을 기준으로 반안살 방향으로 머리를 두고 자며 될 수 있으면
   새벽에 부부관계를 해야 한다.

8. 비록 아장(我將)이 임명한 경호실장(반안)이지만 유년(流年)
   참모(화개)는 군(君)으로서 강한 힘과 재량을 쥐고 있으므로
   거역하면 결국 경호실장을 파한다. 아장(我將:장성)도 경호원
   을 두둔하고 군(君:유년)에 거역을 나타내면 결국 낙마지상
   (落馬之像)이 되고 만다.

9. 갑의(甲衣:반안)가 관(官)이면 직업이나 자녀궁에서 발생한
   다. 갑일주(甲日主)가 진년(辰年)을 만나면 고집이 센 경호실
   장의 장난으로 인하여 적반하장격이 된다. 계일주(癸日主)가

진년(辰年)을 만나면 새로운 기틀이 확보되고 여식이 발전을 얻을 수 있고 모든 일이 순조롭게 풀린다. 임일주(壬日主)가 축(丑)을 만나면 크게 괴로움을 주지 않지만 발전에 제동역활을 한다. 정기일주(丁己日主)는 술(戌)이 갑의(甲衣)가 되어 모든 일을 순조롭게 뒷받침하고 어려운 일이 없도록 협조한다. 경일주(庚日主)는 술(戌)이 갑의(甲衣)로서 크게 협조는 없고 도리어 약화시키는 작용을 일으키고 도식(徒食)을 유발할 수 있는 가능성이 너무 많다. 을일주(乙日主)는 미(未)가 갑의(甲衣)요 재성(財星)으로서 길경(吉慶)하고 대권을 잡을 수 있도록 협조가 크다. 병일주(丙日主)는 미(未)가 갑의(甲衣)요 상관(傷官)이지만 활동의 무대를 넓혀주고 주변의 협조가 돈독해진다. 무일주(戊日主)는 미(未)가 갑의(甲衣)요 겹재(劫財)가 되지만 재물을 더욱 성하게 하고 모든 일에 협조를 이룬다. 그러나 을축(乙丑), 병자(丙子), 무자일주(戊子日柱)는 안으로 고민이 발생하고 가내에 환자가 발생하거나 복잡함을 나타낸다. 무기토(戊己土)는 토(土)가 많은 명조(命造)에서 갑의유년(甲衣流年)을 만난 것을 기쁘게 생각하지 않는다.

10. 반안년(攀鞍年)에는 주로 취직, 승진, 번영, 출세, 문서를 잡는 건 등의 길운이다. 대운(大運), 세운(歲運)에 오면 지대한 복록을 받는다. 신규사업, 건축, 시험공부 시작하는 운, 웃어른의 우환 질병 및 상복수, 장롱, 냉장고, 세탁기, 피아노, 컴퓨터 등의 장만 운, 노력하면 소원성취한다.

11. 반안대운(攀鞍大運)을 만나면 일명 출세운으로서 주로 상업

인은 돈을 벌고, 봉급자는 승진하며, 학생은 학업성취하여 출세하고 학위도 받게 된다. 어진 배우자를 만나고 자손의 영화가 있으며 재수형통하여 집안일이 편안하고 모든 일이 새로워진다.

12. 태세(太歲)가 반안(攀鞍)이고 길신(吉神)이 되지 못하면 새로운 각오로 진행하려고 하지만 어려운 상태가 닥친다. 처음은 될듯 될듯 하지만 성사가 잘 안된다. 안으로는 병고를 면치 못한다.

13. 반안(攀鞍)이 관성(官星)이고 장성(將星)이 더 있으면서 희신(喜神)이면 반드시 고관이 된다. 반안이 인성(印星)이면 교육 계통에서 출세하고, 역마(驛馬)와 같이 있으면 주위는 있어도 항상 분주하고 일이 많아 불안정한 삶을 산다.

14. 반안(攀鞍)은 총명하고 글재주가 뛰어나나 욕심이 적고 현실에 적응력이 약해 경쟁사회에서는 남에게 뒤떨어질 가능성이 있다.

15. 반안(攀鞍)이 천을귀인(天乙貴人)과 같이 있으면 국가 고시에 일찍 합격한다. 사주 배합이 잘 된 사람은 사법, 행정, 외무, 회계사등에 합격하고 국가 주요 부서에 근무한다.

16. 年에 攀鞍이 있으면 조상이 참모급 벼슬, 관록 대길, 진생(辰生)이면 관액있고 횡액도 있다. 조상과 부모의 덕으로 일평생 영화를 누린다. 선산의 덕이 있다.

17. 月에 攀鞍이 있으면 부모가 참모급 벼슬, 도처에 이름이 드날리며 관운이 많고 부모형제와 안락 화목하리라. 관직이 아니면 평생 고생한다. 자손영화가 있다. 인품이 중후하고 존

대를 받는다.

18. 日에 攀鞍이 있으면 처궁이 좋다. 부자도 가난도 아니니 부부지간 금슬이 좋고 안락하다. 천을귀인(天乙貴人)이 있으면 소년등과한다. 성질이 유순하다. 축생(丑生), 술생(戌生)은 부부궁에 액이 있다.

19. 時에 攀鞍이 있으면 40세를 전후하여 대액이 있다. 부자가 된다. 앞뒤로 처첩이니 자식이 많은 격이라 말년에 평탄하리라. 천을귀인(天乙貴人)이 있으면 자손으로 인한 영화가 있다. 화개살(華蓋殺)과 함께 있으면 기술자로 대성한다.

▶ 역마(驛馬)

1. 이 살(殺)은 군마(君馬:지살)를 충(沖)한 지지다. 또한 삼합국(三合局)의 수위(首位)를 충(沖)한 지지로서 계획 변동이 발생하고 방향의 진로에 어둠이 깔리는 형상이 나타나고 퇴보하게 하는 형상도 발생한다. 역마살(驛馬殺)는 주로 이동마(移動馬), 외무장관, 문공장관, 전차, 자가용, 모든 통신문, 무선, 전축, 텔레비젼, 라디오, 녹음기, 컴퓨터, 수도, 차고, 자동차, 비행기, 뉴스, 정기 간행물 놓아 두는 곳, 문(門)공장, 소방로, 우편물, 집배원, 도매업, 청부업, 운송업, 돌아다니는 것 등을 말한다.

2. 역마살(驛馬殺)은 길사(吉事)변동과 흉사(凶事)변동이 있다. 갑일주(甲日主)는 사(巳)가 역마인데 좋은 변동은 되지 못하

고 아랫사람으로 인한 반발을 받고 변동하니 흉사(凶事)가 발생한 변동이다. 계일주(癸日主)는 사(巳)가 역마인데 길사(吉事)변동으로 재물과 직업에 길사가 전개된 변동이다. 을병무(乙丙戊)는 신(申)이 역마인데 모두 후퇴할 준비를 갖춰야 한다. 내실을 더욱 바라며 다가올 병부살(病符殺:육해)을 의식해야 한다. 정기(丁己)는 해(亥)가 역마인데 양권월지(陽圈月支)에 출생하였다면 고역(苦役)의 변동이 나타나고, 음권월지(陰圈月支)에 출생하였다면 길경(吉慶)하다. 경일주(庚日主)는 백방으로 조심해야 한다. 낙마, 골절의 형상으로 중도에 하차하는 변동의 흉사가 발생할 수 있으니 도액을 하라. 신임(辛壬)은 인(寅)이 역마인데 양권월지(陽圈月支)나 일지생(日支生)은 변동에 자신이 있고 음권월지(陰圈月支)나 일지(日支)인 자는 외형을 축소하고 몸조심을 해야 한다.

3. 유년(流年) 역마살(驛馬殺)이 월지(月支)를 충(沖)하면 환경의 변화가 발생하고 월지(月支)가 관(官)이면 직업의 변화요, 인(印)이면 문서, 서류, 부모급의 문제요, 재성(財星)이면 처궁 또는 금전문제요, 식상(食傷)이면 자기 활동의 범위 또는 자녀 등의 변동이 발생한다.

4. 역마(驛馬)는 절대 자기권의 역마가 되어야 하고 자기권으로 환경이 조성된 명조(命造)는 천리를 달릴 수 있는 준마로서 직업적인 면에서 승전마라고 할 수 있다. 역마(驛馬:병마)가 자기권의 반대편에서 살고 있다면 항상 적군과 내통한 형상이며 패전을 면치 못하고 항상 쫓겨 다니는 말과 같다. 그러므로 주거불안을 초래하고 심신의 안정을 기할 수 없다.

5. 유년(流年)에 역마(驛馬)를 만나고 또다시 월운(月運)에 망신마(亡身馬)를 만나면 관사(官事)로 인하여 놀랄 일이 발생하고 가내 불안의 요소가 된다. 명조(命造)에서 역마가 공망(空亡)되거나 사묘절지(死墓絶地)에 있으면 노는 휴마(休馬)에 불과하고 십이운성(十二運星)에 의한 사마(死馬), 병마(病馬), 녹마(祿馬)가 있다.

6. 역마살(驛馬殺)이 정관(正官), 인수(印綬), 식신(食神), 정재(正財)와 함께 있으면 좋고, 편관(偏官), 편인(偏印), 겁재(劫財)와 같이 있으면 인격이 떨어지고 동분서주하고 고생한다. 재(財)에 역마가 임하면 외국여성과 연애하거나 기차나 버스 안에서 여자를 사귄다.

7. 역마(驛馬)에 해당하는 자녀나 손자가 출생한다면 반드시 가문이 크게 번창한다. 집안에서 관재구설로 옥고를 치룬 사람이 있다면 역마살에 해당하는 사람이다.

8. 역마(驛馬)가 형충파(刑沖破)되면 요행심이 많으며 떠돌이 장사꾼과 같은 행상마(行商馬)에 불과하다. 그러나 역마가 균형을 이루고 있는 남명(男命)은 의외로 발전을 얻는다. 역마(병마)가 녹마(祿馬)나 귀인마(貴人馬)가 되면 병마 절도마(節度馬)와 같은 형상으로 이름난 수송관이라고 할 수 있으니 명역장(名 驛長) 명군수관(名軍輸官)이 된다.

9. 정기(丁己)의 해역마(亥驛馬)는 귀인마(貴人馬), 을(乙)의 신역마(申驛馬)는 귀인마(貴人馬), 계(癸)의 사역마(巳驛馬)는 귀인마(貴人馬)로서 명성이 장구(長久)하는 역마다. 갑(甲)의 사역마(巳驛馬)는 병마(病馬), 임(壬)의 인역마(寅驛馬)는 병

마(病馬), 병(丙)의 신역마(申驛馬)는 병마(病馬)로서 가내 환자가 우려된다. 그러므로 병신일주(丙申日柱)의 역마는 일명 대패마(大敗馬)로서 남녀간에 부부불안이라 떨어져 살거나 병마에 시달린 부부상을 만들고, 임인일주(壬寅日柱)는 일명 절로마(截路馬)로서 부부생활에 가까우면서도 가깝지 않은 상태를 조성할 수 있으니 주의해야 한다. 경(庚)의 해역마(亥驛馬)는 호마(好馬)는 되지 못하고 파란에 시달린 역마로서 가정생활에는 많은 애로가 속출되며 재운을 파하는 형상이다.

10. 명조(命造)의 역마(驛馬)가 고신(孤神), 과숙(寡宿), 상문(喪門), 조객(弔客)과 동주(同柱)하면 고향을 등지는 일이 많고 승도(僧道)나 거마행상자(車馬行商者)가 많다.

11. 유년(流年)에 귀인역마(貴人驛馬)나 생지역마(生地驛馬)가 되지 못하면 학업에 장애를 일으킬 수 있고 노년에 귀인역마나 생지역마가 되지 못하면 풍기(風氣)로 앓게 된다.

12. 자자(子子)의 이장(二將)에 인마(寅馬)는 두 장군이 함께 한 마리 말에 타는 형상으로 절마(折馬)라 하고 다리에 이상이 발생할 수 있으니 조심해야 한다. 유유(酉酉), 오오(午午), 묘묘(卯卯)등 이삼승(二三乘)하면 역마는 무력하여 다리병에 걸리기 쉬우며 병마년(病馬年)에는 더욱 조심해야 한다.

13. 인신사해(寅申巳亥)는 역마(驛馬)지지로서 해수역마(亥水驛馬)는 수상해마(水上海馬)로서 배다. 선원으로 재주와 기술이 있고, 인목역마(寅木驛馬)는 야마(野馬)로 소, 돼지, 염소, 개, 닭 등 가축 농장이요, 농수산물의 운반이나 영업을 해보고, 사화역마(巳火驛馬)는 도로마(道路馬)로서 거마(車

馬), 자동차요, 항공사로서 재주와 기술이 있고, 신금역마
(申金驛馬)는 중앙금마(中央金馬)로서 자동차, 버스, 기차,
기계 기관사, 정비사, 카센타 등을 하는 사람이 많고 항시
바쁜 사람이다.

14. 명조(命造)에서 토(土)와 근합(近合)된 역마(驛馬)는 토목
업, 토목공사, 중장비, 석공업 등에 종사하는 사람이 많고,
특히 갑목(甲木)과 연결되어 있는 역마는 토지정리, 농장경
영을 하는 사람이 많다. 여하튼 역마는 움직인다는 뜻으로
복잡성을 나타내고 계속적으로 진행하는 상태에 비유되고 항
상 주거가 일정치 않는 직업이 따르게 되니 자동차 운수업에
종사하는 사람을 많이 보게 된다.

15. 마부(馬夫:육해)없는 역마(驛馬)는 자동차를 자기가 몰고 다
닌다. 앞 자인 반안은 안장이요, 뒷 자인 육해는 마부요 운
전사다. 역마는 성벽(월살)이 있으면 가지 못하고 가더라도
사고다. 역마는 속진(速進) 가속을 의미하고 이동 여행을 뜻
한다. 역마는 사절(死絶)이면 병마(病馬)로 역마구실을 못하
고 역마는 생왕(生旺)해야 길하고 휴수(休囚)되면 병사마(病
死馬)다. 역마는 공망(空亡)이면 휴수(休囚)인데 합충(合沖)
이면 기마(起馬)한다.

16. 역마와 합년(合年)이 오면 이동, 변동이 있고 길신(吉神)이
면 속발(速發)한다. 역마길신(驛馬吉神)이면 외국왕래, 활동
력이 강하고 동분서주하며 외교성이 강하다.

17. 일마(一馬)에 이삼인(二三人)이 타면 도중에 유고(有故)다.
예를들면 인(寅)에 사사(巳巳)와 같은 경우이다. 역마길신

(驛馬吉神)이 합하면 영전, 승진, 변혁으로 복이 온다. 소년역마(少年驛馬)는 학마(學魔)요. 노년역마(老年驛馬)는 중풍, 신경통 등의 질병이다. 역마관부(驛馬官符)면 관재, 신병, 사고다. 역마흉신(凶神)은 평생 분주다사하고 결과는 없으니 식소사번하다.

18. 역마는 삼합(三合)이 합이 아니요. 충마(冲馬)가 되고 역마삼합(驛馬三合)에 형충파(刑冲破)면 삼마(三馬)가 충돌하니 합동교통사고다. 예를들면 인오술생(寅午戌生)은 신역마(申驛馬)인데, 일마(一馬)에 삼인합(三人合)의 경우와 같은 것을 말한다.

19. 임계시(壬癸時)인 역마는 강을 못건너서는 마부(馬夫)로 패마(敗馬)라 한다. 여명(女命)에 역마와 도화가 동주하면 서방을 버리고 화류계로 나간다. 역마는 일시마(日時馬)가 가장 좋다. 생마(生馬)는 늙어서 효력있고, 왕마(旺馬)는 장중년에 영달하고, 고마(庫馬)는 소년에 영화한다. 역마가 반안, 육해, 도화 등을 대동이면 국빈외교다. 관성역마(官星驛馬)면 교통관리, 철도, 교통부 소속 외무관·외교관이요, 재성역마(財星驛馬)면 운송, 교통사업, 재물이 속발(速發) 된다. 식신역마(食神驛馬)면 활동, 외교무역으로 입신출세한다. 편인역마(偏印驛馬)면 행상, 외무원, 수금원 등의 천업이다. 칠살역마(七殺驛馬)면 고기(古基) 이별, 조별이향(早別離鄕), 교통사고. 뜻이 높고 웅지를 품으나 불성된다. 역마가 화개(花蓋)를 동주하면 비서를 대동하고 다닌다.

20. 역마살년(驛馬殺年)에는 주로 이동, 이사, 변동, 해외여행, 이민, 분주다사, 환경변화, 지살(地殺)과 충(冲)이나 삼형살(三刑殺)이 되면 교통사고, 관재 구설, 부상, 수술, 이별, 별거, 이혼 등의 흉운이 따른다. 동분서주해도 별로 소득이 없다. 가족 위해 뛰다보니 신병이나 객지 생활도 하게 된다.

21. 태세(太歲)가 역마(驛馬)이고 길신(吉神)이 되지 못하면 계획부터 사기에 걸려든 형상과 같다. 시종 합당치 못한 불안 속을 헤매이며 결과가 좋지 않게 끝나는 형상이다. 천을역마(天乙驛馬)면 외교관, 대사관, 국빈, 영사관이다. 망신역마(亡神驛馬)면 관재, 사고, 가내불안, 구설이다.

22. 역마대운(驛馬大運)을 만나면 일명 이동마(移動馬)로서 이동, 이사, 변동, 해외출입이 빈번하게 되고, 군자는 대업을 성취하고, 소인은 고향을 떠나 사방을 여행하는 일이 있다. 관리는 승진하고, 상인은 횡재하리라. 말년과 초년의 역마운은 불리하다. 장기수는 감옥에서 석방되고, 대운, 세운, 월운이 함께 역마를 상충(相冲)하면 교통사고를 당한다.

23. 年에 驛馬가 있으면 함지(咸池)에 충(冲)이면 타관객사 공망(空亡)이면 거주불안, 부모 근심많고 무덕하다. 상처하는 수도 있다. 고향 땅을 이별, 타향 땅에 살 팔자. 선친의 죽음사는 객사이다.

24. 月에 驛馬가 있으면 성품이 순수 온후하여 관으로 성공한다. 그러나 관록과 부(富)를 일으키지 못하면 허송세월한다. 사업으로 득재하나 부모 형제 원혼신은 객사고가 분명하다. 양처(兩妻) 팔자이다. 객지 풍파, 초년 고생.

25. 日에 驛馬가 있으면 본 배필은 이별하고 양손에 술병들고 슬퍼하는 객사 영혼 달랠길이 막연하다. 처궁에 풍파, 장사로 재물을 얻는다. 금슬이 안좋다. 양모(兩母)팔자이며 재혼팔자이다. 풍류와 돌아다니기를 좋아한다. 고로 가끔 이성문제 염문을 풍긴다.

26. 時에 驛馬가 있으면 분주, 풍파 많다. 장생(長生)이나 관대(冠帶)가 사주에 같이 있으면 대관(大官), 대성하여 출세한다. 양방(兩房)에 자식 낳아 경사는 좋다마는 타향에서 나를 찾으니 청춘 객사귀가 분명하다. 정신적 안정이 어렵다.

▶ 육해(六害)

1. 이 살(殺)은 십이운성(十二運星)으로 양간(陽干)은 사지(死地)요, 음간(陰干)은 절지(絶地)에 속한다. 년살(年殺:도화)과 상전(相戰:충)하는 지지로서 피곤한 기색이 나타나고 수심과 고민이 담겨있는 형상을 지닌다. 육해살(六害殺)은 주로 마부(馬夫:운전기사), 수문장, 문지기, 경비원, 육액(六厄), 심부름꾼, 작은 문, 하수구, 자전거 놓아두는 곳, 피흘리는 비극, 뾰족하고 돌출된 곳, 악한자, 운수업, 충돌이 심한 작은 것, 신병살(神病殺)등을 나타낸다.

2. 갑계일주(甲癸日主)와 해묘미(亥卯未)생은 오(午)가 육해요, 을병무일주(乙丙戊日主)와 인오술생(寅午戌生)은 유(酉)가 육해요, 정기경일주(丁己庚日主)와 사유축생(巳酉丑生)은 자

(子)가 육해요, 신임일주(辛壬日主)와 신자진생(申子辰生)은 묘(卯)가 육해다.

3. 육해살(六害殺)이 월지(月支)에 있으면 부모로 인한 걱정이 있다. 중년에 걱정스러움이 많이 따르고 부부간을 불편스럽게 할 수도 있다. 일지(日支)에 있으면 부부로 인한 걱정이 따르고 장년에 더욱 염려가 많다. 시지(時支)에 있으면 말년에 자식으로 인한 수심과 걱정이 많으며 자녀복이 없는 경우가 많고 고독한 세월을 보내기 쉽다.

4. 중군(中軍:장성)의 점령아래에 들어가 있는 본 육해(六害)는 일명 마부(馬夫)로서 길잡이 역할과 안내역을 담당하고, 병부살(病符殺)이므로 피곤과 무기력 증세가 나타나고 있다. 그러나 밖에 나다닐 때는 병세를 모르는 경우와 같다. 육해살(六害殺)이 많은 명조(命造)는 신병(神病)과 같은 증세로서 현대의학으로 감지하기 어려운 병으로서 일명 귀신병(鬼神病)이라고 한다.

5. 육해살(六害殺)이 강할 수 있는 대운(大運)이나 세운(歲運)이 오면 더욱 심한 증세가 나타나고 성질이 투박스러워지고 변덕과 짜증, 노이로제 현상과 같은 병을 앓게 되며 중군(中軍:가장, 상사, 존경인)을 곤란하게 몰고가는 운전기사와 같은 형상이 나타난다. 도화(桃花)는 춤추는 무녀격이요, 무녀와 상전(충)하는 것은 귀신병이 다. 그러므로 본 육해살(六害殺)을 원인모를 병이라고 한다.

6. 여자가 맞선 볼 때 육해살 색상의 옷을 입으면 혼인 깨어진다. 육해살(六害殺)이 있는 여명(女命)은 난산이 있을 수 있

고, 애기 낳고 생명이 위험한 경우도 있다. 육해살에 해당하는 자식은 자기가 죽을 때에 임종을 지켜보는 자식이 된다. 육해살 띠를 가진 사람에게 원한을 사면 반드시 해를 입으니 절대로 원한을 갖지 말고 싸우지 말아야 한다.

7. 이른 아침에 육해살 방향을 향하여 소원을 빌면 소망이 이루어지며 육해신(六害神)에게 술을 대접하면 더욱 좋다. 육해살은 육해신으로 귀신이요, 조상님 직계 수호신이 계시는 방향이기 때문이다.

8. 자(子)가 육해(六害)면 정신적인 질환, 정신이상, 노이로제가 있고, 묘(卯)가 육해면 신경통, 무기력증, 풍질, 사지통이 있고, 오(午)가 육해면 기관지, 열병, 두통, 헛소리 증세가 있고, 유(酉)가 육해면 뼈가 쑤시고, 관절염, 근육통, 골수염 등의 치료가 힘이 드는 증세가 있다. 조상과 천지신명, 태세신, 조왕신께 정성껏 염원하면 풀릴 수도 있다.

9. 육해살년(六害殺年)에는 주로 화병 발생, 육친을 해(害)한다. 병원 출입, 부모의 근심, 앞이 막힘, 답답한 운세, 긴 병을 얻는다. 요통 희생 정신으로 노력하나 심신은 고달프다. 책임이 무겁다. 취재(取財) 코저 모사(謀事)한다. 이룸도 많고 패함도 많다. 분주다사, 석양길 나그네격, 년운과 월운에 오면 친족 또는 붕우 등과 불화가 생긴다.

10. 육해대운(六害大運)을 만나면 일명 고해운(苦害運)으로서 병고로 신음하며 사업에 실패하는 일이 많다. 저당, 설정, 차압 등이 발생하며 장기 복무자는 근무이탈, 군복무자는 군무이탈 등으로 곤액을 치르는 수도 있다. 육친(六親)간에 고액

이 있고 식소사번하여 속성속패하며 부부불화하여 가정이 불안전하다. 직장인은 좌천되거나 노력한 만큼 댓가가 적다.

11. 육해(六害)가 있으면 부모 처자와의 인연이 박하여 고독하다. 일평생 건강하지 못하고 만성질병에 시달리며 무엇을 하든 될 듯 될 듯 하나 결과가 없다. 또다른 흉살과 겹치면 남 때문에 크게 실패한다. 사주 구성이 나쁘면 중이 되어야 액을 면한다.

12. 육해(六害)가 일지(日支)에 있으면 평생 피곤하여 아프게 되고 생일 생시가 모두 육해살이면 아내가 살다가 도망치는 수가 있다.

13. 육해(六害)가 관성(官星)에 있으면 남편과 자식이 오랜 병에 시달리고, 인성(印星)에 있으면 모친이 오랜 병에 시달리고, 식상(食傷)에 있으면 자손이 오랜 병에 시달린고, 재성(財星)에 있으면 부친이나 처가 병에 시달린다.

14. 年에 六害가 있으면 조부 때 패망, 태어나면서 부터 건강 약함. 관대(冠帶)나 제왕(帝旺)이면 대길하다. 양자로 입양될 팔자. 선대에는 신앙을 경시하여 신앙의 벌로 사망하였다.

15. 月에 六害가 있으면 부모가 쇠퇴, 큰집에 가난한 사람, 조실부모 급독한 성격, 부부이별도 주의하라. 타인으로 인하여 해를 입으며 골육이 정이 없고 신앙으로 중생제도할 팔자이다. 강한 말투로 사람을 억압시키는 기질이 있다.

16. 日에 六害가 있으면 자기대에 가산 탕진, 중이 되지 않으면 점장이가 될 팔자요, 부부지간에 산을 두고 살 팔자다. 파탄 많다. 기술직이 길하다. 재력(財力)이 떨어지고 막히는 일이

많다.

17. 時에 六害가 있으면 일 번거롭고 막힌다. 형제가 드물다. 사찰에 몸을 의지하고 신에게 의탁할 운이다. 기도하라. 자손들이 신앙에 몸을 바칠 것이요, 말년에 형운과 가운이 번창하리라. 소득없는 일로 분주다사하게 보내지만 늦게는 여유가 있다.

▶ 화개(華蓋)

1. 이 살(殺)는 일간(日干)의 묘지(墓地)요, 삼합국(三合局) 끝의 지지다. 삼합국(三合局)의 수위(首位)는 군마(君馬:계획)요 중군(中軍:아장)은 지휘자요, 종말(화개)은 뒷처리니 정무관(政務官), 종무사(終務師), 참모(參謀)라고 한다. 화개(華蓋)는 주로 참모, 고문관, 승려, 박사, 사찰, 성당, 교회, 학교, 기도처, 굿당, 시험장, 무도관, 예술원, 화장실, 오락실, 무관(武官)벼슬, 예술작품 걸어두는 곳, 좀 강한 직장, 고물업(古物業), 점술업 등을 나타낸다.

2. 갑계일주(甲癸日主)와 해묘미생(亥卯未生)은 미(未)가 화개요, 을병무일주(乙丙戊日主)와 인오술생(寅午戌生)은 술(戌)이 화개요, 정기경일주(丁己庚日主)와 사유축생(巳酉丑生)은 축(丑)이 화개요, 신임일주(辛壬日主)와 신자진생(申子辰生)은 진(辰)이 화개다.

3. 본 참모(參謀:화개)와 상전(相戰:충)한 지지가 월살(月殺:장애물, 장벽)이고 파(破)를 당한 지지가 갑의 (甲衣:반안)이다. 이 참모를 형,충,파(刑,沖,破)하면 끝마무리를 잘 짓지 못하고 용두사미격이다. 이 참모살(參謀殺)이 명조(命造)에 많으면 고독함이 많고 특히 축술(丑戌)의 참모는 더욱 심하고, 진미(辰未)의 참모는 친구가 있는것 같으면서도 고독함을 나타낸다. 축(丑)과 술(戌)의 화개(華蓋)는 승도지명(僧道之命)이 많고 은거 생활자가 많고, 진(辰)과 미(未)의 화개(華蓋)는 예능이 많으나 표면에 나타난 생활상의 고독이 따른다.

4. 술(戌)과 축(丑)은 남이 알아주고 추앙받는 직업을 싫어하고 항상 뒤에서 도움을 줄 수 있는 심상이 있다. 진(辰)과 미(未)는 표면에서 협조하면서도 뒷소리를 혼자 북돋는 형상이다. 명조(命造)가 약하고 시지(時支)에 본 참모(화개)가 있으면 지능은 있지만 잔꾀에 불과하고 큰 일을 성립하지 못한다. 화개살(華蓋殺:참모)이 공망(空亡)되면 총명하나 승도(僧道)가 되기 쉽다.

5. 참모(參謀:화개살)가 있는 명조(命造)는 절대 자기권으로 삶을 이끌어 가야 한다. 참모살은 일간(日干)의 묘지(墓地)로서 불편을 만들 수 있는 곳이다. 그러나 을정기신계(乙丁己辛癸) 음간(陰干)은 묘지(墓地)를 두려워 하지 않는다. 참모살(화개)이 많으면 승도나 은둔해서 사는 팔자이다. 갑병무경임(甲丙戊庚壬) 양간(陽干)은 본 참모(묘지, 화개)가 많으면 많은 고역(苦役)이 따르고 하는 일이 여의치 않고 되는 일이 없고 항상 노고가 많다.

6. 정기일주(丁己日主)가 일지(日支)에 축참모(丑參謀)가 있으면 어렵지 않고 처의 내조가 있으면 부부간에 좀 떨어져 사는 경우는 있을 망정 재운은 잘 조성된다. 계미일주(癸未日柱)는 모든 일을 박력 있게 밀고 나가는 전차와 같은 투지력을 지녔다. 갑병무경임(甲丙戊庚壬) 양간일주(陽干日主)가 참모살(參謀殺)에서 출생하면 부모덕이 없고 많은 고생이 중년과 장년에 따른다. 양간(陽干)은 유년(流年)의 참모(화개)를 크게 꺼리며 음간(陰干)은 크게 어려움이 없으며 중간인의 협조로서 모든 일의 종무(終務)가 잘 성립되어 간다.

7. 화개살년(華蓋殺年)에는 주로 근면 성실하나 가끔 싫증을 느낀다. 사치 허영, 낭비주의, 신경성 질병, 신경통 주의, 고독함을 느낀다. 기술, 예술, 종교 등에 심취한다. 일확천금의 히트를 노리다가 함정에 빠진다. 여자는 음란 방탕하다. 남녀가 바람나며 춤바람 꽃바람 난다. 부부지간 생사이별 많이 한다. 남자는 사업 실패수가 있다.

8. 화개대운(華蓋大運)을 만나면 일명 부귀운으로서 주로 발전과 노력으로 탁월한 재능을 발휘하게 되며, 사업을 성공하고 학문도 성취하여 입신출세한다. 귀인의 도움으로 만사형통하게 되고, 학위를 얻으며, 소인은 불문(佛門)에 입신하는 수도 있다. 초년에 화개는 좋으나, 중년과 말년의 화개는 흉하게 되므로 뜻하지 않은 일들이 일어난다.

9. 화개(華蓋)가 연월(年月)에 놓인 자는 탯줄 걸고 출생했고 출생한 지 보름 안에 스님이 다녀갔다. 일지(日支)에 화개(華蓋)를 놓은 자는 입산수도하여 보고, 시지(時支)에 화개를 놓

은 여명은 낳은 자식을 기르기 어렵다.

10. 임계일생(壬癸日生)이 시지(時支)에 화개살이 있으면 처를 극하고 말년에 자녀를 사별하고, 여명은 일생동안 출산을 못 한다.

11. 화개살(華蓋殺)이 형충(刑沖)되면 문화사업으로 동분서주하 게 되고, 화개살이 생시(生時)와 태월(胎月)에 같이 있으면 양자나 서자의 명이다.

12. 사업에 실패한 사람이 사업을 다시 부흥시키려면 화개살(華 蓋殺)에 해당되는 띠를 만나 상의하면 가능하다.

13. 年에 華蓋가 있으면 총명, 재주, 고독, 조상때 학자, 도덕 군자, 조상의 업은 어디로 가고 일찍 타향살이 하며 곤고하 게 살아간다. 반안(攀鞍)이 동주(同柱)하면 소년등과 한다. 인수(印綬)가 있으면 귀자두며 영화가 있다.

14. 月에 華蓋가 있으면 부모궁에 고생이 있다. 형제궁에 덕이 없으며 차남이라도 장남 행세를 하고 가문을 빛내야 한다. 자수성가, 상업 대성 혹은 예술이 대길하다. 풍파가 많으며 일찍 고향을 떠난다.

15. 日에 華蓋가 있으면 처궁이 없어지니 본처와 이별한다. 목욕 (沐浴)이면 상배(喪配)한다. 선대조는 불도(佛道)의 집안이 요, 중이된 조상이 있다. 상업이나 관직이 좋다. 재주가 뛰 어나 팔방미인과 같다.

16. 時에 華蓋가 있으면 40이후, 50후에는 경영하는 바 성공이 요, 도처에 이름이 있다. 문필, 문학, 예술 재주도 있다. 역 마(驛馬)가 있으면 부자되며, 양인(羊刃)이 있으면 출세한다.

제 2 편 · 사 주 해 법

第1章 각종 팔자론(八字論)

1. 고향을 떠나 산다.

① 년(年)이나 일(日)에 지살(地殺)이 든 자
② 일(日)과 월(月)이 상충(相冲)또는 상형(相刑)된 자
③ 월(月)이 공망(空亡)된 자
④ 월지(月支)에 지살(地殺)이나 역마살(驛馬殺)이 놓인 자

2. 선조 제사에 무성의하다.

① 일(日)이 생년(生年)을 극(剋)한 자
② 년(年)과 일(日)이 충형(冲刑)되거나 공망(空亡)된 자

3. 증조모가 흉사한다.

① 정관(正官)이 형극(刑剋)된 자
② 정관(正官)이 백호대살(白虎大殺)된 자

4. 조부께서 흉사한다.

① 편인(偏印)이 형(刑)이나 해(害)된 자
② 편인(偏印)이 백호대살(白虎大殺)된 자

5. 조모가 흉사한다.

① 상관(傷官)이 충형(冲刑)된 자
② 상관(傷官)이 백호대살(白虎大殺)을 만난 자

6. 부친이 횡사한다.

① 갑진일생(甲辰日生)과 을미일생(乙未日生)
② 편재(偏財)가 백호대살(白虎大殺)을 만난 자

7. 모친이 흉사하거나 불구, 잔질 앓아 본다.

① 인수(印綬)가 백호대살(白虎大殺)만난 자
② 인수(印綬)가 형(刑)된 자
③ 인수(印綬)가 설기(泄氣)가 심하거나 극(剋)을 많이 받은 자

8. 숙부, 백부, 고모가 흉사한다.

① 정재(正財)가 백호대살(白虎大殺)을 만난 자

9. 백모, 숙모가 흉사한다.

① 편인(偏印)이 백호대살(白虎大殺)을 만난 자

10. 부모 형제간에 불화한다.

① 일(日)과 월(月)이 충(冲)이나 극(剋)된 자
② 일(日)과 월(月)이 상형(相刑) 또는 원진(怨嗔)된 자

11. 모친이 재취로 시집왔거나 소실로 온다.

① 월지(月支)에 도화(桃花)나 망신살(亡身殺)이 임한 자
② 인수(印綬)가 인수의 관성(官星)과 암합(暗合)한 자
③ 인수(印綬)가 재(財)와 일지(日支)와 암합한 자

12. 다른 어머니 모셔 본다.

① 인수(印綬)를 많이 만난 자
② 편인(偏印)과 인수(印綬)가 혼잡된 자

13. 다른 부모밥 먹어본다.

① 일좌재성(日坐財星)이 타주(他柱)의 재(財)와 연합(聯合)한
자

14. 조모 또는 장모 두분 모셔 본다.

① 상관(傷官), 식신(食神)을 많이 만난 자

15. 장모를 봉양함이 있어 본다.

① 일지(日支)에 재(財)를 놓고 다시 타주(他柱)에 상관(傷官)
이나 식신(食神)이 있어서 일지(日支)와 합(合)한 자

② 일지(日支)에 상관(傷官)이나 식신(食神)을 놓고 다시 타주에 재(財)가 있어서 일지(日支)와 합(合)한 자

③ 일(日)이나 시(時)에 도화인수(桃花印綬)가 놓여 있는 자

16. 외삼촌이 고독하다.

① 생일(生日)에 양차살(陽差殺)이나 음착살(陰錯殺)을 놓은 자

17. 형제 자매간에 흉사 있다.

① 비겁(比劫)이 흉살(凶殺)을 만난 자

② 비견(比肩) 겁재(劫財)에 백호대살(白虎大殺)이 임한 자

③ 월(月)이 충(冲)되거나 비겁(比劫)이 충(冲)을 만나고 관살(官殺)이 왕한 자

18. 배다른 형제자매 있다.

① 일지(日支)에 비견(比肩)이나 겁재(劫財)가 주중(柱中)에서 비견(比肩), 겁재(劫財)를 만나 합(合)하는 자

② 일간(日干)과 합화(合化)하여 그 자가 비견. 겁재가 되는 자

19. 고부간에 의가 나쁘다.

① 인(印)은 적고 재(財)가 많은 자

② 재(財)는 적고 인(印)이 왕한 자

③ 일(日)과 월(月)이 충(冲)이나 원진(怨嗔)된 자

④ 주중(柱中)에 재(財)와 인(印)이 쟁투를 하는 자

20. 애처가이다.

① 일지(日支)나 시지(時支)에 희신(喜神)이 있는 자
② 재성격(財星格)이 양호하거나 재성(財星)이 희신이 되는 자

21. 처가 미인이다.

① 재성(財星)이 희신(喜神)이 되고 도화살(桃花殺)과 동주(同柱)한 자
② 상관생재격(傷官生財格)이나 식신생재격(食神生財格)이 정관(正官)을 보고 수기 유통이 잘 되는 자

22. 처덕으로 출세한다.

① 재성(財星)과 건록(建祿)과 도화살(桃花殺)이 동주(同柱)한 자
② 재성(財星)이 희신(喜神)인 자

23. 공처가이다.

① 재성(財星)이 태왕한 자
② 재성(財星)이 혼잡되고 태왕한데 이때 편재(偏財)보다 정재(正財)가 더 왕한 자

24. 아내가 비만형이다.

① 관살(官殺)이 왕한 자
② 식신(食神) 상관(傷官)이 왕한 자

25. 아내가 홀쭉하다.

① 관성(官星)이 약하거나 없는 자
② 재성(財星)이 아주 약한 자

26. 어린 여자를 좋아한다.

① 자오묘유(子午卯酉)중에서 어느 하나가 재성(財星)인 자
② 시주(時柱)에 도화살(桃花殺)이 있는 자
③ 인수(印綬)와 재성(財星)이 형(刑)이 되는 자
④ 토일생(土日生)으로서 신왕(身旺)한 자

27. 본처와 해로 못한다.

① 시간에 상관(傷官)이 있거나 일지(日支)와 시지(時支)가 상충(相沖)되거나 시간에 편재성(偏財星)을 놓은 자와 주중(柱中)에 인수(印綬)가 태왕하거나 비견(比肩) 겁재(劫財)가 왕한 자
② 계년(癸年) 임월(壬月) 무기일생(戊己日生)이나 임년(壬年) 계월(癸月) 무기일생(戊己日生)자
③ 간여지동일(干與支同日)에 출생하고 다시 주중에서 비겁(比劫)이 왕한 자
④ 시(時)에 공망(空亡)을 만난 자나 일(日)과 시(時)에 양인(羊刃)이 중첩한 자
⑤ 생일(生日)과 생시(生時)가 형(刑)이나 원진(怨嗔) 혹은 일(日)이나 생시(生時)에 고진살(孤辰殺)을 만난 자

28. 재취나 작첩하여 본다.

① 지장(支藏)된 재성(財星)이 타주의 재(財)와 합(合)한 자
② 무기일생(戊己日生)이 지지에 인오술사미자(寅午戌巳未字) 가운데 이자(二字) 이상을 만난 자
③ 해자축월생(亥字丑月生)이 갑을임계일(甲乙壬癸日)에 출생한 자
④ 생일이나 생시에 도화살(桃花殺)이 임하여 있는 자

29. 국제 이성에 교정(交情)이 있다.

① 남자 명조(命造)에서 역마(驛馬)나 지살(地殺)에 재(財)가 임하여 일주와 합(合)한 자
② 여자 명조에서 역마(驛馬)나 지살(地殺)에 관(官)이 임하여 일주와 합한 자

30. 내주장 한다.

① 신약(身弱)하고 재성(財星)이 왕한 자

31. 처와 다툼이 심하다.

① 일주가 원진(怨嗔)이 된 자
② 일지(日支)가 충,형,해(冲,刑,害)가 된 자
③ 재성(財星)과 일주가 충,형,극(冲,刑,剋)이 되는 자
④ 식상(食傷)이 혼합된 자

32. 의처증이 있다.

① 재성(財星)이 겁재(劫財)의 극(尅) 받음이 심한 자

② 재성(財星)이 암합(暗合)된 자

③ 재성이 합(合)이 많은 자

33. 처가 흉사한다.

① 갑인(甲寅), 갑신일생(甲申日生)이 사(巳)가 있는 자, 을사일생(乙巳日生)이 인(寅)이나 신(申)이 있는 자, 병인일생(丙寅日生)이 사(巳)나 신(申)이 있는 자. 병신일생(丙申日生)이 사(巳)나 인(寅)이 있는 자, 정사일생(丁巳日生)이 신(申)이나 인(寅)이 있는 자, 무인일생(戊寅日生)이 신(申)이 있는 자, 무신일생(戊申日生)이 사(巳)나 인(寅)이 있는 자, 기사일생(己巳日生)이 신(申)이 있는 자, 기묘일생(己卯日生)이 자(子)가 있는 자, 경인일생(庚寅日生)이 사(巳)나 신(申)이 있는 자, 신사일생(辛巳日生)이 인(寅)이 있는 자, 신묘일생(辛卯日生)이 자(子)가 있는 자, 임인일생(壬寅日生)이 신(申)이나 사(巳)가 있는 자, 임신일생(壬申日生)이 인(寅)이나 사(巳)가 있는 자, 계사일생(癸巳日生)이 인(寅)이나 신(申)이 있는 자 등이 다시 주중(柱中)에 비견(比肩)이나 겁재(劫財)가 태왕하여 재(財)를 극(尅)하거나 또는 재(財)가 심히 편의왕(偏衣旺)한 자

② 경신일생(庚申日生)이 인시(寅時)에 태어난 자

③ 갑진일(甲辰日), 을미일(乙未日)생이 재(財)나 비견(比肩),

겁재(劫財)가 많은 자. 일주(日柱) 대(對) 사주 재성(財星)
에 백호대살(白虎大殺)이 임하고 또 다시 비겁(比劫) 또는
재성(財星)이 많은 자.

④ 축일오시(丑日午時) 또는 오일축시생(午日丑時生)이 각자의
천간자(天干字)로 재성(財星)이 겸하여 있는 자.

34. 처가 출산하다가 사망한다.

① 무기일생(戊己日生)이 비견(比肩), 겁재(劫財)가 많은 자.
② 재성(財星)에 백호대살(白虎大殺)이 놓인 자.

35. 처와 자식 별거하여 본다.

① 일(日)과 시(時)가 형충(刑沖)하고 육해살(六害殺)이 있는 자.
② 시상(時上)에 편재(偏財)가 있고 일시(日時)가 상충(相沖)된 자.
③ 시상(時上)에 관성(官星)이 있고 일시(日時)가 상충(相沖)된 자.

36. 악처(惡妻)를 만난다.

① 생월(生月) 재살(財殺)에 또다시 시(時)에 있어 사주가 신약
재살시(身弱財殺時), 재성시(財星時)나 년월(年月)에 재성
(財星)인 자.

生年月	戊己辰戌丑未	庚辛申酉	庚辛申酉	壬癸亥子	壬癸亥子	甲乙寅卯	甲乙寅卯	丙丁巳午	丙丁巳午	戊己辰戌丑未
生日	甲	乙	丙	丁	戊	己	庚	辛	壬	癸
生時	戊辰 庚午	己卯 辛巳	庚寅 壬辰	辛丑 癸卯	壬子 壬戌 甲寅	癸酉 乙丑 乙亥	甲申 丙子 丙戌	乙未 丁酉	丙午 戊申	丁巳 己未

37. 첩으로 인해 패가(敗家)한다.

① 비견(比肩)이나 겁재(劫財)에 도화살(桃花殺)이 있고 형살(刑殺)이 있는 자.

② 재성(財星)과 재성(財星)이 형(刑)을 하고 있는 자.

38. 의대 교수의 처가 피살된다.

① 경신일(庚申日), 임신일생(壬申日生)이 시지에 인사(寅巳)를 만난 자.

② 경신일생(庚申日生)이 진술축미월(辰戌丑未月)에 태어난자.

③ 경신일(庚申日), 임신일생(壬申日生)이 인술시(寅戌時)에 태어난 자.

39. 처가 애배고 사망한다.

① 재성(財星)에 관성(官星)이 암장(暗藏)되고 형(刑) 이거나 충(沖)된 자.

40. 처남이 고독하거나 쇠몰한다.

① 생시에 음착살(陰錯殺)이나 양차살(陽差殺)을 놓은 자.

41. 시어머니와 의가 나쁘다.

① 비견(比肩), 겁재(劫財)가 태왕한 자.

② 인수(印綬)가 태왕한 자.

③ 재(財)가 많고 신약(身弱)한데 재(財)가 관살(官殺)을 생하는 자.

42. 남편이 도박을 즐긴다.

① 인성(印星)이 많고 재성(財星)이 없는 자.

② 비견(比肩)이나 겁재(劫財)가 많고 식신(食神) 상관(傷官)이 없는 자.

43. 남편이 의처증세 있다.

① 관성(官星)이 많으면서 합(合)이 많은 자.
② 일지의 관성(官星)이 암합(暗合)되는 자.

44. 본 남편과 해로 못한다.

① 상관(傷官)은 태왕한데 관(官)이 부족한 자.
② 관살(官殺)은 태왕한데 제(制)함이 부족한 자.
③ 금청수량(金淸水凉)에 토조염(土燥炎)한 자.
④ 고란살(孤鸞殺)이나 과숙살(寡宿殺)을 놓은 자.

45. 편방살이 해보거나 그늘진 생활 하여 본다.

① 을사(乙巳), 신사(辛巳), 계사(癸巳), 계기(癸未), 정해(丁亥), 기해(己亥), 갑신(甲申), 병자(丙子), 무인(戊寅), 기묘(己卯), 경오(庚午), 임오(壬午), 경술(庚戌), 임술일생녀(壬戌日生女)

46. 재취나 나이 많은 남자에게 시집간다.
아니면 연하(年下)의 남편과 산다.

① 임계일생(壬癸日生)
② 무자일(戊子日), 병신일(丙申日), 경술일(庚戌日), 갑술일(甲戌日), 경신일(庚申日), 신유일생(辛酉日生)

47. 남편이 납치되거나 무책임하다.

① 경진일(庚辰日), 경술일(庚戌日), 임진일(壬辰日), 임술일(壬戌日), 무술일생(戊戌日生)

48. 부군(夫君)이 흉사(凶死)한다.

① 임술일생(壬戌日生), 계축일생(癸丑日生)이 형(刑)이나 충(沖)을 만난 자
② 관성(官星)이 심히 약한 여명(女命)이 충형(沖刑)을 만났거나 관성이 극을 많이 당하고 있는 자
③ 백호대살(白虎大殺)이 임한 관성이 지지에 형(刑)이나 충(沖)을 만난 자
④ 백호대살(白虎大殺)을 거듭 만나거나 백호대살 지지자(地支字)와 동합(同合)되어 있는 자
⑤ 백호대살이 심히 왕하거나 약하여진 자.

49. 남편이 애주가이다.

① 화일생(火日生)에 수(水)의 관성(官星)이 있고 재성(財星)이 형(刑)된 자.

50. 부군(夫君)이 익사한다.

① 무기일생(戊己日生)이 목(木)이 약하고 수(水)가 많은 자
② 갑을일생(甲乙日生)이 금(金)이 약하고 수(水)가 많은 자
③ 임계일생(壬癸日生)이 토(土)가 약하고 수(水)가 많은 자

④ 병정일생(丙丁日生)이 수(水)가 충형(沖刑)되거나 백호대살(白虎大殺)된 자

⑤ 경신일생(庚辛日生)이 관성(官星)이 약한데 수살(水殺)이 왕하여 화관성(火官星)을 치는 자

51. 소실(小室) 겪어본다.

① 사주가 신왕(身旺)한데 관(官)이 쇠한 격
② 음양차착생일녀(陰陽差錯生日女)
③ 간여지동(干與支同)한데 또다시 겁재(劫財)가 많은 자
④ 사주에 관(官)이 쇠한데 상관이 왕한 자

52. 애 낳고 살다가도 가출한다.

① 을사일생(乙巳日生)이 주중(柱中)에서 경(庚)이나 신(辛)을 만난 자
② 정해일생(丁亥日生)이 주중(柱中)에서 임(壬)이나 계(癸)를 만난 자
③ 기해일생(己亥日生)이 주중(柱中)에서 갑(甲)이나 을(乙)을 만난 자
④ 신사일생(辛巳日生)이 주중(柱中)에서 병(丙)이나 정(丁)을 만난자
⑤ 계사일생(癸巳日生)이 주중(柱中)에서 무(戊)나 기(己)를 만난 자

53. 임신된 후 남편이 미워진다.

① 식신(食神)에 편관(偏官)이 있거나, 상관(傷官)에 정관(正官)이 있으면서 재성(財星)이 없는 자

54. 남편이 수술받아 본다.

① 관살(官殺)이 양인(羊刃)과 동주(同柱)된 자
② 관살(官殺)이 충(冲), 형(刑)된 자

55. 남편 의처증 때문에 고생한다.

① 정해(丁亥), 기해(己亥), 을사(乙巳), 신사(辛巳), 계사일생(癸巳日生)
② 일주(日柱)에 관(官)이 암장되고 주중(柱中)에 투간(透干)한 자

56. 남편이 불에 타죽는다.

① 사주에 화(火)가 태왕하고 금(金)이 관성(官星)인 자

57. 남편 전사(戰死)있어 본다.

① 임계일생(壬癸日生)에 관백호(官白虎)가 놓이고 형충파해(刑冲破害)된 자
② 임술일(壬戌日), 계축일생(癸丑日生)

58. 남편이 정신이상 걸려 본다.

① 관성(官星)에 귀문관살(鬼門官殺)이 임한 자
② 관성(官星)에 원진살(怨嗔殺)이 중첩된 자
③ 관성이 육해살(六害殺)에 형충(刑冲)한 자
④ 관성이 약한데 설기가 심한 자

59. 남편이 고혈압 증세가 있다.

① 임술일(壬戌日), 계축일생(癸丑日生)이 일지(日支)가 형충(刑冲)된 자
② 임계일생(壬癸日生)이 관성(官星)에 백호대살(白虎大殺)이 임한 자

60. 남편이 술로 인해 죽는다.

① 관성(官星)이 수(水)에 잠겨있는 자

61. 남편에게 매맞으며 산다.

① 관살(官殺)이 미약하고 상관(傷官), 식신(食神)이 많은 자
② 신왕(身旺)한 자

62. 남편이 보기만 하면 소름이 끼친다고 한다.

① 사오관성(巳午官星)에 해자충(亥子冲)이 있는 자
② 해자관성(亥子官星)에 사오충(巳午冲)이 있는 자

63. 남편 죽고 자식 불구되어 본다.

① 상관(傷官)이 태왕(太旺)하면서 형충(刑沖)한 자
② 식상(食傷)이 형충(刑沖)하고 관성(官星)이 미약한 자
③ 을사일생(乙巳日生)이 화(火)가 왕(旺)한 자

64. 시집간 후 친정이 패가(敗家)한다.

① 재성(財星)이 왕성하고 인성(印星)이 약한 자
② 인성(印星)이 약하고 비겁(比劫)이 많은 자

65. 내것 주고 뺨 맞는다.

① 재왕(財旺)하고 관왕(官旺)한 자
② 재왕(財旺)하고 관성(官星)이 암장(暗藏)된 자

66. 장관 부인 되어 본다.

① 일주가 왕성하고 관성(官星)이 생왕(生旺)한 자
② 관성(官星)이 월지에 건록지(建祿支)나 제왕지(帝旺支)를 하
  게 된 자
③ 일지가 월지나 시지에 생왕(生旺)하고 있는 자

67. 남편이 빈천하다.

① 명조(命造)에 관성(官星)이 없는 자
② 관성(官星)이 설기(泄氣)되고 미극(微剋)한 자
③ 관성(官星)이 공망(空亡)된 자

④ 일지가 형충파해(刑沖破害)를 당한 자

68. 야외에서 정사(情事)해 본다.

① 편관(偏官), 정관(正官)이 혼잡되고 관성(官星)이 암합(暗合)된 자
② 관성(官星)이 역마살(驛馬殺)에 해당하고 암합(暗合)된 자

69. 남편은 죽고 시모의 중매로 다른 남편과 동거한다.

① 일지(日支)와 관성(官星)과 재성(財星)이 합(合)하고 있는 자
② 일지와 관성이 암합(暗合)하고 재성(財星)과 합(合)하고 있는 자

70. 초혼을 실패하는 여자

① 갑인일(甲寅日), 정사일(丁巳日), 경자일(庚子日), 신해일생(辛亥日生)

71. 무자(無子)하기 쉬운 남자

① 시상(時上)에 관살(官殺)이 있는데 또다시 살(殺)이 왕한 자
② 시상에 상관(傷官)이 있는데 또다시 상관이 중(重)한 자
③ 자손궁이 공망(空亡)이나 형(刑)된 자 혹은 관살(官殺)이 심히 약한 자

72. 처녀가 애기 밴다.

① 사주에 식상(食傷)과 관성(官星)이 같은 자리에 있어 일주에 임하였거나 아니면 관성(官星)과 식신(食神)이 함께 임하여 일주에 합(合)하여 들어오는 자
② 관(官)따로 식상(食傷)따로 일주(日柱)따로 있으나 삼자가 전부 연합하여 들어오는 경우 또는 식신(食神)일주 아니면 관(官)일주가 각각 관(官)을 합(合)하고 식신을 합하여 오는 경우

73. 무자(無子)하기 쉬운 여자

① 일시(日時)에 인수(印綬)나 편인(偏印)이 있는 자
② 일시의 상관(傷官)이 형(刑), 충(沖), 공망(空亡)된 자
③ 상관이 심히 약하거나 심히 왕한 자
④ 병오일(丙午日) 임진시(壬辰時)에 출생하고 상관을 많이 만난 자
⑤ 묘일(卯日) 유시생(酉時生)이나 유일(酉日) 묘시생(卯時生)

74. 불구자식 두는 남자

① 관살(官殺)이 상관(傷官)을 많이 만난 자
② 관살이나 시간에 공망(空亡),충(沖),형(刑), 급각살(急脚殺), 단교관살(斷橋官殺)을 놓은 자

75. 불구 자식 두는 여자

① 상식(傷食)이 인성(印星)이나 형(刑)을 만난 자
② 상관(傷官)이나 식신(食神)에 급각살(急脚殺)이나 단교관살
   (斷橋官殺)이 임한 자

76. 자손 흉사함이 있는 남자

① 기미일생(己未日生)이 축술(丑戌)을 만난 자
② 월이나 시에 병술(丙戌)이 있고 갑을일(甲乙日)에 출생한 자
③ 관살(官殺)이 형(刑)을 만나고 상관(傷官), 식신(食神)이 많
   은 자
④ 관성(官星)에 백호대살(白虎大殺)이나 충(沖), 형(刑)이 놓
   인 자

77. 자손 흉사함이 있는 여자

① 상관(傷官)이나 식신(食神)에 백호대살(白虎大殺)이 임한 자
② 상관(傷官), 식신(食神)에 형살(刑殺)이 임한 자
③ 상관(傷官), 식신(食神)이 토성(土星)이면서 수(水)를 많이
   만난 자

78. 자식이 수액(水厄)있는 남자

① 경진일(庚辰日) 경진시(庚辰時)에 출생한 자
② 임계수(壬癸水)가 왕인데 토살(土殺)이 약한 자

79. 총각이 득자(得子)했다.

① 재(財)와 관(官)이 같은 궁에 임하여 일주(日柱)에 합한 자
② 재와 관이 각각 따로 있는데 일주에 합하여 있는 자

80. 조산소(助産所)하여 본다.

① 갑을일생(甲乙日生)이 월지나 시지에 술해(戌亥)가 있는 자

81. 혼혈아를 득(得)한다.

① 사주에 역마(驛馬)가 있고 역마에 관살(官殺)이 임하였는데 그 곳이나 다른 곳에 재(財)가 있어 일주(日柱)에 합(合)한 자
② 인신사해(寅申巳亥)가 일간(日干)의 재관(財官)이 되어 일지에 합한 자

82. 소실에 득자(得子)한다.

① 사주 중에 단 하나의 관(官)또는 둘 정도의 쇠한 관(官)이 주중(柱中)에서 이중 이상으로 제압을 받고 있는 자
② 일지에 암장(暗藏)된 관(官)을 놓고 다시 타주(他柱)지지에 관살(官殺)과 합(合)하고 다시 사주 천간에서 관(官)이나 살(殺)을 일자(一字)이상을 놓은 자

83. 아들은 납치사하고 딸은 실종하게 된다.

① 식상(食傷)이 진술축미(辰戌丑未)에 해당되고 형충(刑沖)하는 자
② 경진일생(庚辰日生)이 축술시(丑戌時)에 태어난 자
③ 식상(食傷)이 삼형살(三刑殺)된 자

84. 농사꾼 팔자다.

① 사주에 토(土)가 생왕(生旺)한 자
② 사주에 토(土)가 많고 설기(泄氣)가 심한 자

85. 장사꾼 팔자다.

① 사주에 재(財)가 많고 역마(驛馬)에 해당되고 충(沖)을 맞은 자
② 재(財)가 왕하고 역마(驛馬)인 자

86. 교원생활 해본다.

① 월(月)에 인수(印綬)를 만난 자
② 춘하월(春夏月) 갑을일생(甲乙日生)
③ 신유월(申酉月) 무기일생(戊己日生)
④ 동월(冬月) 금수일생(金水日生)
⑤ 유월(酉月) 정축일생(丁丑日生)
⑥ 술월(戌月) 임계일생(壬癸日生)
⑦ 인월(寅月) 무기일생(戊己日生)이 주중(柱中)에 인수(印綬)가 투출된 자

⑧ 해월(亥月), 정해(丁亥), 정묘(丁卯), 정미일생(丁未日生)

⑨ 신월(申月) 갑일생(甲日生)

⑩ 갑신일생(甲申日生)이 주중에서 인수(印綬)가 투출된 자

87. 도살업을 하여 본다.

① 식상(食傷)이 태왕(太旺)하고 종아격(從兒格)을 이루지 못한 자

88. 경찰관 하여 본다.

① 생일(生日)기준으로 형(刑)을 만난 자

② 사주중에 수옥살(囚獄殺)을 만난 자

③ 진술사해일생(辰戌巳亥日生)이 진술사해자(辰戌巳亥字) 중(中) 일자(一字)이상 만난 자

89. 의약업 하여 본다.

① 하월생인(夏月生人)이 신일(辛日)에 출생하고 또 다시 시간에 임진시(壬辰時)나 무술시(戊戌時)에 생한 자

② 인일생인(寅日生人)이 월이나 시에 사(巳)나 신(申)을 만난 자

③ 신일생인(申日生人)이 월이나 시에 사(巳)나 인(寅)을 만난 자

④ 사일생인(巳日生人)이 월이나 시에 신(申)이나 인(寅)을 만난 자

⑤ 인사오미술월생인(寅巳午未戌月生人)이 경인(庚寅), 경오(庚午), 경술일(庚戌日)에 출생한 자

⑥ 묘월(卯月) 갑자일생(甲子日生)

⑦ 해자축월(亥子丑月) 임진일생(壬辰日生)

⑧ 정미일생(丁未日生)이 월이나 시에 경술(庚戌)을 만난 자 또
는 갑술일(甲戌日), 무술일(戊戌日)에 태어난 자

⑨ 갑을병무기일생인(甲乙丙戊己日生人)이 월지 혹은 시지에 술
(戌)이나 해(亥)를 만난 자

⑩ 사오미술해월생(巳午未戌亥月生)이 임오일(壬午日)이나 계미
일(癸未日)에 출생한 자

⑪ 인묘사오미월생(寅卯巳午未月生)인이 갑을일(甲乙日)에 출생
한 자

⑫ 해자축월생인(亥子丑月生人)이 신축일(辛丑日), 신미일(辛未
日), 신해일(辛亥日)에 출생한 자

⑬ 사주중에 묘유(卯酉), 유술(酉戌), 묘술(卯戌), 묘유술(卯酉
戌)을 만난 자

90. 재정 공무원 하여 본다.

① 사주에서 생일과 재(財)가 합하여 재(財)가 왕한 자

② 관고(官庫)와 일주가 합한 자

③ 관(官)과 재(財)와 일주가 삼합(三合)한 자. 관(官)과 재
(財)가 동림(同臨)하여 일주와 합하거나 일주와 관이 동림하
고 타(他)에 재(財)를 합하거나 또는 일주와 재가 동림하고
타에 관이 합한 자. 종재(從財)한 자

91. 기생 직업을 가져본다.

① 을일생(乙日生)이 시간(時干)에 상관(傷官)이 있고 다시 해

자축월(亥子丑月)이나 사오미월(巳午未月)에 출생하고 또 다시 사주의 관(官)이 왕하거나 상관이 왕하여 관성(官星)이 상하거나 왕하여 고르지 않은 자

② 관살(官殺)이 태왕한데 상관(傷官), 식신(食神)이 부족한 자

③ 관(官)이 심히 약한데 상관, 식신이 태왕한 자 ④ 임계일생인(壬癸日生人)이 주중에 수성(水星)이 태왕한 자

⑤ 관성(官星)이 미약한 자

92. 법조계에 나간다.

① 병일생(丙日生)이 주중(柱中)에서 경(庚)을 만나거나, 경일생(庚日生)이 병(丙)을 만난 자 ② 갑을임계일생(甲乙壬癸日生)이 술해일(戌亥日)이나 술해시(戌亥時)에 태어난 자

③ 정일(丁日)이나 기일생(己日生)이 지지에 재(財) 또는 관(官)으로 격(格)을 이룬 자

④ 임자일생(壬子日生)인이 자(子)가 중(重) 하거나 경자일생(庚子日生)이 자(子)가 거듭있는 자

⑤ 정사일생(丁巳日生)이 사(巳)를 거듭 만난 자

⑥ 계해일생(癸亥日生)이나 신해일생(辛亥日生)이 해(亥)를 거듭 본 자

93. 외교관으로 나가 본다.

① 역마(驛馬)나 지살(地殺)에 관(官)이나 인(印)이 임한 자

② 역마(驛馬), 지살(地殺)을 놓고 인수국(印綬局) 또는 관국

(官局)을 이루고 그 자가 일지(日支)와 합해서 들어오면 외교관, 통역관, 영사관, 외무부, 해외 문서 취급자가 된다.

94. 식당, 여관, 카바레, 다방, 바, 살롱, 양조장 해본다.

① 임신일(壬申日), 임자일(壬子日), 임진일(壬辰日), 경신일(庚申日), 경자일(庚子日), 경진일(庚辰日)에 출생한 자

② 무신일(戊申日), 무자일생(戊子日生)인이 식상생재(食傷生財)를 이루거나 또는 지지에 직접 재국(財局)을 이룬 자

③ 기축(己丑), 기묘일생(己卯日生)인이 지지에 재국(財局)이나 살국(殺局)을 이룬 자

④ 병신(丙申), 병자(丙子), 병진일생(丙辰日生)인이 지지에 재(財)나 살국(殺局)을 이룬 자

⑤ 임계일생(壬癸日生)이 지지에 식신국(食神局)이나 상관국(傷官局) 또는 재국(財局)을 이룬자.

⑥ 상관생재(傷官生財) 또는 식신생재격(食神生財格)을 이룬 자

95. 항공계에 진출한다.

① 생년(生年)으로 기준 혹은 일진(日辰)으로 기준하여 인역마(寅驛馬)나 사역마(巳驛馬)가 있는 자와 인지살(寅地殺)이나 사지살(巳地殺)이 있는 자

96. 종교 신앙 있다.

① 인사오미신유술월생(寅巳午未申酉戌月生)인이 무기일(戊己日)에 출생한 자.

② 해자축월생(亥子丑月生)인이 경신일(庚辛日)에 출생한 자.

③ 인묘사오미해자축월생(寅卯巳午未亥子丑月生)인이 갑을일(甲乙日)에 출생한 자.

④ 신유술해자축월생(申酉戌亥子丑月生)인이 임계일(壬癸日)에 출생한 자. ⑤ 갑인(甲寅), 갑오(甲午), 갑술(甲戌), 무인(戊寅), 무오(戊午), 무술일(戊戌日)에 출생한 자가 주중(柱中)에서 사오미술해자(巳午未戌亥子) 중 일자(一字) 이상을 만난 자

⑥ 을사(乙巳), 을미(乙未), 을해(乙亥), 기사(己巳), 기미(己未), 기해일생(己亥日生)인이 다시 주중에서 사오미술해자(巳午未戌亥子) 중 일자(一字) 이상을 만난 자.

⑦ 병정일생(丙丁日生)이 인묘진월(寅卯辰月)에 출생한 자.

⑧ 해월생(亥月生)인이 병인일(丙寅日), 정묘일(丁卯日), 정미일(丁未日)에 출생한 자.

⑨ 임신(壬申), 임진(壬辰), 임자일생(壬子日生)이 년월시(年月時) 중에 금수(金水)가 응결하여 있는 자

97. 중이 되어 본다.

① 일주나 월주에 화개(華蓋)가 있고 생왕(生旺)한 자
② 인수(印綬)가 고신(孤神), 과숙살(寡宿殺)에 해당하는 자

③ 인수가 화개살(華蓋殺)에 해당되고 공망(空亡)을 맞은 자

④ 인수가 화개살이면서 절(絶)이 된 자

⑤ 사주에 화개살이 많은 자

⑥ 관성(官星)이 없거나 미약한 자

⑦ 재성(財星)이 없거나 미약한 자

98. 외국에서 의약업을 하여 본다.

① 사주에 역마(驛馬)가 있고 일시(日時)에 유술(酉戌)이나 묘술(卯戌)이 있는 자

② 월지에 인수격(印綬格)이 되고 일시(日時)에 술(戌)이 있는 자

③ 인수(印綬)에 역마(驛馬)가 임하고 태왕(太旺)하면서 술해(戌亥)가 있는 자

99. 공학박사(工學博士)가 되기도 한다.

① 경신일생(庚辛日生)이 인묘월(寅卯月)이나 사오월(四五月)에 태어난 자

100. 역술계(易術界)에 진출한다.

① 사오미월생(巳午未月生)이 신해일(辛亥日), 신묘일(辛卯日), 신미일(辛未日), 신사일(辛巳日), 신축일(辛丑日)에 출생하고 또다시 시간에 임진시(壬辰時)나 무술시(戊戌時)에 출생한 자.

② 갑인일(甲寅日), 병인일(丙寅日), 무인일(戊寅日), 경인일(庚寅日), 임인일생(壬寅日生)인이 월이나 시에 사(巳)나 신(申)을 만난 자.

③ 갑신일(甲申日), 병신일(丙申日), 무신일(戊申日), 경신일(庚申日), 임신일생(壬申日生)인이 월이나 시에 사(巳)나 인(寅)을 만난 자.

④ 을사일(乙巳日), 정사일(丁巳日), 기사일(己巳日), 신사일(辛巳日), 계사일생(癸巳日生)인이 월이나 시에 신(申)이나 인(寅)을 만난 자.

⑤ 인사오미술월생(寅巳午未戌月生)인이 경인(庚寅), 경오(庚午), 경술일(庚戌日)에 출생한 자.

⑥ 묘월(卯月), 갑자일(甲子日)이나 해자축월(亥子丑月) 임진일(壬辰日)에 출생한 자.

⑦ 정미일생(丁未日生)이 월이나 시에 경술(庚戌)을 만난자 또는 갑술일(甲戌日), 무술일(戊戌日)에 출생한 자

⑧ 갑을병무기일생(甲乙丙戊己日生)인이 월지나 시지에 술(戌)이나 해(亥)를 만난 자.

⑨ 사오미술해월생(巳午未戌亥月生)이 임오일(壬午日)이나 계미일(癸未日)에 출생한 자.

⑩ 인묘사오미월생(寅卯巳午未月生)인이 갑을일(甲乙日)에 출생한 자.

⑪ 해자축월생(亥子丑月生)인이 신축일(辛丑日), 신미일(辛未日), 신해일(辛亥日)에 출생한 자.

⑫ 주중(柱中)에 묘유(卯酉), 유술(酉戌), 묘술(卯戌), 묘유술

(卯酉戌)을 만난 자.

⑬ 인수태왕(印綬太旺)에 관(官)이 부족하거나 비겁태왕(比劫太旺)으로 신왕(身旺)한데 관(官)이 부족한 자.

⑭ 병진일생(丙辰日生)이 신왕하고 다시 주중에 인왕(印旺)하거나 살왕(殺旺)한 자.

⑮ 정사일(丁巳日), 정유일생(丁酉日生)인이 주중에 재성(財星)이나 인성(印星)을 많이 만난 자.

⑯ 을해(乙亥), 을축(乙丑), 정해(丁亥), 정축(丁丑), 기해(己亥), 기축(己丑), 신해(辛亥), 신축(辛丑), 계해(癸亥), 계축일생(癸丑日生)인이 다시 월건(月建)이나 시간에 술해(戌亥)나 축인(丑寅)을 놓은 자.

⑰ 갑술(甲戌), 병술(丙戌), 무술(戊戌), 경술(庚戌), 임술일생(壬戌日生)인이 월건이나 시간에 술해(戌亥)나 축인(丑寅)을 놓은 자.

⑱ 무신일(戊申日), 무자일생(戊子日生)인이 주중에 금수(金水)가 많은 자.

⑲ 을사일(乙巳日) 을묘일생(乙卯日生)인이 오미술해월(午未戌亥月)이나 오미술해시(午未戌亥時)에 출생한 자.

⑳ 계유일(癸酉日), 임자일생(壬子日生)인이 월이나 시간에 인(寅)이나 묘(卯)를 놓고 또다시 주중에 수목(水木)이 많은 자.

101. 무속인(巫俗人)이 되어 본다.

① 원진살(怨嗔殺)이나 귀문관살(鬼門關殺)이 있는 자.

② 형(刑), 충(沖), 파(破), 해(害), 자형살(自刑殺), 형(刑)이 합(合)된 자.

③ 술(戌)이나 사(巳)가 일이나 월에 있는 자.

④ 인유(寅酉), 사술(巳戌), 자미(子未), 묘신(卯申)이 있는 자는 선거리부리가 있고 축오(丑午), 진해(辰亥)가 있는 자는 앉은 거리, 선거리, 양두거리를 겸한 자가 많다.

⑤ 진진(辰辰), 오오(午午), 유유(酉酉), 해해(亥亥), 인인(寅寅)이 있는 자는 앉은 거리이다.

⑥ 월이나 일에 술(戌)이 있는 자는 앉은 거리이다.

⑦ 년월(年月)과 시지(時支)가 상파(相破)하면 선거리다.

⑧ 형(刑), 충(沖), 파(破), 해(害)가 있는 사주에 합(合)이 있으면 선거리 팔자다.

102. 입산수도하여 본다.

① 무인일(戊寅日), 무오일(戊午日), 무술일(戊戌日)생 이나 기미일(己未日), 기사일생(己巳日生)이 사오술해(巳午戌亥)가 있는 자.

② 갑인일(甲寅日), 갑오일(甲午日), 갑술일(甲戌日), 을사일(乙巳日), 을미일생(乙未日生)이 사오술해(巳午戌亥)가 있는 자.

103. 평생 머슴살이 하여 본다.

① 식상(食傷)이 태왕하나 종아격(從兒格)이 안되면서 성격(成格)하지 못한 자.
② 사주가 태약(太弱)하고 성격(成格)하지 못한 자.
③ 성격(成格)하지 못하고 관성(官星)이 미약한 자.

104. 의대교수 하여본다.

① 갑일생(甲日生)이 술해시(戌亥時)에 출생한 자.
② 을일생(乙日生)이 인묘사오미월(寅卯巳午未月)에 출생한 자.

105. 지물업(紙物業)을 하여본다.

① 갑을일생(甲乙日生)이 토재성(土財星)이 있는 자.
② 병정일생(丙丁日生)이 토식상(土食傷)이 있는 자.

106. 탈렌트, 배우나 예술인 되어 본다.

① 월지에 인성(印星)이 있는 자.
② 월지에 상관성(傷官星)이 있는 자.

107. 정치가가 되어 본다.

① 종강격(從强格)이 된 자.
② 인성(印星)이 태왕(太旺)한 자.
③ 재관인(財官印)이 생조(生助)된 자.

108. 고아원 원장을 하여 본다.

① 인성(印星)과 식상(食傷)이 태왕한 자.

② 신강(身强)하고 식상이 태왕한 자.

③ 관살(官殺)이 미약하고 식상이 많은 자.

109. 극장사업을 하여 본다.

① 인성(印星)이 투간하고 재성(財星)이 왕한 자.

② 화성(火星)과 금성(金星)이 무력(無力)한 자.

③ 병정화(丙丁火)가 용신(用神)인 자.

110. 여의사 되어 본다.

① 신미일(辛未日), 신사일(辛巳日), 신묘일(辛卯日), 신해일생(辛亥日生)이 사오술월(巳午戌月)에 태어나고 진술시(辰戌時)에 출생한 자.

111. 보건복지부 장관하여 본다.

① 병자일(丙子日), 병신일생(丙申日生)이 신유해자월(申酉亥子月)에 출생한 자.

112. 법원장하여 본다.

① 종강격(從强格)을 이룬 자.

② 재관(財官)이 많아 재관격(財官格)이 된 자.

③ 월일시에 삼형살(三刑殺)을 놓은 자.

④ 월지나 시지에 술해(戌亥)가 놓인 자.

113. 고시에 합격해 본다.

① 신왕(身旺)하고 관성(官星)이 용신(用神)되고 재(財)의 생(生)을 받은 자.
② 일간(日干)이 생왕(生旺)하고 관성(官星)이 왕성한 자.

114. 국무총리하여 본다.

① 신왕(身旺)하고 재관인(財官印)이 있는 자.
② 계일생(癸日生)이 신유해자월(申酉亥子月)에 출생한 자.
③ 시상(時上)에 편재(偏財), 편관(偏官)이 생조(生助)된 자.

115. 해외에 출입한다.

① 사주중에 역마(驛馬)를 놓은 자.
② 지살(地殺)이 중중한 자.
③ 해자년월(亥子年月) 갑을임계일생(甲乙壬癸日生)

116. 최고위직에 올라 본다.

① 무일생(戊日生)이 진술축미월(辰戌丑未月)에 나고 갑인시(甲寅時)에 출생한 자.
② 기일생(己日生)이 진술축미월(辰戌丑未月)에 나고 을축시(乙丑時)나 을해시(乙亥時)에 출생한 자.
③ 경신일생(庚申日生)이 지전인신사해(支全寅申巳亥)가 놓이고

청격(淸格)인 자.

④ 정축일(丁丑日),무진일생(戊辰日生)이 지전진술축미(支全辰戌丑未)를 놓고 청격(淸格)인 자.

117. 노상 횡액 있다.

① 계사일(癸巳日), 계축일(癸丑日), 계미일생(癸未日生)인이 갑인시(甲寅時)에 태어난 자.
② 역마(驛馬) 또는 지살(地殺)이 일지를 형(刑)한 자.
③ 역마 또는 지살이 재살국(財殺局)을 이룬 자.
④ 역마 또는 지살로 상관태왕(傷官太旺)을 이룬 자.

118. 화상 또는 음독 있어 본다.

① 축(丑), 인(寅), 오(午) 일생
② 인(寅) 일생이 사신(巳申)을 만난 자.
③ 오(午) 일생이 진오축(辰午丑)을 만난 자.
④ 축(丑) 일생이 오미술(午未戌)을 만난 자.
⑤ 무인(戊寅) 일생이 인(寅)을 많이 만난 자.
⑥ 무자(戊子) 일생이 인사신(寅巳申)을 만난 자.

119. 감금당해 본다.

① 일지가 형(刑)을 만난 자.
② 사주에 수옥살(囚獄殺)을 만난 자.
③ 일이 나망살(羅網殺)과 연결된 자.

④ 사해일생(巳亥日生)이 사해(巳亥)를 만난 자.

120. 수족에 이상이 있다.

① 일이나 시에 급각살(急脚殺)이 있는 자.
② 일이나 시에 단교관살(斷橋關殺)이 있는 자.
③ 년월(年月) 진유(辰酉)에 무오일(戊午日)에 출생한 자.
④ 무일생(戊日生)이 년월일에 인사신(寅巳申)이 다 있는 자.

121. 수액(水厄)이 있다.

① 일이나 시에 낙정관살(落井關殺)을 놓은 자.
② 갑을일생(甲乙日生)이 수성(水星)이 왕양(汪洋)한 자.
③ 무기일생(戊己日生)인이 금수(金水) 또는 재살(財殺)이 태왕한 자.

122. 정신이상 있어 본다.

① 사주에 귀문관살(鬼門關殺)이 있는 자.
② 목화(木火) 일주가 심히 약한 자.
③ 원진살(怨嗔殺)과 육해살(六害殺)이 있는 자.

123. 눈에 이상이 있다.

① 추월생(秋月生)이 을축일(乙丑日), 을유일(乙酉日), 갑술일(甲戌日)에 출생하고 다시 주중에서 재(財)나 관살(官殺)을 만나거나 상관(傷官)이 심한 자.

② 병신일(丙申日), 병자일(丙子日), 병진일(丙辰日), 병술일생(丙戌日生)이 다시 신임(辛壬)을 만남에 재살(財殺)이 왕한 자.

③ 해자월(亥子月) 무기일생(戊己日生)이 다시 재살(財殺)을 많이 만나 일주가 심히 약해진 자.

④ 주중에 정사(丁巳)를 놓고 금수(金水) 태왕자

⑤ 갑목일생(甲木日生)이 지나치게 메마른 자.

124. 치질 또는 맹장염 앓아 본다.

① 인묘사오미월생(寅卯巳午未月生)인이 경인일(庚寅日), 경오일(庚午日), 경술일(庚戌日), 신사일(辛巳日), 신묘일(辛卯日), 신미일(辛未日)에 출생한 자.

② 경신일(庚辛日) 출생자가 주중에서 목화(木火)를 많이 만난 자.

125. 비위가 약하다.

① 무기일생(戊己日生)이 금수목(金水木)을 많이 만난 자.

② 무기(戊己)가 주중에서 재살(財殺)을 많이 만난 자.

③ 인사오미술월생(寅巳午未戌月生)인이 무기일(戊己日)에 출생하고 화토(火土)를 많이 만난 자.

126. 기침, 천식 있어 본다.

① 인오술사미월생(寅午戌巳未月生)인이 갑인(甲寅), 갑오(甲午), 갑술(甲戌), 을사(乙巳), 을미일(乙未日)에 출생한 자.

② 인묘사오미월생(寅卯巳午未月生)인이 경인(庚寅), 경오(庚

午), 경술(庚戌), 신사(辛巳), 신묘(辛卯), 신미일(辛未日)
에 출생한 자.
③ 임계일생(壬癸日生)인이 지지에 화국(火局)을 놓은 자.
④ 해자축월생(亥子丑月生)인이 임신(壬申), 임자(壬子), 임인
(壬寅), 을해(乙亥), 을묘일(乙卯日)에 출생하고 다시 수목
(水木)이 응결한 자.

127. 성병 앓아 본다.

① 임계일생(壬癸日生)이 화토(火土)를 많이 만난 자.
② 도화(桃花)가 형(刑)을 만나 자.
③ 곤랑도화(滾浪桃花)를 만난 자.

128. 늦도록 잠자리에 오줌 싼다.

① 추동월(秋冬月) 임계경신일생(壬癸庚辛日生)이 다시 수금(水
金)을 만난 자.
② 임계일생(壬癸日生)이 지지에 화국(火局)하고 다시 수화(水
火)를 만난 자.

129. 나팔관 임신 있어보는 여자.

① 병정일생(丙丁日生)인이 진술축미월(辰戌丑未月)에 출생하고
토(土)를 많이 만난 자.
② 기타의 일진(日辰)이 식신(食神), 상관(傷官)이 왕한데 형충
(刑沖)을 맞은 자.

130. 부친은 다리를 절고 처첩은 눈에 이상이 있다.

① 임신일생(壬申日生)이 신왕(身旺)하면서 임인시(壬寅時)를 만난 자.
② 경신일생(庚申日生)이 신왕하면서 병술시(丙戌時)를 만난 자.
③ 편재(偏財)에 급각살(急脚殺)이 놓이고 수극(水剋)을 많이 받은 자.
④ 병정화(丙丁火)가 재성(財星)이 되면서 수극(水剋)을 많이 받은 자.

131. 아들 딸이 벙어리 되어 본다.

① 임일생(壬日生)이 관성(官星)에 상관(傷官)이 극(剋)된 자.
② 양인살(羊刃殺)이 3개 이상 중첩되고 재살(財殺)이 없는 자.

132. 젖이 풍족하다.

① 식상(食傷)이 왕성하든지 합국(合局)되고 형충파해(刑冲破害)가 없고 생조(生助)하게 된 자.
② 비겁(比劫)이 식상(食傷)을 생조(生助)한 자.

133. 젖이 적거나 없다.

① 식상(食傷)이 형충파해(刑冲破害)된 자.
② 식상(食傷)이 재성(財星)이 많아 설기(泄氣)가 되거나 편인(偏印) 인수(印綬)가 많아 극(剋)이 된 자.

134. 잘 살다가 망해 본다.

① 종재격(從財格) 사주가 종재격을 파극하는 충형운(沖刑運)이 오는 자.

135. 선천적으로 머리가 좋다.

① 일지나 시지에 술(戌)이나 해(亥)가 있고 천을귀인(天乙貴人)이 된 자.

136. 귀부인 되어 본다.

① 관성(官星)이 투간(透干)하고 왕성한 자.
② 관성(官星)이 재(財)의 생(生)을 받고 신강(身强)한 자.
③ 일지가 생왕(生旺)하고 자신이 신왕(身旺)한 자.
④ 관성이 왕(旺)하고 비겁(比劫)이 왕한 자.

137. 오십에 불록(不祿)하는 자.

① 사주가 신약(身弱)하면서 설기(泄氣)가 되고 용신(用神)마저 극(剋) 되거나 미약한 자.

138. 부친이나 시어머니 객사 당해 본다.

① 편재(偏財)가 형충(刑沖)된 자.
② 편재(偏財)가 백호살(白虎殺)에 놓이고 형충(刑沖)된 자.
③ 재성(財星)이 오화(午火)에 놓이거나 편재가 살지(殺地)에 있는 자.

139. 모친이 출산하다가 사망한다.

① 인수(印綬)가 진술축미(辰戌丑未)에 놓인 자.

② 인수(印綬)가 설기(泄氣)되면서 형충파해(刑沖破害)한 자.

③ 인수(印綬)가 살지(殺地)에 놓이고 형충(刑沖)된 자.

④ 월지에 백호대살(白虎大殺)이 놓이고 형충(刑沖)된 자.

140. 성욕이 왕성한 남자.

① 정미일생(丁未日生)이 형충파해(刑沖破害)가 없으면서 생왕(生旺)을 하고 재성(財星)이 적당히 있는 자.

② 무오일생(戊午日生)인 자.

③ 일지와 시지에 도화살(桃花殺)이 있는 자.

141. 여자가 미인이다.

① 상식(傷食)이 왕한 자.

② 일지(日支)에 도화(桃花)가 놓인 자.

③ 건록(建祿)에 도화가 동주(同柱)한 자.

④ 주중(柱中)에 수화상정(水火相停)하거나 화기(火氣)가 왕성한 자.

⑤ 금수식상격(金水食傷格)으로서 주중에 수기(水氣)가 왕하고 관살(官殺)이 있는 자.

⑥ 관살이 중첩하고 육합(六合)된 자.

142. 상업인이 되어 본다.

① 편재격(偏財格), 정재격(正財格)을 놓은 자.

② 식상생재격(食傷生財格)이나 인수용재격(印綬用財格)을 놓은 자.

③ 재성(財星)이 역마(驛馬)에 놓인 자. 신왕재왕(身旺財旺)한 자. 재다신약(財多身弱)한 자.

④ 재성(財星)이 형충(刑沖) 되거나 공망(空亡)된 자. 신왕살약(身旺殺弱)한 자.

143. 서예가나 화가가 되어 본다.

① 곡직격(曲直格)을 놓은자나 관약재다(官弱財多)한 자 또는 살경제중(殺輕制重)한 자.

② 인성(印星)이 많고 관살(官殺)이 없는 자나 인성(印星)이 화개살(華蓋殺)에 놓인 자.

③ 병진(丙辰), 병술(丙戌), 정축(丁丑), 정유일생(丁酉日生)이 금목(金木)이 있는 자.

④ 무일생(戊日生)이 인수국(印綬局)을 이룬 자.

⑤ 금일주(金日主)가 하월(夏月)에 출생한 자나 목화(木火)가 많은 자.

⑥ 임일(壬日) 축시생(丑時生)이나 인일(寅日) 축시생(丑時生)이 금(金)이 많은 자.

144. 공업인이 되어 본다.

① 신왕재왕(身旺財旺)하거나 신왕재약(身旺財弱)한 자. 또는 살왕신약(殺旺身弱)한 자.

② 인수(印綬)가 일덕(日德)에 놓인 자.

③ 비겁(比劫)이 많은 자. 인성(印星)이 많은 자. 형충(刑冲)이 많은 자.

④ 상관격(傷官格)이 재성(財星)이 없는 자.

⑤ 임진일생(壬辰日生), 병일생(丙日生)이 목(木)이 있는 자. 금일주(金日主)가 화왕(火旺)한 자. 갑병무경술일생(甲丙戊庚戌日生)

145. 전기 · 전자업 하여 본다.

① 목일생(木日生)이 수화(水火)가 많은 자.

② 금일생(金日生)이 춘하월(春夏月)에 출생한 자.

③ 화(火)가 용신(用神)인 자.

④ 수일생(水日生)이 화(火)가 있는 자.

146. 걸인 팔자이다.

① 시록(時祿)이 공망(空亡)된 자.

② 비겁(比劫)이 많고 식신(食神)이 편인(偏印)에 파극(破剋)된 자.

③ 시(時)에 상관(傷官)이 있고 양인(羊刃)이 있는 자.

147. 직업군인이 되어 본다.

① 편관격(偏官格)

② 양인격(羊刃格)에 편관(偏官)이 있는 자. 살왕(殺旺)하고 양
   인(羊刃)이 있는 자.

③ 상관격(傷官格)을 놓은 자.

④ 살왕(殺旺)하고 인성(印星)이 약한 자.

⑤ 금화(金火)로 구성된 사주

⑥ 형충파해(刑冲破害)가 많은 자. 형살(刑殺)이 있고 탁한 사주

⑦ 양지지(陽地支)가 음지지(陰地支)를 암공(暗拱)한 자.

148. 도둑놈이 되어 본다.

① 겁재(劫財)와 양인(羊刃)이 중첩되고 편관(偏官)이 없는 자.

② 겁재(劫財)와 양인(羊刃)이 중첩되고 재성(財星)이 형충(刑
   冲)된 자.

③ 시(時)에 상관(傷官)이 있고 양인(羊刃)이 있는 자.

④ 겁살(劫殺)이 두개 있고 편관(偏官)이 극(剋)한 자.

⑤ 병오일생(丙午日生)이 임(壬)이 많고 무(戊)가 없는 자.

⑥ 살중(殺重)하고 신약(身弱)한데 양인(羊刃)을 만난 자.

149. 질구(膣口)가 좁다.

① 금수식상(金水食傷)을 놓은 자.

② 식상(食傷)이 형합(刑合)되거나 결국(結局)한 자.

150. 질구(膣口)가 넓다.

① 목화식상(木火食傷)이 왕(旺)한 자.

② 식상(食傷)이 많은 자.

③ 식상(食傷)이 형충(刑冲)된 자.

151. 흉완하다.

① 오행(五行)이 일변도로 편경된 자.

② 양인(羊刃)이 충(冲)되고 합(合)이 없는 자.

152. 지혜롭다.

① 일지(日支)에 편관(偏官)이나 정관(正官) 또는 인수(印綬)가 놓인 자.

② 일지에 화개(華蓋)나 도화(桃花)가 놓인 자.

③ 수일생(水日生)이나 금백수청(金白水淸)된 자.

④ 인신사해일생(寅申巳亥日生)

153. 우매하다.

① 토(土)가 많고 수토(水土)가 혼탁한 자.

② 화일주(火日主)가 토(土)가 많거나 화토(火土)가 조잡한 자.

③ 화왕(火旺)한데 수(水)의 제(制)가 없는 자.

154. 부친이 데릴사위로 결혼했다.

① 월지(月支)와 더불어 인수국(印綬局)을 이룬 자.
② 월령(月令)에 인수(印綬)가 건록(建祿)이나 제왕(帝旺)에 놓인 자.

155. 연애하다 정사(情死) 기도한다.

① 관살(官殺)이 암합(暗合)되고 신약(身弱)한 자.
② 왕(旺)한 재관(財官)이 암재성(暗財星)과 합(合)이 된 자.

156. 중매 결혼한다.

① 비겁(比劫)이나 인성(印星)이 많아 신왕(身旺)한 자.
② 일지(日支)에 비겁(比劫)이나 인성(印星)이 놓이고 신왕한 자.
③ 일지(日支)가 형충(刑冲)되고 신왕한 자.

157. 연애 결혼한다.

① 일지(日支)에 재(財)나 관(官)이 있고 합(合)된 자.
② 재관(財官)이 왕(旺)한 자나 목욕(沐浴) 또는 도화(桃花)에 놓인 자.
③ 일지(日支)와 더불어 육합(六合), 삼합(三合), 방합국(方合局)을 이룬 자.

158. 만혼한다.

① 사주에 재성(財星)이 없는 남자. 사주에 관살(官殺)이 없는 여자.

② 비겁(比劫)이 많아 신왕한 자. 인성(印星)이 많아 신왕한 자.

③ 일지(日支)가 형충(刑冲)되고 초년 대운이 흉한 자.

159. 조혼하는 남자.

① 재성(財星)이 왕한 자.

② 일지(日支)에 재성(財星)을 놓은 자.

③ 재성(財星)이 있는 사주가 재관운(財官運)을 일찍 만나는 자.

160. 조혼하는 여자.

① 관살(官殺)이 생왕(生旺)한 자.

② 일지(日支)에 관성(官星)이 있는 자.

③ 관살(官殺)이 있는 사주가 재관운(財官運)을 일찍 만나는 자.

161. 딸부자 사주

① 음일생(陰日生)이 사시(巳時)나 유시생(酉時生)인 자.

② 관살(官殺)이 많아 신약(身弱)한 사주에 인성(印星)은 있고 재(財)가 약한 자.

③ 음일주(陰日主)가 음시생(陰時生)인 자.

162. 부친이 조망(早亡)한다.

① 비겁(比劫)과 인성(印星)이 태왕(太旺)하나 종격(從格)이 아닌 자.
② 약한 재성(財星)이 많은 비겁(比劫)에 파극(破剋)된 자.
③ 재성(財星)이 태왕(太旺)한 자.
④ 재(財)가 약하고 인(印)이 많은 자.
⑤ 관살심다(官殺甚多)한 자.

163. 모친이 조망(早亡) 한다.

① 재성(財星)이 많고 식상(食傷)이 왕한 자.
② 편정인(偏正印)이 태왕한 자.
③ 약한 인수(印綬)가 많은 재성(財星)에 파극(破剋) 된 자.
④ 정인(正印)이 공망(空亡)되고 편인(偏印)이 있는 자.
⑤ 약한 인수(印綬)가 많은 관살(官殺)에 설기를 지나치게 당한 자.

164. 조루증 남편을 만난다.

① 인성(印星)이 많고 재성(財星)이 약한 자.
② 관살(官殺)이 냉(冷)하거나 조열(燥熱)한 자.

165. 여자가 부업을 하여 본다.

① 신왕(身旺)하고 일지(日支)가 지살(地殺) 또는 역마살(驛馬殺)이면서 재성(財星)에 해당한 자.
② 상관(傷官)에 관(官)이 있는 자.
③ 재관(財官)이 합신(合身)된 자.

166. 의약(醫藥) 전공을 알아본다.

① 신경정신과(神經精神科)는 목일주(木日主)가 목화(木火)가 많거나 귀문관살(鬼門關殺)을 놓은 자.
② 외과(外科)는 금일주(金日主)가 금(金)이 많거나 형살(刑殺)이나 양인살(羊刃殺)을 가진 자 또는 신왕(身旺)한 자.
③ 내과(內科)는 화토(火土)를 많이 만난 자.
④ 안과(眼科)는 목화(木火)를 많이 가진 자.
⑤ 치과(齒科)는 신금일주(辛金日主)에 많다.
⑥ 산부인과(産婦人科)는 재성(財星)을 가진 남자 또는 견겁(肩劫)이 많은 여자.
⑦ 소아과(小兒科)는 상식(傷食)을 가진 자.
⑧ 피부비뇨기과(皮膚泌尿器科)는 금수(金水)를 많이 만난 자.
⑨ 이비인후과(耳鼻咽喉科)는 금수목(金水木)이 많은 자.
⑩ 엑스선과(X 線科)는 목화(木火)를 많이 만난 자.
⑪ 마취과(痲醉科)는 금수(金水)를 많이 만난 자.
⑫ 약사(藥師)는 수목(水木)이 많거나 탕화살(湯火殺)을 가진 자.
⑬ 한의사(韓醫師)는 수목화(水木火)가 많은 자.
⑭ 법의학(法醫學)은 수일주(水日主)에 많다.

167. 남자의 성기(性器)를 알아본다.

① 목일주(木日主)는 장대(長大)하다.
② 화일주(火日主)는 송곳이다.
③ 토일주(土日主)는 대두(大頭)다.

④ 금일주(金日主)는 자라형에 단단하다.

⑤ 수일주(水日主)는 예쁘며 색(色)에 강하다.

⑥ 일간(日干)이 허약(虛弱)한 자나 화일주(火日主) 목화태왕자 (木火太旺者) 또는 토일주(土日主) 상식(傷食)이 많은 자, 포경자(包經者)는 조루증(早漏症) 이다.

⑦ 일주(日主)가 쇠몰한 자, 화기(火氣)가 심히 약한 자, 신일 주(申日主)가 겁살(劫殺)에 임한 자, 춘월 자시생(春月 子時 生), 추월 미시생(秋月 未時生), 동월 해시생(冬月 亥時生) 은 양기(陽氣)가 부족하다.

第2章. 사주(四柱) 단식판단(單式判斷)

1. 건명(乾命) 갑자년(甲子年) 정월(正月) 십구일(十九日) 축시생(丑時生)

辛 壬 丙 甲
丑 申 寅 子

일(日)과 월(月)이 인신충(寅申沖)을 하여 고향을 떠나서 살게 된다. 일은 자신이요, 월은 부모궁이요 고향이다. 충(沖)은 이별이니 내가 고향을 떠나게 되는 것이다.

2. 곤명(坤命) 경신년(庚申年) 십이월(十二月) 일일(一日) 신시생(申時生)

戊 壬 己 庚
申 申 丑 申

신(申)이 지살(地殺)인데 년(年)에 들었으며 일시(日時)에도 들었으니 타향살이 한다. 년은 선조요 고향이며 지살(地殺)은 땅을 밟는다는 뜻이니 이동을 의미하므로 고향을 떠나는 것이다.

3. 건명(乾命) 병인년(丙寅年) 사월(四月) 이일(二日) 신시생(申時生)

戊 壬 癸 丙
申 寅 巳 寅

생일 임수(壬水)가 생년 병화(丙火)를 극(剋)하여 선조 제사 받드는 일에 성의가 없다. 생일은 자신이요. 생년은 선조인 조상인데 일이 년을 극(剋)하는 것은 자신이 조상의 은혜를 잊어버림과 같기 때문이다.

4. 건명(乾命) 무진년(戊辰年) 윤이월(閏二月) 십사일(十四日) 인시생(寅時生)

丙 甲 乙 戊
寅 戌 卯 辰

생일 술(戌)이 생년 진(辰)과 충(沖)하였으며 일간 갑목(甲木)이 년간 무토(戊土)를 극(剋)하여 선조 봉사(奉祀)에 성의가 없다. 일은 자기요 년은 조상인데 충(沖)은 이탈이요 배신 등지는 것을 뜻하는 것이다.

5. 곤명(坤命) 경오년(庚午年) 오월(五月) 칠일(七日) 술시생(戌時生)

甲 甲 辛 庚
戌 申 巳 午

생일 신(申)과 생월 사(巳)가 사신(巳申)으로 형(刑)을 하여 부모간에 크게 불화한다. 형(刑)은 액난, 가정풍파, 은혜를 망각한 몰상식함을 뜻한다.

6. 건명(乾命) 병진년(丙辰年) 십이월(十二月) 이십오일(二十五日) 술시생(戌時生)

丙 庚 辛 丙
戌 申 丑 辰

축토인수(丑土印綬)가 축술형(丑戌刑) 축진파(丑辰破)가 되고 술토편인(戌土偏印)이 병술백호대살(丙戌白虎大殺) 되므로 모친이 6.25 때 피살당했다.

7. 건명(乾命) 임술년(壬戌年) 삼월(三月) 삼십일(三十日) 오시생(午時生)

庚 甲 甲 壬
午 子 辰 戌

임수편인(壬水偏印)이 임술백호대살(壬戌白虎大殺)이 되고 진중계수(辰中癸水) 인수(印綬)가 갑진백호대살(甲辰白虎大殺)이 되어 진술충(辰戌沖)하고 자인수(子印綬)가 자오충(子午沖) 되므로 숙모가 음독자살했다. 수화(水火)가 충극(沖剋)되면 음독, 화상, 수액이 생기기 쉽다.

8. 곤명(坤命) 정유년(丁酉年) 삼월(三月) 이십삼일(二十三日) 술시생(戌時生)

甲 甲 甲 丁
戌 子 辰 酉

진토(辰土)와 술토(戌土)가 편재(偏財) 부친인데 갑진백호대살(甲辰白虎大殺)이되고 시지와 진술충(辰戌沖)이 되며 비겁(比劫)이 많으므로 부친이 음독자살 하였다.

9. 건명(乾命) 계축년(癸丑年) 구월(九月) 이십칠일(二十七日) 술시생(戌時生)

丙 庚 壬 癸
戌 辰 戌 丑

편인(偏印)인 진술토(辰戌土)가 충(冲)되고, 술편인(戌偏印)이 축토(丑土)와 형(刑)을 이루고 백호대살(白虎大殺) 되었으며, 경진괴강(庚辰魁罡)이 가세하여 조부가 미친 개에게 물려 사망했다. 술토(戌土)는 편인이니 조부요, 술(戌)은 개이며 형(刑)은 봉변을 당함이나 횡액을 의미하며, 백호대살은 피를 본다는 흉살이므로 조부가 흉사했다.

10. 건명(乾命) 을축년(乙丑年) 칠월(七月) 이십팔일(二十八日) 축시생(丑時生)

辛 壬 乙 乙
丑 寅 酉 丑

년, 시지의 축중신금(丑中辛金)과 월지의 유금(酉金) 시간의 신금인수(辛金印綬)가 사중(四重)하고 유축합금(酉丑合金)되어 서모(庶母)를 모셔 보았다.

11. 곤명(坤命) 계축년(癸丑年) 유월(六月) 팔일(八日) 인시생(寅時生)

甲 癸 己 癸
寅 巳 未 丑

일지의 사중병화(巳中丙火) 정재(正財)와 월지의 미중정화(未中丁火) 편재(偏財)가 사미준방합(巳未準方合)을 이루어 모친이 나를 데리고 재가하여 이부(異父) 밑에서 자라났다.

12. 건명(乾命) 정유년(丁酉年) 정월(正月) 십오일(十五日) 축시생(丑時生)

辛 丁 壬 丁
丑 巳 寅 酉

일지인 사중(巳中)의 무토상관(戊土傷官)이 월지와 인사형(寅巳刑)이 되고 월지인 인중(寅中)의 무토상관(戊土傷官)이 년지와 인유원진(寅酉怨嗔) 되었으며 신유금(辛酉金)과 사중경금(巳中庚金), 축중신금(丑中辛金)에게 설기(泄氣)가 심하여 조모가 애기낳고 사망했다.

13. 건명(乾命) 무인년(戊寅年) 구월(九月) 사일(四日) 축시생(丑時生)

己 辛 壬 戊
丑 卯 戌 寅

술중(戌中)의 정화관살(丁火官殺)이 임술백호대살(壬戌白虎大殺)이 되고 축술형(丑戌刑)이 되어 증조모가 미친 개에게 물려 세상을 떠났다.

14. 곤명(坤命) 갑오년(甲午年) 삼월(三月) 칠일(七日) 사시생(巳時生)

辛 乙 戊 甲
巳 未 辰 午

무토정재(戊土正財)가 무진백호대살(戊辰白虎大殺)이 되고 년,일간의 갑을목(甲乙木)에게 극(剋)이 되므로 백부가 6.25 때 총살당했다.

15. 건명(乾命) 기해년(己亥年) 유월(六月) 삼일(三日) 미시생(未時生)

乙 辛 辛 己
未 卯 未 亥

기토인성(己土印星)이 해중갑목(亥中甲木)인 자기의 관(官)과 암합(暗合)하였고 미중기토

(未中己土) 인성(印星)이 해중갑목(亥中甲木) 재성(財星)과 암합하고 일지와 해묘(亥卯), 묘미(卯未)로 합(合)하니 인성과 재성 일지가 모두 합(合)되므로 모친이 소실로 시집왔다.

16. 곤명(坤命) 병술년(丙戌年) 구월(九月) 이십사일(二十四日) 신시생(申時生)

甲 乙 戊 丙
申 丑 戌 戌

연,월,일지가 화개성(華蓋星)이요 축술형(丑戌刑)이 되었으며, 당사주법으로 보면 천문사(天文巳)와 천예술(天藝戌)이 들고 천복오(天福午)와 천액축(天厄丑)이 들어 사술원진귀문(巳戌怨嗔鬼門)과 축오원진귀문(丑午怨嗔鬼門)이 들었다. 귀문관살(鬼門關殺)은 귀신들이 출입하는 관문이요, 원진살은 원혼귀들의 출입문이요, 축술형(丑戌刑)은 객사나 흉사한 귀신으로서 37세에 내림굿을 하여 신(神)을 받았는데 선거리, 앉은거리, 양두거리다.

17. 건명(乾命) 기사년(己巳年) 사월(四月) 육일(六日) 술시생(戌時生)

甲 己 己 己
戌 未 巳 巳

사화인수(巳火印綬)가 둘, 미중정화(未中丁火), 술중정화(戌中丁火) 편인(偏印)이 둘이니 인성(印星)이 사중(四重)하여 세 어머니를 모셨다. 또한 비겁(比劫)이 중중하니 배다른 형제자매도 있게 된다.

18. 곤명(坤命) 계해년(癸亥年) 오월(五月) 구일(九日) 사시생(巳時生)

```
癸 丙 戊 癸
巳 寅 午 亥
```

월지의 오화겁재(午火劫財), 일지의 인중병화 비견(寅中丙火比肩), 시지의 사화비견(巳火比肩)이 화국(火局)이되어 비겁태왕(比劫太旺)하므로 시어머니와 불목한다. 비겁이 태왕하면 시모를 누를려고하는 경향이 있게 된다.

19. 건명(乾命) 무신년(戊申年) 정월(正月) 십일(十日) 유시생(酉時生)

```
丁 丙 甲 戊
酉 申 寅 申
```

월지에 인역마(寅驛馬)를 놓고 년,일지에 신지살(申地殺)이 놓이고 월,일지가 상충(相冲)되고 인신사해(寅申巳亥)중 석자를 놓아 이역만리 해외를 출입하여 보았다.

20. 곤명(坤命) 을해년(乙亥年) 이월(二月) 이십오일(二十五日) 유시생(酉時生)

```
癸 甲 己 乙
酉 辰 卯 亥
```

년지와 일지가 진해귀문관살(辰亥鬼門關殺)이 되고, 월지와 시지가 묘유충(卯酉冲)이 되고 갑진백호(甲辰白虎)가 놓이고 월지와 묘진해(卯辰害)가 되므로 정신이상을 앓아 보았다.

21. 건명(乾命) 을해년(乙亥年) 삼월(三月) 십육일(十六日) 묘시생(卯時生)

```
丁 甲 庚 乙
卯 子 辰 亥
```

일지 자(子)가 도화(桃花)인데 시지 묘(卯)와 자묘형(子卯刑)이 되어 매독에 걸려 신음한

적이 있다. 도화(桃花)는 성(性)이요, 화려
함, 예쁨, 바람, 섹스를 뜻하고 형(刑)은 병
(病)이요 이상이 생기는 것이니, 도화형(桃花
刑)은 곧 성병(性病)이기 때문이다.

22. 건명(乾命) 병인년(丙寅年) 이월(二月) 이십일(二十日) 묘시생(卯時生)

辛 辛 辛 丙　　월지에 묘도화(卯桃花)가 임하여 모친이 재취
卯 酉 卯 寅　　로 시집왔다. 월건은 부모궁이요. 도화(桃花)
　　　　　　　는 음란, 호색함을 의미하기 때문이다.

23. 건명(乾命) 경오년(庚午年) 시월(十月) 이십일일(二十一日) 해시생(亥時生)

　　　　　　　생일 오(午)와 생월 자(子)가 충(冲)되고 일
乙 甲 戊 庚　　간 갑목(甲木)이 월간 무토(戊土)를 극(剋)
亥 午 子 午　　하였으며, 일지 오(午)와 년지 오(午)가 오오
　　　　　　　자형(午午自刑)되고, 년간 경금(庚金)과 일간
　　　　　　　갑목(甲木)이 충극(冲剋)되어 부모 형제가 불
　　　　　　　화한다. 생일은 나요, 생월은 부모 형제요 고
　　　　　　　향인데 충극(冲剋)은 서로가 불화하고 등지는
　　　　　　　것을 뜻한다.

24. 건명(乾命) 경오년(庚午年) 십일월(十一月) 오일(五日) 인시생(寅時生)

甲 戊 戊 庚
寅 申 子 午

일지의 신금식신(申金食神)과 월지의 자수정재(子水正財)가 신자(申子)로 합(合)을 하므로 장모를 모시고 살았다. 일주는 내몸이요, 식신은 장모요, 정재는 아내인데 합(合)을 하므로 함께 살게 되는 것이다.

25. 곤명(坤命) 임술년(壬戌年) 삼월(三月) 이십오일(二十五日) 묘시생(卯時生)

丁 己 甲 壬
卯 未 辰 戌

년, 월지의 겁재(劫財)와 일지의 비견(比肩), 그리고 월, 일간이 갑기합토(甲己合土)가 되어 무토겁재(戊土劫財)가 되므로 배다른 형제가 있다. 일간과 합화(合化)하여 그 자가 비견, 겁재가 되면 이복형제자매가 있게 된다.

26. 건명(乾命) 계축년(癸丑年) 유월(六月) 십일(十日) 묘시생(卯時生)

己 乙 己 癸
卯 未 未 丑

계수인성(癸水印星) 축중계수인성(丑中癸水印星)과 미토재성(未土財星)이 축미충(丑未冲)이 되고 오중재성(五重財星)과 계수인성(癸水印星)이 재왕인소(財旺印少)하여 고부간에 불목하다가 처가 목매어 죽었다. 모친보다 처가 먼저 죽게 된 원인은 왕한 자는 곧 강함이니 지나치게 강한 것은 부러지기 쉽기 때문이다.

27. 건명(乾命) 무신년(戊申年) 삼월(三月) 이십팔일(二十八日) 축시생(丑時生)

癸 癸 丙 戊
丑 丑 辰 申

일, 시지의 축중계수(丑中癸水) 비견(比肩)과 시간의 계수(癸水)가 계축백호대살(癸丑白虎大殺)과 양인(羊刃)에 놓이고 월지 진(辰)과 상파(相破)가 되어 여동생이 음독자살하였다.

28. 곤명(坤命) 정축년(丁丑年) 이월(二月) 이십오일(二十五日) 인시생(寅時生)

甲 癸 甲 丁
寅 亥 辰 丑

계해일(癸亥日)에 태어났으므로 음착살(陰錯殺)에 놓이고 인성(印星)이 쇠약하므로 외삼촌이 한 분도 없다. 생일에 음착살이나 양차살(陽差殺)이 임하면 외삼촌이 고독하거나 없게 된다.

29. 건명(乾命) 을해년(乙亥年) 시월(十月) 육일(六日) 묘시생(卯時生)

辛 辛 丙 乙
卯 巳 戌 亥

신묘시(辛卯時)에 태어나서 음착살(陰錯殺)에 놓이므로 처남이 한 분 뿐이다. 생시에 양착살이나 음착살이 오게 되면 처남이 고독하거나 없게 된다.

30. 곤명(坤命) 병자년(丙子年) 칠월(七月) 이십오일(二十五日) 미시생(未時生)

癸 乙 丁 丙
未 未 酉 子

년상의 병화상관(丙火傷官), 월간의 정화식신(丁火食神), 일·시지의 미중정화식신(未中丁火食神)으로 사중상식(四重傷食) 되어 조모가 두분 있어 보았다.

31. 건명(乾命) 임술년(壬戌年) 오월(五月) 일일(一日) 술시생(戌時生)

丙 乙 乙 壬
戌 未 巳 戌

년·시지의 술중정화식신(戌中丁火食神), 월지의 사중병화상관(巳中丙火傷官), 일지의 미중정화식신(未中丁火食神) 시상의 병화상관(丙火傷官)으로 오중상식(五重傷食)되어 장모 두분 모셔보았다.

32. 곤명(坤命) 임자년(壬子年) 십일월(十一月) 십칠일(十七日) 술시생(戌時生)

丙 乙 壬 壬
戌 亥 子 子

년, 월, 일에 수인성(水印星)이 오중(五重)하여 수기태왕(水氣太旺)으로 심히 약한 시상의 병화상관(丙火傷官) 자식을 극하여 무자(無子)하였다.

33. 곤명(坤命) 임오년(壬午年) 십일월(十一月) 십칠일(十七日) 사시생(巳時生)

癸 辛 壬 壬
巳 亥 子 午

신일생(辛日生)의 관성(官星) 남편은 사화오화(巳火午火)인데 오화(午火)는 자(子)를 만나 충(沖)되고 사화(巳火)는 해(亥)를 만나 충(沖)되므로 부궁사오(夫宮巳午)는 모두 해자수(亥子水)를 두려워 하게 된다. 수상식(水傷食)이 태왕하여 화관(火官)을 노리고 있는 형상이 되어 처를 보기만 해도 두려워지고 수화(水火) 관계가 되어 소름이 끼치는 것이다.

34. 곤명(坤命) 계해년(癸亥年) 정월(正月) 이십구일(二十九日) 해시생(亥時生)

癸 戊 乙 癸
亥 子 卯 亥

무토일생(戊土日生)은 목관(木官)이 남편인데 목(木)이 약하고 수(水)가 많으면 목관(木官)은 물에 뜨게 된다. 수(水)는 물이요 술이며 자묘형(子卯刑)은 흉한 작용을 하므로 남편이 술에 만취되어 집으로 돌아가다가 물에 빠져 죽었다. 본인은 사방에 온통 물이니 물은 곧 술이므로 이 사주에서는 수(水)가 재(財)니 술을 팔아 돈을 버는 형상이니 술집작부가 되고 말았는데 수다합다(水多合多) 하므로 바람기가 많은 것이다.

35. 곤명(坤命) 신미년(辛未年) 십일월(十一月) 이십오일(二十五日) 자시생(子時生)

庚 壬 庚 辛
子 戌 子 未

임술일생(壬戌日生)이 일지 관(官)에 백호살(白虎殺)이 임하고 술미형(戌未刑)이 되어 남편이 피를 흘리고 전장에서 사망했다.

36. 곤명(坤命) 병인년(丙寅年) 칠월(七月) 십이일(十二日) 축시생(丑時生)

丁 庚 丙 丙
丑 辰 申 寅

경진일(庚辰日)에 태어났으므로 경진(庚辰)은 괴강(魁罡)으로 흉사나 납치, 무단가출, 행방불명, 파산을 뜻하고 진(辰)은 천강(天罡)으로 절멸(絶滅)과 고독을 뜻하고 병화관(丙火官)은 인신(寅申) 위에 앉아 상충(相冲)되고 정화관(丁火官)은 백호살(白虎殺)에 앉아 축진파(丑辰破)가 되므로 부군(夫君)이 납치되었다.

37. 곤명(坤命) 신미년(辛未年) 구월(九月) 십오일(十五日) 술시생(戌時生)

壬 癸 戊 辛
戌 丑 戌 未

토관성(土官星)이 계축백호(癸丑白虎), 임술백호(壬戌白虎)에 앉고 축술미삼형(丑戌未三刑)되고 무술괴강(戊戌魁罡), 임술괴강(壬戌魁罡)되므로 부군(夫君)이 6.25때 전사하였다.

38. 곤명(坤命) 정해년(丁亥年) 사월(四月) 이십일(二十日) 인시생(寅時生)

甲 戊 丙 丁
寅 午 午 亥

사주가 온통 불로 가득 찼다. 시상의 갑인목(甲寅木)이 불길에 타는데 그 목(木)이 관성부군(官星夫君)이다. 월,일지의 양인(羊刃)과 합(合)을 하여 활활타므로 남편이 불에 타서 비명횡사하고 말았다. 일지는 양인(羊刃)이요. 관성인 갑(甲)에서 배우궁인 일지는 사궁(死宮)이며 화국(火局)이니 불에 의한 횡사이다.

39. 곤명(坤命) 경신년(庚申年) 구월(九月) 이십일(二十日) 진시생(辰時生)

甲 壬 丙 庚
辰 戌 戌 申

임술일생(壬戌日生)이 진술충(辰戌沖)이 되고 관백호대살(官白虎大殺)이 충(沖)을 맞아 남편이 혈압병으로 사망했다. 시지의 진(辰)은 손풍(巽風)인데 백호대살(白虎大殺)과 충돌되니 혈맥에 이상이 생긴다.

40. 곤명(坤命) 임오년(壬午年) 오월(五月) 십일(十日) 오시생(午時生)

丙 丁 丙 壬
午 未 午 午

임계일생(壬癸日生)의 관백호(官白虎)가 아니더라도 사주전체가 불바다와 같이 화태왕(火太旺)하여 염상격(炎上格)인데 년상의 한 점 임수관(壬水官)이 놓였다. 임수관(壬水官)에서 보면 많은 화(火)가 재성(財星)이니 여자들이 아닌가? 그러므로 풍류끼가 있고 남편이 태왕코너에서 밤에 여자들과 춤추다가 화재가 나는 바람에 미쳐 빠져나오지 못하고 그만 불에 타죽었다.

41. 곤명(坤命) 계해년(癸亥年) 시월(十月) 칠일(七日) 해시생(亥時生)

辛 壬 癸 癸
亥 辰 亥 亥

진중무토관(辰中戊土官)이 태왕한 금수국(金水局)을 만나므로 쇠약한 토(土)는 태왕한 수(水)에 의하여 떠내려 가게 되므로 부군(夫君)이 익사하였다. 왕수(旺水)는 큰 물이요. 진해귀문원진(辰亥鬼門怨嗔)은 정신혼란에 잡귀신이니 물귀신이 데려간 것이다. 임진흑룡(壬辰黑龍)은 진사손풍(辰巳巽風)이요 괴강(魁罡)이니 성질을 부려 해해해(亥亥亥) 풍우를 몰아치는 형상이므로 남편이 물에 빠져 죽은 것이다.

42. 건명(乾命) 무진년(戊辰年) 십이월(十二月) 오일(五日) 인시생(寅時生)

戊 庚 乙 戊
寅 申 丑 辰

경신일생(庚申日生)이 인사(寅巳)를 만나고 인성(印星)이 왕하므로 의대교수가 되었다. 경신일생이 인시(寅時)에 태어나고 신왕(身旺)하며 인신충(寅申冲) 되므로 처가 애기 밴 지 석달만에 피살되었다. 인(寅)은 재성(財星)이니 처(妻)요, 인중병화관(寅中丙火官)은 자식인데 충(冲)되므로 죽게 된것이다.

43. 곤명(坤命) 신미년(辛未年) 시월(十月) 이십육일(二十六日) 사시생(巳時生)

己 甲 己 辛
巳 午 亥 未

일지에 오상관(午傷官)은 자식이요, 년간 신금관(辛金官)은 남편인데 년지와 일지가 오미합(午未合) 되므로 관(官)과 식상(食傷)이 일주인 나와 동림(同臨)한 형상이므로 처녀가 애기 뱄다.

44. 곤명(坤命) 갑술년(甲戌年) 유월(六月) 삼일(三日) 축시생(丑時生)

己 丙 辛 甲
丑 戌 未 戌

지지에 술토식신(戌土食神)과 축미상관(丑未傷官)을 놓고 축술미삼형(丑戌未三刑)을 다 갖춰 식상태왕(食傷太旺) 하므로 나팔관에 임신을 하여 수술한바 있다.

45. 건명(乾命) 무신년(戊申年) 팔월(八月) 이십오일(二十五日) 유시생(酉時生)

辛 戊 辛 戊
酉 寅 酉 申

신유금상관(辛酉金傷官), 신금식신(申金食神)으로 상관태왕(傷官太旺)하여 금국(金局)을 이루고, 일지 인목관(寅木官) 자식은 인신충(寅申沖)되고 인유원진(寅酉怨嗔) 되므로 약한 관(官)이 왕한 식상(食傷)에게 극제(剋制)되어 무자(無子)하였다. 금식상(金食傷)이 태왕(太旺)하여 설기(泄氣)가 심하므로 신약(身弱)하다. 금(金)을 따라 종아(從兒)를 하려고 해도 인중(寅中)의 병무(丙戊) 때문에 종(從)할 수 없어 격(格)을 이루지 못하고 인신충(寅申沖), 인유원진(寅酉怨嗔) 되므로 평생 뜨네기 생활이니 머슴이나 종업원 생활을 면치 못하면서 가정적으로도 고독하다.

46. 곤명(坤命) 갑인년(甲寅年) 이월(二月) 이십사일(二十四日) 사시생(巳時生)

```
辛 乙 丁 甲
巳 巳 卯 寅
```

을일생(乙日生)이 시상(時上)에 신금(辛金)이 투출하고 일주 을(乙)이 일, 시지의 사중경금(巳中庚金)과 을경암합(乙庚暗合)하고 년지와 일지가 인사형(寅巳刑)되므로 자식 5,6 남매 낳고 살다가 가출하여 타인의 소실 노릇을 하여 보았다.

47. 곤명(坤命) 정해년(丁亥年) 윤이월(閏二月) 십육일(十六日) 자시생(子時生)

```
戊 丙 甲 丁
子 辰 辰 亥
```

진일해년(辰日亥年)으로 귀문관살(鬼門關殺)이 되었는데 해수관(亥水官)과 진중계수관(辰中癸水官)은 남편성이므로 남편이 정신이상이 되었다. 진진자형(辰辰自刑) 진해원진(辰亥怨嗔)되고 수관살(水官殺)이 회합(會合)되므로 마침내 헤어지고 다른데 시집갔다.

48. 곤명(坤命) 경오년(庚午年) 구월(九月) 십일(十日) 해시생(亥時生)

```
乙 甲 丙 庚
亥 寅 戌 午
```

갑인일(甲寅日)에 태어나 간여지동(干與支同)되고 관(官)은 쇠약한데 병오식상(丙午食傷)과 술중정화상관(戌中丁火傷官), 인중병화식신(寅中丙火食神), 인오술합화(寅午戌合火)로 화상관(火傷官)이 태왕하여 부군(夫君)이 작첩(作妾)하여 나갔다.

49. 건명(乾命) 을묘년(乙卯年) 팔월(八月) 십일(十日) 묘시생(卯時生)

癸 壬 乙 乙
卯 子 酉 卯

일지 자겁재(子劫財)에 도화살(桃花殺)이 놓여 시지와 자묘형(子卯刑)이 되고 자유파(子酉破)가 되므로 여색(女色)을 조심해야 된다. 아니면 관형액(官刑厄)을 겪거나 다른 남자에게 혼쭐나게 당해 본다. 그리고 성병과 몸에 흉터도 조심해야 한다. 아뭏든 비겁도화형(比劫桃花刑)에 걸리면 삼각관계가 일어나기 쉽다.

50. 건명(乾命) 정축년(丁丑年) 사월(四月) 십이일(十二日) 진시생(辰時生)

丙 戊 乙 丁
辰 申 巳 丑

일지 신(申)이 지살(地殺)인데 신중(申中)에는 임수재(壬水財)가 있으니 지살재(地殺財)가 되었다. 일주는 기신(己身)이요, 지살재(地殺財)는 외국여성인데 일주와 함께 있으므로 미국 여성과 결혼하였다.

51. 곤명(坤命) 계축년(癸丑年) 십일월(十一月) 오일(五日) 묘시생(卯時生)

癸 丁 癸 癸
卯 巳 亥 丑

년, 월, 시간에 계수관(癸水官)을 놓고 월지에 해수관(亥水官)과 년지에 축중계수관(丑中癸水官)을 놓아 관살(官殺)이 태왕(太旺)한데 제어를 할 식상토(食傷土)가 없는데다가 배우자궁인 일지가 월지와 사해충(巳亥冲)을 하므로 본부(本夫)와 이별하고 재가 하였다.

52. 곤명(坤命) 기사년(己巳年) 구월(九月) 사일(四日) 인시생(寅時生)

丙 甲 癸 己
寅 申 酉 巳

갑신일(甲申日)에 출생했는데 정관(正官)은 월지에 있고 편관(偏官)이 일지에 놓였다. 배우자궁인 일지가 인신충(寅申沖)되고 사신형(巳申刑)이 되었고 년, 월, 일지가 관성금국(官星金局)이 되므로 소실로 세 번 시집가게 되었다.

53. 곤명(坤命) 임술년(壬戌年) 시월(十月) 삼일(三日) 묘시생(卯時生)

乙 癸 辛 壬
卯 巳 亥 戌

계일생(癸日生)이 되어 15세 연상의 남편과 살고 있다. 계수(癸水)는 어린것이요, 눈물이다. 계일(癸日)의 관(官)은 무토(戊土)인데 토(土)는 완고함이요, 늙음이요, 고박한 상이니 나이많은 남편에게 시집가게 되는 것이다.

54. 곤명(坤命) 경오년(庚午年) 십일월(十一月) 이일(二日) 유시생(酉時生)

乙 乙 戊 庚
酉 巳 子 午

일주(日主)가 일지의 사중경금(巳中庚金)과 암합(暗合)되고 명암(明暗)으로 관(官)이 많아 남편이 의처증이 심해 항상 숨은 근심이 있다.

55. 건명(乾命) 정사년(丁巳年) 정월(正月) 팔일(八日) 인시생(寅時生)

壬 壬 辛 丙
寅 申 丑 辰

임신일생(壬申日生)이 신왕(身旺)하고 임인시(壬寅時)를 만났으며 년상의 병화편재(丙火偏財) 부(父)가 진(辰)에 급각살(急脚殺)되어 아버지가 다리를 전다. 시지의 인중병화편재(寅中丙火偏財) 처(妻)가 신중임수(申中壬水)에게 충극(冲剋)되고 많은 수(水)가 집중으로 극을 하니 불빛이 꺼졌다. 그러므로 처는 그만 눈이 멀어 앞을 보지 못하게 되었다.

56. 건명(乾命) 계축년(癸丑年) 칠월(七月) 일일(一日) 묘시생(卯時生)

己 乙 己 癸
卯 卯 未 丑

생월에 재(財)가 있는데 시상(時上)에 또 재(財)가 놓였다. 년지의 축중기토재(丑中己土財)는 백호살(白虎殺)에 놓이고 월지미토재(月支未土財)와 축미충(丑未冲)이 되고 재국(財局)을 이루어 처가 악을 부리다 못해 목매어 자살했다.

57. 건명(乾命) 무오년(戊午年) 삼월(三月) 육일(六日) 인시생(寅時生)

甲 癸 丙 戊
寅 巳 辰 午

년지 오화재(午火財), 월상 병화재(丙火財), 일지 사화재(巳火財), 시지의 인중병화재(寅中丙火財), 사중(四重)으로 재왕(財旺)한데 일지와 시지가 인사형(寅巳刑)이 되고 진사손풍(辰巳巽風)이 불어 처가 노상횡사하였다.

58. 건명(乾命) 계해년(癸亥年) 시월(十月) 십칠일(十七日) 술시생(戌時生)

```
庚 壬 癸 癸
戌 寅 亥 亥
```

동월임일(冬月壬日)에 태어나고 비겁(比劫)이 많고 합(合)이 많으므로 재취했다. 인중병화재(寅中丙火財)와 술중정화재(戌中丁火財)가 인술합화재(寅戌合火財)가 되고 인해합(寅亥合)이 되니 어찌 일처(一妻)만으로 되겠는가?

59. 건명(乾命) 기사년(己巳年) 사월(四月) 십팔일(十八日) 술시생(戌時生)

```
戊 辛 己 己
戌 未 巳 巳
```

하월생(夏月生)이 미일(未日)에 태어나 급각살(急脚殺)을 놓았는데 일지와 시지가 술미형(戌未刑)되고 시지에 양인(羊刃)을 놓아서 다리를 전다.

60. 곤명(坤命) 경진년(庚辰年) 구월(九月) 이십구일(二十九日) 오시생(午時生)

```
壬 乙 丙 庚
午 巳 戌 辰
```

식신(食神)은 유도(乳道)가 되는데 지지에 식신국(食神局)을 놓아 유도(乳道)가 풍족하다. 여성은 식상(食傷)이 생식기요, 유방이요, 자식이다. 그러므로 식상이 왕하면 유도가 풍족하게 되는 것이다. 을사일생(乙巳日生)이 화(火)가 왕하고 금관성(金官星)이 미약하여 왕화(旺火)에게 관(官)이 극되고 지지가 진술충(辰戌冲)이 되고 배우궁이 사술원진(巳戌怨嗔)되어 상부했다. 월상의 상관병(傷官丙)은 백호살(白虎殺)에 앉고 충,원진(冲,怨嗔)되었으며 자식궁인 시지에 단교관살(斷橋關殺)이 임하여 불구자식이 있다.

61. 건명(乾命) 기미년(己未年) 십이월(十二月) 십일(十日) 사시생(巳時生)

```
乙 丁 丁 己
巳 亥 丑 未
```

일지 해중(亥中)의 임수관(壬水官)이 자손인데 사해충(巳亥冲)이 되고 월지 축중(丑中)의 계수관(癸水官) 역시 자식인데 축미충(丑未冲)을 당하고 사주에 기미축토(己未丑土) 정정사화(丁丁巳火)로 화토(火土)가 왕하여 수관(水官)을 제(制)하므로 자식이 불구가 되었다.

62. 건명(乾命) 임진년(壬辰年) 시월(十月) 이십사일(二十四日) 자시생(子時生)

```
丙 庚 壬 壬
子 寅 子 辰
```

시간 병화관살(丙火官殺)이 많은 수(水)에게 극(剋)을 받으므로 소실(小室)을 얻어 득자(得子)했으나 병화관(丙火官)이 왕수(旺水)에 극됨이 심하여 아들이 안맹(眼盲)하였다.

63. 건명(乾命) 무오년(戊午年) 이월(二月) 이십오일(二十五日) 인시생(寅時生)

```
甲 癸 丙 戊
寅 未 辰 午
```

일지에 관(官)을 놓고 오미합(午未合)하여 오중기토관(午中己土官)이 년상 무토관(戊土官)과 동반하여 합(合)하므로 삼처(三妻)에 각각 득자(得子)하였다.

64. 곤명(坤命) 무진년(戊辰年) 칠월(七月) 십육일(十六日) 해시생(亥時生)

辛 壬 庚 戊
亥 寅 申 辰

인목식신(寅木食神) 자손이 인신충형(寅申冲刑)하였고, 진중을목상관(辰中乙木傷官) 자식은 무진백호살(戊辰白虎殺)에 놓이고 신진합수(申辰合水)와 해수(亥水) 월, 시간에 경신금(庚辛金)이 놓여 금수태왕(金水太旺)되므로 아들이 익사하였다.

65. 건명(乾命) 을해년(乙亥年) 오월(五月) 십사일(十四日) 오시생(午時生)

甲 辛 壬 乙
午 酉 午 亥

신금(辛金)이 오월(午月)에 태어나고, 시지에 오화(午火) 년, 시상의 갑을목(甲乙木), 년지 해중(亥中)의 갑목(甲木)으로 목화왕(木火旺)하여 신금폐(辛金肺)가 약화되므로 기침나고 숨찬 병으로 신음한다.

66. 건명(乾命) 갑자년(甲子年) 정월(正月) 이일(二日) 인시생(寅時生)

戊 乙 丙 甲
寅 卯 寅 子

을묘일(乙卯日)에 태어나므로 간여지동(干與支同)이 되고 갑인묘인(甲寅卯寅)으로 비겁(比劫)이 태왕하여 목국(木局)을 이루고 배우자궁인 일지와 년지가 자묘형(子卯刑)이 되어 본처와 해로하지 못하였다.

67. 건명(乾命) 갑신년(甲申年) 칠월(七月) 십오일(十五日) 술시생(戌時生)

```
甲 己 壬 甲
戌 巳 申 申
```

임수재(壬水財)는 처(妻)요, 갑목(甲木)은 자식이다. 사신합(巳申合)이 되는 곳에 임갑(壬甲)이 연결되었다. 사신(巳申)은 형(刑)이니 형합(刑合)되므로 반드시 흉함을 보게 된다. 형출(刑出)된 임수재(壬水財)을 무기토(戊己土)가 중극(重剋)하므로 처가 비명횡사하게 되는데 자식인 갑목(甲木)은 살지(殺地)에 앉아 태중(胎中)에 처자(妻子) 모두 횡사 했는데 원진살 귀문관살의 가세로 처가 자살한 것이다.

68. 건명(乾命) 계축년(癸丑年) 이월(二月) 이십오일(二十五日) 유시생(酉時生)

```
己 壬 乙 癸
酉 子 卯 丑
```

월지와 일지가 자묘상형(子卯相刑)되고 년지 기준으로 월지 묘(卯)가 수옥살(囚獄殺)이 되고, 자유파(子酉破), 묘유충(卯酉冲) 되므로 6.25때 총살장까지 끌려갔다가 구사일생으로 살아 나왔다.

임일주(壬日主)의 기토관(己土官)이 을묘목(乙卯木) 상관(傷官)에게 극(剋)을 당하여 아들 한 명이 벙어리가 되었다.

69. 곤명(坤命) 갑술년(甲戌年) 팔월(八月) 십오일(十五日) 묘시생(卯時生)

癸 丁 癸 甲
卯 酉 酉 戌

재(財)가 인성(印星)을 극(剋)하고 관(官)을 생(生)하므로 친정은 쇠패(衰敗)하고 시가(媤家)는 흥(興)하다. 인(印)은 나를 낳은 어머니이니 친정을 뜻하고, 관살(官殺)은 남편성이니 시가를 말한다. 왕한 재(財)가 국(局)을 이뤄 계수살(癸水殺)을 생하므로 시모와 남편이 두렵다. 재(財)가 중(重)하니 두 시모님 모셔보게 되며 살(殺)이 좌우에 양립하고 일, 시지가 충(冲)을 하므로 부부가 이별하였다.

70. 건명(乾命) 무인년(戊寅年) 정월(正月) 이십팔일(二十八日) 신시생(申時生)

甲 庚 甲 戊
申 寅 寅 寅

목(木)이 오중(五重)되고 인중병화(寅中丙火)가 삼중(三重)하므로 목화(木火)가 왕하다. 약한 경금(庚金)이 시지 신금(申金)에 통근(通根)하려고 하나 왕한 목(木)과 인신충(寅申冲)되어 경금(庚金)의 뿌리가 잘려 나갔다. 무토(戊土)에게 도움을 청하나 왕목(旺木)이 목극토(木剋土)하므로 도움을 받지 못한 약한 금(金)이므로 치질병으로 고생하고 있다.

71. 건명(乾命) 기사년(己巳年) 이월(二月) 이십구일(二十九日) 인시생(寅時生)

甲 癸 戊 己
寅 未 辰 巳

시주에 갑인상관(甲寅傷官)을 놓으니 관재, 구설, 사고를 뜻하며 인미귀문(寅未鬼門)은 정신 혼미나 잡귀의 범접이요, 갑인(甲寅)은 몽둥이에 얻어 맞은 범이니 잠시 정신이 맑지 못하여 사고를 일으키거나 당하게 된다. 무진백호(戊辰白虎)에 진사손풍(辰巳巽風)이니 백호(白虎)는 혈광(血光) 흉액이니 피바람이 아닌가? 세심한 주의를 못하고 정신을 못차려서 노상에서 횡액으로 사망했는데 계미일(癸未日) 갑인시(甲寅時) 자체만으로도 노상횡액을 겪는다.

72. 곤명(坤命) 갑술년(甲戌年) 십이월(十二月) 이십이일(二十二日) 오시생(午時生)

丙 壬 丁 甲
午 寅 丑 戌

일지의 인(寅)이 탕화살(湯火殺)이 되어 끓는 물에 데어 큰 흉터가 있는데 축인오(丑寅午)는 탕화살이요, 지지에 인오술화국(寅午戌火局)을 이루고, 월,시상(月,時上)에 병정화(丙丁火)가 투출되어 불의 세력이 더욱 강해졌는데 축월(丑月)은 겨울이라 산과 들은 건조하니 초목들이 불에 잘 타는 계절이니 화재나 화상을 겪기 쉬운 것이다.

73. 건명(乾命) 계축년(癸丑年) 십이월(十二月) 십일일(十一日) 묘시생(卯時生)

```
癸 壬 甲 癸
卯 辰 子 丑
```

임일주(壬日主)의 축진토관(丑辰土官)이 갑묘식상(甲卯食傷)과 진중을목상관(辰中乙木傷官)등 왕한 수목(水木)에 몹시 제압을 당하므로 아들 하나 딸하나 모두 벙어리가 되었다.

74. 건명(乾命) 무오년(戊午年) 구월(九月) 십사일(十四日) 신시생(申時生)

```
庚 戊 壬 戊
申 戌 戌 午
```

무술일생(戊戌日生)이 주중에 다시 오술술(午戌戌)을 만나고 월,일지에 화개(華蓋)를 놓고 토(土)는 신(信)인데 토다(土多)하고 경신(庚申)은 곧 경신(敬神)이요, 무일생(戊日生)이 술천문(戌天門)을 만나므로 신앙이 도교(道敎)에 통하는 것이므로 절에서 수도를 하였으며 무토(戊土)는 산(山)이므로 산속수도를 하게 되었다.

75. 곤명(坤命) 을해년(乙亥年) 칠월(七月) 십구일(十九日) 사시생(巳時生)

```
辛 乙 甲 乙
巳 丑 申 亥
```

추월생(秋月生)이 을축일(乙丑日)에 태어나고 일지의 축중신금(丑中辛金)이 시상(時上)에 투출되고 일,시지가 사축(巳丑)으로 준삼합금국(準三合金局)이 되어 일주인 을목(乙木)이 약화되고 불인 사화(巳火)가 금수(金水)에게 빛을 잃으므로 안맹(眼盲)이 되었다.

76. 건명(乾命) 임진년(壬辰年) 시월(十月) 구일(九日) 자시생(子時生)

丙 乙 辛 壬
子 亥 亥 辰

을일자시(乙日子時)에 태어나 낙정관살(落井關殺)을 놓았는데 지지가 해자진(亥子辰)으로 수국(水局)을 이루고 천간의 병신(丙辛)이 합수(合水)되고 년상이 임수(壬水)라서 온통 물바다인데 작은 나무 을목(乙木)이 물위에 둥둥 뜨는 격이라서 익사하였다.

77. 곤명(坤命) 기묘년(己卯年) 칠월(七月) 육일(六日) 해시생(亥時生)

乙 己 壬 己
亥 丑 申 卯

해중갑목관(亥中甲木官)이 지살(地殺)이 되어 축중신금식신(丑中辛金食神)과 해축합(亥丑合)하여 미국남자와의 사이에 자식을 얻었다.

78. 곤명(坤命) 기유년(己酉年) 유월(六月) 육일(六日) 사시생(巳時生)

辛 乙 辛 己
巳 未 未 酉

시지 사역마(巳驛馬)가 일지 미(未)와 사미합(巳未合)하여 도로상에서 터어났다. 년지 기준으로는 사(巳)가 지살(地殺)인데 작용력은 마찬가지이다.

79. 건명(乾命) 을묘년(乙卯年) 오월(五月) 일일(一日) 해시생(亥時生)

丁 乙 壬 乙
亥 亥 午 卯

하월을일(夏月乙日)에 태어나고 인성(印星)이 삼중(三重)하고 년지 묘건록(卯建祿)이 일지와 합(合)을 하므로 교육가가 되었다.

80. 곤명(坤命) 계유년(癸酉年) 시월(十月) 이십팔일(二十八日) 술시생(戌時生)

丙 乙 甲 癸
戌 卯 子 酉

동월(冬月) 을일생(乙日生)이 시상상관(時上傷官)을 놓고 유금관성(酉金官星)이 묘유충(卯酉沖)되고 수목화(水木火)가 왕하므로 관(官)이 불균(不均)되어 기생몸이 되었다.

81. 곤명(坤命) 경오년(庚午年) 삼월(三月) 십일(十日) 유시생(酉時生)

辛 戊 庚 庚
酉 子 辰 午

무자일생(戊子日生)이 지지에 자진수재국(子辰水財局)을 놓아 다방을 경영하였다. 수(水)는 물이요 재(財)니 물장사하는 돈이 아니겠는가? 더구나 식상(食傷)이 사중(四重)하니 식상(食傷)은 음식물이요 식상생재(食傷生財)하고 있으니 음식물로 금전이 생기는 형상이니 다방을 경영하게 된 것이다. 유(酉)는 남비요 주전자이며 자(子)는 물, 돈이다.

82. 곤명(坤命) 병신년(丙申年) 정월(正月) 십일(十日) 인시생(寅時生)

甲 戊 庚 丙
寅 午 寅 申

월, 시지인 인(寅)이 역마(驛馬)가 되어 비행기 안내양이 되었다. 신(申)은 지살(地殺)이요, 인(寅)은 역마(驛馬)인데 인신충(寅申沖)되어 해외만리를 출입하게 된다.

83. 건명(乾命) 기묘년(己卯年) 이월(二月) 일일(一日) 미시생(未時生)

丁 丁 丁 己
未 巳 卯 卯

일지 사(巳)에 역마(驛馬)를 놓고 년,월 시지가 묘묘미(卯卯未)로 인수국(印綬局)을 놓아 외교관이 되었다. 역마(驛馬)는 해외요, 인성(印星)은 문서·서류이니 해외 문서가 아닌가? 해외문서는 외무부 외교관이 주관하기 때문이다.

84. 건명(乾命) 경진년(庚辰年) 정월(正月) 십팔일(十八日) 오시생(午時生)

戊 戊 戊 庚
午 戌 寅 辰

무일생(戊日生)이 인월(寅月)에 태어났다. 무토(戊土)는 신(信)이요, 인오술합화(寅午戌合火)하니 화기(火氣)가 왕하여 무토신(戊土信)을 생하니 신(信)이 왕성해지므로 신앙심이 강해지고 술(戌)은 천문(天門)이니 천도(天道)의 관문이자 화개성(華蓋星)이기 때문에 스님이 되었다.

85. 건명(乾命) 정사년(丁巳年) 십이월(十二月) 육일(六日) 진시생(辰時生)

庚 乙 癸 丁
辰 丑 丑 巳

사주에 토재성(土財星)은 전지, 대지, 토석, 섬유, 지물상을 주로 많이 하게 되는데 축축진(丑丑辰)은 토재(土財)이므로 지물상(紙物商)을 하게 되었다.

86. 건명(乾命) 무오년(戊午年) 십일월(十一月) 십육일(十六日) 자시생(子時生)

丙 庚 甲 戊
子 子 子 午

월,일,시지가 모두 수옥살(囚獄殺)이 되고 상관성(傷官星)이므로 경찰에 입문하여 경무관까지 되었다.

87. 건명(乾命) 정축년(丁丑年) 오월(五月) 오일(五日) 사시생(巳時生)

癸 辛 丙 丁
巳 未 午 丑

신일생(辛日生)이 하월(夏月)에 태어나면 전기공업으로 치부한다고 했는데 금(金)이 약하고 화(火)가 강하여 공업가의 팔자를 타고 났다. 사주 전체가 격(格)이 청(淸)하고 국(局)이 단정하여 공학박사(工學博士)가 되었다.

88. 곤명(坤命) 을사년(乙巳年) 정월(正月) 사일(四日) 신시생(申時生)

戊 丁 戊 乙
申 丑 寅 巳

월지에 인수(印綬)를 놓고 일주인 나는 월상 무토상관(戊土傷官)을 생하고 있다. 그러므로 문학과 예술, 교양이 풍부하다. 인수상관(印綬傷官)은 육영사업(育英事業)이니 고아원 원장이 되었다. 식상(食傷)은 자식성(子息星)이니 자식같은 아이들을 말한다.

89. 건명(乾命) 갑자년(甲子年) 칠월(七月) 이십삼일(二十三日) 축시생(丑時生)

乙 甲 壬 甲
丑 戌 申 子

월지 신중임수(申中壬水) 인성(印星)이 월상에 투출되어 년, 월지에 통근(通根)하고 재성

(財星)이 일시에 양립되므로 문화사업에 득리 (得利)하게 되므로 극장경영을 하게 되었다.

90. 곤명(坤命) 신미년(辛未年) 오월(五月) 십일(十日) 묘시생(卯時生)

辛 辛 甲 辛
卯 亥 午 未

신해일생(辛亥日生)이 하월(夏月)에 출생되고 신주(身主)가 천문성(天門星) 해(亥)자 위에 앉고 금(金)이 오미화국(午未火局)위에 앉았으니 쇠가 불에 녹는 형상이 되어 손에 주사침을 잡는 여의사가 되었다.

91. 건명(乾命) 계묘년(癸卯年) 시월(十月) 이십오일(二十五日) 해시생(亥時生)

丁 乙 甲 癸
亥 亥 子 卯

을해일(乙亥日) 해시(亥時)에 태어나 명리학계(命理學界)에 입신하여 자평학(子平學)에 깊은 이치를 깨우쳐 권위가가 되었던 박재완(朴在玩) 선생의 사주이다.

92. 건명(乾命) 무자년(戊子年) 삼월(三月) 십칠일(十七日) 신시생(申時生)

甲 庚 丙 戊
申 辰 辰 子

재성갑(財星甲)은 절지(絶地)에 앉고 관성(官星) 병(丙)은 설기(泄氣)가 심하여 그만 재관(財官)이 의지할 곳 없다. 신왕(身旺)하고 재관(財官)이 무의(無依) 되므로 머리깎고 중이 되었다.

93. 건명(乾命) 정묘년(丁卯年) 이월(二月) 육일(六日) 미시생(未時生)

丁　壬　癸　丁
未　寅　卯　卯

식상(食傷)이 태왕하여 지지에 식상국(食傷局)을 이루었다. 식상에 종(從)하려 해도 양일주(陽日主)인데다 월간에 계수(癸水)가 있어 종(從)하기 어렵다. 시지에 미토(未土)가 있어서 종아(從兒)도 종재(從財)도 안되므로 뜨네기 신세가 되어 소, 돼지잡는 백정이 되었다.

94. 건명(乾命) 임자년(壬子年) 오월(五月) 이십삼일(二十三日) 인시생(寅時生)

丙　甲　丙　壬
寅　申　午　子

갑신일생(甲申日生)이 인(寅)을 만나 형(刑)이 되니 인술(仁術)로서 집도(執刀)하는 의약업이 분명하고 하월(夏月) 갑일생(甲日生)이라 설단생금(舌端生金) 교육가가 적격이니 의과대학 교수가 되어 활인법(活人法)을 가르쳤다.

95. 곤명(坤命) 경오년(庚午年) 시월(十月) 이십일일(二十一日) 해시생(亥時生)

乙　甲　戊　庚
亥　午　子　午

갑일생(甲日生)이 해시(亥時)에 출생하니 해(亥)는 천문(天門)이라 활인업(活人業)을 해야될 팔자이므로 조산원(助産員)이 되었다.

96. 건명(乾命) 신미년(辛未年) 사월(四月) 십이일(十二日) 자시생(子時生)

```
甲 甲 癸 辛
子 申 巳 未
```

신일생(申日生)이 월에 사(巳)를 만나 사신형(巳申刑)되고, 갑일생(甲日生)이 사월(巳月)에 태어났으므로 의사가 되었다. 형(刑)은 병과 수술을 뜻하는데 병에는 약을 쓰고 주사를 놓으며 수술할 병은 수술을 해야 되는데 병을 다스리는 사람은 약사나 의사가 아니겠는가?

97. 건명(乾命) 정사년(丁巳年) 팔월(八月) 이일(二日) 자시생(子時生)

```
庚 壬 己 丁
子 戌 酉 巳
```

정관기토(正官己土)가 유인성(酉印星)위에 앉아 월, 일지가 유술(酉戌)로 방합(方合) 합신(合身)하는데 술(戌)은 병재(丙財)와 무관(戊官)의 고(庫)로 재관(財官)의 금고(金庫)가 되는 이치이므로 세무서장을 지냈다.

98. 건명(乾命) 계유년(癸酉年) 사월(四月) 삼일(三日) 사시생(巳時生)

```
丁 癸 丙 癸
巳 亥 辰 酉
```

계일생(癸日生)이 일지에 해(亥)를 만나 검사(檢事)가 되었다. 계수(癸水)는 냉(冷)이요 지혜이다. 해(亥)는 천문(天門)이니 우주대도(宇宙大道)에 통하는 관문이다. 그러므로 냉철한 지혜로서 준엄하고도 공명정대한 판단을 내려야 하니 판사나 검사가 되는 것이다.

99. 곤명(坤命) 계미년(癸未年) 정월(正月) 십삼일(十三日) 축시생(丑時生)

己 丙 甲 癸
丑 午 寅 未

월지에 인성(印星)을 놓고 인성이 월상(月上)에 투출되어 편인격(偏印格)이 되고 사주에 상관(傷官)을 놓아 예술가 탈렌트가 되었다. 인(印)은 문학·교육·대본이요, 식상(食傷)은 예술·연기·발표력·웅변·화술·재주이기 때문이다.

100. 건명(乾命) 기축년(己丑年) 시월(十月) 십오일(十五日) 술시생(戌時生)

壬 戊 乙 己
戌 辰 亥 丑

시상에 임수편재(壬水偏財)가 임술백호대살(壬戌白虎大殺)이 되고, 진술충(辰戌沖)을 맞았으며, 월지의 해수편재(亥水偏財)가 진해원진(辰亥怨嗔)과 귀문관살(鬼門關殺)이 되어 부친이 6.25 동란때 피살되었다.

101. 건명(乾命) 경오년(庚午年) 십일월(十一月) 십팔일(十八日) 미시생(未時生)

乙 辛 己 庚
未 酉 丑 午

편인(偏印)인 축토(丑土)가 시지인 미토(未土)와 형,충(刑,沖)이 되고, 년지 오(午)와 육해원진(六害怨嗔) 되므로 조부가 소에 받쳐 사망했다. 축(丑)은 소요, 형,충(刑,沖)은 봉변, 흉액, 충돌, 사고, 관재를 뜻한다.

102. 건명(乾命) 을사년(乙巳年) 이월(二月) 십이일(十二日) 신시생(申時生)

戊 丁 己 乙
申 卯 卯 巳

신중경금재(申中庚金財)가 년상의 을목(乙木)과 묘중을목(卯中乙木)과 합(合)을 하고, 사신합(巳申合)되어 아버지가 장가를 세 번 들었다. 인성(印星)과 재성(財星)이 원진귀문(怨嗔鬼門)이 되니 부모는 항상 원망하고 미워하며 불화가 많았다. 본인은 둘째 부인에서 출생하였으며, 겁재(劫財)가 년지에 있으므로 이복형이 있다.

103. 곤명(坤命) 신축년(辛丑年) 정월(正月) 칠일(七日) 사시생(巳時生)

辛 乙 庚 辛
巳 酉 寅 丑

친정인 인성(印星)이 약하고, 시집인 관성(官星)이 태왕하므로 결혼 후 친정이 패망했다. 시아버지인 인겁재(寅劫財)가 인사삼형(寅巳三刑), 인유원진(寅酉怨嗔)되고 금국(金局)에게 극을 당하므로 23세에 사망하고, 시어머니인 재(財)는 설기가 심하여 태약하고 살(殺)이 임하므로 정신병으로 고생한다.

104. 건명(乾命) 경오년(庚午年) 칠월(七月) 십삼일(十三日) 축시생(丑時生)

乙 己 甲 庚
丑 巳 申 午

약한 인성(印星)이 중복되고 인성(印星)이 축오원진(丑午怨嗔) 귀문(鬼門)되고 사신삼형(巳申三刑)되어 불길한데 유년(流年) 임신년

(壬申年)에 사신형합(巳申刑合)되므로 3세 때 모친이 사망했다.

105. 곤명(坤命) 임술년(壬戌年) 팔월(八月) 십이일(十二日) 오시생(午時生)

庚 甲 己 壬
午 寅 酉 戌

부친인 술편재(戌偏財)가 백호대살(白虎大殺)되었고, 임수(壬水)는 혈액이요, 유금(酉金)은 피를 공급하는 파이프로서 혈관이다. 유(酉)는 서방금(西方金)이므로 백색(白色)인데 인오술화국(寅午戌火局)으로 부터 화극금(火克金)을 당하고, 임수(壬水)는 토(土)로 부터 극을 당하므로 아버지는 본인이 어머니 배속에 있을 때에 백혈병으로 사망했다. 본인은 장녀로 태어났는데 어머니는 술생(戌生)이다. 장녀로서 띠가 어머니와 같으면 부모는 생이 사별하게 된다.

106. 곤명(坤命) 계미년(癸未年) 일월(一月) 육일(六日) 유시생(酉時生)

癸 己 甲 癸
酉 亥 寅 未

관성혼잡(官星混雜)에 재성(財星)이 많아 신약하다. 일주가 관성(官星)과 명암(明暗)으로 합(合)을 하여 일부종사하기 어려운데 43세에 남편과 이혼했다. 사주에 인미귀문(寅未鬼門) 인유원진(寅酉怨嗔)이 되니 귀신이 발동하여 미쳐서 날뛰므로 신굿을 하여 말문이 터져서

무당이 되었다. 화개(華蓋)는 종교와 예술이
요, 도화(桃花)는 유흥이요 예쁘게 치장하는
것이다. 유(酉)는 촛대, 주전자, 술잔, 장군
이나 신장의 칼이며, 인(寅)은 산신, 성황신
이요, 유(酉)는 칠성, 장군, 신장이며 해미
(亥未)는 대감줄이므로 무당이 되었으며 춤을
잘 추고 술도 잘 먹는다.

107. 건명(乾命) 신사년(辛巳年) 일월(一月) 십칠일(十七日) 축시생(丑時生)

```
己 辛 庚 辛
丑 卯 寅 巳
```

년에 지살(地殺)이 들어 조출타향(早出他鄕)
했다. 월지의 인중무토(寅中戊土)가 모(母)인
데 겁살(劫殺)과 삼형(三刑)이 놓여 모친이
일찍 사망했다. 비겁(比劫)이 혼잡되고 일시
(日時)가 육해(六害)되면 파재(破財)극처하므
로 처자가 함께 도망갔다. 사중병화(巳中丙
火), 인중병화(寅中丙火)인 관(官)은 자식인
데 지살(地殺) 삼형(三刑)이 되므로 함께 도
망간 것이다. 당사주법으로 보면 년, 월에 천
문(天文)이 두 개가 들었는데 미쳐죽은 귀신
이나 조상 청춘귀가 있는 법인데 원진과 귀문
이 가세하니 원많고 한많은 귀신들이 장난치
며 출입하게 되니 미쳐버린 것이다.

108. 건명(乾命) 정미년(丁未年) 오월(五月) 사일(四日) 인시생(寅時生)

丙 甲 丙 丁
寅 午 午 未

갑목(甲木)은 머리요 신경이다. 하월갑목(夏月甲木)이 화(火)가 태왕하여 작렬하므로 목(木)이 다 타버리고, 식상(食傷)이 태왕하여 설기가 심하고 인미귀문(寅未鬼門)이 임하여 뇌신경이 극도로 쇠약해지므로 정신이상으로 미쳐 버렸다.

109. 건명(乾命) 계해년(癸亥年) 십일월(十一月) 칠일(七日) 사시생(巳時生)

癸 辛 甲 癸
巳 酉 子 亥

수왕(水旺)하니 신장은 튼튼하나, 화약(火弱)하니 심장은 약하다. 월간 갑목(甲木)이 사화(巳火)를 돕고자 해도 얼어버린 동목(凍木)인데 신유금(辛酉金) 된서리가 화(火)를 돕지 못하게 하니 갑목(甲木) 머리와 사화(巳火)심장이 장애물이 놓여 혈액과 산소공급이 제대로 안되고, 자유귀문(子酉鬼門)과 해천문(亥天門)이 임하므로 박수가 되었다.

110. 건명(乾命) 갑자년(甲子年) 이월(二月) 십구일(十九日) 자시생(子時生)

庚 壬 丁 甲
子 寅 卯 子

식상(食傷)이 왕한 상관격(傷官格)으로 경금(庚金)이 용신(用神)이다. 양인(羊刃)인 자(子)가 자묘형(子卯刑)되고, 경금용신(庚金用神)이 양인(羊刃)인 자(子)와 동림(同臨)하므로 외과의사가 되었다. 인성(印星)이 용신이므로 50대에 교육사업에 손댔지만 인성이 설기가 심하고 뿌리가 없으므로 실패했다.

111. 곤명(坤命) 병신년(丙申年) 시월(十月) 이십일일(二十一日) 오시생(午時生)

庚 甲 己 丙
午 午 亥 申

해중임수(亥中壬水) 편인(偏印)은 조부요, 오중정화(午中丁火) 상관(傷官)은 조모인데 정임암합(丁壬暗合)하고 식상(食傷)이 혼잡하여 조부가 재혼을 했으며, 기토재(己土財)가 해중갑목(亥中甲木)과 합(合)하고, 오중정화(午中丁火)와 해중임수(亥中壬水)가 합하므로 부친은 작첩(作妾)하고 모친은 부정하였다. 신중경금(申中庚金)은 해수(亥水) 물건너 있고 부궁은 오오자형(午午自刑)되며, 시상에 편관이 투간하였으므로 30세 되는 을축년(乙丑年)에 남편이 죽고 다른 남자를 사귀게 되어 함께 살고 있다.

112. 곤명(坤命) 신미년(辛未年) 십이월(十二月) 일일(一日) 진시생(辰時生)

丙 戊 辛 辛
辰 辰 丑 未

동토(凍土)가 병화(丙火) 태양을 보고 요동을 치지만 신금상관(辛金傷官)이 병신합수(丙辛合水)로 묶어 버리고 상관이 왕하니 자식은 왕하나 관성(官星)은 동토(凍土)에 묻힌 나무이므로 남편복이 없다. 미중을목(未中乙木) 양진중을목(兩辰中乙木)이 땅속에 들고 축미 충(丑未沖), 축진파(丑辰破), 진진자형(辰辰 自刑), 무진백호(戊辰白虎)가 임하므로 첫 남 편을 만나 자식을 낳자 남편이 죽고, 두 번째 남편을 만나 자식을 낳자 남편이 죽고, 세 번 째 남편을 만나 자식을 낳으니 또 남편이 죽 어 버렸다.

113. 곤명(坤命) 무인년(戊寅年) 오월(五月) 십일일(十一日) 유시생(酉時生)

```
丁 辛 戊 戊
酉 未 午 寅
```

금일주(金日主)가 화왕지절(火旺之節)에 출생 하여 화(火)가 왕하고 수기(水氣)가 없어 조 열(燥熱)하므로 치질, 변비, 하혈로 고생하더 니 41세 무오년(戊午年)에 자궁암이 발병하여 42세 기미년(己未年)에 자궁암으로 사망했다.

114. 건명(乾命) 무술년(戊戌年) 구월(九月) 이십삼일(二十三日) 사시생(巳時生)

```
辛 乙 壬 戊
巳 酉 戌 戌
```

추월(秋月)의 을목(乙木)은 코스모스, 국화인 데 재관(財官)이 왕하여 매우 신약하다. 서리 를 맞아 시들어 버린 국화꽃이다. 신약(身弱) 에 시상편관(時上偏官), 일지편관(日支偏官) 이라 끈기가 부족하고 고집이 세며 성질이 나 면 물불을 가리지 않는다. 신약하므로 임수

(壬水)가 용신이나 재성이 파극(破剋)하여 무력해졌다. 사화(巳火)를 필요로 하나 사유합금(巳酉合金)되어 제살(制殺)할 힘을 상실하였다. 신유년(辛酉年)에 교통사고로 사망하였는데 이는 연약한 꽃이 서리를 맞았는데 또다시 된서리를 맞고 낫에 잘린 데다가 용신(用神)이 욕패살년(浴敗殺年)을 만난 탓이다.

115. 곤명(坤命) 기사년(己巳年) 사월(四月) 삼일(三日) 사시생(巳時生)

```
癸 丙 己 己
巳 辰 巳 巳
```

년, 월, 시(年,月,時)에 득록(得祿)하여 신왕(身旺)하고 식상(食傷)이 강하다. 진중계수관(辰中癸水官)이 시상에 투출하고 사중무토(巳中戊土)와 합(合)을 하므로 남편이 작첩(作妾)하였다. 식상(食傷)은 자궁이요, 진사(辰巳)는 손풍(巽風)이라 자궁에 바람이 부니 자궁에 질액이 생기고 진중계수(辰中癸水)는 혈액인데 기토(己土)에게 충극(沖剋)을 받으므로 하혈(下血)이 심하게 된다. 임술년(壬戌年)에 백호(白虎)가 식신(食神)을 충(沖)하므로 자궁암이란 진단을 받고 치료중 55세 계해년(癸亥年)에 사중무토(巳中戊土) 식신 자궁과 녹(祿)을 충(沖)하므로 사망했다.

116. 건명(乾命) 무신년(戊申年) 삼월(三月) 십일일(十一日) 자시생(子時生)

壬 戊 丙 戊
子 申 辰 申

년, 일지(日支) 신지살(申地殺)은 타향·타국
이요 일주는 나자신이다. 신중임수재(申中壬水
財)는 지살재(地殺財)이므로 타향 여자·외국
여자요, 진중을목관(辰中乙木官)은 자식인데
신자진(申子辰)으로 삼합수국(三合水局)을 이
루니 외국여자와 결혼하여 혼혈아를 득자했다.

117. 건명(乾命) 임진년(壬辰年) 십월(十月) 이십사일(二十四日) 자시생(子時生)

丙 庚 壬 壬
子 寅 子 辰

관살(官殺)이 약하고, 식상(食傷)이 많으므로
병화관(丙火官)이 인목(寅木)에 장생(長生)이
되지만 많은 식상에 극을 당하니 제살태과(制
殺太過)하므로 진중을목(辰中乙木) 본처가 자
식이 없자 인중갑목(寅中甲木) 소실을 얻어
득자했다. 이 명조는 수생목(水生木) 목생화
(木生火)로 약하게나마 관(官)을 도울 수 있
어 무자(無子)는 면했다.

118. 곤명(坤命) 무신년(戊申年) 정월(正月) 십육일(十六日) 미시생(未時生)

丁 壬 甲 戊
未 寅 寅 申

식신격(食神格)으로 실령, 실지, 실세하여 신
약하므로 년지 신금(申金)을 용신(用神)으로
쓰나 양인(兩寅)에 충(沖)이 되었다. 년간 무
토관(戊土官)이 병지(病地)에 좌(坐)하고, 좌
록(坐祿)한 군목(群木)에 파극당하므로 남편

이 죽었다. 일지 인중갑목(寅中甲木)과 시지 미중기토(未中己土)가 갑기합토관(甲己合土官)이 되므로 자식을 버리고 재혼하였다.

119. 곤명(坤命) 경오년(庚午年) 십일월(十一月) 이일(二日) 유시생(酉時生)

乙 乙 戊 庚
酉 巳 子 午

일간 본인이 일지 사중경금 정관(巳中庚金 正官)과 을경합(乙庚合)되고, 년상의 경금관(庚金官)과 을경합(乙庚合)하였으며, 일지가 시지 유금살(酉金殺)과 사유합금(巳酉合金)하니 여러 남자와 관계를 맺는 형상이라 남편의 의처증이 심하게 되고, 살왕신약(殺旺身弱)하니 남편에게 매맞고 산다. 을사일생(乙巳日生)은 주로 일부종사(一夫從事)가 힘들고, 관성(官星)이 중복되어 합(合)을 하면 정부와 놀아날 우려가 있고, 그렇지 않은 경우 배우자가 작첩(作妾)하여 바람을 피운다.

120. 곤명(坤命) 기축년(己丑年) 삼월(三月) 십구일(十九日) 술시생(戌時生)

庚 丁 戊 己
戌 丑 辰 丑

실령, 실지, 실세하여 신약사주이며, 식상이 태왕하여 종아격(從兒格)을 이루었다. 일간은 자신인 어머니요 식상은 자식인데, 식상이 형,충(刑,沖)되고 백호대살(白虎大殺)이 되어 무자(無子)이다. 모쇠자왕(母衰子旺)에 식상이 형,충되면 유산, 낙태가 잘 되고 자궁외

임신이나 자궁수술 혹은 유방에 이상이 생기기 쉬우며 무자하기 쉽다.

121. 곤명(坤命) 갑오년(甲午年) 칠월(七月) 이십일일(二十一日) 해시생(亥時生)

辛　丁　壬　甲
亥　未　申　午

월간의 임수관(壬水官)과 정임합(丁壬合)하고 월지 신중임수(申中壬水)와 일지가 미신우합(未申隅合)되고, 시지 해중임수(亥中壬水)와 일지가 해미합(亥未合)하고, 배우궁 일지가 (오미(午未)로 합을 하였다. 관성합신(官星合身)에 합(合)이 많으면 음란하므로 정부(情夫)와 놀아났다.

122. 건명(乾命) 경진년(庚辰年) 정월(正月) 오일(五日) 축시생(丑時生)

丁　乙　戊　庚
丑　酉　寅　辰

득령은 하였으나 실지, 실세하여 신약하므로 형제인 인목겁재(寅木劫財)를 용신(用神)으로 한다. 인겁재(寅劫財)는 인진목국(寅辰木局)을 이루어 약한 일주를 도우므로 형제의 도움으로 발복하였다.

123. 건명(乾命) 계해년(癸亥年) 시월(十月) 이십칠일(二十七日) 오시생(午時生)

戊　癸　癸　癸
午　亥　亥　亥

비겁태왕(比劫太旺)으로 일주가 신강하며 오화재(午火財)는 군겁쟁재(群劫爭財)를 당하니 항상 금전 부족에 의식주 걱정을 하는 빈천한 팔자이다.

第3章. 여명통법(女命通法) 예식(例式)

1. **위경편(胃涇篇)에 말하기를 사주에서 역마(驛馬)를 둘 만 나면 모가(母家)가 황량하다.**

   丁 甲 丙 丙　이 명조(命造)는 일지(日支) 기준으로 연(年)
   卯 寅 申 申　과 월(月)에 역마(驛馬)가 놓였다.

2. **부인총결(婦人總訣)에 말하기를 연상(年上)에 상관(傷官)이 있으면 주로 병(病)을 띠고 태어난다.**

   丁 丁 戊 戊　연상(年上)에 상관(傷官)이 놓였다.
   未 未 午 寅

3. **부인총결(婦人總訣)에 말하기를 명조(命造)에 진(辰)은 있고 술(戌)이 없는 자는 외롭고, 술(戌)은 있고 진(辰)이 없는 자는 녹(祿)을 띤다.**

戊 己 戊 甲　　차명(此命)은 연,월,시(年,月,時)에 진(辰)만
辰 巳 辰 辰　　있고 술(戌)이 없다.

4. 위경편(渭涇篇)에 말하기를 고진(孤辰)이 충(冲)을 대(對)하면 부가(夫家)를 패(敗)할까 두렵다.

癸 癸 己 甲　　차명(此命)은 사(巳)가 고진(孤辰)인데 해
亥 亥 巳 寅　　(亥)와 대(對)하여 충(冲)하고 있다.

5. 부인총결(婦人總訣)에 말하기를 시(時)와 일고진(日孤辰)이 충(冲)되면 그 화(禍)가 무궁하다.

乙 己 庚 甲　　일지 사(巳)가 고진(孤辰)인데 시지 해(亥)와
亥 巳 午 寅　　충(冲)을 하고 있다.

6. 애천부(崖泉賦)에 말하기를 계일생(癸日生) 여명(女命)이 명조에 해유(亥酉)가 있으면 교제가 번망(繁忙)하다.

戊 癸 乙 甲　　차조(此造)는 계일생(癸日生)이 해유(亥酉)가
午 酉 亥 寅　　있고 시상(時上)에 정관(正官)을 놓았다.

7. 관(官)은 없고 합(合)이 있는 자는 만혼을 한다.

乙 庚 辛 癸　　차조(此造)는 관성(官星)은 없고 진유합(辰酉
酉 辰 酉 酉　　合)이 있다.

8. 신일(辛日) 묘시생(卯時生)은 자식이 적고 더디다.

辛 辛 丙 甲　차조(此造)는 신일(辛日) 묘시생(卯時生)이
卯 卯 寅 寅　다.

9. 위경편(渭涇篇)에 말하기를 인수격(印綬格)이 식신(食神)은 없고 관살(官殺)이 있으면 외롭다.

辛 丙 乙 癸　차명(此命)은 묘월생(卯月生)이 묘중(卯中)
卯 子 卯 卯　을(乙)이 투간(透干)하여 인수격(印綬格)인데 식신(食神)은 없고 연,일(年,日)에 관살(官殺)을 놓았다.

10. 위경편(渭涇篇)에 말하기를 고신(孤神)이 인성(印星)에 좌(坐)한 자는 여승이 된다.

丁 丁 甲 癸　차조(此造)는 인(寅)이 고신(孤神)인데 갑인
未 未 寅 丑　(甲寅) 정인(正印)에 좌(坐)하였다.

11. 위경편(渭涇篇)에 말하기를 여명(女命)이 삼형(三刑)을 띠면 주로 자식에게 해롭다.

庚 甲 己 甲　차명(此命)은 인사신 삼형(寅巳申 三刑)을
午 申 巳 寅　놓았다.

12. 명조(命造)에 많은 관(官)이 합(合)을 띤 자는 감정이 혼란하여 트러블을 잘 한다.

乙 戊 乙 戊
卯 戌 卯 戌

차조(此造)는 을묘 관(乙卯 官)이 넷이니 다관(多官)인데 묘술(卯戌)로 합(合)을 하고 있다.

13. 위경편(渭涇篇)에 말하기를 비겁(比劫)의 뿌리가 중(重)한 자는 후처로 갈까 두렵다.

乙 甲 丁 甲
丑 辰 卯 寅

차조(此造)는 갑인을묘(甲寅乙卯) 비겁(比劫)이 많은데 갑을(甲乙)은 인묘진(寅卯辰)에 뿌리를 강하게 박고 있다.

14. 명조(命造)가 순음순양(純陰純陽)이면 자식을 방해(妨害)한다.

辛 丁 辛 乙
丑 酉 巳 未

차명(此命)은 양(陽)은 하나도 없고 전음(全陰)이니 음팔통(陰八通)의 사주이다.

15. 삼간(三干)이 일간(一干)과 합(合)을 하면 용모가 절세미인이다.

乙 乙 乙 庚
酉 酉 酉 戌

차명(此命)은 삼을(三乙)이 일경(一庚)과 합(合)을 하고 있다.

16. 월상관(月傷官)이 양인(羊刃)과 중첩되면 타인에게 의지하여 생계의 방도를 연구한다.

辛 甲 丁 甲　차조(此造)는 정상관(丁傷官)이 양인(羊刃)인
未 子 卯 戌　묘(卯)와 동주(同柱)하고 있다.

17. 일좌(一坐)가 양인(羊刃)인데 또 양인(羊刃)을 보면 고독하다.

甲 丙 丙 丁　차명(此命)은 일지(日支)가 양인(羊刃)인데
午 午 午 酉　월,시(月,時)에 또 양인(羊刃)을 놓고 있다.

18. 관성(官星)과 천을귀인(天乙貴人)이 대부분인 자는 이름난 여인이 된다.

乙 戊 乙 己　차조(此造)는 을묘(乙卯) 삼관성(三官星)과 천
卯 子 未 未　을귀인(天乙貴人)인 미(未)가 둘 놓여 있다.

19. 신해일(辛亥日), 갑인일(甲寅日), 무신일(戊申日), 정사일생(丁巳日生)의 여명(女命)은 감정이 혼란하니 트러블을 일으킨다.

甲 甲 壬 己　차명(此命)은 갑인(甲寅) 고란일(孤鸞日)에
戌 寅 申 巳　태어났다.

20. 역마(驛馬)와 천을귀인(天乙貴人)이 동주(同柱)하면 일생에 변천이 많다.

丙 辛 壬 壬
申 丑 寅 辰

차명(此命)은 월지 인(寅)이 역마(驛馬)인데 신일(辛日)은 인(寅)이 천을귀인(天乙貴人)이므로 역마와 천을귀인 동주(同柱)하였다.

21. 비겁(比劫)이 도화(桃花)에 좌(坐)하면 심히 불량하다.

壬 甲 乙 戊
申 午 卯 子

차명(此命)은 을겁재(乙劫財)가 일지(日支) 기준으로 묘도화(卯桃花)에 좌(坐)하고 있다.

22. 회합(會合)이 과다하면 사교가 심히 바쁘다.

甲 癸 乙 癸
寅 亥 卯 未

차조(此造)는 인해육합(寅亥六合)하고 묘미 삼합(卯未三合)하고 있다.

23. 관살(官殺)이 혼잡하고 지지(地支)에 합(合)을 띠면 여명(女命)은 상서롭지 못하다.

丙 甲 辛 庚
寅 午 巳 午

차명(此命)은 연,월(年,月)에 官殺)이 혼잡하고 인오(寅午)가 합(合)하고 사오(巳午)가 회(會)하였다.

24. 도화(桃花)가 부성(夫星)에 좌(坐) 하였는데 또 다시 도화(桃花)를 보는 것을 꺼린다.

己 庚 丁 甲
卯 戌 卯 辰

차명(此命)은 부성(夫星)인 정관 정(正官 丁)이 묘도화(卯桃花)에 좌(坐) 하였는데 또 다시 시(時)에 도화(桃花)가 놓여 있다.

25. 일(日)과 월(月)의 간지(干支)가 합(合)이 된 자는 혼인에 혼란 트러블이 있게 된다.

乙 己 甲 乙
亥 巳 申 亥

차조(此造)는 월,일간(月,日干)이 갑기(甲己)로 합(合)되고 월,일지(月,日支)가 사신(巳申)으로 합(合)하고 있다.

26. 관성(官星)이 당령(當令) 한데 또 상관격(傷官格)을 겸한 자는 흉하다.

丁 甲 辛 戊
卯 子 酉 戌

차명(此命)은 신금 정관(辛金 正官)이 유(酉)에 당령(當令)한데 시상 상관격(時上 傷官格)을 놓았다.

27. 여명(女命)에 역마(驛馬)가 충(沖)을 만난 자는 말이 많고 변심한다.

癸 丙 甲 戊
巳 申 寅 申

차조(此造)는 인(寅)이 역마(驛馬)인데 인신(寅申)으로 충(沖)을 당하였다.

28. 자오묘유(子午卯酉)를 다 갖춘 자는 좋지 않다.

乙 乙 甲 丙
酉 卯 午 子

차명(此命)은 지전 자오묘유(支全 子午卯酉)하여 사정격(四正格)이 되어 고독 유랑(流浪)하게 된다.

29. 인신사해(寅申巳亥)를 다 갖춘 자는 좋지 않다.

癸 戊 丙 己
亥 申 寅 巳

차명(此命)은 지전 인신사해(支全 寅申巳亥)하여 사생격(四生格)이 되어 거처가 불안정하다.

30. 진술축미(辰戌丑未)를 다 갖춘 자는 좋지 않다.

辛 甲 戊 辛
未 辰 戌 丑

차명(此命)은 지전 진술축미(支全 辰戌丑未)하여 사고격(四庫格)이 되어 추행(醜行)을 대기(大忌)한다.

31. 여명(女命) 양일주(陽日主)는 일지(日支)가 양인(羊刃)에 좌(坐)하는 것을 꺼린다. 즉 병오일(丙午日), 임자일(壬子日), 무오일생(戊午日生)의 여명(女命)은 성격이 지나치게 의연하다.

己 壬 甲 癸
酉 子 子 巳

차명(此命)은 양일주(陽日主)가 일지(日支)에 양인(羊刃)을 놓았다.

32. 여명(女命)에 둘이 하나를 합(合)하는 것을 꺼린다. 주로 감정에 곤란이 있다.

乙　庚　乙　癸　　차명(此命)은 일양(一陽)과 이음(二陰)이 투
酉　子　卯　卯　　합(妬合)하고 있다.

33. 자오묘유일(子午卯酉日)이 자오묘유시(子午卯酉時)를 만나면 좋지 않다.

丁　甲　甲　甲　　차조(此造)는 자일생(子日生)이 묘시(卯時)
卯　子　戌　子　　에 태어났다.

34. 여명(女命)이 생년(生年)과 생일(生日)의 간지(干支)가 서로 같은 자는 좋지 않다.

壬　甲　丁　甲　　차명(此命)은 갑오년 갑오년(甲午年 甲午日)
申　午　卯　午　　에 태어났다.

35. 여명(女命)의 정란차격(井欄叉格)은 좋지 않다.

乙　庚　庚　庚　　차명(此命)은 경신일생(庚申日生)이 지회 신
酉　申　辰　子　　자진 수국(支會 申子辰 水局)하여 정란차격
　　　　　　　　에 입격(入格)하였다.

36. 여명(女命)에 충형(沖刑)이 있는 것은 좋지 않다.

丙　丙　庚　甲　　차조(此造)는 일시(日時)가 충형(沖刑)되었다.
申　寅　子　子

37. 임계일생(壬癸日生)이 지지(地支)에 신자진(申子辰)을 다 갖춘 자는 심성이 부정(不定)하다.

庚　壬　丙　戊　　차명(此命)은 임일생(壬日生)이 신자진(申子
子　子　辰　申　　辰)을 다 갖추었다.

38. 여명(女命)이 괴강격(魁罡格)인 것은 좋지 않다.
　　바로 경술일(庚戌日), 경진일(庚辰日), 임진일(壬辰日), 임술일(壬戌日), 무술일생(戊戌日生)은 지혜 총명하고 연달(練達)함이 뛰어난다. 그러나 신변은 늘 복잡하고 고생이 끊이지 않는다. 정신적인 번민이 많아 평한 날이 적다.

庚　庚　庚　庚　　차명(此命)은 경진일(庚辰日)에 태어나 괴강
辰　辰　辰　午　　격(魁罡格)이 되었다.

39. 비겁(比劫)이 동주(同柱)하고 천간(天干)에 중첩된 자는 남편을 다투게 된다.

乙　甲　甲　乙　　차명(此命)는 연,월,시간(年,月,時干)에 비겁
丑　子　申　酉　　(比劫)이 중첩되었다.

40. 여명(女命)에 부성(夫星)인 관살(官殺)이 없는 것을 꺼린다.

丁　甲　丙　甲　　차명(此命)은 관살(官殺)인 금(金)이 없다.
卯　寅　寅　子

41. 비견(比肩)이 공망(空亡)에 좌(坐)하면 남편에 불리하다.

乙 甲 丙 甲
亥 寅 寅 子

차명(此命)은 년간(年干) 갑비견(甲比肩)이 자공망(子空亡)에 좌(坐) 하였다. 갑인순중 (甲寅旬中)은 자축(子丑)이 공망(空亡)이기 때문이다.

42. 자좌편인(自坐偏印)이면 감정상 트러블이 있다.

庚 丁 丙 甲
子 卯 寅 子

차명(此命)은 일지(日支)에 편인(偏印)을 놓았다.

43. 편인(偏印), 상관(傷官), 양인(羊刃)을 아울러 보면 혼인이 더디다.

甲 丙 甲 甲
午 辰 戌 子

차명(此命)은 시상(時上)에 갑편인(甲偏印)을 놓고, 시지(時支)에 오중기토(午中己土) 상관 (傷官)을 놓고 오양인(午羊刃)을 놓았다.

44. 년(年)이 재(財)이고 월(月)이 인(印)인 여명(女命)은 모가 (母家)가 해롭다.

辛 丁 甲 庚
丑 卯 申 子

차조(此造)는 연상(年上)이 재(財)이고 월상 (月上)이 인(印)이다.

45. 겁재(劫財), 상관(傷官), 양인(羊刃)을 아울러 보면 혼인이 좋지 않다.

癸 壬 己 乙
卯 子 卯 酉

차명(此命)은 시상(時上)에 겁재(劫財)가 있고, 시지(時支)에 상관(傷官)을 놓았으며 일지(日支)에 양인(羊刃)을 놓았다.

46. 천간(天干)에 편인(偏印)이 아울러 있으면 주로 만혼한다.

庚 丙 甲 甲
寅 寅 戌 子

차조(此造)는 연,월(年,月)에 편인(偏印)이 아울러 있다.

47. 정인(正印)이 과다한 여명(女命)은 어머니에게 해롭다.

己 庚 己 己
卯 午 巳 丑

차명(此命)은 연,월,시간(年,月,時干)과 연지(年支)에 정인(正印)을 놓고 일지(日支)에 오중기토(午中己土) 정인(正印)을 놓았다.

48. 월령(月令)에 정인(正印)이 전위(專位)에 좌(坐)하면 장자(長子)에게 해로움이 있다.

甲 丙 乙 戊
午 戌 卯 子

차명(此命)은 월간 을(乙)이 정인(正印)인데 월지(月支)에 묘(卯) 정인(正印)을 놓아 전위(專位)되었다.

49. 정인(正印), 칠살(七殺), 양인(羊刃)을 다 갖춘 여명(女命)은 예술 문예에 재질이 있다.

壬 丙 乙 癸
辰 午 卯 卯

차명(此命)은 을묘 정인(乙卯 正印)을 놓고 임 칠살(壬 七殺)과 오 양인(午 羊刃)을 놓았다.

50. 편재(偏財)가 칠살(七殺)과 동주(同柱)하면 부(父)의 녹(祿)이 박하다.

壬 乙 己 丁 　차명(此命)은 기편재(己 偏財)가 유칠살(酉
午 卯 酉 未 　七殺)과 동주(同柱)하고 있다.

51. 관살(官殺)은 천간(天干)에서 아울러 보면 조절(阻折)을 많이 본다.

庚 甲 辛 甲 　차명(此命)은 월,시간(月,時干)에 관살(官殺)
午 辰 未 子 　을 아울러 본다.

52. 정관(正官)이 정관(正官)에 좌(坐)하면 만혼하는 것이 길하다.

癸 戊 乙 戊 　차명(此命)은 을정관(乙正官)이 묘정관(卯正
亥 辰 卯 寅 　官)에 좌(坐)하고 있다.

53. 편재(偏財)가 비견(比肩)에 좌(坐)하면 아버지가 타향에 가서 산다.

丙 乙 己 庚 　차명(此命)은 월간(月干) 편재(偏財)가 월지
子 卯 卯 子 　(月支) 묘비견(卯比肩)위에 좌(坐)하였다.

54. 정관(正官)이 상관(傷官)에 좌(坐)하면 손해가 많다.

甲 癸 戊 庚 　차명(此命)은 월상(月上) 정관(正官)이 월지
寅 卯 寅 辰 　(月支) 상관(傷官)위에 좌(坐)하였다.

55. 명조(命造)에 칠살(七殺)이 넷이면 타향에서 성혼(成婚)한다.

戊 壬 戊 戊
申 子 午 子

차명(此命)은 연,월,시간(年,月,時干)과 시지(時支)인 신중무토(申中戊土)에 칠살(七殺)을 놓았다.

56. 여명(女命)은 칠살(七殺) 지(支)에 삼형(三刑)을 만나는 것을 크게 꺼린다.

戊 壬 戊 丁
申 寅 申 巳

차명(此命)은 월,시간(月,時干) 칠살(七殺)의 지지(地支) 신(申)이 삼형(三刑)을 만났다.

57. 재성(財星)이 당령(當令)하면 여명은 자식이 늦다.

己 庚 乙 癸
卯 子 卯 丑

차명(此命)은 월간 정재(正財)가 월지인 묘정재(卯正財)에 당령(當令)하였다.

58. 관살(官殺)이 혼잡되고 지지에 도화(桃花)가 합(合)이 되면 불길하다. 도화합(桃花合)은 연애와 바람끼 색정(色情)이다.

癸 乙 庚 辛
未 卯 子 丑

차명(此命)은 연,월(年,月)에 관살(官殺)이 혼잡되고 월지에 도화(桃花)가 자축(子丑)으로 합(合)이 됐다.

59. 식신(食神)이 양인(羊刃)에 좌(坐)하면 직업여성의 명이다.

戊 戊 庚 甲　　차조(此造)는 월간 식신(食神)이 월지 양인
午 子 午 寅　　(羊刃)위에 좌(坐)하였다.

60. 해자(亥子)를 거듭 만나면 부모에 불리하다.

壬 癸 壬 壬　　차명(此命)은 지지에 해자(亥子)를 거듭 만났
子 亥 子 子　　다.

61. 여명(女命)에 정관(正官)이 도화(桃花)와 동주(同柱)하면 복록을 자랑한다.

甲 己 戊 甲　　차명(此命)은 시상(時上) 정관(正官)이 시지
子 卯 辰 午　　(時支) 도화(桃花)와 동주(同柱)하고 있다.

62. 천간(天干)에 삼기(三奇)가 있는 자는 아름다운 명이다.

丁 庚 戊 甲　　차명(此命)은 갑무경(甲戊庚) 천상삼기(天上
丑 寅 辰 申　　三奇)를 놓았다.

63. 칠살(七殺)을 제어하는 자가 없으면 불길하다.

乙 甲 庚 庚　　차명(此命)은 연,월상(年,月上)에 칠살(七殺)
丑 子 辰 辰　　이 중(重)한데 제어하는 자가 없다.

64. 재성(財星)이 겁재(劫財)나 형(刑)을 만나면 재물을 모으는데 지장이 있다.

丁 丙 庚 癸　　차명(此命)은 월,시(月,時)에 재성(財星)이
酉 寅 申 巳　　놓였으나 시상(時上)에 겁재(劫財)가 있고,
　　　　　　　월지 재(財)가 형(刑)을 만났다.

65. 금신(金神)이 양인격(羊刃格)을 겸하면 시비가 심히 많다.

癸 甲 丁 己　　차명(此命)은 갑일생(甲日生)이 유시(酉時)에
酉 子 卯 酉　　태어나 금신격(金神格)이 되었는데 월지에 양
　　　　　　　인(羊刃)을 놓아 양인격(羊刃格)을 겸하였다.

66. 먼저 충(冲)하고 뒤에 합(合)하면 일생 시비가 심히 많다.

丁 甲 庚 乙　　차명(此命)은 진술(辰戌)이 선충(先冲)되고
卯 戌 辰 未　　묘술(卯戌)이 후합(後合)하였다.

67. 양인(羊刃), 충(冲), 형(刑)을 다 갖춘 자는 뜻밖의 재앙을 방비해야 한다.

　　　　　　　차명(此命)은 월상(月上)에 칠살(七殺)을 놓
丁 甲 庚 甲　　고 연,월,일지(年,月,日支)가 충(冲)이 되고
卯 子 午 子　　일,시지(日,時支)가 형(刑)이 되며, 시지에
　　　　　　　양인(羊刃)이 놓였다.

68. 도화(桃花)는 삼합(三合)과 육합(六合)을 가장 꺼린다.

己 庚 壬 壬　　차명(此命)은 시지도화(時支桃花)가 묘술(卯
卯 戌 寅 午　　戌)로 육합(六合)하였다.

第4章. 부성희기표(夫星喜忌表)

갑일주(甲日主)의 부성희기표(夫星喜忌表)

인월 (寅月)	신정관 (辛正官)	사주에 병(丙)이 투출되거나 대운이 병운(丙運)으로 들면 부유한 과부인데 충형(沖刑)을 꺼리지 않는다.
	경칠살 (庚七殺)	경살(庚殺)이 절(絶)에 앉으므로 충형(沖刑)을 꺼리며 천간에 을겁재(乙劫財)가 투출되면 남편에게 전속되지 않는다.
묘월 (卯月)	신정관 (辛正官)	신정관(辛正官)이 절(絶)에 앉으므로 충형(沖刑)을 꺼리고 병식신합(丙食神合)을 꺼리나 관살(官殺) 혼잡(混雜)은 꺼리지 않는다.
	경칠살 (庚七殺)	경살(庚殺)은 조후용신(調候用神)으로 합살(合殺)은 꺼리지 않고 신관혼살(辛官混殺)을 꺼린다.
진월 (辰月)	신정관 (辛正官)	천간에 갑을(甲乙)을 아울러 보면 상부(喪夫)한다. 정상관(丁傷官)이 천간에 나타나는 것을 크게 꺼린다.
	경칠살 (庚七殺)	경살(庚殺)은 조후용신(調候用神)이다. 천간에 갑을(甲乙)이 병투(並透)하면 길상(吉祥)치 못한 명(命)이다.

사월 (巳月)	신정관 (辛正官)	계인(癸印)이 없는 자는 불길하다.
	경칠살 (庚七殺)	
오월 (午月)	신정관 (辛正官)	계인(癸印)이 없는 자는 불길하다. 화운(火運)에 들면 대질(大疾)을 얻게 된다.
	경칠살 (庚七殺)	계인(癸印)이 없는 자는 불길한다. 천간에 임,계(壬,癸)가 있으면 선빈후부(先貧 後富)한다.
미월 (未月)	신정관 (辛正官)	계인(癸印)이 없는 자는 불길하다. 천간에 정상관(丁傷官)이 있으면 사람됨이 어 질고 장수한다.
	경칠살 (庚七殺)	계인(癸印)이나 진(辰)이 없는 자는 불길하다.
신월 (申月)	신정관 (辛正官)	관살혼잡(官殺混雜)을 가장 꺼리고 정상관(丁 傷官)은 꺼리지 않는다.
	경칠살 (庚七殺)	겁재(劫財), 양인(羊刃)은 꺼리지 않으나 관살 혼잡(官殺混雜)을 가장 꺼린다.
유월 (酉月)	신정관 (辛正官)	관살혼잡(官殺混雜)을 꺼린다. 천간에 병(丙)이나 정(丁)이 없으면 고명(孤 命)이다.
	경칠살 (庚七殺)	관살혼잡(官殺混雜)을 꺼린다. 천간에 계인(癸印)이 투출됨을 꺼린다.

술 월	신정관 (辛正官)	정관(正官)을 용(用)하여 부(夫)로 삼거나 부성(夫星)이 고(庫)에 돌아감을 크게 꺼린다.
(戊月)	경칠살 (庚七殺)	기정재(己正財)는 꺼리나 무편재(戊偏財)는 꺼리지 않는다.
해 월	신정관 (辛正官)	천간에서 기정재(己正財)를 보는 것은 기뻐하지 않는다.
(亥月)	경칠살 (庚七殺)	
자 월	신정관 (辛正官)	상관(傷官)을 꺼리지 않는다.
(子月)	경칠살 (庚七殺)	정상관(丁傷官)을 보게되면 부명(富命)이다.
축 월	신정관 (辛正官)	정상관(丁傷官)을 꺼리지 않는다. 관살혼잡(官殺混雜)을 꺼리지 않는다.
(丑月)	경칠살 (庚七殺)	정상관(丁傷官)을 보면 부명(富命)이다. 경살(庚殺)이 없는 자는 주로 다병(多病)하다.

을일주(乙日主)의 부성희기표(夫星喜忌表)

인월 (寅月)	경정관 (庚正官)	병상관(丙傷官)을 보면 부유한 여명(女命)이다. 정식신(丁食神)은 꺼리나 부절(夫絶)은 꺼리지 않는다.
	신칠살 (辛七殺)	병상관(丙傷官)을 보는 것을 꺼린다.
묘월 (卯月)	경정관 (庚正官)	병상관(丙傷官)을 보면 부유한 여명(女命)이다. 지지에 「진(辰)」자가 있으면 꺼린다.
	신칠살 (辛七殺)	부절(夫絶)을 꺼리지 않으나 지지에 「진辰)」자가 있음을 꺼린다.
진월 (辰月)	경정관 (庚正官)	병상관(丙傷官), 정식신(丁食神)을 꺼린다. 을유(乙酉)와 경진(庚辰)이 합하여도 무효하다.
	신칠살 (辛七殺)	병상관(丙傷官), 정식신(丁食神)을 꺼리며, 다만 신칠살(辛七殺)을 부(夫)로 삼는 것은 좋다.
사월 (巳月)	경정관 (庚正官)	병(丙), 정(丁), 자(子)를 꺼리며 주로 혼인에 변이 있다. 서방금운(西方金運)이 없으면 주로 근면한 명(命)이다.
	신칠살 (辛七殺)	병(丙), 정(丁), 자(子)를 꺼린다. 서방금운(西方金運)이 없으면 주로 근면한 명(命)이다.

오 월	(午 月)	경정관 (庚正官)	임(壬), 계(癸), 인(印)이 없는 것을 꺼린다.
		신칠살 (辛七殺)	
미 월	(未 月)	경정관 (庚正官)	병상관(丙傷官)은 꺼리지 않는다.
		신칠살 (辛七殺)	천간에 갑(甲)이 투출되면 도화(桃花)와 같다.
신 월	(申 月)	경정관 (庚正官)	관살혼잡(官殺混雜)을 가장 꺼리고 병상관(丙傷官)은 꺼리지 않는다. 기편재(己偏財)가 없는 자는 빈곤하다.
		신칠살 (辛七殺)	병상관(丙傷官)이 신칠살(辛七殺)과 합(合)하는 것을 꺼린다.
유 월	(酉 月)	경정관 (庚正官)	정식신(丁食神)이 없는 자는 일생 다병(多病)하다.
		신칠살 (辛七殺)	관살혼잡(官殺混雜)을 가장 꺼린다. 정식신(丁食神)이 없는 자는 일생 다병(多病)하다.
술 월	(戌 月)	경정관 (庚正官)	평상(平常)의 명(命)이다.
		신칠살 (辛七殺)	살(殺)이 없으면 높이 되지 않는다.
해 월	(亥 月)	경정관 (庚正官)	병상관(丙傷官)을 꺼리지 않는다. 천간에 을 (乙)이 두 개가 나타난 자는 시비의 여자다.
		신칠살 (辛七殺)	병상관(丙傷官)을 꺼린다.

자월 (子月)	경정관 (庚正官)	병상관(丙傷官)을 꺼리지 않는다. 계수(癸水)가 천간에 나타남을 꺼린다.
	신칠살 (辛七殺)	병상관(丙傷官)을 꺼린다. 천간에 정(丁)이 두 개가 나타나면 위인이 다모(多謀)하다.
축월 (丑月)	경정관 (庚正官)	병상관(丙傷官)을 꺼리지 않는다. 천간에 계(癸)가 나타나는 것을 꺼린다.
	신칠살 (辛七殺)	병상관(丙傷官)을 꺼린다. 천간에 계(癸)가 나타나는 것을 꺼린다.

병일주(丙日主)의 부성희기표(夫星喜忌表)

인월 (寅月)	계정관 (癸正官)	무기식상(戊己食傷)을 가장 꺼린다. 정겁재(丁劫財)가 천간에 나타나는 것을 꺼린다.
	임칠살 (壬七殺)	정겁재(丁劫財)가 천간에 나타나는 것을 꺼린다. 신년신시(辛年辛時)는 조업을 잇지 못한다.
묘월 (卯月)	계정관 (癸正官)	기상관(己傷官)은 꺼리지 않으나 무식신(戊食神)은 꺼린다. 정겁재(丁劫財)가 천간에 나타나는 것을 꺼린다.
	임칠살 (壬七殺)	기상관(己傷官)은 꺼리지 않으나 정겁재(丁劫財)가 천간에 나타나는 것은 꺼린다.
진월 (辰月)	계정관 (癸正官)	기상관(己傷官)을 꺼린다.
	임칠살 (壬七殺)	정겁재(丁劫財)가 천간에 나타나는 것을 꺼린다. 임살(壬殺)과 갑인(甲印)이 결(缺)되면 하명(下命)이다.
사월 (巳月)	계정관 (癸正官)	기상관(己傷官)이 천간에 나타나 있으면 지극히 현실적인 사람이다.
	임칠살 (壬七殺)	갑(甲), 을(乙)이 함께 천간에 나타나면 의외의 재액이 있다.
오월 (午月)	계정관 (癸正官)	기상관(己傷官)을 꺼린다.
	임칠살 (壬七殺)	이임(二壬)의 중살(重殺)은 꺼리지 않는다.

미 월 （未 月 ）	계정관 (癸正官)	기상관(己傷官)이 천간에 나오는 것을 꺼린다.
	임칠살 (壬七殺)	
신 월 （申 月 ）	계정관 (癸正官)	
	임칠살 (壬七殺)	무식신제살(戊食神制殺)을 꺼린다.
유 월 （酉 月 ）	계정관 (癸正官)	관살혼잡(官殺混雜)을 꺼리지 않는다. 신(辛)이 많으면 노래(老來)에 가난하다. 무기식상(戊己食傷)이 천간에 나오는 것을 꺼린다.
	임칠살 (壬七殺)	
술 월 （戌 月 ）	계정관 (癸正官)	기상관(己傷官)을 크게 꺼린다.
	임칠살 (壬七殺)	정겁재(丁劫財)가 천간에 나오는 것을 꺼린다.
해 월 （亥 月 ）	계정관 (癸正官)	기상관(己傷官)을 크게 꺼린다.
	임칠살 (壬七殺)	
자 월 （子 月 ）	계정관 (癸正官)	관살혼잡(官殺混雜)을 꺼리며 또한 기상관(己傷官)도 꺼리나 비겁(比劫)은 꺼리지 않는다.
	임칠살 (壬七殺)	
축 월 （丑 月 ）	계정관 (癸正官)	관살혼잡(官殺混雜)과 기상관(己傷官) 고루 꺼리지 않는다.
	임칠살 (壬七殺)	

정일주(丁日主)의 부성희기표(夫星喜忌表)

인 월 (寅月)	임정관 (壬正官)	비견(比肩)이 천간에 나타나는 것을 꺼린다. 정임합자(丁壬合者)는 홀로 인시(寅時)는 길하다.
	계칠살 (癸七殺)	무상관(戊傷官)이 천간에 나오는 것을 꺼린다. 경자시(庚子時)에 생(生)함을 희(喜)한다.
묘 월 (卯月)	임정관 (壬正官)	경정재(庚正財)가 없거나 비견(比肩)이 천간에 나타나는 것을 꺼린다. 을(乙)이 천간에 나타나는 것을 크게 꺼린다.
	계칠살 (癸七殺)	경정재(庚正財)가 없거나 을(乙)이 천간에 나오는 것을 꺼린다. 을(乙)이 경용신(庚用神)과 합(合)하는 것을 꺼린다.
진 월 (辰月)	임정관 (壬正官)	기식신(己食神)은 꺼리지만 무상관(戊傷官)은 꺼리지 않는다. 정비견(丁比肩)은 꺼린다.
	계칠살 (癸七殺)	계(癸)를 용(用)하여 부(夫)로 삼는 자는 혼인이 심히 더디다. 무기식상(戊己食傷)이 구전(俱全)함을 희(喜)한다.
사 월 (巳月)	임정관 (壬正官)	기식신(己食神)은 꺼리나 무상관(戊傷官)은 꺼리지 않는다. 더욱이 병(丙)이 천간에 나오는 것을 꺼린다.
	계칠살 (癸七殺)	무상관(戊傷官)을 꺼린다. 천간에 을(乙)이 나타난 자는 연약한 사람이 된다.

오 월 (午 月)	임정관 (壬正官)	관살혼잡(官殺混雜)을 꺼리지 않는다. 갑(甲), 을(乙)이 천간에 나오면 자녀에게 이롭지 못하다.
	계칠살 (癸七殺)	관살혼잡(官殺混雜)을 꺼리지 않는다. 병(丙), 정(丁)이 천간에 나오면 고독한 명(命)이다.
미 월 (未 月)	임정관 (壬正官)	기식신(己食神)이 천간에 나오는 것을 꺼린다. 천간에 이병협정(二丙夾丁)을 꺼리는데 유년에 극빈하다.
	계칠살 (癸七殺)	무상관(戊傷官)이 칠살(七殺)과 합(合)하는 것을 꺼린다. 천간에 이병협정(二丙夾丁)이 있는 것도 꺼린다.
신 월 (申 月)	임정관 (壬正官)	기식신(己食神)이 천간에 나오는 것을 꺼린다. 병겁재(丙劫財)는 꺼리지 않는다.
	계칠살 (癸七殺)	기식신(己食神)이 천간에 나오는 것을 꺼린다. 계관(癸官)을 용(用)하여 부(夫)로 삼는 자는 이사를 많이 한다.
유 월 (酉 月)	임정관 (壬正官)	기식신(己食神)이 천간에 나오는 것을 꺼린다. 정비견(丁比肩)이 천간에 나오는 것도 꺼린다.
	계칠살 (癸七殺)	기식신(己食神)이 천간에 나오는 것을 꺼린다.

술 월 (戌月)	임정관 (壬正官)	기식신(己食神)이 천간에 나오는 것을 꺼린다. 임정관(壬正官)을 용(用)하여 부성(夫星)으로 삼는 것은 좋지 않다.
	계칠살 (癸七殺)	기식신(己食神)이 천간에 나오는 것을 꺼린다.
해 월 (亥月)	임정관 (壬正官)	관살혼잡(官殺混雜)과 기식신(己食神)을 꺼린다. 갑(甲)이 천간에 나타나지 않으면 평상(平常)의 명(命)이다.
	계칠살 (癸七殺)	관살혼잡(官殺混雜)과 무상관(戊傷官)을 꺼린다. 갑(甲)이 천간에 나타나지 않으면 평상(平常)의 명(命)이다 .
자 월 (子月)	임정관 (壬正官)	관살혼잡(官殺混雜)과 기식신(己食神)을 꺼린다. 갑(甲), 경(庚)이 천간에 나타나는 것을 희(喜) 한다.
	계칠살 (癸七殺)	관살혼잡(官殺混雜)과 기식신제살(己食神制殺) 을 꺼린다.
축 월 (丑月)	임정관 (壬正官)	관살혼잡(官殺混雜)과 기식신(己食神)을 꺼린다. 천간에 정관(正官)이 두 개가 있는 것을 꺼린다.
	계칠살 (癸七殺)	관살혼잡(官殺混雜)과 무상관(戊傷官)을 꺼린다. 지지에 합목(合木)이 있으면 의외의 재물이 있 다.

무일주(戊日主)의 부성희기표(夫星喜忌表)

(寅月) 인월	을정관 (乙正官)	신상관(辛傷官)과 병용신(丙用神)이 합(合)하는 것을 크게 꺼린다. 무오일(戊午日)이 경(庚)이 없는 자는 길상(吉祥)치 못하다.
	갑칠살 (甲七殺)	지지에 회화(會火)되고 천간에 임계(壬癸)가 없는 자는 고독하다. 무오일(戊午日)이 경(庚)이 없는 자는 외롭다.
(卯月) 묘월	을정관 (乙正官)	관살혼잡(官殺混雜)을 꺼리지 않는다.
	갑칠살 (甲七殺)	상관(傷官)이 천간에 나오는 것을 가장 꺼린다. 경(庚), 신(辛)이 있는 자는 상명(上命)이다.
(辰月) 진월	을정관 (乙正官)	관살혼잡(官殺混雜)을 가장 꺼린다. 오행(五行)이 부전(不全)함을 모두 꺼리는데 고생하는 명(命)이다.
	갑칠살 (甲七殺)	천간에 기겁재(己劫財)를 아울러 보는 것을 크게 꺼린다. 오행(五行)이 부전(不全)함을 일체 꺼리는데 고생하는 명(命)이다.
(巳月) 사월	을정관 (乙正官)	관살혼잡(官殺混雜)을 꺼린다. 임(壬), 계(癸)가 없는 자는 친족이 형극(刑剋)된다.
	갑칠살 (甲七殺)	임(壬), 계(癸)가 없는 자는 친족이 형극(刑剋)된다.

오 월 (午 月)	을정관 (乙正官)	수(水)가 없는 자는 흉하다. 또한 자오충(子午 冲)을 꺼린다. 기겁재(己劫財)가 천간에 나오게 되면 모두가 손괴(損壞)된다.
	갑칠살 (甲七殺)	
미 월 (未 月)	을정관 (乙正官)	을정관(乙正官)을 부(夫)로 삼는 것을 꺼린다. 관살혼잡(官殺混雜)은 꺼리지 않는다.
	갑칠살 (甲七殺)	무비견(戊比肩)을 천간에서 아울러 봄을 꺼린다. 경(庚)이 천간에 나오는 것도 꺼린다.
신 월 (申 月)	을정관 (乙正官)	신상관(辛傷官)이 병용신(丙用神)과 합(合)하는 것을 가장 꺼린다.
	갑칠살 (甲七殺)	신상관제살(辛傷官制殺)을 꺼린다.
유 월 (酉 月)	을정관 (乙正官)	신상관(辛傷官)을 크게 꺼린다. 무,기비견(戊,己比肩)이 천간에 나오는 것은 꺼 리지 않는다.
	갑칠살 (甲七殺)	무비견(戊比肩)을 천간에서 병견(併見)함은 꺼 리지 않는다.
술 월 (戌 月)	을정관 (乙正官)	관살혼잡(官殺混雜)을 가장 꺼린다. 병(丙),정(丁)이 천간에 나오는 것도 꺼린다.
	갑칠살 (甲七殺)	기겁재(己劫財)를 천간에서 아울러 보는 것을 꺼린다. 병(丙),정(丁)이 천간에 나오는 것도 꺼린다.

해 월	(亥 月)	을정관 (乙正官)	관살혼잡(官殺混雜)을 가장 꺼린다. 「병(丙)」자가 없는 자는 혼인이 이루어지기 어렵다.
		갑칠살 (甲七殺)	기겁재(己劫財)를 천간에서 아울러 봄을 꺼린 다. 「병(丙)」자가 없는 자는 혼인이 이루어지기 어렵다.
자 월	(子 月)	을정관 (乙正官)	신상관(辛傷官)이 천간에 나오는 것을 크게 꺼린 다. 「병(丙)」자가 없는 것도 꺼린다.
		갑칠살 (甲七殺)	
축 월	(丑 月)	을정관 (乙正官)	신상관(辛傷官)이 천간에 나오는 것을 크게 꺼린 다. 「병(丙)」자가 없는 것도 꺼린다.
		갑칠살 (甲七殺)	신상관(辛傷官)이 용신(用神)과 합(合)하는 것 을 꺼린다. 「병(丙)」자가 없는 것을 꺼리고 비겁(比劫)은 꺼리지 않는다.

기일주(己日主)의 부성희기표(夫星喜忌表)

인 월 (寅月)	갑정관 (甲正官)	기비견(己比肩) 및 신식신(辛食神)을 꺼린다. 「경(庚)」자가 없는 자는 좋지 않다. 재(財)가 없는 것은 꺼리지 않는다.
	을칠살 (乙七殺)	관살혼잡(官殺混雜)을 꺼린다. 또한 을(乙)을 부성(夫星)으로 삼는 것도 좋지 않다.
묘 월 (卯月)	갑정관 (甲正官)	관살혼잡(官殺混雜)과 기비견(己比肩)을 병견(併見)함을 꺼린다. 「병(丙)」자가 없는 자는 고생한다.
	을칠살 (乙七殺)	관살혼잡(官殺混雜)을 꺼린다. 「병(丙)」자가 없는 자는 고생한다.
진 월 (辰月)	갑정관 (甲正官)	비견(比肩)과 신식신(辛食神)을 꺼린다.
	을칠살 (乙七殺)	신식신제살(辛食神制殺)을 꺼린다.
사 월 (巳月)	갑정관 (甲正官)	무겁재(戊劫財)를 천간에서 병견(併見)함을 꺼린다. 임(壬),계수(癸水)가 없는 자는 늙도록 고빈(孤貧)하다.
	을칠살 (乙七殺)	
오 월 (午月)	갑정관 (甲正官)	기비견(己比肩)을 천간에서 병견(併見)함을 꺼린다. 임(壬),계수(癸水)가 없는 자는 늙도록 고빈(孤貧)하다.
	을칠살 (乙七殺)	

미 월	（未 月 ）	갑정관 (甲正官)	관살혼잡(官殺混雜)을 가장 꺼린다.
		을칠살 (乙七殺)	기비견(己比肩)을 천간에서 병견(倂見)함을 꺼린다.
신 월	（申 月 ）	갑정관 (甲正官)	신식신(辛食神)을 꺼린다.
		을칠살 (乙七殺)	신식신(辛食神)을 꺼린다. 을(乙)을 부(夫)로 삼는 것은 좋지 않다.
유 월	（酉 月 ）	갑정관 (甲正官)	신식신(辛食神)을 꺼린다.
		을칠살 (乙七殺)	신식신(辛食神)을 꺼린다. 을(乙)을 부(夫)로 삼는 것은 좋지 않다.
술 월	（戌 月 ）	갑정관 (甲正官)	관살혼잡(官殺混雜)을 꺼린다.
		을칠살 (乙七殺)	을(乙)을 부(夫)로 삼는 것은 좋지 않다.
해 월	（亥 月 ）	갑정관 (甲正官)	기비견(己比肩)을 천간에서 병견(倂見)함을 꺼린다.
		을칠살 (乙七殺)	신식신제살(辛食神制殺)을 꺼린다.
자 월	（子 月 ）	갑정관 (甲正官)	신식신(辛食神)이 천간에 나타남을 가장 꺼린다. 무겁재(戊劫財)는 꺼리지 않는다.
		을칠살 (乙七殺)	신식신제살(辛食神制殺)을 가장 꺼린다. 무겁재(戊劫財)는 꺼리지 않는다.
축 월	（丑 月 ）	갑정관 (甲正官)	신식신(辛食神)이 천간에 나타남을 가장 꺼린다. 무겁재(戊劫財)는 꺼리지 않는다.
		을칠살 (乙七殺)	신식신제살(辛食神制殺)을 가장 꺼린다. 무겁재(戊劫財)는 꺼리지 않는다.

경일주(庚日主)의 부성희기표(夫星喜忌表)

인월	정정관 (丁正官)	「무(戊)」자가 투간(透干)되면 고명(孤命)이다. 계상관(癸傷官)을 보는 것을 가장 꺼린다.
(寅月)	병칠살 (丙七殺)	「무(戊)」자가 투간(透干)되면 고명(孤命)이다.
묘월	정정관 (丁正官)	관살혼잡(官殺混雜)되고 임식신(壬食神)이 관 (官)과 합(合)함을 꺼린다. 더욱이 계상관(癸傷官)을 꺼린다.
(卯月)	병칠살 (丙七殺)	임식신(壬食神)이 정용신(丁用神)과 합(合)하는 것을 꺼린다. 「무(戊)」자가 투간(透干)한 자 는 고명(孤命)이다.
진월	정정관 (丁正官)	신겁재(辛劫財)를 꺼린다. 병(丙), 정(丁)이 없는 자는 요절한다.
(辰月)	병칠살 (丙七殺)	병(丙)을 부(夫)로 삼는 것은 좋지 않다. 병(丙), 정(丁)이 없는 자는 요절한다.
사월	정정관 (丁正官)	정(丁)을 부성(夫星)으로 삼는 것은 좋지 않다.
(巳月)	병칠살 (丙七殺)	임(壬)이 없는 자는 혼인이 불구(不久)하다. 임계식상(壬癸食傷)이 천간에 나오는 것은 꺼리 지 않는다.
오월	정정관 (丁正官)	계상관(癸傷官)을 꺼리지 않는다. 「임(壬)」자도 꺼리지 않는다. 수(水)가 없는 자는 하격(下格)이다.
(午月)	병칠살 (丙七殺)	천간에 임계식상(壬癸食傷)이 투출치 않는 것 을 꺼린다. 수(水)가 없으면 반드시 기(己)가 천간에 나와야 된다.

미월 (未月)	정정관 (丁正官)	관살혼잡(官殺混雜)을 크게 꺼린다. 더욱이 계상관(癸傷官)도 꺼린다.	
	병칠살 (丙七殺)	병칠살(丙七殺)을 부(夫)로 삼는 것은 좋지 않다.	
신월 (申月)	정정관 (丁正官)	천간에 병(丙), 임(壬)이 나타남을 가장 꺼린다.	
	병칠살 (丙七殺)	임식신(壬食神)을 꺼린다. 병살(丙殺)을 부(夫)로 삼는 것은 좋지 않다.	
유월 (酉月)	정정관 (丁正官)	임(壬), 병(丙)이 천간에 나오는 것을 꺼린다. 관살혼잡(官殺混雜)은 꺼리지 않는다.	
	병칠살 (丙七殺)	임식신(壬食神)은 꺼린다. 관살혼잡(官殺混雜)은 꺼리지 않는다.	
술월 (戌月)	정정관 (丁正官)	정(丁)을 부(夫)로 삼는 것은 좋지 않다. 임(壬), 갑(甲)이 없는 자는 하명(下命)이다.	
	병칠살 (丙七殺)	무(戊), 기(己)가 천간에 나오는 것을 꺼린다. 임(壬), 갑(甲)이 없는 자는 하명(下命)이다.	
해월 (亥月)	정정관 (丁正官)	관살혼잡(官殺混雜)은 꺼리지 않는다. 임(壬)이 천간에 나오는 것은 꺼린다.	
	병칠살 (丙七殺)	임식신(壬食神)이 천간에 나오는 것은 꺼린다.	
자월 (子月)	정정관 (丁正官)	관살혼잡(官殺混雜)은 꺼리지 않는다.	
	병칠살 (丙七殺)	병(丙), 정(丁)이 없는 자는 요빈(夭貧)하다.	
축월 (丑月)	정정관 (丁正官)	관살혼잡(官殺混雜)은 꺼리지 않는다.	
	병칠살 (丙七殺)	병(丙), 정(丁)이 없는 자는 요빈(夭貧)하다.	

신일주(辛日主)의 부성희기표(夫星喜忌表)

인 寅 월 月	병정관 (丙正官)	갑(甲),을(乙) 재성(財星)이 천간에 나오는 것을 꺼린다. 임상관(壬傷官)은 꺼리지 않는다.
	정칠살 (丁七殺)	갑(甲),을(乙) 재성(財星)이 천간에 나오는 것을 꺼린다.
묘 卯 월 月	병정관 (丙正官)	임상관(壬傷官)을 꺼리지 않는다. 무(戊), 기(己)가 천간에 나옴을 꺼린다.
	정칠살 (丁七殺)	「경(庚)」자가 천간에 나오는 것은 꺼리지 않는다. 임(壬)이 없으면 요질(夭疾)의 명이다.
진 辰 월 月	병정관 (丙正官)	임상관(壬傷官)은 꺼리지 않는다. 「병(丙)」자가 천간에 나옴을 크게 꺼린다.
	정칠살 (丁七殺)	천간에 비겁(比劫) 두 개가 나타난 자는 요질(夭疾)한다. 「병(丙)」자가 천간에 나옴을 크게 꺼린다.
사 巳 월 月	병정관 (丙正官)	임상관(壬傷官)을 꺼리지 않는다. 임(壬),계수(癸水)가 없는 자는 요절한다.
	정칠살 (丁七殺)	임(壬),계수(癸水)가 없는 자는 요절한다.
오 午 월 月	병정관 (丙正官)	관살혼잡(官殺混雜)을 꺼리지 않는다. 지지에 화국(火局)을 이루는 것을 꺼린다.
	정칠살 (丁七殺)	관살혼잡(官殺混雜)을 꺼리지 않는다. 임(壬),계수(癸水)가 없는 자는 요절한다.
미 未 월 月	병정관 (丙正官)	관살혼잡(官殺混雜)을 꺼리지 않는다. 임상관(壬傷官)을 보고 경(庚)을 띤 자는 부(富)한다.
	정칠살 (丁七殺)	

	병정관 (丙正官)	임상관(壬傷官)은 꺼리지 않는다.
신 월 (申 月)	정칠살 (丁七殺)	
유 월 (酉 月)	병정관 (丙正官)	임상관(壬傷官)은 꺼리지 않는다.
	정칠살 (丁七殺)	
술 월 (戌 月)	병정관 (丙正官)	임상관(壬傷官)이 나타남을 희(喜)한다. 기인(己印)으로서 관(官)을 설기함을 꺼린다.
	정칠살 (丁七殺)	정칠살(丁七殺)을 부(夫)로 삼는 것은 좋지 않다. 기인(己印)으로서 화살(化殺)함을 꺼린다.
해 월 (亥 月)	병정관 (丙正官)	임상관(壬傷官)을 꺼리지 않는다. 임진시(壬辰時)에 생(生)함을 희(喜)한다.
	정칠살 (丁七殺)	칠살(七殺)을 병견(併見)하는 자는 혼인이 불구 (不久)하다.
자 월 (子 月)	병정관 (丙正官)	임상관(壬傷官)을 봄을 꺼린다. 이신(二辛)이 병(丙)을 합(合)하면 부(夫)가 있 어도 없는 것과 같다.
	정칠살 (丁七殺)	관살혼잡(官殺混雜)을 꺼리지 않는다.
축 월 (丑 月)	병정관 (丙正官)	계(癸)가 천간에 나타남을 꺼린다. 이신(二辛)이 병(丙)과 합(合)하면 부(夫)가 있 어도 없는 것과 같다.
	정칠살 (丁七殺)	관살혼잡(官殺混雜)을 꺼리지 않는다.

임일주(壬日主)의 부성희기표(夫星喜忌表)

인 (寅 월 月)	기정관 (己正官)	갑식신(甲食神)이 천간에 나타남을 꺼린다.
	무칠살 (戊七殺)	금화살(金化殺)은 불가하다. 또한 목(木)이 살(殺)을 제(制)하지 못한다. 홀로 자양인(子羊刃)을 쓰면 상명(上命)이다.
묘 (卯 월 月)	기정관 (己正官)	을상관(乙傷官)이 경용신(庚用神)을 합(合)함을 꺼린다. 갑(甲)이 기관(己官)을 합(合)한 자는 빈곤하다.
	무칠살 (戊七殺)	계겁재(癸劫財)를 천간에서 병견(倂見)함을 꺼린다. 정자(丁字)가 천간에 나옴을 꺼린다.
진 (辰 월 月)	기정관 (己正官)	기정관(己正官)을 부(夫)로 삼는 것은 좋지 않다.
	무칠살 (戊七殺)	천간의 칠살(七殺)은 희(喜)하지 않으나 지지에 장(藏)된 것은 좋다.
사 (巳 월 月)	기정관 (己正官)	지지에 회수(會水)된 자는 부명(富命)이다. 계(癸)는 있고 임(壬)이 없는 자는 요질(夭疾)한다.
	무칠살 (戊七殺)	경(庚)이 천간에 나온 자는 하명(下命)이다.
오 (午 월 月)	기정관 (己正官)	계겁재(癸劫財)를 꺼린다.
	무칠살 (戊七殺)	

미 월 （未 月 ）	기정관 (己正官)	을상관(乙傷官)이 경용신(庚用神)과 합(合)함을 꺼린다. 기정관(己正官)이 지장(支藏)된 것은 좋다.
	무칠살 (戊七殺)	무칠살(戊七殺)이 지지에 장(藏)된 것은 좋다.
신 월 （申 月 ）	기정관 (己正官)	기정관(己正官)을 부(夫)로 삼는 것은 좋지 않다.
	무칠살 (戊七殺)	관살혼잡(官殺混雜)을 크게 꺼린다. 임(壬)이 천간에 나오면 이사(尼師)의 명(命)이다.
유 월 （酉 月 ）	기정관 (己正官)	기정관(己正官)을 부(夫)로 삼는 것은 좋지 않다.
	무칠살 (戊七殺)	무(戊)를 부(夫)로 삼는 자는 지지에 「자(子)」 자가 있어야 된다.
술 월 （戌 月 ）	기정관 (己正官)	기정관(己正官)을 부(夫)로 삼는 것은 좋지 않다. 갑(甲)이 기부(己夫)를 합(合)하는 것은 꺼리지 않는다.
	무칠살 (戊七殺)	「갑(甲)」이 없는 자는 고생하는 명(命)이다.
해 월 （亥 月 ）	기정관 (己正官)	관살혼잡(官殺混雜)을 꺼린다. 지지에 「자(子)」가 있으면 기관(己官)은 무효 (無效)하다.
	무칠살 (戊七殺)	관살혼잡(官殺混雜)을 꺼린다.

		기정관 (己正官)	관살혼잡(官殺混雜)을 꺼린다. 천간에 이정(二丁)이 있는 자는 쟁부(爭夫)의 조짐이 있다.
자 월	(子 月)	무칠살 (戊七殺)	관살혼잡(官殺混雜)을 꺼린다. 정미시(丁未時)인 자는 권세있는 여명(女命)이 다.
축 월	(丑 月)	기정관 (己正官)	「병(丙)」자가 없는 자는 빈곤한 여명(女命) 이다.
		무칠살 (戊七殺)	병(丙), 정(丁)이 없는 자는 일세(一世) 빈곤 하다.

계일주(癸日主)의 부성희기표(夫星喜忌表)

인 寅 월 月)	무정관 (戊正官)	금인(金印)이 없는 자는 신로(辛勞)의 명(命)이다.
	기칠살 (己七殺)	무,기(戊),(己) 두 개를 보고 금(金)이 없는 자는 잔질(殘疾)이 있는 사람이다.
묘 卯 월 月)	무정관 (戊正官)	을식신(乙食神)이 경조후용신(庚調候用神)과 합(合)하는 것을 꺼린다. 경(庚),신금(辛金)이 없는 자는 무자의 징조가 있다.
	기칠살 (己七殺)	경(庚),신금(辛金)이 없는 자는 무자의 징조가 있다.
진 辰 월 月)	무정관 (戊正官)	신(辛)이 없는 자는 지혜는 있으나 가난하다.
	기칠살 (己七殺)	
사 巳 월 月)	무정관 (戊正官)	신편인(辛偏印)이 없는 자는 하격(下格)이다. 「정(丁)」자가 천간에 나오면 친족에게 형상(刑喪)이 있다.
	기칠살 (己七殺)	
오 午 월 月)	무정관 (戊正官)	을식신(乙食神)이 경조후용신(庚調候用神)과 합(合)함을 꺼린다.
	기칠살 (己七殺)	을식신(乙食神)이 천간에 나옴을 꺼린다.

미월(未月)	무정관(戊正官)	을식신(乙食神)이 천간에 나옴을 꺼린다.
	기칠살(己七殺)	
신월(申月)	무정관(戊正官)	임(壬),계(癸) 비겁(比劫)이 천간에 나옴을 크게 꺼린다.
	기칠살(己七殺)	「정(丁)」이 없는 자는 빈곤하다.
유월(酉月)	무정관(戊正官)	무관(戊官)이 천간에 투출하고 임(壬),계(癸)가 없는 자는 고빈(孤貧)하다.
	기칠살(己七殺)	기살(己殺)이 천간에 투출하고 임(壬),계(癸)가 없는 자는 고빈(孤貧)하다.
술월(戌月)	무정관(戊正官)	을식신(乙食神)이 천간에 나옴을 꺼린다.
	기칠살(己七殺)	갑상관(甲傷官)은 꺼리지 않는다.
해월(亥月)	무정관(戊正官)	무정관(戊正官)이 갑을식상(甲乙食傷)을 보고 금(金)이 없는 자는 요질(夭疾)한다.
	기칠살(己七殺)	기살(己殺)을 부(夫)로 삼는 것은 좋지 않다.
자월(子月)	무정관(戊正官)	병정재(丙正財)가 없는 자는 하격(下格)이다.
	기칠살(己七殺)	천간에 화(火), 금(金)이 없는 자는 무자한다.
축월(丑月)	무정관(戊正官)	병(丙),정(丁) 재성(財星)이 없는 자는 하격(下格)이다.
	기칠살(己七殺)	지지에 인(寅),사(巳),오(午)가 있어야 된다.

第5章. 성정용모론(性情容貌論)

1. 갑을일생(甲乙日生)은 의지가 굳고 뚝뚝하나 총명하고 인자하며 자비심이 있다.
2. 갑을일(甲乙日) 춘동월생(春冬月生)은 말소리가 뚝뚝하고, 신강하고 설기가 미약하면 답답한 성격이다.
3. 갑을일생(甲乙日生)이 신왕, 관왕하면 인의를 겸비하고, 신약하고 금(金)이 많으면 인의가 없다.
4. 갑을일생(甲乙日生)이 관이 부족하면 매운 음식 좋아하고, 갑을일생이 신약하면 생것· 신것 좋아한다.
5. 갑을일생(甲乙日生)이 수목(水木)이 많으면 체격이 장대하고, 토금(土金)이 많으면 키가 작고 뚱뚱하다.
6. 갑을일(甲乙日)에 인묘사오미해자축월생(寅卯巳午未亥子丑月生)은 종교와 철학에 관심이 깊어 연구심이 있다.
7. 갑을일생(甲乙日生) 여명은 뚝뚝하나 지혜롭고 인자하며 시종일관 변함없고 의지가 굳다.
8. 갑을일생(甲乙日生) 여명이 수목(水木)이 많으면 키가 크고 뚱뚱하며, 토금(土金)이 많으면 키가 작고 뚱뚱하다.

9. 갑을일생(甲乙日生) 여명이 갑인(甲寅), 을묘(乙卯), 인묘(寅卯)가 있으면 미발(美髮)을 가져 아름답다.

10. 갑을일(甲乙日)에 하월생(夏月生) 여명은 키가 크고 체격이 좋으며, 추월생(秋月生)은 날씬하고 세련됐다.

11. 사주에 인목(寅木)이 많은 여명은 용모가 아름답고, 해수(亥水)가 많으면 자색(紫色)이 아름답다.

12. 갑자일생(甲子日生)은 강직 온순하고 담백, 온화, 옛것을 좋아 한다. 자존심이 강하고 지기 싫어하며 창의력이 좋고 감정과 색정에 빠질 우려가 있고, 군자다운 성품이며 여성은 고집이 세다.

13. 갑술일생(甲戌日生)은 직선적이며 때 지난 일에 손대며 호쾌한 성품이며 일을 잘 저지른다. 남의 일에 적극적이고 희생, 봉사정신이 강하고 허영심이 많으며 욕심이 많고 예지력이 있으며 두뇌 회전이 빠르다.

14. 갑신일생(甲申日生)은 남을 무시하고 자기의 재주를 과시하여 배신과 실패를 당하기 쉽다. 부드러운 면이 부족하고 무뚝뚝한 면이 강하고 융통성이 적으며 간혹 난폭한 기질이 있다.

15. 갑오일생(甲午日生)은 영리하고 재주가 있으며 수단이 좋다. 오만심, 비평, 멋내고 꾸미는 일에 유능하다. 자기표현 능력이 좋고 상대방을 꺾어 누르는 특성이 있으며 명랑하고 언변이 좋으며 행동이 경쾌하다. 사교술은 좋으나 남을 얕보는 습관도 있다.

16. 갑진일생(甲辰日生)은 침착하고 사려가 깊으나 강한 면과 고
    집성이 있다. 격한 기질과 성격을 가졌으며 신앙심이 두텁고
    남에게 지기를 싫어하며 호탕하고 명쾌한 성격이며 풍류를
    좋아하고 대범하며 통솔력과 융통성이 있다.

17. 갑인일생(甲寅日生)은 강인하고 배짱이 좋으며 자비심이 있
    으면서 독립과 자아심이 강하다. 두뇌가 총명하고 통솔력이
    있으며 영웅심과 투지력이 왕성하다. 굳세고 화끈한 기질이
    며 융통성이 부족하다. 정의로우나 독선적이고 고집스러워서
    대인 관계에서 충돌하기 쉽고 부모와는 뜻이 맞지 않는다.

18. 을축일생(乙丑日生)은 온순, 인자하고 조용하며 청고함을 좋
    아한다. 학문과 예술, 종교를 좋아하고 소심하며 배짱이 없
    고 항상 노력은 하나 고집으로 망하기 쉽다.

19. 을해일생(乙亥日生)은 인자스럽고 청고하며 학문과 예술을
    숭상하고 기획과 창의력이 능하다. 생각은 깊으나 결실이 없
    고 결단력과 실행력이 부족하고 끈기와 배짱이 없다.

20. 을유일생(乙酉日生)은 깔끔하고 단정하다. 유순하고 소심하
    나 가끔 고집을 부린다. 눈치가 빠르고 사교술도 좋다. 신왕
    하면 다소 무뚝뚝하고 신약하면 교활한 면이 있다.

21. 을미일생(乙未日生)은 단정하고 명쾌한 성품으로 치밀하고
    섬세한 일에 유능하고 타산적이다. 살림살이나 일처리 능력
    이 탁월하며 온건하고 합리적인 면을 중시하는 기질이다.

22. 을사일생(乙巳日生)은 멋을 부리고 사치와 허영심이 있고 허
    풍과 변덕이 심하다. 재주가 있고 약삭빠르며 말재간이 능하
    고 눈치가 빠르며 신불을 믿는다.

23. 을묘일생(乙卯日生)은 치밀하고 분명한 성격으로 성실한 생활을 한다. 외유내강하고 대쪽같은 성품이며 일의 끝맺음을 잘 하는 타입이며 인정이 많고 합리적인 면이 강하다.

24. 병정일생(丙丁日生)은 언변이 좋고 예의가 밝으나 감정에 편중되기 쉬우며 이마가 튀어나오고 얼굴은 위가 넓고 아래는 길쭉하다.

25. 병정일생(丙丁日生)에 식신격(食神格)은 체구가 비만하고 명랑하다.

26. 병정일생(丙丁日生)이 금수(金水)가 많으면 신경질적이고 목화(木火)가 왕하면 과단성이 있고, 경(庚)이 있으면 음성이 우렁차다.

27. 병정일(丙丁日)에 춘하월생(春夏月生)은 말소리가 조급하나 예의가 밝고 민첩하며 임기응변 재주있다.

28. 병인(丙寅), 병오(丙午), 정묘(丁卯), 정사일(丁巳日)에 춘하월생(春夏月生)은 초조한 마음으로 자살을 기도한다.

29. 병정일생(丙丁日生) 여명은 예의가 바르고 겸양하며 명랑하고 언변이 좋아 구변가이다.

30. 병정일생(丙丁日生) 여명의 사주가 중화(中和)되지 않으면 감정에 편중되기 쉽고, 병정일(丙丁日)에 춘하월생(春夏月生)은 신경질이 많다.

31. 병정일생(丙丁日生) 여명에 금수(金水)가 많으면 몸매가 날씬하고, 목화(木火)가 많으면 앞이마가 벗겨지고, 화(火)가 많으면 미모를 자랑하고, 진술축미월생(辰戌丑未月生)은 뚱뚱하다.

32. 병정일(丙丁日)에 임계(壬癸)가 있어 수화기제(水火旣濟)를 이룬 여명은 용모가 아름답고, 관살이 겹쳐 육합(六合)하면 애교가 있고 맵시 좋다.

33. 병인일생(丙寅日生)은 포부가 크고 허영심이 있으며 꾸미고 멋을 내는 특성이 있으나 실속이 없다. 급하고 강하며 지혜롭고 학문을 숭상하며 자신의 잘못에 대하여 반성할 줄 안다.

34. 병자일생(丙子日生)은 단정, 수려하고 팔방미인이 많으며 마음이 소심해서 만일 일에 실패하면 좌절감이 따르는 수가 있고 원칙주의자이고 합리주의자이므로 허황된 것을 불신하고 분명한 것을 좋아한다.

35. 병술일생(丙戌日生)은 낙천적이며 쓸데없는 일을 저지른다. 유흥을 즐기고 운동에 소질이 있으며 흥분을 잘하고 경솔한 편이며 논리적보다는 기분파요, 즉흥적이고 감정적이며 충동적인 면이 강하다.

36. 병신일생(丙申日生)은 검약하고 노력은 많으나 공이 적다. 일의 끈기가 부족하며 어질고 착실하나 허영심과 낭비심이 있다. 급하고 시원시원하나 강렬한 특성이 있어서 남과 대립하기 쉽고 매사에 고집스럽다.

37. 병오일생(丙午日生)은 명랑 쾌활하고 적극적이며 언변이 능하고 자기표현이 좋고 남앞에 나서기를 좋아하며 화려한 성격이며 개방적이고 부지런히 활동하는 타입이다. 일처리 능력이 뛰어나며 급한 성격으로 화가 나면 펄펄 뛰나 곧 사그라 진다.

38. 병진일생(丙辰日生)은 착하고 진실된 마음이 있으며, 체격은 좋고 낙천적이며 유흥을 즐긴다. 비밀이 없고 적극적인 면이 있고 대화를 즐긴다. 일에 장애가 많고 좌절이 따르며 침착한 면과 끈기있는 면이 있다.

39. 정묘일생(丁卯日生)은 예술, 철학, 공상, 신비적인 특성이 있으며 성격이 까다롭다. 구두쇠 기질이 있고 비현실적이며 온화하고 조용하며 깨끗한 것을 좋아하고 명랑하면서도 근심이 많고 강하면서도 약한 편이다.

40. 정축일생(丁丑日生)은 외유내강하고 생활력이 강하다. 부지런하나 경솔하고 지혜가 많으며 침착하고 냉정한 편이다. 박력이 다소 부족하나 원만한 성격이므로 대인관계는 좋다.

41. 정해일생(丁亥日生)은 겁이 많고 소심하며 어둠에 대한 공포가 있고 밤눈이 어둡다. 가끔 염세적인 생각을 해보고 논리적이며 합리적인 성품의 소유자로서 인정이 많고 깔끔하다. 외유내강하고 변덕이 있으며 싫증을 빨리 낸다.

42. 정유일생(丁酉日生)은 명쾌한 성격으로 발랄하다. 돈을 잘 벌고 잘 쓰며 대인관계를 많이 갖는 편이고 단순한 성격이다. 섬세한 면이 있는 반면 대담성도 있고 합리적인 사람이다.

43. 정미일생(丁未日生)은 저력있는 독설가로 비판력이 크다. 고독하며 선량하고 복잡한 것을 싫어한다. 온순하면서도 줏대는 강하고 언변이 뛰어난 반면 조용한 성격도 있으므로 나서기를 좋아하지 않으며 대인관계는 비교적 좋은 편이고 대화를 즐기며 비밀이 없다.

44. 정사일생(丁巳日生)은 정신력이 강하고 눈빛이 강렬하다. 집요한 성격이며 화가 나면 강렬함이 드러난다. 자아가 강하고 신경질적이다. 남의 의견을 받아들일 줄 모르고 자기 주장만을 내세우는 편협한 성격이다.

45. 무기일생(戊己日生)은 말과 행동을 신중히 하는 군자의 기풍이라 기회를 놓치는 수가 많다.

46. 무기일생(戊己日生)이 사주가 중화(中和)되면 간사한 마음을 배격하는 중정지심(中正之心)이 있어 만인의 사표(師表)가 된다.

47. 무기일생(戊己日生)이 신왕하면 코가 크고 입이 바르며 토(土)가 많으면 목소리가 중하고 음성이 탁하다. 무기일생이 태강하면 고집불통에 사리판단이 어둡고, 태약하면 허황하며 중심을 못잡아 줏대가 없다.

48. 무기일(戊己日)에 춘하추월생(春夏秋月生)은 종교와 도의를 숭상하고, 무인(戊寅), 무오(戊午), 무술(戊戌), 기사(己巳), 기미일생(己未日生)은 종교철학에 관심이 깊다.

49. 무인(戊寅), 무신일생(戊申日生)에 형(刑)이 있는 자는 자포자기 비관하기 쉬우니 명랑하고 쾌활한 마음을 지녀라. 무기일(戊己日)에 관(官)이 부족하면 생것, 신것 좋아한다.

50. 무기일생(戊己日生) 여명은 신용있고 순진하나 사주가 중화되지 않으면 미신을 숭상하게 되고, 수목(水木)이 많으면 가냘픈 몸매에 허리가 길고, 추월생(秋月生)은 몸매가 날씬하다.

51. 무기일생(戊己日生)에 화토(火土)가 많은 여명은 뚱뚱하며 키가 작고, 무자일생(戊子日生)은 하는일에 겁이 없다.

52. 무진일생(戊辰日生)은 똑똑하고 안정되어 쓸모있는 핵심적인 인물로 남의 일도 보아 준다. 고집이 지나치게 강하며 소박한 기질이 있으나 총명치 못한 기질도 있다.

53. 무인일생(戊寅日生)은 외강한 듯하나 내심 겸약하고 좌절과 포기가 많다. 뒷감당 못할 일에 큰소리만 치고, 격하고 난폭한 일면도 있으나 내심이 약하여 일 처리가 어렵다. 그러나 고집이 대단히 센 자가 많다.

54. 무자일생(戊子日生)은 부지런하고 매사를 이롭게 처리하고 재산관리를 잘하며 중개역할에 유능하다. 다소 인색한 경향이고 머리 회전이 느리며 고집이 강하다.

55. 무술일생(戊戌日生)은 마음은 항상 바쁘고 기운이 왕성하여 자기 주장이 강하다. 장사 수완이 좋고 고집이 세며 게으르거나 욕심이 많고 편벽된 사람이다. 여자는 남의 일을 잘 처리해 주고 투지가 왕성하다.

56. 무신일생(戊申日生)은 대화를 즐기며 친절한 편이다. 식성이 좋으며 상대방을 꺾어 누르는 특성이 있다. 느긋하게 일처리를 잘하고 고집이 세며 느린 듯하나 실제는 급한면도 있으며 모임 등에 참가하기를 좋아한다.

57. 무오일생(戊午日生)은 성급한 성격으로 허영이 있고 배짱이 두둑해지기 싫은 성격에, 인덕이 좋은 편이고 단순 저돌형이다. 술을 잘 마시고 실수도 하며 식사는 편식을 주로 한다.

58. 기사일생(己巳日生)은 겸손 성실한 편이나 공상이 많고 신불을 숭상하며 학문과 책을 좋아한다. 소심한 편이고 나서기를 싫어하며 소극적으로 처신하고 독립심이 강하며 대중적이고

유연하며 완고하다.

59. 기묘일생(己卯日生)은 소심하고 마음이 약하여 마음이 자주 흔들려 변덕이 많고 남에게 의지하며 겸손하다. 남의 앞에서 자기 주장을 펴지 못하나 때로는 완고한 고집이 있고 융통성이 없는 일면도 있으나 사교술이 좋고 남을 멸시하는 기질도 있으며 지구력이 부족하다.

60. 기축일생(己丑日生)은 온화 착실하고 검소하며 묵묵히 자기 일을 해내며 겸손하고 빈틈이 없다. 남의 뒷바라지 잘하는 살림꾼이며 희생적이고 표면에 나서기를 좋아하지 않고 꾸준히 견디는 힘이 있으며 고집과 자존심이 강하다.

61. 기해일생(己亥日生)은 지나친 고집과 허욕이 있고 소유욕이 남보다 강하여 추리력과 상상력이 좋아 선견지명이 있고 현실적이며 실속을 차리고 부지런하다.

62. 기유일생(己酉日生)은 개척심이 있고 서민적이면서 부지런하며 상냥하고 친절하며 잔소리가 많다. 대화를 즐기고 음식을 잘 먹는 편이며 너무 치밀하고 세밀한 것이 흠이다. 착실하고 온순하며 대인관계가 좋고 매사를 순리적으로 처리한다.

63. 기미일생(己未日生)은 야무지고 빈틈이 없으며 외유내강하다. 겉으로 나약해 보여도 일에 임하면 양보하지 않고 끈질기며 어려움을 극복하고 인내로 버텨낸다. 온순하고 착실하며 매사를 꼼꼼히 처리하나 소심한 것이 결점이다.

64. 경신일생(庚辛日生)은 과단성이 지나쳐 너무 견실하므로 보편적인 교제가 어렵고, 강하여 설기가 미약하면 용감하나 무모하고, 강하지만 설기가 조화되면 지혜와 용기를 겸비하여

계모(計謀)가 깊다.

65. 경신일(庚辛日)에 추동월생(秋冬月生)은 우국 우족 청렴하고 종교철학 사상가로 청아한 선비가 된다.

66. 경신일(庚辛日)에 해자축월생(亥子丑月生)은 호주가 이고, 정(丁)이 있으면 신체가 단단하다.

67. 경신일(庚辛日)이 금다(金多)하면 눈썹이 높고, 코는 우뚝하고 귀가 솟는다.

68. 경일생(庚日生)이 병(丙)을 만나면 음성이 우렁차고 과감 용단하여 일처리를 신속히 한다.

69. 경신일생(庚辛日生) 여명은 성격이 냉정하여 한번 잘못 본 사람은 다시 상대 아니한다.

70. 경신일(庚辛日)에 동월생(冬月生) 여명은 작은 몸매에 맵시 있고 사주간지에 금수(金水)를 만나면 피부가 비단결과 같다.

71. 경신일생(庚辛日生) 여명이 목화(木火)가 많으면 눈방울이 영롱하고, 토금(土金)이 많으면 작은 키에 단단하다.

72. 경오일생(庚午日生)은 허풍과 과장이 있어 장담을 잘하고 일에 임하면 뒷감당을 못하고 포기하거나 좌절하기 쉽다. 인정은 있으나 실행력이 부족하고 이중성격적인 면이 있다.

73. 경진일생(庚辰日生)은 의협심이 강하고 허풍과 과장이 있어 일에 장담을 잘 한다. 몹시 강한 반면 약한 일면도 있으며 고집이 세기도 하고 결벽증과 침울한 기질도 있다.

74. 경인일생(庚寅日生)은 통솔력이 좋고 호탕하며 풍류를 즐긴다. 억지를 부려 관철하는 특성이 있고 튀기는 천성이며 신경질적인 반응이나 강력한 기질이 짙다.

75. 경자일생(庚子日生)은 결단력이 좋고 일처리는 잘하나 상대방을 꺾어 누르려는 기질이 있어 가끔 시비 구설이 따른다. 자존심이 강하며 일에 몰두도 잘하고 싫증도 쉽게 내며 여성은 콧대가 센 편이다.

76. 경술일생(庚戌日生)은 대장부다운 기질에 정의감이 투철하다. 어려운 일을 남에게 떠맡기며 남의 일로 분주하고 힘을 과시하며 자기를 희생하여 큰 공을 세우며 전진력이 있으며 엄격하고 총명하며 과격한 일면도 있다.

77. 경신일생(庚辛日生)은 잠잠하다가도 공격적인 형으로 배짱이 좋고 결단력이 빠르며, 강한 성품에 투쟁을 좋아하고 주위가 시끄러우며 마음이 담백하고 불굴의 정신이 있으며 급한 편이고 양보심과 융통성이 결여되었다.

78. 신미일생(辛未日生)은 조용하고 고집이 세며 부끄러움이 많고 예술의 재능이 풍부하다. 까다롭고 자존심이 강하며 재주는 있으나 남의 인정을 못 받는다. 단순하면서도 이기적이고 이해성이 부족하며 자기 주장을 굽히길 싫어한다.

79. 신사일생(辛巳日生)은 멋을 잘 내는 편이고 단정하고 품위 있는 것을 좋아하며 자제심이 강하다. 강렬한 성품은 못되고 판단력이 빠르고 성급하다. 착실하고 합리적이며 정직하나 결벽증이 있다.

80. 신묘일생(辛卯日生)은 날카로운 성격이며 맺고 끊는 것이 분명하고 너무 선을 긋고 깐깐하다. 담백한 편이고 정의로운 성격이다.

81. 신축일생(辛丑日生)은 깐깐하고 고집이 세며 깔끔하다. 지기 싫어하고 자기 마음에 들어야만 움직이는 성격이다. 재능은 많은 편이며 강한 기질이 있으나 내성적이므로 겉으로 표출되지 않고 말수가 적으며 구두쇠 기질이 있고 잠이 많으며 게으른 면이 있다.

82. 신해일생(辛亥日生)은 피부가 맑고 깨끗하며 구설이 따르고 비교적 착실하고 똑똑하다. 사람을 피하는 편이며 명예를 중히 여긴다.

83. 신유일생(辛酉日生)은 깔끔하고 지기 싫은 성격에 고집이 센 편이고 실속을 차리며 기분에 따라 돈을 잘 쓴다. 단순한게 흠이고 몸이 빠르며 자신의 속마음을 잘 드러내지 않으며 참을성이 있으면서 급한 일면도 지니고 있다.

84. 임계일생(壬癸日生)은 지혜총명, 활발, 원만, 명랑하다. 그러나 사주가 중화를 잃으면 명랑치 못하고 어리석다.

85. 임계일생(壬癸日生)이 관이 부족하면 단것을 좋아하고 식상이 부족하면 생것 신것을 좋아한다.

86. 임계일(壬癸日)에 추동월생(秋冬月生)은 종교철학, 운명철학에 관심 깊어 연구한다.

87. 임계일생(壬癸日生) 여명은 지혜롭고 똑똑하며 활발하고 명랑하다. 금수(金水)가 있으면 가는 몸매에 키가 크고 목화토(木火土)가 있으면 키도 크고 체격이 좋다.

88. 임계일(壬癸日)에 춘월생(春月生) 여명은 키가 크고 몸매가 좋으며 피부가 약간 검푸르다.

89. 임신일생(壬申日生)은 차갑고 냉정하며 돈을 잘 쓰고 스스로 일을 조급히 저질러 손해를 본다. 착하고 인자한 면도 있으나 지칠 줄 모르는 끈기와 아집이 강하고 지적이며 무드파이다.

90. 임오일생(壬午日生)은 타산적이고 꾀를 부리며 자유롭게 살며 사람과 재물을 잘 다룬다. 돈 쓰기를 아까워하고 온화하며 덕성스러운 편이며 지혜가 많다.

91. 임진일생(壬辰日生)은 속이 깊고 생각이 많으며 곤경에 처하면 염세적인 생각을 많이 한다. 침착한 듯하나 불굴의 정신이 강하고 고집이 세다. 간혹 엉뚱한 일을 일으키고 자존심이 강하고 박력은 있으나 속전속결에 지구력이 약하다.

92. 임인일생(壬寅日生)은 음식을 잘 먹고 마음이 너그럽다. 명랑하고 능동적이며 박력이 있고 온순하며 조용한 성격이다.

93. 임자일생(壬子日生)은 속이 깊고 이해심과 포용력이 있으며 활발한 성격에 돈을 잘 쓰고 지략이 뛰어나다. 대중적이면서 방랑성이 강하다.

94. 임술일생(壬戌日生)은 활발한 성품에 활동적이고 꾀가 많으며 겉으로 큰소리 치나 좌절이 따르고 강약이 교차되며 노력보다 공과가 적다. 어떠한 환경에서도 두각을 나타내게 되나 파란이 많으며 고집이 세고 자존심이 강하며 사교적이나 자신의 주장을 너무 내세우는 것이 흠이다.

95. 계유일생(癸酉日生)은 음주를 즐기는 편이며 혼자 조용히 어떤 일에 몰두하거나 공상을 잘하며 남을 의심한다. 이중적 성격이 있고 끈기가 부족하며 시기심이 많고 호색하다.

96. 계미일생(癸未日生)은 나약하고 실패가 많으며 남에게 이용을 잘 당하고 겁이 많아 좋은 기회를 놓치고 움츠리고 사는 타입이다. 순한 듯하나 고집이 세고 때로는 난폭한 면도 있으며 의처증이 있기 쉽다.

97. 계사일생(癸巳日生)은 계산에 빠르고 실속을 차리며 치밀한 장부정리 잘하고 내부 관리 잘한다. 가정적이고 내성적인 성격으로 인정은 있으나 날카로운 면도 있다.

98. 계묘일생(癸卯日生)은 음식 솜씨가 좋고 조용하게 담소하는 것을 좋아하고 문학과 예술에 소질이 있다. 인정이 많고 봉사 정신이 있는 순수한 편이며 춤과 노래도 좋아한다.

99. 계축일생(癸丑日生)은 소심하고 소극적이며 공상이 많고 총명하며 활발하다. 독설가로 남과 조화가 잘 안되고 지나치게 완고하다. 고집이 세며 준법정신이 좋고, 지구력은 있으나 숨은 근심이 많고 세상을 비관하는 것이 흠이다.

100. 계해일생(癸亥日生)은 매사에 침착하며 외모는 얌전하나, 속마음의 성격은 개방적이고 활달하며 유능하다. 겉으로 무능한 척하면서 내면적으로는 최종의 이익을 노리는 일면이 있다. 사주가 탁하면 거짓말 잘하고 풍류를 즐긴다.

101. 인신사해(寅申巳亥)가 모두 있는 자는 세상을 비관하고 식신상관이 많은 자는 남 주기를 좋아한다.

102. 자형살, 삼형살 놓은 자는 세상비관 음독자살하기 쉽다.

103. 인신사해(寅申巳亥) 출생시(出生時)은 용맹하고, 수목일생
     (水木日生)이 수목(水木)이 많으면 후리후리 키가 크다.

104. 진술축미(辰戌丑未) 출생시는 얼굴이 둥글 넓적하고 자오묘
     유(子午卯酉) 출생시는 얼굴이 길쭉하다.

105. 인신사해월(寅申巳亥月)에 자오묘유시생(子午卯酉時生)과
     자오묘유월(子午卯酉月)에 진술축미시생(辰戌丑未時生) 또
     는 진술축미월(辰戌丑未月)에 인신사해시생(寅申巳亥時生)
     은 쌍가마를 타고난다.

106. 해묘미(亥卯未) 사유축시생(巳酉丑時生)은 왼편가마 있게
     되고, 인오술(寅午戌) 신자진시생(申子辰時生)은 오른편에
     가마가 있게 되고, 해시생(亥時生)은 머리가 왼쪽으로 기
     울고 인신사해일(寅申巳亥日)에 인신사해시생(寅申巳亥時
     生)은 눈에서 광채가 난다.

107. 오행이 청순하면 현명하고 어질며, 오행이 혼탁하면 어리석
     고 흉완하다.

108. 일주가 약하면 농을 잘하고, 일월이 형충되거나 사주에 형
     충이 많으면 염세적이다.

109. 양팔통사주는 강건, 조급하고 경솔하며, 음팔통사주는 침착
     하고 느리며 우둔하다.

110. 사주에 용신이 많으면 변덕스럽고 주관이 없으며, 용신이
     약하면 결단력이 없고 의심이 많다.

111. 사주에 합이 많으면 다정다감하고 온순하며 사교에 능하지
     만 형충이 많으면 시비와 논쟁을 잘하고 비사교적이며 인간
     미가 없다.

112. 갑기합(甲己合)된 자는 너그럽고 분수를 지키며 절도가 있다. 갑기합이 있는데 무기(無氣)하면 강직하고 성을 잘낸다. 갑일주(甲日主)가 기(己)와 합된 자는 신의가 있으나 지능이 낮고, 기일주(己日主)가 갑(甲)과 합된 자는 신의가 없다.

113. 을경합(乙庚合)된 자는 성격이 곧고, 과단 용맹하며 인의가 있다. 을경합이 편관이나 사,절에 놓이면 자기만 옳다고 여기며 천박하고, 경일주(庚日主)가 을(乙)과 합된 자는 의로운 일을 잘하나 자비심이 없으며, 을일주(乙日主)가 경(庚)과 합된 자는 결단성이 없고 예의가 소홀하다.

114. 병신합(丙辛合)된 자는 편굴, 잔인, 호색하고 사술에 능하다. 병신합이 사,절에 놓이면 의리가 없고 은혜를 모르며 뇌물을 좋아한다. 병일주(丙日主)가 신(辛)가 합된 자는 지혜가 있으나 예의가 없고 사술에 능하며, 신일주(辛日主)가 병(丙)과 합된 자는 소심하여 큰 뜻을 품지 못한다.

115. 정임합(丁壬合)된 자는 감정에 흐르기 쉽고 호색하며 말을 잘하나 거짓이 많다. 임일주(壬日主)가 정(丁)과 합된 자는 성질이 편굴하여 성을 잘 내고 신의가 없으며 정일주(丁日主)가 임(壬)과 합된 자는 소심하고 질투심이 많다.

116. 무계합(戊癸合)된 자는 남녀간에 정이 없으며 아름다운 사치를 좋아하고 이중인격자가 많다. 무일주(戊日主)가 계(癸)와 합된 자는 총명하고 다정한 듯하나 무정하고, 계일주(癸日主)가 무(戊)와 합된 자는 지능이 낮고 질투심이 있으며 시작은 있으나 끝이 없다.

117. 사주의 오행이 편협되면 성격이 모가 나고, 중화되면 원만하다.

118. 양일주는 외향적이고 능동적이며 기억력이 좋고, 음일주는 내성적이고 수동적이며 탐구력이 좋다.

119. 신왕사주에 제화가 있으면 다정다감 명랑하고 이성과 지성을 겸비하고 처사가 원만하고 의심이 적다. 신왕사주에 제화가 없으면 고집이 세고 독선적이며 횡포하여 쟁투를 잘하고 자비심과 동정심이 없으며 함부로 날뛰는 기질이 있다.

120. 신약사주에 생부가 있으면 매사에 경솔하지 않고 심사숙고하며 예절에 밝으며 함부로 남과 교제하지 않으며 검소하고 부지런하며 은혜를 갚을 줄 안다. 신약사주에 생부가 없으면 고집이 세고 의심이 많으며 결단력과 패기가 없으며 큰 일을 도모하지 못하고 말에 거짓이 있고 사악하며 아부, 아첨을 잘 하고 기이한 것을 좋아한다.

121. 곡직격(曲直格)을 놓은 자는 신체가 크고 목과 손이 길며 정직하고 온화하여 청고하고 인자하다.

122. 염상격(炎上格)을 놓은 자는 얼굴이 붉고 누르며 성급하고 공손하며 예의를 좋아하는 영웅호걸의 기상이다.

123. 가색격(稼穡格)을 놓은 자는 신체가 비대하고 음성이 탁하며 정이 두터워 만인의 신망을 받는다.

124. 종혁격(從革格)을 놓은 자는 안색이 청백하며 음성은 우렁차고 성품이 강렬하여 위풍이 당당하다.

125. 윤하격(潤下格)을 놓은 자는 눈과 눈썹이 청수하며 모발이 많고 총명하며 착하고 문학에 재질이 있다.

126. 신왕사주에 식신토수(食神吐秀)되면 총명하고, 계일생(癸日生)이 해(亥)가 셋이면 도덕과 문장으로 명성이 높다.

127. 화살(化殺)사주는 다재다능 재치가 있고, 종관(從官), 종재(從財), 종아(從兒), 종세격(從勢格)은 선량한 성격이다.

128. 목일(木日)의 종강격(從强格)은 인후(仁厚)하고, 토일(土日)의 종강격은 신후(信厚)하고, 금일(金日)의 종강격은 예리하고, 수일(水日)의 종강격은 원활하다.

129. 신강사주에 억제가 있는 자는 천성이 명백하고 이지(理智)를 겸비하며 정의가 많고 명랑하며 의심이 적다. 신강사주에 억제함이 없으면 유아독존의 성격이라 횡포, 무모하고 변덕이 많다.

130. 신약하나 일주를 생조함이 있으면 검소하고, 남의 인격을 존중하고 예절이 바르다. 매사에 심사숙고하고 경솔하지 않으며 타인과 함부로 사귀지도 않는다.

131. 신약에 생조가 없으면 말에 허위가 많고 음사(淫邪)하며 정리(正理)를 무시하고 기이한 것을 좋아하며 아첨도 잘하면서 쓸데없는 고집이 세고 결단심도 없고 게으르다.

132. 비견이 용신인 사주는 온건, 화평하나 비견이 태다(太多)하면 자존심이 강하여 비사교적이고 성급하며 고집이 세다. 비견이 충이 되면 시비 논쟁을 잘하고 인간관계가 원만치 못하다. 비견이 월주에 동주하면 난폭하고 유아독존이다.

133. 겁재가 용신인 사주는 솔직하고 꾸밈이 없으나 겁재가 태다하면 성질이 고강하여 안과 밖이 다르며 졸렬하다.

134. 비겁에 재가 충파되거나 비겁이 많고 재가 약하면 동심이

있다.

135. 겁재와 상관이 동주하면 흉악하고, 신약사주에 양인이 있으면 의심이 많다.

136. 식신이 용신인 사주는 온후하고 명랑하며, 식신이 제살한격은 명랑하고 낙천적이다. 약한 식신이 파극되면 침착치 못하고 심신의 안정이 없다. 식신이 왕하면 너그럽고 풍류를 좋아한다. 식신이 투출된 사주는 풍류를 좋아하고 원만하나 식신이 태다하면 고집이 세다.

137. 양인 있고 시에 상관이 있으면 도둑의 마음이 있다. 양인과 겁재가 많고 편관이 없으면 도심(盜心)이 있다.

138. 상관이 용신인 사주는 다재다능하고 예리 민첩하며 남에게 이기기를 좋아하고 자존심이 강하다.

139. 상관이 태다하면 교만하지만 숨김이 없고 언변이 좋다. 상관과 양인이 동주하면 간사하고 자존심이 강하다. 상관이 있고 재가 없으면 잔재주가 있고, 상관이 있고 관이 없으면 큰 뜻은 있으나 사술에 능하고 거만하다.

140. 상관제살격은 성품이 명랑하고 낙천가이다. 상관파진격은 다능다예하고 의협심이 있으며 이야기를 좋아한다.

141. 상관격이 정관이 있으면 지기 싫어하고 성을 잘 내며 하극상한다. 상관격이 편관이 있으면 타인을 사랑하고 좋아하며 영민하다.

142. 일지에 상관이 있으면 욕 잘하고 구설이 많다.

143. 상관격이 양인, 겁재가 있고 재가 없으면 어려서 뇌막염을 앓고 웃음 속에 독이 있다.

144. 목화상관격(木火傷官格)은 총명, 박학다식, 명랑하지만 의심이 많고, 화토(火土)상관격은 방정하나 막힘이 많다. 토금(土金)상관격은 예능과 문학에 능하고 재리에 집착심이 강하며, 금수(金水)상관격은 다재다능 박식하고 총명하다. 수목(水木)상관격은 명랑하고 준수하며 백사에 능통하다.

145. 녹(祿) 가까이에 도화가 있는 여명은 양귀비(楊貴妃)의 미모요, 금수식상(金水食傷)에 상관을 만나면 아름다움을 자랑한다.

146. 여명의 사주가 중화되어 순청하면 정숙하고 미모이며 일지에 도화가 놓이면 아름답고 청수하다.

147. 여명에 역마, 지살이 있는 자는 외출이 빈번하고, 인수성에 역마, 지살이 있으면 관광여행을 좋아한다.

148. 편재가 용신인 사주는 매사에 민첩하고 기교가 있다. 편재가 태다하면 안일한 성격이다.

149. 편재가 많으면 다정다감하면서도 욕심이 많고 인색하나 선심을 잘 쓰고 바람기가 있다. 편재가 천간에 투출되면 재물을 가볍게 여기고 의를 좋아하고 풍류기가 있어 주색을 좋아한다.

150. 편재격이 신왕하면 재산으로 인한 시비가 많고, 신약하면 주색으로 인한 손재가 많다. 재성이 약하고 비겁이 많으면 떠돌아 다니기를 좋아한다.

151. 진(辰)이 많으면 잘 다투고, 술(戌)이 많으면 송사를 잘하고, 유해일생(酉亥日生)은 술을 즐기고 놀기를 좋아한다. 술해시생(戌亥時生)은 꿈과 예감이 잘 맞으며 신앙심이 깊고,

음(陰)이 많고 양(陽)이 쇠약하면 의심이 많고, 해묘미신생 (亥卯未申生)은 인정이 많아 남을 위해 헌신한다.

152. 정재가 용신이 사주는 근검절약 정직하고 성실하며 주도 면 밀하다. 정재가 태다하면 나약하고 무능하여 결단심이 없고 인색하다.

153. 재왕신왕하면 참을성이 있고 가정 제일주의자이고 재성과 관살이 많으면 경솔하다. 재성이 간합이 많이되고 신약하면 간사하다. 재다신약한 자는 처첩에 의지하는 성격이고, 정 재가 묘고(墓庫)와 동주하면 검소한 성격이다. 진술축미토 (辰戌丑未土)가 재성이고 형충이 안되면 인색한 수전노이 다.

154. 편관이 왕한데 식상이 없으면 바람같은 성질이나 편관왕(偏 官旺)에 식상제살이면 인격이 위엄을 겸비한다.

155. 편관이 용신이면 총명, 과단, 의협심이 있고 교제에 능하 다. 정관이 용신이 사주는 매사에 성실하고 온후, 독실, 정 직하지만 정관이 태다하면 의지가 박약하다.

156. 일주가 강한데 편관이 미약한 사주는 매사에 부실하여 게으 르며 자만심만 강하다. 편관 한 개가 시에 있으면 강직하고 덕망이 있으나 세정에 서투르다.

157. 살인상생(殺印相生)한 사주는 정직하며 이지와 재간을 겸비 하고, 신살상정(身殺相停)한 사주는 총명, 활달하고 남을 이기기를 좋아한다.

158. 정관이 제화가 알맞으면 품행이 단정하고 검약하며 영민하
     다. 제화가 없으면 자성력이 없고 각박하다. 정관이 인성과
     동주하면 덕행을 하고 치밀하다. 일지의 정관이 합되면 애
     교가 있고 다정하다. 정관이 형충된 사주는 표류의 명이요,
     연약한 자다. 정관 일위에 형충이 없으면 광명, 정직한 군
     자격이다. 정관격은 인자하고 너그러우며 화평함을 좋아하
     고 풍모가 미려하며 군자적인 인품이다.

159. 편인이 용신인 자는 성격이 활발하고 일 처리에 종횡무진
     재능을 발휘한다. 인수가 용신인 사주는 총명하고 단정하며
     인자하다.

160. 편인격은 학예를 좋아하고 재주가 있으며 민첩하나 용두사
     미 격이고, 인수 격을 이룬 자는 지혜 많고 너그럽다.

161. 편인과 겁재, 양인이 있으면 겉보기에는 선하나 속으로는
     악하고 엉큼하며 혹독하고 잔인하다. 인수와 양인이 있으
     면 백계의 재능이 있다. 편인과 인수가 혼잡되면 의지가
     박하고 변덕스러워 집념이 약하다.

162. 편인이 태다한 사주는 처음에는 근면하나 나중에는 태만하
     여 매사에 용두사미 격이다. 인수가 태다 하면 인색하고 인
     수가 충된 자는 마음이 굳지 못해 허송세월을 보낸다. 인수
     와 상관이 있으면 허영심이 많다.

163. 사주의 용신이 건왕하면 매사의 처리가 원만하나, 용신이
     미약하면 의심이 많고 결단력이 없다.

第6章. 직업론(職業論)

1. 갑을일생(甲乙日生)이 연,월,일,시에 술해(戌亥)가 있으면 법학, 법관, 의약업, 점술가, 역술인. 술해시생(戌亥時生)이면 법관.

2. 갑을일생(甲乙日生)이 곡직인수격을 이루면 악기사, 악기업.

3. 갑을일생(甲乙日生)에 식신격, 상관격은 무명가수, 인기가수.

4. 갑을일(甲乙日)에 진술축미월생(辰戌丑未月生)은 지물업, 직물업, 주단포목, 표구업, 농업, 미곡상, 토지업, 석물업.

5. 갑을일생(甲乙日生)이 인묘해자월(寅卯亥子月)에 태어나고 경오(庚午), 신사시생(辛巳時生)은 정치가, 행정가.

6. 갑을일생(甲乙日生)이 인사오미술월(寅巳午未戌月)에 태어나면 교육가, 의약업, 역술가, 유불선도 수련자.

7. 갑을일(甲乙日)에 인묘사오미월생(寅卯巳午未月生)이면 교육가.

8. 갑인일생(甲寅日生)이 사주내에 사(巳)나 신(申)을 만나면 의

사, 갑신일생(甲申日生)이 사주내에 인(寅)이나 사(巳)를 보면 한의학.

9. 갑인(甲寅), 갑오(甲午), 갑술일생(甲戌日生)이 춘하월(春夏月)에 태어나면 점술가, 박수무당, 역학가.

10. 갑술일생(甲戌日生)이 지지에 술해(戌亥)가 있으면 법률계, 역술계. 갑을일생(甲乙日生)이 일시에 술해(戌亥)를 만나면 법관, 경찰. 갑을일생(甲乙日生)이 인묘해(寅卯亥)가 많으면 악기업, 악기사.

11. 갑을일생(甲乙日生)이 해자월생(亥子月生)이면서 병정사오(丙丁巳午)를 만나면 전기업, 전파상, 소리사.

12. 갑술(甲戌), 병술(丙戌), 무술(戊戌), 경술(庚戌), 임진일생(壬辰日生)은 화학, 과학, 기술자, 공업가.

13. 갑을일생(甲乙日生)에 토(土)가 약한 여명은 주단, 포목장사. 갑을일생(甲乙日生)에 금(金)이 약한 여명은 양은식기, 금속제품. 갑을일생(甲乙日生)에 토(土)가 용신인 여명은 지업사, 피복장사. 을사일생(乙巳日生)이 사주내에 인(寅)이나 신(申)을 보면 의약업.

14. 갑을일생(甲乙日生)에 인수가 왕한 여명은 서점, 문구사.

15. 을사일생(乙巳日生), 을미일생(乙未日生)이 사오미월생(巳午未月生)이면 술사, 역술가, 점술가.

16. 을해일(乙亥日), 을묘일(乙卯日), 을미일생(乙未日生)이 병자시(丙子時)에 태어나면 화류계, 기생, 선생.

17. 병정일생(丙丁日生)이 인묘월(寅卯月)에 태어나고 임진시(壬辰時), 계묘시생(癸卯時生)이면 법관, 정치인.

18. 병정일생(丙丁日生)이 인묘월(寅卯月)에 태어나면 종교가, 운명철학가, 수산업. 병정일생(丙丁日生)이 목왕(木旺)하면 점술가, 수도인.

19. 병정일생(丙丁日生)이 진술축미월(辰戌丑未月)에 태어나면 주단포목, 직물업, 피복상, 미곡, 토지, 농업, 석물업, 건축업, 성악가.

20. 병정일생(丙丁日生)이 재왕(財旺)이나 관왕(官旺)이면 종교계, 운명철학. 병정일생(丙丁日生)이 사주내에 경신(庚申)을 보면 검찰, 경찰, 정보 요원. 병오일생(丙午日生)이 오(午)가 많으면 검사, 판사, 검찰. 정사일생(丁巳日生)이 사(巳)가 많으면 검찰 고위직.

21. 병정일생(丙丁日生)이 지지에 사오미남방화국(巳午未南方火局)이나 인오술화국(寅午戌火局)을 이루면 종교계, 운명 철학, 점술가, 유불선도 수도인. 병정일생(丙丁日生)이 지지에 사유축금국(巳酉丑金局)이나 신유술금국(申酉戌金局)을 이루면 철물업, 금속기계업, 금융계, 사채업자, 재정공무원.

22. 병정일생(丙丁日生)이 술해(戌亥)를 보면 의약업, 역술가, 운명 철학. 병자일(丙子日), 병신일생(丙申日生)이 관왕(官旺) 또는 인왕(印旺)이면 의약업, 역술가. 병정일생(丙丁日生)이 재왕(財旺) 또는 관왕(官旺)하면 역술가, 박수무당.

23. 병일생(丙日生)이 월, 시간에 경금(庚金)을 보면 검찰, 경찰, 법관. 병진일생(丙辰日生)이 관성이 있든가 인성이 왕하면 역술인, 점술가, 박수무당. 병신일(丙申日), 병자일(丙子日), 병진일생(丙辰日生)이 재살(財殺)이 왕성하면 음식업,

다방, 술집.

24. 병일(丙日) 일덕(日德)에 목인수(木印綬)는 목공, 목수직.
병진(丙辰), 병술(丙戌), 정축(丁丑), 정유일주(丁酉日柱)는
인수나 재성을 만나면 인쇄업, 문구업, 서예가, 복사기, 타
자기, 컴퓨터 제조 판매. 서점.

25. 병정일생(丙丁日生)에 금(金)이 약하면 금은, 양은, 그릇장
사, 수(水)가 부족한 여명은 수산물, 해물장사.

26. 정사(丁巳), 정축(丁丑), 정유일생(丁酉日生)이 사유축재국
(巳酉丑財局)을 이룬 자는 역술인, 박수무당, 철학가. 정미
일생(丁未日生)이 월과 시에 술해(戌亥)가 있으면 역술가,
운명철학가. 정미일생(丁未日生)이 춘하월생(春夏月生)이면
의약업, 역술가, 운명철학

27. 정일(丁日)이나 사일생(巳日生)에 재관격(財官格)은 법관.
정사일(丁巳日)에 사(巳)가 많으면 판사, 검사, 변호사.

28. 무자일(戊子日), 무신일생(戊申日生)이 금수왕(金水旺)이면
역리학자, 박수무당, 예언자, 물장사.

29. 무인일생(戊寅日生)이 사주내에 사(巳)나 신(申)을 보거나
무신일생(戊申日生)이 사주내에 인(寅)이나 사(巳)를 보면
의약업. 무기일생(戊己日生)이 월시에 술해(戌亥)가 있으면
의약업, 역술가.

30. 무기일생(戊己日生)이 토다(土多)면 종교계, 금다(金多)면
의약업. 무기일생(戊己日生)이 인사(寅巳)를 만나면 전자업,
전신업, 전화교환원. 무기일생(戊己日生)이 월이나 시에 술
해(戌亥)가 있으면 의약가, 역술인, 점술가.

31. 무기일(戊己日)에 인월생(寅月生)은 교육가, 민속신앙인, 도학 수도인, 전신, 전화교환인. 무기일생(戊己日生)이 진사오미술축월(辰巳午未戌丑月)에 태어나고 갑인시(甲寅時), 을축시생(乙丑時生)이면 정치계, 법률계.

32. 무기일(戊己日)에 진월생(辰月生)은 음악계, 문학계. 사오월생(巳午月生)은 교육가, 전신 전화교환원, 운명철학가, 민속신앙, 도학 연구가. 술월생(戌月生)은 교육가, 의약업, 음악계

33. 무자일생(戊子日生)이 금수왕(金水旺)이면 음식업, 유흥업. 기묘일생(己卯日生)이 수목왕(水木旺)이면 식품업, 음료업, 청과업. 기사일생(己巳日生)이 사주내에 인(寅)이나 신(申)을 보면 의약. 기유일생(己酉日生)에 재(財)가 있는 자는 식당. 기해일생(己亥日生)은 다방. 기축일생(己丑日生)이 재살왕(財殺旺)이면 식품업·식당

34. 경신일(庚辛日)에 인묘월생(寅卯月生)은 조림업, 목재업, 전기공업. 진술축미월생(辰戌丑未月生)은 교육사업, 교육가, 종교철학, 서점. 해자월생(亥子月生)이면 교육가, 음식업, 다방. 축월생(丑月生)이면 재정공무원, 은행원, 경리직. 신유월(申酉月)에 태어나고 병술(丙戌), 정유시생(丁酉時生)은 교육가, 역술가, 점술가.

35. 경신일생(庚辛日生)이 식상생재격이 되든지 식상용신이 되면 무역업, 음식업, 다방, 양조장. 축시생(丑時生)은 은행가.

36. 경신일생(庚辛日生)이 목용신(木用神)이면 음식업, 유흥업, 다방. 경신일생(庚辛日生)이 지지에 화국종살격(火局從殺格)

을 이루면 의약업, 약품공학.

37. 경진일생(庚辰日生)은 무역업, 수산업, 양조업, 음식업. 경신일생(庚申日生)이 목화(木火)가 많으면 미술가, 미술선생.

38. 경신일생(庚辛日生)이 재왕(財旺)이나 관왕(官旺)되면 명필가, 미술가, 서화가. 경신일생(庚辛日生)이 지지에 사유축금국(巳酉丑金局)이나 신유술금국(申酉戌金局)을 이루면 법률가, 정치가, 내무부장관.

39. 경술일생(庚戌日生)이 사오미월(巳午未月)에 태어나고 재국(財局)을 이루면서 관살(官殺)을 이루면 의약가.

40. 경일생(庚日生)이 자다(子多)하면 법관, 경일생(庚日生)이 월, 시간에 병화(丙火)를 보면 검찰, 경찰, 법관.

41. 경신(庚申), 경자(庚子), 경진일생(庚辰日生)은 음식업, 다방, 술집, 여관. 신축일생(辛丑日生)이 사주내에 미(未)나 술(戌)을 보면 의약업. 신해일생(辛亥日生)은 식당, 다방, 주점. 신해일생(辛亥日生)이 해다(亥多)면 대관(大官)

42. 경진(庚辰), 경술일생(庚戌日生)에 재(財)나 인수가 있으면 인쇄업, 문구업, 타자업. 경신일(庚辛日) 춘하월생(春夏月生)은 화가, 경신일생(庚辛日生)에 화(火)가 약하면 미장원, 경신일생(庚辛日生)이 사(巳)나 인(寅)이 있으면 전화 교환원

43. 임계일생(壬癸日生)이 인묘월생(寅卯月生)이면 양조업, 음식업. 사오월생(巳午月生)이면 호텔, 모텔, 여관, 여인숙, 음식업. 신유월생(申酉月生)이면 교육업, 학원, 종교계, 운명철학가. 진술축미월생(辰戌丑未月生)이면 정치가.

44. 임계일생(壬癸日生)이 월일시에 술해(戌亥)를 보면 법률가, 정치가, 외교가. 임계일생(壬癸日生)이 관(官)이 쇠약하면 기생, 마담, 음식업. 목왕(木旺)하면 역술계, 동양철학.

45. 임계일생(壬癸日生)이 해자월(亥子月)에 태어나고 무신(戊申), 기해시생(己亥時生)은 법률가, 정치가. 임계일생(壬癸日生)이 자다(子多)하거나 해자축월생(亥子丑月生)이면 법관, 학자, 도인, 경찰관.

46. 임계일생(壬癸日生)이 화재성(火財星)을 가지면 음식업, 호텔, 여관, 여인숙. 임계일생(壬癸日生)이 지지에 신자진수국(申子辰水局)이나 해자축수국(亥子丑水局)을 이루면 무역업, 양조장. 임계일생(壬癸日生)이 식상국(食傷局)이나 식신생재격(食神生財格)이면 주류업, 음식업, 유흥업.

47. 임진일생(壬辰日生)은 무역업, 양조장, 여관, 음식업. 계해일생(癸亥日生)이 해다(亥多)하면 고관, 법관.

48. 임신일(壬申日), 임자일(壬子日), 임진일생(壬辰日生)은 음식업, 주점. 임신일생(壬申日生)이 사주내에 인(寅)이나 사(巳)를 보면 의약업, 역술계. 임오일(壬午日), 계미일생(癸未日生)이 사오미월생(巳午未月生)이면 의약업, 운명 철학가.

49. 임계일생(壬癸日生)이 일,시에 술해(戌亥)를 만나면 법관, 경찰. 임계일생(壬癸日生)이 수용신(水用神)인 자는 법조계, 정치계.

50. 인수가 태왕하고 관성이 미약한 자는 역술계, 운명철학.

51. 월,일,시에 술해(戌亥)를 가진 자는 박수무당, 역술가, 운명철학.

52. 월지에 인수가 있고 투간하였으면 교육가, 문인, 언론인, 연예계.

53. 재성과 관성이 일주와 합하면 재정공무원, 신약한데 재왕하여 종재격을 이루면 금융계, 재정공무원.

54. 사주 지지에 인수국을 이루고 인수가 투간된 자는 교육계, 의약계. 사주에 수옥살을 가진 자는 경찰, 법계, 범죄자.

55. 술해천문(戌亥天門)이 있으면서 인수를 보면 의과대학 교수, 묘유술(卯酉戌)중에 두 자만 있어도 의약업, 역술가.

56. 진술사해일생(辰戌巳亥日生)이 진술사해(辰戌巳亥)가 또 있으면 경찰, 법관. 진술축미월생(辰戌丑未月生)이고 일주에 형살(刑殺)이 되면 의약업, 역술계, 법관, 경찰관. 생일 지지에 형살이 있는 자는 법관, 경찰, 의약계.

57. 인(寅)이나 사(巳)가 지살, 역마에 해당되면 항공업계, 여행사. 인사형(寅巳刑)이 놓인 여명은 스튜어디스나 항공회사, 해외여행사.

58. 관(官)이나 인(印)이 역마, 지살에 해당되면 외국 공무원, 외교관, 외국 지점에서 근무. 재성(財星)에 역마나 지살이 임하면 해외무역업, 외국 재정국 근무, 외국 지사에서 근무.

59. 일주왕(日柱旺)에 재성왕(財星旺)이면 부자 인왕(印旺)하고 삼합되면 통역관. 식신이 재합(財合)하거나 식신생재(食神生財)되면 음식업, 재성과 식신이 함께 일주와 합을 하면 음식업.

60. 일덕일생(日德日生)이 인수를 만나면 타자수, 컴퓨터업.

61. 화성(火星)이 재(財)면 주유소, 신해역마(申亥驛馬)에 지살
재(地殺財)는 수산업. 인사역마(寅巳驛馬)에 지살재는 항공
업. 관인(官印)이 지살, 역마는 통역관.

62. 축술미(丑戌未)가 있으면 군인, 사법관. 인사신(寅巳申)이
있으면 사법관, 의사, 경찰, 운전수, 약사, 식육점, 재단사,
선생님, 교육가, 은행가. 술해미(戌亥未)가 다 있으면 점술
가, 신자. 술해(戌亥)가 있으면 역술업, 점술가, 신자, 종교
인.

63. 대운이 식상이면 물장수하게 되고, 식상에 문창성이 놓이면
문방구, 서점, 독서실, 학원.

64. 화개살이 있으면 예술업, 종교 성직자, 역술가, 점술가, 신
자.

65. 상식이 재를 만나면 상무(商務), 금융, 재정 상관격에 인수
가 왕하면 문예, 예술, 배우, 가수, 소설가, 서예가, 화가,
무용가.

66. 대운이 묘목(卯木)이면 농업, 야채 재배, 화훼농사, 약초재배

67. 연,월,일,시에 인수가 나란히 있고 격국이 맑으면 대학교수,
학장, 총장. 인수에 일덕(日德)이 있는 여명은 편물업, 피복
장사. 편인, 인수가 있는 여명은 수예, 미싱, 편물, 의류업.

68. 백호대살이 사주에 있던지 대운에 나타나면 침술, 도살업,
사냥꾼, 목축업, 운수업, 기술업. 양인살이 명조에 있으면
군인, 경찰, 의사, 운동가, 식육점, 대장간, 주물공장, 재단
사, 미싱사, 이발사, 침술가, 목수, 미용사, 제재업.

69. 목화통명(木火通明)사주나 화토일주(火土日主)에 진술축미월생(辰戌丑未月生)은 음악.

70. 재(財)가 역마나 지살인 여명은 양재, 양품, 제화, 양말, 운수업. 역마, 지살에 식신이나 재가 합신(合身)하면 해외영업, 무역회사. 역마, 지살에 재관인(財官印)은 관광버스 안내양, 여행사 직원

71. 관살이 왕한데 억제함이 부족하면 술집 접대부, 관성이 없거나 약한 관성을 억제함이 태과하면 여승

72. 신약하고 살강(殺强)하면 목공, 토공, 석공. 신왕하고 살약(殺弱)하면 행상인, 주문원, 외판원. 관살이 제화(制化)가 없고 고진, 과숙살에 화개가 있으면 승도.

73. 일간에 태약(太弱)이나 태왕(太旺)하면 고용직, 일간이 왕하고 용신이 왕하면 개인 사업

74. 수화(水火)가 많으면 무역업, 목성(木星)이 식신이나 재(財)면 가구업, 임산 조림. 화성(火星)이 식신이나 재(財)가 되면 전기업. 토성(土星)이 식신이나 재(財)가 되면 미곡상, 토지, 농업, 건축, 토목, 토석. 금성(金星)이 식신이나 재(財)면 철공업, 금은방, 광산업. 수성(水星)이 식신이나 재(財)면 식당, 여관, 다방, 양조업, 무역업

75. 비견이 왕하면 공직, 직장인, 기자, 운명가, 외무원, 상업. 비견이 많으면 자유업, 의사, 변호사, 철학, 전당포, 기공(技工)

76. 겁재가 왕하면 양어장, 농업, 축산업. 겁재가 많으면 직장인, 노동자, 독립적인 사업

77. 식신이 왕하면 상사업가, 식당, 문방구, 약국, 선생, 교수, 봉급자. 식신이 많으면 물장사, 상사업, 학자, 식당, 선생

78. 상관이 왕하면 예술적인 사업가, 학자, 선생, 교수, 학원, 화가, 변호사, 이발사, 흥행사, 문방구, 목공, 식당, 물장사, 점술가, 야당인. 상관이 많으면 야당인, 무허가 식당, 무허가 건축업, 고물상, 전당포, 점술가, 유치원 교사

79. 편재가 왕하면 투기업, 중개업, 증권업, 채권수집상, 상사업. 편재가 많으면 상사업, 채소 과일상, 개인 사업, 도박꾼

80. 정재가 왕하면 상사업, 공직, 회사원, 재무부산하 공무원, 은행원, 경리사업. 정재가 많으면 철따라 상사업, 시골장 따라 행상업

81. 편관이 왕하면 민원 업무자, 검사, 판사, 경찰관, 군인, 교도관, 무관직, 큰 회사의 감사관. 편관이 많으면 협객, 열사, 무관직, 관광지나 유원지 관리인, 국립공원, 도립공원 관리관

82. 정관이 왕하면 역술인, 직장인, 노동직, 행상, 외무원, 공직자, 보험 회사원, 기술계, 학계. 정관이 청수하면 정치, 법률. 관인상생(官印相生)이면 정치, 법률. 살인상생(殺印相生)이면 군사(軍事), 외과의사

83. 편인이 왕하면 비사교적인 사업가, 의사, 기사, 운명가, 상사업, 상업. 편인이 많으면 독자적인 업, 문학예술, 수산업, 양돈, 양어장, 출판사, 책 저자, 역술가, 특수 농작

84. 인수가 왕하면 상사업, 공직자, 교수, 사립학교 선생, 직장인, 사업. 인수가 많으면 학원 경영, 지점, 지사 경영

85. 상식토수(傷食吐秀)나 문창성을 띠면 문학, 서화, 조각. 상
    관상진(傷官傷盡)이나 유살유인(有殺有刃)이면 군인, 무사.
    상식생재(傷食生財)나 신재양정(身財兩停)이면 무역업

86. 비겁성군(比劫成群)이면 자유직업, 재관병미(財官並美)하면
    재정, 실업가. 신왕재경(身旺財輕)이면 공업가 재관이 유
    력하고 일주가 낭건(朗健)이면 자립위주 회합(會合)이 많
    으면 내향(內向)의 일이요, 형충이 많으면 외향(外向)의 일
    이 마땅하다.

87. 진술일생(辰戌日生)이 월지가 역마이면 운전기사나 차량 계통
    직업, 진술일생(辰戌日生)이 월지가 인수이면 인쇄업, 출판
    업. 진술일생(辰戌日生)이 월지가 편관이면 역술업, 출판업.
    여명 진술일생(辰戌日生)은 타자수, 컴퓨터 기능인이 많다.

88. 절(絶)은 교육가, 작가, 철학가, 종교인, 사색가, 연구가

89. 태(胎)는 산부인과, 소아과, 아동 보호소, 탁아소, 유치원,
    꽃집. 종묘재배, 농장, 교육사업

90. 양(養)은 양어장, 양로원, 탁아소, 사육장, 요양소, 양자 양
    성소, 각종 양육장

91. 장생(長生)은 학자, 발명가, 개척자, 특허자, 창조자, 사장,
    박사, 석사, 관리직, 기획, 설계, 입법, 중책 수임자, 운영
    담당자

92. 목욕(沐浴)은 유흥업, 극장, 주류업, 술집, 배우, 가수, 흥
    행업, 이발사, 미용사, 목욕업, 소방서원, 악사, 수영선수

93. 관대(冠帶)는 실업자, 관리, 고관, 사업가, 군인, 경찰, 판
    사, 검사, 학자, 종교인

94. 건록(建祿)은 공직자, 고급 공무원, 중견 간부, 지휘관, 봉급자, 높은 지위, 심복부하, 금융업, 무역업

95. 제왕(帝旺)은 군인, 의사, 법관, 재단사, 도살업자, 요리사, 이발사, 미용사, 정치가

96. 쇠(衰)는 교원, 연구가, 사색가, 발명가, 금융업, 고리 대금업자

97. 병(病)은 작가, 교원, 철학자, 참모급, 연구직종, 설계, 발명, 기술자, 기사

98. 사(死)는 학자, 종교인, 발명가, 문예인, 연구가, 설계자, 발명가, 기획 조정관, 효자, 효부

99. 묘(墓)는 종교인, 철학자, 점술인, 장의상, 전당포, 학자, 미술가, 창고업, 관리업, 회계사, 계리사, 은행원, 보관업

100. 정관은 문관, 행정이요, 편관은 무관, 법관이다. 인수는 내무요, 편인은 외무(外務)다.

101. 건록격은 행정직 계통, 관직, 공직, 분점, 대리점, 납품업, 독립적 사업

102. 양인격은 무관, 수사기관, 경찰, 기사, 운동선수, 체육인, 기술자, 고기장사, 도살업, 칼장수, 이발사, 재단사, 철공소, 미싱사, 전기 기술자, 증권업, 유흥업, 요식업. 양인가살격(羊刃架殺格)은 무관, 사법

103. 식신격은 교육, 학자, 문화, 미술, 기술업, 생산가공, 서비스업, 도매상, 식료품상, 은행, 주식, 농업, 육영, 흥행, 주선

104. 상관격은 선생, 교육계통, 흥행사, 예술가, 감상, 예능, 기술직, 수리업, 경쟁적 사업, 변호사, 대변인, 철학가, 골동품, 고물상, 군인

105. 편재격은 상업, 청부사업, 생산업, 의약업, 장사, 사업가, 금융 재정, 세무관리직, 무역, 건축업, 정치, 역술인, 투기

106. 정재격은 재정공무원, 경리, 은행원, 세무원, 공업, 회계사, 행상, 물품 관리, 창고 관리직, 건축 자재업, 운수업, 각종 도매업, 상업

107. 편관격은 군인, 경찰, 판사, 검사, 변호사, 검찰, 헌병, 정보부 무관, 깡패, 정치인, 청부사업, 건축업, 조선업, 수금업. 신약하면 기술

108. 정관격은 공무원, 군인, 경찰, 법조계, 회사원, 입찰업, 지배인, 목재상, 주단포목, 양품점, 잡화점, 위탁, 도매업. 신약하면 기술

109. 편인격은 의약업, 역술, 점술, 철학자, 배우, 교육자, 학자, 이발, 요리업, 여관업, 유흥업, 인기 사업, 평론가, 외무

110. 인수격은 교육, 언론, 문화 기획, 선생, 의학, 정치학, 국문학, 의사, 학원, 예술, 종교인, 저술가, 미술, 생산학, 피복, 수예, 내무

111. 상관격, 식신격은 기술자, 사업가요, 상식청격(傷食淸格)은 문학대가이니 임금도 섬기지 않는 그 뜻이 고상한 자이다. 사주가 청하고 왕하면 문학가요, 흐리면 기술자다. 상관격이 청하면 대인이요, 탁하면 소인이다. 재성이 없고 어그러지면 흐림이고, 재성이 있고 순수하면 맑다고 한다.

112. 종아격은 교육, 육영, 박사, 석사. 종재격은 실업, 상공, 세무, 금융. 종살격은 법관, 경찰, 공무원. 종강격은 교육, 학자, 언론, 정치. 곡직격은 서예, 그림, 예능, 기악. 윤하격은 문학, 비천록마격과 도충격은 검찰, 법관. 재관격(財官格)은 행정, 재정직 관인격(官印格)은 행정직, 문교, 정치.

113. 식상용식상격은 교육, 정치. 식상생재격은 음식업, 실업, 기술, 고물, 전당포. 식상용관격은 공무원. 식상제살격은 무관, 공무원. 식상용인격은 교육, 학술, 공무원. 인수용재격은 사업, 인수용관격은 공무, 명예직. 인수용인격은 교육, 언론, 문예, 문화

114. 인수용재격은 사업, 인수용관격은 공무, 명예직. 인수용인격은 교육, 언론, 문화, 문예. 연상관살격은 문관, 무관. 시상관살격은 문관, 무관. 정관격이 연에 인성이 있는 자는 문교, 재관이 왕하고 신약하면 행정

115. 비겁이 용신이면 의사, 율사, 회계사, 교사, 전도, 포교사, 운명 철학가, 자유직업. 상관이 용신이면 서화가, 조각, 음악, 배우. 재용신(財用神)이면 상무, 금융, 재정. 정재가 용신이면 상공업, 편재가 용신이면 월급장이, 금융계, 청부업, 중개업, 해외무역. 편관이 용신이면 무관, 군사, 외과의사, 청부, 건축, 조선, 중개업, 광산업, 직업 운동원, 각판(刻板). 정관이 용신이면 공직, 정치, 법률, 경찰 계통, 법관, 신문기자, 정탐. 편인이 용신이면 의사, 기술자, 철학가, 예술가. 인수가 용신이면 언론계, 문학, 문예,

교육, 학계, 설계, 비서, 생산직, 약제사, 서양의약

116. 목용신(木用神)이면 목재상, 가구, 화원, 문구, 피목, 농림업, 사회사업, 교육사업, 행정관. 화용신(火用神)이면 주유소, 연탄업, 연료, 주물공장, 플라스틱 제조 판매, 대민봉사직, 공업, 식당업, 통신, 전기, 전자, 언론, 방송, 교역, 문화, 교육관 토용신(土用神)이면 농업, 양곡, 축산, 토목사업, 도자기업, 부동산 매매업, 삼림, 식산, 종교. 금용신(金用神)이면 공업기사, 광업, 철물, 금속, 기계제조 판매, 금은방, 정비, 차량 운전, 빠이롯트, 군인, 경찰관, 법관. 수용신(水用神)이면 수산업, 운수업, 외근직, 술집, 유흥, 음식점, 외교, 의약, 정치, 상공관, 지방관

117. 관직에서 목(木)은 차관격, 화(火)는 크면 대사격, 작으면 영사급. 토(土)는 내무비서, 고관대작. 금(金)은 법조계. 수(水)는 지방장관, 구류술업

第7章. 질병론(疾病論)

1. 목(木)은 간장이요, 금(金)은 폐장이요, 수(水)는 신장이요, 화(火)는 심장이요, 토(土)는 비장이다. 질병은 어느 오행이 많거나 휴수쇠약(休囚衰弱)하면 병이 발생하는데 십중팔구는 극하게 되어 병원(病源)이 된다. 대운이나 연운에서 길운을 만나 오행이 조화를 잘 이루게 되면 건강하게 살 수 있으나 불운을 만나 오행의 조화가 파괴되면 질병이 발생한다.

2. 천간의 질병 소속은 갑(甲)은 쓸개, 머리, 얼굴, 을(乙)은 간, 이마, 목, 손발톱. 병(丙)은 소장, 눈, 어깨, 입술, 핏줄, 정(丁)은 심장, 눈, 가슴, 입술. 무(戊)는 갈비, 옆구리, 밥통, 비장, 위장, 기(己)는 배, 비위, 밥통, 창자. 경(庚)은 배꼽, 대장, 근골, 사지, 코. 신(辛)은 다리, 폐, 코, 근골, 사지, 임(壬)은 정강이, 신장, 혈액, 귀, 허벅지. 계(癸)는 발, 신장, 혈액에 해당한다.

3. 지지의 질병 소속은 자(子)는 방광, 요도, 음(陰), 귀, 어금

니. 축(丑)은 밥통, 지라, 배, 위장, 다리, 건망증, 인(寅)은 쓸개, 터럭, 손, 다리, 어깨, 목, 핏줄, 묘(卯)는 손, 손가락, 간, 혀,두통, 신경통, 진(辰)은 어깨, 가슴, 피부, 요통, 관절염, 사(巳)는 얼굴, 치아, 목구멍, 항문, 어깨, 심장, 발, 오(午)은 눈, 머리, 심장, 고혈압, 미(未)는 위장, 비장, 가슴, 어깨, 척추, 뺨, 허리, 신(申)은 대장, 경락, 폐, 기관지. 기침, 두통, 치질, 유(酉)는 정혈, 소장, 폐, 축농증, 기관지염, 술(戌)은 명문, 무릎, 발, 심장, 해(亥)는 머리, 신장, 방광, 자궁, 발에 해당한다.

4. 십간은 안색을 나타내는데 갑을목(甲乙木)은 청벽(靑碧), 병정화(丙丁火)는 적자(赤紫), 무기토(戊己土)는 황홍(黃紅), 경신금(庚辛金)은 백담(白淡), 임계수(壬癸水)는 흑록(黑綠)이다.

5. 일시 천간을 상하면 반드시 안면 혹은 머리 부분에 고장이 있다. 지지를 파손하면 신체의 어딘가에 결함이 있다. 갑병무경임(甲丙戊庚壬) 오양(五陽)은 부(腑)로 보고, 을정기신계(乙丁己辛癸) 오음(五陰)은 장(臟)으로 본다. 병정사오남(丙丁巳午南)은 상부병(上部病)이요, 임계해자북(壬癸亥子北)은 하부병(下部病)이요, 갑을인묘동(甲乙寅卯東)은 좌부병(左部病)이다. 경신신유서(庚辛申酉西)는 우부병(右部病)이요, 무기진술축미(戊己辰戌丑未)는 중부병(中部病)이다.

6. 목(木)이 많든지 없으면 간장, 담, 신경쇠약, 두통, 정신병, 우울증, 담석증 등이 발생하고, 화(火)가 많든지 없으면 심장, 소장, 눈, 각기병, 뇌일혈, 중풍, 관절염, 변비, 설사 등

이 발생하며, 토(土)가 많든지 없으면 위장, 비장, 피부병, 복부, 혀리의 질병이 발생한다. 금(金)이 많든지 없으면 폐, 대장, 기관지, 해수, 천식, 골절, 축농증, 피부 질환 등이 발생하고, 수(水)가 많든지 없으면 신장, 방광, 뇌일혈, 부인병, 혈액, 귓병, 근시 등의 병이 발생한다.

7. 갑목일간(甲木日干)은 지지가 정(靜)함을 희(喜)하고 만약에 형충이나 세운의 전투를 만나면 필연코 다병(多病)한다. 갑목(甲木)이 추생(秋生)이면 대운이나 소운에 미(未)자를 만나면 필히 병을 앓는다. 갑목(甲木)이 하생(夏生)이면 세운에 화토(火土)를 만나면 간경(肝經)의 병을 앓는다. 갑목(甲木)이 동생(冬生)하고 목(木)이 물에 뜨고 세운에 금수(金水)를 만나면 위폐(胃肺)에 병이 있다.

8. 갑을일생(甲乙日生)이 태강하거나 태약하면 간장병에 걸리고, 갑을일생(甲乙日生)이 금(金)이 많으면 신경통에 걸리며, 갑을일생(甲乙日生)에 금수(金水)가 냉하면 소변을 자주 보고 자주 마렵다. 갑을일생(甲乙日生)에 목(木)이 형충되면 목매어 죽고, 갑을일생(甲乙日生)에 수(水)가 많으면 수액이나 수재를 당한다.

9. 갑을일(甲乙日) 해자축월생(亥子丑月生)은 중풍, 술독, 체증, 코막힘이 있어 보고, 갑인(甲寅), 갑오(甲午), 갑술(甲戌), 을사(乙巳), 을미일생(乙未日生)이 인사오술월생(寅巳午戌月生)이면 기침, 천식에 걸린다.

10. 여명 갑을일생(甲乙日生)이 화(火)를 많이 만나면 천식이 있게 되고, 토금(土金)이 많으면 간장질환을 앓아보고, 갑을일

(甲乙日)이 약하고 목(木)이 형충되면 간암수술 받아 본다.

11. 여명 갑을일(甲乙日) 하월생(夏月生)은 편도선염 앓게 되고, 추월생(秋月生)은 편도선염, 두통, 골통이 빈번하며, 인묘진 사월생(寅卯辰巳月生)은 와사풍이 두렵다.

12. 목(木)이 태과하거나 불급하면 폐나 눈에 이상이 생기고, 목일주(木日主)가 수목(水木)이 많으면 야뇨증이 있고, 목일주(木日主)가 금(金)이 많으면 근골통, 황달, 산증, 얼굴과 수족을 상한다. 목일주(木日主)가 지나치게 건조하면 실명하기 쉽다.

13. 목일주(木日主)가 화국(火局)을 이루면 기관지, 천식, 목이 마르고, 목일주(木日主)가 미월생(未月生)이면 과음, 체증, 풍질을 앓기 쉽고, 목일주(木日主)가 금왕지(金旺地)로 향하면 신경통으로 고생하고, 목일주(木日主)가 삼형(三刑)을 범하면 옴, 문둥병에 걸리기 쉽다.

14. 갑술(甲戌), 을사(乙巳), 을유(乙酉), 을축일생(乙丑日生)이 추월생(秋月生)이 있고, 토금(土金) 또는 화왕(火旺)하면 눈에 이상이 있고, 을묘(乙卯), 을해일생(乙亥日生)이 수목(水木)이 많으면 기침, 천식에 걸려본다.

15. 병화(丙火)는 지극한 양(陽)으로 그 성격이 지강하다. 만약 추동(秋冬)에 생하여 신(身)이 패지(敗地)에 임하면 방광에 병이 있다. 병신(丙辛)은 음합(淫合)이다. 춘하(春夏)에 생하고 세운에 수회(水晦)를 만나면 병이 소장에 있다.

16. 정화(丁火)가 봄에 생하여 목(木)이 허하거나, 정화(丁火)가 겨울에 생하고 계경(癸庚)에 상곤(相困)하고 서방운(西方運)

을 만나면 간신(肝腎)에 병이 있다. 정화(丁火)가 가을에 생하고 토(土)가 박하며 기가 약한데, 만약 습목(濕木)을 만나면 담격(痰膈)에 병이 있다.

17. 병정일생(丙丁日生)이 신약하면 신경쇠약에 걸리고, 태약하면 간질병에 걸리기 쉽고, 화기(火氣)가 부족하면 심장병에 걸리고, 수(水)가 많으면 시력이 약해지며, 수(水)가 없으면 목과 입이 마르고 수면 부족과 소화불량증에 걸린다.

18. 여명 병정일생(丙丁日生)이 금수(金水)가 많거나 목화(木火)가 왕하면 심장병이 있게 되고, 병정일(丙丁日) 춘하월생(春夏月生)은 신경통, 신경질, 현기증이 있게 되며, 병정일생(丙丁日生)이 해자축월(亥子丑月)에 나거나 수(水)가 많으면 현기증이 있고, 병정일생(丙丁日生)이 추동월(秋冬月)에 나거나 수(水)가 많으면 시력이 나빠진다.

19. 화일주(火日主)가 태과하거나 불급하면 심장병, 화토(火土)가 많으면 치질, 임질이 있게 된다. 화(火)가 천간에 많으면 연주창, 지지에 많으면 부스럼이 생기고, 화일주(火日主)가 중화가 안되면 고혈압이 있게 된다.

20. 화(火)가 왕하여 약한 금(金)을 극하면 문둔병에 걸리기 쉽다. 화일주(火日主)가 수운(水運)을 만나면 이질, 설사, 눈병에 걸리고 화일주(火日主)가 약한데 수(水)의 극을 받으면 실명하거나 정신이상에 걸린다.

21. 화일주(火日主)의 지지 토(土)가 형(刑)된 자는 나팔관에 임신하고, 염상격(炎上格) 사주가 수(水)에 극을 받으면 야뇨증이 걸린다.

22. 병일주(丙日主)가 신자진합국(申子辰合局)하고 수(水)가 왕
    하면 소장병, 귀먹는다. 병일주(丙日主)가 신자진합국(申子
    辰合局)하고 토(土)가 있으면 위장병을 앓아 본다.

23. 병인(丙寅), 병오(丙午), 정사(丁巳), 정묘(丁卯), 정미일생
    (丁未日生)이 인묘사오미월생(寅卯巳午未月生)이면 수화상
    (水火傷)을 입거나 염병 앓아 본다.

24. 정사(丁巳), 정유(丁酉), 정축일생(丁丑日生)이 금수(金水)
    가 많으면 시력이상, 맹인 된다. 정일주(丁日主)가 목국(木
    局)을 이루고 삼합목운(三合木運)을 만나면 중풍, 열병, 벙
    어리가 되기 쉽다.

25. 무기일생(戊己日生)이 신약한데 형충을 만나면 위장수술을
    하게 되고, 무기일생(戊己日生)이 신약한데 금수목(金水木)
    이 많으면 비위가 약해진다. 무기일생(戊己日生)이 수(水)가
    왕하여 토(土)가 흘러내리면 수액이 있다.

26. 무기일생(戊己日生)이 신약하면 변비, 설사, 당뇨병 등에 걸
    리고, 무기일생(戊己日生)이 건조하면 피부병에 걸리니 두드
    러기, 알레르기, 식중독이 생긴다.

27. 여명 무기일생(戊己日生)이 수목(水木)이 많으면 비위가 약
    하다. 무기일(戊己日)이 약하고 토(土)가 형충되면 위암을
    주의하라. 무기일생(戊己日生)이 지지에 토(土)가 형(刑)되
    면 축농증에 걸리고, 무기일(戊己日)에 춘동월생(春冬月生)
    은 월경불순, 냉증 있다.

28. 기해일생(己亥日生)이 신약하면 비명횡사가 두렵고, 기해(己
    亥), 기묘(己卯), 기유일생(己酉日生)이 약하면 신이 들렸다

는 말을 듣는다.

29. 무토일간(戊土日干)은 정(靜)과 윤(潤)을 기뻐한다. 생재(生財)하면 체반(體胖)하고 화(火)가 많으면 병이 된다. 살왕(殺旺)하여 천간에 투출하면 십중팔구는 병에 걸리고 화염(火炎)하고 토조(土燥)하면 천연두 병이 두렵다. 무토(戊土)의 병은 간비(肝脾)에 많으며 습온(濕溫)의 병은 봄에 생긴다.

30. 기토(己土)는 조(燥)함을 기뻐하나 화다(火多)는 무방하다. 습토(濕土)의 병은 심장에 있다. 가을에 생하여 금왕(金旺)하면 기허(氣虛)하고 비(脾)가 한(寒)하다. 병은 앓으나 위험하지는 않으며, 오중삼(五中三)은 약간의 병은 앓는다. 기토(己土)가 봄에 생하면 토기(土氣)가 박약하니 목(木)이 많고, 살(殺)이 왕하면 폐병을 물리치기 어렵다.

31. 토일주(土日主)가 금왕(金旺)하면 얼굴에 흉터가 생기고 부스럼이 나며, 왕토(旺土)가 수(水)를 극하면 복통, 냉증이 있고, 토일주(土日主)가 과습하면 피부병이 생기고, 토일주(土日主)가 지지 화국(火局)이 형충되면 눈이 어둡거나 대머리가 된다.

32. 진술축미(辰戌丑未)가 형충되면 위장수술을 받게 되고, 토일주(土日主)가 동월생(冬月生)이고 수목(水木)이 많으면 요통, 척추, 눈 이상이 있고, 토일주(土日主)가 해월생(亥月生)이고 수목(水木)이 결국되면 맹인, 절름발이가 되고, 토일주(土日主)가 목왕지(木旺地)로 향하면 비장, 위장병이 있다.

33. 무일주(戊日主)가 인사신(寅巳申)이 다 있으면 절름발이가
    되고, 무일주(戊日主)가 신임(辛壬)이 투간하고 수목(水木)
    이 있으면 다리를 전다.

34. 무오일주(戊午日柱)가 연월에 진유(辰酉)가 있으면 다리를
    절고, 무자일생(戊子日生)이 인사신(寅巳申)이 다 있으면 염
    병을 앓거나 수액, 화상을 입고, 무인일생(戊寅日生)이 인
    (寅)이 많으면 염병, 수액, 화상, 음독을 하게 되며, 무신
    (戊申), 무자(戊子), 무진일생(戊辰日生)이 수목(水木)이 많
    으면 맹인이 되고, 기묘(己卯), 기해일생(己亥日生)이 인묘
    월생(寅卯月生)이면 어려서 시력이 나쁘다.

35. 경신일생(庚辛日生)이 신약하면 폐병, 기침병에 걸리고, 경
    신일생(庚辛日生)이 화(火)가 왕하면 기침, 천식, 혈질(血
    疾), 치질, 변비, 눈앓이 등에 걸리고, 경신일생(庚辛日生)
    이 금목(金木)이 상극하는 사주는 골절을 당하게 된다.

36. 경신일(庚辛日)이 동월생(冬月生)이면 중풍, 주독, 체증, 동
    상, 수액 등이 있고, 경인(庚寅), 경오(庚午), 경술(庚戌),
    신묘(辛卯), 신사(辛巳), 신미일생(辛未日生)이 춘하월(春夏
    月)에 태어나면 치질이나 맹장염에 걸린다.

37. 여명 경신일(庚辛日)에 춘하월생(春夏月生)은 기관지병, 생
    리통, 코피가 나고, 인묘사오미월생(寅卯巳午未月生)은 월경
    불순, 건조하다. 경신일(庚辛日)에 춘동월생(春冬月生)은 대
    하증, 월경불순이 있고, 경신일생(庚辛日生)이 목화(木火)가
    왕하면 국(局)을 이룬 자는 고혈압과 치질, 맹장에 주의해야
    한다. 경일생(庚日生)이 신약한데 지지에 형(刑)이 되면 맹

장수술을 받아본다.

38. 신일생(辛日生)이 신약한데 지지에 형(刑)이 되면 폐병을 주의해야 하고, 신일(辛日)에 인묘하월생(寅卯夏月生)은 신경쇠약, 사지근골 통증이 있다.

39. 경금(庚金)의 병은 대장에 많다. 여름의 불꽃이 염염하고 경금(庚金)의 극을 받는데 만약 수(水)의 구제가 없으면 폐병으로 요절한다. 경금(庚金)은 굳세지만 지충(支沖)을 꺼린다. 가을에 생하여 충(沖)을 만나면 불량하고 오행의 구제가 없으면 육근(六根)이 상해한다. 경금(庚金)이 동(冬)에 생하고 상관이 승권(乘權)하며 남방운을 행하면 눈병이 간에 있다.

40. 신금(辛金)이 하화(夏火)와 상극하면 혈분(血分)에 병이 있고, 가을에 신금(辛金)이 겁재가 왕하고 무토(戊土)가 투출하여 신강하고 계운(癸運)을 만나면 두 눈을 잃게 된다. 신금(辛金)이 겨울에 생하면 화(火)를 기뻐하고, 토(土)가 습하면 비(脾)가 한랭한다. 신병(辛丙)이 상합(相合)하면 단비가 촉촉이 내리는 것과 같다. 요컨데 정계(丁癸)를 보면 병과 재앙이 많으니 신금(辛金)의 병은 소장에 있다.

41. 금일주(金日主)가 중화가 안되면 고혈압이 있게 되고, 금일주(金日主)가 화토(火土)가 왕하면 폐병, 혈질이 있고, 수토(水土)가 많으면 코막힘, 월경불순이 있고, 금수(金水)가 많으면 냉병, 빈뇨가 있다.

42. 경일주(庚日主)가 화국(火局)을 이루면 맹장, 대장, 치질, 장질부사, 종기, 월경불순이 있고, 금일주(金日主)가 화왕지

(火旺地)로 향하면 혈질(血疾)이 있다.

43. 금일주(金日主)가 추월생(秋月生)이면 자궁병, 대하증, 월경 불순, 야뇨증이 있고, 신일주(辛日主)가 인묘사오미월생(寅 卯巳午未月生)이면 신경쇠약이 있다.

44. 임계일주(壬癸日主)가 태왕한데 사주 중에 정사(丁巳)를 만 나면 시력이 약해지고, 임계일생(壬癸日生)이 지지에 화국 (火局)을 놓으면 당달 봉사, 야맹증, 기관지염 등을 앓게 되 고, 임계일주(壬癸日主)가 약하면 치질, 임질, 당뇨병에 걸 리고, 임계일생(壬癸日生)이 화토(火土)가 많으면 치질, 임 질, 코맹맹이에 걸린다.

45. 임계일생(壬癸日生)이 춘동월(春冬月)에 태어나고 사주에 화 (火)가 없으면 풍질, 기침, 귀머거리가 되고, 계축(癸丑), 계사(癸巳), 계미일생(癸未日生)이 갑인시(甲寅時)에 출생하 면 노상 횡사, 교통사고, 부상 등을 당한다.

46. 여명 임계일생(壬癸日生)이 화토(火土)가 왕하면 신장이나 자궁에 병이 있고, 화토국(火土局)이 있으면 치질, 임질, 당 뇨병이 있으며 임인(壬寅), 임오(壬午), 임술일생(壬戌日生) 이 화토(火土)가 왕하면 기관지 계통의 병에 걸린다.

47. 여명 임계일(壬癸日)에 진술축미월생(辰戌丑未月生)은 월경 불순과 코막힘이 있다. 춘추동월생(春秋冬月生)은 월경불순, 대하증이 있다. 임계일(壬癸日)에 춘동월생(春冬月生)이 사 주에 진사(辰巳)가 있으면 와사풍에 걸리고, 임일생(壬日生) 이 신약한데 형(刑)이나 도화살을 만나면 방광염을 앓아 본 다.

48. 임수(壬水)가 기토(己土)와 상혼(相混)하면 담습(痰濕)의 병이 두렵다. 춘생(春生)이고 기약(氣弱)하며 화토(火土)가 상곤(相困)하여 사, 절운을 만나면 심신(心腎)에 병이 있다. 하생(夏生)이고 종재(從財)하면 심장이 비록 약하지만 병이라고는 할 수 없다. 추생(秋生)이면 몸이 뚱뚱하고 온습(溫濕)의 병이 두렵고, 동생(冬生)이면 기한(氣寒)하여 화(火)의 단련을 기뻐한다. 정임화목(丁壬化木)하면 춘진(春眞)에 종화(從化)한다. 추생(秋生)이고 무(戊)를 보면 심신(心腎)에 병이 있다.

49. 계수(癸水)는 지음(至陰)이다. 하지(夏至)에는 기약(氣弱)하니 만약 무기(戊己)가 보이면 피를 토하는 병을 앓는다. 춘추(春秋) 두 계절에 목다(木多)하면 기가 허하고 화다(火多)하면 신장이 허하다. 종화(從化)가 부진(不眞)하면 신경에 병이 있고, 추생(秋生)이고 목(木)이 결여되면 소신(小神)에 일을 맡긴다. 지음(至陰)의 계수(癸水)는 평생에 병이 적으나 부명(婦命)이 화조(火燥)하면 혈분(血分)에 병이 있다.

50. 수일주(水日主)가 태왕하면 냉병, 야뇨증, 월경흑색이 있고, 극약하면 당뇨, 변비, 설사가 있고, 수목(水木)이 많으면 야뇨증이 있다. 임인(壬寅), 임자(壬子), 임신일생(壬申日生)이 수목(水木)이 많으면 해수 천식이 있고, 계일주(癸日主)가 화토(火土)가 조열하면 야맹증이 있으며, 수일주(水日主)가 사묘지(死墓地)에 놓이고 수상(受傷)되면 벙어리가 된다.

51. 목(木)이 금(金)에 상하면 외상, 수족에 흠이 있게 되고, 목(木)이 형상(刑傷)되면 옴, 문둥병이 있고, 약한 화일주(火

日主)가 왕한 수살(水殺)과 합되면 얼굴에 흠이 있고, 토(土)가 귀살(鬼殺)에 놓이면 천치, 바보, 광증이 있으며, 토(土)가 수상(受傷)되면 비장, 위장이 상하고, 토일주(土日主)가 무기하고 일시에 상관이 있으며 얼굴에 흠이 있고, 토일주(土日主)가 을묘(乙卯)나 을해(乙亥)를 보면 얼굴에 흠이 있다. 금(金)이 형상(刑傷)되면 거북등이 되고, 금(金)이 병정(丙丁)을 보면 코피를 잘 흘리고, 금수(金水)가 한냉하면 동상에 잘 걸린다.

52. 사주에 도화살이 형충되거나 목욕살이 형충되면 화류계 병에 걸리기 쉬우니 임질. 매독, 에이즈를 주의하라. 단교관살이 있는 자는 다리질환에 걸리게 되고, 인오축일(寅午丑日)이 형충을 만나면 화재, 화상을 당해 보며, 식신이 형충되거나 재성이 형충되면 기생충이 많이 있다.

53. 여명이 식신, 상관에 형충을 만나면 자궁암, 유방암이 염려되고, 자궁수술 받아보거나 처녀 시절 발육할 때 유방이 작아진다. 식신, 상관이 태왕하여 신약한 자는 애가 낳고 병을 얻으며, 식신, 상관이 태왕한데 형충을 만나면 나팔관에 임신한다. 식신과 관성이 함께 합신(合身)하고 형충을 만나면 부정으로 잉태하여 유산하다가 병을 얻어 위험하다.

54. 일시가 형충되면 수술을 하거나 몸에 흉터가 있고, 일시에 양인살이 있으면 얼굴에 흠이 있고, 일시가 모두 상관이면 머리를 다친다. 양인살과 현침살이 같이 있으면 흉터가 있으며, 연월에 양인이 있으면 우측에 흉이 있고, 일시에 있으면 좌측에 흉터가 있다.

55. 식신이 양인과 겹치든지 식신이 편관과 겹치면 평소에 신병이 있고, 상관격이 편관이 있으면 숙질이 있고, 상관격에 겹재가 있고 재성이 없으면 어려서 뇌막염을 앓아 본다.

56. 도화살이 형충되거나 곤랑도화를 놓으면 방광염, 신장염, 화류병, 치질을 앓아 보며, 급각살이나 단교관살이 있는 자는 낙상, 골절, 수족이상이 있다.

57. 일주가 약하면 정력이 약하고, 춘월자시생(春月子時生), 추월미시생(秋月未時生), 동월해시생(冬月亥時生), 일주가 쇠몰된 자, 화기(火氣)가 심약한 자, 신일주(申日主)가 겁살에 임한 자는 양기가 부족하다.

58. 출생년별로 질병을 논하면 자년생(子年生)은 생식기, 방광염, 귀병, 산기가 있게 되고, 축년생(丑年生)은 위병, 비병, 다리병이 있게 되고, 인년생(寅年生)은 다리, 담, 관절염, 정맥, 신경통이 있게 되고, 묘년생(卯年生)은 안질, 손, 간장, 안면, 신경쇠약이 있게 되고, 진년생(辰年生)은 배, 위병, 소화기병, 피부병이 있게 되고, 사년생(巳年生)은 치통, 인후병, 감기가 있게 되고, 오년생(午年生)은 심장, 시력, 눈병이 있게 되고, 미년생(未年生)은 위장, 비장, 소화, 건망증, 입술병이 있게 되고, 신년생(申年生)은 호흡기병, 폐병, 대장에 이상이 있게 되고, 유년생(酉年生)은 폐, 하혈, 토혈, 뇌일혈, 소장, 팔에 이상이 있고, 술년생(戌年生)은 자궁, 치질, 하전신, 다리에 이상이 생기고, 해년생(亥年生)은 변비, 신장, 두통이 있게 된다.

59. 출생월별로 질병을 논하면 인월생(寅月生)은 쓸개, 손, 관절염, 만성 신경근맥병 묘월생(卯月生)은 간장병, 안면신경 근맥병, 불면증, 신경쇠약, 손가락 진월생(辰月生)은 소화기 계통, 척수병, 얼굴, 피부병, 치아 사월생(巳月生)은 인후병, 구강병, 치통, 감기 오월생(午月生)은 심장쇠약, 시각장애, 눈병 미월생(未月生)은 비장병, 소화기병, 건망증, 권태증 신월생(申月生)은 폐병, 대장병, 호흡기 유월생(酉月生)은 하혈, 토혈, 폐, 뇌일혈, 소장병 술월생(戌月生)은 자궁병, 치질, 각퇴부, 명문 해월생(亥月生)은 배설기관병, 신장염, 요도염, 두통 자월생(子月生)은 생식기관병, 방광, 요도병, 청각장애 축(丑月生)은 흉부병, 늑막염, 위장, 비장, 각부병, 근맥병이 있다.

60. 출생일별로 질병을 논하면 자일생(子日生)은 복통, 요통, 아랫배가 붓고 신경통이 있다. 부종, 신장, 방광, 자궁병이 발생한다. 축일생(丑日生)은 위장병, 위궤양, 위암, 복통, 팔다리 질환이 발생한다. 인일생(寅日生)은 견비통, 요통, 무릎, 팔다리, 관절, 얼굴, 혈압, 비염, 동맥경화 등이 발생한다. 묘일생(卯日生)은 손발이 저리고 시림, 관절염, 중풍, 뇌신경 질환, 가려움증이 발생한다. 진일생(辰日生)은 등뼈가 아픔, 피부질환, 관절염, 위장병, 당뇨병, 심장병 등이 있다. 사일생(巳日生)은 눈병, 혈관병, 고혈압, 얼굴색이 창백, 여드름, 얼굴악창, 코병, 갑상선 등이 발생한다. 오일생(午日生)은 심장병, 잘 놀람, 혈압, 복통, 혈관병, 뇌 신경쇠약, 팔다리 저림, 호르몬 부족 등이 있다. 미일생(未日生)

은 비장, 흉부, 당뇨, 위장, 치통, 골절통, 팔다리 이상 등이 있다. 신일생(申日生)은 기침, 가래, 천식, 요통, 관절염, 대장, 폐암, 치질, 신경통, 골통, 치아 이상 등이 발생한다. 유일생(酉日生)은 간장, 폐장, 기침, 토혈, 골절통, 치통, 축농증, 치질, 차 사고로 인한 흉액 등이 발생한다. 술일생(戌日生)은 등과 어깨가 결림, 견비통, 치질, 위장병, 위암, 비장, 췌장, 당뇨, 자궁병, 산후증 등이 발생한다. 해일생(亥日生)은 신장, 방광, 생리불순, 요도염, 소변빈다, 신결석증, 호르몬 과다, 백혈병 등이 발생한다.

61. 질병의 경중을 논하겠다. 병신(病神)이 유력(有力)하면 중병이요, 병신이 무력하면 경병이다. 기병(起病)의 연,월,일이 병신을 생조(生助)하면 중병이요, 기병의 연,월,일이 병신을 극설하면 경병이다. 일간이 약하고 허증(虛症)이면 낫는 시기사 비교적 더디고, 일간이 강하고 실증(實症)이면 낫는 시기가 비교적 빠르다. 일종(一種)의 병신이 일종의 병이 되고, 양종(兩種)의 병신이 양종의 병이 된다.

62. 진술축미(辰戌丑未) 대운에서는 문둥병, 정신병, 마비질환이 발생할 우려가 있고, 자오묘유운(子午卯酉運)에서는 내과병이 발생하며, 인신사해운(寅申巳亥運)에서는 외과 질환인 수술 및 물리치료 질환이 발생하며, 관운(官運)에서는 전염성 질환이 생기기 쉽다.

63. 오행(五行)의 허실(虛實)로 질병을 논하겠다.
갑인목(甲寅木)이 실(實)하면 담석증, 담낭염, 좌골 신경통, 관절염, 빈혈, 후두통, 늑간 신경통, 발목을 잘 삐고, 허

(虛)하면 담낭, 담석, 신경통, 관절염, 편두통, 황달, 현기증, 눈동자가 노랗다. 을묘목(乙卯木)이 실하면 전두통, 간염, 간경화, 근육통, 신경 과민, 불면증, 기미, 위산과다, 동맥경화, 죽은깨, 눈충혈, 얼굴색 푸름, 입와사증, 경기, 반신불수, 알코올 중독, 허하면 정신질환, 간질, 근육경련, 요통, 전신 반신불수, 전신 무력증, 생리불순, 백내장, 색맹, 야맹, 안질병, 빈혈, 뇌혈전   병오화(丙午火)가 실하면 인후, 편도선염, 관절, 근육, 류머티즘, 신경쇠약, 생리불순, 생리통, 소화불량, 소장, 부종   허하면 생리불순, 생리통, 인후, 편도선, 어깨 결림, 목덜미가 뻐끈한 증세   정사화(丁巳火)가 실하면 호흡기 곤란, 동맥경화, 고혈압, 저혈압, 협심증, 심장판막증, 변비, 설사, 갈증이 심함, 몸에 열이 많다. 허하면 야뇨증, 오줌소태, 저혈압, 동상, 난시, 난청, 귀울림, 몽정, 유정, 잘 놀라거나 경기, 요통, 하지 무력증, 가슴이 뛰고 두근거림, 소변빈다, 어혈, 자궁냉증, 백회통   무진술토(戊辰戌土)가 실하면 위하수, 위궤양, 위무력증, 위확장, 급체, 위암, 변비, 치통, 잇몸 치주질환 허하면 소화불량, 위경련, 위염, 복통, 변비, 피부가 거칠다. 곽란, 포식   기축미토(己丑未土)가 실하면 관절염, 췌장염, 피부병, 위경련, 맹장염, 배가 차갑다. 잠이 많다. 많이 먹는다. 화농성 질환 허하면 위산과다, 식욕부진, 변비, 설사, 경기, 신경질환, 불면증, 살이 찌거나 잘 빠진다. 경신금(庚申金)이 실하면 치통, 무릎 관절염, 불면증, 전두통, 신경과민, 감기, 코막힘, 견갑통, 변비, 장염, 피로증   허하면 혈변,

하혈, 이질, 설사, 치질, 복부 무력감 신유금(辛酉金)이 실하면 기관지염, 천식, 인후, 비염, 축농증, 요통 허하면 편두통, 인후, 신경과민, 갑상선질환, 폐결핵, 피부병, 연주창, 얼굴색 창백, 체증, 의욕감퇴   임자수(壬子水)가 실하면 임질, 매독, 디스크, 관절염, 좌골신경통, 요도염, 방광염, 안구충혈, 심통, 소변불통, 요척통, 화농성 질환 허하면 생식기 질환, 냉대하증, 고환염, 치질, 야뇨증, 자궁내막염, 요척통, 오줌소태   계해수(癸亥水)가 실하면 자궁냉증, 대하증, 하혈, 고환염, 귀울림, 딸꾹질, 신결석, 신장염, 신결핵, 오줌소태, 불임증 허하면 요통, 두통, 신경통, 골막염, 골수염, 치통, 반신, 전신불수, 정력감퇴, 생리불순, 생리통이 있게 된다.

제 3 편 · 격 국 용 신 론

第1章 간명비법(看命秘法)

1. 정신기(精神氣)

정(精)이란 일간(日干)인 나를 생(生)하는 육신(六神)인 인성(印星)을 말하고, 신(神)이란 일간(日干)인 나를 극(剋)하는 육신(六神)인 관살(官殺)을 말하고, 기(氣)란 일간(日干)인 나와 동기(同氣)인 비겁(比劫)을 말한다. 정(精)이 왕(旺)하면 기(氣)가 강(强)하게 되고, 신(神)이 왕하면 기(氣)가 약(弱)하게 되며, 기(氣)가 왕(旺)하면 정(精)과 신(神)이 모두 약하게 되니 이 정신기(精神氣) 삼자(三者)가 모두 건왕(健旺)해야 사주팔자가 중화(中和)가 되어 부귀영화를 누릴 수 있게 된다.

2. 한신(閑神)

한신(閑神)이란 희신(喜神)의 작용도 기신(忌神)의 작용도 아니하며, 놓인 자리와 거동에 의하여 격국(格局)의 청탁(淸濁)이 가

려지고 길흉작용을 하게 된다. 한신(閑神)이란 용신(用神), 희신(喜神), 기신(忌神) 이외의 육신(六神)을 말하며, 용신(用神)이란 사주팔자에 매인 간지(干支) 가운데 가장 중요한 역할을 담당하게 되는 오행(五行)이며 육신(六神)이다. 희신(喜神)이란 용신(用神)을 상생(相生)하는 육신(六神)을 말하고, 기신(忌神)이란 용신(用神)을 파극(破剋)하는 육신(六神)을 말한다.

한신의 작용은 기신운(忌神運)을 만나면 그 기신(忌神)을 충거(沖去)하여 무사하게 하고, 때로는 기신(忌神)을 합(合)하여 희신(喜神)으로 변화시키는 길한 작용을 할 뿐만 아니라 기신(忌神)을 돕게 되는 수도 있고, 합(合)하여 기신(忌神)으로 변화시키는 흉한 작용을 할 때가 있다. 특히 한신(閑神)이 중요할 때가 있는데 그것은 대운(大運)이나 세운(歲運)이 용신(用神)을 파극(破剋)하고, 희신(喜神)이 용신(用神)을 보호하지 못할 때 대운이나 새운을 억제(抑制)하거나 합(合)하여서 희신(喜神)으로 변화시키거나 무해무덕으로 만들 때다. 한신은 모름지기 체(體)와 용(用)을 상하게 하지 말아야 하고, 희신을 해(害)하지 말아야 하며 타신(他神)과의 형충(刑沖)도 되지 않아야 한다.

3. 청탁(淸濁)

사주 오행(五行)이 상하 좌우로 전극(戰剋)없이 순환 상생이 되고 중화(中和)되어 정신기(精神氣)가 잘 배합되어 맑으면 청(淸)이라 하고, 반대로 사주 오행의 구성이 상하좌우로 형충극상(刑沖剋傷)되어 정신기(精神氣)가 부족하고 한쪽으로 기울어진 것을 탁(濁)이라고 한다. 사주의 청탁(清濁)은 육신(六神), 상호간의 생극(生剋)과 그 위치에 의하여 정해진다. 성격(成格)하여 파격(破格)이 안되면 청(清)한 것이며, 용신(用神)을 돕는 희신(喜神)은 용신 가까이 있고 기신(忌神)이 없거나 있어도 용신과 멀리 떨어져 있어 장애가 안되면 용신이 청(清)한 것이다.

파격(破格)이 되면 탁(濁)한 것이며, 용신을 기신(忌神)이 가까이서 극상(剋傷)하거나 병(病)이 있는데 약(藥)이 없으면 용신이 탁(濁)한 것이다. 청탁(清濁)에 따라 안녕과 풍상, 건강과 질병, 빈부와 귀천, 행복과 불행, 장수와 단명이 있게 된다.

4. 진가(眞假)

진가(眞假)란 진신(眞神)과 가신(假神)을 말하며, 진신(眞神)이란 월령(月令)에 득기(得氣)한 오행(五行)을 말하는데 사주의 오행 배합상 일주를 가장 필요하게 돕는 육신(六神)으로 용신(用神)을 삼는 것을 말한다. 가신(假神)이란 실령퇴기(失令退氣)한 오행(五行)을 말하는데 진신(眞神)이 없으므로 사주의 중화(中和)상 부득이 용신(用神)으로 삼는 육신(六神)을 말한다.

진신(眞神)이 용신(用神)이면 득령(得令)하고 생왕지(生旺地)를 얻어야 대부대귀(大富大貴)하고, 실세(失勢)하고 사절지(死絶地)에 놓이면 소부소귀(小富小貴)할 뿐이며 비록 가신(假神)이더라도 득세(得勢)하고, 생왕지(生旺地)를 얻으면 소부소귀는 하게 된다. 진신(眞神)이나 가신(假神)이 손상되거나 부족하면 매사에 막힘이 많고 행복한 생활이 적으며 일생이 빈천하다.

5. 기반(羈絆)

용신(用神)이 되는 음간(陰干)이 간합(干合)을 만나면 기반(羈絆)인데 기반된 음간(陰干)은 취용(取用)하지 못한다. 양간(陽干)은 그 본연의 오행(五行)을 상실하지 않으므로 기반이 되지 않으나 음간(陰干)은 그 본래의 사명 임무를 망각하므로 희신(喜神) 용신(用神)이 기반이 되면 한 평생 큰 일 한번 못해보고 무위도식으로 허송세월을 보내고, 기신(忌神)이 기반되면 길하나 운(運)에서 충(沖)하면 기반이 풀리므로 흉하게 된다.

그러나 혹자는 음양간(陰陽干)을 막론하고 다 해당되며 지지(地支)도 육합(六合)을 이루면 기반작용을 한다고 한다. 간합(干合)이 희신(喜神)으로 화하면 명리(名利)가 여의하고, 기신(忌神)으로 화하면 재해(災害)가 그치지 아니한다. 용희신(用喜神)이 기반되더라도 일주 또는 타육신(他六神)이 용신(用神) 또는 간합(干合)된 타육신을 충(沖)하면 용희신이 망각했던 본래의 사명을 다시 찾아 일주를 위해 힘쓰게 된다.

6. 유정무정(有情無情)

용신(用神)이 일간(日干)과 가까이 있으면 유정(有情)이라 하고 용신(用神)이 일간(日干)과 멀리 떨어져 있으면 무정(無情)이라고 한다. 사주가 유정(有情)하면 정신이 맑고 수복(壽福)이 많고, 무정(無情)하면 평범한 인생이 되어 모든 일에 굴곡이 있게 된다. 사주는 모름지기 희신(喜神)이 가까이 있어 유정(有情)해야 되고 기신(忌神)은 멀리 떨어져 무정(無情)해야

한다. 희신이 멀리 떨어져 무정하고 기신이 가까이 있어 유정하면 만사가 더디고 이루어지기 어렵다. 기신이나 한신(閑神)이 타(他)와 합(合)해서 성립된 오행(五行)이 용신(用神) 또는 희신(喜神)이 되면 유정하고, 용신, 희신, 한신 등이 타(他)와 간합(干合)해서 이루어진 오행(五行)이 기신(忌神)으로 변하면 무정한 사주가 된다.

7. 천복지재(天覆地載)

천간(天干)은 덮어서 보호해 주고 지지(地支)로 뿌리가 박혀 있음을 뜻하며 길신(吉神)은 천복지재됨을 희(喜)하나 흉신(凶神)은 천복지재됨을 기(忌)한다. 동주(同柱)의 천간(天干)과 지지(地支)가 서로 상생(相生)하면 용신(用神)이 강력해지며 사주가 맑아지는 것이다. 지지의 희신(喜神)을 천간이 생부(生扶) 해주거나 지지의 기신(忌神)을 천간이 극제(剋制)해주면 이를 천복(天覆)이라 하고, 천간의 희신(喜神)을 지지가 생부(生扶)해주거나 기신(忌神)을 지지가 제거해 주면 이를 지재(地載)라고 한다. 모름지기 사주가 천복지재를 이루면 길명(吉命)이라 한다.

8. 길신태로(吉神太露)

용신(用神)과 희신(喜神) 등의 길신(吉神)이 천간(天干)에 있으면 쟁탈당하기 쉬우므로 지지(地支)에 심장(深藏)되어 있는 것이 좋다. 일반적으로 재성(財星)은 천간에 있는 것보다 지지에 있어야 사주가 길해진다고 하는데 모든 길신(吉神)이 지장간(支藏干)에 심장(深藏)되어 있어야 좋다는 뜻이다. 기신(忌神)이 극상(剋傷)되면 유익하므로 될 수 있으면 기신(忌神)은 천간에 노출되어 있는 것이 좋고 지지에 심장되어 있으면 사주가 흉해진다. 대부귀한 사주를 보면 얼핏 보기에는 길한데가 없는 것 같은데 길하여 지는 것을 보면 길신(吉神)을 심장(深藏)하고 있는 까닭이다. 길신(吉神)이 노출되어 있어도 통근득령(通根得令)하면 무해(無害)하고 또 흉신(凶神)이 심장(深藏)되어 있어도 실시휴수(失時休囚)되어 있으면 역시 무해(無害)한 것이다.

9. 조후(調候)

천지간의 만물은 음양(陰陽)의 조화(造化)에 의하여 이루어졌다. 건조한 사막이나 한냉한 빙원과 만년설이 쌓인 고산에는 생물이 존재하기 힘든다. 이와 같은 자연계의 원리가 사주에도 적용된다. 추우면 따뜻하게 해주고 습하면 건조시켜 주고, 무더우면 서늘하게 해주어야 한다. 이것이 한난조습(寒暖燥濕)의 오행(五行)상의 조화이다.

경신금(庚辛金)과 임계수(壬癸水)는 한(寒)하고 갑을목(甲乙木)과 병정화(丙丁火)는 난(暖)하며 무기토(戊己土)는 한난(寒暖)의 중간이고, 신유금(辛酉金)과 해자수(亥子水)는 습(濕)하고, 인묘목(寅卯木)과 사오화(巳午火)는 조(燥)하다. 술미토(戌未土)는 조(燥)하고 진축토(辰丑土)는 습(濕)하다. 계절로는 추동절(秋冬節)은 한습(寒濕)하고, 춘하절(春夏節)은 난조(暖燥)하다. 사주 전체를 살피되 지나치게 한습하면 난조함이 필요하고, 지나치게 난조하면 한습한 기가 필요하다. 조후(調候)가 잘 된 사주는 길하고, 조후(調候)가 안 된 사주는 불길하여 복택(福澤)이 부족하다.

10. 통관(通關)

사주 중에 서로 극(剋)하는 왕성한 두 오행(五行)의 양대 세력이 대립되고 있어 어느 것이나 억제하기 곤란할 때 이를 서로 유통되게 연결시켜 주는 육신(六神)으로 용신(用神)을 삼는 경우가 있는데 이것을 통관지신(通關之神)이라고 한다. 재성(財星)과 인성(印星)이 대립하면 관성(官星)으로 통관(通關)시키고, 비겁(比劫)과 관성(官星)이 대립하면 인성(印星)으로 통관시키고, 식상(食傷)과 관성(官星)이 대립하면 재성(財星)으로 통과시키고, 식상(食傷)과 인성(印星)이 대립하면 비겁(比劫)으로 통관시키고, 비겁(比劫)과 재성(財星)이 대립하면 식상(食傷)으로 통관시킨다. 목(木)과 토(土)가 대립하면 화(火)로 통관시키고, 화(火)와 금(金)이 대립하면 토(土)로 통관시키고, 토(土)와 수(水)가 대립하면 금(金)으로 통관시키고, 수(水)와 화(火)가 대립하면 목(木)으로 통관시킨다.

11. 통근(通根)

천간(天干)은 이삭이며 줄기다. 지지(地支)는 뿌리가 된다. 천간(天干)이 지지장간(地支藏干)에 같은 동기(同氣)를 만나면 통근(通根)되었다고 하며, 천간이 지지에 뿌리를 박은 것을 말하며 유근(有根)이라고도 한다. 천간이 지지에 뿌리를 박지 못함을 무근(無根)이라고 한다. 길신(吉神)은 용신(用神)과 희신(喜神)이 통근 즉 유근하여 강해야 길하게 되고, 흉신(凶神)인 기신(忌神)과 구신(仇神)이 통근되면 흉신의 기세가 더욱 강하여 흉하게 되므로 기신과 구신은 무근(無根)하여 쇠약해야 마땅한 것이다.

갑을(甲乙)	목(木)	인묘진해미(寅卯辰亥未)에 통근(通根)
병정(丙丁)	화(火)	사오미인술(巳午未寅戌)에 통근(通根)
무기(戊己)	토(土)	진술축미사오인신해(辰戌丑未巳午寅申亥)에 통근(通根)
경신(庚辛)	금(金)	신유술사축(申酉戌巳丑)에 통근(通根)
임계(壬癸)	토(土)	해자축신진(亥子丑申辰)에 통근(通根)

12. 중화(中和)

중화(中和)란 사주 오행(五行)의 유통에 부족됨이 없고 일주(日柱)를 생조(生助)하는 육신(六神)과 극루(剋漏)하는 육신(六神)이 서로 균등하게 형평(衡平)을 이루고 있는 팔자(八字)를 말한다. 사주가 중화(中和)되면 정신기(精神氣)가 살아 있어 일생 부귀영화를 누리고 오복(五福)을 구비하게 되어 무병장수(無病長壽)한다. 그러나 사주 오행(五行)이 편고되면 육친과 인연이 없고 곤고하며 재난이 따른다.

억부법(抑扶法)도 강자를 억제(抑制)하고 약자는 생부(生扶)하여 궁극에는 사주상의 오행(五行)을 중화(中和)시키자는 것이다. 대개의 사주는 오행이 중화되지 않고 신약(身弱)하거나 신왕(身旺)하며, 혹은 용신(用神)이 부족되어 사주에 결함이 있는데 이런 사주는 용신(用神)과 화합되는 운(運)을 만나면 안길(安吉)하나 일단 용신(用神)과 상반(相反)되는 운을 만나면 역경에 처하게 되고, 재(財)가 경(輕)하고 겁(劫)이 중(重)하면 처첩이 불리하며, 신강(身强)하고 살(殺)이 약하면 자손이 불리하며, 관(官)이 쇠하고 상(傷)이 왕하면 명예에 불리하고, 살(殺)이 강하고 재(財)가 약하면 재리(財利)가 부족하다. 그러나 중화(中和)된 사주는 순운(順運)에는 대발전을 하고 역운(逆運)에도 평온 무사하게 지낼수 있다.

13. 동정(動靜)

우주 만물은 동적(動的)인 면과 정적(靜的)인 면이 있으며 겉에 나타나 있는 것과 안에 감춰져 있는 것이 있고, 동(動)은 양(陽)에 속하고, 정(靜)은 음(陰)에 속한다. 천간(天干)에 투출한 자는 동(動)으로 보고 지지(地支)에 암장해 있는 오행(五行)은 정(靜)으로 본다. 양(陽)은 발전과 변화를 주재(主宰)하므로 순환이 신속하고 음(陰)은 부동(不動)과 안정을 주재하므로 고요하게 있는 성질이 있다. 공극(功剋)하는데 있어서 동정(動靜)의 상태에 따라 강약의 차이가 있어서 그 성능이 다르다.

동적인 물(物)은 동적인 물(物)을 공극(功剋)하고, 정적인 물(物)은 정적인 물(物)을 공극(功剋)한다. 천간(天干)의 동(動)은 다만 천간(天干)에 동(動)한 자만을 공극(功剋)할 수 있고, 지지(地支) 중에 정(靜)하여 감춰진 지지(地支)는 공극(功剋)할 수 없다. 또한 지지(地支)의 정(靜)은 다만 지지(地支)에 있는 정(靜)한 물(物)만을 공극(功剋)할 뿐이요, 천간(天干)에 동(動)해 있는 물(物)은 공극할 수 없다.

14. 병약(病藥)

병(病)이란 사주에서 가장 중요한 작용을 하는 육신(六神)을 극(剋)하는 자, 또는 사주에서 지나치게 많은 자를 말한다. 다시 말해서 주중(柱中)에 있음으로 해서 해(害)가 되는 자를 말한다. 약(藥)이란 병(病)이 되는 자를 제거하는 자를 말한다. 병(病)이 없는 사주는 일생이 평탄하나 평범한 사람이고, 사주에 병(病)이 있는데 약(藥)이 없으면 빈곤과 병난을 면치못하며 사주에 병(病)이 있고 약(藥)도 있으면 약운(藥運)에 발달한다.

병(病)이 경(輕)한 자가 약운(藥運)을 만나면 재록(財祿)이 함께 따르나 크지 못하고, 병(病)이 중(重)한 자가 약운을 만나면 대부대귀 한다. 사주에 병(病)이 있는데 약(藥)이 함께 있는 것을 병약상제(病藥相濟)라고 하고 병약상제된 사주가 약운을 만나 병(病)을 완전히 제거하는 것을 행운지병약상제(行運之病藥相濟)라 하며, 사주에 병(病)이 있고 약(藥)이 없는데 병(病)을 제거하는 약운(藥運)을 만나는 것을 제거기병(除去其病)이라 하고, 사주에 병이 있는데 병운(病運)을 만나는 것을 중병무구(重病無救)라고 한다. 일주(日主)와 직접적인 관계에 놓여 있어 일주(日主)에 병(病)이 되는 자를 일주지병(日主之病)이라 하고, 일주(日主)와는 관계없이 사주격국(四柱格局) 용신법(用神法)에서 선정된 용신(用神)에 해당되는 육신(六神)을 극(剋)하는 자를 육신지병(六神之病) 또는 용신지병(用神之病)이라고 하며 사주에서 정해진 용신(用神)이 행운(行運)에서 극제(剋制)를 받는 것 또는 일주(日主)나 용신(用神)에 관계없이 행운(行運)에서 병(病)을 만나게 됨을 행운지병(行運之病)이라고 한다.

15. 체용(體用)

일주(日主)인 기신(己身)을 체(體)라 하고, 용신(用神)을 용(用)이라고 한다. 용신(用神)을 생하는 자를 희신(喜神)이라 하고, 용신을 극하는 자를 기신(忌神)이라 하며, 기신을 생하는 자를 구신(仇神)이라 하고, 용신과 이해 관계가 없는 자를 한신(閑神)이라고 한다. 왕(旺)하면 억제하고 약(弱)하면 돕는 것이 비록 바뀌지 아니하는 법이라 할 수 있을지라도 바뀌지 아니하는 가운데 변역(變易)하는 것이다. 왕하면 억제하고 억제하는 것이

옳지 못할 때에는 도리어 돕는 것이 마땅하고, 약하면 도와주고 돕는 것이 옳지 못할 때에는 도리어 억제하는 것이 좋을 것이니 이것이 오행(五行)의 바뀌는 이치라 할 수 있다.

16. 은원(恩怨)

은(恩)은 은신(恩神)으로 용신(用神)을 말하며, 원(怨)은 원신 (怨神)으로 기신(忌神)을 말한다. 그러나 희신(喜神)도 은혜를 베푸는 것이므로 은신(恩神)이나 희신(喜神)과 의의상 약간 다르 다고 하겠다. 희신은 언뜻 눈에 뜨이도록 용신에게 도움을 주는 것이지만 은신은 별로 도움이 되지 않는것 같이 보이면서도 은연 중 사주를 좋게 만들어 주는 것이다. 기신이 원신이지만 의의상 약간 다르다고 하겠다.

희신은 언뜻 눈에 뜨이도록 용신에게 도움을 주는 것이지만 은 신은 별로 도움이 되지 않는 것 같이 보이면서도 은연중 사주를 좋게 만들어 주는 것이다. 기신이 원신이지만 의의상 약간 다르 다고 하겠다. 기신은 용신을 극하는 자로 사주 길격(吉格) 귀격 (貴格)을 놓는데 방해하는 자요, 원신은 기신의 뒤에서 은연중 기신을 도와 기신의 작용을 강하게 부추기는 것이다. 은원(恩怨) 은 작용면에 있어서는 희기신(喜忌神)과 같으나 차이점이 있다면 희기신은 직접적인 면인데 반(反)하여 은원은 간접적인 면으로 작용하는 것이 다르다고 하겠다.

지장간(支藏干)

  각 지지(地支)에는 2개 내지 3개, 혹은 4개의 간(干)을 보유하고 있으며, 여기(餘氣)는 전지(前支)의 오행(五行)과 동일한 간오행(干五行)의 기(氣)가 지지(地支)의 절기(節氣)는 변했더라도 아직까지 남아서 전지지(前地支)의 영향이 남아 있음을 나타내고, 중기(中氣)는 여기(餘氣)와 정기(正氣) 사이에 있는 기(氣)로서 그 월지(月支)가 삼합(三合)하여 다른 오행(五行)으로 변한 삼합오행(三合五行)의 기(氣)로 나타난 것이며, 정기(正氣)는 그 월지(月支)가 보유하고 있는 오행(五行)과 동일한 간오행(干五行)을 나타낸 것으로서 지지(地支)가 천간(天干)을 보유하고 있으므로 지장간(支藏干)이라고 한다.

  천간(天干)은 천원(天元)으로 하늘이요, 머리요, 줄기로 보며, 지지(地支)는 지원(地元)으로 땅이요, 몸체요, 뿌리로 보며, 지장간(支藏干)은 인원(人元)으로 인사(人事)와 오장육부로 본다. 지장간의 작용은 천간의 유근무근(有根無根)과 육신통변(六神通變)에 활용하는 것으로서 지장간(支藏干)을 모르고서는 언제나 껍데기 사주만을 볼 수 밖에 없으니 반드시 암기하길 바란다.

지장간 분야도(支藏干 分野圖)

지지(地支) 기간(期間)	춘(春)			하(夏)			추(秋)			동(冬)		
	인(寅)	묘(卯)	진(辰)	사(巳)	오(午)	미(未)	신(申)	유(酉)	술(戌)	해(亥)	자(子)	축(丑)
여기(餘氣)	무(戊) 7日 ●2分	갑(甲) 10日 ●3分	을(乙) 9日 3分	무(戊) 5日 1分	병(丙) 10日 ●3分	정(丁) 9日 3分	기(己)● 7日 2分 무(戊) 3日 1分	경(庚) 10日 ●3分	신(辛) 9日 3分	무(戊) 7日 ●2分	임(壬) 10日 ●3分	계(癸) 9日 3分
중기(中氣)	병(丙) 7日 2分		계(癸) 3日 1分	경(庚) 9日 3分	기(己) 9日 3分	을(乙) 3日 1分	임(壬) 3日 1分		정(丁) 3日 1分	갑(甲) 5日 1分		신(辛) 3日 1分
정기(正氣)	갑(甲) 16日 5分	을(乙) 20日 6分	무(戊) 18日 6分	병(丙) 16日 5分	정(丁) 11日 3分	기(己) 18日 6分	경(庚) 17日 6分	신(辛) 20日 6分	무(戊) 18日 6分	임(壬) 18日 6分	계(癸) 20日 6分	기(己) 18日 6分

●표는 잘 사용하지 않는다.

第 2 章. 신강 신약론(身强 身弱論)

사주상에 일간(日干)과 같은 비겁(比劫)이 많거나 일간(日干)을 생해주는 인성(印星)이 많은 경우는 신강(身强)이라 하고, 일간(日干)을 설기(洩氣)하는 식상(食傷)이나 재성(財星)이 많거나 일간(日干)을 극(剋)하는 관살(官殺)이 많은 경우를 신약(身弱)이라고 한다. 신(身)이란 일주(日主) 일간(日干)을 말하고 신강(身强)은 일주(日主)가 강하다는 뜻이며 신약(身弱)은 일주가 약하다는 뜻이다.

월지(月支)에 비겁(比劫)이 있으면 태강(太强), 인성(印星)이 있으면 중강(中强), 식상(食傷)이 있으면 태약(太弱), 재성(財星)이 있으면 중약(中弱), 관살(官殺)이 있으면 소약(小弱)하다. 월지(月支)에 인성(印星)이 있으면서 인성이 극을 받아 약(弱)하거나 관살(官殺)이 있으면서 인성(印星)을 돕는 살인상생(殺印相生)의 경우는 소강(小强)이다. 월지(月支)는 월령(月令)으로서 타지(他支)의 2개와 같은 힘이 있고, 천간(天干)으로는 3개와 같은 힘을 갖고 있다. 지지(地支) 1개는 천간(天干) 2개와 같은 힘을 지니고 있다.

월지(月支)와 일지(日支)를 얻고 년지(年支)나 시지(時支)중 하나를 얻으면 최강(最强)이다. 월지(月支)와 일지(日支)를 얻으면 중강(中强)이다. 년지(年支), 시지(時支)를 잃고 천간(天干) 3개를 모두 잃어도 그렇다. 월지(月支)를 얻고 년지(年支) 또는 시지(時支)를 얻으면 강(强)으로 본다. 월지(月支)와 일지(日支)를 잃고 년지(年支)나 시지(時支)를 잃으면 최약(最弱)이다.

월지(月支)는 잃었으나 일지(日支)를 얻은 경우와 년지(年支)나 일지(日支)를 얻은 경우는 중약(中弱)이다. 월지를 얻고 다른 지지를 잃었을 경우는 약(弱)이다. 월지(月支)와 일지(日支)를 얻으면 최강(最强), 월지(月支)를 얻으면 강(强), 월지(月支)와 일지(日支)를 잃으면 최약(最弱), 월지(月支)만 잃으면 약(弱)이다. 십이운성(十二運星)을 참고할 때는 제왕·건록·관대·장생이 많으면 신강이고, 사·묘·절·태가 많으면 신약이며, 십이운성의 강약은 일지(日支), 시지(時支), 월지(月支), 년지(年支)의 순이다.

신강(身强) 사주는 배짱이 있고 추진력이 있으며 판단력이 있고 진취적이며, 용감하고 과감하며 결단력이 있다. 몸이 건강해 보이며 남성적인 기질이 있고 도시나 번화한 곳에서 살기를 좋아하며 마음이 강해 크게 성공할 수 있고 재산을 모을 수 있다. 신약(身弱) 사주는 무기력하고 소심하며 쇠약하고 소극적이며, 겁이 많고 좌절을 잘 한다. 몸이 약해 보이며 여성적인 기질이 있고 시골이나 한적한 곳에서 조용히 살기를 좋아하며 마음이 약해서 큰 일을 하기 어렵다.

1. 득령(得令)과 실령(失令)

일주천간(日主天干)이 월지(月支)에서 인성(印星)이나 비겁(比劫)을 얻으면 득령(得令)이라 하고, 그렇지 않으면 실령(失令)이라고 한다. 다시 말해서 일간(日干)이 왕(旺)한 계절에 출생한 것을 월령(月令)의 기운을 얻었다고 하여 득령(得令) 또는 득시(得時)라고 하며, 일간(日干)을 설기(泄氣)하는 식상(食傷)이나 일간을 극제(剋制)하는 재관(財官)이 월지에 있을 때를 실령(失令) 또는 실시(失時)라고 한다.

2. 득지(得地)와 실지(失地)

일주천간(日主天干)이 일지(日支)에 인수(印綬)나 견겁(肩劫)을 얻었을 경우에 득지(得地)라고 하며 그렇지 못할 경우는 실지(失地)라고 한다. 다시 말해서 일간(日干)을 기준으로 년·월·일·시의 지지가 일간(日干)을 돕거나 생조(生助)할 때를 득지(得地)라고 하며, 일간(日干)이 년·월·일·시의 지지로 부터 생조함을 얻지 못했을 경우 실지(失地)라고 한다.

3. 득세(得勢)와 실세(失勢)

주중(柱中)에서 인수(印綬)나 견겁(肩劫)을 얻었을 때를 득세(得勢)라고 하며, 그렇지 않을 경우는 실세(失勢)라고 한다. 다시 말해서 일간(日干)이 비록 월령(月令)은 얻지 못하더라도 기타의 간지(干支)가 일간을 생조(生助)해주면 세력을 얻었다고 하여 득세(得勢)라 하고, 일간(日干)을 생조(生助)하거나 방신(幇身)하는 간지(干支)가 사주에 없을 때는 세력을 잃었다고 하여 실세(失勢)라고 한다.

주의할 것은 월령(月令)에 인수(印綬)가 놓였다고 무조건 득령(得令)으로 보아서는 안된다. 왜냐하면 갑을목(甲乙木)이 자월(子月)에 태어난 경우, 병정화(丙丁火)가 묘월(卯月)에 태어난 경우, 무기토(戊己土)가 축월(丑月)에 태어난 경우, 경신금(庚辛金)이 미월(未月)에 태어난 경우는 패지(敗地)인 까닭에 제대로 완전하게 뿌리가 될 수 없기에 득령(得令)으로 볼 수가 없다.

일지(日支)에 인수(印綬)나 견겁(肩劫)을 만나면 득지(得地)이나 가령 정미일(丁未日)인 경우 미토(未土)는 인비(印比)가 아니지만 미중정화(未中丁火)가 있고, 미토(未土)는 하절지토(夏節之土)로 화기(火氣)가 왕(旺)하므로 득지(得地)가 되고, 계축일(癸丑日) 경우도 역시 축중계수(丑中癸水) 비견과 신금(辛金) 편인이 있고 동절지토(冬節之土)로서 득지(得地)가 되고, 병술일(丙戌日)인 경우도 술중정화(戌中丁火)가 있어서 득지(得地)가 된다. 주중(柱中)에서 인수(印綬)나 견겁(肩劫)을 많이 만나면 득세(得勢)라고 하는데 무근(無根) 또는 형충(刑沖)을 만나 피상(被傷)되면 득세(得勢)라고 보기 어려우며 합국(合局)으로 변화되어 일간(日干)에게 도움을 주지 못하거나 수제(受制)를 많이 만나 피상(被傷)이나 방해를 받고 있다면 득세(得勢)라고 볼 수가 없으니 잘 관찰하길 바란다.

4. 간지오행(干支五行)의 왕쇠 조견표(旺衰 早見表)

간지오행 (干支五行) 왕쇠 (旺衰)	갑을인묘 (甲乙寅卯) 목(木)	병정사오 (丙丁巳午) 화(火)	무기진(戊己辰) 술축미(戌丑未) 토(土)	경신신유 (庚辛申酉) 금(金)	임계해자 (壬癸亥子) 수(水)
왕(旺) 비견(比肩) 겁재(劫財) 가장 왕하다	인, 묘월 (寅),(卯月) 진월 유기 (辰月 有氣)	사, 오월 (巳),(午月) 미월 유기 (未月 有氣)	진, 미, 술 (辰, 未, 戌) 축월 (丑月)	신, 유월 (申),(酉月) 술월 유기 (戌月 有氣)	해, 자월 (亥),(子月)
상(相) 편인(偏印) 인수(印綬) 생왕하다	해, 자월 (亥),(子月)	인, 묘월 (寅),(卯月)	사, 오월 (巳),(午月)	진, 미, 술 (辰,未,戌) 축월 (丑月)	신, 유월 (申),(酉月)
휴(休) 식신(食神) 상관(傷官) 약해지다	사, 오월 (巳),(午月)	진, 미, 술 (辰,未,戌) 축월 (丑月)	신, 유월 (申),(酉月)	해, 자월 (亥),(子月)	인, 묘월 (寅),(卯月)
수(囚) 편재(偏財) 정재(正財) 약해지다	진, 미, 술 (辰,未,戌) 축월 (丑月)	신, 유월 (申),(酉月)	해, 자월 (亥),(子月)	인, 묘월 (寅),(卯月)	사, 오월 (巳),(午月)
사(死) 편관(偏官) 정관(正官) 가장 약하다	신, 유월 (申),(酉月)	해 , 자월 (亥),(子月)	인, 묘월 (寅),(卯月)	사, 오월 (巳),(午月)	진,미, 술 (辰,未,戌) 축월 (丑月)

5. 신강신약(身强身弱)의 실례(實例)

1. 을乙 갑甲 기己 을乙   목 화 토 금 수   득得 득得 득得   최강
   해亥 자子 묘卯 해亥   (木)(火)(土)(金)(水)   령令 지地 세勢 (最强)
                      4 0 1 0 3

2. 기己 임壬 임壬 갑甲   목 화 토 금 수   득得 득得 득得   최강
   유酉 자子 신申 신申   (木)(火)(土)(金)(水)   령令 지地 세勢 (最强)
                      1 0 1 3 3

3. 을乙 갑甲 을乙 계癸   목 화 토 금 수   득得 득得 득得   최강
   해亥 자子 묘卯 사巳   (木)(火)(土)(金)(水)   령令 지地 세勢 (最强)
                      4 1 0 0 3

4. 갑甲 갑甲 병丙 갑甲   목 화 토 금 수   득得 득得 득得   최강
   자子 자子 인寅 인寅   (木)(火)(土)(金)(水)   령令 지地 세勢 (最强)
                      5 1 0 0 2

5. 기己 을乙 을乙 갑甲   목 화 토 금 수   득得 득得 득得   최강
   묘卯 묘卯 해亥 자子   (木)(火)(土)(金)(水)   령令 지地 세勢 (最强)
                      5 0 1 0 2

6. 병丙 갑甲 병丙 갑甲   목 화 토 금 수   득得 득得 득得   최강
   인寅 자子 인寅 자子   (木)(火)(土)(金)(水)   령令 지地 세勢 (最强)
                      4 2 0 0 2

				목 화 토 금 수				
7.	갑甲 자子	갑甲 인寅	계癸 해亥	계癸 해亥	(木)(火)(土)(金)(水) 3 0 0 0 5	득得 령令	득得 지地	득得 세勢	최강 (最强)
8.	을乙 해亥	갑甲 자子	정丁 묘卯	갑甲 인寅	(木)(火)(土)(金)(水) 5 1 0 0 2	득得 령令	득得 지地	득得 세勢	최강 (最强)
9.	을乙 해亥	갑甲 인寅	병丙 인寅	갑甲 자子	(木)(火)(土)(金)(水) 5 1 0 0 2	득得 령令	득得 지地	득得 세勢	최강 (最强)
10.	병丙 오午	정丁 사巳	정丁 미未	정丁 사巳	(木)(火)(土)(金)(水) 0 7 1 0 0	득得 령令	득得 지地	득得 세勢	최강 (最强)
11.	계癸 해亥	계癸 유酉	정丁 해亥	경庚 인寅	(木)(火)(土)(金)(水) 1 1 0 2 4	득得 령令	득得 지地	득得 세勢	최강 (最强)
12.	경庚 자子	정丁 사巳	무戊 인寅	을乙 미未	(木)(火)(土)(金)(水) 2 2 2 1 1	득得 령令	득得 지地	득得 세勢	중강 (中强)
13.	신辛 축丑	정丁 유酉	병丙 오午	정丁 사巳	(木)(火)(土)(金)(水) 0 5 1 2 0	득得 령令	실失 지地	득得 세勢	중강 (中强)

				목 화 토 금 수				
14. 丙 병 子 자	乙 을 亥 해	癸 계 酉 유	戊 무 寅 인	(木)(火)(土)(金)(水) 2 1 1 1 3	失 실 령 令	得 득 지 地	得 득 세 勢	중강 (中强)
15. 戊 무 午 오	戊 무 辰 진	癸 계 亥 해	癸 계 卯 묘	(木)(火)(土)(金)(水) 1 1 3 0 3	失 실 령 令	得 득 지 地	得 득 세 勢	중강 (中强)
16. 庚 경 辰 진	庚 경 申 신	己 기 卯 묘	乙 을 未 미	(木)(火)(土)(金)(水) 2 0 3 3 0	失 실 령 令	得 득 지 地	得 득 세 勢	중강 (中强)
17. 壬 임 辰 진	丙 병 午 오	丙 병 午 오	壬 임 辰 진	(木)(火)(土)(金)(水) 0 4 2 0 2	得 득 령 令	得 득 지 地	得 득 세 勢	중강 (中强)
18. 丙 병 寅 인	甲 갑 午 오	癸 계 亥 해	癸 계 亥 해	(木)(火)(土)(金)(水) 2 2 0 0 4	得 득 령 令	失 실 지 地	得 득 세 勢	중강 (中强)
19. 丙 병 辰 진	戊 무 申 신	庚 경 午 오	甲 갑 寅 인	(木)(火)(土)(金)(水) 2 2 2 2 0	得 득 령 令	失 실 지 地	得 득 세 勢	중강 (中强)
20. 甲 갑 午 오	辛 신 巳 사	辛 신 酉 유	戊 무 戌 술	(木)(火)(土)(金)(水) 1 2 2 3 0	得 득 령 令	失 실 지 地	得 득 세 勢	중강 (中强)

				목 화 토 금 수				
21. 임壬 인寅	정丁 묘卯	기己 해亥	병丙 오午	목 화 토 금 수 (木)(火)(土)(金)(水) 2 3 1 0 2	실失 령令	득得 지地	득得 세勢	중강 (中强)
22. 정丁 사巳	계癸 사巳	임壬 자子	정丁 사巳	목 화 토 금 수 (木)(火)(土)(金)(水) 0 5 0 0 3	득得 령令	실失 지地	실失 세勢	소강 (小强)
23. 병丙 오午	임壬 인寅	을乙 해亥	갑甲 인寅	목 화 토 금 수 (木)(火)(土)(金)(水) 4 2 0 0 2	득得 령令	실失 지地	실失 세勢	소강 (小强)
24. 병丙 자子	임壬 인寅	병丙 자子	갑甲 인寅	목 화 토 금 수 (木)(火)(土)(金)(水) 3 2 0 0 3	득得 령令	실失 지地	실失 세勢	소강 (小强)
25. 정丁 묘卯	갑甲 인寅	정丁 유酉	신辛 해亥	목 화 토 금 수 (木)(火)(土)(金)(水) 3 2 0 2 1	실失 령令	득得 지地	득得 세勢	차강 (次强)
26. 을乙 묘卯	무戊 오午	신辛 유酉	계癸 해亥	목 화 토 금 수 (木)(火)(土)(金)(水) 2 1 1 2 2	실失 령令	득得 지地	실失 세勢	최약 (最弱)
27. 무戊 자子	병丙 자子	갑甲 자子	무戊 자子	목 화 토 금 수 (木)(火)(土)(金)(水) 1 1 2 0 4	실失 령令	실失 지地	실失 세勢	최약 (最弱)

28. 경庚 갑甲 경庚 무戊 　목 화 토 금 수 　실失 실失 실失 최약
　　오午 오午 신申 신申 　(木)(火)(土)(金)(水) 　령令 지地 세勢 (最弱)
　　　　　　　　　　　　　1　2　1　4　0

29. 무戊 신辛 을乙 계癸 　목 화 토 금 수 　실失 실失 실失 최약
　　자子 미未 묘卯 미未 　(木)(火)(土)(金)(水) 　령令 지地 세勢 (最弱)
　　　　　　　　　　　　　2　0　3　1　2

30. 기己 갑甲 을乙 경庚 　목 화 토 금 수 　실失 실失 실失 최약
　　사巳 오午 유酉 신申 　(木)(火)(土)(金)(水) 　령令 지地 세勢 (最弱)
　　　　　　　　　　　　　2　2　1　3　0

31. 병丙 경庚 임壬 을乙 　목 화 토 금 수 　실失 실失 실失 최약
　　자子 인寅 오午 묘卯 　(木)(火)(土)(金)(水) 　령令 지地 세勢 (最弱)
　　　　　　　　　　　　　3　2　0　1　2

32. 임壬 병丙 병丙 갑甲 　목 화 토 금 수 　실失 득得 득得 중약
　　진辰 인寅 자子 자子 　(木)(火)(土)(金)(水) 　령令 지地 세勢 (中弱)
　　　　　　　　　　　　　2　2　1　0　3

33. 기己 을乙 신辛 계癸 　목 화 토 금 수 　실失 실失 실失 최약
　　묘卯 축丑 유酉 축丑 　(木)(火)(土)(金)(水) 　령令 지地 세勢 (最弱)
　　　　　　　　　　　　　2　0　3　2　1

34. 경庚 을乙 을乙 정丁 　목 화 토 금 수 　실失 실失 실失 최약
　　진辰 사巳 사巳 미未 　(木)(火)(土)(金)(水) 　령令 지地 세勢 (最弱)
　　　　　　　　　　　　　2　3　2　1　0

				목 화 토 금 수				
35.	임壬진辰	병丙자子	임壬오午	경庚신申	(木)(火)(土)(金)(水) 0 2 1 2 3	득령得	실지失	실세失	최약 (最弱)
36.	경庚술戌	정丁유酉	무戊자子	경庚자子	(木)(火)(土)(金)(水) 0 1 2 3 2	실령失	실지失	실세失	최약 (最弱)
37.	신辛묘卯	병丙신申	정丁해亥	을乙해亥	(木)(火)(土)(金)(水) 2 2 0 2 2	실령失	실지失	실세失	최약 (最弱)
38.	경庚술戌	정丁묘卯	기己축丑	을乙사巳	(木)(火)(土)(金)(水) 2 2 3 1 0	실령失	득지得	실세失	중약 (中弱)
39.	경庚오午	갑甲오午	경庚인寅	병丙진辰	(木)(火)(土)(金)(水) 2 3 1 2 0	득령得	실지失	실세失	중약 (中弱)
40.	무戊진辰	갑甲자子	경庚신申	경庚인寅	(木)(火)(土)(金)(水) 2 0 2 3 1	실령失	득지得	실세失	중약 (中弱)
41.	갑甲오午	병丙오午	임壬자子	임壬자子	(木)(火)(土)(金)(水) 1 3 0 0 4	실령失	득지得	실세失	소약 (小弱)

42. 임壬 을乙 을乙 을乙　　목 화 토 금 수　　실失 득得 득得　　소약
　　오午 해亥 유酉 묘卯　　(木)(火)(土)(金)(水)　령令 지地 세勢　(小弱)
　　　　　　　　　　　　　　4　1　0　1　2

43. 경庚 임壬 갑甲 신辛　　목 화 토 금 수　　실失 득得 득得　　소약
　　술戌 자子 오午 유酉　　(木)(火)(土)(金)(水)　령令 지地 세勢　(小弱)
　　　　　　　　　　　　　　1　1　1　3　2

44. 정丁 계癸 기己 정丁　　목 화 토 금 수　　득得 실失 실失　　약
　　사巳 미未 유酉 미未　　(木)(火)(土)(金)(水)　령令 지地 세勢　(弱)
　　　　　　　　　　　　　　0　3　3　1　1

45. 계癸 정丁 신辛 을乙　　목 화 토 금 수　　득得 실失 실失　　약
　　묘卯 해亥 사巳 미未　　(木)(火)(土)(金)(水)　령令 지地 세勢　(弱)
　　　　　　　　　　　　　　2　2　1　1　2

46. 을乙 계癸 을乙 무戊　　목 화 토 금 수　　실失 실失 실失　　최약
　　묘卯 사巳 축丑 술戌　　(木)(火)(土)(金)(水)　령令 지地 세勢　(最弱)
　　　　　　　　　　　　　　3　1　3　0　1

47. 갑甲 임壬 정丁 무戊　　목 화 토 금 수　　실失 실失 실失　　최약
　　진辰 인寅 사巳 술戌　　(木)(火)(土)(金)(水)　령令 지地 세勢　(最弱)
　　　　　　　　　　　　　　2　2　3　0　1

48. 정丁 계癸 병丙 계癸　　목 화 토 금 수　　실失 득得 득得　　소약
　　사巳 해亥 진辰 유酉　　(木)(火)(土)(金)(水)　령令 지地 세勢　(小弱)
　　　　　　　　　　　　　　0　3　1　1　3

49. 계癸 임壬 신辛 신辛　　목 화 토 금 수　　득得 실失 득得 소약
　　묘卯 인寅 축丑 사巳　　(木)(火)(土)(金)(水)　령令 지地 세勢 (小弱)
　　　　　　　　　　　　　2 1 1 2 2

6. 신강사주(身强四柱)

① 잘 중화(中和)된 사주는 천성이 명백하고 도리와 지혜를 겸비
　하였고 매사 원만히 처리한다.

② 중화(中和)가 되어 있지 않으면 성격이 나쁘고 싸움을 좋아하
　며 변덕이 심하다.

③ 남성적인 성질이 있고 양성적(陽性的)이다.

④ 내부 생활 사무직 보다 외부 활동적인 직업을 선호한다.

⑤ 명랑하고 의리를 중시하며 정이 많고 의심이 적으며 인간관계
　가 미약하고 인덕이 없다.

⑥ 급변, 급사, 불의의 재난을 당한다.

⑦ 재물로 인한 형제간의 대립이 있고, 남의 미움과 비방을 자초
　한다.

⑧ 분가, 분리, 독립, 이별하기를 좋아하며 과단, 독행(獨行)하
　는 수가 많다.

⑨ 사리판단에 어둡고 선악을 구별치 못하며 세력을 믿고 약한
　자를 괴롭히거나 마음이 엉큼하며 솔직하지 못하다.

⑩ 부부지간 의견대립이 있고 자기 주장이 강하고 재물을 따로
　취급한다.

⑪ 양인(羊刃)이 있으면 인물이 뛰어나다.

7. 신약사주(身弱四柱)

① 일간(日干)을 생하는 육신(六神)이 있으면 천성이 검소하고 남의 인격을 존중하고 예절에 밝다.

② 일간(日干)을 생하는 육신(六神)이 없으면 거짓말을 잘하고 마음이 사악하고 천성이 게을러 아첨을 잘하며 쓸데없는 고집을 잘 부리나 결단심은 없다.

③ 여성적인 성격이고 음성적(陰性的)이다.

④ 분가, 독립, 이별하기를 싫어하며 의지하기를 좋아하고 도움받기를 좋아한다.

⑤ 내조의 성격이 있고 남과 같이 행동하길 싫어하고 혼자 행동하기를 좋아한다.

⑥ 재물을 형제끼리 잘 분배하여 정의(情誼)가 좋다.

⑦ 신세와 은혜를 잊지 않으며 매사 심사숙고하며 경솔히 행동하지 않고 사람을 함부로 사귀지 않으며 남을 믿다가 당하는 수가 많다.

⑧ 아기자기한 성격의 소유자이며, 남의 의견을 존경하고 타협 융화가 잘 되며 마음이 착해서 양심이 바르다.

⑨ 양인(羊刃)이 있으면 의심이 많다.

8. 어느 오행(五行)이 많을 시에는

① 사주에 목(木)이 많으면 온순하며 체모가 단정하여 여자처럼 생긴다. 무엇이든 변동이 많고 이것저것 바꾸거나 직업 변동

이 많고 주색을 좋아하며 여자는 예술계로 나가면 좋다.

② 사주에 화(火)가 많으면 신체가 허약하여 병이 떨어질 날이 없다. 성격이 급하고 화병이나 고혈압을 조심해야 되고 불조심도 주의해야 하며 성격은 화끈하다.

③ 사주에 토(土)가 많으면 재산이 많으므로 부귀영화를 누린다. 그러나 금(金)이 없으면 빈 창고가 되어 마음 뿐이다. 건축업이나 부동산, 철학가, 목사, 스님, 보살 등 종교인이 많다.

④ 사주에 금(金)이 많으면 두뇌가 명석하며 총명하다. 성격이 너무 강직하여 독불장군이 많고 연장이나 사고수를 조심해야 하고 군경, 사법관이 많다.

⑤ 사주에 수(水)가 많으면 음란하므로 바람을 피운다. 몸이 냉하거나 혈액순환 및 저혈압과 물조심을 하여야 한다.

9. 어느 오행(五行)이 없을 시에는

① 사주에 목(木)이 없으면 근본이 없으므로 의식주에 곤란을 겪는다. 지물포, 의류상, 산림, 임산, 목공소, 출판사, 서점, 문구사, 과수원, 약초재배, 화원 등에 종사하면 좋다.

② 사주에 화(火)가 없으면 신체 허약으로 결혼을 실패하고 인연이 바뀌며 병고에 시달린다. 식당, 주유소, 연탄판매, 전기, 전자, 플라스틱업 등에 종사하면 좋다.

③ 사주에 토(土)가 없으면 항상 집이 없으므로 셋방살이를 면키 어려우며 게으르다. 농업, 건축업, 부동산업, 종교계에 종사하면 좋다.

④ 사주에 금(金)이 없으면 항상 고독하며 사람과의 유대가 이뤄
　지지 않는다. 철물점, 철공소, 차량업 등에 종사하면 좋다.

⑤ 사주에 수(水)가 없으면 생명력이 약하고 신체의 건강이 나빠
　서 부부 이별하며 타향살이를 한다. 술집, 다방, 양어장, 어
　업, 수영장, 여관, 호텔업 등에 종사하면 좋다.

第 3 章. 용신론(用神論)

　사주상(四柱上)에서 자신에게 가장 필요한 것을 용신(用神)이라고 한다. 용신(用神)을 찾는 방법은 대체로 억부용신법(抑扶用神法), 병약용신법(病藥用神法), 조후용신법(調候用神法), 전왕용신법(專旺用神法), 통관용신법(通關用神法), 격국용신법(格局用神法) 등이 있다. 사주상 가장 중요한 용신(用神)을 찾는 것이 초학자로서는 쉬운 일이 아니다. 수많은 명리서(命理書)와 오랜 기간 씨름하면서 수많은 사람의 운명을 감정하면서 체험적 경륜을 쌓아야 하므로 조급한 마음을 버리고 차분한 마음으로 공부하길 바란다.

　사주에 용신(用神)이 있고 힘을 얻으면 부귀하고, 용신(用神)은 있으나 용신(用神)이 힘을 얻지 못하면 평범하여 의식주가 해결되고, 사주에 용신(用神)이 없으면 빈천하고 요절한다. 생년(生年)에 용신(用神)이 있으면 조상의 음덕을 많이 받고, 생월(生月)에 용신(用神)이 있으면 부모 형제의 사랑과 도움을 받는다.

　월간(月干)에 용신(用神)이 있고 충극(沖剋)을 받거나 합거(合

去) 당하지 않으면 부친의 덕이 있고 월간(月干)에 흉신(凶神)이 있거나 용신(用神)이 있더라도 충극합거(冲剋合去)당하면 부친의 덕이 없다. 월지(月支)에 용신(用神)이 있고 충극(冲剋)을 받거나 연소(燃燒)당하지 않고 건실(健實)하면 모친의 덕이 있고, 월지(月支)가 흉신(凶神)에 해당하거나 용신(用神)이더라도 충극(冲剋)을 받으면 모친의 덕이 없으며, 인성(印星)이 용신(用神)이면 모친의 덕이 있고 흉신(凶神)에 해당되거나 충극(冲剋)되면 흉하다. 일지(日支)에 용신(用神)이 있으면 처첩(妻妾)이 현숙하고 처덕을 보게 되고 여명(女命)은 남편덕이 있다.

그러나 일지(日支)에 용신(用神)이 있더라도 약하거나 뚜렷하지 않으면서 충(冲), 극(剋), 설기(洩氣)되면 배우자의 덕이 없다. 남명(男命)은 재성(財星)이 용신(用神)이면 처첩의 덕이 있고, 여명(女命)은 관성(官星)이 용신(用神)이면 남편덕이 있다. 월지(月支)가 용신(用神)이면 형제덕이 있고 흉신(凶神)이면 형제덕이 없다. 견겁(肩劫)이 용신(用神)이고 충극(冲剋) 받지 않으면 형제덕이 있고 흉신(凶神)이거나 용신(用神)이면서 충극(冲剋)을 받으면 형제 덕이 없다. 생시(生時)에 용신(用神)이 있으면 자식이 현달하고 효도한다. 흉신(凶神)이면 자식덕이 부족하다.

남명(男命)은 관성(官星)이 용신(用神)이면 자식덕이 있고, 여명(女命)은 식상(食傷)이 용신(用神)이면 자식덕이 있으며, 자식성(子息星)이 흉신(凶神)이면 자식덕이 없다. 사주상 가장 중요한 용신(用神)을 모른다면 사주와 대운(大運), 세운(歲運)의 길흉을 제대로 알 수가 없으므로 용신법(用神法)을 터득하시길 바랍니다.

1. 억부용신(抑扶用神)

사주의 신강(身强) 신약(身弱)에 따라 억부(抑扶)를 선정하여 중화(中和)를 취하는데 사용되는 용신(用神)을 말하는데 격국(格局)에 관계없이 일주(日主)가 강왕(强旺)하면 관살(官殺)로 일주(日主)를 억제(抑制)하고 관살(官殺)이 없으면 재성(財星)으로, 재성(財星)이 없으면 상식(傷食)으로 용신(用神)을 정하여 일주(日主)의 왕(旺)한 기운(氣運)을 설기(泄氣)시키는 것이다.

그러나 일주(日主)가 신약(身弱)하다면 일주(日主)를 도와주는 인성(印星)이나 견겁(肩劫)으로 용신(用神)을 정하여 신약(身弱)한 일주(日主)를 부조(扶助)한다. 다시 말해서 강자(强者)는 억제(抑制)하고 약자(弱者)는 생부(生扶)하는데 강왕신강(强旺身强)하면 일주(日主)를 극제(剋制)하는 자가 용신(用神)이고, 쇠약신약(衰弱身弱)하면 생조(生助)하는 자가 용신(用神)인 것이다. 신강(身强)하면 관살(官殺)로 극제(剋制)하거나 식상(食傷)으로 누설(漏泄)하고, 신약(身弱)이면 인성(印星)으로 생부(生扶)하거나 견겁(肩劫)으로 명주(命主)를 돕는다.

2. 조후용신(調候用神)

만물이 한난조습(寒暖燥濕)의 조화(調和)에 의하여 이루어지듯이 사주도 기후의 한(寒), 난(暖), 조(燥), 습(濕)에 따라 조후(調候)의 중화(中和)를 취하는 조화(調和)가 필요하다. 사주가 한냉(寒冷)하면 화(火)로 온난(溫暖)하게 하고, 염열(炎熱)하면 수(水)로 한냉(寒冷)하게 하고, 윤습(潤濕)하면 건조(乾燥)하게 하고, 건조(乾燥)하면 윤습(潤濕)으로 중화(中和) 시켜야 한다. 지나치게 한습(寒濕)하거나 난조(暖燥)하면 이 때는 억부법(抑扶法)이나 병약법(病藥法)등에 따르지 않고 한난조습(寒暖燥濕)을 조화(調和)시키는 오행(五行)이 용신(用神)이다. 금(金)은 한(寒), 수(水)는 냉(冷), 목(木)은 난(暖), 화(火)는 조(燥), 축진습토(丑辰濕土), 미술조토(未戌燥土), 무기토(戊己土)는 한난중간(寒暖中間)이다.

3. 병약용신(病藥用神)

주중(柱中)의 오행(五行)중에 많은 것이 병(病)이 되고 있는데 이 병(病)을 억제(抑制)해주는 약(藥)을 찾아 중화(中和)시키는 오행(五行)을 말하며, 사주에 병(病)이 있으면 약(藥)이 용신(用神)이 된다. 사주팔자에 따라 부(扶)함을 요(要)할 때 그 부(扶)하는 자를 극상(剋傷)하는 것이 병(病)이 되고 그 병(病)을 극제(剋制)하는 자가 약(藥)이 된다.

4. 전왕용신(專旺用神)

전왕용신(專旺用神)이란 사주 오행(五行)의 기세(氣勢)가 일방(一方)으로 편중(偏重)되어 그 어느 한 가지로 세력을 이루었을 때 그 대세(大勢)의 세력이 극히 왕성(旺盛)하여 억제(抑制)하기 어려울 경우에는 그 대세(大勢)의 기세(氣勢)에 따라야 하며 거슬러서는 안된다. 이럴 때에는 그 세력의 기(氣)에 순응(順應)하여 따르거나 혹은 화(化)하게 하는 오행(五行)을 선정하여 용신(用神)으로 취하는 것으로 주로 종격(從格), 화격(化格), 전왕격(專旺格)등이 여기에 속한다.

5. 통관용신(通關用神)

양신성상(兩神成象)으로 두 세력이 균형(均衡)을 이루었을 때 중간에서 통관(通關)시켜 주는 오행(五行)을 용신(用神)으로 삼는 것을 말하는데 사주중에서 두 오행(五行)이 서로 대립하여 강약(强弱)이 비슷할 때 양신(兩神)의 세력이 막상막하인 까닭에 어느 것이든 억제(抑制)하기가 곤란 하다. 이럴 때에는 막혀 있는 양신(兩神) 세력을 소통(疏通)시켜 주는 육신(六神)이 용신(用神)이다.

6. 격국용신(格局用神)

일주(日主)를 기준하여 주중(柱中), 월지(月支)에서 격국(格局)을 정한 다음 일주(日主)가 신왕(身旺)한지 신약(身弱)인지를 구분하여 신왕(身旺)이면 격(格)이자 용신(用神)이 되며, 신약(身弱)이면 일주(日主)를 도와주는 인성(印星)이나 견겁(肩劫)이 용신(用神)이 된다. 그러나 격국과 사주 구성에 따라 용신법(用神法)이 각각 다르니 착오없길 바랍니다.

7. 용신정법(用神定法)

① 신약(身弱)한 자는 마땅히 일간(日干)을 도와주어야 되는 것
   인데 도와주는 자가 용신(用神)이다. 도와주는 자가 태과(太
   過)하면 도와주는 자를 억제하는 자가 용신(用神)이다. 도와
   주는 자가 부족(不足)하면 도와주는 자를 도와주는 자가 용신
   (用神)이다.
② 신강(身强)하면 마땅히 억제(抑制)해야 하는 것이니 억제하는
   자가 용신(用神)이다. 억제하는 자가 너무 태과(太過)하면 억
   제하는 자를 억제하는 자가 용신(用神)이다. 억제하는 자가
   부족(不足)하면 억제하는 자를 도와주는 자가 용신(用神)이
   다.
③ 태왕(太旺)한 자는 마땅히 설기(洩氣)해야 되는 것이니 설기
   (洩氣)하는 자가 용신(用神)이다. 설기(洩氣)를 너무 많이 하
   면 설기(洩氣)하는 자를 억제(抑制)하는 자가 용신(用神)이
   다. 설기(洩氣)하는 것이 너무 부족(不足)하면 설기(洩氣)하
   는 자를 도와주는 자가 용신(用神)이다.
④ 일주(日主)와 관살(官殺)이 비슷하면 식상(食傷)이 용신(用
   神)이고, 일주(日主)와 재성(財星)이 비슷하면 인비(印比)가
   용신(用神)이다. 사주에 합신(合神)은 있으나 용신(用神)이
   없으면 화합신(化合神)이 용신(用神)이다.

▶ 신강사주(身强四柱)

■ 일주(日主)가 왕(旺)하고 인수(印綬)가 많으면 정재(正財)가 용신(用神)이고, 편인(偏印)이 많을 때는 편재(偏財)가 용신(用神)이다. 그러므로 일주가 왕하고 인수가 많을 시는 재성(財星)이 용신이다.

■ 일주(日主)가 왕(旺)하고 비겁(比劫)이 많을 시는 관살(官殺)이 용신(用神)이다.

■ 일주가 왕(旺)하고 재성(財星)도 없고 관살(官殺)도 없으면 상식(傷食)이 용신(用神)이다.

■ 일주가 왕(旺)하고 상식(傷食)이 많으면 재성(財星)이 용신(用神)이다.

■ 일주가 왕(旺)하고 식상(食傷)이 많은데 재성(財星)이 없으면 인성(印星)이 용신(用神)이다.

■ 일주가 왕(旺)하고 식상(食傷)이 많은데 재(財)도 없고 인(印)도 없으면 식상(食傷)이 용신(用神)이다.

■ 일주가 왕(旺)하고 비견(比肩)이 과다 할 때는 편관(偏官)을 용신으로 하고 겁재(劫財)가 과다할 때는 정관(正官)으로 용신(用神)한다.

■ 일주가 왕(旺)하고 비겁(比劫)이 많은데 재성(財星)이 없거나 무력(無力)하면 식상(食傷)이 용신(用神)이다.

■ 일주가 왕(旺)하고 비겁(比劫)이 많은데 관살(官殺)이 없으면 상식(傷食)이 용신(用神)이다.

■ 일주가 왕(旺)하고 비겁(比劫)이 많은데 관살(官殺)도 없고

상식(傷食)도 없으면 재성(財星)이 용신(用神)이다.

■ 일주가 왕(旺)하고 재성(財星)이 있으면 관성(官星)이 용신 (用神)이다.

■ 일주가 왕(旺)하고 재성(財星)이 많은데 관살(官殺)도 없고, 상식(傷食)도 없으면 재성(財星)이 용신(用神)이다.

■ 일주가 왕(旺)하고 관살(官殺)이 많은데 상식(傷食)이 없으면 재성(財星)이 용신(用神)이다.

■ 일주가 왕(旺)하고 관살(官殺)이 많은데 상식(傷食)도 없고, 재성(財星)도 없으면 관성(官星)이 용신(用神)이다.

■ 일주가 왕(旺)하고 관살(官殺)이 많으면 상식(傷食)이 용신 (用神)이다.

■ 일주가 왕(旺)하고 관살(官殺)이 경(輕)한데 재(財)가 있으면 재(財)가 용신(用神)이다.

■ 일주가 왕(旺)하고 관(官)이 경(輕)한데 인성(印星)이 중(重) 하면 재(財)가 용신(用神)이다.

■ 일주가 태왕(太旺)하면 식상(食傷)이 용신(用神)이고, 극왕 (極旺)하면 인성(印星)이 용신(用神)이다.

■ 일주가 왕(旺)하고 재성(財星)이 있는데 관성(官星)이 없으면 상식(傷食)이 용신(用神)이다.

▶ 신약사주(身弱四柱)

■ 일주(日主)가 약(弱)하고 식상(食傷)이 많으면 인성(印星)이 용신(用神)이다.

- 일주가 약하고 재성(財星)이 많으면 비겁(比劫)이 용신(用神)이다.
- 일주가 약하고 관살(官殺)이 많으면 인성(印星)이 용신(用神)이다.
- 일주가 약할 때에 상관(傷官)이 많을 시는 인수(印綬)가 용신(用神)이고, 식신(食神)이 많을 때는 편인(偏印)이 용신(用神)이다.
- 일주가 약할 때에 정재(正財)가 많을 시는 겁재(劫財)가 용신(用神)이고, 편재(偏財)가 많을 시는 비견(比肩)이 용신(用神)이다.
- 일주가 약하고 상식(傷食)이 많은데 인성(印星)이 없으면 재성(財星)이 용신(用神)이다.
- 일주가 약하고 상식(傷食)이 많으데 인성(印星)도 없고, 재성(財星)도 없으면 비겁(比劫)이 용신(用神)이다.
- 일주가 약하고 관살(官殺)이 많은데 인성(印星)이 없으면 상식(傷食)이 용신(用神)이다.
- 일주가 약하고 관살(官殺)이 많은데 인성(印星)도 없고, 상식(傷食)도 없으면 비겁(比劫)이 용신(用神)이다.
- 일주가 약하고 인성(印星)이 많은데 비겁(比劫)도 없고, 재(財)도 없으면 관살(官殺)이 용신(用神)이다.
- 일주가 약하고 인성(印星)이 너무 많으면 재성(財星)이 용신(用神)이다.
- 신약(身弱)하면 인성(印星)과 비겁(比劫)이 용신(用神)이다. 그러나 일주(日主)가 극쇠(極衰)하면 설기(泄氣)하는 신(神)

이 용신(用神)이다. 일주가 태약(太弱)하면 관살(官殺)이 용신(用神)이고, 극약(極弱)하면 식상(食傷)이 용신(用神)이다.

■ 일주가 태약(太弱)한데 천간(天干)에 인성(印星)이 한 개가 있다면 식상(食傷)이 용신(用神)이다. 일주가 태쇠(太衰)하고 인성(印星)이 없으면 관(官)이 용신(用神)이다.

▶ 통관용신(通關用神)

■ 비겁(比劫)과 재성(財星)이 대립(對立)시는 식상(食傷)이 용신(用神)이다.

■ 재성(財星)과 인성(印星)이 대치(對峙)시는 관성(官星)이 용신(用神)이다.

■ 인성(印星)과 식상(食傷)이 교차(交叉)시는 견겁(肩劫)이 용신(用神)이다.

■ 관성(官星)과 식상(食傷)이 대등(對等)시는 재성(財星)이 용신(用神)이다.

■ 비겁(比劫)과 관성(官星)이 균등(均等)시는 인성(印星)이 용신(用神)이다.

■ 금목(金木)이 싸우는 데는 수(水)가 통관용신(通關用神)이다.

■ 수토(水土)가 싸우는 데는 금(金)이 통관용신(通關用神)이다.

■ 목토(木土)가 싸우는 데는 화(化)가 통관용신(通關用神)이다.

■ 수화(水火)가 싸우는 데는 목(木)이 통관용신(通關用神)이다.

■ 화금(火金)이 싸우는 데는 토(土)가 통관용신(通關用神)이다.

▶ 전왕용신(專旺用神)

- 전(全) 비겁(比劫)일 때는 비겁(比劫)이 용신(用神)이다.
- 전(全) 식상(食傷)일 때는 식상(食傷)이 용신(用神)이다.
- 전(全) 편정재(偏正財)일 때는 재성(財星)이 용신(用神)이다.
- 전(全) 편정관(偏正官)일 때는 관성(官星)이 용신(用神)이다.
- 전(全) 편인수(偏印綬)일 때는 인성(印星)이 용신(用神)이다.
- 전(全) 목(木)일 때는 수목화(水木火)가 용신(用神)이다.
- 전(全) 화(火)일 때는 목화토(木火土)가 용신(用神)이다.
- 전(全) 토(土)일 때는 화토금(火土金)이 용신이다.
- 전(全) 금(金)일 때는 토금수(土金水)가 용신(用神)이다.
- 전(全) 수(水)일 때는 금수목(金水木)이 용신(用神)이다.

8. 용신(用神)의 실례(實例)

1)　丙 甲 辛 癸
　　寅 申 酉 未

중국의 안휘성(安徽省) 주석을 역임한 유진화(劉鎭華)의 명조(命造)로서 병신(丙辛)이 합(合)을 하고 관(官)이 왕하여 통근(通根)하므로 관(官)이 많으면 살(殺)과 같다고 했다. 게다가 일간(日干)도 실령(失令)했으므로 병화(丙火)로써 관(官)을 제(制)하니 병화(丙火)가 용신(用神)이다.

2)　壬 丁 乙 戊　중국 손악(孫岳)의 명조(命造)로서 정임
　　寅 未 卯 寅　합목(丁壬合木)하고 목월령(木月令)에 지
지가 목국(木局)을 이루어 정임화목격(丁
壬化木格)이 되어 목(木)이 용신(用神)이며, 화(火)가 설기(洩
氣)하는 것을 기뻐한다.

3)　戊 庚 癸 戊　중국의 실업가(實業家) 세관생(洗冠生)의
　　寅 寅 亥 子　명조로서 무계(戊癸)가 상합(相合)하고
계수(癸水)가 통근(通根)하였다. 수목(水
木)이 많아서 설기(洩氣)가 태중하다. 그러므로 무토(戊土)로서
부신(扶身)을 하고 상식(傷食)을 제(制)하니 무토(戊土)가 용신(用
神)이다.

4)　己 壬 丙 丁　중국의 외교부장(外交部長)을 역임한 오
　　酉 寅 午 亥　조추(伍朝樞)의 명조로서 재왕(財旺)하여
신약(身弱)하다. 월령(月令)의 오중기토
(午中己土)가 시간(時干)에 투출하여 재관(財官)이 양왕(兩旺)하
므로 신약하다. 그러므로 인(印)을 용(用)하고 관(官)은 불용(不
用)한다. 인(印)으로서 일원임수(日元壬水)를 도우니 유(酉)가
억부용신(抑扶用神)이다.

5)　戊 丙 癸 丁　중국 채혈민(蔡孑民)의 명조로서 축중(丑
　　子 申 丑 卯　中)의 계수관성(癸水 官星)이 투출하고
자신(子申)이 회국(會局)하여 계수(癸水)

를 도우니 수왕(水旺)하고 화약(火弱)해졌다. 그러므로 겁재(劫財)를 용(用)하여 신(身)을 도우니 정화(丁火)가 억부용신(抑扶用神)이다.

6) 丙 丁 丁 癸
    午 卯 巳 巳
중국의 교통부장(交通部長)을 역임한 주가화(朱家驊)의 명조로서 일원(日元)이 태왕하여 년상(年上)의 계수(癸水)로 일원(日元)을 억제하니 계수(癸水)가 억부용신(抑扶用神)이다.

7) 乙 壬 壬 丙
    巳 申 辰 子
중국의 재정부장(財政部長)을 역임한 왕극민(王克敏)의 명조로서 일원(日元)이 태왕하다. 진중(辰中)의 을목 여기(乙木餘氣)가 시간(時干)에 투간되어 일원(日元)을 설기하여 빼어나서 누르는 뜻이 있으므로 을목(乙木)이 억부용신(抑扶用神)이다.

8) 乙 癸 丁 己
    卯 丑 丑 卯
중국의 행정원장(行政院長)을 역임한 담연개(譚延闓)의 명조로서 월령 칠살(月令七殺)이 투간하였다. 고로 식신(食神)을 취하여 살(殺)을 제어하니 을목(乙木)이 억부용신(抑扶用神)이며 용신(用神) 역시 태강하므로 억제하는 힘이 있다.

9) 庚 丙 己 戊
    寅 子 未 戌
중국의 합비(合肥) 이선생(李先生)의 명조로서 병화(丙火)가 미월(未月)에 생하여 시에 인목(寅木)을 만나고 자수관성

(子水官星)이 인(印)을 생하니 일원(日元)이 약하면서도 약하지 않다. 월령(月令)에 기토상관(己土傷官)이 투출하고 토(土)가 넷이나 있어 설기가 태중하므로 재(財)를 용(用)하여 상식(傷食)을 설기시켜 태강함을 억제시키니 경금(庚金)이 억부용신(抑扶用神)이다.

10)　乙　壬　乙　己
　　　巳　子　亥　巳

중국의 내각총리(內閣總理)를 역임한 주자제(周自齊)의 명조로서 년상(年上)의 기토(己土)가 을목(乙木)에게 극되고 사화(巳火)역시 해수(亥水)에게 충(沖)되니 신왕하고 기한(氣寒)하다. 시지의 사화(巳火)역시 미약하므로 상관을 용(用)하여 재(財)를 생하여 약한 자를 도우니 을목(乙木)이 억부용신이다.

11)　戊　己　甲　戊
　　　辰　巳　子　戌

중국의 합비(合肥) 이(李)선생의 명조로서 월령(月令) 편재(偏財)가 당령(當令)하였다. 비겁(比劫)이 쟁재(爭財)하니 토(土)가 병(病)이 되었다. 갑목관성(甲木官星)으로 비겁(比劫)을 제어하니 갑(甲)이 병약용신(病藥用神)이다. 대개 겁재(劫財)를 제어하므로서 재(財)를 보호하는 것이다. 조후(調候)로 논할 경우 사중병화(巳中丙火)를 취하여 11월 한기(寒氣)를 화난(火暖)케 하니 화운(火運)에는 반드시 발영(發榮)한다고 본다.

12)　癸 乙 己 乙
　　未 亥 卯 丑

중국의 정치가 단기서(段祺瑞)의 명조로서 춘목(春木)이 해묘미목국(亥卯未木局)을 이루고 금(金)이 없으므로 곡직인수격(曲直仁壽格)이 되어 목(木)이 전왕용신(專旺用神)이다.

13)　甲 丁 己 壬
　　辰 丑 酉 戌

중국의 남심(南潯) 유징여(劉澂如)의 명조로서 월령(月令)에 재(財)가 왕하여 관(官)을 생한다. 그런데 기토식신(己土食神)이 임수관(壬水官)을 손(損)하니 병(病)이 되었다. 고로 갑목(甲木)으로 병(病)인 기토(己土)를 제거하니 갑목(甲木)이 병약용신(病藥用神)이 되며 갑인(甲寅), 을묘운(乙卯運)에 대부귀하였다.

14)　甲 辛 癸 壬
　　午 丑 丑 辰

중국의 손청왕 상기(遜淸王 湘綺)의 명조로서 금한수냉(金寒水冷)하여 땅이 얼어 버렸다. 그러므로 시지 오화(午火)로서 언 땅을 풀리게 하니 오화(午火)가 조후용신(調候用神)이다.

15)　乙 己 丁 壬
　　亥 卯 未 寅

중국의 외교총장(外交總長)을 역임한 오정방(伍廷芳)의 명조로서 정임합목(丁壬合木), 인해합목(寅亥合木), 해묘미삼합(亥卯未三合)으로서 기(氣)가 목(木)에 편중되었다. 때문에 왕한 세력에 따라야 하니 목(木)이 전왕용신이다.

16)　己　丁　丙　丁
　　　酉　酉　午　酉

중국의 명 회계사(名 會計師) 강만평(江萬平)의 명조로서 화(火)와 금(金)이 상전(相戰)하고 있어서 토(土)로 통관(通關)시키니 부격(富格)이 되었다. 토(土)가 없다면 금(金)도 용(用)할 수 없다. 그러므로 기토(己土)가 통관용신(通關用神)이다.

17)　乙　甲　庚　癸
　　　亥　寅　申　亥

중국의 육건장(陸建章)의 명조로서 금목(金木)이 상전(相戰)하고 있어 수(水)를 취하여 통관시키니 살(殺)이 인(印)을 생하고, 인(印)이 기신(己身)을 생하니 살인상생(殺印相生)하게 되므로 수(水)가 통관용신이다.

18)　戊　丁　甲　戊
　　　申　卯　寅　辰

중국의 국민정부(國民政府) 임주석(林主席)의 명조로서 월령(月令)의 인중갑목(寅中甲木)이 투출하고 인묘진 목국(寅卯辰 木局)을 구비하여 인수(印綬)가 태왕하다. 그러므로 재(財)를 취하여 인(印)을 손(損)케 하니 신금(申金)이 용신이다.

19)　丙　甲　乙　癸
　　　寅　戌　丑　巳

중국 공산당 주석을 역임한 모택동(毛澤東)의 명조로서 소한절(小寒節) 갑목(甲木)은 얼어죽기 직전에 놓여 있는데 다행히 시간에 병화(丙火) 태양이 인(寅)에 장생(長生)하고 인중(寅中)의 갑(甲)과 병(丙)이 양투(兩透)하며 천간에서 수생목(水生木) 목생화(木生火)하여 길하니 병화(丙火)가 용신이다.

20) 癸 戊 辛 丙
　　丑 子 丑 子

청(淸) 나라의 중흥공신(中興功臣) 팽옥린(彭玉麟)의 명조로서 엄동설한(嚴冬雪寒)에 출생하고 금수(金水)가 양투(兩透)하여 천한지동(天寒地凍) 하므로 조후(調候)가 긴요한데 다행히 년간에 병화(丙火)가 있어 용신(用神)이 되는데 병신합수(丙辛合水)되고 자축수국(子丑水局)을 이루어 용신이 무력(無力)하지만 대운이 동남(東南)으로 흘러 공명천하(功名天下)하였다.

21) 丁 丁 癸 己
　　未 巳 酉 未

청(淸) 나라 말기의 효웅(梟雄) 원세개(袁世凱)의 명조로서 정화(丁火)가 유월(酉月)에 태어나 비록 실령(失令)했으나 사주에 화기(火氣)가 많아 신왕하므로 일주(日主)의 기운을 극루(剋漏)시키는 것이 용신인데 계수(癸水)는 기토(己土)에게 파극(破剋)되었으므로 월지의 유금(酉金)이 용신이다.

22) 壬 壬 癸 壬
　　子 午 丑 戌

이 명조는 사주 전체가 수기(水氣)로 표류하는 형상인데 다행히 년지의 술 조토(戌 燥土)가 제수(制水)하니 토(土)가 용신이다.

23) 乙 戊 己 乙
　　卯 戌 卯 亥

관(官)이 너무 많아 살(殺)로 변하여 신약하다. 신약하면 인성(印星)이 용신이요, 인성이 없으면 식상(食傷)을 용(用)하여 살(殺)을 제어해야 되는데 인성도 식상도 없으니 일지(日支) 술토 비견(戌土 比肩)이 용신이다.

24)　甲　丙　戊　庚
　　　午　寅　寅　辰

이 명조는 시지에 양인(羊刃)을 놓고 인오반화국(寅午半火局)하니 신강하다. 신왕하면 재(財)나 식상(食傷)중에서 취용(取用)하는데 경금재성(庚金財星)은 뿌리가 미약하여 쓸 수가 없고, 인중(寅中)에 장생(長生)되고 투출한 무토(戊土)가 용신이다.

25)　戊　乙　丙　壬
　　　寅　巳　午　申

을목(乙木)이 화왕지절(火旺之節)에 생하여 염열(炎熱)이 심하므로 신약한데 다행히 년에 임수(壬水)가 유근(有根)하여 시들시들한 나무의 갈증을 해소시키고 생부(生扶)하니 임수(壬水)가 용신이다.

26)　辛　壬　丙　丁
　　　丑　辰　午　丑

임수(壬水)가 오월(午月)에 생하고 병정화(丙丁火)가 년, 월간에 투출하니 재다신약(財多身弱)하다.　재다신약(財多身弱)일 때는 축진중(丑辰中)에 암장된 계수 비겁(癸水 比劫)으로 용(用)해야 하겠지만 축진중(丑辰中)에 있는 토기(土氣)가 극하므로 시상의 신금(辛金)을 용신한다.

27)　己　甲　庚　戊
　　　巳　申　申　子

갑목(甲木)이 신월(申月)에 생하고 월, 일지의 신중경금(申中庚金)이 월상에 투출하여 좌록(坐祿)하므로 칠살(七殺)이 태강(太强)해졌다. 사화(巳火)로 제살(制殺)하려고 하나 약화(弱火)이므로 제살하기 어렵다. 그러므로 살(殺)을 화살(化殺)시켜 설기(洩氣)하니 자수(子水)가 용신이다.

28)　戊 戊 庚 庚　무토(戊土)가 진월(辰月)에 생하여 지지
　　　午 辰 辰 申　에 양진(兩辰)을 얻고 시지에 양인(羊
　　　　　　　　　刃)을 만나 신왕(身旺)할 것 같으나 진
토(辰土)는 목왕절(木旺節)의 허토(虛土)이고 천간의 양경금(兩
庚金)은 년지에 득록(得祿)하고 지지에는 신진(申辰)이 반합수국
(半合水局)을 이루어 설기(泄氣)가 심하므로 왕(旺)한 것 같으나
왕하지 않으므로 시지 오화(午火)가 용신이다.

29)　戊 丙 甲 戊　병화(丙火)가 자월(子月)에 태어나 실령
　　　子 申 子 辰　(失令)하였고 신자진 합수(申子辰 合水)
　　　　　　　　　하여　수왕(水旺)하다.　갑목(甲木)으로
용(用)하려하나 범람한 물에 뜨므로 쓸 수가 없고, 오직 무토(戊
土)로서 왕한 수(水)를 제살(制殺)하니 무토(戊土)가 용신이다.

30)　壬 丁 丙 辛　청(淸)나라 광서(光緒) 황제의 명조로서
　　　寅 亥 申 未　정화(丁火)가 신월(申月)에 태어나고 금
　　　　　　　　　수(金水)가 네 개 있으므로 신약하여 시
지 인목(寅木)을 용신한다.

31)　丙 庚 庚 壬　경금(庚金)이 술월(戌月)에 생하여 월령
　　　子 申 戌 午　(月令)을 얻고 신금(申金)에 좌록(坐祿)
　　　　　　　　　하고 경술괴강(庚戌魁罡)이 가세하니 신
강(身强)하므로 일간을 극하는 병화(丙火)가 용신이 된다.

32)　　辛　壬　辛　辛
　　　　丑　寅　丑　丑

임수(壬水)가 동월(冬月)에 생하고 년, 월,시가 전부 신축(辛丑)으로 매우 한습(寒濕)하므로 병화(丙火)를 장(藏)한 인목(寅木)을 용신으로 한다.

33)　　甲　癸　辛　乙
　　　　寅　巳　巳　酉

계수(癸水)가 사월(巳月)에 생하여 실령(失令)하였는데 간지(干支)에 목화(木火)가 왕하여 신약하게 되었다. 다행하게도 유중신금(酉中辛金)이 월간에 투출되고, 사유합금(巳酉合金)하여 일주(日主)를 도우니 유금(酉金)이 용신이다.

34)　　壬　乙　壬　辛
　　　　午　亥　辰　巳

이 명조는 임수(壬水)가 해(亥)에 건록(建祿)이 되고 진(辰)에 통근(通根)하여 수왕(水旺)하므로 신강하다. 왕한 자는 관(官)으로 용신해야 겠으나 신금편관(辛金偏官)은 임수(壬水)에 누설(漏泄)되어 쓸 수가 없고, 설기하는 오화식신(午火食神)으로 용신한다.

35)　　甲　甲　甲　己
　　　　戌　子　戌　未

갑목(甲木)이 술월(戌月)에 생하여 실령(失令)하고 갑기합토(甲己合土)되고 지지에 술미토(戌未土)가 왕하여 신약한데 자수(子水)를 용신하려고 하나 많은 술미토(戌未土)가 극하여 용신으로 쓸 수 없으니 토(土)가 병(病)이 되었다. 병(病)인 토(土)를 극하는 비견 갑목(甲木)으로 약(藥)을 삼으니 갑목(甲木)이 용신이다.

36)　庚　丙　戊　辛　　병화(丙火)가 가을에 태어나 실령(失令)
　　　寅　午　戌　酉　　하였으나 지지에 인오술 화국(寅午戌 火
　　　　　　　　　　　　局)을 이루어 신강하다. 오화 양인(午火
羊刃)과 재(財)가 대립되어 다투므로 통관(通關)시키는 무토식신
(戊土食神)을 용신한다.

37)　庚　乙　丁　壬　　을목(乙木)이 미월(未月)에 생하고 축진
　　　辰　丑　未　申　　(丑辰)이 함께 임하니 재다신약(財多身
　　　　　　　　　　　　弱)하다. 재관(財官)을 종(從)하려 하나
미진중 을목(未辰中 乙木)에 통근(通根)하고 인수인 임수(壬水)
가 신(申)에 장생(長生)을 얻고 축진중 계수(丑辰中 癸水)에 착
근(着根)하였는데 미월(未月)은 염열(炎熱)의 기(氣)가 있으므로
년간 임수(壬水)로써 용신을 삼는다.

38)　庚　辛　乙　辛　　이 명조는 사금(四金)과 사목(四木)이
　　　寅　酉　未　卯　　대치하고 있는데 그 세력이 비슷하므로
　　　　　　　　　　　　금(金)과 목(木)을 소통시키는 수(水)가
용신이다.

39)　丁　戊　壬　己　　무토(戊土)가 신월(申月)에 생하고 년,
　　　巳　辰　申　亥　　월, 일에 수기(水氣)가 강하니 신약하
　　　　　　　　　　　　다. 시지에 건록(建祿)을 얻고 정사화
(丁巳火)의 생(生)을 받으므로 화(火)가 용신이다.

40)　庚　壬　庚　丙　　이 명조는 수(水)와 화(火)가 대립되므
　　　子　午　子　午　　로 수(水)와 화(火)를 소통시키는 목
　　　　　　　　　　　　(木)이 용신이다.

41)　甲　甲　癸　丙　　갑목(甲木)이 화왕지절(火旺之節)에 생하여
　　　子　午　巳　申　　목화통명(木火通明)이 되고 갈증을 느끼므
　　　　　　　　　　　　로 월상의 계수(癸水)로 용신을 삼는다.

42)　己　丙　庚　丙　　병화(丙火)가 인월(寅月)에 생하고, 월,
　　　亥　寅　寅　申　　일지에 장생(長生)을 얻고 년간에 병화
　　　　　　　　　　　　(丙火)가 투출하였으며 인해합목(寅亥合

木)하여 병화(丙火)를 생하니 신강하므로 기토(己土)로써 용신한
다.

43)　丙　甲　戊　庚　　갑일주(甲日主)가 춘월(春月)에 생하여
　　　寅　子　寅　寅　　득령(得令), 득지(得地), 득세(得勢)를
　　　　　　　　　　　　하여 신왕하므로 극제(剋制)를 하던지

설기(泄氣)를 시켜야 되는데 경금(庚金)은 절지(絶地)에 앉고 뿌
리가 없어 쓸 수가 없고, 무토재(戊土財)는 군목비견(群木比肩)
에게 극되어 쓸 수가 없으나 시상의 병화(丙火)는 년, 월, 시지
에 장생(長生)이 되고 생부(生扶)를 받아 왕(旺)하므로 병화식신
(丙火食神)이 용신이다. 인(寅)은 봄이요, 갑(甲)은 나무이며,
병(丙)은 꽃망울로서 봄동산에 꽃이 활짝 핀 격이다.

44)　　壬　癸　癸　甲
　　　　戌　卯　酉　申

계수(癸水)가 금왕절(金旺節)에 생하고 지지에 신유술 서방국(申酉戌 西方局)을 이루고 천간에 임계수(壬癸水)가 투출하여 태강(太强)하므로 목(木)을 용신한다. 묘유(卯酉)가 상충(相沖)하여 용신이 파극(破剋)되었으나 묘술(卯戌)로 합(合)되어 충(沖)이 해소되었다.

45)　　丁　乙　庚　甲
　　　　丑　亥　午　戌

을목(乙木)이 여름에 생하고 지지에 오술반화국(午戌半火局)을 이루고 시상에 정화(丁火)가 투출되어 신약하므로 일지의 해수(亥水)가 용신이다.

46)　　戊　辛　丙　壬
　　　　戌　酉　午　申

신금(辛金)이 오월(午月)에 생하고 월상에 병화(丙火)가 투출하였는데 임수(壬水)가 제(制)하였고 신금(辛金)이 일지유(酉)에 좌록(坐祿)하고 년, 시상의 토금(土金)이 생부(生扶)하니 신강하므로 화(火)를 용신한다.

47)　　己　戊　辛　癸
　　　　未　申　酉　亥

무토(戊土)가 유월(酉月)에 생하고 유중신금(酉中辛金)이 투출되어 금수(金水)가 왕하므로 신약하다. 신약하면 인성(印星)으로 용신을 해야겠으나 인성이 없으므로 시상의 기토겁재(己土劫財)를 용신한다.

48)　庚 甲 壬 壬　신강하고 살(殺)이 천(淺)하다. 극왕(極
　　　午 寅 寅 辰　旺)하면 설기(洩氣)하는 것이 좋고, 극
제(剋制)하는 것은 좋지 않으니 설기하는 시지 오화(午火)로써 용신한다.

49)　丁 乙 丙 壬　을목(乙木)이 하월(夏月)에 생하여 실령
　　　亥 亥 午 子　(失令)되었으나 득지, 득세하여 신강하
다. 인성(印星)이 많으므로 재성(財星)이 용신이겠으나 재성이 없으므로 병화(丙火)가 용신이다.

50)　庚 戊 庚 丙　식신(食神)이 매우 왕하고, 왕한 식신이
　　　申 申 子 申　재(財)를 생하므로 신약하다. 신약하면
인비(印比)로 일주를 생부(生扶)해야 되므로 년상의 병화(丙火)가 용신이다.

51)　癸 丙 己 癸　병화(丙火)가 하월(夏月)에 생하고 지지
　　　巳 午 未 酉　에　사오미남방화국(巳午未南方火局)을
이루어 신강하다. 신강하면 극제(剋制)나 설기(泄氣)를 시켜야 되는데 화토(火土)가 왕하므로 재성(財星)의 생(生)을 받고 있는 년상의 계수(癸水)가 용신이다.

52)　甲 己 丙 甲　기토(己土)가 인월(寅月)에 생하여 한
　　　子 丑 寅 子　습(寒濕)하고 신약하므로 월간에 투출
한 병화(丙火)로써 용신한다.

53)　丁 丁 丁 辛　정화(丁火)가 유월(酉月)에 생하여 비록
　　　未 巳 酉 丑　실령(失令)을 했으나 화(火)가 많아 신
　　　　　　　　　강(身强)하다고 보기 쉬우나 지지에 사
유축금국(巳酉丑金局)을 이루고 유중신금(酉中辛金)이 투간(透
干)하여 왕하므로 신약사주이다. 그러므로 일주를 돕는 정화비견
(丁火比肩)이 용신이다.

54)　丁 乙 辛 癸　을목(乙木)이 유월(酉月)에 생하여 실령
　　　亥 酉 酉 未　(失令)하고 신약한데 신금칠살(辛金七
　　　　　　　　　殺)이 득령(得令)하여 태강(太强)하니
살(殺)을 제(制)하는 정화(丁火)로써 용신을 한다.

55)　丙 乙 戊 辛　을목(乙木)이 추월(秋月)에 생하고 득지
　　　戌 亥 戌 卯　(得地)는 하였으나 실령, 실세되어 매우
　　　　　　　　　신약하다. 신약하면 인성(印星)으로 용
신을 해야겠으나 인성은 삼토(三土)에게 극을 당하여 쓸 수가 없
고 묘목비견(卯木比肩)을 용신한다.

56)　己 丁 丙 丁　정화(丁火)가 오월(午月)에 생하여 월령
　　　酉 酉 午 酉　(月令)에 건록(建祿)하고 비겁(比劫)이
　　　　　　　　　태왕(太旺)하여 신왕하니 화,금(火,金)
이 대립하여 쟁재(爭財)가 심하니 시상 기토(己土)로써 용신을
삼는다.

57)　乙　戊　甲　癸　　수(水)의 생조(生助)를 받은 관살(官殺)
　　　卯　辰　寅　亥　　이 합국(合局)되고 양투(兩透)되어 태왕
　　　　　　　　　　　　(太旺)하니 종살(從殺)할 수 밖에 없다.

만약 병화(丙火)만 있었더라도 종살할 필요가 없었을 것이다. 이 사주는 일지에 진중무토(辰中戊土)를 깔고 있는 양일주(陽日主)이므로 종(從)은 하되 가종(假從)으로 보면 되므로 목(木)이 용신이다.

58)　己　甲　壬　戊　　이 명조는 실령, 실지, 실세를 하여 신
　　　巳　辰　戌　辰　　약하다. 신약사주는 인비(印比)로 용신
　　　　　　　　　　　　을 삼아야 되나 임수인성(壬水印星)이

왕토(旺土)에게 극되며, 갑기합토(甲己合土)되고 월령(月令)이 토(土)이므로 갑기합화토격(甲己合化土格)이 되므로 토(土)가 용신이다.

59)　壬　壬　庚　癸　　임수(壬水)가 신월(申月)에 생하고 인비
　　　寅　申　申　酉　　(印比)인 금수기(金水氣)가 왕하므로 설
　　　　　　　　　　　　기(泄氣)시키는　인목식신(寅木食神)이

용신이다.

60)　甲　丁　己　壬　　정화(丁火)가 유월(酉月)에 생하여 지지
　　　辰　丑　酉　申　　에 한 점의 뿌리가 없어 신약하다. 그러
　　　　　　　　　　　　므로 시상갑목(時上甲木)으로 용신한다.

61) 辛 丁 丁 庚   이 명조는 실령, 실지, 실세하여 신약하
　　丑 丑 亥 辰   며 무근무기(無根無氣)하여 부득이 종세
(從勢)하게 된다. 신약하면 인비(印比)
로 생조(生助)함이 원칙이나 이 사주는 음일주(陰日主)로서 비견
(比肩)인 정화(丁火)는 기댈만한 힘이 안되므로 수(水)에게 따라
가니 수(水)가 용신이다.

62) 甲 癸 癸 丁   이 명조는 실령, 실지. 실세를 하고 식
　　寅 卯 卯 亥   상(食傷)이 태왕(太旺)하여 신약하다.
금인성(金印星)이 있다면 목식상(木食
傷)을 극제(剋制)하겠으나 금(金)이 없으므로 부득이 비겁(比劫)
으로 용신한다.

63) 丁 甲 乙 庚   갑목(甲木)이 유월(酉月)에 생하여 실령
　　卯 申 酉 戌   (失令)하고 관살혼잡(官殺混雜)하여 격
이 탁하다. 상관(傷官)으로 살(殺)을 제
(制)하니 정화(丁火)가 용신이다.

64) 丙 乙 丁 庚   관(官)의 생조(生助)를 받은 인성(印星)
　　子 亥 亥 申   이 왕하여 신강하다. 그러나 금수(金水)
가 왕하여 냉한(冷寒)하므로 따뜻함을
필요로하니 병화(丙火)가 용신이다.

65)　　戊 辛 戊 丁
　　　子 丑 申 未

득령, 득지, 득세를 하여 신왕하다. 왕한 자는 극제를 해야 되며 금(金)은 불을 만나야 보검(寶劍)이 만들어지므로 정화관(丁火官)이 용신이다.

66)　　乙 甲 癸 戊
　　　亥 子 亥 辰

이 명조는 수(水)가 태왕(太旺)하여 나무가 물 위에 둥둥뜨는 형상이요, 뿌리가 꽁꽁 얼어버렸다. 다행하게도 년간의 제(制)하고 무계합화(戊癸合火)를 하니 무토(戊土)가 수(水)를 무토(戊土)가 용신이다.

67)　　癸 丁 丁 乙
　　　卯 酉 亥 酉

정화(丁火)가 해월(亥月)에 생하고 금수(金水)가 강하며 일주가 약하므로 목(木)의 생부(生扶)를 기뻐한다. 다행히 을목(乙木)이 시지에 통근(通根)해 있으므로 을목(乙木)이 용신이다.

68)　　乙 庚 壬 壬
　　　酉 辰 子 午

경금(庚金)이 자월(子月)에 태어나 한냉(寒冷)하고 습(濕)하므로 년지의 오화(午火)가 조후용신(調候用神)이다.

69)　　癸 丁 甲 癸
　　　卯 酉 子 亥

정화(丁火)가 동월(冬月)에 태어나 실령, 실지, 실세하여 신약하므로 일주를 생하는 갑목(甲木)이 용신이다.

70)　丁　戊　癸　癸
　　　巳　子　亥　酉

년지 상관이 재(財)를 생하여 재왕(財旺)하며, 일주 무토(戊土)는 동월(冬月)에 태어나 실령(失令)하고, 신약한 일주를 도와주는 인성(印星)은 천충지충(天沖地沖)되어 약하다. 그러나 계수(癸水)가 정화(丁火)를 충극(冲剋)하는 것을 일주 무토(戊土)가 가로막으므로 무토비견(戊土比肩)이 용신이다.

71)　甲　甲　乙　己
　　　子　子　亥　亥

이 명조는 인성(印星)과 비겁(比劫)이 왕하여 종강격(從强格)이 되어 수인성(水印星)이 용신이다. 종사주(從四柱)는 왕한 대세(大勢)에 따라가는 것이 원칙이다.

72)　辛　乙　己　丁
　　　巳　亥　酉　酉

이 명조는 을목일주(乙木日主)가 유월(酉月)에 태어나고 관살(官殺)이 많으며 식상(食傷)의 설기(泄氣)가 심하므로 신약하다. 그러므로 일지의 해수(亥水)로 화살생신(化殺生身)하고 식상(食傷)을 극제(剋制)하므로 해수인수(亥水印綬)가 용신이다.

73)　辛　丁　甲　戊
　　　丑　未　寅　寅

이 명조는 정화일주(丁火日主)가 인월(寅月)에 출생하여 득령(得令)하고 인미(寅未)에 통근(通根)하며 득세(得勢)하여 신강하다. 사주에 목(木)이 많으므로 시상의 신금(辛金)으로 목(木)을 눌러 중화(中和)시키므로 신금재(辛金財)가 용신이다.

74) 丙 甲 戊 庚
     寅 寅 子 寅

갑목(甲木)이 자월(子月)에 생하여 득령, 득지, 득세하여 신강하다. 동월(冬月)이므로 대지가 꽁꽁 얼어 있으므로 잎이 돋아나는 따뜻한 봄을 그리워하는데 다행하게도 시상(時上)에 병화(丙火) 태양이 따뜻하게 비추며 언 땅을 풀리게 하므로 병화식신(丙火食神)이 조후(調候) 용신이다.

9. 조후용신표(調候用神表)

일간(日干)	용신(用神)	인寅월(月)	묘卯월(月)	진辰월(月)	사巳월(月)	오午월(月)	미未월(月)	신申월(月)	유酉월(月)	술戌월(月)	해亥월(月)	자子월(月)	축丑월(月)
갑(甲)일(日)	조후용신(調候用神)	丙	庚	庚	癸	癸	癸	庚	庚	庚	庚	丁	丁
	용신보좌(用神補佐)	癸	丙丁己	丁壬	丁庚	丁庚	庚丁	丁壬	丁丙	甲丁壬癸	丁丙戊	庚丙	庚丙
을(乙)일(日)	조후용신(調候用神)	丙	丙	癸	癸	癸	癸	丙	癸	癸	丙	丙	丙
	용신보좌(用神補佐)	癸	癸	丙戊	。	丙	丙	癸己	丙丁	辛	戊	。	。
병(丙)일(日)	조후용신(調候用神)	壬	壬	壬	壬	壬	壬	壬	壬	甲	甲	壬	壬
	용신보좌(用神補佐)	庚	己	甲	庚癸	庚	庚	戊	癸	壬	戊庚壬	戊己	甲
정(丁)일(日)	조후용신(調候用神)	甲	庚	甲	甲	壬	甲	甲	甲	甲	甲	甲	甲
	용신보좌(用神補佐)	庚	甲	庚	庚	庚癸	壬庚	庚丙戊	庚丙戊	庚戊	庚	庚	庚
무(戊)일(日)	조후용신(調候用神)	丙	丙	甲	甲	壬	癸	丙	丙	甲	甲	丙	丙
	용신보좌(用神補佐)	甲癸	甲癸	丙癸	丙癸	甲丙	丙甲	癸甲	癸	丙癸	丙	甲	甲
기(己)일(日)	조후용신(調候用神)	丙	甲	丙	癸	癸	癸	丙	丙	甲	丙	丙	丙
	용신보좌(用神補佐)	庚甲	癸丙	癸甲	丙	丙	丙	癸	癸	丙癸	甲戊	甲戊	甲戊

경 일	(庚 日)	조후용신 (調候用神)	戊	丁	甲	壬	壬	丁	丁	丁	甲	丁	丁	丙
		용신보좌 (用神補佐)	甲壬 丙丁	甲庚 丙	丁壬 癸	戊丙 丁	癸	甲	甲	甲丙	壬	丙	甲丙	丁甲
신 일	(辛 日)	조후용신 (調候用神)	己	壬	壬	壬	壬	壬	壬	壬	壬	壬	丙	丙
		용신보좌 (用神補佐)	壬庚	甲	甲	甲癸	己癸	庚甲	甲戊	甲	甲	丙	戊壬 甲	壬戊 己
임 일	(壬 日)	조후용신 (調候用神)	庚	戊	甲	壬	癸	辛	戊	甲	甲	戊	戊	丙
		용신보좌 (用神補佐)	丙戊	辛庚	庚	辛庚 癸	庚辛	甲	丁	庚	丙	丙庚	丙	丁甲
계 일	(癸 日)	조후용신 (調候用神)	辛	庚	丙	辛	庚	庚	丁	辛	辛	庚	丙	丙
		용신보좌 (用神補佐)	丙	辛	辛甲	。	辛壬 癸	辛壬 癸	。	丙	甲壬 癸	辛戊 丁	辛	丁

10. 사시희기표(四時喜忌表)

희기(喜忌) / 사시(四時)	희(喜)	기(忌)
갑을일(甲乙日) 춘월(春月)	토금화(土金火)	목수(木水)
갑을일(甲乙日) 하월(夏月)	수토금(水土金)	화목(火木)
갑을일(甲乙日) 추월(秋月)	화토수(火土水)	금목(金木)
갑을일(甲乙日) 동월(冬月)	화토금(火土金)	수목(水木)
병정일(丙丁日) 춘월(春月)	금수토(金水土)	목화(木火)
병정일(丙丁日) 하월(夏月)	금수토(金水土)	화목(火木)
병정일(丙丁日) 추월(秋月)	목화수(木火水)	금토(金土)
병정일(丙丁日) 동월(冬月)	목화토(木火土)	수금(水金)
무기일(戊己日) 춘월(春月)	화토금(火土金)	수목(水木)
무기일(戊己日) 하월(夏月)	수금목(水金木)	화토(火土)
무기일(戊己日) 추월(秋月)	토화목(土火木)	금수(金水)
무기일(戊己日) 동월(冬月)	화토목(火土木)	금수(金水)
경신일(庚辛日) 춘월(春月)	토화금(土火金)	목수(木水)
경신일(庚辛日) 하월(夏月)	토금수(土金水)	화목(火木)
경신일(庚辛日) 추월(秋月)	수화목(水火木)	금토(金土)
경신일(庚辛日) 동월(冬月)	화토금(火土金)	수목(水木)
임계일(壬癸日) 춘월(春月)	토화목(土火木)	수금(水金)
임계일(壬癸日) 하월(夏月)	수금토(水金土)	화목(火木)
임계일(壬癸日) 추월(秋月)	화목토(火木土)	수금(水金)
임계일(壬癸日) 동월(冬月)	화토목(火土木)	수금(水金)

11. 일주(日主) 대(對) 월령(月令)과의 희기표(喜忌表)

月支 ＼ 日干	갑(甲)		을(乙)		병(丙)		정(丁)		무(戊)		기(己)		경(庚)		신(辛)		임(壬)		계(癸)	
喜忌	吉	凶	吉	凶	吉	凶	吉	凶	吉	凶	吉	凶	吉	凶	吉	凶	吉	凶	吉	凶
子月	火土金	水木	火	水木	木火	金	木火	水金	火水	水金	火木	水金	火土金	水木	火金土	木水	土木火	水金	木火土	水金
丑月	火	水	火	水	木火	金土	木火	水金土	火木	水金	火木	水金	火木	水	火木	土	木火	水金	木火	水金
寅月	火土金	木水	火土金	木水	土金水	木火	火土木	火	火土	木水	火土	木水	火土金	木水	土金	火木	金水	木水	金水	木火土
卯月	金火土	木水	火土金	木水	土金水	木火	金火	火	火土	木水	火土	木水	火土	木水	土金	火木	金水	木火土	金水	木火土
辰月	金火	木水	水		土金	水	水金		土	木	金水	火	金水	火	金水	木	金水	木火土	金水	木火土
巳月	水木	火土	水木	火土	水木	火金	水金	火		火	金水	火土	金水	火土	水	火	金水	火木土	金水	火土木
午月	水木	火土	水木	火土	水木	火金	水木	火金	火木	金水	金水	火土	金水	火土	水金土	火	金水	火木土	金水	火土木

未 月	水木	金土	水木	火土	水金	火	木	土	金水木	火土	金水木	火土	火木	土	水木	土火	金水	火木土	金水	火土木
申 月	木火水	金土	木火水	金土	木火	金土	木火	金水	火土	金水	火土	金水	火木	金土	水木	金土	火木	金水	木火	金水
酉 月	木火水	金土	木火水	金土	木火	金土	木火	金水	火土	金水	火土	金水	火木	金土	水木	金土	木火	金水	木火	金水
戌 月	木水	土金	木水	土金	木	土金	木	土金水	木金水	土火	木金水	土火	火木	土金	木水	土金	金水	土火	金水	土火
亥 月	火土金	水木	火	水木	木火	金	木火	金水	火土	水金	火土	水金	火土金	水木	土金	水木	木火土	水金	木火土	水金

12. 일주(日主)와 월주(月柱)와의 희신표(喜神表)

月＼日	甲乙	丙丁	戊己	庚辛	壬癸	月＼日	甲乙	丙丁	戊己	庚辛	壬癸
甲子	金	木火	土火	土火	水火	己丑	火	木	金	火	火金
甲寅	金	水	火	火	金	己卯	火	土	火	木	金水
甲辰	水	水木	金	火水	水金	己巳	水	土	金	土	金
甲午	水土	土	金	土	水	己未	水土	木	金	水木	金
甲申	土	火	火	水	土	己酉	土	火	火	水	土
甲戌	火	木	木金	木火	金	己亥	金	木火	火土	土	木火
乙丑	火	木	金	火	火金	庚子	金	木火	土火	土火	木火
乙卯	火	土	火	木	金水	庚寅	金	水	火	火	金
乙巳	水	土	金	土	金	庚辰	水	水木	金	火水	水金
乙未	水土	木	金	水木	金	庚午	水土	土	金	土	水
乙酉	土	火	火	水	土	庚申	土	火	火	水	土
乙亥	金	木火	火土	土	木火	庚戌	火	木	木金	木火	金
丙子	金	木火	土火	土金	木火	辛丑	火	木	金	火	火金
丙寅	金	水	火	火	金	辛卯	火	土	火	木	金水
丙辰	水	水木	金	火水	水金	辛巳	水	土	金	土	金
丙午	水	土	金	土	水	辛未	水土	木	金	水木	金
丙申	土	火	火	水	土	辛酉	土	火	火	水	土
丙戌	火	木	木	木	金	辛亥	金	木火	火土	土	木火

丁丑	火	木	金	火	火金	壬子	金	木火	土火	土火	木火
丁卯	火	土	火	木	金水	壬寅	金	水	火	火	金
丁巳	水	土	金	土	金	壬辰	水	水木	金	火水	水金
丁未	水土	木	金	水木	金	壬午	水土	土	金	土	水
丁酉	土	火	火	水	土	壬申	土	火	火	水	土
丁亥	金	木火	火土	土	木火	壬戌	火	木	木金	木火	金
戊子	金	木火	土火	土火	木火	癸丑	火	木	金	火	火金
戊寅	金	土	火	火	金	癸卯	火	土	火	木	金水
戊辰	水	水木	金	火水	水金	癸巳	水	土	金	土	金
戊午	土水	土	金	土	水	癸未	水土	木	金	水木	金
戊申	土	火	火	水	土	癸酉	土	火	火	水	土
戊戌	火	木	木金	木火	金	癸亥	金	木火	火土	土	木火

13. 용신(用神)에 의한 성격(性格)

① 비견(比肩)이 용신(用神)이면 의지가 견고하고 독립심이 왕성하며 용감하고 인내력이 있으며 온건하고 화평하며 고집이 세고 자수성가하는 사람이 많다. 비견(比肩)이 너무 많으면 자존심이 강하고 비사교적이며 반항아적인 기질이 있어 친구와 친족간에 불화가 많다. 월주(月柱)의 천지성(天地星)이 모두 비견(比肩)이면 성질이 좀 난폭하다. 비견을 충(沖)하면 대인관계가 원만치 못하며 시비를 좋아한다.

② 겁재(劫財)가 용신(用神)이면 행동적이고 지기 싫어하며 어떠한 일에도 정열을 기울이며 역경에도 분투하는 기개를 지닌다. 성격이 솔직하고 외식이 없으며 매사에 열성적이나 겁재(劫財)가 너무 많으면 사생활이 문란하여 가정이 원만치 못하고 부부 간에 불목이 심하다. 인격이 졸렬하고 겉은 좋으나 내심은 사악한 사람이다.양인(羊刃)이 있을 때는 더욱 강하다. 또 겁재(劫財)와 양인(羊刃)이 여러 개 있으면 성질이 고강(高强)하고, 겁재(劫財)와 상관(傷官)이 있으면 성질이 흉악하다.

③ 식신(食神)이 용신(用神)이면 도량이 넓고 선량하다. 온후 겸손하며 명랑하고 덕망을 갖추고 있다. 사람됨이 출중하여 만인의 추앙을 받으며 의식주에 곤란함이 없고 타인에게 이익을 주려는 마음이 있으며 수복을 누린다. 식신(食神)이 너무 많으면 분발심이 없고 발전성이 없는 성격이 되기 쉽다. 식신이

왕성하면 마음이 너그럽고 풍류를 좋아한다. 식신제살격(食神制殺格)은 평생 명랑하며 낙천가이다.

④ 상관(傷官)이 용신(用神)이면 예민하고 총명하며 명랑하다. 목적을 위해서는 수단을 가리지 않으며 다재다능하고 행동이 민첩하며 자존심이 강하다. 천성의 재능을 살려 문화, 예술, 상공의 분야에서 성공한다. 상관(傷官)이 많으면 교만 방자하고 윗사람에게 반항하는 기질이 있고 숨기는 것이 없으며 다변(多辯)하다. 사주에 관살(官殺)이 없으면 사술(詐術)에 능하나 뜻이 크고 거만하며, 재성(財星)이 없으면 잔재주에 능하고, 양인(羊刃)이 있으면 간사하나 기고(氣高)하고 자부심이 강하다.

⑤ 편재(偏財)가 용신(用神)이면 활동적이며 매사에 민첩하고 기교(奇巧)가 있으면서도 빈틈이 없고 이재(理財)에 밝아 치부하는 사람이 많다. 남을 돌보기를 좋아하며 산뜻한 성미를 지녔으며 남과 거래를 곧잘 한다. 의리를 중히 여기고 재물을 가볍게 보는 데가 있다. 편재(偏財)가 많으면 안일과 쾌락을 즐기고 욕심이 많으면서도 돈을 헤프게 쓰는 기질이 있다. 편재가 천간(天干)에 투출되면 재물을 가볍게 여기며 의(義)를 좋아하고 남의 일에 참견하는 것을 좋아하며 말이 많고 주색을 좋아한다.

⑥ 정재(正財)가 용신(用神)이면 성실하고 낭비를 싫어하며 규율적이다. 세밀하고 조심성이 있으며 부지런하고 절약, 검소,

정직, 신용을 중히 여기며 이재(理財)와 상업을 경영하는데 재능이 있다. 시비를 제대로 가리는 정의파이다. 정재(正財)가 너무 많으면 게으르고 무능하며 결단력과 분발심이 없어 자기 발전이 어렵고 수전노가 되기 쉬우며 염세적인 생각을 가진 사람이 많다. 재성(財星)의 간합(干合)이 많고 일주가 쇠약하면 외관은 봄바람 같아도 내심은 간사하다. 일주가 강하고 정재 또한 왕성하면 인내심이 강하고 가정의 안태를 생각하는 사람이다.

⑦ 편관(偏官)이 용신(用神)이면 기세가 진취적이며 호방하고 의협심이 강하다. 총명하고 과단성이 있으나 권세를 믿고 타인을 능가하기 좋아한다. 매사를 처리하는데 속전, 속결하는 시원스러운 기질이 있는가 하면 타에 의존하려는 기풍을 제일 싫어한다. 적극 과감하며 통솔력을 구비하고 있다. 모험을 좋아하고 타인과의 교제를 즐기며 목적을 위해 이용하기도 잘한다. 편관(偏官)이 많으면 매사가 지지부진하며 경쟁력 같은 정신력이 부족하여 발전을 못한다. 일주가 약하고 편관이 중첩되면 타인에게 의존심이 있다.

⑧ 정관(正官)이 용신(用神)이면 온후독실하고 정직하여 매사에 지성(至誠)이 있다. 의기가 높으며 공정과 의(義)를 숭상한다. 인격이 수려하여 정도를 좋아하고 곡해를 싫어하며 고지식한 면이 있다. 용모는 위엄이 있고 방정하다. 남으로부터는 환영을 받으며 존경도 받는다. 정관(正官)이 많으면 의지력이 약하고 우왕좌왕 심신이 불안하며 우울한 성격을 갖게 된다.

정관(正官)이 형,충(刑,沖)되면 표류지명(漂流之命)이며 관록이 있더라도 오래가지 못한다.

⑨ 편인(偏印)이 용신(用神)이면 임기응변의 재능이 있으며 동시에 많은 것을 성취시킨다. 명랑하고 상하 소통을 잘 시키는 역활을 맡게 되며 논리에 밝다. 독창적이며 파격적인 발전을 기대할 수 있다. 편인(偏印)이 너무 많으면 처음에는 근면하나 나중에는 태만하며 인격이 떨어지는 하천한 사람이며 졸렬한 행동도 서슴지 않으며 탐란(貪亂)하다. 인수(印綬)와 같이 있으면 한 가지 일에만 전념하지 못하고 변덕을 부린다.

⑩ 인수(印綬)가 용신(用神)이면 총명 단정하고 지성이 넘치며 자비심이 깊고 침착하다. 인격이 높고 정직하며 곡해나 편법을 싫어하고 항상 몸매가 단정하여 보는 사람으로부터 존경을 받게 된다. 착실한 노력을 거듭하여 명예를 얻는다. 인수(印綬)가 너무 많으면 활동력이 없는 공상가요, 게으르며 매사에 자기 본위가 되기 쉬우며 인색하다. 인수와 양인(羊刃)이 있으면 재능이 있고, 인수가 충(沖)되면 마음이 바쁘고, 인수와 겁재가 있으면 인격자이며, 인수와 상관이 동주하면 허영에 흐르기 쉽다.

第 4 章. 격국론(格局論)

격국(格局)은 사주추명학(四柱推命學)에서 운명을 감정하는데 가장 중요한 작용을 한다. 격(格)이란 천간(天干)을 말함인데 생월사령신(生月司令神)을 말하고, 국(局)이란 지지(地支)를 말함인데 여기서 천간(天干)이란 일주 일간(日主 日干)을 말하고, 지지(地支)란 월지(月支)를 말하는 것인데 외에 또다시 어떤 삼합국(三合局), 방합국(方合局)을 종합하여 일주(日主)와 지지(地支) 판국을 살펴서 규격(規格)을 정하는 것으로 판국, 즉 지지국(地支局)이라 하여 국자(局字)를 따고 규격(規格)이라 하여 격자(格字)를 딴 것이다. 그러므로 격국(格局)이란 격(格)과 국(局)을 총칭함이요, 사주간명법상 분류의 편의에 의하여 붙인 명칭이다. 격국에는 크게 내격(內格)과 외격(外格)이 있으며 그 중 내격(內格)이 사주 전체의 70%를 차지한다.

내격(內格)에는 식신격(食神格), 상관격(傷官格), 편재격(偏財格), 정재격(正財格), 편관격(偏官格), 정관격(正官格), 편인격

(偏印格), 인수격(印綬格)을 팔정격(八正格)이라고 하며 여기에 건록격(建祿格)과 양인격(羊刃格)을 포함시켜 십내격(十內格)이라고 한다. 내격(內格)에 속하지 않는 것으로 외격(外格)과 잡격(雜格)이 있으며, 격국(格局)은 사주 구성에 따라 하나만 정하여지는 것이 아니고, 때로는 둘 혹은 셋이 될 수 있으며 십정격(十正格)이 변격(變格)이 될 수도 있다. 격국(格局)에도 진격(眞格)과 파격(破格)이 있으며 상,중,하(上,中,下)가 있다. 희신(喜神)이 있고 기신(忌神)이 없으면 상격(上格)이고, 희신도 없고 기신도 없으면 중격(中格)이며, 희신은 없고 기신만 있으면 하격(下格)이다.

▶ 내격(內格)을 정하는 원칙은 다음과 같다.

① 일간(日干)을 월지(月支)에 대조한 십신(十神)이 내격(內格)이 되는데 월지(月支) 암장간(暗藏干)의 정기(正氣)가 투간(透干)하였으면 그 정기(正氣)로 격(格)을 잡고, 정기(正氣)는 투간(透干)하지 않고 중기(中氣)가 투간하였으면 그 중기(中氣)로 격(格)을 잡으며, 정기(正氣)나 중기(中氣)가 투간하지 않고 여기(餘氣)가 투간하였으면 여기(餘氣)로 격(格)을 잡으며, 월지 암장(暗藏)중 투간된 자가 없을 시에는 정기(正氣)로 격(格)을 정한다.

② 진,술,축,미(辰,戌,丑,未)는 월지중(月支中) 투간자(透干者)로 격을 정하고, 두개 이상 투간했을 시에는 정기(正氣)로 격

을 정하며, 월지 암장중 투간이 없을 때는 정기(正氣)로 격을 정한다.

③ 인,신,사,해(寅,申,巳,亥)는 절기 심천(節氣 深淺)을 중요시 하여 장생궁(長生宮)을 격으로 취용(取用)할 수 있으며 이 때 에는 격용(格用)이 일치하며 정기(正氣)로 격(格)을 정한다.

④ 자,묘,유월(子,卯,酉月)은 투간(透干) 여부를 불문하고 월지 정기(正氣)를 그대로 격을 정한다. 오월(午月)은 주로 정기 (正氣)로 격을 정하지만 암장중 투간된 자로 격을 정하는 경 우가 많다.

⑤ 월지 장간(藏干)이 투간하지 않거나 비록 투간했어도 파극(破 剋)되어 쓸모가 없으면 월지 장간 오행(五行)의 가장 강한 세 력인 정기(正氣)를 그대로 취용(取用)한다.

격국(格局)의 예시(例示)

丙　丙　戊　辛
申　子　戌　亥

월지 술중(戌中)의 정기(正氣)인 무토(戊土)가 월상에 투간(透干) 되었으므로 식신격(食神格)이다.

乙　丁　戊　己
巳　卯　辰　亥

월지 진중(辰中)의 정기(正氣)인 무토(戊土)가 월상에 투간(透干) 되었으므로 상관격(傷官格)이다.

戊　庚　丙　甲
寅　午　寅　子

월지 인중(寅中)의 정기(正氣)인 갑목(甲木)이 년상에 투간(透干) 되었으므로 편재격(偏財格)이다.

丙　甲　己　庚
寅　辰　丑　子

월지 축중(丑中)의 정기(正氣)인 기토(己土)가 월상에 투간(透干) 되었으므로 정재격(正財格)이다.

癸　丁　丙　癸
卯　丑　辰　未

월지 진중(辰中)의 중기(中氣)인 계수(癸水)가 시상에 투간(透干) 되었으므로 편관격(偏官格)이다.

癸　丙　丙　甲
巳　申　子　辰

월지에 자수 정관(子水 正官)이 놓여 정관격(正官格) 이다.

<table>
<tr><td>己
酉</td><td>丁
未</td><td>丁
卯</td><td>己
亥</td><td>월지에 묘목 편인(卯木 偏印)이 놓여 편
인격(偏印格) 이다.</td></tr>
</table>

<table>
<tr><td>戊
戌</td><td>1
丙
寅</td><td>乙
未</td><td>辛
卯</td><td>월지 미중(未中)의 중기(中氣)인 을목(乙
木)이 월상에 투간(透干) 되었으므로 인
수격(印綬格)이다.</td></tr>
</table>

<table>
<tr><td>庚
辰</td><td>乙
丑</td><td>辛
卯</td><td>辛
丑</td><td>월지에 건록(建祿)이 놓였으므로 건록격
(建祿格)이다.</td></tr>
</table>

<table>
<tr><td>壬
寅</td><td>壬
戌</td><td>戊
子</td><td>乙
卯</td><td>월지에 양인(羊刃)이 놓였으므로 양인격
(羊刃格)이다.</td></tr>
</table>

<table>
<tr><td>甲
子</td><td>甲
辰</td><td>癸
卯</td><td>壬
寅</td><td>목일주(木日主)가 지지에 인묘진목국(寅
卯辰木局)을 이루고 금(金)이 없으므로
곡직격(曲直格)이다.</td></tr>
</table>

<table>
<tr><td>辛
酉</td><td>丙
寅</td><td>丙
午</td><td>庚
戌</td><td>화일주(火日主)가 지지에 인오술화국(寅
午戌火局)을 이루고 수(水)가 없으므로
염상격(炎上格)이다.</td></tr>
</table>

<table>
<tr><td>癸
丑</td><td>戊
辰</td><td>己
未</td><td>戊
戌</td><td>토일주(土日主)가 지지에 토국(土局)을
이루고 목(木)이 없으므로 가색격(稼穡
格)이다.</td></tr>
</table>

乙	庚	辛	戊	금일주(金日主)가 지지에 신유술금국(申酉戌金局)을 이루고 화(火)가 없으므로 종혁격(從革格)이다.
酉	戌	酉	申	

금일주(金日主)가 지지에 신유술금국(申酉戌金局)을 이루고 화(火)가 없으므로 종혁격(從革格)이다.

辛	壬	庚	庚	
亥	申	辰	子	

수일주(水日主)가 지지에 신자진수국(申子辰水局)을 이루고 무,기,술,미토(戊,己,戌,未土)가 없으므로 윤하격(潤下格)이다

己	丙	乙	庚	
丑	申	酉	戌	

지지에 신유술 재국(申酉戌 財局)을 놓고, 유축합(酉丑合), 을경합(乙庚合)이 되고, 식상(食傷)이 재(財)를 생하므로 온통 재(財)의 세력인 까닭에 신약한 일주는 종재(從財)하게 되므로 종재격(從財格)이다.

甲	乙	辛	戊	
申	酉	酉	戌	

지지에 신유술 살국(申酉戌 殺局)을 놓고, 신금(辛金)이 투출하여 살(殺)이 태왕하므로 종살격(從殺格)이다. 갑목(甲木)에게 의지하려고 하나 절지(絶地)에 놓여 기댈수가 없다.

乙	癸	壬	丁	사주가 온통 식상(食傷)뿐이므로 종아격 (從兒格)이다.
卯	卯	寅	卯	임수(壬水)에게 도움을 청하지만 정임합 목(丁壬合木)하여 식신, 상관 세력에 따라 간다.

乙	甲	乙	癸	비겁(比劫)이 태왕(太旺)하고, 인성(印 星)이 생하므로 종왕격(從旺格)이다.
亥	寅	卯	卯	

甲	甲	癸	壬	인성(印星)이 태왕(太旺)하고, 비겁(比 劫)이 도우므로 종강격(從强格)이다.
子	子	卯	子	

己	甲	壬	戊	갑일주(甲日主)가 갑기합토(甲己合土)되 고 술토월(戌土月)에 생하여 목(木)이 없 으므로 화토격(化土格) 이다.
巳	辰	戌	辰	

乙	庚	辛	癸	경일주(庚日主)가 을경합금(乙庚合金)되 고 유금월(酉金月)에 생하여 화(火)가 없 으므로 화금격(化金格) 이다.
酉	申	酉	丑	

辛	丙	辛	丙	병일주(丙日主)가 병신합수(丙辛合水)되 고 해수월(亥水月)에 생하여 무,기,술, 미,토(戊,己,戌,未,土)가 없으므로 화수 격(化水格)이다.
卯	子	亥	辰	

癸	壬	丁	己	임일주(壬日主)가　정임합목(丁壬合木)되
卯	午	卯	卯	고 묘목월(卯木月)에 생하여 금(金)이 없
				으므로 화목격(化木格)이다.

癸	戊	甲	丙	무일주(戊日主)가　무계합화(戊癸合火)되
丑	申	午	寅	고 오화월(午火月)에 생하여 수(水)가 없
				으므로 화화격(化火格)이다.

戊	己	癸	丁	기토일주(己土日主)가 축월(丑月)에 출생
辰	酉	丑	丑	하여　축중계수(丑中癸水)　편재(偏財)가
				월상에　투간(透干)하므로　잡기편재격(雜
				氣偏財格)이다.

甲	壬	丁	己	임수일주(壬水日主)가 축월(丑月)에 생하
辰	辰	丑	酉	여 축중기토 (丑中己土) 정관(正官)이 년
				상에　투간(透干)하므로　잡기관성격(雜氣
				官星格)이다.

戊	辛	戊	丙	신금일주(辛金日主)가 술월(戌月)에 생하
子	酉	戌	寅	여 술중무토 (戌中戊土) 인수(印綬)가 월
				상에　투간(透干)하므로　잡기인수격(雜氣
				印綬格)이다.

庚	庚	庚	戊
辰	申	申	子

경신일주(庚申日主)가 신자진(申子辰)이 구전(俱全)하고, 인오술(寅午戌)이 없으므로 정란차격(井欄叉格)이다.

丁	己	丁	庚
卯	未	亥	子

기미일주(己未日主)가 해묘미(亥卯未)가 구전(俱全)하여 구진득위격(勾陳得位格)이다.

庚	壬	壬	壬
戌	午	寅	午

임오일주(壬午日主)가 인오술(寅午戌)이 구전(俱全)하여 현무당권격(玄武當權格)이다.

甲	甲	甲	癸
子	子	寅	亥

갑자일(甲子日) 갑자시생(甲子時生)으로 관성(官星)과 축오(丑午)가 없으므로 자요사격(子遙巳格)이다.

己	辛	辛	辛
丑	丑	丑	丑

신축일주(辛丑日主)가 사주에 축(丑)자가 많고 자(子)자가 없으므로 축요사격(丑遙巳格)이다.

壬	壬	壬	壬
寅	子	子	子

임자일주(壬子日主)가 자(子)자가 많고 오(午)자와 정관(正官)이 없으므로 비천록마격(飛天祿馬格)이다.

乙	甲	癸	癸	갑일주(甲日主)가 해시(亥時)에 출생하고
亥	子	亥	亥	해(亥)자가 많아 육갑추건격(六甲趨乾格) 이다.

壬	壬	甲	戊	임일주(壬日主)가 인시(寅時)에 태어나고
寅	子	寅	寅	인(寅)자가 많아 육임추간격(六壬趨艮格) 이다.

戊	辛	辛	戊	신일주(辛日主)가 무자시(戊子時)에 출생
子	亥	酉	辰	하여 육음조양격(六陰朝陽格)이다.

丙	乙	丁	甲	을미일주(乙未日主)가 병자시(丙子時)에
子	未	卯	子	출생하여 육을서귀격(六乙鼠貴格)이다.

壬	壬	壬	壬	임진일주(壬辰日主)가 진(辰)자나 인(寅)
寅	辰	寅	辰	자가 많고 정관(正官)이 없으므로 임기용 배격(壬騎龍背格)이다.

庚	乙	辛	辛	을유일주(乙酉日主)가 사유축(巳酉丑)이
辰	酉	丑	巳	구전(俱全)되어 복덕격(福德格)이다.

| 丙 | 甲 | 癸 | 丙 | 갑일(甲日)의 녹(祿)이 시지(時支)에 있 |
| 寅 | 子 | 巳 | 午 | 으므로 귀록격(歸祿格)이다. |

| 乙 | 癸 | 甲 | 癸 | 수목(水木)이 각각 이간이지(二干二支)이 |
| 卯 | 亥 | 寅 | 亥 | 므로 양신성상격(兩神成象格)이다. |

| 乙 | 乙 | 乙 | 乙 | 사주의 간지(干支)가 넷이 모두 같으므로 |
| 酉 | 酉 | 酉 | 酉 | 간지동체격(干支同體格)이다. |

| 壬 | 壬 | 壬 | 壬 | 사천간(四天干)이 모두 같으므로 천원일 |
| 寅 | 辰 | 寅 | 子 | 기격(天元一氣格)이다. |

| 丙 | 戊 | 壬 | 丙 | 사지지(四地支)가 모두 같으므로 지진일 |
| 辰 | 辰 | 辰 | 辰 | 기격(支辰一氣格)이다. |

甲	癸	癸	丁	계일주(癸日主)가 인시(寅時)에 출생하고
寅	卯	卯	亥	무,기,경,신,사 (戊,己,庚,申,巳)가 없으
				므로 형합격(刑合格)이다.

癸	癸	癸	壬	계묘일(癸卯日)에 출생하여 일지(日支)에
亥	卯	亥	戌	천을귀인(天乙貴人)이 놓이므로 일귀격
				(日貴格)이다.

庚辰	庚辰	庚辰	乙巳	경진일(庚辰日)에 출생하여 괴강격(魁罡格)이다.

乙亥	甲寅	丁巳	戊午	갑인일(甲寅日)에 출생하여 일지(日支)에 녹(祿)이 놓이므로 전록격(專祿格)이다.

庚申	癸巳	己亥	辛酉	계사일(癸巳日)에 출생하여 사중(巳中)의 무토(戊土)는 정관(正官)이요, 병화(丙火)는 정재(正財)가 되므로 재관쌍미격(財官雙美格)이다.

乙丑	己酉	丁巳	戊戌	기유일주(己酉日主)가 축시(丑時)에 출생하고 사유축(巳酉丑)이 있으므로 금신격(金神格)이다.

辛卯	辛丑	乙酉	庚辰	신축일주(辛丑日主)가 신묘시(辛卯時)에 태어나고 인(寅)자가 없으므로 공귀격(拱貴格)이다.

戊午	戊辰	辛酉	戊午	무진일주(戊辰日主)가 무오시(戊午時)에 태어나고 사(巳)자가 없으므로 공록격(拱祿格)이다.

甲	甲	戊	己	갑인일주(甲寅日主)가 갑자시(甲子時)에
子	寅	辰	未	태어나고 축(丑)자가 없으므로 공재격(拱
				財格)이다.

丙	庚	癸	甲	출생시가 사고시(四庫時)가 되므로 시묘
戌	申	酉	辰	격(時墓格)이다.
				관성인 병(丙)에서 술(戌)은 묘(墓)가 되
				므로 관고시(官庫時)가 된다.

丁	丙	乙	丁	오로지 생시(生時)에만 재성(財星)이 있
酉	寅	巳	卯	으므로 전재격(專財格)이다.

1. 식신격(食神格)

일간 (日干)	갑(甲)	을(乙)	병(丙)	정(丁)	무(戊)	기(己)	경(庚)	신(辛)	임(壬)	계(癸)
생월지 (生月支)	사(巳)	오(午) 미(未) 술(戌)	인(寅) 신(申) 진(辰) 술(戌)	미(未) 축(丑)	신(申)	유(酉)o 술(戌) 축(丑)	해(亥)	진(辰) 자(子)o 축(丑)	인(寅)	묘(卯) 진(辰) 미(未)
투간 (透干)	병(丙)	정(丁)	무(戊)	기(己)	경(庚)	신(辛)	임(壬)	계(癸)	갑(甲)	을(乙)

0표는 투간되지 않아도 취격(取格)이 가능하다.

① 식신격(食神格)은 일간(日干)이 왕하고 식신(食神)이 유기(有氣)하면 현명하고, 부귀와 장수를 누리며 음식을 잘 먹고 인물이 풍만하다.

② 식신격(食神格)은 추동생(秋冬生)은 희(喜)하나 춘하생(春夏生)은 기(忌)한다. 식신격은 편인(偏印)은 병(病)이 되어 대기(大忌)하고, 재성(財星)은 약신(藥神)이 된다.

③ 식신은 일생동안 흉재가 없고 길행(吉幸)이 많으며 일생동안 의식주가 풍족하고 복이 있으며 도량이 넓다.

④ 신왕(身旺)하고 식신(食神)도 왕한데 편인(偏印)의 극(剋)이 없고 재운(財運)을 만나면 크게 발복한다. 일주(日主)와 식신이 생왕(生旺)하고 길성(吉星)이 서로 도우면 재복(財福)과 식록(食祿)이 풍부하고 식신상왕운(食神相旺運)에 발복한다.

⑤ 식신이 무기(無氣)하고 편인(偏印)을 만나 파손되면 유시무종(有始無終)하고 신체가 허약하거나 이상이 있고 왜소하다. 욕심이 많아도 성공하지 못하고 가난하지 않으면 단명한다.

⑥ 식신격이 편인(偏印), 형(刑), 충(沖), 파(破), 공망(空亡), 사(死), 절(絶) 등이 있으면 파격(破格)이 되는데, 편인이 합거(合去)나 충거(沖去)가 되든지 재성(財星)이 있으면 다시 성격(成格)한다.

⑦ 식신용겁격(食神用劫格)은 항상 보이지 않는 곳에서 지출이 많고 또 매사에 만용은 금물이니 삼가해야 된다. 식신용상식격(食神用傷食格)은 눈앞의 이익보다는 원대한 꿈을 갖고 생활해야 하는 사람이다. 식신용재격(食神用財格)은 부하를 잘 만나서 성공을 하게 된다. 식신용관격(食神用官格)은 주위가 산란하지만 종내는 수습이 되며 또한 매사에 있어서도 항상 위기 직전에서 구출되는 사람이다. 식신용인격(食神用印格)은 먼저는 나가고 뒤에 얻는 상이라 항상 윗사람의 조언에 잘 따라야 실패가 적으며 또한 공부도 열심히 하여야 한다.

⑧ 식신이 충(沖), 파(破), 공망(空亡)을 만나면 파격(破格)이 되어 주거 변동이 심하고 의식주의 어려움을 받게 되어 용모가 초췌하다. 식신이 공망(空亡)인데 관살(官殺)이 있으면 종교, 예술, 역술인, 의사, 약사의 명이다.

⑨ 식신과 편관(偏官)이 교집(交集)하면 강한 것을 극제함이 마땅하다.

⑩ 식신이 제살(制殺)한다 하여도 살(殺)과 가까이 있으면 재(災)가 일어나기 쉽고, 생시(生時)에 정관(正官) 또는 편관(偏官) 일위(一位)가 있으면 호명(好命)이다.

⑪ 식신이 편관(偏官)과 같이 있을 때 재성(財星)이 투출(透出)하면 대흉하고 편인(偏印)을 만나면 길하다. 식신이 투간(透干)하여 왕하면 년(年)이나 월(月)에 편관이 있어도 흉이 되지 않는다.

⑫ 월주(月柱)에 식신이 있고 시주(時柱)에 편관이 있으면 부귀하고, 월주에 편관이 있고 시주에 식신이 있으면 일생 빈곤하다. 식신이 편관과 같이 있으면 영웅이요, 인성(印星)을 만나면 발신(發身)한다.

⑬ 식신이 파(破)가 되고 공망(空亡)이 되고, 사(死), 절(絶), 편인운(偏印運)에는 재난, 질병, 사업실패 등으로 의식주의 심한 고통을 받게 된다. 편인(偏印), 인수(印綬)가 많으면 극빈하고, 양인(羊刃)이 겹쳐 있으면 항상 고생이고 형(刑), 충(沖), 파(破)되면 동분서주의 명이다.

⑭ 식신이 약하고 관살(官殺)이 왕하면 식상운(食傷運)이 길하고 인성운(印星運)이 흉하며, 식상이 많고 관살이 약하면 재성(財星)이나 인성운이 길하다. 식신제살격(食神制殺格)이 비록 귀격(貴格)이지만 일주가 지나치게 약하면 불의(不宜)하며 편인을 만나면 가난하고 단명한다.

⑮ 식신격을 놓으면 마음이 넓고 도량이 있으며 영감이 빠르고 재주가 많으며 남의 마음을 잘 헤아린다. 여명은 심성이 착하나 남편덕이 부족하고 음식 솜씨가 좋다. 직업은 교육, 문화,

서비스업, 기술업, 식품업, 은행, 농업, 미술, 도매상, 생산 가공 등이 적합하다.

2. 상관격(傷官格)

일간 (日干)	갑(甲)	을(乙)	병(丙)	정(丁)	무(戊)	기(己)	경(庚)	신(辛)	임(壬)	계(癸)
생월지 (生月支)	오(午) 미(未) 술(戌)	인(寅) 사(巳)	오(午)o 미(未) 축(丑)	인(寅) 진(辰) 사(巳) 신(申) 술(戌)	유(酉)o 술(戌) 축(丑)	사(巳) 신(申)	진(辰) 자(子)o 축(丑)	신(申) 해(亥)	묘(卯)o 진(辰) 미(未)	인(寅) 해(亥)
투간 (透干)	정(丁)	병(丙)	기(己)	무(戊)	신(辛)	경(庚)	계(癸)	임(壬)	을(乙)	갑(甲)

① 상관격(傷官格)이 관살(官殺)이 있거나 사(死), 절(絶), 입묘 (入墓)되면 파격(破格)이다. 상관격은 관(官)이 병(病)이요 재(財)가 약(藥)이며, 사,절(死,絶)과 입묘(入墓)를 크게 꺼 린다. 상관이 많으면 관(官)이 병(病)이요, 관성(官星)이 유 기(有氣)하면 식상(食傷)이 병(病)이다.

② 신왕(身旺)하면 재성(財星)을 원하고, 신약(身弱)하면 인수 (印綬)를 원한다. 인수를 용(用)하면 재(財)를 거(去)하면 발 복하고, 재(財)를 용(用)하면 인(印)를 거(去)하면 발복한다.

③ 상관이 비록 흉성(凶星)이지만 비겁(比劫)이 태왕(太旺)하여 신왕할 때에는 정영(精英)을 설(泄)하여 길한 작용을 한다.

④ 상관격에는 진상관격(眞傷官格)과 가상관격(假傷官格)이 있으며 진상관이 가상관으로 변하기도 하고 가상관이 진상관으로도 변하며 변화가 무쌍하다.

⑤ 진상관격이 상진(傷盡)이 안되고 상관운을 만나면 반드시 망하고, 관살운에는 관재가 나거나 발병(發病)하며 심하면 사망한다.

⑥ 진상관격은 고관이 되며, 만약 인성(印星)을 보면 대귀하고, 가상관격은 인성을 보면 대흉한다.

⑦ 상관격은 관성(官星)이 있어 상진(傷盡)되지 않고 행운(行運)에 관운(官運)이 와서 왕(旺)하고 형(刑), 충(沖), 파(破), 해(害), 양인(羊刃), 칠살(七殺)이 있으면 분류(奔流)의 명이다. 구조(救助)가 있다 해도 잔질은 면치 못한다. 정관이 없고 칠살이 있는데 대운, 세운에 겹쳐 관운이 오면 눈병에 걸리고 그렇치 않으면 재해가 일어난다.

⑧ 상관용겁격(傷官用劫格)은 기술직이 상책이니 다른 욕심은 금물이다. 상관용상식격(傷官用傷食格)은 항상 희생정신으로 살아야 할 것이며 만약 욕심을 부리면 한 차례 파산(破産)을 면키 어려우니 욕심은 금물이다. 직업으로는 교육계가 제일 좋으며 또한 기획도 특출하다. 하지만 부부궁이 불미함이 흠이다. 상관용재격(傷官用財格)은 매사에 자신을 가지고 자기의 능력을 최대한으로 발휘하면 성공한다. 상관용재격(傷官用財格) 자식궁이 비록 사(死), 절(絶)이 되어도 자식이 있다. 상관용재격(傷官用財格)은 인성(印星)을 거(去)해야 길하다. 상관용관격(傷官用官格)은 명예가 제일 우선이니 직장이 제일

길하다. 상관용인격(傷官用印格)은 주중(柱中)에사 중화(中和)를 잘 이루고 있으면 박사로서 대학교수요 총장이며 팔방미인이 되나, 일주가 허약하여 중화를 실도(失道)하면 재주는 뛰어나나 매사에 용두사미격이 되고 만다. 상관용인격(傷官用印格)은 재성(財星)을 극하거나 합(合)을 시켜 없애 버려야 좋고 관살을 만나면 길하다.

⑨ 목화상관격(木火傷官格)은 사주가 잘 구성되어 있으면 장원급제한다. 화수운(火水運)은 길하고 재관운(財官運)은 불길하며 술운(戌運)을 만나면 목숨이 위태롭다. 목화상관격은 관(官)을 꺼리나 비겁(比劫)이 많아 신왕하여 상관용재(傷官用財)가 되었을 때는 관(官)으로써 비겁을 억제하고 재(財)를 보호함이 마땅하며, 인성이 있을 때에도 관성이 왕함을 요한다.

⑩ 화토상관격(火土傷官格)은 타인을 능멸한다. 관성(官星)이 없어야 길하고 금운(金運)은 진축토(辰丑土)가 있으면 길하며 수운(水運)은 불길하다. 화토상관격(火土傷官格)은 인성(印星)으로 일주를 돕고 소토(疎土)해 주어야 의길(宜吉)하다.

⑪ 토금상관격(土金傷官格)은 화운(火運)이 길하고 금(金)을 꺼리며 사주중에 목관(木官)이 와서 공격함을 꺼린다. 또 금(金)이 약하면 재운(財運)은 불길하다. 토금상관격(土金傷官格)은 관(官)을 꺼리나 토(土)가 많으면 금(金)이 매몰되므로 관성인 목(木)으로 소토(疎土)해 주어야 부귀한다.

⑫ 금수상관격(金水傷官格)은 문장이 출중하다. 금수상관(金水傷官)은 금한수냉(金寒水冷)하니 관성(官星)인 화(火)가 왕하여 조후(調候)함이 마땅하고, 신약하면 인성(印星)인 토(土)를

용(用)한다.

⑬ 수목상관격(水木傷官格)은 타인을 능멸한다. 재운(財運)이 길
  하고 관살(官殺)을 꺼리나 사주에 재관(財官)이 모두 있어야
  발복한다.

⑭ 화토상관(火土傷官)은 상진(傷盡)됨이 마땅하고, 토금상관(土
  金傷官)은 관(官)을 꺼리며, 금수상관(金水傷官)은 관성을 기
  뻐하고, 수목상관(水木傷官)은 재관(財官)을 다 기뻐하고, 목
  화상관(木火傷官)은 관성이 왕함을 요한다.

⑮ 상관격이 재성(財星)과 인성(印星)이 모두 있으면 약한 것을
  생함이 마땅하고, 상관격이 관살(官殺)과 인성이 있으면 인성
  과 식상운(食傷運)이 길하고, 재운(財運)과 관운(官運)은 흉
  하다. 상관이 많아 신약한데 관성(官星)이 있으면 인성을 용
  (用)한다.

⑯ 상관격이 재(財)가 있고 관(官)이 없으면 복기(福氣)가 있다.
  관성이 있고 재성이 없으면 남자는 자식이 없고 여자는 상부
  (喪夫)하며 상관을 만나면 실직, 발병, 재앙 등이 생긴다.

⑰ 상관격은 기풍(氣風)이 높고 교만하며 야만심이 많고 불평이
  많으며 타인을 무시하는 경향이 있다.

⑱ 상관격은 낳은 자식이라도 기르기 어려우나 재운(財運)을 만
  나면 귀한 자식을 두게 된다. 상관격은 관(官)이 병(病)이지
  만 병이 있는 사주라야 약운(藥運)에 대발한다. 상관격이 비
  록 관(官)이 있더라도 재(財)가 있으면 자식이 있고 남편의
  영화가 있다.

⑲ 상관격 여명(女命)은 고집이 세고 남편덕이 없으며 의협심이

많고 재복(財福)도 좋다. 여명 상관격은 대기(大忌)하나 재왕(財旺)하고 인생(印生)하는 경우 부영자귀(夫榮子貴)한다. 여명에 상관을 꺼리나 관성이 없으면 정결(貞潔)하다.

⑳ 상관격이 재성과 인성이 없으면 재주가 뛰어나나 가난하고 단명한다. 상관은 인성으로 제(制)함이 마땅하나 지나치게 극제(剋制)하면 도리어 흉하다.

㉑ 명조(命造)에 재성이 있고 재운이 오면 발달한다. 관살운이 오고 재성이 쇠패(衰敗), 사절운(死絶運)에는 만사가 실패하기 쉽고, 관재구설, 불행한 일 등이 발생한다.

㉒ 상관격 사주가 일과 시에 양인(羊刃)이 있으면 자식이 죽는다. 상관격이 일지에 편관이 있으면 처궁이 온전치 못하고 풍파가 많다.

㉓ 상관이 간합(干合)을 하면 호명(好命)이나 여명(女命)은 음탕하여 야밤에 정부(情夫)를 불러들인다. 상관격 여명이 주중(柱中)에 재(財)가 없는데 관운(官運)을 만나면 사망하거나 부망(夫亡)한다.

㉔ 일주가 건왕(健旺)하면 상관운에 발달하고, 신약하면 상관운에 가난하든가 생명이 위태하고, 묘(墓)에 들어도 생명이 위험하다.

㉕ 상관이 많아 신약할 때 재성이 없으면 시기심과 승부욕이 강하고 큰소리를 잘 치며, 독선적이고 오만불손하며 재주가 비상하나 가난하지 않으면 단명한다.

3. 편재격(偏財格)

일간 (日干)	갑(甲)	을(乙)	병(丙)	정(丁)	무(戊)	기(己)	경(庚)	신(辛)	임(壬)	계(癸)
생월지 (生月支)	진(辰) 사(巳) 신(申) 술(戌)	오(午) 미(未) 축(丑)	신(申)	유(酉)o 술(戌) 축(丑)	신(申) 해(亥)	진(辰) 자(子)o 축(丑)	인(寅) 해(亥)	묘(卯)o 진(辰) 미(未)	인(寅) 사(巳)	오(午) 미(未) 술(戌)
투간 (透干)	무(戊)	기(己)	경(庚)	신(辛)	임(壬)	계(癸)	갑(甲)	을(乙)	병(丙)	정(丁)

① 편재격(偏財格)은 비견(比肩)을 가장 두려워 하고 공망(空亡)을 꺼린다. 비견이 있으면 편관(偏官)이 있어 비견을 제어하여야 부명(富命)이 된다. 또 형(刑), 충(沖), 파(破), 해(害)와 겁재(劫財)를 꺼린다.

② 편재는 비겁(比劫)의 분탈(分奪)하는 것을 두려워 한다. 만일 관성(官星)이 있으면 화환(禍患)을 당하게 되며 간(干)에 투출(透出)됨을 좋아하나 지(支)속에 숨겨져 있는 것도 좋고, 오직 분탈하는 것을 꺼리므로 이럴 때는 도리어 공망(空亡)되어야 한다. 편재가 약하면 재왕운(財旺運)을 만나야 길하고, 재(財)가 왕성할 때는 관성을 생해주어야 묘하게 되며 그리고 신왕(身旺)하여야 한다.

③ 편재격은 일주가 왕하고 재왕(財旺)하면 부호(富豪)의 명이다. 일주가 쇠약하고 편재가 과왕(過旺)한데 살(殺)을 생하면 조선(祖先)을 파하고 재(財)로 인하여 고난을 겪는다.

④ 편재용겁격(偏財用劫格)은 형제나 친구의 덕으로 입신하게 되니 모든 일에 있어 처신을 잘 해야 한다. 편재용상식격(偏財用傷食格)은 금전보다는 희생을 우선하여야 성공의 지름길이 되고, 또 매사에 있어서도 불굴의 신념으로 나아가야 한다. 편재용재격(偏財用財格)은 매사에 자신감이 넘쳐 흐르고 뚝심이 대단하며 욕심과 정복욕이 강하고 남에게 이기고 살아야 하는 사람이다. 재물을 모으는데는 일가견이 있고 처덕도 있으나 처궁에 불미함은 있게 된다. 편재용관격(偏財用官格)은 그의 목적을 달성할 수 있어 좋은데 다만 사업보다는 공직에서 입신할 사람이다. 편재용인격(偏財用印格)은 생활하는데 장애가 많고 사업은 불가하다.

⑤ 편재격은 편재가 태왕(太旺)하면 불리하니 이럴 때는 비겁(比劫)이 있어야 재물이 풍성해지고 또 편재가 왕성하면 관성이 왕성하게 되니 관(官)의 대운(大運)을 행(行)함이 길하다. 또 사주중에 관성이 있으면 길하고 비겁이 많으면 관운(官運)에 행(行)해야 발복한다.

⑥ 편재격은 의협심이 많고 투기성이 있으며 호색하고 남과 사귀기를 잘 하고 좋은 인상을 준다. 고향을 떠나 타향에서 성공하며 인색하지 않고 유정(有情)하다. 신왕하면 희사(喜捨)나 시사(施捨)하는 호기가 있다.

⑦ 재(財)가 많아 신약한 사주가 관살(官殺)이 또 있으면 재물과 여자로 인해 재앙이 연생한다. 편재격은 신왕함을 요한다. 비겁(比劫)과 공망(空亡)이 병(病)이요, 관살이 약(藥)이다.

⑧ 편재격이 재성이 많아 신약하면 비겁으로 재를 극제(剋制)하며 약한 일간을 부조(扶助)함이 마땅하다. 편재격은 재가 왕하면 관이 약해도 재가 관을 생하므로 약하지 않고, 관이 왕해도 재가 절(絶)이 되면 귀하되 현달치 못한다.

⑨ 편재격이 재성이 많아 신약하면 도로무공이요 관살운에는 재앙이 속출한다. 재자약살격(財滋弱殺格)은 식상운(食傷運)에 망하고 재관운(財官運)에 발복한다.

⑩ 편재격이 비겁이 많아 신왕한데 재가 약하면 식상으로 통관(通關)을 시켜야 하고 식상이 없으면 관살이 있어 비겁을 극제(剋制)해 주어야 재(財)가 살아 남는다.

⑪ 약한 재성이 많은 비겁에 협공을 당하면 파산하고, 부친과 처를 상한다. 재가 월령(月令)에 절(絶)이 되면 처의 내조가 없고, 재가 월에 통기(通氣)하면 처가 잘 살고 처덕이 있다.

⑫ 편재격은 매사에 유정하여 선심을 잘 쓰고 돈을 벌어 의로운 일에 재물을 희사할 줄도 안다. 편재격은 월령에 재가 있고 시주에 비겁이 있으면 선부후빈(先富後貧)하고, 월주에 비겁이 있고 시주에 재가 있으면 선곤후영(先困後榮)한다.

⑬ 편재격은 신왕재왕(身旺財旺)하고 겁재의 극이 없어야 복록이 있다. 편재격이 신왕재왕(身旺財旺)하고 관을 만나면 부귀하는데 관살운에 대발(大發)하고 비겁운에 상처하고 빈곤한다.

⑭ 용재격(用財格)은 인성운이 불리하고 관살운이 길하며 재와 관이 모두 왕하면 식상운에 망하고 비겁과 인성운에 발달한다.

⑮ 편재격을 놓으면 성격이 명쾌하고 일처리를 잘한다. 신약(身弱)하면 주색을 탐하고 도박을 즐기며 여자로 인하여 패가망

신하고, 신강(身强)하면 절도(節度)가 있고 통솔력이 좋으며 돈 잘 벌고 잘 쓰며 활동적이다. 직업은 장사, 상업, 의약업, 금융, 재정, 세무직, 무역, 건축업, 역술업, 사채업 등이 적합하다.

4. 정재격(正財格)

일간 (日干)	갑(甲)	을(乙)	병(丙)	정(丁)	무(戊)	기(己)	경(庚)	신(辛)	임(壬)	계(癸)
생월지 (生月支)	오(午) 미(未) 축(丑)	인(寅) 진(辰) 사(巳) 신(申) 술(戌)	유(酉)o 술(戌) 축(丑)	사(巳) 신(申)	진(辰) 자(子)o 축(丑)	신(申) 해(亥)	묘(卯)o 진(辰) 미(未)	인(寅) 해(亥)	오(午) 미(未) 술(戌)	인(寅) 사(巳)
투간 (透干)	기(己)	무(戊)	신(辛)	경(庚)	계(癸)	임(壬)	을(乙)	갑(甲)	정(丁)	병(丙)

① 정재격(正財格)은 신약을 꺼리고 신왕함을 요한다. 신약, 비견, 겁재, 양인, 형, 충, 파, 해, 공망, 절(絶), 합(合)은 좋지 않고, 신왕, 인수, 식신, 정관을 만나면 좋다. 정재가 공망되면 빈한하게 된다.

② 정재격(正財格)은 겁재가 병이고 관성이 약이다. 비겁이 두개 이상 있으면 파격(破格)이요, 그러나 관이나 식상이 있으면 다시 성격(成格)한다.

③ 정재격(正財格)은 정재, 편재가 함께 있지 않아야 한다. 관성과 재성의 상함이 없고 식신이 있어 재를 생하고 인수의 도움이 있어 일주가 건왕(健旺)하면 부귀쌍전한다.

④ 정재격(正財格)은 신왕하고 식상이 재를 생해야 상격(上格)이며 비견과의 합(合)을 꺼리고, 한 개의 정관이 있으면 제일 길하다. 정재격이 파격이 되면 고향을 떠나고 조업을 계승하지 못한다.

⑤ 정재용겁격(正財用劫格)은 형제나 친우를 얻어서 나의 실리를 추구해야 하니 형제나 친구를 믿고 살아야 되며 욕심을 내지 말고 현실에 만족해야 된다. 정재용상식격(正財用傷食格)은 한 번 실패를 하더라도 다시 성공할 수 있으니 매사에 욕심을 부리지 말고 현실에 만족해야 한다. 정재용재격(正財用財格)은 가정적인 성품이며 매사에 정확을 기하며 주로 경제계 계통에서 입신하게 된다. 정재용관격(正財用官格)은 재(財)와 관(官) 두 가지 덕을 함께 얻는 귀격이다. 정재용인격(正財用印格)은 매사에 성패가 다단하므로 인내와 용기를 가지고 살아가야 하며 사업은 불가하다.

⑥ 정재격(正財格)에 들면 재산의 혜택이 있고 처덕이 있으며, 성격은 성실·정직하고 근검절약한다. 단정하고 투기성이 없으며 군자의 성품이다.

⑦ 재가 많아 신약하면 노력을 해도 공(功)이 없고, 재가 약하고 신왕하면 탈재(奪財)가 되니 재화가 백출(百出)한다. 정재격(正財格)은 겁재를 가장 두려워 하고, 겁재운에 재난, 액난, 손명(損命) 등의 어려움을 겪는다.

⑧ 신왕하고 재가 왕하면 재가 관을 생하니 충파(沖破)가 없으면 부귀쌍전한다. 신왕하고 재가 약한데 식상으로 재를 생하거나 관살로 비겁의 공격을 막아 재(財)를 보호함을 요하고, 이럴 때 재운을 만나면 부귀공명한다.

⑨ 재성이 태과(太過)하거나 불급(不及)하면 복을 받지 못한다. 신약재왕(身弱財旺)이면 비겁을 용신으로 하고, 신강재약(身强財弱)이면 식상을 용신으로 한다. 재왕신약(財旺身弱)한데 관운이 오면 화환(禍患)이 중첩한다. 재가 많아 신약하면 비겁과 인성을 희(喜)하고 운이 신왕지(身旺地)로 흘러야 발복한다.

⑩ 재성이 득위(得位)하여 신왕하면 천금을 희롱한다. 재성이 충파(沖破)되면 백사를 이루지 못하고 돈은 없어지며 사람과도 이별한다.

⑪ 재왕신약(財旺身弱)한 사주는 처가 남자의 권리를 뺏는다. 공처가가 된다. 신왕재약(身旺財弱)한데 비견, 겁재운을 만나면 처첩에 재난, 부친의 유고, 재산의 실패, 손해 등이 있다.

⑫ 정재격(正財格)을 놓으면 사람이 성실하고 부지런하며 재산과 금전관리를 잘 한다. 타산적이고 세심한 성품을 지녔으므로 모든 일처리를 잘 한다. 여명은 남편덕이 좋으며 살림을 잘 하고 금전에 집착력이 강하고 시댁 식구와 불화하기 쉽다. 직업은 재정직, 은행원, 세무직, 회계사, 관리직, 경리직, 운수업, 도매업, 공업, 건축자재업 등이 적합하다.

5. 편관격(偏官格)

일간 (日干)	갑(甲)	을(乙)	병(丙)	정(丁)	무(戊)	기(己)	경(庚)	신(辛)	임(壬)	계(癸)
생월지 (生月支)	사(巳) 신(申)	유(酉)o 술(戌) 축(丑)	신(申) 해(亥)	진(辰) 자(子)o 축(丑)	인(寅) 해(亥)	묘(卯)o 진(辰) 미(未)	인(寅) 사(巳)	오(午) 미(未) 술(戌)	인(寅) 진(辰) 사(巳) 신(申) 술(戌)	오(午) 미(未) 축(丑)
투간 (透干)	경(庚)	신(辛)	임(壬)	계(癸)	갑(甲)	을(乙)	병(丙)	정(丁)	무(戊)	기(己)

① 편관격(偏官格)은 일주가 강건하고 인수가 있어야 살인상생
   (殺印相生)하여 살(殺)은 권(權)이 되고 인(印)은 문(文)이
   되어 좋은 명이다.
② 편관격(偏官格)은 편관(偏官)이 왕(旺)하면 신주(身主)가 상
   하고, 신왕하면 영귀(榮貴)한다. 편관격은 신왕함을 요하고
   간합(干合)을 희(喜)하며 형,충(刑,冲)과 관살(官殺)이 혼잡
   됨을 크게 꺼린다.
③ 신강살약(身强殺弱)한데 재성(財星)이 있으면 호명(好命)이
   되고 신약살왕(身弱殺旺)한데 재성이 있으면 가난하지 않으면
   단명한다. 신약하고 살이 왕하면 인성으로 화(化)하게 하여야
   한다. 이 경우 식상으로 살을 제지하지 못한다. 신강하고 살
   이 왕하면 식상으로 제지해야 한다.

④ 편관격의 병(病)은 재성이요, 약(藥)은 비겁(比劫)인데 편관이 입묘(入墓)함을 꺼린다. 편관이 투간(透干)하여 왕하면 흉하고, 지지에 복장(伏藏)되거나 제화(制化)가 있으면 발귀(發貴)한다.

⑤ 칠살(七殺)이 왕한데 형(刑), 충(沖), 파(破), 해(害), 공망(空亡), 괴강(魁罡)이 있으면 흉명(凶命)이고 의외의 변을 당한다. 살운(殺運)에 재난과 가난과 질병이 겹치든지 사망한다.

⑥ 편관격은 일간이 왕성함을 좋아하고 충(沖)이 많음을 꺼리는데 성품이 중후하고 완강하며 굴하지 않는 고집이 있다. 편관이 왕하면 칠살을 제복(制伏)하여야 귀명(貴命)이 된다. 제복하여 귀명이 되면 법관, 무관, 권력기관에 종사하게 된다.

⑦ 관살이 혼잡(混雜)되었을 때 거관유살(去官留殺)이 되면 관운(官運)이 흉하고, 거살유관(去殺留官)이 되면 살운(殺運)이 흉하다. 또한 편관이 용신(用神)이면 정관운이 흉하고, 정관이 용신이면 편관운이 흉하다.

⑧ 편관을 용신으로 하는 경우 관살혼잡이 되면 상관으로 정관을 극제(剋制)해야 하고, 정관을 용신으로 하는 경우 식신이 편관을 제살(制殺)해 주어야 귀명이 된다.

⑨ 편관용겁격(偏官用劫格)은 형제나 친구로 인하여 출세를 하게 되는데 일주가 조금 약하면 귀명이 되나 심히 태약(太弱)하면 천격(賤格)이 된다. 편관용상식격(偏官用傷食格)은 약한 자에게는 후덕하나 강한자에게는 반항하는 기질이 있다. 관(官)과 상식(傷食)이 균형을 잘 이루고 있으면 귀명(貴命)이 되지만

상식이 부족하여 살(殺)을 제(制)함이 부족하면 천격이 된다. 편관용재격(偏官用財格)은 실패를 한 번 한 연후에 성공을 하게 되며 일주가 왕하여 있으면 귀명이 틀림없으나 일주가 너무 태왕하면 재성이 쇠하여져서 평민이 되며, 또 재살(財殺)이 태과(太過)하고 일주가 약하면 천민이 되고 만다. 편관용관격(偏官用官格)은 성품이 성급하고 매사에 편고함이 있다. 신왕하고 관왕(官旺)하면 귀격이 분명하고 신태왕(身太旺)으로 관이 쇠약하면 평민에 불과하다. 편관용인격(偏官用印格)은 배워서 힘을 기르는 것이 우선이다. 일주가 심히 허약하면 평민에 불과하나 일주가 조금만 약하다면 귀명이다.

⑩ 신왕살왕(身旺殺旺)하고 식상(食傷)이 없으면 불과 같이 급하고 살왕(殺旺)한데 인성이 없으면 허풍만 떤다. 살왕(殺旺)하여 인성으로 화살(化殺) 할 때 재(財)를 만나면 흉하고 살왕하여, 식상으로 제살(制殺)할 때는 인성을 보면 흉하며 살왕하여, 양인(羊刃)으로 합살(合殺)할 때는 재(財)가 많으면 좋지 않다. 또한 합살이 되었으면 화살(化殺)함을 요치 않는다.

⑪ 편관이 일위(一位)가 있고 제복(制伏)이 거듭 있으면 살왕운(殺旺運)이 좋고 재차 제복운(制伏運)으로 행하면 제복이 심하다. 칠살(七殺)이 유기(有氣)하고 청(淸)하면 수상위(首相位)에 나아간다.

⑫ 월지 편관격은 충극(冲剋)을 두려워하나 시상편관격은 충극을 두려워하지 않는다. 연월주(年月柱) 천간에 편관이 있으면 제일 흉한데 상관운을 만나면 반드시 망한다. 관살이 많고 충(冲)이 있더라고 신왕하고 신왕운을 만나면 발신(發身)한다.

⑬ 살중용인격(殺重用印格)이 식상운을 만나면 위험하고 재운을 만나면 반드시 죽는다. 살중신약(殺重身弱)이면 화를 반드시 당한다.

⑭ 일주가 쇠약하고 칠살이 태왕하거나 일주가 과왕(過旺)하고 편관이 극히 약하면 의술,복술,기술계통에 종사하게 된다.

⑮ 인성과 살(殺)이 양립되었을 경우 살인(殺印)이 상합(相合)하여야 길하다. 만일 불합(不合)하면 인성으로 화(化)해야 한다.

⑯ 편관격이 식상과 재성이 있는데 인성을 만나면 길하나 인운(印運)이 가고나면 흉화를 당한다.

⑰ 월지 양인(羊刃)이 시상(時上) 칠살을 합하면 대귀격이 되고 자손이 창성한다. 시상 일위편관(一位偏官)이 청(淸)하면 늦게 부귀하고 귀한 만득자(晩得子)를 얻는다.

⑱ 관살운을 만나면 신강신약을 불문하고 길함은 적고 흉함이 많으며, 남자는 변동이 있고 여자는 가정에 근심이 생긴다.

⑲ 신왕하고 관살이 제복(制伏)되면 소년에 입신하고, 신왕운(身旺運)을 만나면 부귀쌍전한다.

⑳ 편관격을 놓으면 군인, 경찰, 무관, 법조계, 정치인, 청부업, 건축업, 조선업, 수금업 등이 적합하다.

6. 정관격(正官格)

일간 (日干)	갑(甲)	을(乙)	병(丙)	정(丁)	무(戊)	기(己)	경(庚)	신(辛)	임(壬)	계(癸)
생월지 (生月支)	유(酉)o 술(戌) 축(丑)	사(巳) 신(申)	진(辰) 자(子)o 축(丑)	신(申) 해(亥)	묘(卯)o 진(辰) 미(未)	인(寅) 해(亥)	오(午) 미(未) 술(戌)	인(寅) 사(巳)	오(午) 미(未) 축(丑)	인(寅) 진(辰) 사(巳) 신(申) 술(戌)
투간 (透干)	신(辛)	경(庚)	계(癸)	임(壬)	을(乙)	갑(甲)	정(丁)	병(丙)	기(己)	무(戊)

① 정관격(正官格)은 상관이 병이요, 인수가 약이며, 형,충,파, 해,공망,상관,편관, 겁재,합 등이 있는 것을 꺼린다. 다만 일간과 정관이 합되는 것은 무관하다.

② 정관격은 상관을 크게 꺼리니 호록신인 정인이 있어 상관을 제어하여 정관을 보호해 주어야 크게 출세한다. 정기(正氣) 정관이 인수 위에 놓이고 충파(冲破)가 없으면 벼슬이 극품에 이른다.

③ 정관은 모름지기 재(財)가 생하면 유근(有根)하게 되며, 인성 (印星)에 둘러 쌓여 있으면 상관이 극해(剋害)하지 못한다. 그리고 일주가 신왕하고 재관(財官)이 왕한 행운(行運)이면 대길하다. 신왕에 재가 약할 때는 관살이 사주 속에 있거나 관살운을 만나야 길하다.

④ 월지 일위(一位)의 정관이 있는 것을 가장 좋은 것으로 한다. 시상(時上)에 재성이 겸하면 진귀인(眞貴人)이라 한다. 관성이 월령(月令)에 득기(得氣)하면 관왕(官旺)되어 최상의 격이 된다. 년과 시에 관성이 있으면 사용할 수 있는데 정관은 형, 충,파,해,상관,칠살 또는 다른 육신과 합하여 관성을 망각하는 것 등을 꺼린다. 합하는 것중에 일주와 더불어 합하는 것은 무방하나 한신(閑神)과 합하는 것은 꺼린다. 또한 인성이 많아서 관(官)의 기운을 설기시키든가 사(死), 절(絶)의 시에 돌아가게 됨을 꺼리며, 시(時)의 사(死), 절(絶)에 돌아감을 보게 되면 파국(破局)이 된다. 이것이 중한 자는 쓸모없이 되고 경한 자는 복이 감소된다.

⑤ 정관격은 관왕(官旺)하고 신약하면 운이 신왕지(身旺地)로 흘러야 발신(發身)하고 관이 충파(沖破)되지 말아야 영귀(榮貴)한다. 반대로 관약신왕(官弱身旺)하면 재관운을 만나 벼슬을 높게 한다.

⑥ 신왕한 정관격은 재관운에 대부대귀(大富大貴)하고, 신약한 정관격은 인비운(印比運)에 대부대귀한다. 신약하고 인수가 약할 때는 관살을 만나야 길하다. 만일 신약에 인성이 태왕할 때에 관살을 만나면 불길하다.

⑦ 정관격이 일이나 시에 재를 만나면 현달하고, 인수를 만나고 형,충,파,해가 없으면 부귀의 명이다. 정관에 간합운(干合運)이 오면 실직하기 쉽고 겁재운이 오면 비방과 원성이 따른다.

⑧ 신약하고 인성이 약하면 관살을 만나야 길하게 된다. 따라서 관성이 손상되지 않아야 하는데 관성을 쓰므로서 비견,겁재가

재(財)를 해(害) 하지 못하고 인수가 파격당하지 않는다. 그러나 재와 인수가 태왕하면 비겁(比劫)이 있어서 재를 손상해야 한다.

⑨ 관성이 홀로 태왕하면 인성으로 화(化)하는 것이 길하며 식상으로 관을 억제하는 것은 불가하다.

⑩ 정관용겁격(正官用劫格)은 형제나 친구의 도움을 받아서 살아야 하는 사주이다. 정관용상식격(正官用傷食格)은 평생을 살아가면서 항상 쟁투가 끊이지 않는다. 정관용재격(正官用財格)은 돈을 벌면서 명예를 취하는 사람으로서 처덕은 좋으나 자손복이 없다. 정관용관격(正官用官格)은 순수한 관료로서 직장을 생명으로 알고 살아가야 하는 사람이다. 정관용인격(正官用印格)은 신왕하고 관왕하면 귀명이나 신약하고 관이 쇠하면 평민에 불과하고 학식이 부족하니 배우는 길만이 사는 길이다.

⑪ 정관격은 인덕이 있고 성정이 순박하며 문장이 출중하여 입신양명한다. 정관이 일이나 시에 득록(得祿)하고 신왕하면 급제한다. 정관이 용신(用神)인 자가 일지에 상관이 있으면 처궁이 대흉하다.

⑫ 명조(命造)에 재성과 관살 및 인성이 같이 있을 때 신강이면 관살이 용신이 되고, 신약이면 인수가 용신이 된다. 그러나 재성과 인성의 세력이 양립되어 비등할 때는 관성이 있거나 관살운을 만나야 길하다. 일주와 관성이 같은 순중(旬中)에 있으면 귀하게 되고, 혹은 일간이 간지와 상합(相合)하면 교환되어 귀하게 된다.

⑬ 상관운이 오면 배록운(背祿運)이 되고, 비견, 겁재운이 오면 축마운(逐馬運)이 된다. 배록축마운이 오면 모든 일이 곤궁하다.

⑭ 식상과 관살이 사주에 있을 때는 양쪽 모두 왕하고 신왕이면 대귀격이다. 관살이 약하면 재관(財官)으로 용신을 삼고, 관살이 강하면 식상으로 삼아야 한다. 신약한데 관살, 식상 등이 왕하면 극빈 또는 단명한다.

⑮ 편관운이 오면 관살혼잡이 되고, 관성입묘(官星入墓)가 되면 생명이 위태롭다.

7. 편인격(偏印格)

일간 (日干)	갑(甲)	을(乙)	병(丙)	정(丁)	무(戊)	기(己)	경(庚)	신(辛)	임(壬)	계(癸)
생월지 (生月支)	신(申) 해(亥)o	진(辰) 자(子)o 축(丑)	인(寅) 해(亥)	묘(卯)o 진(辰) 미(未)	인(寅)	미(未) 술(戌)	인(寅) 진(辰) 사(巳) 술(戌)	오(午) 미(未) 축(丑)	사(巳) 신(申)	유(酉)o 술(戌) 축(丑)
투간 (透干)	임(壬)	계(癸)	갑(甲)	을(乙)	병(丙)	정(丁)	무(戊)	기(己)	경(庚)	신(辛)

① 편인격(偏印格)은 요령과 눈치가 빠르고 선견지명이 있고 기략과 기예의 재질이 있고 편인을 용신(用神)으로 하는 경우 대부(大富)가 된다.

② 편인이 태과(太過)하면 남녀 모두 흉의(凶意)가 크다. 자식이 온전치 못하고 다병(多病)하며 성패가 다단하다. 그러므로 반드시 편인이 제어 되어야 한다.

③ 편인격은 식신이 병(病)이요 재(財)가 약(藥)이 된다. 인성이 많아 신왕하면 재성이 길하고 인성이 용신이면 재성이 대흉하다.

④ 일간이 약하고 편인이 강하면 제어되지 않으면 큰 흉해가 있고, 일간이 약하고 편인도 약하면 흉해는 더욱 큰 것이다. 일간이 왕하면 편인의 화(禍)은 적은 것이다.

⑤ 편인과 상관이 나란히 있으면 여명(女命)은 남편과 자식의 덕이 없고 일찍 사별하며 양팔통(陽八通)인 여명이 편인이 많으면 남편을 거듭 사별하고 자녀도 잃게 된다.

⑥ 편인은 관살을 만나면 더욱 생부(生扶)되어 흉의가 커진다. 편인은 관살보는 것을 꺼린다. 편인이 투간(透干) 하든가 관살을 보아 편인이 강하게 되면 편재로 제어하든가 식상으로 제어하여야 길명(吉命)이 된다. 일시에 살인(殺印)이 있는데 다시 편인을 만나면 재산과 처자식에 흉해가 있다.

⑦ 세(歲), 월(月), 시(時)에 편인이 있는데 대운, 세운에 다시 편인을 만나면 재난과 수명에 재앙이 있다.

⑧ 사람이 씩씩한 군자상(君子象)이나 실천력이 부족하다. 눈치와 임기응변에는 능하나 행동면에서는 허점이 많고 요령을 잘 부리며 자존심이 강하다. 수명과 복이 부족하고 매사가 잘 풀리지 않는다. 여명은 자식이 늦거나 딸만 낳고 자식덕이 부족하며 모든 행동이 조급하고 하기 싫은 일은 절대로 하지 않는

다. 직업은 의약업, 의사, 유흥업, 운명철학가, 교육가, 연예인, 여관업, 요리업, 기술자, 이·미용업 등이 적합하다.

8. 인수격(印綬格)

일간 (日干)	갑(甲)	을(乙)	병(丙)	정(丁)	무(戊)	기(己)	경(庚)	신(辛)	임(壬)	계(癸)
생월지 (生月支)	진(辰) 자(子)o 축(丑)	신(申) 해(亥)o	묘(卯)o 진(辰) 미(未)	인(寅) 해(害)	오(午) 미(未) 술(戌)	인(寅) 사(巳)	오(午) 미(未) 축(丑)	인(寅) 진(辰) 사(巳) 신(申) 술(戌)	유(酉)o 술(戌) 축(丑)	사(巳) 신(申)
투간 (透干)	계(癸)	임(壬)	을(乙)	갑(甲)	정(丁)	병(丙)	기(己)	무(戊)	신(辛)	경(庚)

① 인수격(印綬格)은 관(官)을 희(喜)하나 재(財)와 사,절,공망, 형,충을 꺼린다. 신약일 때는 인수 및 재(財),관(官)이 모두 있어야 길해진다. 또한 월(月) 아래에 인성이 있음을 가장 좋아하고 관성과 인성운에 발복하게 된다. 만일 재운을 만나면 재(財)가 인수를 파극하므로 불리한데 이는 연운(年運)도 마찬가지이다. 그리고 식상을 좋아하는데 식상이 재를 생하기 때문이다. 또한 비겁(比劫)을 꺼린다.

② 인수격이 관성이 없으면 재예(才藝)는 있으나 관록을 못 먹는 선비에 불과하고, 인성이 많은데 관성이 없으면 기술자나 예술가가 된다.

③ 인수가 약하면 재가 병이고 관이 약이 되지만 반대로 인수가 태왕하면 도리어 병이 되니 이럴 때는 재가 약이다. 인수격에 편인이 있으면 하격(下格)이다. 인수가 지나치게 왕하면 재운(財運)에 발복한다. 인성이 많아 신왕하면 즐거움을 누리지만 식신이 있어 파극되면 도산한다. 일간이 신약일 때는 인수가 있어야 길하고 인수가 많으면 너무 신왕하므로 도리어 불길하다.

④ 인수격은 재가 병인데 원명(原命)에서 인성이 파극되고 다시 재운을 만나면 종명(終命)한다. 인수가 사(死), 절(絶)에 들면 불리하고 재운을 만나면 반드시 재화가 생긴다.

⑤ 인수가 파극되지 않으면 지혜가 밝고 사려가 민첩하다. 조선(祖先)과 부모와 유산의 덕을 받으며 공무원, 군인, 교수 등은 명리를 얻는다. 인수와 천덕(天德), 월덕(月德)이 동궁(同宮)하고 관인상생(官印相生)하면 더욱 복(福)과 수(壽)를 누린다. 인수를 용(用)할 때 편관이 있으면 부귀쌍전한다.

⑥ 월령(月令)의 인성은 관을 희(喜)하는데 주중(柱中)에 관성이 없으면 관운에 발복하나 재운을 만나면 되는 일이 없다. 월령에 인수가 있고 시에 재성이 있으면 고시에 합격하고, 월령에 재가 있고 시에 인수가 있으면 관직은 오르나 욕을 본다.

⑦ 인수격에 관살의 생조(生助)가 지나치면 인수가 탁해지므로 식상으로 관살을 제거하여야 인수가 맑아진다. 인수격이 관성이 있고 신왕한데 충(沖), 파(破)와 손상이 안되면 관왕(官旺)한 유년에 부귀쌍전한다.

⑧ 인수의 지지가 충,형,공망되면 파격이다. 인수가 간합(干合)을 해도 파격이다. 인수격이 형,충,파,해가 없고 상하지 아니하면 식성이 좋고 건강하며 장수한다. 약한 인수가 재에 파극(破剋)되면 사망한다.

⑨ 인수용겁격(印綬用劫格)은 처음부터 실패를 면할 길이 없으니 생활의 지혜가 필요하며 사업은 불가하다. 인수용상식격(印綬用傷食格)은 항상 남을 위하여 노력하며 공부 또한 배워서 가르치는데 목적이 있으니 교육계가 최선이다. 인수용재격(印綬用財格)은 처덕이 있고 결혼 후에 성공하게 되며 공부의 목적은 취재(聚財)에 있고 또한 인색함이 흠이다. 인수용관격(印綬用官格)은 공직생활이 제일이다. 인수용인격(印綬用印格)은 성품이 단순하고 사업은 불가하다.

⑩ 인수는 정관을 보면 일생 복분(福分)이 풍족하고 중년까지 발달하며 만년에 명리 통달한다. 편관을 보면 언론이 바르고 중용(中庸)을 지키는 인격자이고 이름을 높이 떨친다. 인수가 많은데 관살은 없고 도화살이 있으면 풍류남아로 가산을 탕진한다.

⑪ 인수가 간지(干支)에 있어 일주를 생하면 부귀공명하고 벼슬이 오르나, 재운에 인수가 파극되면 휴직이 아니면 퇴직을 할 뿐 다른 재앙은 면한다. 인수격이 시에 재가 있는데 재운을 만나면 실직한다.

⑫ 인수격은 심성이 어질고 학문을 좋아하며 부모의 유산과 윗사람으로부터 크게 사랑을 받는다. 인수가 많아 신왕하면 무사안일주의요, 관과인이 모두 왕하면 고관이 된다.

⑬ 인수격에 지지가 대운, 년운과 삼합(三合)하여 인수격이 타국(他局)으로 변하면 운명에 일대변화가 일어난다. 길격(吉格)은 흉운이 되고 흉격(凶格)은 의외로 길운이 되기도 한다.

⑭ 공망된 인수가 재성의 극을 받고 있을 때 사,절운(死,絶運)이나 재운(財運)을 만나면 화상을 입거나 투신자살을 하지 않으면 목매어 죽는다.

⑮ 인수격이 천간에 인성이 나란히 있을 때 인성이 왕한 운을 만나면 뜻밖의 죽음을 당한다. 인수격이 삼합(三合)하여 흉격으로 바꾸어질 때에는 삽합 제왕(帝旺)의 지지가 충(冲)하여 삼합을 깨면 오히려 흉이 길로 바뀌어진다.

⑯ 점잖은 성품을 갖춘 인격자이며 온화한 것을 좋아하고 자존심이 강하며 건강한 편이다. 아버지를 먼저 여의는 수가 있고 만혼하기 쉽다. 학문과 종교, 예능계에 소질이 있으며 시집의 말은 듣지 않고 친정의 말을 잘 듣는다. 직업은 교육가, 선생, 학원, 언론, 문화기획, 의사, 약사, 종교가, 저술가, 예술, 미술 등에 적합하다.

9. 건록격(建祿格)

일간 (日干)	갑(甲)	을(乙)	병(丙)	정(丁)	무(戊)	기(己)	경(庚)	신(辛)	임(壬)	계(癸)
월지 (月支)	인(寅)	묘(卯)	사(巳)	오(午)	사(巳)	오(午)	신(申)	유(酉)	해(亥)	자(子)

① 건록격(建祿格)은 부조(父祖)의 유업을 받지 못하고 자수성가 하며 유산이 있더라도 패가한 후에 자수성가한다. 주로 건강하고 장수를 한다. 비겁이 많으면 극처, 극부, 손재하고 흉화가 많으나 재관(財官)이 왕하면 도리어 복을 이룬다.

② 건록격은 식신, 상관이 있고 재성이 유기(有氣)하며 재운에 재산을 일으킨다. 또 재성이 있고 관성이 유기하면 재관운에 부귀하게 된다. 건록격에 재성만 있으면 재성운에 대화(大禍)가 발생하여 처첩이나 재무로 인한 화가 일어난다.

③ 건록용겁격(建祿用劫格)은 형제나 친우에 의지하여야 살겠으니 겸손한 마음으로 매사에 임하여야 한다. 건록용상식격(建祿用傷食格)은 희생정신으로 음덕을 베풀고 살아야 하며 후배 양성에 힘을 다하여야 한다. 건록용재격(建祿用財格)은 재물에 대한 집착이 매우 강하다. 건록용관격(建祿用官格)은 직장을 천직(天職)으로 알고 살아야 한다. 건록용인격(建祿用印格)은 사업은 불가하고, 교육계나 문예계가 좋으며 항상 공부를 열심히 해야 된다.

④ 명조(命造)에 재성만 있고 식신, 상관, 관성이 없으면 비견, 겁재, 인성운에는 평생 되는 일이 없고 객사하거나 굶어 죽으며 승려 또는 천한 일에 종사한다.

⑤ 건록격이 신왕하고 한 두 개의 재관이 있어 중화(中和)가 되면 자연히 발달하게 된다.

⑥ 시지에 재고(財庫)를 만나면 만년에 대부(大富)가 된다. 명조에 재관이 없으면 재관운에 허명(虛名), 허리(虛利)에 불과하고 비견운에는 가난하게 된다.

⑦ 건록격을 놓으면 부모형제의 덕이 없으며 자수성가하고 건강하며 의식 걱정은 없겠으나 배우자 궁이 부실하여 이혼이나 재가하는 수가 있다. 여명은 남편이 첩을 두는 수가 있거나 남편을 일찍 사별하여 고독한 여생이 되기 쉽고 형제간에 금전문제로 다투는 수가 있다. 직업은 공직자, 행정직, 봉급사원, 대리점, 납품업, 독립적인 사업이 적당하다.

10. 양인격(羊刃格)

일간 (日干)	갑(甲)	을(乙)	병(丙)	정(丁)	무(戊)	기(己)	경(庚)	신(辛)	임(壬)	계(癸)
월지 (月支)	묘(卯)	진(辰)	오(午)	미(未)	오(午)	미(未)	유(酉)	술(戌)	자(子)	축(丑)

① 양인격(羊刃格)은 재관(財官)이 있어 신약함을 요하고, 또한 재관운을 기뻐한다. 양인은 비록 악살이지만 사주에 양인이 있고 편관, 편재 등이 있으면 부귀한다. 이러한 사주는 신왕대운(身旺大運)에 길하며 상관운을 만나면 대흉하고 또 양인이 왕하는 운도 불길하다. 양일만 보는 경우도 있다.

② 양인격 사주가 편관이 있어 합살(合殺)이 되었을 때 양인이 충(沖)되거나 회국(會局)함을 꺼리고 운에서도 충합(沖合)을 꺼린다. 양인이 비록 악살이지만 편관을 만나면 합살하여 권병(權柄)으로 변한다.

③ 명조(命造)에 양인만 있고 칠살(七殺)이 없을 때 대운과 년운에 살왕(殺旺)하는 운으로 행하면 크게 발복한다. 그리고 상

관이 약해지면 신약할 때 살왕함을 꺼린다.

④ 일주가 약할 때는 양인이 좋고, 신왕하면 흉으로 변한다. 양인은 편관과 인수를 기뻐한다. 겁재, 상관, 재성, 반음, 복음, 괴강, 삼합, 간합을 꺼리고 신왕함도 불리하다.

⑤ 양인은 식상이나 재관이 많아 신약할 때는 형제의 도움이 되므로 마땅히 길하지만 비겁이나 인성이 많아 신왕할 때는 극부, 극처, 손재하게 되므로 흉하다.

⑥ 양인이 흉한 작용을 하면 처를 상하고 재물을 무너뜨린다. 명조에 양인과 충, 합이 있는데 행운에서 재차 충, 합을 만나면 헤아릴 수 없는 재난이 발생한다.

⑦ 명조에 양인과 칠살이 있는데 세운과 대운에 다시 양인을 만나면 크게 화를 입는다. 양인이 왕하고 살이 약할 때 관살운을 만나면 길하나, 안하무인의 소인배가 된다.

⑧ 신왕살왕(身旺殺旺)한데 양인이 합살하면 벼슬을 높이 하고, 양인격 사주가 신왕하고 상관이 있어도 고관이 된다. 신왕하고 양인이 많으면 극부, 극처, 손재, 중혼(重婚)한다.

⑨ 양인이 있으면 눈이 크고 수염이 거칠고 측은한 마음이 없으며, 처를 상하고 아버지를 상하고 파재(破財)한다. 충과 재운을 꺼리고 정(靜)하면 해(害)가 없다. 양인이 서너 개 있으면 불구가 되고 화금일생(火金日生)의 양인은 추락사할 염려가 있다.

⑩ 양인과 정재가 함께 있으면 형제가 불화하고 혹은 떨어져 살게 되고, 처를 극하며 평생 불안이 많다. 양인격 사주가 인성이 있고 신왕하면 처가 낙태하고 산망(産亡)한다.

⑪ 양인격 사주가 관살이 많아 신약하면 도적의 소인배가 되고, 양인이 약하고 관살이 왕할 때 재살운을 만나면 입신공명한다. 양인이 편관과 합(合)을 하면 무관으로 크게 출세하나 양인격이 편관이 없으면 발신(發身)을 못한다.

⑫ 양인용겁격(羊刃用劫格)은 주체의식이 약할까 염려된다. 양인용상식격(羊刃用傷食格)은 의리가 아주 강한 사람이다. 양인용재격(羊刃用財格)은 금전에 대한 집착이 강하고 또한 자수성가를 해야 하는 사람이다. 양인용관격(羊刃用官格)은 직장이 생명인줄 알고 살아야 한다. 양인용인격(羊刃用印格)은 얼굴에 비하여 마음씨가 부드러운 편이며 중화(中和)를 잘 이루고 있으면 의대교수가 많고, 또 묘, 유, 술(卯, 酉, 戌)이 용신이 되면 의사나 한의사가 많다.

⑬ 양인이 약하고 편관이 왕할 때 양인이나 인성을 만나거나, 또는 양인이 왕하고 편관이 약할 때 재관운을 만남을 기뻐하는데, 서로 상함이 없고 중화가 되면 비록 간지에 형, 충이 있더라도 무공(武功)을 크게 세우게 된다.

⑭ 편관만 있고 양인이 없으면 현달하지 못하고 양인이 있는데 편관이 없으면 위엄이 없다. 양인과 칠살이 구전(俱全)하면 법관, 무관, 의사가 된다.

⑮ 살인(殺刃)이 동주하면 귀하나 뇌병으로 죽고, 재성과 양인이 동주하면 파재와 재앙으로 사망한다. 양인이 오귀(五鬼)에 임하면 형벌을 여러 번 당한다.

⑯ 양인이 서너 개 거듭 있으면 불구의 명이 아니면 관형(官刑)을 범한다. 흉포하고 자기를 상하지 않으면 남을 상하게 한다.

⑰ 양인이 있고 편관이 없으면 반드시 재물을 탈취하고, 편관이 왕하고 양인이 없으면 반드시 몸을 상한다.

⑱ 양인격이 칠살과 상관이 있으면 정관운에 흉하다. 관살이 없고 식상이 없는데 왕묘운(旺墓運)에 들면 흉화가 발생한다.

⑲ 양인과 겁재가 일과 시에 있고 관살이 없으면 극처 파재하고 극빈한다. 양인이 있고 살(殺)이 있어 천을귀인, 천덕귀인, 월덕귀인이 있으면 명리 통달한다. 칠살과 양인이 제복(制伏) 되고 적의(適意)하면 인격도 있고 부귀하며 번영한다.

⑳ 신약사주의 양인을 재관운이 와서 형, 충하면 손가락이 잘리거나 몸을 상하게 된다.

㉑ 인덕이 부족하고 자아심과 고집이 세며 마음먹은 일은 꼭 하는 성격으로 사회에 신용을 상실한다. 매사를 자기 위주로 처리하므로 경쟁과 시비, 질투를 유발한다. 남명은 처궁이 좋지 않아 이별하기 쉽고 첩을 두거나 재혼하며, 여명은 극부하거나 가족을 부양하고 투기요행심이 있다. 직업은 군인, 경찰, 수사기관, 기자, 특파원, 정육점, 기술자, 철공소, 체육인, 이발사, 재단사, 증권업, 유흥업 등이 적합하다.

11. 곡직격(曲直格)

곡직격(曲直格)은 갑을일생(甲乙日生)으로서 지지(地支)에 해묘미(亥卯未) 삼합목국(三合木局)이나 춘월생(春月生)으로서 인묘진(寅卯辰) 동방목국(東方木局)이 있고 명조(命造)에 금(金)이 없으면 성립된다.

① 목(木)이 용신(用神)이 되고, 수,화(水.火)가 희신(喜神)이며, 금(金)이 기신(忌神)이고, 토(土)가 구신(仇神)이다. 형, 충운(刑, 沖運)을 꺼리고, 신왕(身旺)을 희(喜)하는 바, 대운, 세운이 동일하며 묘운(墓運)은 불길하다.

② 곡직격이 잘 구성되면 성품이 청고하고 인자하며 도덕심이 높아 불쌍한 사람을 도와주는 고귀한 인물로서 그 덕이 널리 미치어 추앙을 받는다. 착실하며 입빠른 소리를 잘하고 자존심이 강하여 누구에게도 지기를 싫어한다. 수(壽)도 하게 될 뿐아니라 부귀하게 된다.

③ 문교(文敎), 교육(敎育), 자선(慈善), 사회사업 분야로 진출하면 크게 명성을 얻을 수 있다.

④ 곡직격이 가장 싫어하는 것은 관성인 금(金)을 만나게 되는 것인데 주중(柱中)에서 신유금(申酉金)이 있어 충, 파(沖,破)를 하거나 경신금(庚申金)이 투출되어 목(木)을 극하게 되면 크게 꺼리게 되나 운에서 만나도 동일하다. 재성인 토(土)를 만나게 되면 군겁쟁재(群劫爭財)로서 탁(濁)이 되어 꺼리게 된다.

12. 염상격(炎上格)

염상격(炎上格)은 병정일생(丙丁日生)으로서 사오미월(巳午未月)에 태어나고 지지에 인오술삼합화국(寅午戌三合火局)이나 사오미방합(巳午未方合)이 있고 수(水)가 없으면 성격(成格)한다.

① 화(火)가 용신이고, 목(木)이 희신이며, 수(水)가 기신이고, 금(金)이 구신이며, 토(土)는 보통으로 좋다. 동방운(東方運)과 남방운(南方運)에 발전하고 토운(土運)을 희(喜)하며, 수왕지(水旺地)와 금왕지(金旺地)를 두려워한다. 충(冲)을 꺼리고 신왕(身旺)을 요하는데 대운과 세운이 동일하다.

② 진격자(眞格者)는 예도(禮道)와 형(刑)을 집행하는 관직을 얻는 귀명(貴命)이다. 그러나 마음은 약간 들뜬 마음을 갖고 있으며, 마음의 변화가 심하고 경망스러운 일면도 갖도 있다.

③ 성격이 불과 같으나 예의가 바르고 항상 정의와 공론을 존중하며 시비를 분명히 한다. 자선심이 있고 의협심이 강하다. 정신문화, 법무 계통, 화(火)와 관계되는 사업으로 크게 명성을 얻을 수 있다.

13. 가색격(稼穡格)

가색격(稼穡格)은 무기일생(戊己日生)이 진술축미월(辰戌丑未月)에 생하고 지지가 전(全) 진술축미토(辰戌丑未土)로 구성이 되어 있든지, 또는 사오미(巳午未)를 많이 만나고 목(木)이 없으면 성격(成格)한다.

① 토(土)가 용신이고, 화(火)가 희신이며, 금(金)은 보통이고, 목(木)은 기신이며, 수(水)는 구신이 된다. 그리고 입묘운(入墓運)이 불길하다.

② 가색격에서 미월생(未月生)은 크게 꺼리는 것이니 미월(未月)
은 염천지절(炎天之節)의 토(土)로서 조토(燥土)가 되므로 가
색(稼穡)의 공(功)을 이룰 수 없기 때문이다. 주중(柱中)에
목관살(木官殺)이 있으면 파격이 되며 행운(行運)에 있어서도
목왕지(木旺地)로 행하게 되면 대흉하게 된다.

③ 가색격인 자는 체격도 풍만하고 행동도 매우 무게가 있다. 믿
음이 많고 정직하며 충효스런 인품이며, 천부의 풍족한 부귀
를 누리며 오래도록 장수한다. 침착성이 있고 엉큼한 일면도
있으며 남에게 표현하기를 싫어하며 자기 주장을 내세우는 성
격이 있다.

④ 종교가, 부동산, 법학자 등으로 명성을 얻을 수 있다.

14. 종혁격(從革格)

종혁격(從革格)은 경신일생(庚辛日生)이 지지에 사유축금국(巳
酉丑金局)이나 신유술(申酉戌) 서방합(西方合)이 있고, 화(火)가
없으면 성격(成格)한다.

① 금(金)이 용신이고, 토(土)가 희신이며, 수(水)는 보통이고,
화(火)가 기신이며, 목(木)이 구신이 된다. 순수하게 격을 이
루고 서방금운(西方金運)으로 행하게 되면 대발복하여 귀하게
되고, 목화운(木火運)을 꺼리고 형, 충(刑,沖)되고 고파(庫
破)됨을 싫어하며 대운, 세운이 동일하다.

② 종혁격은 통이 크고 정의파이며, 의리를 중히 여기며 경제적
   으로 밝다. 마음이 굳세고 혁명적인 심리를 갖고 있으며, 무
   엇이든지 겁내는 것이 없으며 가정에 소홀한 점이 결점이다.
③ 금(金)과 관계되는 사업으로 크게 명성을 얻을 수 있으며, 진
   격자(眞格者)는 검찰관, 법관, 군인, 의학 박사 등으로 고관
   귀명이 된다.

15. 윤하격(潤下格)

윤하격(潤下格)은 임계일생(壬癸日生)으로서 지지에 신자진수국
(申子辰水局)이나 해자축(亥子丑) 북방합(北方合)이 있고 토(土)
가 없으면 성격(成格)한다.

① 수(水)가 용신이고, 금(金)이 희신이며, 목(木)은 보통이고,
   토(土)가 기신이며, 화(火)가 구신이다.
② 윤하격은 토(土)를 가장 싫어하는데 그 이유는 진술축미토(辰
   戌丑未土)를 주중에서나 운에서 만나게 되면 수(水)의 흘러
   내려가는 성질을 막아 파도를 일으키기 때문이다. 그리고 남
   방화운(南方火運)을 싫어 하는데 이는 화토(火土)가 공존하고
   있기 때문이며, 뿐만 아니라 화(火)는 화생토(火生土)로서 관
   살인 토(土)를 생하기 때문이요, 또한 수(水)가 뜨거워지기
   때문이다.
③ 서방운, 북방운, 동방운에 발전하고, 술, 미, 무, 기운(戌,
   未, 戊, 己運)과 충극(冲剋)을 꺼리고, 화운(火運)이 흉하며,

신왕(身旺)을 희(喜)하는 바, 대운·세운이 동일하다.

④ 윤하격이 순수하게 격이 잘 이루어지면 지혜가 뛰어나고 인품이 단아(端雅)하며 총명영리하고 인의를 중히 여기는 귀명(貴命)으로 입신하게 되나, 만약 부실하여 있으면 이중성격자요, 음험할 뿐 아니라 하천인이 되며, 특히 여명은 음란하여 하천하거나 화류계 여성이 되기 쉽다.

⑤ 성격은 차분하고 온순하나 지혜와 의리심이 투철하고 용감하며 남을 비방하는 일면도 약간 있겠으나 한 평생 큰 재앙없이 지내는 행복한 사람이다.

⑥ 대민봉사직이나 수(水)와 관계되는 사업, 농림수산업 계통으로 진출하면 크게 성공할 수 있다.

16. 임기용배격(壬騎龍背格)

임기용배격(壬騎龍背格)은 임(壬)이 용인 진(辰)을 타고 앉았다는 뜻으로, 임진일생(壬辰日生)이 진(辰)이 많거나 인(寅)이 많으면 성격한다. 임일(壬日)이 진토(辰土)에 있으면 진자(辰字)가 술(戌)을 충(沖)하여 술중(戌中)의 정(丁)과 무(戊)로 재관(財官)을 삼으니 귀하게 된다. 임일(壬日)이 인자(寅字)가 많으면 인자(寅字)가 술(戌)을 삼합(三合)하여 화국(火局)을 얻어 재물로 삼으니, 인자(寅字)는 화국재성(火局財星)을 암합하므로 대발하여 부(富)하게 된다. 다만 이때에 주중에서 무토관성(戊土官星)이 있으면 관(官)이 진실되어 꺼리는 것이요, 충되는 술자(戌字)가 있어도 충위(沖位)가 진실되므로 불가하다.

① 병,정(丙,丁)이 있어 파격(破格)됨을 크게 꺼리고 형,충(刑, 沖)을 만나면 단명을 면하기 어렵다. 사해에 이름을 드날리고 천하에 위권(威權)을 떨치는 대귀명이 된다. 임기용배격은 진(辰)이 많으면 귀하고, 인(寅)이 많으면 부(富)한다. 관살 (官殺)이 있으면 파격이 되어 형벌을 받거나 재앙이 속출하며 손수(損壽)한다.

② 주중에서 중화(中和)를 잘 이루고 있으면 남녀 모두 부귀하게 되는 것이지만 사주가 조금만 부실하게 되면 남명보다는 여명 에게 재화가 다단하게 발생하니 남편덕이 없음은 물론이요 부 부해로가 어렵고, 심하면 납치, 구금, 흉사 등의 재화를 당하 는 경우가 많다.

17. 공록격(拱祿格)

공록격(拱祿格)은 일지(日支)와 시지(時支) 사이에 녹(祿)을 공 협(拱挾)하여 구성되는 격을 말한다. 정사일(丁巳日) 정미시생 (丁未時生)이 오자(午字)가 없으면 성격한다. 무진일(戊辰日) 무 오시생(戊午時生)이 사자(巳字)가 없으면 성격한다. 기미일(己未 日) 기사시생(己巳時生)이 오자(午字)가 없으면 성격한다. 계축 일(癸丑日) 계해시생(癸亥時生)이 자자(子字)가 없으면 성격한 다. 계해일(癸亥日) 계축시생(癸丑時生)이 자자(子字)가 없으면 성격한다.

① 사주중에 녹(祿)이 나타나면 진실(塡實)되므로 꺼리고, 일시
(日時)의 공록(拱祿)자리를 충(沖)함을 가장 꺼리며, 사주중
월간(月干)을 극하거나 칠살(七殺)을 만남도 꺼리고 대운, 세
운도 동일하다. 재(財)와 인(印)이 있으면 식상(食傷)을 기뻐
하고, 재(財)와 인(印)이 없으면 식상을 기뻐하지 않는다. 인
수를 기뻐하고 귀록이 공망(空亡)됨을 꺼린다. 월령(月令)에
관성(官星)이 없어야 귀명이다. 양인살(羊刃殺)이 중중하면
파격이고, 주중에 건록(建祿)이 나타남을 꺼린다. 신강하면
식상과 재성으로 용신(用神)을 하고, 신약하면 인성과 비겁으
로 용신한다.

18. 공재격(拱財格)

공재격(拱財格)은 일지(日支)와 시지(時支) 사이에 재(財)를 공
협(拱挾)하는 것을 말한다. 갑인일(甲寅日) 갑자시생(甲子時生)
이 주중에 축자(丑字)가 없으면 성격되고, 계유일(癸酉日) 계해
시생(癸亥時生)이 주중에 술자(戌字)가 없으면 성격되고, 기묘일
(己卯日) 기사시생(己巳時生)이 주중에 진자(辰字)가 없으면 성
격되고, 경오일(庚午日) 갑신시생(甲申時生)이 주중에 미자(未
字)가 없으면 성격된다.

① 공재격(拱財格)은 전실(塡實)이 안되고 기(忌)하는 것이 없으
면 석숭과 같은 부자가 된다. 일주는 자왕(自旺)해야 하며 재

왕운(財旺運)에 발복한다. 그러나 전실이 되거나 일시(日時)를 충(沖)하거나 형(刑)하며 칠살(七殺)을 만나면 산재파가(散財破家)하게 된다.

② 갑인일(甲寅日) 공재격(拱財格)은 신왕과 일지 생합(生合)을 희(喜)하고 축, 오, 신, 경(丑,午,申,庚)을 꺼린다. 계유일(癸酉日) 공재격(拱財格)은 신왕과 일지 생합(生合)을 희(喜)하고 묘, 사, 술, 기(卯,巳,戌,己)를 꺼린다. 기묘일(己卯日) 공재격(拱財格)은 신왕과 일지 생합을 좋아하고 진, 유, 해, 을(辰酉亥乙)을 꺼린다. 경오일(庚午日) 공재격은 신왕과 일지 생합을 좋아하고 자, 인, 미, 병(子,寅,未,丙)을 꺼린다.

③ 주중에 재성이 있으면 안되고, 유자(酉字)가 있어서 공위(拱位)를 반합(半合)하면 불길하다. 신왕해야 재(財)를 능임(能任)한다. 주중에 관살이 없어야 한다. 당대에 청귀한 지도자격 인물이 된다.

19. 일인격(日刃格)

일인격(日刃格)은 양인(羊刃)과 같은 것으로서 양일간(陽日干)이 일지(日支)에 양인(羊刃)을 놓으면 성격(成格)이 되는데 병오일(丙午日), 임자일(壬子日), 무오일생(戊午日生)을 말한다.

① 일인격(日刃格)은 합살(合殺)과 관운(官運)을 희(喜)하고, 양인(羊刃), 상관(傷官), 재성(財星), 형(刑), 충(沖), 파(破),

해(害), 삼합(三合), 괴강(魁罡)은 꺼린다. 일인격(日刃格)이 충(沖)이 없으면 극품이요, 특히 재월(財月)에 출생하면 충(沖)을 크게 꺼린다.

② 일인격(日刃格)은 형,충,파,해(刑,沖,破,害)와 회합(會合)을 꺼리나 편관칠살(偏官七殺)은 기꺼워한다. 또한 대운이 관살 운으로 진행하면 귀격이 된다. 사주에 양인(羊刃)이 회합(會合)되면 큰 화가 있게 되는데, 양인살(羊刃殺)을 가진 사람은 성격이 강건하고 결단성이 강하며 무정하다. 그리고 삼형(三刑)과 자형(自刑)이 있거나 괴강(魁罡)이 모두 있으면 귀하게 되어 입신 출세하지만 무정하고 냉혹하다. 혹 재(財)가 왕하면 크게 흉하나 사주에 형,해(刑,害)가 구전하고 괴강(魁罡)이 있으며 신왕하면 대귀한다.

③ 양인(羊刃)은 인성(印星)과 중첩되거나 상관(傷官)을 만남을 크게 꺼린다. 양인(羊刃)이 서너 개 있으면 불구가 되거나 흉사하고, 화일주(火日主)나 금일주(金日主)가 양인(羊刃)이 많으면 추락사한다.

④ 겁재(劫財)와 양인(羊刃)은 외유내강하고 활발하며 과단성이 있고 의리가 있는 듯하나, 박정하고 자애심이 없다. 겁재와 양인이 동주(同柱)하거나 많으면 고집이 세고 교만하며 육친과 인연이 없고 불구가 되거나 단명한다.

20. 일귀격(日貴格)

 일귀격(日貴格)은 일지(日支)에 천을귀인(天乙貴人)이 놓인 것을 말하며, 일귀(日貴)에는 정유(丁酉), 정해(丁亥), 계묘(癸卯), 계사일(癸巳日) 4일 뿐이며 계묘일(癸卯日), 계사일생(癸巳日生)은 주귀(晝貴)라 하고, 정유일(丁酉日), 정해일생(丁亥日生)은 야귀(夜貴)라 한다. 주귀일생(晝貴日生)은 낮에 태어나야 귀명이 되고, 야귀일생(夜貴日生)은 밤에 태어나야 귀하게 된다.

① 일귀격(日貴格)을 놓은 자는 성품이 인자하고 온유할 뿐 아니라, 교만하지 않고 덕망이 있어 주위 사람들로부터 존경을 받는다. 여명은 미모이고 오만하지 않은 인격자이다. 하지만 이격은 형(刑), 충(冲), 파(破), 해(害), 공망(空亡), 진술(辰戌), 괴강(魁罡)을 대기(大忌)하고, 육합(六合), 삼합(三合)과 같은 회합(會合)을 좋아하며 대운, 연운에서 만나도 마찬가지이다.

② 사주 자체가 중화(中和)를 잘 이루고 귀인(貴人)이 있어 순수하게 격을 이루어야 인덕과 부귀로서 존경받는 인물이 되는 것이지, 사주 자체는 중화를 실도(失道) 하였는데 일지(日支) 하나에만 귀인을 놓았다고 하여 귀하게 된다고 평(評)하는 것은 이치에 합당치 않으므로 잘 살펴서 판단해야 한다.

21. 일덕격(日德格)

일덕격(日德格)은 갑인일(甲寅日), 병진일(丙辰日), 무진일(戊辰日), 경진일(庚辰日), 임술일(壬戌日)에 태어나면 성격(成格)한다.

① 일덕격(日德格)은 신왕(身旺)함을 크게 희(喜)하고 신왕운에 발복한다. 일덕을 주중에서 많이 만나면 복록이 풍륭하다. 형,충,파,해(刑,冲,破,害)와 재관회합(財官會合)과 공망(空亡), 괴강(魁罡)을 크게 꺼린다. 일덕격 사주가 재관(財官)이 있으면 타격(他格)으로 본다. 갑인일(甲寅日)은 경진(庚辰)을 꺼리고, 병진일(丙辰日)은 임진(壬辰)을 꺼리고, 경진일(庚辰日)은 경술(庚戌)을 꺼리고, 임술일(壬戌日)은 무술(戊戌)을 꺼린다.
② 일덕격이 신왕운을 벗어나 쇠운(衰運)에 들 때 괴강운(魁罡運)을 만나면 반드시 죽는다고 하였다. 그러나 아직 발복하지 못한 자는 화환(禍患)에서 벗어나 크게 발복한다.
③ 일덕격에 형,충(刑,冲)이 있어 극전(剋戰)하게 되면 발달하기 어렵고 고빈(孤貧)하게 된다. 만약 발달을 한다 하더라도 수명을 마치게 된다.
④ 일덕격을 놓은 자는 성정이 온유하고 자선심(慈善心)이 많고 복록이 풍후하여 부귀하게 될 뿐 아니라 만인의 존경을 받게 되고, 수복강녕(壽福康寧)할 뿐 아니라 국가의 동량지재가 된다.

22. 전록격(專祿格)

전록격(專祿格)은 일지(日支)에 정록(正祿)을 직접 놓음으로서 성립된다. 갑인일(甲寅日), 을묘일(乙卯日), 경신일(庚申日), 신유일(辛酉日)에 태어나면 성격(成格)한다.

① 갑인일(甲寅日), 을묘일(乙卯日)은 신왕하고 관살 유근(有根)을 희(喜)하고, 경,신,신,유(庚,辛,申,酉)와 사,축,술(巳,丑,戌)을 꺼린다. 경신일(庚申日), 신유일(辛酉日)은 신왕하고 관살 유근(有根)을 희하고 병,정,사,오(丙,丁,巳,午)와 미,술(未,戌)을 꺼린다.
② 전록격(專祿格)이 잘 구성되면 부귀한다. 전록격은 주중(柱中)이나 행운(行運)에서 형,충,파,해(刑,冲,破,害)를 만나든지 관살을 만나는 것을 크게 꺼리니, 만약 이를 만나게 되면 재화(災禍)가 백출(百出)한다.
③ 전록격은 강왕격(强旺格)이나 일행득기격(一行得氣格)이 되기 쉽고 간여지동(干與支同)하니 대개 신왕하기 쉬우므로 관살이 유근함을 좋아하는 것이요. 일주가 심히 약하여 전록(專祿)에 근(根)을 하고 있을 때 관살을 만나고 또 형,충,파,해(刑,冲,破,害)를 만나게 되면 자연적으로 녹(祿)이 파손되거나 방해를 받게 되어 흉하게 된다.

23. 시묘격(時墓格)

 시묘격(時墓格)은 진술축미(辰戌丑未), 사묘시(四墓時)에 출생하면 성격(成格)한다.

① 시묘격(時墓格)은 형,충,파,해(刑,沖,破,害)를 좋아한다. 다만 발달이 늦게 온다. 사주에 압복(壓伏)이 없고, 형,충,파,해(刑,沖,破,害)운이 오면 고위(高位)에 오르고 사회에 이름이 난다. 시묘격은 시묘(時墓)를 형,충(刑,沖)하여 개고(開庫)를 해야 하고, 장간(藏干) 중 소용되는 것이 투간(透干)하여야 비로소 귀격이 되는 것이다. 그러나 신약한 사주가 관살이 투간(透干)하고 시(時)가 관고(官庫)가 됐을 때, 이 시묘(時墓)를 형,충(刑,沖)하면 복장(伏藏)되었던 관(官)이 튀어나와 천간에 있는 관살과 합세하여 극신(剋身)하면 대흉한 것이고, 신왕관약(身旺官弱)할 때 관고(官庫)를 형,충(刑,沖)하여 관성의 뿌리를 파괴해 버려도 흉한 것이다. 그러므로 형,충(刑,沖)되어 길하다 함은 신왕관왕(身旺官旺)하거나 신왕재왕(身旺財旺)했을 때의 경우이다.
② 시묘격은 귀천(貴賤)을 불문하고 자기는 영왕(榮旺)해도 육친(六親)에 불리하며 자식을 얻기 곤란하다.
③ 진고(辰庫)는 북방으로 행(行)하고, 술고(戌庫)는 남방으로 행하고, 축고(丑庫)는 서방으로 행하고, 미고(未庫)는 동방으로 행하면 발복한다.

④ 시묘격이 형,충(刑,冲)이 없고 개고(開庫)가 안되면 고장(庫藏)에 있는 것이 무용지물이 되므로 현달치 못하는 것이다. 신왕할 때 재관고(財官庫)를 형,충(刑,冲)하여 개고(開庫)하면 발달하나, 신약하고 재관이 왕할 때 개고하면 가난하고 단명한다.

24. 괴강격(魁罡格)

괴강격(魁罡格)은 경진일(庚辰日), 경술일(庚戌日), 임진일(壬辰日), 임술일(壬戌日), 무술일(戊戌日)에 태어나면 성격(成格)한다.
술월 신장(戌月 神將)인 하괴(河魁)를 괴(魁)라 하고, 진월 신장(辰月 神將)인 천강(天罡)을 강(罡)이라 하므로 진술(辰戌)을 괴강(魁罡)이라고 한다.

① 괴강격(魁罡格)은 주중에 괴강을 중봉(重逢)하고 신왕함과 비,인,식운(比,印,食運)은 길하고, 형,충,파,해,공망(刑,冲,破,害,空亡)과 재관(財官)과 신약을 꺼린다. 괴강이 거듭 있으면 대권을 장악한다. 괴강이 거듭있고 신왕하면 총명하고 과단성이 있으며 크게 출세한다.
② 괴강격을 놓은 자는 성품이 총명하고 지혜가 뛰어난 사람으로 문장이 뛰어나며 일에 임함에 편굴하지 않고 과감하며 용단성이 있으나, 자비심이 부족한 것이 흠이다. 여명은 총명하고

문장령이 있으나 고독하고 남자 성격이며 부군(夫君)이 납치, 재변(災変)에 의한 흉사, 행방불명 등을 당하는 경우가 많고, 부군이 무책임하여 본인이 대주 노릇을 해야 하고, 심하면 부가(夫家)의 재산을 탕진하는 경우도 있다.

③ 만약 일위(一位) 괴강이 형,충,파(刑,沖,破)를 많이 만나면 소인배로서 재화(災禍)가 빈번하고 지극히 빈궁하다. 또다시 재관을 만나면 흉화가 끊어지지 않는다. 사주에 재관이 있고, 혹 형살(刑殺)을 띠면 큰 형액을 당한다. 괴강격이 신약한데 재(財)를 만나면 극빈하고, 관(官)을 만나면 재앙이 많다. 괴강격은 순청(純淸)하고 중첩으로 왕기(旺氣)를 받아야 발복 부귀한다.

④ 진,술,사,해(辰,戌,巳,亥)가 천라지망(天羅地網)인데 넉 자중 주중에서 거듭 만나면 입옥수(入獄數)가 있고 여명은 독수공방한다. 경진일(庚辰日)이 경진시(庚辰時)에 출생하면 형제중에 익사자가 있다.

25. 합록격(合祿格)

합록격(合祿格)은 무계일(戊癸日) 경신시생(庚申時生)이면 성립된다. 합록격은 정관의 녹(祿)을 시지가 요합해와서 용(用)하는 것을 말하며, 추동월생(秋冬月生)을 희(喜)하고, 춘하월생(春夏月生)은 꺼린다.

① 무일(戊日) 신시(申時) 합록격(合祿格)은 경신시(庚申時)의 경금(庚金)이 묘중을목(卯中乙木)을 암합(暗合)하므로 무토(戊土)의 관성을 삼는데, 묘(卯)는 을목정관(乙木正官)의 건록(建祿)이 된다. 사주중에 갑을인묘(甲乙寅卯) 관성과 병정(丙丁) 인성이 없어야 하고, 만일 관,인(官,印)이 있거나 대운과 세운에도 있으면 복이 감소된다. 추동절생(秋冬節生)은 귀격(貴格)이며 형,충,파,해(刑,冲,破,害)를 꺼린다.

② 계일(癸日) 신시(申時) 합록격(合祿格)은 경신시(庚申時)의 신(申)이 사(巳)를 암합하여, 사중 무토(巳中 戊土)로 계일(癸日)의 관성을 삼아 귀격이 되는데 사(巳)는 무토 정관(戊土 正官)의 건록(建祿)이 된다. 주중에 무(戊)나 사(巳)가 있어서 신시(申時)의 암합을 못하게 하든지, 병(丙)이 있어서 경(庚)을 상하면 파격이 되고 복이 감소되며, 대운, 세운에 만나도 동일하다. 추동월생(秋冬月生)이면 부귀하고, 춘하월생(春夏月生)이면 재앙이 있고, 인(寅)이 신(申)을 충(冲)하고 무(戊)를 극함을 크게 꺼리며, 세운, 대운 또한 같다. 계일 형합(癸日 刑合)이 관(官)을 동원시켜 경금(庚金) 인수와 합하여 관인상생(官印相生)되면 일찍이 출세한다.

26. 형합격(刑合格)

형합격(刑合格)은 계유(癸酉), 계묘(癸卯), 계해일(癸亥日)이 갑인시생(甲寅時生)이면 성격(成格)하는데, 인(寅)이 사(巳)를 형출(刑出)하고 사중 무토(巳中 戊土)를 계(癸)의 관성(官星)으로 삼아 귀하게 된다는 격으로서, 계묘(癸卯), 계유(癸酉), 계해일(癸亥日) 형합격은 진격(眞格)으로 부귀하나, 계축(癸丑), 계사(癸巳), 계미일(癸未日) 형합격은 부진격(不眞格)으로 불귀(不貴)하고, 관성이 진실(塡實)이 되어 파격(破格)이 된다.

① 형합격(刑合格)은 신왕함을 요하고 유축(酉丑)을 만남을 희(喜)하나, 무기사(戊己巳)와 경신(庚申)은 꺼리며 대운, 세운도 동일하다. 형합 진격(刑合 眞格)이 무기사(戊己巳)와 경신(庚申)이 없고, 격이 순수하면 부귀쌍전하는 귀격으로 장년에 영화롭고 현달한다.

② 형합 진격(刑合 眞格)이 주중에 유축(酉丑)이 있어 관인상생(官印相生)하면 영웅호걸로서 명리가 있다. 형합격(刑合格)이 관성이 진실되거나 경신(庚申)이 있어 갑인시(甲寅時)를 충파(沖破)하면 재액을 당한다.

③ 형합격(刑合格)은 주로 주색으로 몸을 상하는데 만약 양인(羊刃)과 칠살(七殺)이 같이 있으면 노상에서 비명횡사한다. 수왕(水旺)으로 행하면 대길하여 고관대작이 된다. 월령(月令)에 해(亥)가 있으면 상관격에 가깝다. 주색으로 패가 망신하고 정신이 혼미하여 뉘우치지 못한다.

27. 금신격(金神格)

 금신격(金神格)은 갑,기일생(甲,己日生)이 을축시(乙丑時), 기
사시(己巳時), 계유시(癸酉時)에 태어나고 금기(金氣), 화기(火
氣)가 왕하면 성립된다. 금신은 파재(破財)하는 파괴신으로서 이
를 제복(制伏)함을 필요로 한다. 화왕절(火旺節)에 생하거나 대
운이 화운(火運)으로 행하면 길한데, 만일 사주에 칠살(七殺)과
양인(羊刃)을 함께 갖고 있을 때는 진귀인(眞貴人)이 된다.

① 금신격(金神格)은 과단 명민의 재주가 있고 좀 난폭한 강건불
   굴의 정신이 있다. 남방 화운(南方 火運)에 대발달하고, 북방
   수운(北方水運)에 발달하지 못하고 중(重)하면 생명이 위험하
   다. 화(火)가 있어도 화운(火運)이 오지 않으면 발달하지 못
   하고, 재(財)를 보는 것이 좋고, 재운(財運)에도 발달한다.
   수운(水運)을 만나면 빈곤하고 질병이 생긴다.

② 금신(金神)이 복신(福神)이지만 살왕(殺旺)하면 극제함이 마
   땅하다. 만약 화(火)로서 금신을 극제하면 부귀쌍전한다. 금
   신격(金神格)이 귀기가 많은데 만약 양인(羊刃)을 만나면 중
   화(中和)가 되어 더욱 귀하게 된다.

③ 갑오일주(甲午日柱)가 금신격을 구성하면 오화(午火)로서 금
   (金)을 극제하고, 양인(羊刃)이 있어 부신(扶身)하며, 합살
   (合殺)하면 진귀인이 된다. 만약 금수(金水)를 만나면 금(金)
   은 살(殺)을 돕고, 수(水)는 제살(制殺)하는 화(火)를 극하므
   로 상신(傷身)하니 재앙이 일어난다. 그러나 운이 남방 화운
   (火運)을 만나면 집이 부자가 되고 녹(祿)이 중하게 된다.

28. 도충격(倒沖格)

 도충격(倒沖格)은 병오일생(丙午日生)이 관성이 없고 오자(午字)가 많아서 자(子)를 충(沖)해 오면 자중(子中)의 계수(癸水)를 관성으로 삼는 것을 말한다. 정사일생(丁巳日生)이 관성이 없고 사자(巳字)가 많아서 해(亥)를 충래(沖來)하여 해중 임수(亥中 壬水)로서 관성을 삼으면 성격(成格)한다.

① 병오일(丙午日) 도충격(倒沖格)은 신진(申辰)을 좋아하고, 미자(未字)가 있어서 기반(羈絆)됨을 꺼리며, 기반(羈絆)되면 허명(虛名)과 허리(虛利) 뿐이다. 또 자,계(子,癸)가 주중에 있든지 대운, 세운에 나타나면 흉명이다. 정사일(丁巳日) 도충격(倒沖格)은 묘,미(卯,未)를 좋아하고 신자(申字)가 있어서 기반(羈絆)됨을 꺼리고, 해,임(亥,壬)이 주중에 있든지 대운, 세운에 나타나면 흉명이다.

② 사주가 청격, 진격(淸格, 眞格)에 들면 관직에 나가고 녹기(祿氣)가 성취하여 명리쌍전(名利双全) 향상현달(向上顯達)의 명이다. 운로(運路)에서 관성이 없어야 관직에 나아가고 영화와 명리가 성취된다. 도충격은 화운(火運)에 대발(大發)한다.

29. 재관쌍미격(財官雙美格)

재관쌍미격(財官雙美格)은 임오일(壬午日), 계사일(癸巳日)에 태어나면 성격한다. 일지장간(日支藏干)에 정관과 정재가 같이 있는 것을 말하며, 녹(祿)은 정관이요. 마(馬)는 정재로서 녹마동향(祿馬同鄕)이라고도 한다.

① 재관쌍미격(財官雙美格)은 추동절생(秋冬節生)과 신왕(身旺)을 희(喜)하고, 춘하절생(春夏節生)과 상관(傷官), 공망(空亡)을 꺼린다.

② 재관쌍미격(財官雙美格)은 추동절에 출생하여 금수(金水)가 월령(月令)에 통함을 요하고, 춘하절에 출생하여 목화(木火)가 왕함을 꺼리는데 특히 하월생(夏月生)은 해묘미 목국(亥卯未 木局)을 꺼린다.

③ 칠살(七殺)이 투간(透干)하면 관살혼잡(官殺混雜)이 되므로 꺼리고, 상관과 공망을 꺼린다. 합(合)을 희(喜)하고, 연(年)에 재관(財官)이 있으면 길하며, 천덕귀인, 월덕귀인이 있으면 출세한다.

④ 재관쌍미격(財官雙美格)이 되면 처자가 모두 건전하고 현량(賢良)하며 명리통달(名利通達)하고 영화한다. 여명은 현숙하고 내조의 공을 세우며 현모양처의 평이 높고 부자(夫子) 모두 애정이 깊다.

30. 공귀격(拱貴格)

공귀격(拱貴格)은 일지(日支)와 시지(時支) 사이에 천을귀인(天乙貴人) 또는 정관(正官)이 공협(拱挾)되면 성격(成格)한다. 갑인일(甲寅日) 갑자시생(甲子時生)이 축자(丑字)가 없으면 성립되고, 갑신일(甲申日) 갑술시생(甲戌時生)이 유자(酉字)가 없으면 성립되고, 을미일(乙未日) 을유시생(乙酉時生)이 신자(申字)가 없으면 성립되고, 무신일(戊申日) 무오시생(戊午時生)이 미자(未字)가 없으면 성립되고, 신축일(辛丑日) 신묘시생(辛卯時生)이 인자(寅字)가 없으면 성격(成格)한다.

① 공귀격(拱貴格)은 귀인(貴人)이 진실(塡實)됨을 크게 꺼리고, 공위(拱位)인 일,시지(日,時支)와 공귀(拱貴)를 형,충(刑,冲)함을 꺼린다. 칠살(七殺)이 있어서 공귀(拱貴)를 불능하게 되면 그 복을 반감하고 세운이나 대운에서도 동일하다.

② 공귀격은 재인(財印)이 있으면 식상(食傷)을 희(喜)하고, 재인이 없으면 식상을 꺼린다. 공(拱)하는 자가 진실(塡實)되거나 월지에 상관이 있으면 대흉하다. 공귀격이 연월(年月)에 칠살(七殺)이 없고 형,충,파,해(刑,冲,破,害)가 없이 순수하게 격을 이루면 크게 출세하게 된다.

31. 귀록격(歸祿格)

귀록격(歸祿格)은 일간(日干) 녹(祿)이 시지(時支)에 있으면 성격한다.

① 귀록격(歸祿格)은 사주중에 관살(官殺)을 보지 말아야 하고 대운, 연운에서도 꺼린다. 귀록격은 신왕운을 즐거워하고 식신, 상관, 재운(財運)에 발복하고, 관살운, 형,충,파,해(刑,沖,破,害)운, 공망, 사,절운(死,絕運), 건록(建祿)의 합(合), 편인과 연,월,일의 천간이 같은 것을 꺼리고, 신왕하면 비,겁(比,劫)을 꺼린다. 천을귀인, 천덕귀인, 월덕귀인, 인수, 정재가 있으면 대부귀의 명이다.

② 귀록격이 재(財)를 보면 청고하고 부귀하며, 신왕재왕(身旺財旺)하면 명리가 쌍전한다. 이럴 때는 신왕하므로 재가 투간(透干)하여도 꺼리지 않는다. 여명이 상관(傷官)이 중(重)하고 귀록격을 만나면 지극히 길하다.

③ 귀록격이 충파(沖破)가 없고 신왕하면 평생이 길한데, 만약 녹궁(祿宮)을 형,파(刑,破)하여 일주의 뿌리가 제거되면 대흉하고, 또 연,월(年,月) 천간에 비겁(比劫)이 있어 건록과 합세하여 재(財)를 극하면 흉할 것이다.

32. 정란차격(井欄叉格)

정란차격(井欄叉格)은 경신(庚申), 경자(庚子), 경진일생(庚辰日生)으로서 지지에 신자진(申子辰)이 모두 있으면 성격(成格)한다.

① 정란차격(井欄叉格)은 신자진(申子辰)이 전부 있어서 인오술(寅午戌)을 충동(沖動)해 오므로 경일(庚日)이 재관(財官)을 얻게 되는 귀격이다. 주중에 인오술사(寅午戌巳)나 병정(丙丁)이 있으면 진실(塡實)되어 흉하고, 신자진(申子辰)중 한 자만 더 있어도 꺼리고, 천간에 경(庚)이 많으면 가미지명(佳美之命)이다.

② 시주(時柱)에 병자시(丙子時)를 만나면 시상편관격(時上偏官格)으로 볼 것이고, 시주에 갑신시(甲申時)를 만나면 귀록격(歸祿格)으로 보는데 복이 감소된다.

③ 사주에 임계수(壬癸水)가 있으면 관살을 파할 뿐만 아니라 식상이 많아 신약해지므로 꺼리고, 관살인 화(火)가 주중에 있으면 진실이 되어 흉하고, 자월생(子月生)이 오화(午火)가 있어 충파(沖破)되면 형벌을 당하며 관살년에 녹을 잃고 파재하며 곤고하게 된다. 목운(木運)에 발복하고 금수운(金水運)에 길하며 화토운(火土運)이 흉하다.

33. 구진득위격(句陳得位格)

구진득위격(句陳得位格)은 무신(戊申), 무자(戊子), 무인일생(戊寅日生)이 신자진(申子辰) 또는 인묘진(寅卯辰)이 구전(俱全)하거나, 기해(己亥), 기묘(己卯), 기미일생(己未日生)이 해묘미(亥卯未)가 구전하면 성격한다.

① 구진득위격(句陳得位格)은 신왕하거나 종재(從財), 종살(從殺)함을 희(喜)하고, 형,충,파,공망(刑, 冲, 破, 空亡)을 꺼리며, 재격(財格)일 때는 겁재를 꺼리고 관성일 때는 상관을 꺼리며, 특히 종살이 아닐 때는 살왕(殺旺)함을 꺼린다. 형,충,살강((刑, 冲, 殺强)됨을 크게 꺼리는데 범한 자는 재앙이 겹친다.
② 구진득위격(句陳得位格)에 들면 지존귀현(至尊貴顯)되거나 거부가 된다. 인의도덕을 잘 지키며 고도의 자비심으로 음덕을 쌓는 실로 고귀한 사주다. 관격(官格)을 이루거나 종살이 되면 귀하고, 재격을 이루거나 종재가 되면 부(富)한다.

34. 육음조양격(六陰朝陽格)

육음조양격(六陰朝陽格)은 신해일(辛亥日), 신유일(辛酉日), 신축일생(辛丑日生)이 무자시(戊子時)에 출생하고 주중에 관성(官星)이 없으면 성격(成格)한다. 자중(子中)의 계수(癸水)가 사중

(巳中)의 무토(戊土)를 합(合)하고 무토(戊土)가 사중(巳中)의 병화(丙火)를 끌어오므로써 신일(辛日)의 관성을 삼는 것을 말한다. 신축(辛丑), 신해(辛亥), 신유일(辛酉日)은 진격(眞格)이지만 신묘(辛卯), 신사(辛巳), 신미일(辛未日)은 부진격(不眞格)이다.

① 육음조양격(六陰朝陽格)이 진술축미 사계월(辰戌丑未 四季月)에 출생하거나 가을에 출생하여 주중에 해,자자(亥,子字)를 만나지 않으면 대업을 성취하여 부귀영화를 누린다.
② 육음조양격(六陰朝陽格)은 사주중에 자수(子水)가 일위(一位)만 있어야 하고, 명조(命造)나 대운, 세운에 병,정,사,오(丙,丁,巳,午) 관성이 있으면 복을 반감하고 화액(禍厄)이 커진다.
③ 육음조양격(六陰朝陽格)에 들면 지대한 부귀와 복록을 누리는 귀명인데, 인묘(寅卯)를 보면 귀하고 병정(丙丁)을 보면 가난하다. 신유술(申酉戌), 서방운(西方運)이 가장 좋고, 다음으로 인묘진 동방운(寅卯辰 東方運)이 길하며 북방운(北方運)과 남방운(南方運)은 꺼린다.

35. 육을서귀격(六乙鼠貴格)

육을서귀격(六乙鼠貴格)은 을해일(乙亥日), 을미일생(乙未日生)이 병자시(丙子時)에 출생하고 경,신,신,유(庚,辛,申,酉)와 축,오,사(丑,午,巳)자가 없으면 성격한다. 자(子)가 사(巳)를 암합하고 사(巳)가 신(申)을 합기(合起) 해 오므로 신중경금(申中庚金)을 을목(乙木)의 관성으로 삼아 귀하게 된다.

① 육을서귀격(六乙鼠貴格)에 성격(成格)하면 장원급제하여 사해
에 이름을 떨치고 천추(千秋)에 이름을 전하는 위인이 된다.

② 을미일(乙未日)은 자,미(子,未)를 충파(沖破)함을 크게 꺼리
며, 을해일(乙亥日)은 해,자(亥,子)를 충파(沖破)함을 크게
꺼리며, 인오술(寅午戌)이 합하는 것도 꺼린다. 대운이나 세
운에서도 재성과 관성이 들어옴을 크게 두려워하며 충파(沖
破)함도 크게 꺼린다. 자자(子字)가 많으면 귀명이고 해,자월
(亥,子月)을 희(喜)하며 기묘함이 있다. 인목(寅木)이 사화
(巳火)를 충(沖)함을 꺼리고 경,신,신,유(庚,辛,申,酉)자가
일위(一位)라도 있으면 복이 반감한다.

③ 육을서귀격(六乙鼠貴格)은 경,신,신,유,축(庚,辛,申,酉,丑)을
보면 파격이 되는데, 축(丑)이 있어 합되거나, 오(午)를 만나
충되거나, 묘(卯)를 만나 형되면 일생 곤고하고 근심걱정이
끊어지지 않는다. 특히 해자(亥子)를 많이 만나면 귀함이 한
층 더하게 된다.

36. 비천록마격(飛天祿馬格)

비천록마격(飛天祿馬格)은 경자일(庚子日), 임자일생(壬子日生)
이 자자(子字)가 많이 있던지 자시생(子時生)이면 성격(成格)하
는데, 자자(子字)가 많아서 오자(午字)를 허공중에 충(沖)해 오
므로 오중(午中)의 정화(丁火)로써 경일(庚日)의 관성(官星)을
삼고, 오중(午中)의 기토(己土)로써 임일(壬日)의 관성을 삼는
다. 주중에 인,미,술(寅,未,戌)이 있으면 오(午)와 합(合)을 하

므로 희(喜)하고, 축,오,병,정(丑,午,丙,丁)을 꺼린다. 만일 정,
오,사자(丁,午,巳字)가 있으면 그 복력이 감소되고 대운, 세운도
동일하다.

신해일(辛亥日), 계해일(癸亥日)에 태어나고 해자(亥子)가 많던
지 해시(亥時)에 출생하고 주중에 관성이 없으면 성격한다. 해
(亥)가 사(巳)를 충(冲)해 오면 사중(巳中)의 병,무(丙,戊)로서
재관(財官)을 삼는 바 귀격이 된다. 주중에 신,유,축(申,酉,丑)
이 있으면 사(巳)를 합래(合來)하는데 더욱 묘하다. 신해일(辛亥
日)은 사,술,병,정(巳,戌,丙,丁)을 꺼리고, 계해일(癸亥日)은
사,술,무,기(巳,戌,戊,己)를 꺼린다.

① 비천록마격(飛天祿馬格)은 진실(塡實)이나 반합(半合)이 되지
   않고 희신(喜神)이 있으면 출세하여 명진사해하나, 진실되거
   나 반합이 되면 대흉하며 관운(官運)을 만나면 화출백단(禍出
   百端)한다.

② 주중(柱中)에 충파(冲破)가 없으면 최상격이며 운로(運路)에
   서도 관성을 만나면 화를 당한다. 꼭 자시(子時)나 해시(亥
   時)가 아니더라도 자자(子字)나 해자(亥字)가 많으면 비천록
   마격(飛天祿馬格)이 되고 대운이 잘 들어오면 선량한 인재로
   서 부귀함이 말로 다할 수 없으며 반드시 출세한다. 검찰 총
   장, 군사령관, 고등법원 판사 등이 된다.

③ 비천록마격(飛天祿馬格)은 일지를 충하거나 합함을 꺼린다.
   신해일(辛亥日)이 해(亥)를 많이 만나고 유(酉)가 있으면 장
   년에 영귀하게 된다. 그러나 운에서 사(巳)를 만나면 생명이

위태롭게 된다. 계일생(癸日生)이 술(戌)을 만나면 천라(天羅)가 되어 사(巳)를 충래(沖來)할 수 없고, 신일(辛日)이 병(丙)이나 사(巳)가 있으면 복력이 반감되고 대운, 세운에서 사(巳)를 다시 보면 화를 당한다.

37. 축요사격(丑遙巳格)

축요사격(丑遙巳格)은 신축일(辛丑日), 계축일생(癸丑日生)이 주중에 축자(丑字)가 많으면 성격(成格)한다. 신축일(辛丑日)은 축중신금(丑中辛金)이 사중 병화(巳中 丙火)를 요합(遙合)하여 신일간(辛日干)의 정관으로 삼고 사병(巳丙)이 진실(塡實)됨을 두려워하고 정,오,자(丁,午,子)를 꺼리는데 자(子)가 있어 축(丑)을 기반하면 사(巳) 요합이 불가능하므로 성격(成格)하지 못한다. 신축일 축요사(辛丑日 丑遙巳)는 신왕, 신유(申酉), 축(丑)이 많음을 희(喜)하고, 신약, 병,정,사,오(丙,丁,巳,午), 자(子)를 꺼린다. 계축일(癸丑日)의 축요사(丑遙巳)는 축중계수(丑中癸水)가 사중무토(巳中戊土)를 요합하여 계일주(癸日主)의 정관으로 삼고, 신왕, 신,유,축(申,酉,丑)이 많음을 희(喜)하고, 신약, 무,기,정,사,오,자(戊,己,丁,巳,午,子)를 꺼린다. 미(未)가 있으면 충파(沖破)가 되어 파격이 된다.

① 연(年)과 시(時)에 자(子)와 사(巳)를 만나면 허명무실하다. 신유(申酉)가 있어서 사위(巳位)를 합래(合來)해 주면 공명현달하고 부귀영화하며 만사형통한다. 병,정(丙,丁)이 파격하든

지 무기(戊己)가 충파하면 꺼리지만 비견, 겁재, 인성들이 중 중하여 신주가 태왕하면 도리어 영귀(榮貴)한다.

② 신강하면 관살운도 두려워하지 않으며 도리어 귀하게 되지만 만일 신약하면 화액(禍厄)이 대단하다.

③ 격국에 대운이 잘 들어오면 입신양명하며 등과 급제하고 부귀 공명과 영화를 누린다. 여자는 너무 총명하고 출중하며 성격 이 강직하여 재물과 명예는 얻어 성공할 수 있으나 부부 생활 이 원만치 못하거나 독신으로 있는 사람이 많다.

38. 자요사격(子遙巳格)

자요사격(子遙巳格)은 갑자일생(甲子日生)이 갑자시(甲子時)에 출생하고 주중에 관성과 축,오자(丑,午字)가 없으면 성격(成格) 된다. 자(子)가 사중무토(巳中戊土)를 요합하고 무(戊)가 사중 병(巳中 丙)을 동합(動合)하고 병(丙)이 신(辛)을 인합(引合)하 므로 신(辛)을 갑(甲)의 관성으로 삼아 재관(財官)이 되므로 귀 격(貴格)이 된다.

일주가 신왕해야하고 대운에 관운과 재운이 들어오면 부귀영달 한다.

① 자요사격(子遙巳格)에 들면 등과(登科) 급제(及第)하고 입신 양명한다. 여명은 너무 총명하여 크게 출세할 수 있지만 남편 덕이 없다.

② 주중(柱中)에 경신신(庚申辛)과 신,유,축(申,酉,丑)이 있으면 파격이다. 축(丑)이 합하던지 오(午)가 충(冲)하던지 관살이 투출해도 재액(災厄)이 연생한다. 인수월에 출생하여 신왕하면 관운이 좋다. 주중에 관왕신쇠(官旺身衰)함은 좋지 않다.

39. 육갑추건격(六甲趨乾格)

육갑추건격(六甲趨乾格)은 갑일생(甲日生)이 을해시(乙亥時)에 출생하거나 주중에 해자(亥字)가 많으면 성격(成格)한다. 해(亥)는 건괘궁(乾卦宮) 자리에 있으므로 추건(趨乾)이라 하는데, 해(亥)가 갑(甲)의 녹(祿)인 인(寅)을 암합(暗合)하고 해(亥)자는 천문(天門)의 위(位)가 되고 북극(北極)의 원(垣)이 되어 갑(甲)이 다시 간생(間生) 하므로 귀격이다.

① 인사(寅巳)와 재관(財官)이 없어야 되며, 만약 있으면 재앙이 심히 중하여 대흉하다. 사(巳)는 해(亥)를 충(冲)하므로 꺼리고, 인(寅)은 진실(塡實)되므로 꺼리고 세운, 대운에도 동일하다. 술,해일(戌,亥日)이나 술,해시(戌,亥時)에 출생하면 종교가, 역술인, 의사 등이 많다.
② 육갑추건격(六甲趨乾格)을 이루면 정신이 범인(凡人)을 초월하여 청고한 대인이며 재물이 풍부하고 덕이 많으며 나라에 동량지재가 되나, 여명은 너무 총명하고 출중하여 재물과 명예는 얻을 수 있으나 성격이 강직하며 남편덕이 없고 결혼을 늦게 하는 경우도 있다.

③ 육갑추건격(六甲趨乾格)을 이루고 사주가 중화(中和)되면 농수
산부 장· 차관, 경찰 서장, 대학 교수, 의학 박사 등이 된다.

④ 갑을생(甲乙生)이 해자(亥字)가 많으면 자연히 부귀하고 합록
격(合祿格)을 겸하므로 더욱 귀명이다. 재(財)를 꺼리지만 수
(水)가 태다(太多)하다면 재왕운(財旺運)을 요하며, 신약하면
신운(申運)에는 자(子)가 있음을 좋아한다.

40. 육임추간격(六壬趨艮格)

육임추간격(六壬趨艮格)이란 임일주(壬日主)가 임인시(壬寅時)
에 출생하던지 인자(寅字)를 많이 만나면 성격(成格)한다. 인
(寅)을 많이 가지면 인중(寅中)의 갑목(甲木)이 기토(己土)를 끌
어와 암합(暗合)하여 임(壬)의 관성(官星)으로 하고, 인중(寅中)
의 병화(丙火)는 신금(辛金)을 암합(暗合)하여 인성(印星)으로
삼고, 인(寅)은 또 해(亥)를 암합(暗合)하여 임(壬)의 녹(祿)이
되어 귀격(貴格)을 이룬다. 이때에 사,신(巳,申)이 있어서 형,충
(刑,沖)해 오는 것을 꺼리고 재관(財官)의 진실(塡實)됨과 파,해
(破,害)를 꺼린다.

신왕(身旺)함을 기뻐하는데 대운, 연운도 모두 동일하다. 대운
(大運)이 신(申)에 이르면 인(寅)을 충(沖)하므로 실직, 낙직,
재난, 도둑, 좌천, 강등하게 되며, 오,신,해(午,申,亥)는 싫어한
다. 해(亥)를 만나면 진실(塡實)이 되는데 만약 월령(月令)에 있
으면 가난하게 되며 대운에서 만나도 마찬가지이다. 인(寅)은 간
괘(艮卦) 자리에 있으므로 추간(趨艮)이라 하고 형,충,파,해를

꺼린다. 육임추간격을 이루면 정신이 범인을 초월하여 청고한 대인이며, 재물이 풍부하여 유명인이 될 수 있고 덕이 많아 국가 중신(重臣)으로 등용되며 대장부격이다.

41. 사위순전격(四位純全格)

사주에 사맹(四孟)인 인신사해(寅申巳亥), 사정(四正)인 자오묘유(子午卯酉), 사고(四庫)인 진술축미(辰戌丑未)가 각각 완전히 갖추면 성격(成格)한다. 사위순전격(四位純全格)은 조직이 청(淸)하면 부귀의 명(命)이 되고, 혼탁(混濁)하면 발복이 어렵다. 부귀의 명(命)이 되더라도 육친(六親) 골육(骨肉)의 형해(刑害)가 있고 발복도 빠르고 쇠하는 것도 빠르다.

① 명조(命造)에 자오묘유(子午卯酉)가 완전히 갖추어진 사정격(四正格)은 주색에 빠지기 쉽고 문학 방면에 소질이 있다. 격국(格局)이 청(淸)하면 남명(男命)은 대귀 대발할 수 있으나 여명(女命)은 흉하고 음탕하므로 수신(修身)에 힘써야 한다. 남녀간에 주색에 탐닉하여 일신을 망칠 가능성이 많다.

② 명조(命造)에 인신사해(寅申巳亥)가 완전히 갖추어진 사생격(四生格)은 조직이 순청(純淸)하면 대부대귀(大富大貴)할 명으로서 최고위에 오를 수 있고, 조직이 다소 불량하더라도 군인이나 정치가가 되면 대권을 장악할 수 있다. 그러나 장구하지 못하고 성쇠(盛衰)함이 빠른 것이 흠이라고 하겠다. 여명(女命)은 주거가 불안하고 심지(心志)가 바르지 못하다.

③ 명조(命造)에 진술축미(辰戌丑未)가 완전히 갖춰진 것을 사고격(四庫格) 또는 사묘격(四墓格)이라고 하며 조직이 순청(純淸)하면 집착심이 강하고 대부대귀하며 장관급은 물론 국무총리가 될 수 있다. 그러나 조직이 좋지 않으면 시작은 좋아도 끝이 좋지 않거나 목적달성하면 생명을 마침이 빠르다. 여명(女命)은 고독하고 추악한 소문을 듣는 명(命)이 되며 남녀를 불문하고 자식복이 박하다.

42. 간지동체격(干支同體格)

간지동체격(干支同體格)은 간(干)과 지(支)가 일색(一色)으로 이루면 성격(成格)한다. 간지(干支)를 돕는 운이 길하고 충극(冲剋)하는 운은 흉하다. 간지동체격(干支同體格)은 지,인,용(智,仁,勇) 삼덕(三德)을 구비하여 세상사람에게 추앙을 받는다.

① 갑술일기격(甲戌一氣格)은 대체로 박복한 명(命)이 많다. 고독한 출생이거나 부모를 조별(早別)하고 만년(晩年)에 재해(災害)가 많다.
② 을유일기격(乙酉一氣格)은 평소에 질병이나 잔상(殘傷)이 있다. 남명은 호명(好命)이 되나 여명은 단명 또는 불측의 재난이 따르며 남녀를 불문하고 만년에 발달한다.
③ 병신일기격(丙申一氣格)은 부귀 발복하여 대권을 장악하거나 교직분야에서 두각을 나타낸다.

④ 정미일기격(丁未一氣格)은 성격이 강건하고 고집이 세며 처를 극함이 심하고 평소 흉재(凶災)가 많다. 동방목운(東方木運), 서방금운(西方金運)에 부귀하고, 북방수운(北方水運)에는 기울어지며 심하면 죽을 수도 있다. 군인이 되면 대귀명(大貴命)이 된다. 그러나 주로 종말이 좋지 않다.

⑤ 무오일기격(戊午一氣格)은 성격이 흉폭스럽고 극처(剋妻)한다. 인수(印綬) 원명(元命)이 되면 권귀(權貴)의 명(命)이 되며 명리(名利)가 통달하고 장수한다. 주로 종말에는 좋지 않다.

⑥ 기사일기격(己巳一氣格)은 귀명(貴名)이 된다. 여기생(餘氣生) 남명은 흉이 되고, 중기생(中氣生) 여명은 흉이 되며, 정기생(正氣生)은 존귀하게 된다.

⑦ 경진일기격(庚辰一氣格)은 성격이 강하고 흉폭스럽다. 이름을 중히 하고 이(利)를 가볍게 여기며 풍류심이 있다. 고위직에 오르던가 대권을 잡고 일국의 동량지재가 된다.

⑧ 신묘일기격(辛卯一氣格)은 신(身)이 가볍고 복이 얕다. 일생 한사(閑事)가 많으며 부귀쌍전하나 평소 병이 많고 단명한다. 주로 만년(晩年)에 발복한다.

⑨ 임인일기격(壬寅一氣格)은 화운(火運)에 크게 부귀한다.

⑩ 계해일기격(癸亥一氣格)은 여기생(餘氣生)은 빈명(貧命)이고 중기(中氣), 정기생(正氣生)은 부귀의 명이다. 수,금,목운(水,金,木運)은 길하나 토,화운(土,火運)은 흉하며 사운(巳運)은 해(亥)를 충(沖)하여 흉운이다.

43. 오행구족격(五行俱足格)

　명조(命造)에 목화토금수(木火土金水)의 오행(五行)을 전부 구비하면 성격(成格)한다. 오행(五行)은 오상(五常)의 덕을 각각 주사(主司)하는 것으로, 명중(命中) 오행(五行)을 고루 갖추는 것은 오상(五常)의 덕을 구비하는 것으로, 건강하고 장수하며 두뇌도 명철하고 성격도 원만해서 만인이 환영할 인격을 갖추었고 재물도 넉넉하며 큰 풍파가 없다.

44. 세덕부재격(歲德扶財格)

　연상(年上)에 일점(一點)의 재성(財星)이 있고 가량(佳良)하면 성격(成格)한다. 신(身)과 격국(格局)의 균형이 되고 연상재성(年上財星)이 유기(有氣)하며 신왕(身旺)하면 조상의 유산을 받으며 명조(命造)에 주는 영향이 좋으면 조업을 계승하고 고명(高名) 부귀하며 조명(祖名)을 빛내는 명(命)이다. 일주가 연주(年柱)를 충(沖)하는 년(年)에 출생해서 격국(格局)을 이룬 것을 말하며, 일주를 충(沖)한다고 모두 세덕부재격(歲德扶財格)이 되는 것이 아니며 사주 구성이 구비되어야 한다. 세덕부재격이 잘 구성되면 조상의 음덕으로 출세하며 유산도 많이 상속받을 수 있으며 자연히 명예와 권세가 따른다.

45. 세덕부살격(歲德扶殺格)

연상(年上)에 일점(一點)의 칠살(七殺)이 있고 신왕(身旺)해야 하며 신약(身弱)하다면 허망할 따름이다. 만일 신강(身强)하고 관살(官殺)을 제(制)함이 있으면 조상이 영화로웠다. 세덕부살격(歲德扶殺格)이 성립되면 신왕(身旺) 살약(殺弱)은 재(財)의 생왕(生旺)을 요하고, 살중(殺重) 신경(身輕)은 인수(印綬)의 생부(生扶)를 요하며 반드시 고명(高名), 고귀, 권세가 있다.

46. 호우분사격(虎牛奔巳格)

신계일생(辛癸日生)이 지지에 축인이자(丑寅二字)가 있으면 성격(成格)하며 주중에 사신(巳申)이 있으면 성격이 안된다. 호우분사격(虎牛奔巳格)이 구성되면 성공, 입건(立建), 부귀쌍전의 명이다. 인사(寅巳)가 형(刑)하고 축사(丑巳)가 조회(朝會)한다. 사(巳)에 형합(刑合)하고 사중(巳中)의 병무(丙戊)를 형합(刑合)하여 출(出)케 하여 신계(辛癸)의 관성(官星)이 된다. 유자(酉字)가 있어 축(丑)에 합(合)함을 희(喜)한다.

47. 귀인황추격(貴人黃樞格)

귀인황추격(貴人黃樞格)은 사묘격(四墓格)과 같으며 무기이자(戊己二字)에 진술축미(辰戌丑未)가 완전히 갖추어지고 축(丑)에

귀인(貴人)이 회집(會集)함을 말한다. 진술축미(辰戌丑未)는 사진성(四鎭星)이라 하고 귀록(貴祿)이 생왕(生旺)을 겸하면 위(位)가 공후(公侯)에 이른다.

48. 전재격(專財格)

전재격(專財格)은 생시(生時)에만 재성(財星)이 있는 것을 말하는데, 주로 시지(時支)에 재성(財星)이 있으면 성격(成格)한다. 갑을일(甲乙日) 사오시(巳午時), 병정일(丙丁日) 신유시(申酉時), 무기일(戊己日) 해자시(亥子時), 경신일(庚辛日) 인묘시(寅卯時), 임계일(壬癸日) 사오시(巳午時)등을 말하며 신왕재왕(身旺財旺), 인수용재(印綬用財), 재자약살(財滋弱殺), 식상용재(食傷用財)를 희(喜)하고, 신약재왕(身弱財旺), 신왕비겁다(身旺比劫多), 양인(羊刃)을 꺼린다. 전재격(專財格)이 구성되면 반드시 호명(好命) 부귀인으로 성공한다.

49. 삼기진귀격(三奇眞貴格)

삼기진귀격(三奇眞貴格)은 갑,무,경일생(甲,戊,庚日生)이 천간(天干)에 갑,무,경(甲,戊,庚)이 모두 있으며 지지에 술,해(戌,亥)가 있거나, 을,병,정일생(乙,丙,丁日生)이 천간에 을,병,정(乙,丙,丁)이 모두 있으며 지지에 축,인,묘,사,오,미(丑,寅,卯,巳,午,未)가 있거나, 신,임,계일생(辛,壬,癸日生)이 천간에 신,임,계(辛,壬,癸)가 모두 있으며 지지에 사,오,미(巳,午,未)가 있으면 성격(成格)한다. 삼귀격(三貴格)을 이루면 천운(天運)을 받아 초년에 발달하여 영화를 누리며 부자가 되고 학문도 잘 하고 벼슬도 하며 아주 귀하게 된다. 명예와 권세가 함께 할 것인 바, 급제하고 일시에 가세를 병력과 같이 일으키며 재상까지 될 수 있다. 그러나 월지(月支)에 재관(財官)이 쇠하거나 행운(行運)에 쇠,절지(衰,絶地)에 오면 모든 일이 여의치 않고 빈곤의 명이다. 삼기진귀격(三奇眞貴格)을 득하면 신왕(身旺)하고 재관인(財官印)의 삼자가 월령(月令)에 왕하거나 지지 통근(通根)을 요한다. 재관인(財官印)이 흥륭(興隆)하면 대발달을 한다. 사람이 총명하고 호학절의(好學節義)를 중히 한다. 삼기생왕(三奇生旺)하면 일등 인격으로 숭고하다. 삼기진귀격(三奇眞貴格)은 상관(傷官), 칠살(七殺), 겁재(劫財), 형,충,파,해(刑,沖,破,害), 공망(空亡)을 꺼리고 재(財), 관(官), 인수(印綬), 신왕운(身旺運)을 희(喜)한다.

50. 녹마교치격(祿馬交馳格)

명조(命造)에 역마(驛馬)가 있고 이 역마(驛馬)에 대하여 건록(建祿)이 되는 간(干)이 있으면 성격(成格)한다. 녹마교치(祿馬交馳)가 되는 것은 연,월(年,月)은 보지 않고 일,시(日,時)에 있는 것을 묘(妙)로 하고, 충(沖), 파(破), 공망(空亡)됨을 가장 꺼린다. 이 격(格)은 평소 이동이 많고 그 때마다 수재(收財)의 묘함을 발휘하고 점차 부(富)를 쌓는다.

51. 용호포승격(龍虎包承格)

지지간전(地支間傳)으로 암(暗)으로 인(寅)인 호(虎)와 진(辰)인 용(龍)을 협(夾)하면 성격(成格)한다. 이 격(格)은 명조(命造)내에 동시에 이신(二神)을 협(夾)하는 것으로 일간(日干)에 한정하지 않고 성격(成格)이 되며, 고위(高位)에 오르고 부귀하게 되며 이름이 높다.

52. 양격저사격(羊擊猪蛇格)

신미일(辛未日), 계미일생(癸未日生)이 명조(命造)에 미자(未字)가 삼위(三位)있음을 요한다. 미(未)가 삼위(三位) 있으면 해(亥)를 일으켜 사(巳)를 요충(遙冲)하고, 사중(巳中)의 병무(丙戊)와 간합(干合)하여 신계(辛癸)의 관(官)을 이루는 격이다. 명조(命造)에 유축자(酉丑字)가 있으면 귀(貴)로 하고 진실(塡實)이나 형,충(刑,冲)이 있으면 파격(破格)된다.

53. 자오쌍포격(子午雙包格)

명조(命造)의 지지(地支)에 자자(子字)가 이위(二位) 오자(午字)가 이위(二位), 또는 자자(子字)가 이위(二位) 오자(午字)가 일위(一位), 혹은 오자(午字)가 이위(二位) 자자(子字)가 일위(一位) 있으면 성격(成格)한다. 이 격(格)은 자오양신(子午兩神)의 오행(五行)에 의한 수화기제(水火旣濟)의 이(理)를 취한 것으로 이 격이 반드시 귀명(貴命)이 되는 것은 아니다. 그러나 명조(命造)의 형상이 정제(正齊)될 경우는 귀(貴)는 귀(貴)를 첨가하여 귀명(貴命)의 상격(上格)이 된다. 자(子)를 제좌(帝座)라 하고, 오(午)는 단문(端門)이라 하고 제왕거소(帝王居所)의 위(位)이다.

54. 오성공수격(五星拱水格)

명조(命造)에 오행(五行)이 완전하고 지지에 자(子)와 인(寅)이 있으면 성격(成格)한다. 자(子)와 인(寅) 사이에 축(丑)을 협(夾)한다. 축(丑)은 북방습윤(北方濕潤)의 지(地) 이므로 이름이 있으며 귀격(貴格)의 하나이다.

55. 일순삼위사위격(一旬三位四位格)

연,월,일,시(年,月,日,時)의 간지(干支)가 동일순중(同一旬中)에 있으면 성격한다. 동일순중(同一旬中)이 됨은 타(他)의 어떤 것에도 연(緣)이 깊고 청귀(淸貴) 하므로 명조(命造)에 삼위(三位) 또는 사위(四位)가 동일순중(同一旬中)의 간지(干支)가 되고, 특히 재,관,인,식(財,官,印,食)이 되어 파(破)가 없으면 매우 호명(好命)으로 부귀한다.

56. 천관지축격(天關地軸格)

술해(戌亥) 미신(未申)이 잘 조화된 사주를 말하며, 술해(戌亥)
는 천관(天關)이요. 미신(未申)은 지축(地軸)이다. 술해(戌亥)
중 일자(一字)와 미신(未申)중 일자(一字)만 있어도 성격(成格)
한다. 천관지축격(天關地軸格)이 잘 구성되면 명진사해(名振四
海)하는 위인의 명(命)으로 대귀격(大貴格)이다.

▶ 종격(從格)

종격(從格)에는 진종(眞從)과 가종(假從)이 있는데 진종(眞從)
이란 주중(柱中)에서 종(從)을 하는데 방해자가 없이 순수하게
성격(成格)되는 것을 말하며, 가종(假從)이란 종(從)을 하고자
하는데 주중에서 인수(印綬), 견겁(肩劫)이 있어 방해를 해 완전
한 종(從)을 할 수 없는 것을 말한다. 이때는 방해자를 제거하여
야 길명(吉命)이 된다. 완전한 방해를 받으면 종(從)이 되지 않
는다.

57. 종왕격(從旺格)

종왕격(從旺格)은 지지(地支)에 전(全) 비견(比肩), 겁재(劫財)
로 국(局)이 이루어지면 성격(成格)한다. 인,비운(印,比運)은 길
하고 재,관운(財,官運)이 흉하다. 종왕격(從旺格)은 양일주(陽日
主)는 양국(陽局)으로, 음일주(陰日主)는 음국(陰局)으로 구성이

되면 더욱더 귀명(貴命)이 된다. 정계, 법조계, 학계, 군인, 경찰, 종교계 등에서 입신하는 경우가 많다. 만약 격(格)의 구성이 부실하면 천상천하 유아독존형으로 패가망신을 하게 된다. 종왕격(從旺格)은 인품이 중후하고 언어에 통달하였으며 투기, 질투가 없어 대인관계가 좋다. 종왕격(從旺格)이 운(運)에서 모두가 재관(財官)을 만나게 되면 파격(破格)이 되니 재관을 탐하지 말아야 한다. 종왕격(從旺格)은 비겁(比劫)으로만 사주가 구성되어 있으므로 독신주의자와 같은 형국이니 어찌 벼슬과 재물, 처자식을 좋아하겠는가?

58. 종강격(從强格)

종강격(從强格)은 일간(日干)이 태약(太弱)하고 주중에서 지지(地支)가 전(全) 인수(印綬)로 득국(得局)을 하고, 또 주중에 재,관,상식(財,官,傷食)이 없으면 성격(成格)한다. 인성운(印星運), 견겁운(肩劫運)은 길하고, 재성운(財星運)과 상식운(傷食運)은 흉하며, 관살운(官殺運)은 보통이며, 왕신(旺神)의 입묘운(入墓運)에는 흉하다. 종강격(從强格)은 순수하게 인수국(印綬局)으로 사주가 구성되어야 길명(吉命)이 된다. 대학교수, 총장으로서 입신(立身)하게 된다. 그러나 인수국(印綬局)이 부실하여 사주가 탁(濁)하면 떠돌이 풍류객이 된다. 종강격(從强格)은 의타심이 없고 의지력이 강해 나보다 남을 더 생각하고 자기 자신을 아낄 줄 모르는 지성과 야성이 있고 박학다식하다.

59. 종아격(從兒格)

　종아격(從兒格)이란 일주(日主)가 의지할 곳이 없이 약하고 식신(食神), 상관(傷官) 만이 태왕하고 인성(印星)을 만나지 않으면 성격(成格)한다. 인수(印綬)나 견겁(肩劫)이 있다 하더라도 일주(日主)에 전혀 도움이 되지 못할 때 성립된다. 종아격(從兒格)으로 구성된 자는 교육계나 육영사업 방면에서 입신출세를 하는 수가 많고 예체능에도 소질이 뛰어나다. 성정이 온화하고 유순하며 차분하고 싹싹하다. 특히 요식업에 종사하면 대성한다. 만약 재물을 탐하게 되면 탁하게 되어 세인의 지탄을 받게 된다. 종아격(從兒格)이 잘 구성되면 총명다재하고 재물이 풍부하다. 목화종아(木火從兒)와 화토종아(火土從兒)는 목분토조(木焚土燥) 하므로 흉명이다. 종아격(從兒格)은 상식운(傷食運)과 재운(財運)을 희(喜)하고, 인성운(印星運)과 견겁운(肩劫運), 관살운(官殺運)은 꺼린다. 종아격(從兒格)에 강한 인성운이 오면 죽을 가능성이 매우 높다. 자손궁에도 불미(不美)할까 염려가 된다. 종아격(從兒格)을 놓은 자는 거만하고 교만하며 남에게 지기 싫어하고 신경질적인 심리와 남에게는 좋으나 가족에게는 불평불만을 하는 수가 있다. 신경이 예민하고 날카롭다. 특수한 기능의 소질을 갖고 있으며 예능방면에 뛰어나고 사무를 처리하는데는 틀림없다.

60. 종재격(從財格)

종재격(從財格)은 일주(日主)가 심히 약하여 의지할 곳 조차 없고 재성(財星)만이 매우 왕하고, 인비(印比)가 없으면 성격(成格)하는데 설사 주중에 인수(印綬)나 견겁(肩劫)이 있다 하더라도 일주(日主)에 도움이 되지 않을 때 주중에 재성(財星)이 왕하고 있으면 그 재성으로 따라간다 하여 종재격(從財格)이라고 한다. 종재격(從財格)을 놓은 자는 귀명(貴命)으로서 복록이 증진하나 주중에서 상식(傷食)을 동반하여야 더욱 귀명이 되고, 운에서도 재,관(財,官), 상식운(傷食運)을 만나야 길하고, 인수(印綬), 견겁운(肩劫運)을 만나면 불길하다.

재성(財星)이 용신(用神)이고, 상식(傷食)이 희신(喜神)이며, 관성운(官星運)은 왕한 재성이 설기(泄氣) 순세(順勢)하여 길하며, 비겁운(比劫運)은 왕기(旺氣)를 역세(逆勢) 하므로 크게 꺼리며, 인성운(印星運)도 왕한 재운(財運)과 극 되므로 불길하다. 지지(地支)에서 방합(方合)이거나 천간투출(天干透出)이 되지 않았을 경우 또 흩어져 있을 경우가 귀명이 되지 못하고 있다. 종재격(從財格)은 의리를 중히 여기며 남달리 정의파이다.

재물에는 인색하나 경제 수완이 좋고 처를 사랑하며 경제바탕에는 큰 인물이 될 수 있는 자질이 있다. 형제의 수가 적고 편친 슬하에서 성장했으며 처첩의 덕이 있고 공처가가 많고 데릴사위기 되거나 치부한다. 남다른 지식과 센스로 치밀하고 완벽하게 일을 처리하고 뛰어난 언변을 소유한다. 외국어에도 탁월한 재능을 발휘하며 비서관이나 참모로 대성한다. 사주에 식신이 없고 비겁이 있거나 비겁운이 오면 대흉한데 이런 사주는 학업에 취미가 없고 편친슬하에서 자란다.

61. 종관살격(從官殺格)

명조(命造) 구성상 일간(日干)은 의지할 데 없이 약하고 편관(偏官)만이 매우 왕하게 구성된 것을 종살격(從殺格)이라고 하며, 정관(正官)만이 매우 왕한 것을 종관격(從官格)이라고 하며, 식신(食神)이나 상관(傷官)을 만나지 않으면 성격(成格)한다. 주중에 인수(印綬)나 견겁(肩劫)이 있다 하더라도 일주(日主)에 전혀 도움을 주지 못할 때는 종관살격(從官殺格)이 성립된다.

관살운(官殺運)과 재성운(財星運)은 길하고 식상운(食傷運)과 인성운(印星運), 견겁운(肩劫運)은 흉하다. 종살격(從殺格)이 잘 구성되면 대귀명(大貴命)이다. 그러나 주중에서 관살(官殺)이 혼잡되면 귀함이 반감된다. 종살격(從殺格), 종관격(從官格)을 놓은 자는 성품이 온화하고 유순하며 복수쌍전(福壽雙全)한 명으로서 관리사주로 적합하며, 군인, 경찰, 검찰, 정보원, 의학으로 성공한다. 관권(官權)을 좋아하고 누구든지 자기 명령에 복종해주기를 좋아하며 이러한 심리로 인하여 실패수가 많다.

62. 양신성상격(兩神成象格)

양신성상격(兩神成象格)은 두가지의 오행(五行)이 넉 자씩 나누어져 있으면서 상생(相生) 관계에 있는 것을 상생오국(相生五局)이라고 하며, 두 가지의 오행(五行)이 넉 자씩 나뉘어져 있으면서 상극(相剋) 관계에 있는 것을 상성오국(相成五局)이라고 한다. 이기상생(二氣相生)은 모두 일간(日干)에서 보아 상생(相生)하는 것으로, 이 명(命)은 수기발로(秀氣發露)가 이상하고 부진(不盡)하는 재능이 샘과 같이 용출(湧出)하여 반드시 일업(一業)으로 이름나는 귀명이다.

원래 식상(食傷)은 학(學), 기(技), 예(藝)의 신(神)으로 셋중 하나의 발군(拔群)의 재능이 있다. 대지대업(大志大業)을 이루고 뭇 사람의 우두머리가 되는 천부의 자질이 있다. 이기상성(二氣相成)은 모두 일간(日干)에서 보아 상극(相剋) 또는 수극(受剋)하는 것으로 재성(財星), 관살(官殺)이다. 이 격은 선천(先天)의 재복(財福)은 극히 두터우며 무정(無情)의 극(剋)은 상업유통의 업무로 거부가 되고, 유정(有情)의 극(剋)은 견실한 업무로 착실한 성과를 거둔다. 수극(受剋)한 관살(官殺)의 격은 대귀명으로 명예와 존경을 받는다. 특히 관청이나 회사의 관리자, 경영자가 되어 일대부영(一代富榮)하는 명이다.

① 수목상생격(水木相生格)은 명조(命造)에 수(水)가 4개, 목(木)이 4개로 구성된 것을 말하며 수목청기(水木淸奇)라고도 한다. 수목화운(水木火運)은 길하고 토금운(土金運)은 흉하다. 학문이나 기술, 예술 방면에 우수한 재능이 있으므로 두각을 나타내어 대업을 완수할 수 있다.

② 목화상생격(木火相生格)은 명조(命造)에 목(木)이 4개, 화(火)가 4개로 구성된 것을 말하며 목화광휘(木火光輝)라고도 한다. 목화토운(木火土運)은 길하고, 금수운(金水運)은 흉하다. 학문, 기술, 예술 방면에 우수한 재능이 있으므로 이 분야에서 두각을 나타내어 대업을 완수할 수 있다.

③ 화토상생격(火土相生格)은 명조(命造)에 화(火)가 4개, 토(土)가 4개로 구성된 것을 말하며 화토협잡(火土夾雜)이라고도 한다. 화토금운(火土金運)은 길하고, 수목운(水木運)은 흉하다. 학문, 예술, 기술 방면에 우수한 재능이 있으므로 이 분야에서 두각을 나타내어 대업을 완수할 수 있다.

④ 토금상생격(土金相生格)은 명조(命造)에 토(土)가 4개, 금(金)이 4개로 구성된 것을 말하며 토금육수(土金毓秀)라고도 한다. 토금수운(土金水運)은 길하고, 목화운(木火運)은 흉하다. 학문, 예술, 기술 방면에 재능이 있어 이 분야에서 두각을 나타내어 대업을 완성할 수 있다.

⑤ 금수상생격(金水相生格)은 명조(命造)에 금(金)이 4개, 수(水)가 4개로 구성된 것을 말하며, 금수백청(金水白淸)이라고도 한다. 금수목운(金水木運)은 길하고, 화토운(火土運)은 흉하다. 학문이나 예술, 기술 방면에 재능이 있어 이 분야에서 두각을 나타내어 대업을 완성할 수 있다.

상성오국(相成五局)은 정재(正財)로 구성되면 정재(正財)의 사업과 관계되는 업무로 크게 성공하고, 편재(偏財)로 구성되면 편재(偏財)의 사업과 관계되는 업무로 크게 성공한다.

⑥ 목토상성격(木土相成格)은 명조(命造)에 목(木)이 4개, 토 (土)가 4개로 구성된 것을 말하며 목토배양(木土培養)이라고 도 한다. 화수토운(火水土運)은 길운(吉運)이고, 금목운(金木 運)은 흉운(凶運)이다.

⑦ 토수상성격(土水相成格)은 명조(命造)에 토(土)가 4개, 수 (水)가 4개로 구성된 것을 말하며 토국윤하(土局潤下)라고도 한다. 화금수운(火金水運)은 길하고, 목토운(木土運)은 흉하 다.

⑧ 수화상성격(水火相成格)은 명조(命造)에 수(水)가 4개, 화 (火)가 4개로 구성된 것을 말하며 수화기제(水火旣濟) 또는 화수미제(火水未濟)라고도 한다. 목화금운(木火金運)은 길하 고 토수운(土水運)은 흉하다.

⑨ 화금상성격(火金相成格)은 명조(命造)에 화(火)가 4개, 금 (金)이 4개로 구성된 것을 말하며 화금주인(火金鑄印)이라고 도 한다. 목토금운(木土金運)은 길하고, 수화운(水火運)은 흉 하다.

⑩ 금목상성격(金木相成格)은 명조(命造)에 금(金)이 4개, 목 (木)이 4개로 구성된 것을 말하며 금목성기(金木成器)라고도 한다. 목토수운(木土水運)은 길하고, 화금운(火金運)은 흉하 다.

63. 양간부잡격(兩干不雜格)

사주 천간(天干)에 오행동기(五行同氣)가 이위(二位)씩 있으면 성격(成格)한다. 격(格)이 잘 구성되면 학문도 잘하고 벼슬도 하고 아주 귀하게 되며 명예와 권세가 함께 하며 과거에 급제하고 일시에 가세를 병력과 같이 일으키나 만일 대운이 자칫 잘못 들어오면 건강이나 재물로 고통이 심하다.

64. 일덕수기격(日德秀氣格)

병자일(丙子日), 정유일(丁酉日), 신유일(辛酉日), 임자일생(壬子日生)이 주중에 2개의 을자(乙字)가 있고, 지지에 사,유,축(巳,酉,丑)이 전부 있으면 성격(成格)한다. 식상(食傷)이나 재성(財星)으로 용신(用神)을 삼지만 강약으로 보아야 한다. 대운(大運)에 충파(沖破)함과 관성운(官星運)을 크게 꺼린다. 충극(沖剋)을 꺼리는데 운로(運路)에서도 동일하다.

65. 교록격(交祿格)

교록(交祿)이란 녹(祿)이 교차되어 있는 것으로서, 갑신일(甲申日)에 경인(庚寅), 경인일(庚寅日)에 갑신(甲申), 신묘일(辛卯日)에 을유(乙酉), 을유일(乙酉日)에 신묘(辛卯) 등이다.
교록(交祿)은 비록 녹(祿)이 서로 충(沖)하지만 충(沖)함을 흉으로 보지 않고 길신(吉神)으로 본다.

66. 현무당권격(玄武當權格)

현무당권격(玄武當權格)은 임인(壬寅), 임오(壬午), 임술(壬戌), 계사(癸巳), 계축(癸丑), 계미일생(癸未日生)이 지지에 인오술(寅午戌) 화국재성(火局財星) 또는 진술축미(辰戌丑未) 관성(官星)이 구전(俱全)하면 성격(成格)한다.

① 현무당권격(玄武當權格)은 충파(沖破) 되거나 신약하면 불길하다. 현무(玄武)란 임계수(壬癸水)를 말하고 당권(當權)이란 재관(財官)을 말한다. 임계수(壬癸水)는 화국(火局)을 얻어야 당권이 되는데 수화기제(水火旣濟)하여야 공(功)이 된다.

② 현무당권격(玄武當權格)은 성격이 온화하고 지혜로우며, 신용과 예절이 밝고 얼굴은 붉고 검으며, 위엄이 있으나 용맹하지 못하다.

③ 신왕하고 충파(沖破)가 없으면 대귀하고, 종재(從財)나 종살(從殺)하면 부귀쌍전한다. 형,충(刑,沖)이 있거나 세운이나 대운에서 형,충(刑,沖)을 만나면 불리하다.

67. 복덕격(福德格)

복덕격(福德格)은 음간(陰干)인 을,정,기,신,계일(乙,丁,己,辛,癸日)이 일지(日支)에 사,유,축(巳,酉,丑)이 있고 지지에 사유축삼합(巳酉丑三合) 금국(金局)을 이루면 성격(成格)한다.

① 을사(乙巳), 을유(乙酉), 을축일(乙丑日)에 태어나고 지지에 사유축(巳酉丑)이 있으면 음목복덕격(陰木福德格)이라고 하며, 화살(化殺), 제살(制殺), 종살(從殺)은 희(喜)하고, 미월(未月), 유월생(酉月生)은 꺼린다. 을일생(乙日生)이 미월(未月)에 출생하면 입묘(入墓)가 되니 슬픈 일이 생기고, 유월(酉月)에 출생하면 살중신약(殺重身弱)하므로 관록이 오래 못 가고 단명한다. 을목(乙木)은 경금(庚金)을 관성으로 삼으니 칠살이 노출하였으면 제복(制伏)함이 좋고 인수를 만나야 좋다. 인수와 관운(官運)을 크게 기뻐하니 이 때에 발복하게 된다.

② 정사(丁巳), 정유(丁酉), 정축일(丁丑日)에 태어나고 지지에 사유축(巳酉丑)이 있으면 음화복덕격(陰火福德格)이라고 하며, 종재(從財), 종살(從殺)을 희(喜)하고, 유월(酉月), 자월(子月), 축월생(丑月生)은 꺼린다. 유월(酉月)에 생하면 화(火)의 사지(死地)가 되어 성패가 많고 명리도 얻지 못하며 재물을 파산하고 관록 또한 창성할 수 없으며 황음(荒淫)하고 단명한다. 자월(子月)에 출생하여 재관(財官)이 왕하면 재물을 파하고 명리에 성패가 많으며 황음(荒淫)이다. 정(丁)은 임(壬)을 용(用)하여 정관이 되고 왕금(旺金)이 수(水)를 생하여 좋다. 사주에 재관(財官)이 왕하면 귀명이고 관왕운(官旺運)에 발복한다.

③ 기사(己巳), 기유(己酉), 기축일생(己丑日生)이 지지에 사육축(巳酉丑)이 있으면 음토복덕격(陰土福德格)이라고 하며, 재(財)를 만나는 것을 희(喜)하고 화(火)나 충파(沖破)를 꺼린

다. 기일(己日)은 갑목(甲木)이 정관이 되며 사유축(巳酉丑)은 정관인 목(木)을 파하는데 재운(財運)에 발복한다. 사주에 병정(丙丁)과 인오술사(寅午戌巳)를 보지 않아야 귀격이 되고 대운, 세운도 동일하며 형,충,파,해(刑,沖,破,害)를 꺼린다. 상관을 파하면 명리는 공허한다. 즉, 화(火)가 있으면 백사가 근심이 된다. 사월(巳月)에 생하면 수기(秀氣)를 박하게 하여 좋지 않다. 음토복덕격(陰土福德格)은 평소 고독하고 성패가 많으며 성공하여도 장구하지 못하다.

④ 신사(辛巳), 신유(辛酉), 신축일(辛丑日)에 태어나고 지지에 사유축(巳酉丑)이 있으면 음금복덕격(陰金福德格)이라고 하며, 정화(丁火)나 오술(午戌), 화왕(火旺)을 보면 파(破)가 되고 의록(衣祿)이 빈약하며 재해가 많다. 병화(丙火)가 있으면 관성이 되고 인(寅)이 있으면 천을귀인이 되어 길명이다. 세운이나 대운에서도 동일하다. 신일생(辛日生)이 진월(辰月)에 출생하여 오술(午戌) 왕한 화관(火官)을 보면 빈약하고 재화가 많다. 화(火)가 일주를 극하면 예술이나 종교계에 종사하게 된다.

⑤ 계사(癸巳), 계유(癸酉), 계축(癸丑)일에 태어나고 지지에 사유축(巳酉丑)이 있으면 음수복덕격(陰水福德格)이라고 하며, 추동월생(秋冬月生)이나 관인(官印)을 희(喜)하고 화재성(火財星)을 꺼린다. 사월(巳月)에 출생하면 백사가 막히고 공명성패가 많으며 영화가 오래가지 못하며 의심이 많고 주색을 탐하며 목적을 달성치 못한다. 관인운이 오면 발달 행복하다.

68. 화기격(化氣格)

화격(化格)이란 일간(日干)이 월간(月干)이나 시간(時干)과 간합(干合)하고, 그 간합(干合) 화기 오행(化氣 五行)과 같은 오행(五行)이 월지(月支)에 있거나 지지(地支)에서 삼합오행(三合五行)이 있어 화기 오행(化氣 五行)과 같을 경우에 성격(成格)된다. 단, 일간(日干)이 투합(妬合) 되거나 쟁합(爭合)이 되거나 화기오행(化氣五行)을 극하는 오행(五行)이 없어야 된다.

① 갑기합화토격(甲己合化土格)은 갑일(甲日) 기월(己月), 기일(己日) 갑월(甲月), 갑일(甲日) 기시(己時), 기일(己日) 갑시생(甲時生)이 월지(月支)에 진,술,축,미,(辰,戌,丑,未)를 놓고 갑,을,인,묘(甲,乙,寅,卯)가 없으면 성격(成格)한다. 화토격(化土格)을 놓으면 성품이 온유유덕하며 지조가 있는 군자이다. 화토금운(火土金運)은 길하고 목운(木運)은 흉하다. 갑일생(甲日生)이 기토(己土)와 합(合)이 된 경우 월령(月令)에 진사(辰巳)를 만나면 더러운 세속을 벗어나고 격중(格中)에서 월주에 사,오(巳,午)가 있다면 부귀공명할 것이다. 춘월(春月)에 출생하면 평생토록 모든 일이 이루어지지 않고 피로하기만 하니, 모든 일이 헛되고 고생만 하여 뜻을 잃는다. 을(乙)을 만나면 처,재(妻,財)에 암손(暗損)이 있고, 정(丁)을 만나면 의록(衣祿)이 허(虛)할 것이다. 기일생(己日生)이 갑(甲)과 합(合)이 된 경우 정화(丁火)를 만나면 타인의 능욕을 당하고, 을(乙)을 만나면 매사가 힘들고 더디며, 임수(壬水)

를 중중(重重)하게 만나면 분주하고 복잡하게 떠돌아 다니는 사람이요. 경금(庚金)이 많아서 금기(金氣)가 날카로우면 고한백옥(孤寒白屋)의 사람이다.

② 무계합화화격(戊癸合化火格)은 무일(戊日) 계월(癸月), 계일(癸日) 무월(戊月), 무일(戊日) 계시(癸時), 계일(癸日) 무시생(戊時生)이 월지(月支)에 사,오,인,술(巳,午,寅,戌)을 놓고 임,해,자(壬,亥,子)가 없으면 성격(成格)한다. 화화격(化火格)을 놓으면 외교수단이 특출하여 밀사, 특사, 외교관으로 적합하다. 목,화,토운(木,火,土運)은 길하고, 수운(水運)은 흉하다. 무일(戊日) 출생자가 계수(癸水)와 합(合)이 된 경우 남방생왕지(南方生旺地)에서 생(生)하였다면 영웅호걸 대인이니, 격중(格中)에 수(水)가 연,월(年,月)에서 화(火)를 상함이 없으면 고관대작이 된다. 지지(地支)에 수(水)가 잠재하였다면 가산(家産)을 패한다.

대운에서 다시 수왕지(水旺地)를 만난다면 상처하고 극자(剋子)하며 풍파가 많다. 을목(乙木)이 있으면 현달하고, 임수(壬水)를 보면 풍부한 생활을 한다. 갑(甲)이 인궁(寅宮)에 있어서 왕하면 육친(六親)이 불목하고, 병화(丙火)가 화염(火炎)하면 복록을 얻기 어렵고, 경금(庚金)이 찬란하면 형통하고, 기토(己土)가 왕하면 처자를 손극(損剋)하고, 신금(辛金)이 왕하면 인품과 모사(謀事)가 많다. 계일(癸日) 출생자가 무토(戊土)와 합(合)이 된 경우, 병화(丙火)를 볼때에 신금(辛金)을 감추어 가지고 있으므로 일생이 다성다패(多成多敗)하고, 갑중(甲中)에 기토(己土)가 숨어 있으니 일생을 노력과 고심만 할 뿐이다. 정화(丁火)를 얻으면 부자가 되고, 경금(庚金)을 얻으면 전재(田財)가 광대하다. 을목(乙木)을 만나면 관직의 지위가 높고 영화로우며, 상하에 임수(壬水)가 있으면 재물과 부귀가 있으며, 신금(辛金)이 있고 다시 화왕(火旺)하면 재록(財祿)의 득실이 무상하고, 기토(己土)가 상침(相侵)하면 관직의 인연이 헛되어 노력을 얻을 수가 없다.

③ 병신합화수격(丙辛合化水格)은 병일(丙日) 신월(辛月), 신일(辛日) 병월(丙月), 병일(丙日) 신시(辛時), 신일(辛日) 병시생(丙時生)이 월지(月支)에 해,자,진,신(亥,子,辰,申)을 놓고 무,기,진,술,미(戊,己,辰,戌,未)가 없으면 성격(成格)한다. 화수격(化水格)을 놓으면 대인지상으로 대운의 흐름에 따라 영웅호걸의 사람이다. 금수목운(金水木運)은 길하고, 토운(土運)은 흉하다. 병일생(丙日生)이 신금(辛金)과 합(合)이 된 경우 신(辛)을 만나는 것을 기뻐하니 문장이 뛰어난 영웅이요. 연,월(年,月)에 수왕(水旺)을 이루면 평범한 사람이 아니다. 무토(戊土)가 있으면 복이 있고, 을목(乙木)이 있으면 명예를 얻고, 계사(癸巳)를 만나면 영전(榮轉)하고, 경금(庚金)이 있으면 가문이 현달하고, 갑오(甲午)가 있으면 강폭해지고, 임진(壬辰)을 보면 화패(禍敗)를 만나고, 정(丁)을 거듭 만나면 부귀하더라도 오래가지 않고, 기토(己土)를 거듭 만나면 영화가 있으나 뜬구름처럼 사라지게 된다.

신일생(辛日生)이 병(丙)과 합(合)이 된 경우 무토(戊土)를 만나는 것이 가장 좋다. 경금(庚金)을 만나 생왕(生旺)되면 일생에 가장 기쁜 일이 있고, 기토(己土)를 보면 발복하기 어럽고 임수(壬水)를 보면 이름을 얻기가 어렵고, 계수(癸水)가 왕하면 곤궁하지는 않으며, 갑목(甲木)이 왕하면 비록 영화로우나 영화가 없다. 을목(乙木)을 중중 만나면 부귀 영화하고, 정(丁)이 첩첩하면 궁박하고 상잔(傷殘)된다.

④ 정임합화목격(丁壬合化木格)은 정일(丁日) 임월(壬月), 임일(壬日) 정월(丁月), 정일(丁日) 임시(壬時), 임일(壬日) 정시생(丁時生)이 월지(月支)에 인,묘,해,미(寅,卯,亥,未)를 놓고 경,신,신,유(庚,辛,申,酉)가 없으면 성격(成格)한다. 화목격(化木格)을 놓으면 온후유순 절의음덕을 갖추어 어려운 일을 잘 처리한다. 수,목,화운(水,木,火運)은 길하고, 금운(金運)은 흉하다. 임일생(壬日生)이 정(丁)과 합(合)이 된 경우 금(金)이 많음을 두려워 한다. 인(寅)을 보면 문장력이 뛰어나고 다시 연,월(年,月)에 갑을목(甲乙木)이 있다면 등과하여 입신양명한다. 그러나 금운(金運)을 만나면 분주하고 잔상(殘傷)되며, 수운(水運)을 만나면 친한 사람과 이별하고 유랑객이 되기 쉽다. 정일생(丁日生)이 임(壬)과 합(合)이 된 경우 병화(丙火)가 있으면 흉하다. 대운(大運)에 신금(辛金)을 만나면 한가로이 지내고 부귀쌍전한다.

갑,사,축(甲,巳,丑)을 좋아하니 녹(祿)과 명예가 따른다. 무토(戊土)를 보면 생활이 점점 빈한해지고, 계수(癸水)를 보면 생애가 적막하고 을목(乙木)이 중중하면 재록(財祿)을 성취할 수 없고, 경금(庚金)이 있으면 공명을 이루기 어렵고 불길하다.

⑤ 을경합화금격(乙庚合化金格)은 을일(乙日) 경월(庚月), 경일(庚日) 을월(乙月), 을일(乙日) 경시(庚時), 경일(庚日) 을시생(乙時生)이 월지(月支)에 신,유,사,축(申,酉,巳,丑)을 놓고 병,정,사,오(丙,丁,巳,午)가 없으면 성격(成格)한다. 화금격(化金格)은 정의와 공론을 중히 여겨 대중의 신망이 두텁다. 토,금,수운(土,金,水運)은 길하고, 화운(火運)은 흉하다. 화염(火炎)하게 되면 좋지 않고, 만일 다시 인오술화국(寅午戌火局)을 중봉(重逢)한다면 분주하고 고생만 한다. 경일생(庚日生)이 을(乙)과 합(合)이 된 경우 신금(辛金)의 암손(暗損)과 병화(丙火)의 극(剋)을 꺼린다. 정화(丁火)를 만나면 용이비, 구름을 만난 격이요. 기토(己土)를 만나면 붕새가 하늘을 나는 것과 같고, 계수(癸水)를 만나면 정원이 수해(水害)를 입는 것과 같고, 임수(壬水)가 성하면 재록(財祿)이 더욱 발복할 것이요. 무토(戊土)를 보면 거부가 될 수 없다.

을일생(乙日生)이 경(庚)과 합(合)이 된 경우 병화(丙火)를 만나면 장애가 생기며 화액(禍厄)이 있다. 정화(丁火)나 임수(壬水)를 보면 길하다. 그러나 신금(辛金)이 있고 정화(丁火)가 있으면 가을에 식물이 서리를 맞는 격이요. 기토(己土)가 있으면 금옥이 만당하고 갑목(甲木)이 있으면 곡식이 창고에 가득한 격이다.

69. 잡기재관인수격(雜氣財官印綬格)

잡기(雜氣)라 함은 여러개의 기(氣)가 섞여 있다는 뜻으로, 진
술축미(辰戌丑未) 사고(四庫)에 수장(收藏)되어 있는 오행(五行)
의 기(氣)가 모두 들어 있다. 그러므로 이것이 충,형(冲,刑)되어
격(格)이 되는 것을 말한다. 진중(辰中)에는 을,계,무(乙,癸,戊)
의 장간(藏干)이 있고, 수고(水庫)이다. 술중(戌中)에는 신,정,
무(辛,丁,戊)의 장간(藏干)이 있고, 화고(火庫)이다. 축중(丑中)
에는 계,신,기(癸,辛,己)의 장간이 있고, 금고(金庫)이다. 미중
(未中)에는 정,을,기(丁,乙,己)의 장간이 있고 목고(木庫)이다.
월지(月支)가 진,술,축,미(辰,戌,丑,未) 중 어느 하나가 되고 천
간(天干)에 재성(財星)이 있으면 잡기재성격(雜氣財星格)으로 부
명(富命)이며, 천간(天干)에 관성(官星)이 있으면 잡기관성격(雜
氣官星格)으로 귀명(貴命)이고, 천간(天干)에 인수(印綬)가 있으
면 잡기인수격(雜氣印綬格)으로 후복(厚福)의 명(命)이다. 관
(官)은 복록신(福祿神), 재(財)는 양명원천(養命源泉), 인수(印
綬)는 신자(身資)의 으뜸이다.

① 잡기재관인수격(雜氣財官印綬格)은 월지(月支)가 형,충,파,해
(刑,冲,破,害)되면 좋다. 사주에 형,충(刑,冲)이 있고 신왕
(身旺)하면 묘하다. 신약하고 형,충(刑,冲)이 태과(太過)하면
복(福)을 집산(集散)하므로 사주에 형,충,파,해(刑,冲,破,害)
가 있는데 재차 형,충,파,해운(刑,冲,破,害運)이 오는 것은
좋지 않다. 사주에 이것이 없을 때 형,충,파,해운(刑,冲,破,

害運)이 오면 발달한다.

② 잡기편관견(雜氣偏官肩)은 살(殺)이 겹치면 신경(身輕)하므로
제복(制伏)이 있는 것이 좋다. 잡기편관격(雜氣偏官格)이 되
고 다른 곳에 편관(偏官)이 여러개 있으면 신약(身弱)해 지므
로 식신(食神)으로서 제(制)하고 인성(印星)으로서 설기시켜
야 호명(好命)이 된다.

③ 잡기관성격(雜氣官星格)은 천간에 식신, 상관이 없어야 좋다.
만일 있다면 만년(晚年)에 발달한다. 재관운(財官運)은 길하
고, 식상운(食傷運)은 불길하다.

④ 월간지(月干支)와 같은 간지(干支)가 타(他)에 있는 것을 꺼
린다. 충, 형(沖,刑)이 없는데 월간(月干)이 무(戊)나 기(己)
가 되어 그 위를 누르면 어린시절에 매사가 막힘이 많다.

⑤ 진, 술, 축, 미(辰, 戌, 丑, 未) 중에서 재성(財星)이 되고 충, 형
(沖,刑)된 남명(男命)은 처를 형(刑)한다. 진, 술, 축, 미(辰,
戌, 丑, 未) 중에서 관성(官星)이 되면 남편복이 없고 행운(行
運)에서 재차 묘, 절운(墓, 絶運)을 만나면 생, 사별 한다.

⑥ 을일생(乙日生)이 미월(未月)에 생하며 잡기격(雜氣格)이 되
면 재물은 많으나 어질지 못하고, 신일생(辛日生)이 축월(丑
月)에 생하여 잡기격이 되면 덕은 있으나 빈한하다.

⑦ 관왕(官旺)하고 재왕(財旺)하면 자묘지(自墓地)에 운입(運入)
할 때 화(禍)가 있고, 식신, 상관이 있고 신왕하다면 고지(庫
地)를 만났을 때 재앙이 일어난다. 식상(食傷)이 경(輕)하면
고(庫)를 만나도 재(災)가 없지만, 식상(食傷)이 삼합(三合)
하여 태왕(太旺)한데 묘지(墓地)를 만나서 합묘(合墓)한, 즉

절패(絶敗)의 기(氣)가 크므로 큰 화(禍)를 입는다.

⑧ 왕살(旺殺)이 묘(墓)에 들면 수명을 연장하기 어렵고 관(官),
인(印), 상관(傷官), 칠살(七殺)이 용신(用神)이 되는 경우
묘고운(墓庫運)은 크게 흉하다. 초년에 묘고운(墓庫運)을 만
나면 마땅치 않고, 장년에 만나면 풍성하지 않고, 노년에 만
나면 풍융하다.

70. 토국윤하격(土局潤下格)

토국윤하격(土局潤下格)은 무신일(戊申日), 무자일(戊子日), 무
진일생(戊辰日生)이 지지에 신자진(申子辰) 삼합수국(三合水局)
이 있으면 성격(成格)한다. 토국윤하격(土局潤下格)은 빈천하고
분주하나 파란이 많고, 사지(四肢)나 안목(眼目)에 질병이 있던
가 악창이나 농혈로 죽기 쉬운데 진술축미운(辰戌丑未運)에 반응
이 나타난다. 수운(水運)과 화운(火運)에는 개운발달(開運發達)
부귀한다.

71. 천간연주격(天干連珠格)

천간연주격(天干連珠格)은 연,월,일,시의 천간이 순(順)으로 구
성되면 성격(成格)한다. 천간연주격(天干連珠格)은 선악을 막론
하고 사회에 명성을 울린다. 대체로 부모덕이 있고 사주의 구성
이 양호하면 좋은 방향으로 명성을 얻고 현달한다. 사주의 구성
이 불량하면 나쁜 방향으로 명성을 얻는다.

72. 지지연여격(地支連茹格)

지지연여격(地支連茹格)은 연, 월, 일, 시의 지지가 십이지 순서대로 되어있거나 일위(一位)씩 건너서 있으면 성격(成格)한다. 지지연여격(地支連茹格)은 의지가 견고하고 운명 또는 부(富)도 견고하다. 지지연여격(地支連茹格)이 잘 구성되면 부귀쌍전의 명이다.

73. 간지쌍련격(干支雙連格)

간지쌍련격(干支雙連格)은 사주 간지가 쌍으로 연결되면 성격(成格)한다. 간지쌍련격(干支雙連格)은 많은 복을 받고 중살(衆殺)을 압박하므로 남을 지휘하는 위치에 오를 수 있다.

74. 간합지형격(干合支刑格)

간합지형격(干合支刑格)은 일간(日干)은 간합(干合)이 되고 일지(日支)는 일간(日干)과 간합(干合)되는 지지와 지형(支刑)이 되면 성격(成格)한다. 간합지형격(干合支刑格)을 놓으면 주색을 지나치게 탐닉하므로 주색으로 인하여 일신을 망친다. 심하면 패가 망신하고 가벼우면 질병으로 고생하게 된다. 타격(他格)이 되어 권귀대명(權貴大命)이라도 규문(閨門)에 덕이 없다. 주색의 화(禍)를 면하기 어려우며 특히 여명(女命)은 더욱 나쁘다. 간합지형격(干合支刑格)은 흉살운(凶殺運)에는 생명이 위태롭다. 또한 신분의 고하(高下)를 막론하고 색정으로 신명(身命)을 그르치기 쉽다.

75. 천원일기격(天元一氣格)

천원일기격(天元一氣格)은 네 개의 천간이 똑 같으면 성격(成格)한다. 천원일기격(天元一氣格)은 사주 조직에 따라 귀명도 될수 있고 천명(賤命)도 될 수 있다.

76. 지진일자격(支辰一字格)

지진일자격(支辰一字格)은 네 개의 지지가 모두 같으면 성격한다. 지진일자격(支辰一字格)은 체,용(體,用)의 균형이 맞는 경우가 드물다. 그러나 체,용(體,用)의 균형이 잘 맞으면 귀명이 된다.

77. 발모연여격(拔茅連茹格)

천간(天干)이 연(年)에서 순(順)이 되고 지지(地支)가 연(年)에서 순(順)으로 된 것을 발모연여격(拔茅連茹格)이라고 하며, 이격을 놓으면 조업(祖業)을 계승하고 부자경애(父子敬愛)하여 자손에 계승한다.

제 4 편 · 사주와 운세해단

第1章. 사주실관(四柱實觀)

1. 건명(乾命) 신묘년(辛卯年) 11月 10日 사시생(巳時生)

```
辛 庚 庚 辛
巳 午 子 卯
```

```
83 73 63 53 43 33 23 13  3
辛 壬 癸 甲 乙 丙 丁 戊 己
卯 辰 巳 午 未 申 酉 戌 亥
```

금수(金水)가 음한(陰寒) 하므로 목화(木火)가 조열(燥熱)함을 희(喜)한다. 그러므로 목화(木火)를 희(喜)하고 금수(金水)를 기(忌)한다. 평범한 가정 출신이며 형제궁은 남동생이 여섯명, 여동생이 한 명이며, 자식궁은 4남 2녀이다. 병신운(丙申運)에는 병신합화수(丙辛合化水)하여 한 두번 감옥에 갇힌 적이 있으며, 을미운(乙未運)에는 하는 일이 날로 점점 호전되었으며, 갑오운(甲午運)에는 목화통명(木火通明)이 되어 마침내 광업계의 거물이 되었다. 91세가 되는 신묘운(辛卯運) 신유년(辛酉年) 8월 27일 해시(亥時)에 군겁(群劫)인 신금(辛金)이 을목(乙木)을 극(剋)하여 사망했다.

2. 건명(乾命) 임오년(壬午年) 10月 27日 자시생(子時生)

戊 辛 辛 壬
子 卯 亥 午

53 43 33 23 13 3
丁 丙 乙 甲 癸 壬
巳 辰 卯 寅 丑 子

금수(金水)가 음한(陰寒)한데 지지에 해묘(亥卯)가 합목(合木)하여 화(火)를 생하므로 용신(用神)이 되었다. 첫째는 오행(五行)이 유통되었고, 둘째는 목화(木火)로 기후를 조화시키므로 목화(木火)를 희(喜)하고 금수(金水)를 기(忌)한다. 처음 임자(壬子), 계축(癸丑), 북방수운(北方水運)에는 출신(出身)이 빈한하였으나 23세 이후 동방목운(東方木運)으로 행(行)하자 단과대학인 문화학원을 졸업하고 중학교 선생이 되었으며, 아내는 세무서에 근무하였고 자녀는 1남 2녀를 두었으며 집안 형편이 좋았다. 40세인 을묘운(乙卯運) 신유년(辛酉年)에는 대운(大運)과 세운(歲運)이 천극지충(天剋地沖)되므로, 봄에는 근무처가 이동되고 가을에는 집안 정리를 하다가 쇠못을 밟아 발에 상처를 입어 대학병원에서 수술하고 일주일후 퇴원하였다. 흉한 유년(流年)이 좋은 대운(大運)을 충극(冲剋)하면 흉한 일을 당하는 것이다.

3. 건명(乾命) 기축년(己丑年) 10月 16日 인시생(寅時生)

丙 己 乙 己
寅 巳 亥 丑

50 40 30 20 10
庚 辛 壬 癸 甲
午 未 申 酉 戌

월상(月上)의 을목살(乙木殺)을 병화정인(丙火正印)이 화살생신(化殺生身)하여 용신(用神)이 되므로, 화토(火土)를 희(喜)하고 수목(水木)을 기(忌)하며 금(金)은 한신(閒神)이다. 술운(戌運)에는 수산전문학교(水産專門學

校)에 들어가 선원이 되어 이등 항해사, 일등 항해사가 되었으며 결혼하여 아들 둘을 두었다. 29세 정사년(丁巳年), 30세 무오년(戊午年), 31세 기미년(己未年)에는 화토(火土)가 천간에 투출되고 지지에 장(藏)하여 유력(有力)하므로 화물선 선장이 되어 월수입 수백만원이 되었으며, 아내는 우체국에 근무하여 생활이 점점 좋아졌다. 그러나 32세인 경신년(庚申年) 무자월(戊子月)에 동태평양(東太平洋)에서 사고가 생겨 생사를 모르게 되었다. 임신운(壬申運) 경신년(庚申年) 무자월(戊子月)은 인,신,사,해(寅,申,巳,亥). 사맹(四孟)이 충형(沖刑)되고 해자축삼회(亥子丑三會) 북방수(北方水)가 되었으며, 임신운(壬申運)이 원국(原局)의 병인(丙寅)을 극충(剋沖)하고 유년(流年) 경신(庚申)과 함께 이신(二申)이 일인(一寅)을 충(沖)하여 화토장생지(火土長生地)를 극하므로 흉은 많고 길함은 적은 것이다.

4. 건명(乾命) 갑오년(甲午年) 1月 16日 미시생(未時生)

辛 甲 丙 甲
未 午 寅 午

85	75	65	55	45	35	25	15	5
乙	甲	癸	壬	辛	庚	己	戊	丁
亥	戌	酉	申	未	午	巳	辰	卯

지지에 인오(寅午)가 반합화(半合火)하고 오미합(午未合) 조토(燥土)가 되고, 천간 병화(丙火)는 신금(辛金)을 요합(遙合)하고 지지에 통근(通根)하여 종아격(從兒格)이 되므로, 화토(火土)를 희(喜)하고 수목(水木)을 기(忌)하며 금(金)은 한신(閒神)이 된다. 무진운(戊辰運)에 북경대학(北京大學) 사학과(史學科)를 졸업하고, 무창 고등사범(武昌 高等師範) 교수가 되었고, 이어서 북대 도서관(北大

圖書館) 과장이 되고, 북대(北大), 북사대(北師大), 중국대학(中國大學) 교수, 안휘대학교무장(安徽大學敎務長), 하남대학 교무장(河南大學 敎務長), 하남대교장(河南大校長), 하남교육청장(河南敎育廳長)등을 역임했다. 1937년 대륙에 변란이 있자 화북(華北), 화중(華中)의 망명학생 수만명을 거느리고 대만(台灣)으로 갔다. 대만에서 고시원(考試院) 고시위원(考試委員)으로 있다가 퇴직했으며 구십상수(九十上壽)하였고, 자녀는 2남 1녀이다.

5. 건명(乾命) 기사년(己巳年) 4月 20日 미시생(未時生)

```
己 癸 己 己
未 酉 巳 巳

58 48 38 28 18  8
癸 甲 乙 丙 丁 戊
亥 子 丑 寅 卯 辰
```

네 개의 칠살(七殺)이 기신(己身)을 치는데 사유합금(巳酉合金)하여 화살생신(化殺生身)하므로 금(金)이 용신(用神)이 된다. 금수(金水)를 희(喜)하고, 화토(火土)를 기(忌)하며 목(木)은 한신(閒神)이다. 빈한한 출신으로 정묘(丁卯), 병인(丙寅), 동방목운(東方木運)에는 군중(軍中)에서 어려움이 있었으나, 을축운(乙丑運)에는 을목식신(乙木食神)이 제살(制殺)하고 지지에 사유축삼합금국(巳酉丑三合金局)하여 퇴역후 날로 점차 발달하였다. 축운(丑運)에는 삼처(三妻)를 얻었으며 토지 수만평을 구입하여 양계(養雞) 사업을 경영하여 부자가 되었는데 사람들이 계왕(雞王)이라고 불렀다. 50세인 갑자운(甲子運) 무오년(戊午年)에는 사오미삼회남방화(巳午未三會南方火)가 되고 천극지충(天剋地冲)이 되어 십억의 손실을 입었으나, 경신(庚申), 신유년(辛酉年)에는 조금 좋아졌다. 자식은 3남 3녀를 두었다.

6. 곤명(坤命) 신묘년(辛卯年) 9月 24日 유시생(酉時生)

```
己 丁 戊 辛
酉 酉 戌 卯

56 46 36 26 16  6
甲 癸 壬 辛 庚 己
辰 卯 寅 丑 子 亥
```

일간(日干)이 약하므로 목화(木火)를 희(喜)하고 금수(金水)를 기(忌)한다. 28세인 무오년(戊午年)에 결혼하였으며 31세인 신축운(辛丑運) 신유년(辛酉年) 7월은 묘유충(卯酉冲)되고 유축합금(酉丑合金)하며 신유술회서방금국(申酉戌會西方金局)을 이루고 삼신(三辛)이 투출되므로 남편이 7월에 돌연히 사망하였다.

7. 건명(乾命) 임술년(壬戌年) 10月 19日 사시생(巳時生)

```
己 己 辛 壬
巳 酉 亥 戌

72 62 52 42 32 22 12  2
己 戊 丁 丙 乙 甲 癸 壬
未 午 巳 辰 卯 寅 丑 子
```

화토(火土)를 희(喜)하고 금수(金水)를 기(忌)하며 목(木)은 한신(閒神)이다. 기신(忌神)이 부모궁에 있고 초운(初運)이 임자(壬子), 계축(癸丑)이므로 출생시에 아버지는 이미 사망하였고, 오래지 않아 어머니는 개가(改嫁)하였으므로 22세 까지 조모에 의해 성장하였는데 연지(年支) 술(戌)이 화고(火庫)가 된 까닭이다. 22세 이후 경찰에 10년간 근무하였는데 이것은 갑인(甲寅), 을묘운(乙卯運)에 천간(天干)에 있는 신금(辛金)을 극거(剋去)하고 지지(地支)에 인술(寅戌)이 공화(拱火)하며 묘술(卯戌)이 합화(合火)한 까닭이다. 51세인 병진운(丙辰運) 임자년(壬子年)에 화(火)를 잃은 것은 임수(壬水)가 병화(丙火)를 극하고 자진합수(子辰合水)한 까닭이다. 54세인 을묘년(乙卯年)에 상처(喪妻)를 하였는데 이것은 유년(流年)과 일주(日柱)가 천극지충(天剋地沖)한 까닭이다. 59세인 경신년(庚申年)에는 장자(長子)가 사업에 실패하여 1억 손실을 보게 되었는데, 이것은 원국(原局)과 대운(大運)이 사해상충(巳亥相沖)되고 유년과 원국이 신유술삼회(申酉戌三會)하여 서방금국(西方金局)이 되고 사신합수(巳申合水)한 까닭이다. 60세인 신유년(辛酉年)에는 생활이 평범하였고, 자식은 4남 3녀를 두었다.

8. 건명(乾命) 계유년(癸酉年) 10月 17日 축시생(丑時生)

乙 甲 癸 癸
丑 辰 亥 酉

59 49 39 29 19 9
丁 戊 己 庚 辛 壬
巳 午 未 申 酉 戌

금수음한(金水陰寒)하므로 목화조열(木火燥熱)을 희(喜)하고 금수(金水)를 기(忌)한다. 20세인 임진년(壬辰年)에 타향에 유랑하였으며, 21세인 신유운(辛酉運) 계사년(癸巳年)에는 천간에 금수(金水)가 함께 투출하고 지지에 사유축삼합금국(巳酉丑三合金局)하여 간첩 혐의로 구속되어 15년형을 받고 복역하다가, 35세인 정미년(丁未年)에 석방되었다. 41세인 계축년(癸丑年)에 결혼하여 아들 둘을 두었다. 보습반(補習班) 지배인이 되어 병진(丙辰), 정사(丁巳), 무오년(戊午年)에 수천만원을 모아 집 한 채를 샀다. 48세 경신년(庚申年), 49세인 신유년(辛酉年)에 집을 팔았으나 몇 천만원 손해를 보았다.

9. 건명(乾命) 기묘년(己卯年) 2月 17日 오시생(午時生)

```
戊 癸 戊 己
午 酉 辰 卯

51 41 31 21 11  1
壬 癸 甲 乙 丙 丁
戌 亥 子 丑 寅 卯
```

신약하므로 금수(金水)를 희(喜)하고 화토(火土)를 기(忌)한다. 어릴적에는 생활이 가난했으며 20세인 병인운(丙寅運) 무술년(戊戌年)에는 천간에 화토(火土)가 병투(並透)하고 지지에 인오술삼회화국(寅午戌三會火局)되어 집안에 세 사람이나 잃었다. 23세인 신축년(辛丑年)에 결혼을 했으며 어진 아내는 남편을 위해 세탁소를 운영하여 도와주므로서 타이완 대학을 졸업할 수 있었다. 처음에는 대서(代書)를 하다가 뒤에 국제무역에 종사하게 되어 신해(辛亥), 임자(壬子), 계축년(癸丑年)에는 많은 돈을 벌었으며, 국제 라이온스 클럽 중화민국 부총회장(副總會長)을 역임했으며 항상 남을 도왔다. 무오년(戊午年) 5월에는 대수술을 하였고 기미년(己未年)에는 국제무역에서 수억이나 적자를 보게 되었는데 이것은 기신(忌神)이 득세(得勢)한 까닭이다. 그리고 경신년(庚申年) 봄에 재수술을 하여 병이 완쾌된 것은 용신(用神)이 득세하였기 때문이다.

10. 건명(乾命) 경신년(庚申年) 10月 16日 묘시생(卯時生)

```
癸 丁 丁 庚
卯 亥 亥 申

55 45 35 25 15  5
癸 壬 辛 庚 己 戊
巳 辰 卯 寅 丑 子
```

금수(金水)가 왕하므로 목화(木火)를 희(喜)하고 금수(金水)를 기(忌)한다. 군사관학교를 졸업하고 경찰계로 진출하여 경찰학교 교관이 되었으며 미국에 유학갔다

와서는 대북시(台北市) 경찰 부국장(副局長), 보일 총대장(保一總隊長), 고웅시(高雄市) 경찰국장으로 역임하던 1981년 음력 7월 23일 비행기 추락사고로 순직하였는데 이때가 계사운(癸巳運) 62세인 신유년(辛酉年)이다. 원국(原局)의 이해(二亥)와 일사(一巳)가 충(沖)이 되고 사신합수(巳申合水)되며, 유년(流年) 신유(辛酉)가 묘(卯)를 충(沖)하고 대운(大運)인 계(癸)가 정(丁)을 극하며, 세운천간(歲運天干)에 금수(金水)가 병투(並透)한 까닭이다.

11. 건명(乾命) 기축년(己丑年) 1月 16日 술시생(戌時生)

```
甲 甲 丙 己
戌 戌 寅 丑

54 44 34 24 14  4
庚 辛 壬 癸 甲 乙
申 酉 戌 亥 子 丑
```

인술(寅戌)이 공화(拱火)하고 병화(丙火)가 투출하므로 삼합(三合)과 다름이 없다. 식신생재(食神生財)하는 힘이 일간(日干)보다 세므로 수목(水木)을 희(喜)하고 화토(火土)를 기(忌)하며 금(金)은 한신(閑神)이다. 형제는 셋이며 갑자운(甲子運)에 대학교를 졸업하고 계해운(癸亥運)에 외국유학을 갔다왔으며 회사 지배인이 되고 이후에는 백화점 상무로 근무했다. 32세에는 여배우와 결혼하고 33세에는 아들을 낳았는데, 이것은 계수(癸水)가 병화(丙火)를 극하고 인해(寅亥)가 합목(合木)한 까닭이다.

12. 건명(乾命) 경진년(庚辰年) 10月 8日 인시생(寅時生)

丙 甲 丙 庚
寅 寅 戌 辰

52 42 32 22 12 2
壬 辛 庚 己 戊 丁
辰 卯 寅 丑 子 亥

경금살(庚金殺)이 있으므로 병화식신(丙火食神)으로 제살(制殺)하니 병화(丙火)가 용신(用神)이다. 목화(木火)를 희(喜)하고 금수(金水)를 기(忌)한다. 이사람은 페인트 공장과 판매점을 운영하는데 경인운(庚寅運) 35세인 갑인년(甲寅年)부터 40세인 기미년(己未年)에는 원국(原局)의 병화(丙火)가 회극(回剋)하고 지지에 인술(寅戌)이 공합(拱合)하여 돈을 많이 벌었다. 41세인 경신년(庚申年)에는 삼인(三寅)이 일신(一申)을 충(冲)하고 이병(二丙)이 삼경(三庚)을 극하므로 좋았다. 신묘운(辛卯運)인 42세 신유년(辛酉年)에는 천간에 이신(二辛)이 병투(並透)하여 을목(乙木)을 극하고 지지에 진유합금(辰酉合金)하여 묘(卯)를 충(冲)하므로 사업이 급격히 일락천장(一落千丈)하였다. 다행이 지지가 인묘진삼회(寅卯辰三會) 동방목(東方木)이 되므로 크게 밑지지는 않았다.

13. 건명(乾命) 병인년(丙寅年) 5月 5日 진시생(辰時生)

戊 甲 甲 丙
辰 戌 午 寅

59 49 39 29 19 9
庚 己 戊 丁 丙 乙
子 亥 戌 酉 申 未

천간에 갑,병,무(甲,丙,戊)가 병투(並透)되고 지지에 인오술삼합화국(寅午戌三合火局)되어 아우생아(兒又生兒)하니 종아격(從兒格)이므로 화토(火土)를 희(喜)하고 금수(金水)를 기(忌)하며 목(木)은 한신(閒神)이다. 원래 공무원이 되었으나 39세 이후 토지 및 건축사업에 종사하여 돈을 20억이나 벌었다. 발재(發財)한 것은 종아 격으로서 화토운(火土運)을 만난 때문이다. 정사(丁巳), 무오(戊 午), 기미년(己未年)에도 좋았으나 55세 경신년(庚申年), 56세 신유년(辛酉年), 57세에 임술년(壬戌年)에는 모든 일이 여의치 못했다.

14. 건명(乾命) 갑자년(甲子年) 9月 14日 묘시생(卯時生)

```
丁 甲 甲 甲
卯 子 戌 子

60 50 40 30 20 10
庚 己 戊 丁 丙 乙
辰 卯 寅 丑 子 亥
```

신강(身强)하므로 화토(火土)로서 목기(木氣)를 유통(流通) 시킴을 희(喜)하고 수목(水木)을 기(忌)한다. 농촌에서 출생했으며 생활은 평범하였고 고등교육은 받지 못하였다. 형제자매는 넷, 자식은 4남 3녀이며, 장자는 손자를 5명 두었고 장녀는 외손자를 3명 두었다. 24세, 25세에는 상업에 실패하고 멀리 다른 도시로 나갔다. 30세 이후에는 회사를 창립하여 하는 일이 순조로워 많은 돈을 벌었으며, 무인운(戊寅運)에는 화토(火土)가 장생(長生)되고 인술(寅戌)이 공화(拱火)하며, 기묘운(己卯運)에는 묘술합화(卯戌合火) 하므로 가장 좋았다. 45세 무신년(戊申年)에 모친이 사망하고, 49세 임자년(壬子年)에는 부친이 사망했으며, 52세인 을묘년(乙卯年)에는 3층집으로 이사를 가서 쓰러져 고생했으며, 54세 이후에는 몸 건강하고 사업은 더욱 빛났다.

15. 곤명(坤命) 기축년(己丑年) 5月 6日 술시생(戌時生)

壬 癸 己 己
戌 亥 巳 丑

52 42 32 22 12 2
乙 甲 癸 壬 辛 庚
亥 戌 酉 申 未 午

이 사주는 금수(金水)를 희(喜)하고 화토(火土)를 기(忌)한다. 12세인 경자년(庚子年)에는 원국(原局)의 사축(巳丑)이 공금(拱金)되고 운에 신금(辛金)이 투출되므로 삼합금국(三合金局)으로 본다. 이 사람은 원래 천재 아동으로서 프랑스 유학을 갔다. 18세에 프랑스 파리 음악원에서 가장 우수한 성적으로 졸업했다. 임신운(壬申運) 24세 임자년(壬子年)에 사범대학 교수가 되었는데 금수(金水)가 천간에 투출되고 지지에 장(藏)되며, 임자유년(壬子流年)은 첫째 해자축삼회(亥子丑三會) 북방수(北方水)가 되고, 둘째 신자반합수(申子半合水)되며, 셋째 세운(歲運)에 금수(金水)가 상생(相生)되고, 넷째 신사육합(申巳六合)하여 수(水)가 된 까닭이다.

16. 건명(乾命) 갑인년(甲寅年) 8月 27日 술시생(戌時生)

丙 乙 甲 甲
戌 亥 戌 寅

58 48 38 28 18 8
庚 己 戊 丁 丙 乙
辰 卯 寅 丑 子 亥

연월(年月)에 인술(寅戌)이 공화(拱火)하고 시간에 병화(丙火)가 투출되므로 삼합화국(三合火局)으로 보며, 술시(戌時)를 돕고 그 기(氣)를 도설(盜洩)하여 일약(日弱)하므로 수목(水木)을 희(喜)하고 토금(土金)을 기(忌)한다. 자운(子運)에 대학교를 졸업하고 철도국 직원이 되었다. 후에 노동자 대표에 당선되어 전국 총노동자회 상무이사 겸 총간사(總幹事)가 되었다. 처(妻)가 셋이며 자녀는 6남 5녀인데, 박사, 석사 학위를 취득한 사람이 4명이며 기타 7명도 각각 대학교 또는 전문대를 졸업하였는데, 이것은 희신(喜神)이 처궁에 들고 대운이 동북(東北)으로 행(行)하기 때문이다. 경진운(庚辰運)에는 사석(沙石)회사가 파산되어 3억이나 손실을 입었는데 토금(土金)은 기신(忌神)이기 때문이다.

17 건명(乾命) 신묘년(辛卯年) 3月 22日 진시생(辰時生)

```
甲 丁 壬 辛
辰 酉 辰 卯

58 48 38 28 18  8
丙 丁 戊 己 庚 辛
戌 亥 子 丑 寅 卯
```

진유합금(辰酉合金)하고 신금(辛金)이 천간에 투출하였으며 임수(壬水)가 다시 수고(水庫)에 통근(通根)하여 신약(身弱)하므로, 목화(木火)를 희(喜)하고 금수(金水)를 기(忌)한다. 경인운(庚寅運)에는 지지에 인묘진삼회(寅卯辰三會) 동방목(東方木)이 되므로 사관학교를 졸업하고 소대장이 되었으며 전역후 에는 벽돌공장을 하였다. 기축운(己丑運) 31세 신유년(辛酉年)에는 도박으로 5천만원을 날렸다. 진유합금(辰酉合金)에 유축합금(酉丑合金)되어 묘유(卯酉)가 충(沖) 된 까닭이다. 32세인 임술년(壬戌年)에는 정신이 흐리멍덩해지고 말을 함부로 하는 신경성 질환이 있었는데, 그것은 이진(二辰)이 일술(一戌)을 충(沖) 한 까닭이다. 처궁에 기신(忌神)이 놓이고 대운이 북방운(北方運)으로 흘러 만혼(晩婚)할 팔자이며, 형제자매는 다섯명이다.

18. 건명(乾命) 갑술년(甲戌年) 9月 15日 인시생(寅時生)

庚 丙 甲 甲
寅 寅 戌 戌

57 47 37 27 17 7
庚 己 戊 丁 丙 乙
辰 卯 寅 丑 子 亥

목화(木火)가 많아 신강(身强)하므로 토금(土金)을 희(喜)하고, 목화(木火)를 기(忌)한다. 형제자매는 7명이상 있으나 전혀 도움이 없고 도리어 형제자매를 도와준다. 농촌출신으로 중학교를 졸업했으며 32세 이전의 생활은 곤고(困苦)하였으나 축운(丑運), 무운(戊運)에는 돈을 20억이나 벌었다. 인운(寅運) 45세 무오년(戊午年)에는 인오술삼회화국(寅午戌三會火局)하므로 미국에 가서 장사를 하게 되었는데 형제를 위해 산업체를 이전하다가 10억원이나 손실을 입었다. 기운(己運)에는 귀국하여 하는 일이 잘 된 것은 토금(土金)을 희(喜)하는 까닭이다. 이 사주는 순양(純陽)이므로 사람됨이 강하고 조급하며 중심이 바르고 솔직하며 착하다. 자식은 2남 3녀를 두었다.

19. 건명(乾命) 무오년(戊午年) 2月 4日 묘시생(卯時生)

癸 壬 乙 戊
卯 戌 卯 午

68 58 48 38 28 18 8
壬 辛 庚 己 戊 丁 丙
戌 酉 申 未 午 巳 辰

수목상관격(水木傷官格)이며 신약(身弱)하므로 금수(金水)를 희(喜)하고 화토(火土)를 기(忌)한다. 술중정화재(戌中丁火財)가 화개(華蓋)이므로 부친이 목사(牧師)였으며, 관성(官星)인 토(土)는 5.10토(土) 이므로 자식이 1남 4녀이다. 48세 이후 중앙경관학교(中央警官學校) 교육장(敎育長)이 되고, 이어서 교장

(校長)이 되었다. 경신대운(庚申大運) 57세 갑인유년(甲寅流年)에는 천극지충(天剋地冲)되므로 퇴직하였다. 그 후 학회의 일로 외국에 갔다가 귀국후 병진년(丙辰年)에 대학총장이 되었다. 이것은 신유대운(辛酉大運)과 병진유년(丙辰流年)의 천간이 병신합화수(丙辛合化水)되고, 지지가 진유합금(辰酉合金)되며 희신(喜神)과 용신(用神)이 함께 임한 까닭이다. 서북운(西北運)에는 덕망이 더욱 높아진다.

20. 건명(乾命) 정미년(丁未年) 11月 11日 인시생(寅時生)

```
甲 戊 壬 丁
寅 戌 子 未

64 54 44 34 24 14 4
乙 丙 丁 戊 己 庚 辛
巳 午 未 申 酉 戌 亥
```

수목(水木)이 많아 신약(身弱)하므로 화토(火土)를 희(喜)하고, 수목(水木)을 기(忌)한다. 빈한한 출신으로 부모의 유산도 없으며 일제 시대에는 저수지, 하천제방 건축을 책임맡았다. 44세 이후에는 비로소 점점 발달하였으며 병오운(丙午運)에는 인오술삼회화국(寅午戌三會火局)되어 수 백억의 재산을 모았다. 아들이 아홉명이며 그중 박사, 석사학위를 받은 자가 다섯명이다. 64세 이후 을대운(乙大運) 임자(壬子), 계축(癸丑), 갑인(甲寅), 을묘유년(乙卯流年)에는 온통 수목(水木)이므로 수십억 손실을 입었다. 그러나 정사(丁巳), 무오(戊午), 기미유년(己未流年)에는 화토(火土)이므로 본래대로 회복했다. 이 사람의 본성은 자선심(慈善心)이있고 부유해도 거만하지 않다.

21. 건명(乾命) 경신년(庚申年) 8月 28日 유시생(酉時生)

```
乙 庚 丙 庚
酉 子 戌 申

61 51 41 31 21 11
壬 辛 庚 己 戊 丁
辰 卯 寅 丑 子 亥
```

지지에 신유술삼회(申酉戌三會) 서방금국(西方金局)되고, 천간에 이경(二庚)이 투출되어 금왕(金旺)하므로 설기(洩氣)함이 좋고, 극(剋)함은 좋지 않으므로 수목(水木)을 희(喜)하고 토금(土金)을 기(忌)한다. 부친은 고관(高官)으로 있었고 자식은 1남 1녀이다. 서장(西藏) 티벳과 인도(印度) 등지에서 불학(佛學)을 깊이 연구하였으며 미국에 건너가서 각 대학교에서 불경(佛經)을 강의했다. 그 후 귀국하여 불학역경처(佛學譯經處) 주임(主任)이 되어 명성이 높았다. 기축운(己丑運), 경운(庚運)에는 매우 열심히 근면하였으며, 인운(寅運)에 이르러 비로소 큰 계획을 펴게 되었다. 임진운(壬辰運) 61세 경신년(庚申年)에 가장 좋았는데, 그것은 지지에 신자진삼합수국(申子辰三合水局)이 되고 천간에 임수(壬水)가 투출하여 을목(乙木)을 생(生)한 까닭이다.

22. 곤명(坤命) 임진년(壬辰年) 윤(閏) 5月 4日 유시생(生)

```
己 壬 丙 壬
酉 寅 午 辰

57 47 37 27 17 7
庚 辛 壬 癸 甲 乙
子 丑 寅 卯 辰 巳
```

금수(金水)를 희(喜)하고 화토(火土)를 기(忌)한다. 부모는 육체노동자 였으므로 초등학교를 졸업했다. 연(年)에서 유시(酉時)는 장외도화(牆外桃花)요, 유시(酉時)에서 오월(午月)은 장내도화(牆內桃花)가 되고, 18세인 기유년(己酉年)은 연지(年支) 기준으로 도화

(桃花)가 되므로 남자친구와 교제가 빈번하더니 딸 한 명을 낳았다. 22세인 계축년(癸丑年)에는 다시 유부남과 동거생활을 하였으며, 24세인 을묘년(乙卯年)은 일지인 인(寅)을 기준으로 도화(桃花)가 되므로 또 딸 한 명을 낳았다. 이 사람은 인성(印星)이 용신(用神)이므로 천성이 선량하고 돈을 벌어 부모와 자매를 도와주었다. 29세인 경신년(庚申年)에는 비로소 정식결혼을 하였는데 인신충(寅申冲)되므로 실패를 고한다.

23. 건명(乾命) 신묘년(辛卯年) 11月 5日 사시생(巳時生)

```
乙 丁 己 辛
巳 丑 亥 卯

60 50 40 30 20 10
癸 甲 乙 丙 丁 戊
巳 午 未 申 酉 戌
```

일주(日主)가 약하므로 목화(木火)를 희(喜)하고 금수(金水)를 기(忌)한다. 무술운(戊戌運)에는 천간에 을목(乙木)이 무토(戊土)를 극거(剋去)시키고 지지는 묘술합화(卯戌合火)하여 총명준수했으며 대학에 들어가 성적도 괜찮았다. 그러나 20세인 신해년(辛亥年)에 대학교 2학년 후학기 때 정신이 불안정하여 학교를 그만두었다. 21세 임자년(壬子年), 22세 계축년(癸丑年)에는 입원치료를 받았으며 갑인(甲寅), 을묘년(乙卯年)에는 약간 좋아졌다. 혼자 여배우를 짝사랑하여 늘 중얼거리며 웃었다. 경신(庚申), 신유년(辛酉年)에는 증세가 더 심해져 20억이 넘는 부잣집이지만 별 도리가 없었다. 이것은 대운과 사유축삼합금국(巳酉丑三合金局)이 되고 유년에 금수(金水)가 있는 까닭이다. 32세부터 좋아지며 을미(乙未), 갑오대운(甲午大運)에는 더욱 좋아진다.

24. 건명(乾命) 경신년(庚申年) 6月 16日 묘시생(卯時生)

```
己 庚 癸 庚
卯 寅 未 申

54 44 34 24 14  4
己 戊 丁 丙 乙 甲
丑 子 亥 戌 酉 申
```

대서(大暑) 후에 출생하여 토왕금상(土旺金相)하므로 일주(日主)가 강하다. 그러므로 수목(水木)을 희(喜)하고, 토금(土金)을 기(忌)한다. 평민 출신으로 처음에는 수습공이 되었으며, 34세 후 정해운(丁亥運)에는 원국(原局)의 계수(癸水)가 정화(丁火)를 극(剋)하고 지지가 해묘미삼합목국(亥卯未三合木局)이 되므로 대리점을 경영하게 되었다. 자식은 3남 1녀이며 모두 어질고 지혜로우며 부유했다. 기축운(己丑運)에는 새집으로 이사가서 절명방(絶命方)으로 잠을 자게 되어 중풍을 만나고, 골염(骨炎)으로 5년간 병환으로 고생하다가 62세인 신유년(辛酉年) 유월(酉月)에 세상을 하직했다. 이것은 세운(歲運) 천간이 토금상생(土金相生)되고 지지에 유축(酉丑)이 합금(合金)되며, 이유(二酉)가 일묘(一卯)를 금극목(金剋木)으로 충(沖)한 까닭이며, 기축대운(己丑大運)이 다시 원국(原局)의 계미(癸未)를 충극(沖剋)하므로 수목(水木)이 패절(敗絶)된 까닭이다.

25. 건명(乾命) 병술년(丙戌年) 8月 23日 축시생(丑時生)

```
丁 乙 丁 丙
丑 未 酉 戌

58 48 38 28 18  8
癸 壬 辛 庚 己 戊
卯 寅 丑 子 亥 戌
```

사주에 극설(剋洩)이 교집(交集)하여 일주가 신약하므로 수목(水木)을 희(喜)하고 토금(土金)을 기(忌)한다. 가정형편이 청한(淸寒)하여 조상의 유산도 없다. 사람됨이 매우 총명하여 늘 장학금을 받아 공부하였다. 해운(亥運)에는 국방의학원(國防醫學院)을 졸업하고 중미의사(中美醫師) 허가증을 취득했으며, 결혼하여 딸 둘을 낳았다. 임인(壬寅), 계묘운(癸卯運)에는 큰 뜻을 펴게 된다.

26. 곤명(坤命) 병진년(丙辰年) 6月 23日 오시생(午時生)

```
壬 庚 乙 丙
午 申 未 辰

66 56 46 36 26 16 6
戊 己 庚 辛 壬 癸 甲
子 丑 寅 卯 辰 巳 午
```

이 사람은 대서(大暑) 하루 전에 출생하여 토왕(土旺)하므로 금(金)을 생하여 신강(身强)하므로, 목화(木火)를 희(喜)하고 금수(金水)를 기(忌)한다. 연, 월간(年, 月干)에 을, 병(乙, 丙)이 투출하여 미, 오(未, 午)에 통근(通根)하니, 희용(喜用)이 천투지장(天透地藏)되어 부상(富商)집 출신으로 사운(巳運)에는 사오미삼회(巳午未三會) 남방화(南方火)가 되므로, 항일(抗日) 운동에 참가하여 공을 세웠으며 그 후 수십년간 국민대회(國民大會) 대표로 있었다. 일주가 간여지동(干與支同)이고, 일지에 기신(忌神)이 놓이므로 결혼을 하지 않고 일생 의자(義子) 몇 명을 키웠는데 외국유학을 가서 박사, 석사학위를 받은 사람이 3명이다. 이는 동남대운(東南大運)으로 흐르기 때문이며 61세 이후에는 축미충(丑未冲)되며, 정사(丁巳) 무오(戊午), 기미년(己未年)에는 화년(火年)이라 무사했으나 65세 경신년(庚申年)에는 금왕(金旺)하여 수(水)를 생(生)하므로 세상을 떠났다.

27. 건명(乾命) 무인년(戊寅年) 5月 1日 술시생(戌時生)

戊 辛 丁 戊
戌 酉 巳 寅

53 43 33 23 13 3
癸 壬 辛 庚 己 戊
亥 戌 酉 申 未 午

일간(日干)이 약하므로 토금(土金)을 희(喜)하고 목화(木火)를 기(忌)한다. 어릴 때에 생활은 청담(淸淡)했으며 부모의 재산은 얻지 못했다. 학교 교사가 되어 23세 이후 경신(庚申), 신유운(辛酉運)에는 인재를 상당히 많이 길러냈다. 사람됨이 신의가 있고 남에게 사표(師表)가 되어 많은 사람들로부터 애호를 받았다. 처는 어질고 자식은 1남 1녀이며 33세 이후 6년간은 목화유년(木火流年)이라 만성질병을 얻게 되었다. 43세 경신년(庚申年), 44세 신유년(辛酉年)에는 학교 교감으로 있었으며, 임술운(壬戌運) 임술유년(壬戌流年)에는 삼술(三戌)이 인사(寅巳)를 만나고 정화(丁火)가 투출되어 화기(火氣)가 왕하므로, 연회에 참가하여 술을 너무 많이 마셔서 구병(舊病)이 재발하여 갑자기 세상을 떠났다.

28. 건명(乾命) 을축년(乙丑年) 1月 22日 진시생(辰時生)

戊 己 戊 乙
辰 巳 寅 丑

64 54 44 34 24 14 4
辛 壬 癸 甲 乙 丙 丁
未 申 酉 戌 亥 子 丑

사주에 관살(官殺)이 혼잡(混雜)하므로 축중(丑中)의 신금식신(辛金食神)을 용신(用神)하여 제살(制殺)하므로, 토금(土金)을 희(喜)하고 수목(水木)을 기(忌)한다. 처음에는 경찰이 되었으나 큰 뜻을 이루기 어렵게 되자 후에 고등고시에 합격하여 사법관(司法官)이 되었다. 44세 이후 계유대운(癸酉大運)에는 천간

계수(天干癸水)를 원국(原局)의 무토(戊土)가 합거(合去)하고 지지에 유(酉)는 원국(原局)과 사유축합금(巳酉丑合金)되므로 사법계에서 성적이 좋았다. 임신대운(壬申大運) 경신(庚申), 신유(辛酉), 임술년(壬戌年)에는 지방법원장에 임명되었다. 이는 천간 임수(壬水)를 원국(原局)의 무토(戊土)가 극거(剋去)시키고 지지의 습토(濕土)가 금(金)을 생하여 힘이 있기 때문이다.

29. 건명(乾命) 을유년(乙酉年) 3月 10日 인시생(寅時生)

戊 庚 庚 乙
寅 申 辰 酉

56 46 36 26 16 6
甲 乙 丙 丁 戊 己
戌 亥 子 丑 寅 卯

연월천간(年月天干)에 을경(乙庚)이 합(合)되고 지지에 진유합금(辰酉合金)되며, 진중무토(辰中戊土)가 천투지장(天透地藏)하여 경금(庚金)을 생하므로 신강하다. 그러므로 수목(水木)을 희(喜)하고 토금(土金)을 기(忌)한다. 형제자매는 다섯 이상이며 인운(寅運)에는 의과대학을 졸업했다. 원래 서양의학을 배웠으나 후에 한의학을 전공하여 성적이 매우 좋았다. 병자운(丙子運) 38세 신유년(辛酉年)은 지지가 신자진삼합수국(申子辰三合水局)이 되고 천간이 병신합수(丙辛合水)되어, 의술이 뛰어나 언제나 환자들이 문전성시를 이루었다. 특히 계해(癸亥), 갑자년(甲子年)에는 수목(水木)이 유기(有氣)하여 더욱 좋았다. 그런데 처궁인 일지(日支)에 기신(忌神)이 놓여 39세 임술년(壬戌年)까지 결혼을 하지 않다가 40세인 계해년(癸亥年)에 결혼하였다.

30. 곤명(坤命) 신축년(辛丑年) 5月 5日 진시생(辰時生)

```
戊 己 甲 辛
辰 巳 午 丑
```

```
67 57 47 37 27 17 7
辛 庚 己 戊 丁 丙 乙
丑 子 亥 戌 酉 申 未
```

목화토(木火土)가 조열(燥熱)하므로 금수(金水)를 희(喜)하고 화토(火土)를 기(忌)한다. 평범한 가정에서 태어났으며 형제자매는 다섯명 이상이다. 신운(申運)에는 사신합수(巳申合水)되고, 유운(酉運)에는 사유축삼회금국(巳酉丑三會金局)이 되므로 결혼하여 3남 3녀를 낳았으나, 장자와 소녀(少女)는 요절하고 2남 2녀 뿐이다. 무술운(戊戌運) 46세 병술년(丙戌年)에는 화토(火土)가 화고(火庫)에 앉아 남편과 별거하게 됐다. 66세인 경자운(庚子運) 병오년(丙午年)에는 천극지충(天剋地冲)이 되어 남편이 사망했다. 이 사람은 신체 건강하였는데 그것은 만운(晩運)에 금수(金水)가 놓인 까닭이다. 또한 일지 사(巳)는 금(金)의 장생(長生)이 되고 화토왕지(火土旺地) 이므로 남편은 1명 뿐이다.

31. 건명(乾命) 정축년(丁丑年) 5月 1日 묘시생(卯時生)

```
癸 丁 丙 丁
卯 卯 午 丑
```

```
62 52 42 32 22 12 2
己 庚 辛 壬 癸 甲 乙
亥 子 丑 寅 卯 辰 巳
```

득령(得令), 득지(得地). 득세(得勢)하여 신강하므로 금수(金水)로 조후(調候)함을 희(喜)하고, 목화토(木火土)의 조열(燥熱)함을 기(忌)한다. 형제자매가 여섯 명이지만 도움을 받을 데가 없고 어릴 적에는 조모의 특별한 사랑을 받았다. 17세 이후에는 지혜가 크게 열리어 대학에 들어갔으며 계운(癸運)에는 석사학위를 취득했다. 처는 평범하며 2남 1녀를 두었다. 41세 정사년(丁巳年), 42세 무오년(戊午年), 43세 기미년(己未年)에는 상업에 종사하여 손실이 적지 않았으며, 고혈압 및 신허(腎虛)로 건강이 좋지 않았다. 44세 경신년(庚申年), 45세 신유년(辛酉年)에는 중학교 교장으로 승진하고, 모든 일이 순탄하였으며 건강도 비교적으로 좋았으며 금수운(金水運)에는 큰 일을 할 수 있다.

32. 건명(乾命) 경신년(庚申年) 6月 13日 유시생(酉時生)

```
己 丁 癸 庚
酉 亥 未 申

65 55 45 35 25 15 5
庚 己 戊 丁 丙 乙 甲
寅 丑 子 亥 戌 酉 申
```

식신제살격(食神制殺格)으로 화토(火土)를 희(喜)하고 금수(金水)를 기(忌)하며 목(木)은 한신(閒神)이다. 필리핀, 상하이 등지에서 장사를 하면서 공부를 하였으며 생활은 평범하였다. 미생(未生) 여자와 결혼하였으나 자식을 낳지 못하자 헤어지고, 26세 이후에는 공무원이 되어 과장이 되었다. 34세에는 재혼을 했으며 1남 1녀를 두었다. 후에 공직에서 물러나 건축사업에 종사했으며, 53세에는 다른 여자와 동거하여 딸 한명을 낳았다. 기운(己運)인 58세 정사년(丁巳年), 59세 무오년(戊午年), 60세 기미년(己未年)에는 화토(火土)를 득(得)하여 많은 돈을 벌었다. 61세 경신년(庚申年), 62세 신유년(辛酉年)에는 건축업 불경기로 고생했다. 63세 임술년(壬戌年)에는 점차 호전 되었는데, 이것은 원국(原局)과 대운의 이기(二己)가 임수(壬水)를 회극(回剋)하고 술(戌)은 화고(火庫)가 되기 때문이다.

33. 건명(乾命) 병술년(丙戌年) 5月 12日 인시생(寅時生)

```
庚 丙 甲 丙
寅 辰 午 戌
```

```
60  50  40  30  20  10
庚  己  戊  丁  丙  乙
子  亥  戌  酉  申  未
```

천간에 이병일갑(二丙一甲)이 있고 지지에 인오술삼합화국(寅午戌三合火局)하여 목생화(木生火)로 화왕(火旺)하므로 형제자매가 10명이다. 목화조열(木火燥熱)하므로 금수(金水)를 희(喜)하며 서방과 북방이 대리(大利)하다. 팔자(八字)가 순양(純陽)이므로 중심이 바르고 솔직하며 강하고 조급하다. 처궁에 희신(喜神)이 놓여 아내가 어질고 지혜로우며 자식은 아들 2명이다. 유운(酉運) 35세 경신년(庚申年)에는 원국(原局)과 대운이 진유합금(辰酉合金)되고 세운(歲運)과 원국(原局)이 신유술삼회서방금(申酉戌三會西方金)하여 희신과 용신이 유력(有力)하므로 돈을 2억원 벌었다. 36세 신유년(辛酉年)에는 보통이며, 37세 임술년(壬戌年)에는 인오술합화(寅午戌合火)하여 수천만원 손해 보았으며 금수운(金水運)에는 대길하다.

34. 건명(乾命) 신유년(辛酉年) 8月 26日 유시생(酉時生)

```
辛 癸 丁 辛
酉 巳 酉 酉
```

```
68  58  48  38  28  18  8
庚  辛  壬  癸  甲  乙  丙
寅  卯  辰  巳  午  未  申
```

금왕(金旺)하여 (身强)하므로 목화(木火)를 희(喜)한다. 병신운(丙申運)에는 천간이 병신합수(丙辛合水)되고, 지지는 신사합수(申巳合水)되므로 보통 가정의 출신으로 18세 이전은 생활이 평범하였다. 18세 이후는 남동운(南東運)이므로 중앙경관(中央警官) 학교를 졸업하고 내정부(內政部) 과장이 되어 20여년간

쌓은 공적이 적지 않았다. 이후 경정서(警政署) 부서장(副署長)으로 승진되어 6년간 연임하였다. 신묘운(辛卯運) 61세 신유년(辛酉年)에는 천간에 이신(二辛)이 병투(並透)되고 지지가 묘유충(卯酉沖)되므로 자리가 불안했으나, 62세 임술년(壬戌年)에는 정임합목(丁壬合木)되고 묘술합화(卯戌合火)하여 정월(正月)에 경찰학교 교장이 되었다. 수왕(水旺)하므로 형제자매가 여섯 명 이상이 되고, 처궁에 희신(喜神)이 놓이고 대운이 남,동(南,東)으로 흐르므로 처는 어질고 지혜로우며 자식은 2남 2녀이다.

35. 곤명(坤命) 계사년(癸巳年) 2月 10日 진시생(辰時生)

```
戊 甲 乙 癸
辰 戌 卯 巳

55 45 35 25 15 5
辛 庚 己 戊 丁 丙
酉 申 未 午 巳 辰
```

신강하므로 화토(火土)를 희(喜)하며 지지가 묘술합화(卯戌合火)하므로 진술충(辰戌沖)을 해소하며, 부궁(夫宮)에 희신(喜神)이 놓이고 천간에 무토(戊土)가 투출되며 대운이 무오(戊午), 기미(己未) 남방운(南方運)을 흐르므로 대길하다. 15세 이전에는 병진운(丙辰運)인데 원국(原局)의 계수(癸水)가 병화(丙火)를 극하고 지지에 이진(二辰)이 일술(一戌)을 충(沖)하여 생활이 청고(淸苦)했다. 전문대학을 졸업하고 스튜어디스가 되어 전세계를 두루 가 보았으며 몇 나라의 말을 구사할 줄 안다. 무오운(戊午運)에는 희신이 천투지장(天透地藏)되어 의지할 만한 남자친구를 만났으며, 27세 기미년(己未年)에는 사오미삼회남방화(巳午未三會南方火)하여 마침내 결혼하였다. 이후에는 부부가 함께 국제 무역에 종사하여 뜻을 얻었다.

36. 건명(乾命) 무술년(戊戌年) 1月 7日 유시생(酉時生)

```
己 壬 甲 戊
酉 申 寅 戌

54 44 34 24 14 4
庚 己 戊 丁 丙 乙
申 未 午 巳 辰 卯
```

지지에 신유술서방금국(申酉戌西方金局)을 이루어 신강한 식신제살격(食神制殺格)으로서, 수목(水木)을 희(喜)하고 토금(土金)을 기(忌)하며 화(火)는 한신(閑神)이다. 진운(辰運) 23세 경신년(庚申年)에 해양학원(海洋學院) 3학년때 실습으로 배를 탔다가 동태평양에서 사고가 발생하여 행방불명이 되었다. 그 원인을 살피자면 첫째 유년(流年), 경신(庚申)이 원국(原局)의 갑인(甲寅)을 충극(冲剋)하고, 둘째 진유(辰酉)가 육합금(六合金)되며, 셋째 이신(二申)이 일인(一寅)을 충(冲)하고, 넷째 24세 신유년(辛酉年)은 금(金)인 까닭이요, 24세는 정사대운(丁巳大運)으로 바뀌는 때이므로 흉함은 많고 길함은 적다.

37. 곤명(坤命) 병술년(丙戌年) 1月 10日 진시생(辰時生)

```
壬 丙 庚 丙
辰 辰 寅 戌

53 43 33 23 13 3
甲 乙 丙 丁 戊 己
申 酉 戌 亥 子 丑
```

인목(寅木)으로 화살생신(化殺生身)하므로 인(寅)이 용신(用神)이며, 병화(丙火)로서 경금(庚金)을 제(制)하는 것을 희(喜)하므로 목화(木火)를 좋아하고 금수(金水)를 꺼린다. 형제자매는 7명 이상이며, 처음 북방운(北方運)을 흐를 때는 생활이 한미(寒微)했으며, 22세 이전에는 돈을 벌어 생활비에 보태주었다. 22세 정미년(丁未年)에 결혼을 했으며 남편은 법관(法官)이 되었다. 23세 이후 원국(原局)의 임(壬)과 대운의 정(丁)이 정임합목(丁壬合木)하고, 지지에 인해합화목(寅亥合化木)하여 생활이 좋아지고, 병술대운(丙戌大運)에는 더욱 좋아졌으며 자식궁은 아들 3명이다. 사주가 순양(純陽)이고 인성(印星)이 용신(用神)이므로 사람됨이 정직하고 솔직하며 선량하다.

38. 건명(乾命) 을해년(乙亥年) 2月 15日 축시생(丑時生)

乙 甲 己 乙
丑 午 卯 亥

55 45 35 25 15 5
癸 甲 乙 丙 丁 戊
酉 戌 亥 子 丑 寅

종왕격(從旺格) 사주로서 수목(水木)을 희(喜)하고 토금(土金)을 기(忌)하며 화(火)가 한신(閑神)이다. 병자운(丙子運)에는 지지에 해자축삼합북방수(亥子丑三合北方水)가 되어 대학졸업과 함께 석사학위를 받았다. 30세 이후에는 뜻을 얻어 부통령 기밀담당 비서가 되고, 다시 내정부(內政部) 총무국장(總務局長)이 되었다. 사람됨이 지력(智力)이 상당하고 책임감이 강하며 권력을 남용하지 않아 장관(長官)의 신임을 얻었다. 46세 경신년(庚申年)에는 몸이 점점 좋지 않더니 47세 신유년(辛酉年) 8월에는 눈동자가 힘이 없어졌다. 검사결과 뇌에 종양이 생겼으므로 48세 임술년(壬戌年) 5월에는 종양제거 수술을 하였으나 의식을 회복하지 못하여 세상을 떠났다.

39. 건명(乾命) 경신년(庚申年) 11月 10日 미시생(未時生)

乙 辛 戊 庚
未 亥 子 申

77 67 57 47 37 27 17 7
丙 乙 甲 癸 壬 辛 庚 己
申 未 午 巳 辰 卯 寅 丑

금수(金水)가 음한(陰寒)하므로 목화(木火)로 조후(調候)함을 희(喜)한다. 형제는 넷이며 월주가 무자(戊子)이고 첫 대운이 기축(己丑)이므로 부유하지 않은 농가 태생이다. 이후 동방운(東方運)으로 행할 때는 천간에 금수(金水)가 투출하여 크게 벌고 크게 적자를 보며, 하나를 얻으면 하나를 잃었다. 이후 남방 계사운(南方 癸巳運)으로 흐르자 원국(原局)과 무계합화(戊癸合火)되고, 갑오(甲午), 을미운(乙未運)에는 목화통명(木火通明)되어 큰 돈을 벌게 되었다. 후에 호텔 대표이사가 되었으며 수십억 재산을 모았으며 자식궁은 3남 1녀이다.

40. 건명(乾命) 병진년(丙辰年) 5月 26日 축시생(丑時生)

乙 甲 甲 丙
丑 午 午 辰

65 55 45 35 25 15 5
辛 庚 己 戊 丁 丙 乙
丑 子 亥 戌 酉 申 未

사주에 목화(木火)가 조열(燥熱)하므로 금수(金水)로 조후(調候)함을 희(喜)하고 금수(金水) 및 습토(濕土)를 희(喜)하므로 목화(木火)나 조토(燥土)를 기(忌)한다. 신운(申運)에는 일본의 의과대학을 졸업하고 사범대학(師範大學) 생물학교수가 되어 수십년간 재직했으며 한가할 때에는 한의사로서 의술을 시행하였다. 북방운(北方運)에는 금수(金水)가 득지(得地)하므로 의술의 명성이 국내외로 알려졌으며 자식궁은 2남 2녀이다.

41. 건명(乾命) 갑자년(甲子年) 7月 18日 유시생(酉時生)

癸 己 壬 甲
酉 巳 申 子

68 58 48 38 28 18 8
己 戊 丁 丙 乙 甲 癸
卯 寅 丑 子 亥 戌 酉

지지에 신자반합수국(申子半合水局)되고 신사육합수(申巳六合水)되며 사유반합금국(巳酉半合金局)되어 천간에 수목(水木)이 투출하므로 일주가 약하다. 그러나 금수(金水)의 기세에 종(從)해야지 화토(火土)로 생부(生扶)함은 꺼린다. 병자운(丙子運)에는 천간 병화(丙火)가 원국(原局)의 임계(壬癸)에게 회극(回剋)되고, 지지의 자수(子水)는 원국(原局)의 금수(金水)가 도우므로 의원(議員)이 되었다. 정축운(丁丑運)에는 천간에 원국의 임계(壬癸)가 극합(剋合)하고 지지에 사유축삼합금국(巳酉丑三合金局)이 되므로 시장(市長)에 당선되었다. 무인운(戊寅運)에는 현장(縣長)에 출마했으나 낙선하였으며, 자식궁은 2남 1녀를 두었고 양녀 1명이 있다.

42. 건명(乾命) 경술년(庚戌年) 5月 4日 진시생(辰時生)

壬 丙 壬 庚
辰 午 午 戌

70 60 50 40 30 20 10
己 戊 丁 丙 乙 甲 癸
丑 子 亥 戌 酉 申 未

화토(火土)가 조열(燥熱)하므로 금수(金水)로 조후(調候)함을 희(喜)한다. 서북운(西北運)에 호남현장(湖南縣長) 고시에 합격하여 호남(湖南) 절강현장(浙江縣長)을 역임했다. 이후에 호남 양정국(湖南糧政局) 부국장(副局長), 민절국세국(閩浙國稅局) 국장(局長)으로 있다가 대만(台湾)으로 건너가 내정부국장(內政部

局長)으로 근무하다가 65세 갑인년(甲寅年)에 퇴임하였다. 전처는 3남 1녀를 낳았으나 후처는 자식을 낳지 않았으며 61세 경술년(庚戌年)에 죽었다. 자신은 71세인 기축운(己丑運) 기미년(己未年)에 사망했다. 이것은 원국(原局)과 세운(歲運)이 진술축미(辰戌丑未)로 충(沖)되며 천간에 이기(二己)가 이임(二壬)을 극하고 기신(忌神)인 화토(火土)가 있기 때문이다.

43. 건명(乾命) 경오년(庚午年) 5月 29日 유시생(酉時生)

```
丁 丙 壬 庚
酉 午 午 午

65 55 45 35 25 15  5
己 戊 丁 丙 乙 甲 癸
丑 子 亥 戌 酉 申 未
```

원국(原局)에 화토(火土)가 조열(燥熱)하여 금수(金水)로 조후(調候)함이 길하므로 금수(金水)를 희(喜)하고 목화(木火)를 기(忌)한다. 처음 망명학생으로서 경원(警員), 순좌(巡佐), 순관(巡官), 분국원(分局員), 분국장(分局長), 과장(科長), 현(縣)의 경찰국장, 경찰학교 교육장(教育長)을 역임하고, 미국에 유학가서 석사학위를 취득했다. 53세 임술년(壬戌年) 정월에 대북시 경찰국(台北市 警察局) 국장(局長)으로 승진하게 된 것은 대운이 서북(西北)으로 흘러 진신(眞神)이 득용(得用)한 때문이다. 자식은 3남 1녀이며 사람됨이 소박하고 진실하며 책임감이 있고, 배우기를 좋아하며 꾸준히 면학에 힘썼으며 국가를 위한 충성심이 있고 부하들에게는 좋은 스승, 유익한 벗이 되었다.

44. 건명(乾命) 경신년(庚申年) 10月 16日 자시생(子時生)

```
庚 丁 丁 庚
子 亥 亥 申

66 56 46 36 26 16  6
甲 癸 壬 辛 庚 己 戊
午 巳 辰 卯 寅 丑 子
```

사주가 금수음한(金水陰寒)하므로 목화(木火)로 조열(燥熱)함을 희(喜)하고 금수(金水)를 기(忌)한다. 아버지는 일찍 돌아가시고 어머니는 개가(改嫁)하였으며, 아내는 어질고 자식은 아들 둘이다. 대운이 동남(東南)으로 흘러 영국인과 합작으로 제약공장을 세워 수입이 풍부하였으나 계사운(癸巳運) 58세 정사년(丁巳年)에는 천간의 계수(癸水)가 정화(丁火)를 극하고, 지지의 이해(二亥)가 이사(二巳)를 충(冲)하고 신사(申巳)가 육합수(六合水)하여 1억원이나 부도났다. 만운(晩運)인 갑오(甲午), 을미운(乙未運)에는 목화통명(木火通明)되어 길하다.

45. 건명(乾命) 갑진년(甲辰年) 5月 9日 진시생(辰時生)

```
丙 戊 庚 甲
辰 戌 午 辰

57 47 37 27 17  7
丙 乙 甲 癸 壬 辛
子 亥 戌 酉 申 未
```

일주(日主)가 약하지 않으므로 마땅히 식신제살(食神制殺) 해야 하므로 토금(土金)을 희(喜)하고 수목(水木)을 기(忌)한다. 18세인 임신운(壬申運) 신유년(辛酉年) 11月 5日에 자동차에 받혀 죽었다. 사망한 연,월,일,시는 다음과 같다. 신유년(辛酉年) 기해월(己亥月) 임자일(壬子日) 갑진시(甲辰時)이다. 천간의 이임(二壬)이 경금(庚金)을 설기하여 칠살인 갑목(甲木)을 생하고, 지지에 신자진삼합수(申子辰三合水)가 되어 칠살인 갑목(甲木)을 생하므로 죽게 되었다.

46. 건명(乾命) 임진년(壬辰年) 8月 29日 묘시생(卯時生)

辛 丙 庚 壬
卯 申 戌 辰

58 48 38 28 18 8
丙 乙 甲 癸 壬 辛
辰 卯 寅 丑 子 亥

사주가 금한수냉(金寒水冷)하므로 목화(木火)로 조후(調候)하여 부신(扶身)함을 희(喜)하고 금수(金水)를 기(忌)한다. 형제자매는 4명이며 아버지는 일찍 돌아가시고 어머니는 과부가 되었다. 해양(海洋) 학원을 졸업했으며, 26세 정사년(丁巳年)에 결혼하여 딸 한 명을 낳았으며, 29세 경신년(庚申年)에는 부부가 늘 말다툼을 하였다. 30세 신유년(辛酉年)에는 지지가 신유술회서방금(申酉戌會西方金)이 되고 진유(辰酉)로 육합금(六合金)되며, 유축반합금(酉丑半合金)되고 천간이 금생수(金生水)하고 유묘충(酉卯沖)되어 정식으로 이혼하게 되었다. 이것은 처궁에 기신(忌神)이 놓이고 세운(歲運)에 금수(金水)가 왕한 까닭이다. 31세 임술년(壬戌年) 여름에 간호사와 교제하여 결혼하게 된 것은 묘술합화(卯戌合火)한 까닭이다. 갑인(甲寅), 을묘운(乙卯運)에는 인성(印星)이 천투지장(天透地藏)되어 힘이 있으므로 더욱 좋을 것이다.

47. 곤명(坤命) 기묘년(己卯年) 8月 12日 인시생(寅時生)

丙 甲 癸 己
寅 子 酉 卯

56 46 36 26 16 6
己 戊 丁 丙 乙 甲
卯 寅 丑 子 亥 戌

사주가 수생목(水生木)되어 일주가 신강하고 정관(正官)과 식신(食神)이 함께 나타나 있으므로 식신생재(食神生財)를 용신(用神)으로 삼는다. 그러므로 화토(火土)를 희(喜)하고 금수(金水)를 기(忌)하며 목(木)은 한신(閒神)이다. 형제자매는 5남 4녀이며 정재(正財)가 연상(年上)에 투출하므로 조상덕은 훌륭했으나 부모의 도움은 미약했다. 고등학교를 졸업하고 해운(亥運)에 인해합(寅亥合)되므로 결혼하여 1남 1녀를 두었다. 병자운(丙子運) 34세 임자년(壬子年)은 임수(壬水)가 병화(丙火)를 극하고 원국(原局), 대운(大運), 유년(流年)의 삼자(三子)를 만나게 되어 남편이 죽고 말았는데, 기신(忌神)인 수(水)가 화(火)를 극한 까닭이다. 36세 갑인년(甲寅年)부터 41세 기미년(己未年)까지는 목화유년(木火流年)이므로 생활이 좋았다. 42세 경신년(庚申年)에는 축운(丑運)이 금(金)의 고(庫)가 되므로 생활이 비교적으로 긴핍(緊逼)하여 어머니로서 아버지의 역할까지 겸하였으나, 수입에는 한계가 있었으며 만운(晚運)에는 점차 좋아질 것이다.

48. 건명(乾命) 계묘년(癸卯年) 10月 28日 인시생(寅時生)

```
甲 戊 甲 癸
寅 寅 子 卯
```

```
74 64 54 44 34 24 14  4
丙  丁  戊  己  庚  辛  壬  癸
辰  巳  午  未  申  酉  戌  亥
```

무토일간(戊土日干)이 자월(子月)에 태어났으므로 실시(失時)하고, 칠살인 갑목(甲木)이 이투이장(二透二藏)되고 재성(財星)이 득시(得時)하여 당살(黨殺)한데 정관(正官)인 묘목(卯木)이 살(殺)을 도우므로 일간은 의지할 데가 없으므로 마땅히 종살격(從殺格)이 되므로, 수목(水木)을 희(喜)하고 화토(火土)를 기(忌)하며 금(金)은 한신(閒神)이다. 부귀한 가정 출신으로 고등교육을 받았으며 경신운(庚申運)에는 원국(原局)의 수목(水木)이 유통(流通)되고 신자합수(申子合水)하여 충(沖)이 풀리므로 35세부터 38세 까지 현장(縣長)을 역임하여 젊은 나이로서 뜻을 얻었다. 39세 신사년(辛巳年)에는 원국(原局)과 세운(歲運), 대운(大運)이 삼형(三刑)되므로 몸이 많이 아팠다. 41세부터 44세 까지는 전량처(田糧處) 처장(處長)으로 있다가 45세에는 성(省)의 경무처장(警務處長)이 되었으며, 후에 대만(台湾)에서 행정원(行政院) 위원회 주임비서, 국장으로 있다가 퇴직하였다. 75세 정사년(丁巳年)에는 인사삼형(寅巳三刑)되고 기신(忌神)이 임하므로 기관차에 부딪혀 넘어져서 골절이 되어 1년간 치료했으며 자식궁은 아들 3명이다.

49. 건명(乾命) 을축년(乙丑年) 4月 9日 신시생(申時生)

```
壬 甲 辛 乙
申 寅 巳 丑

69 59 49 39 29 19 9
甲 乙 丙 丁 戊 己 庚
戌 亥 子 丑 寅 卯 辰
```

사주에 관살(官殺)이 함께 나타나고 천간에 극을 만나고 지지에 충(沖)을 만나 신약(身弱)하므로, 수목(水木)을 희(喜)하고 토금(土金)을 기(忌)한다. 형제궁은 4남 2녀이며 19세 이전에는 경진(庚辰)을 만나 습토(濕土)가 금(金)을 생하므로 출신이 평범하다. 기묘운(己卯運)에는 경관학교(警官學校)를 졸업하고 후에 경관 분국장(分局長)이 되었는데 결혼후에는 관직을 버리고 상업에 종사했다. 이후 북방운(北方運)에는 현처(賢妻)의 내조를 얻었으며 병자운(丙子運)에는 병신합수(丙辛合水)되고 신자합수(申子合水)하여 돈을 수십억이나 벌었다. 자식은 3남 2녀이며 지지가 인사신삼형(寅巳申三刑)되어 어머니와 아내가 융화가 안된다.

50. 건명(乾命) 경진년(庚辰年) 8月 17日 자시생(子時生)

```
甲 甲 乙 庚
子 子 酉 辰
```

58 48 38 28 18 8
辛 庚 己 戊 丁 丙
卯 寅 丑 子 亥 戌

연, 월의 천간이 을경합금(乙庚合金)되고, 연,월의 지지는 진유합금(辰酉合金)되어 살세(殺勢)가 당령(當令)하여 신약하므로, 수목(水木)을 희(喜)하고 토금(土金)을 기(忌)하며 화(火)는 한신(閑神)이다. 어릴 때에 소아마비에 걸려 수족이 반신불수이다. 해은 (亥運)인 임인(壬寅), 계묘년(癸卯年)에는 복술(卜術)과 명리(命理)를 공부하여 많이 깨우쳤으며, 무자운(戊子運) 33세 임자년(壬子年), 34세 계축년(癸丑年), 35세 갑인년(甲寅年), 36세 을묘년(乙卯年)에는 매우 좋았다. 결혼하여 1남 1녀를 두었으며 어진 아내는 장사를 하고 자신은 점술을 하여 많은 재리(財利)를 얻었다.

51. 건명(乾命) 경인년(庚寅年) 5月 19日 술시생(戌時生)

```
甲 己 壬 庚
戌 亥 午 寅
```

52 42 32 22 12 2
戊 丁 丙 乙 甲 癸
子 亥 戌 酉 申 未

천간에 갑기합토(甲己合土)되고 지지어 인오술삼합화(寅午戌三合火) 하므로 금수(金水)로 조후(調候)함을 희(喜)하고 화토조열(火土燥熱)을 기(忌)한다. 미운(未運)에는 몸이 쇠약했으나 갑신운(甲申運)에는 좋아졌다. 을유운(乙酉運)에는 원국(原局)과 을경합금(乙庚合金)하므로 대학졸업과 함께 연구소 연구생이 되었으며 입법원(立法院) 주계처(主計處) 과장으로 임명되었다. 28세 정사년(丁

巳年)에 여자친구 한 명이 있었는데 관공서에 찾아와서 구혼을 하였는데 이에 동의하지 않자 시끄러운 일이 있었는데 이것은 유년(流年) 화토(火土)가 사해충(巳亥冲)하고 인사형(寅巳刑)된 까닭이다.

52. 곤명(坤命) 갑오년(甲午年) 6月 23日 자시생(子時生)

```
甲 己 辛 甲
子 卯 未 午

56 46 36 26 16  6
乙 丙 丁 戊 己 庚
丑 寅 卯 辰 巳 午
```

지지에 묘미(卯未)가 반합목(半合木)되고 천간에 이갑(二甲)이 투출하여 관(官)이 많으므로 살(殺)로 변한다. 마땅히 식신제살(食神制殺)함을 용신(用神)으로 삼으니 토금(土金)을 희(喜)하고 목화(木火)를 기(忌)한다. 오년(午年) 기준으로 묘일(卯日)은 도화(桃花)가 되므로 살대도화(殺帶桃花)가 되고, 묘일(卯日) 기준으로 자시(子時)는 도화이니 장외도화(牆外桃花)가 사람됨이 경박하다. 부친은 군부대 부근에서 작은 음식점을 운영하였다. 기사운(己巳運)에는 사오미삼합화국(巳午未三合火局)되어 21세 갑인년(甲寅年), 22세 을묘년(乙卯年)에는 마침내 장교와 사통(私通)하여 자식을 낳았다. 무진운(戊辰運) 27세 경신년(庚申年)에는 대학교에 들어갔으며 사주에 관살이 혼잡되고 도화살이 중복되며 일주가 간합지형(干合支刑)되므로 바람끼가 많다.

53. 건명(乾命) 임진년(壬辰年) 10月 10日 자시생(子時生)

戊 丙 辛 壬
子 子 亥 辰

75 65 55 45 35 25 15 5
己 戊 丁 丙 乙 甲 癸 壬
未 午 巳 辰 卯 寅 丑 子

이 사주는 종(從)하지 않으므로 마땅히 식신제살(食神制殺)해야 되므로 화토(火土)를 희(喜)하고 금수(金水)를 기(忌)한다. 축운(丑運)에는 공업전문학교를 졸업했으며 성적이 매우 좋았다. 아버지를 일찍 여의고 어머니는 개가(改嫁)하였으며 형제자매는 3명이고, 어릴때는 조모에 의해 길러졌다. 조모는 80세가 되도록 건재하였는데 식신이 용신(用神)인 까닭이다. 26세 정사년(丁巳年)에는 화토(火土)가 득지(得地)하여 결혼하였으며 1남 1녀를 두었다. 병원의 총무과장으로 근무하였으며 29세 경신년(庚申年)에는 천극지충(天剋地冲)되어 비교적으로 여의치 못했고, 30세 신유년(辛酉年)에는 운전수와 다투다가 서로 치고 받았다. 31세 임술년(壬戌年)에는 병원장실에서 일하였으며 정사(丁巳), 무오(戊午), 기미운(己未運)에는 대길대리(大吉大利)할 것이다.

54. 건명(乾命) 계유년(癸酉年) 7月 21日 유시생(酉時生)

癸 己 辛 癸
酉 卯 酉 酉

62 52 42 32 22 12 2
甲 乙 丙 丁 戊 己 庚
寅 卯 辰 巳 午 未 申

이 사주는 종아격(從兒格)으로 금수(金水)를 희(喜)한다. 원래 이씨(李氏)이지만 장씨(莊氏) 집에서 양육되어 장씨(莊氏) 성을 갖게 됐으며 후에 양가(兩家) 형제가 모두 요절했다. 무운(戊運)에는 대학을 졸업하고 28세 경자년(庚子年)부터 39세 신해년(辛亥年) 까지 의학원(醫學院) 주임비서(主任秘書) 겸 총무과장으로 있었다. 아내가 1남 4녀를 낳고, 동거인이 2남 1녀를 낳았으므로 자식을 모두 3남 5녀를 두었다. 40세 임자년(壬子年) 41세 계축년(癸丑年)에는 돈을 4억원이나 벌었다. 이것은 유년천간(流年天干)인 임계(壬癸)가 대운의 정화(丁火)를 극하고, 지지가 사유축회금국(巳酉丑會金局)되어 금수(金水)가 유력(有力)하기 때문이다.

55. 건명(乾命) 을사년(乙巳年) 8月 13日 오시생(午時生)

```
壬 乙 乙 乙
午 丑 酉 巳

41 31 21 11 1
庚 辛 壬 癸 甲
辰 巳 午 未 申
```

지지가 사유축삼합살국(巳酉丑合殺局)이 되고 오화(午火)가 설기(洩氣)하여 신약하므로 임수(壬水)가 축고(丑庫)에 통근(通根)하여 용신(用神)이 된다. 그러므로 수목(水木)을 희(喜)하고 화토(火土)를 기(忌)하며 금(金)이 한신(閑神)이 된다. 갑신운(甲申運)에는 천간 갑목(甲木)이 기신(己身)을 돕고 지지 신금(申金)은 임수(壬水)의 장생(長生)이며 신해(辛亥), 임자(壬子), 계축(癸丑), 갑인(甲寅), 을묘유년(乙卯流年)은 수목지지(水木之地)이므로 사람됨이 총명하고 배우기를 좋아했다. 계미운(癸未運) 14세 무오년(戊午年)에는 천간이 무계합화(戊癸合火)하고 지지가 사오미삼회남방화(巳午未三會南方火)가 되며 대운과 원국(原局)이 축미충(丑未冲)되므로 상급학교에 진학하지 못하였다.

56. 건명(乾命) 을유년(乙酉年) 7月 23日 해시생(亥時生)

己 辛 甲 乙
亥 未 申 酉

59 49 39 29 19 9
戊 己 庚 辛 壬 癸
寅 卯 辰 巳 午 未

신왕하므로 수목(水木)을 희(喜)하고 토금(土金)을 기(忌)한다. 임운(壬運)에 공업전문학교를 졸업하였으며 해미중(亥未中)의 갑을(甲乙)이 투출하므로 아내는 문리학원(文理學院)을 졸업하고 고속도로국에 취직하였으며 자신은 냉장고 공장을 운영하였다. 28세 임자년(壬子年), 29세 계축년(癸丑年), 30세 갑인년(甲寅年), 31세 을묘년(乙卯年), 32세 병진년(丙辰年)은 목화유년(木火流年)이므로 재물운이 대발하여 수억원을 벌었다. 더욱이 을묘년(乙卯年)에는 지지가 해묘미삼합목국(亥卯未三合木局)되고 유년천간(流年天干)인 을목(乙木)이 투출되므로 가장 득의(得意)하였다. 34세 무오년(戊午年), 35세 기미년(己未年)에는 영업이 좋지 않아 3억원 이상 부도가 나서 변호사를 선임하여 부도 청산을 의뢰하여 겨우 2억을 정리하고도 1억원이나 부족하였다. 이것은 남방화토(南方火土)가 유력(有力)하기 때문이다.

57. 건명(乾命) 무술년(戊戌年) 2月 6日 해시생(亥時生)

己 辛 乙 戊
亥 丑 卯 戌

44 34 24 14 4
庚 己 戊 丁 丙
申 未 午 巳 辰

지지가 묘술합화(卯戌合火)되고 천간에 을목(乙木)이 투출하여 무토(戊土)를 극하고 묘해(卯亥)에 통근하여 신약하므로 토금(土金)을 희(喜)하고 목화(木)를 기(忌)한다. 형제자매는 1남 4녀이고 중학교를 졸업했으며 불행하게도 정사운(丁巳運) 19세 병진년(丙辰年) 7月 2日 오시(午時)에 수영하다가 물에 빠져죽었다. 사망한 연,월,일,시는 병진년(丙辰年) 을미월(乙未月) 신사일(辛巳日) 갑오시(甲午時)인데 지지는 사오미삼회남방화(巳午未三會南方火)하고 천간에 갑,을(甲,乙)이 투출하여 병화(丙火)를 생하며 정사운(丁巳運)은 화신(火神)이 천투지장(天透地藏)하여 목화(木火)가 강성하므로 비명에 죽은 것이다.

58. 곤명(坤命) 경인년(庚寅年) 10月 29日 유시생(酉時生)

```
己 丁 戊 庚
酉 丑 子 寅

52 42 32 22 12 2
壬 癸 甲 乙 丙 丁
午 未 申 酉 戌 亥
```

정화일주(丁火日主)가 자월(子月)에 생하여 실시(失時)되고 신약하므로 인목(寅木)이 용신(用神)이다. 그러므로 목화(木火)를 희(喜)하고 금수(金水)를 기(忌)한다. 정해대운(丁亥大運)에는 인묘합목(寅卯合木)되고 병술화(丙戌火)는 화고(火庫)에 좌(坐)하므로 중장(中將)의 딸로서 형제자매는 1남 4녀이다. 을운(乙運)에는 미국에 유학가서 석사학위를 받았으며 귀국하여 전문대학 교수가 되었다. 을유운(乙酉運) 28세 정사년(丁巳年) 8월에 이혼을 하였는데 그것은 사유축금국(巳酉丑金局)이 된 까닭이며 결혼한지 4년이 되도록 자식을 낳지 못한 원인이다.

59. 건명(乾命) 임진년(壬辰年) 5月 19日 인시생(寅時生)

사주에 목,화,토(木,火,土) 조열(燥熱)하므로 금수(金水)로 조

甲 戊 丙 壬
寅 子 午 辰

50 40 30 20 10
辛 庚 己 戊 丁
亥 戌 酉 申 未

후(調候)함을 희(喜)하고 화토(火土)를 기(忌)한다. 부모궁에 병오(丙午)가 놓이고 첫 대운이 정미운(丁未運)이므로 부모덕이 없고, 20세 이전에 근로자가 되었으며 형제자매가 다섯 명이지만 도와줄 사람은 없다. 무신대운(戊申大運)중 전(前) 5년에는 공인(工人)이 되고, 후(後) 5년에는 신자진삼합수국(申子辰三合水局)이 되므로 25세 병진년(丙辰年)에는 결혼을 했으며 처가집은 좋은 집안이다. 건축사업에 종사하여 돈을 수억원 벌었다. 이것은 희신(喜神)이 처궁에 놓이고 신자진삼합수(申子辰三合水)가 되어 금수(金水)가 유력(有力)한 까닭이다.

60. 건명(乾命) 갑진년(甲辰年) 9月 3日 인시생(寅時生)

甲 戊 甲 甲
寅 寅 戌 辰

71 61 51 41 31 21 11
辛 庚 己 戊 丁 丙 乙
巳 辰 卯 寅 丑 子 亥

사주에 갑인목(甲寅木) 오살(五殺)이 임하여 개성이 횡포하고 공부는 초등학교도 졸업하지 못했다. 신약한 사주이므로 화토(火土)를 희(喜)하고 수목(水木)을 기(忌)하며 금(金)은 한신(閑神)이다. 이 사람은 장가를 세 번 갔는데 첫 번째 아내는 아들 하나를 낳았으며 모자가 함께 죽었다. 두 번째 아내는 아들 한 명을 낳았으나, 아들은 차에 부딪혀 죽고 아내는 병으로 죽었다. 세 번째 여자는 남편이 죽자 아들 한 명을 데리고 시집왔으며 모자가 다 건재하며 자손을 넷이나 낳았다. 이 사주의 주인공은 친생(親生) 자손이 없으며 칠팔십이 되어도 나쁜 버릇이 있었는데 누가 무엇을 먹으며 자기도 그것을 먹고자 했으며, 간혹 아내가 약을 먹으면 자기도 그 약을 취하여 먹는다. 이것은 오살(五殺)이 임신(臨身)하고 대운이 북동(北東)으로 흐르기 때문이다.

61. 건명(乾命) 을유년(乙酉年) 10月 27日 진시생(辰時生)

```
戊 甲 丁 乙
辰 辰 亥 酉

58 48 38 28 18 8
辛 壬 癸 甲 乙 丙
巳 午 未 申 酉 戌
```

일주가 강하므로 화토(火土)를 희(喜)하고 수목(水木)을 기(忌)한다. 갑신운(甲申運) 28세 임자년(壬子年), 29세 계축년(癸丑年), 30세 갑인년(甲寅年), 31세 을묘년(乙卯年), 32세 병진년(丙辰年)에는 인쇄공장을 경영하였는데 해마다 자본이 줄어들어 5년간 1억원이나 손실을 입었다. 원래 아버지로부터 2억 5천만원을 물려 받았는데 갑운(甲運) 수목유년(水木流年)이므로 본전을 밑지게 된 것이며 화토운(火土運)에는 호전되었다. 자식궁은 아들 2명이다.

62. 건명(乾命) 무자년(戊子年) 3月 6日 유시생(酉時生)

```
癸 己 丙 戊
酉 巳 辰 子

48 38 28 18 8
辛 庚 己 戊 丁
酉 申 未 午 巳
```

사주가 신강하므로 금수(金水)로 유통(流通)함을 희(喜)하고 화토조열(火土燥熱)을 꺼린다. 지지가 자진반합수(子辰半合水)가 되고 사유반합금(巳酉半合金)되며 천간에 계수(癸水)가 투출하므로 원래 길조(吉兆)이지만 불행하게도 대운이 남방화지(南方火地)로 흐르고 있기 때문이다. 31세 무오년(戊午年) 을묘월(乙卯月) 무인일(戊寅日)에 교통사고로 흉부에 중상을 입어 사망했다. 이것은 원국(原局)과 세운(歲運)이 사오미삼회화국(巳午未三會火局)되고 사고가 생길 당시에는 목화토(木火土)가 조열(燥熱)하고 기신(忌神)인 화토(火土)가 유력(有力)한 까닭이다.

63. 건명(乾命) 신사년(辛巳年) 10月 21日 자시생(子時生)

```
戊 辛 庚 辛
子 卯 子 巳

52 42 32 22 12 2
甲 乙 丙 丁 戊 己
午 未 申 酉 戌 亥
```

금수(金水)가 음한(陰寒)하므로 목화(木火)로 조후(調候)함을 희(喜)한다. 평범한 출신으로 형제자매는 4명이며, 희신(喜神)인 묘목(卯木)이 처궁에 있으므로 처가의 도움을 받았다. 정운(丁運)에는 목화(木火)가 유통되는 해이므로 뜻을 얻었으며 일지(日支) 기준으로 자월(子月), 자시(子時)에는 도화(桃花) 이므로 사람이 호색이다. 유운(酉運)에는 일지와 묘유충(卯酉沖)되어 부부가 늘 싸웠다. 31세 신해년(辛亥年)에는 금수(金水)가 유기(有氣)하므로 갑자기 이혼하였으며 병신운(丙申運) 32세 임자년(壬子年)에는 병신합수(丙辛合水)되고 유년(流年)이 임자수(壬子水) 이므로 회사가 도산되어 마침내 타향에 유랑하였다.

64. 건명(乾命) 임오년(壬午年) 9月 8日 유시생(酉時生)

금수(金水)가 강하므로 목화(木火)를 희(喜)하고, 금수(金水)를 기(忌)한다. 형제자매가 6명 이상이며, 도와주는 사람은 없고, 도리어 형제자매를 도와주었다. 지지가 묘술합화(卯戌合火)하고

```
辛 癸 庚 壬
酉 卯 戌 午
```

```
58 48 38 28 18  8
丙  乙  甲  癸  壬  辛
辰  卯  寅  丑  子  亥
```

오술합화(午戌合火) 되므로 어진 아내의 도움이 있다. 가난한 집안의 출신으로서 초등학교를 졸업하고 견습공이 되었으며 25세 병오년(丙午年)에 결혼하여 26세 정미년(丁未年)에 아들 한 명을 낳고 후에 딸 한명을 낳았다. 이 사람은 인중(人中)에 수염이 없고 신유시생(辛酉時生)이므로 아들이 적다. 사람됨이 역경에 처한 사람들을 많이 도와주어 여러 사람의 칭송을 받게 되었으며 38세 이후 갑인대운(甲寅大運)에는 첫째 갑목(甲木)이 투출하고, 둘째 인오술삼합화국(寅午戌三合火局)되며 목화통명(木火通明)을 희(喜)하므로 사업이 날로 진보되었다. 41세 임술년(壬戌年)에는 대북현 의원(議員)에 당선됐으며 병인(丙寅), 정묘년(丁卯年)에는 더욱 좋았다.

65. 건명(乾命) 병신년(丙申年) 2月 26日 사시생(巳時生)

```
丁 癸 壬 丙
巳 卯 辰 申
```

```
51 41 31 21 11
丁  丙  乙  甲  癸
酉  申  未  午  巳
```

금수(金水)가 음한(陰寒)하므로 목화(木火)로 조후(調候)함을 희(喜)한다. 기신(忌神)이 부모궁에 놓이고 7세 임인년(壬寅年)에 인사신 삼형(寅巳申三刑)되므로 부친이 사망했고 모친은 재가하여 2남 2녀를 낳았으므로 동모이부(同母異父)의 형제자매가 5명이다. 이 사람은 부계(父系)로 말한다면 독자인데 숙부님 밑에서 성장했으며 갑오운(甲午運)에는 대학교를 졸업했으며 식신생재(食神生財)된 사주이므로 공상업(工商業)에 종사하는 것이 가장 좋다.

66. 건명(乾命) 경인년(庚寅年) 3월 7日 오시생(午時生)

戊 戊 庚 庚
午 子 辰 寅

55 45 35 25 15 5
丙 乙 甲 癸 壬 辛
戌 酉 申 未 午 巳

지지에 자진합수(子辰合水)되고 천간에 이경(二庚)이 나타나고 다시 인목(寅木)이 있으므로 극설(剋洩)되어 신약하므로 화토(火土)를 희(喜)한다. 자오충(子午沖)되므로 독자(獨子)이며 겨우 여동생 한 명이 있다. 오운(午運)에는 공학원(工學院)을 졸업하고 계운(癸運) 25세 갑인년(甲寅年), 26세 을묘년(乙卯年)에는 군복무를 하였다. 미운(未運) 32세 신유년(辛酉年)에는 오미합(午未合)하여 조토(燥土)가 되므로 자오충(子午沖)이 풀리어 결혼하게 되었다. 병술운(丙戌運)에는 천간 병화(丙火)가 투출하고 지지에 인오술합화(寅午戌合火)되므로 가장 좋았다. 오직 갑신(甲申), 을유운(乙酉運)에는 지지가 신자진삼합수(申子辰三合水)되고 진유합금(辰酉合金)되며, 을경합금(乙庚合金)되어 불길하지만 인내와 근면한 노력으로 생활하므로서 비로소 화가 복으로 된다.

67. 건명(乾命) 을유년(乙酉年) 9월 12日 축시생(丑時生)

乙 己 丙 乙
丑 未 戌 酉

54 44 34 24 14 4
庚 辛 壬 癸 甲 乙
辰 巳 午 未 申 酉

토(土)가 강하므로 형제자매가 네 명 이상이며 삼살(三殺)이 임신(臨身)하므로 식신제살(食神制殺)하니 유금(酉金)이 용신(用神)이므로 토금(土金)을 희(喜)하고 수목(水木)을 기(忌)하며 화(火)는 한신(閒神)이다. 신운(申運)에는 신유술삼회서방(申酉戌三會西方)이 되므로 공업전문학교를 졸업하고 처음에는 세관에서 일했으며, 계미운(癸未運) 29세 계축년(癸丑年)에는 이계(二癸)가 투출되고 축미(丑未)가 다시 충(冲)되므로 법망에 걸려 30세 갑인년(甲寅年), 31세 을묘년(乙卯年) 2년간 감옥신세가 되었다. 이것은 목고운(木庫運)으로 흐르는데 다시 관살(官殺)이 임하고, 재(財)가 다시 관살을 생하기 때문이다. 출옥한 뒤에는 통관사무 대행업을 하였으나 뜻대로 되지 않았다. 36세 경신년(庚申年), 37세 신유년(辛酉年)에는 운이 좋아 양옥집 한채를 구입하였다. 이것은 토금(土金)이 득지(得地)한 까닭이다.

68. 곤명(坤命) 임신년(壬申年) 9月 23日 진시생(辰時生)

```
壬 丙 庚 壬
辰 辰 戌 申

55 45 35 25 15  5
甲 乙 丙 丁 戊 己
辰 巳 午 未 申 酉
```

금수(金水)가 천투지장(天透地藏)되고 진술충(辰戌冲)되어 신약한데 의지할 데가 없으므로 금수(金水)를 희(喜)하고 목화(木火)를 기(忌)한다. 20세 신묘년(辛卯年)에는 이신(二申)이 이진(二辰)을 공합(拱合)하므로 부잣집 아들에게 시집을 갔으나 남편이 불초(不肖)하여 하루종일 하는 일 없이 마약을 상습적으로 복용하였다. 정미운(丁未運) 25세 병신년(丙申年)에는 남편이 2차로 감옥에 들어갔으므로 이혼을 선언하였다. 그 후 병원에 취직했으며 재가하여 생활은 평범했고, 자식궁은 2남 1녀를 두었다. 을사운(乙巳運) 46세 정사년(丁巳年)에는 화기(火氣)가 천투지장(天透地藏)되므로 갑작스런 교통사고로 발이 잘렸다.

69. 건명(乾命) 기미년(己未年) 11月 1日 신시생(申時生)

庚 戊 丙 己
申 申 子 未

66 56 46 36 26 16 6
己 庚 辛 壬 癸 甲 乙
巳 午 未 申 酉 戌 亥

일주(日主)를 도설(盜洩)하는 금수(金水)가 많으므로 화토(火土)를 희(喜)하고 수목(水木)을 꺼린다. 조상의 음덕이 있고 조년(早年)에 매우 근면했으며 자식궁은 아들만 넷이다. 54세 임자년(壬子年), 55세 계축년(癸丑年)에는 돈을 벌지 못했으며, 56세 갑인년(甲寅年)에는 인신충(寅申沖)되고, 기신(忌神)이 임하므로 아내가 차에 받쳐 죽었다. 57세 을묘년(乙卯年), 58세 병진년(丙辰年)에는 장사를 했으나 본전을 밑졌다. 이것은 유년(流年)이 일편(一片) 수목(水木)이기 때문이다.

70. 곤명(坤命) 병진년(丙辰年) 11月 12日 유시생(酉時生)

己 丁 己 丙
酉 丑 亥 辰

71 61 51 41 31 21 11
壬 癸 甲 乙 丙 丁 戊
辰 巳 午 未 申 酉 戌

사주에 극벌(剋伐)과 도설(盜洩)이 교가(交加)되어 신약하므로 목화(木火)를 희(喜)하고 금수(金水)를 기(忌)한다. 해(亥)는 체(體)가 음(陰)이면서도 양(陽)을 용(用)함으로 조상덕이 있어 부유한 집안에서 출생하였으며 형제자매는 4명이다. 정운(丁運)에 결혼하여 아들 1명을 두었으며 25세 경진년(庚辰年)에는 유진합금(酉辰合金)되므로 남편이 병이 들고, 26세 신사년(辛巳年)에는 사유축삼합금국(巳酉丑三合金局)되어 남편이 죽고 말았다. 이후에 출가하여 여승이 되어 선심오도(禪心悟道)하였으며 토지 수천평을 사들여 사찰을 건립하고 고아원을 부설(附設)하여 외롭고 불쌍한 아동 수십명을 길렀다. 한가할 때에는 불경(佛經), 불학(佛學)을 강술(講述)하여 신도가 국내외에 많이 생겨 부유한 여성이다.

71. 건명(乾命) 신축년(辛丑年) 1月 5日 자시생(子時生)

```
庚 壬 庚 辛
子 申 寅 丑

77 67 57 47 37 27 17  7
壬 癸 甲 乙 丙 丁 戊 己
午 未 申 酉 戌 亥 子 丑
```

금수(金水)가 많아 한습(寒濕)하므로 목화(木火)를 희(喜)하고 금수(金水)를 꺼린다. 자식을 13명이나 낳았으나 겨우 2남 1녀만 생존한다. 그것은 기신(忌神)이 자식궁에 놓이고 대운이 서북으로 흐르기 때문이다. 정해운(丁亥運)에는 천간의 정화(丁火)가 금(金)을 극하고 지지가 인해합목(寅亥合木)되고 해자축삼회북방수(亥子丑三會北方水)가 되어 경관(警官)학교를 졸업하고 뜻을 얻지 못하고, 자녀가 하나, 둘 일찍 죽었다. 37세 이후 병술운(丙戌運)에는 화(火)가 화고(火庫)에 좌(坐)하여 항일(抗日)운동을 했으며 고급 경관으로 임명되어 동남 각지에서 근무하여 뜻을 얻었으며 그 후 대중 경찰국 총무과장이 되었다. 51세 신묘년(辛卯年)에는 대운과 세운이 천극지충(天剋地冲)되므로 간첩이 창고에 불을 질러 타버리자 그 일로 인하여 52세 임진년(壬辰年)에는 직장을 그만두었다. 그 후 20여년간 복술업(卜術業)을 하였으며, 77세 정사년(丁巳年) 7월에는 사유축삼합금국(巳酉丑三合金局)되고 삼형(三刑)이 되므로 폐렴(肺炎)을 얻어 죽었다.

72. 곤명(坤命) 무인년(戊寅年) 4月 29日 묘시생(卯時生)

己 庚 丁 戊
卯 申 巳 寅

68 58 48 38 28 18 8
庚 辛 壬 癸 甲 乙 丙
戌 亥 子 丑 寅 卯 辰

토금(土金)이 천투지장(天透地藏)되므로 형제자매가 많다. 이 사주는 목화(木火)를 희(喜)하고 금수(金水)를 기(忌)하며, 을묘운(乙卯運) 18세 을미년(乙未年)에 묘미합목(卯未合木)되고, 이을(二乙)이 천간에 투출하므로 결혼하였으며 남편은 주류 공장에서 일하고 자기는 털옷 공장을 하여 외국에 수출하엿다. 을묘(乙卯), 갑인운(甲寅運)에는 호운이라서 돈을 5억원이나 벌었으며 자식을 3남 3녀 연생(連生)하고, 모든 일이 순조로웠다. 38세 이후 계축운(癸丑運)에는 수(水)가 금고(金庫)에 좌(坐)하므로 차자(次子)가 차사고로 발이 끊어지고, 자기는 교통사고를 만나 비장(脾臟)에 중상을 입었으며 상업에서 2억이나 부도가 났다. 대운이 북방(北方)으로 흐르기 때문에 회복은 어렵다.

73. 곤명(坤命) 기묘년(己卯年) 7月 27日 미시생(未時生)

丁 壬 癸 己
未 子 酉 卯

60 50 40 30 20 10
己 戊 丁 丙 乙 甲
卯 寅 丑 子 亥 戌

사주에 금수(金水)가 음한(陰寒)하므로 목화(木火)를 희(喜)하고 금수(金水)를 기(忌)한다. 형제자매는 7명이며 초등학교를 졸업하고 진학하지 못했다. 을해운(乙亥運)에는 결혼하여 1남 4녀를 낳았으며 부부가 함께 시장 부근에서 잡화상을 하였다. 38세 병진년(丙辰年) 병신월(丙申月)에 신자진삼합수국(申子辰三合水局) 되므로 남편이 병사(病死)하였다. 그것은 원국(原局)의 부궁(夫宮)에 기신(忌神)인 자수(子水)가 놓이고 대운이 자수운(子水運)이기 때문이다. 40세 무오년(戊午年) 대운이 바뀌기 이전에 장녀(長女)와 그의 남자친구가 차를 타고 가다가 사고로 사망했다. 이것은 자오묘유(子午卯酉)가 모두 충(沖)되고 이자(二子)가 일오(一午)를 충(沖)하여 수(水)가 이기고 화(火)가 패한 까닭이다.

74. 곤명(坤命) 신유년(辛酉年) 7月 12日 오시생(午時生)

壬 庚 丙 辛
午 戌 申 酉

69 59 49 39 29 19 9
癸 壬 辛 庚 己 戊 丁
卯 寅 丑 子 亥 戌 酉

지지에 신유술삼회서방금(申酉戌三會西方金)이 되고 연,월간(年, 月干)이 병신합수(丙辛合水)되며 시간(時干)에 임수(壬水)가 있어 금수음한(金水陰寒)하므로 목화조열(木火燥熱)을 희(喜)한다. 정유운(丁酉運)에는 가난한 가정에서 생장(生長)했으며 고등교육을 받지 못했고, 술운(戌運)에는 결혼하여 1남 2녀를 낳았다. 경자운(庚子運) 40세 경자년(庚子年)에는 이자(二子)가 일오(一午)를 충(沖)하므로 남편이 죽었으며, 55세 을묘년(乙卯年)에는 아들이 죽었다. 손자와 손녀는 모두 몸이 약한데 이것은 신축대운(辛丑大運)이므로 기신(忌神)인 금수(金水)가 유기(有氣)한 까닭이다. 임인운(壬寅運)에는 친정부친의 유산을 약 20억 원이나 물려 받았는데 이것은 인오술삼합화국(寅午戌三合火局)이 된 까닭이다.

75. 건명(乾命) 정묘년(丁卯年) 11月 20日 해시생(亥時生)

```
己 辛 壬 丁
亥 巳 子 卯

63 53 43 33 23 13  3
乙 丙 丁 戊 己 庚 辛
巳 午 未 申 酉 戌 亥
```

수목화(水木火)의 극설(剋洩)이 교집(交集)되어 신약하므로 토금(土金)을 희(喜)하고 목화(木火)를 기(忌)한다. 형제자매는 3남 1녀이며, 자식은 2남 1녀이다. 고등학교를 졸업했으며 술운(戌運)에는 일본(日本) 군대에 갔다왔으며 이후에는 토지 칠, 팔천평을 구입하여 농업용지를 대지로 바꾸어 당시 값으로 수십억이나 되어 갑부가 되었다. 자기는 의류공장을 경영하는데 정미남방운(丁未南方運)에 이르러 날로 점점 손실을 보더니 미운(未運)에는 해묘미삼합목국(亥卯未三合木局)되고, 48세 갑인년(甲寅年)에는 수백억이나 손해가 나서 7천평의 땅을 다 날리고 억지로 공장을 유지했으나 56세 임술년(壬戌年) 정월이 이르러 결국은 부도가 나서 공장문을 닫게 되었다.

76. 건명(乾命) 갑자년(甲子年) 9月 술시생(戌時生)

```
戊 丙 甲 甲
戌 寅 戌 子

69 59 49 39 29 19  9
辛 庚 己 戊 丁 丙 乙
巳 辰 卯 寅 丑 子 亥
```

무토(戊土)가 천투지장(天透地藏)하여 자중계수(子中癸水)를 극하므로 목화(木火)를 희(喜)하고 금수(金水)를 기(忌)한다. 을해운(乙亥運)은 형제자매가 많으며 생활은 괜찮았다. 자운(子運)에는 대학교를 졸업하고 초등학교 선생이 되었으며, 36세 기해년(己亥年)에는 결혼을 했으며 결혼한 지 20여년이 되도록 자식을 낳지 못하고 겨우 양녀 1명이 있다. 39세 부터는 동방운(東

方運)이므로 형편이 비교적으로 좋았으며 41세 을사년(乙巳年)에는 천간의 갑,을(甲,乙)이 무토(戊土)를 극거(剋去)하여 초등학교 교장으로 임명되어 16년간 연임했으며 성적은 매우 좋았고 매사 순조로웠다. 이 사주는 처궁에 희신(喜神)이 놓여 처의 내조가 매우 크다.

77. 곤명(坤命) 정축년(丁丑年) 3月 1日 유시생(酉時生)

辛 戊 甲 丁
酉 辰 辰 丑

59 49 39 29 19 9
庚 己 戊 丁 丙 乙
戌 酉 申 未 午 巳

금수목(金水木)의 극벌(剋伐)과 도설(盜洩)이 심하므로 일간(日干)이 약하다. 마땅히 정화정인(丁火正印)으로 화살생신(化殺生身)하고 식상(食傷)을 제하므로 화토(火土)를 희(喜)하고 수목(水木)을 기(忌)한다. 연간(年干)에 용신(用神)이 있으므로 조상덕이 있고, 조부는 90세가 넘도록 건제하였다. 을사운(乙巳運)에는 사유축삼합금(巳酉丑三合金)이 되므로 고등교육을 받지 못했으며, 병오운(丙午運) 26세 임인년(壬寅年)에 결혼하였는데 첫째 인오반합화(寅午半合火)하고 병화(丙火)가 투출되며, 둘째 정임합목(丁壬合木)이 된 까닭이다. 29세 을사년(乙巳年)에 딸 쌍둥이를 낳고 35세 신해년(辛亥年)에는 아들을 낳았으며 혼인후에 생활이 좋았다. 그러나 35세 신해년(辛亥年), 36세 임자년(壬子年), 37세 계축년(癸丑年)에는 시어머니와 남편이 병이 나서 장사가 잘 안되어 본전을 밑지게 되었으며 40세 병진년(丙辰年)에는 300만원 부도가 나서 생활이 곤란하였으나 41세 정사년(丁巳年), 42세 무오년(戊午年), 43세 기미년(己未年)에는 플라스틱 제품 장사를 하여 2~3억을 벌어 주택과 가게를 사들였다. 이것은 화토(火土)가 득지(得地)한 까닭이다. 44세 경신년(庚申年), 45세 신유년(辛酉年)에는 이삼천만원 부도가 났다.

78. 건명(乾命) 을유년(乙酉年) 1月 18日 신시생(申時生)

```
甲 庚 己 乙
申 辰 卯 酉

53 43 33 23 13 3
癸 甲 乙 丙 丁 戊
酉 戌 亥 子 丑 寅
```

신강하므로 형제자매가 6명이며, 식신생재(食神生財)를 용(用)하므로 수목(水木)을 희(喜)하고 토금(土金)을 기(忌)하며 화(火)는 한신(閑神)이다. 축운(丑運)에는 일하면서 공부하여 공학원(工學院) 야간부를 졸업했다. 병자운(丙子運) 27세 신해년(辛亥年)에는 병신합수(丙辛合水)되고 신자진삼합수국(申子辰三合水局)되므로 결혼하였으며 아들 둘을 낳았다. 30세 갑인년(甲寅年), 31세 을묘년(乙卯年)에는 일편(一片) 수목(水木) 이므로 재리(財利)가 대발(大發)했으며, 선(善)을 즐기고 배품을 좋아하므로 라이온스 회장이 되었다.

79. 건명(乾命) 정유년(丁酉年) 12月 12日 미시생(未時生)

```
丁 壬 辛 丁
未 申 丑 酉

75 65 55 45 35 25 15 5
癸 甲 乙 丙 丁 戊 己 庚
巳 午 未 申 酉 戌 亥 子
```

신왕하므로 목화(木火)를 희(喜)하고 금수(金水)를 기(忌)하며, 형제자매가 많다. 병신운(丙申運) 46세 신사년(辛巳年)은 천간이 병신합수(丙辛合水)되고 지지가 신사합수

(申巳合水)되며, 원국(原局)과 유년(流年)이 사유축삼합금국(巳酉丑三合金局)이 되므로 전처(前妻)와 헤어지고 갑오운(甲午運) 65세 경자년(庚子年)에는 대운과 세운이 천극지충(天剋地冲)되므로 후처(後妻)와 헤어졌다. 자식은 2남 4녀인데 장자는 우체국장을 지냈고 차자는 은행원이며 딸은 모두 학교 선생이다. 이 사람은 친손자 5명 친손녀 10명, 외손자 4명, 외손녀 3명이며, 계사운(癸巳運) 79세 갑인년(甲寅年) 임신월(壬申月) 정미일(丁未日) 을사시(乙巳時)에 사망했다. 이것은 천간 계수(癸水)가 정화(丁火)를 극하고 지지에 사유축삼합금(巳酉丑三合金)되며 사신육합수(巳申六合水)되고 원국(原局)과 세운(歲運)이 인사신삼형(寅巳申三刑)되었기 때문이다.

80. 건명(乾命) 무인년(戊寅年) 9月 11日 오시생(午時生)

```
戊 戊 壬 戊
午 戌 戌 寅

63 53 43 33 23 13  3
己 戊 丁 丙 乙 甲 癸
巳 辰 卯 寅 丑 子 亥
```

지지에 인오술삼합화국(寅午戌三合火局)을 이루고 천간에 삼무(三戊)가 투출하므로 형제 자매가 많다. 토왕(土旺)하므로 인중갑목(寅中甲木)으로 무토(戊土)를 극하니 인목(寅木)이 용신(用神)이므로 수목(水木)을 희(喜)하고 화토(火土)를 기(忌)한다. 계해운(癸亥運)에는 인해합목(寅亥合木)되고, 이어서 갑자(甲子), 을축운(乙丑運)에는 수목(水木)이 청기(淸奇)하므로 총명하고 배우기를 좋아하여 대학교에서 화공계(化工系)를 전공하였다. 축운(丑運)에는 비교적으로 이롭지 않았으며 33세 이후 동방운(東方運)에는 회사지배인이 되었다. 34세 신해년(辛亥年)에는 병신합수(丙辛合水)되고 인해합목(寅亥合木)되며, 35세 임자년(壬子年) 36세 계축년(癸丑年) 37세 갑인년(甲寅年)에는 공(公)과 사(私) 양편 모두 대길대리(大吉大利)하였다. 38세 을묘년(乙卯年)에는 스스로 가게를 열었다가 30세 병진년(丙辰年) 동지(冬至)후에 가게를 그만두었는데 이것은 화토(火土)가 왕성한 까닭이다. 자식궁은 관성(官星)인 인목(寅木)이 3이므로 2남 1녀를 두었다.

81. 곤명(坤命) 경인년(庚寅年) 9月 25日 오시생(午時生)

戊 癸 丙 庚
午 卯 戌 寅

60 50 40 30 20 10
庚 辛 壬 癸 甲 乙
辰 巳 午 未 申 酉

지지가 인오술화국(寅午戌火局)되고 묘술육합화(卯戌六合火)되며, 천간에 병화(丙火)가 투출하여 경금(庚金)을 극하고 무토(戊土)가 계수(癸水)를 극하므로 화화격(化火格) 혹은 종세격(從勢格)으로 보며 목화(木火)를 희(喜)하고 금수(金水)를 기(忌)한다. 을유운(乙酉運)에는 을경합금(乙庚合金)되므로 전문대 이상의 교육은 받지 않았다. 26세 을묘년(乙卯年)에는 묘술합화(卯戌合火)하여 결혼을 했으며, 27세 병진년(丙辰年)에는 진술충(辰戌冲), 인신충(寅申冲)되므로 아들 한 명이 요절했다. 28세 정사년(丁巳年), 29세 무오년(戊午年), 30세 기미년(己未年)에는 남편이 건축업에 종사하여 적지 않은 돈을 벌었다. 31세 경신년(庚申年), 32세 신유년(辛酉年)은 대운이 남방(南方)에 있고 무계합화(戊癸合火)되므로 유년(流年)이 일편(一片) 금기(金氣)이지만 비교적으로 평탄하였다.

82. 건명(乾命) 신묘년(辛卯年) 5月 24日 해시생(亥時生)

乙 己 甲 辛
亥 亥 午 卯

58 48 38 28 18 8
戊 己 庚 辛 壬 癸
子 丑 寅 卯 辰 巳

원국(原局)에 관살혼잡(官殺混雜)되어 신약하므로 식신(食神)으로 용신(用神)을 삼을 수 없으며 마땅히 화토(火土)를 희(喜)하고 수목(水木)을 기(忌)하며 금(金)은 한신(閒神)이다. 형제자매는 3명이며 어머니의 특별한 사랑을 받았고 아버지는 일찍 돌아가셨다. 체육전문학교를 졸업하고 22세 임자년(壬子年)에는 결혼을 했으며, 23세 계축년(癸丑年), 26세 병진년(丙辰年), 30세 경진년(庚辰年)에는 각각 아들 1명씩 낳았다. 27세 정사년(丁巳年), 28세 무오년(戊午年), 29세 기미년(己未年)에는 건축업에 종사하여 돈을 5억원이나 벌었다. 30세 경신년(庚申年)에는 경기가 조금 나빠지더니 31세 신유년(辛酉年)에는 5억 가까운 손실을 입었으며, 32세 임술년(壬戌年)에는 보통이었다.

83. 곤명(坤命) 신묘년(辛卯年) 7月 8日 유시생(酉時生)

己 壬 丙 辛
酉 午 申 卯

60 50 40 30 20 10
壬 辛 庚 己 戊 丁
寅 丑 子 亥 戌 酉

오일(午日)의 도화(桃花)는 묘년(卯年), 신월(申月)의 도화는 유시(酉時), 유시(酉時)의 도화는 오일(午日)이며, 병신합수(丙辛合水)되고 금수(金水)가 왕성하므로 호색하고 음탕하기가 창기(娼妓)와 같다. 사주가 신강하므로 화토(火土)를 희(喜)하고 금수(金水)를 기(忌)하며 목(木)은 한신(閒神)이다. 18세 무신년(戊申年)에 결혼하였으며, 무술운(戊戌運) 20세 경술년(庚戌年)에 아들 1명을 낳았고, 22세 임자년(壬子年)에는 자오충(子午冲)되므로 부부가 충돌하여 마침내 헤어지게 되었다. 아들은 남편에게 주고 위자료 1억 5천 만원을 받았다. 24세 갑인년(甲寅年)에는 인오술삼합화국(寅午戌三合火局)되므로 독신생활을 부유하게 하였으며, 25세 을묘년(乙卯年)에는 오일(午日)을 기준으로 도화(桃花)가 되므로 아내와 첩이 있는 유부남을 사귀게 되었는데 자기가 주동이 되어 남자친구를 위해서는 돈을 아끼지 않았다.

84. 건명(乾命) 정축년(丁丑年) 9月 1日 자시생(子時生)

```
甲 甲 己 丁
子 子 酉 丑

60 50 40 30 20 10
癸 甲 乙 丙 丁 戊
卯 辰 巳 午 未 申
```

화토금(火土金)의 극설(剋洩)이 교가(交加)되어 신약하므로 수목(水木)을 희(喜)하고 토금(土金)을 기(忌)하고 화(火)가 한신(閑神)이며, 정관용인격(正官用印格)이다. 사람됨이 총명하고 학문을 좋아하며 자비심이 있고 선량하며 형제에 대해 우애가 지극하다. 26세 임인년(壬寅年) 27세 계묘년(癸卯年)에는 의과대학을 졸업하고 독일에 유학가서 박사학위를 취득하고 귀국했으나 그를 중요시하지 않자 다시 일본에 건너갔으나 독일에서 취득한 박사학위를 인정해 주지 않자 다시 일본어 공부를 하여 일본에서 박사학위를 취득하고 일본에서 병원을 개설하여 외과주임(外科主任)이 되어 명성이 좋은 것은 정관용인(正官用印)이기 때문이다. 45세 신유년(辛酉年)에는 29세인 치과의사의 여자친구와 사귀어 결혼하였다.

85. 건명(乾命) 기묘년(己卯年) 6月 14日 묘시생(卯時生)

```
乙 戊 辛 己
卯 辰 未 卯

58 48 38 28 18 8
乙 丙 丁 戊 己 庚
丑 寅 卯 辰 巳 午
```

지지에 묘미합목(卯未合木)되고 시에 을묘(乙卯)가 있어 관(官)이 많다. 관(官)이 많으면 살(殺)로 변하므로 인성(印星)으로서 화살생신(化殺生身)해야 되므로 화토(火土)를 희(喜)하고 수목(水木)을 기(忌)한다. 형제 자매는 4명이며, 기사운(己巳運)에는 해군사관학교를 졸업했으며 자식은 1남 2녀이다. 38세인 무진운(戊辰運) 병진년(丙辰年)에는 천간에 화토(火土)가 상생하여 유력(有力)하므로 중령으로 진급했으며, 39세 정사년(丁巳年), 40세 무오년(戊午年), 41세 기미년(己未年)에는 일편(一片) 화토(火土)가 유기(有氣)하므로 장관이 되었다.

86. 건명(乾命) 임자년(壬子年) 8月 7日 진시생(辰時生)

```
壬 丙 己 壬
辰 申 酉 子

58 48 38 28 18 8
乙 甲 癸 壬 辛 庚
卯 寅 丑 子 亥 戌
```

신자진합수(申子辰合水)되고 이임(二壬)이 투출되므로 종살격(從殺格)이다. 금수(金水)를 희(喜)하고 목화토조열(木火土燥熱)을 기(忌)한다. 유(酉)가 도화(桃花)이므로 사람됨이 호색하다. 초, 중년에는 신해(辛亥), 임자(壬子), 계축(癸丑), 북방운(北方運)으로 흐르고 일편금수(一片金水)이므로 대학교를 졸업하고 우체국의 고급직원이 되어 상당히 뜻을 얻었다. 48세 이후에 인신충(寅申沖), 묘유충(卯酉沖)되어 처궁이 한 두 번 변경되고, 4차 결혼하여 아들 셋을 두었으며 마지막 아내와 이혼문제로 담판을 벌였으나 합의가 안되자 아내를 목졸라 죽이고, 시체를 토막내었다. 이 사건이 발생한 것은 66세 정사년(丁巳年), 술월(戌月)인데 묘운(卯運)이므로 묘유충(卯酉沖)되고 묘술합화(卯戌合火)되며 정사년(丁巳年)은 일편(一片) 화토(火土)인 까닭이며, 67세 무오년(戊午年)에 사형을 당하였다.

87. 건명(乾命) 임술년(壬戌年) 9月 27日 인시생(寅時生)

```
壬 丁 辛 壬
寅 亥 亥 戌

38 28 18 8
乙 甲 癸 壬
卯 寅 丑 子
```

금수(金水)가 음한(陰寒)하고 관(官)이 많다. 관(官)이 많으면 살(殺)로 변한다. 빈한한 가정에서 출생했으며 임자운(壬子運)에 초등학교도 졸업하지 못했다. 27세 무자년(戊子年)에는 지지가 해자축삼회북방수(亥子丑三會北方水)가 되므로 마침내 심장쇠약으로 요절하고 말았는데 수극화(水剋火)가 되기 때문이다.

88. 곤명(坤命) 병진년(丙辰年) 윤(閏) 8月28日 자시생(子時生)

```
戊 丙 戊 丙
子 午 戌 辰

46 36 26 16 6
癸 甲 乙 丙 丁
巳 午 未 申 酉
```

이 사주는 자오충(子午沖), 진술충(辰戌沖)되므로 배정이향(背井離鄕) 파조이가(破祖離家)할 팔자이다. 오술합화(午戌合火)되고 병무(丙戊)가 투출하여 화토(火土)가 조열(燥熱)하므로 금수(金水)를 희(喜)한다. 기신(忌神)이 부모궁에 놓이므로 출생후 24시간 안에 남의 집 대문 앞에 버려져 있었는데 그 당시 새옷을 입고 있었으며 붉은색 보자기에 쌓여 있었는데 속에 편지까지 끼워 있었다. 편지의 내용인 즉 "원컨대 남에게 애기를 드리오니 양녀로 삼아 잘 키워주시면 고맙겠습니다."라고 쓰여 있었다. 이것은 자진(子辰)이 요합(遙合)한 까닭이며, 다행이도 착한 사람이 주워서 양녀로 삼았다.

89. 건명(乾命) 을유년(乙酉年) 11月 14日 미시생(未時生)

```
乙 辛 戊 乙
未 酉 子 酉

55 45 35 25 15  5
壬 癸 甲 乙 丙 丁
午 未 申 酉 戌 亥
```

토금(土金)이 강하므로 수목(水木)을 희(喜)하고 토금(土金)을 기(忌)하며, 화(火)는 한신(閒神)이다. 형제자매는 3남 4녀이며 을운(乙運) 27세 신해년(辛亥年)에는 전문대학을 졸업하고, 28세 임자년(壬子年), 29세 계축년(癸丑年), 30세 갑인년(甲寅年), 31세 을묘년(乙卯年)에는 유년(流年) 수목(水木)이 득지(得地)하므로 뜻을 얻어 상당한 돈을 벌었다. 32세 병진년(丙辰年)에 결혼하였으며 이후 6~7년간 가옥매매업을 하였으나 뜻을 얻지 못했다. 이것은 토금(土金)이 기신(忌神)인데 금대운(金大運) 토금유년(土金流年)인 까닭이며, 29세 계해년(癸亥年), 30세 갑자년(甲子年)에는 대길하였다.

90. 건명(乾命) 기묘년(己卯年) 1月 18日 묘시생(卯時生)

목화(木火)가 왕하여 칠살(七殺)의 세력이 천투지장(天透地藏)되어 사나우므로 정인(正印)인 기토(己土)로 화살생신(化殺生身)

```
己 庚 丙 己
卯 子 寅 卯

70 60 50 40 30 20 10
己 庚 辛 壬 癸 甲 乙
未 申 酉 戌 亥 子 丑
```

하니 용신(用神)이 된다. 그러므로 토금(土金)을 희(喜)하고 목화(木火)를 기(忌)하며, 수(水)는 한신(閑神)이다. 용신이 연간(年干)에 있으므로 조상덕이 있고 사람됨이 어질고 착하다.

20세 무술년(戊戌年), 21세 기해년(己亥年), 22세 경자년(庚子年), 23세 신축년(辛丑年)에는 토금(土金)이 유력(有力)하므로 대학을 졸업하고 이후 플라스틱제품 도매상을 하였는데 무오(戊午), 기미년(己未年)에는 토신(土神)이 천투지장(天透地藏)되므로 많은 돈을 벌었다. 42세 경신년(庚申年)에는 금(金)이 희신(喜神)이지만 불행하게도 원국(原局)의 병인(丙寅)과 충극(冲剋)되고, 43세 신유년(辛酉年) 역시 희신(喜神)이지만 불행하게도 원국(原局)의 천간병화(天干丙火)와 극합(剋合)되고, 지지의 이묘(二卯)와 일유(一酉)가 충(冲)되어 2억원이나 손해가 났다. 임술운(壬戌運) 44세 임술년(壬戌年)에는 대세운(大歲運)이 함께 임하므로 여름에 가장 긴장되었다.

91. 정사년(丁巳年) 5月 22日 미시생(未時生)

```
乙 丙 丁 丁
未 寅 未 巳
```

이 사주의 주인공은 기형아(畸形兒)로서 소서(小暑) 하루 뒤에 태어났는데 출생후 머리, 손, 가슴은 완전무결하였으나 하체의 한쪽 다리가 작고 생식기관이 남녀 구분이 안되고 둔부 뒷부분에 구멍이 한 개 있었으며 생후 13일만에 사망했다. 연,월,일,시를 살펴보면 목생화(木生火)하여 화왕(火旺)하므로 불은 위로 성하고 아래는 타서 재가 되므로 허(虛)하니 상체는 완전하나 하체는 결함이 있는 것이다.

92. 곤명(坤命) 신묘년(辛卯年) 1月 5日 축시생(丑時生)

```
己 辛 庚 辛
丑 巳 寅 卯

59 49 39 29 19  9
丙 乙 甲 癸 壬 辛
申 未 午 巳 辰 卯
```

토금(土金)이 강하므로 수목(水木)을 희(喜)한다. 이 사람은 공군 소장(少將)의 딸로서 19세 이후 임진운(壬辰運)에는 수(水)가 수고(水庫)에 좌(坐)하고 인묘진 삼회동방목(寅卯辰三會東方木)이 되므로 학교 공부가 순탄하여 24세 갑인년(甲寅年)에는 문화학원(文化學院) 원예계(園藝系)를 졸업하고 미국 유학을 가서 석사, 박사학위를 취득하였다. 그러나 기신(忌神)이 남편궁에 있으므로 만혼을 하게 되었다.

93. 건명(乾命) 임오년(壬午年) 10月 16日 신시생(申時生)

```
甲 庚 辛 壬
申 辰 亥 午

66 56 46 36 26 16  6
戊 丁 丙 乙 甲 癸 壬
午 巳 辰 卯 寅 丑 子
```

금수(金水)가 음한(陰寒)하므로 목화(木火)를 희(喜)한다. 4세 을유년(乙酉年)에 부친이 사망했으며 어릴 때 조모님의 사랑을 많이 받았는데 조모는 90세 이상 사셨다. 26세 이전에는 생활이 청고(淸苦)했으며 고등학교 졸업 후 취직하여 생활비를 벌어서 조모와 모친을 봉양하였다. 갑인운(甲寅運) 26세 정미년(丁未年)에는 희신과 용신이 임하므로 결혼하여 장자를 낳고 나

날이 발달하여 큰 돈을 벌었다. 27세 무신년(戊申年)에는 장녀를 낳고, 29세 경술년(庚戌年)에는 차자를 낳았다. 주단, 포목, 기성복 등을 십년 이상 자영(自營)하여 10억원을 벌었는데 이는 목화(木火)사업인데다 대운이 동남으로 흘러 목화(木火)가 유력(有力)한 까닭이다.

94. 건명(乾命) 경인년(庚寅年) 2月 20日 진시생(辰時生)

```
壬 辛 庚 庚
辰 未 辰 寅

61 51 41 31 21 11
丙 乙 甲 癸 壬 辛
戌 酉 申 未 午 巳
```

이 사주는 습토(濕土)가 금(金)을 생하여 형제자매가 7명이다. 일간(日干)이 강하므로 목화(木火)를 희(喜)하며, 25세 갑인년(甲寅年)에 결혼하였으며 오운(午運) 26세 을묘년(乙卯年)에는 지지에 인묘진 삼회동방목(寅卯辰三會東方木)이 되고 묘미합목(卯未合木)되므로 침구사 자격증을 취득하고 미국에 가서 의료행위를 하여 날로 점점 명성이 났다. 귀국해서도 의료행위를 하였으며 마침내 양의(良醫)가 되어 뜻을 얻었다. 아내는 어질며 자식을 2남 1녀를 두었는데 대운이 남방으로 흘렀기 때문이다.

95. 건명(乾命) 무인년(戊寅年) 4月 10日 인시생(寅時生)

```
庚 辛 丁 戊
寅 丑 巳 寅

60 50 40 30 20 10
癸 壬 辛 庚 己 戊
亥 戌 酉 申 未 午
```

화왕(火旺)하므로 토금을 (喜)하고 목화(木火)를 기(忌)하며, 수(水)는 한신(閒神)이다. 부모궁에 기신(忌神)이 임하고 첫 대운이 남방이므로 부모의 재산은 없었으나 비호를 받아 기미운(己未運)에 대학졸업을 하였는데 기토(己土)가 천투지장(天透地藏)한 때문이다. 금고(金庫)인 축습토(丑濕土)가 처궁에 있으므로 어진 아내의 내조가 많으며 아들 셋을 두었다. 30세 이후 서방운인 경신운(庚申運)에는 날로 발달하였으며 국제무역에 종사하여 10억원이나 벌었다. 신유운(辛酉運)에는 지지에 사유축합금국(巳酉丑合金局)되고 또 다시 신유유년(辛酉流年)을 만나 세운과 희신이 함께 임한 까닭이다

96. 건명(乾命) 임진년(壬辰年) 6月 28日 해시생(亥時生)

```
乙 甲 丁 壬
亥 寅 未 辰
```

```
96 86 76 66 56 46 36 26 16  6
丁 丙 乙 甲 癸 壬 辛 庚 己 戊
巳 辰 卯 寅 丑 子 亥 戌 酉 申
```

갑목일간(甲木日干)이 미월목고(未月木庫)에 생하고 진년(辰年)에 목(木)의 여기(餘氣)가 있고 연,월간(年,月干)이 정임합목(丁壬合木)되고 일,시지(日,時支)가 인해합목(寅亥合木)되며, 시상(時上)에 을목(乙木)이 투출되어 일편(一片) 수목지기(水木之氣)이므로 종격(從格)으로 보며 수목(水木)을 희(喜)하고 토금(土金)을 기(忌)하며, 화(火)는 한신(閒神)이다. 처음 토금운(土金運)에는 출신이 평범했으며 아들 한 명을 낳았는데 인중에 수염이 적으므로 자식이 적다. 9세 경자년(庚子年)에는 모친이 사망했고, 19세 기유년(己酉年)에는 병이 났으며, 경술운(庚戌運) 29세에는 좋지 않았고 39세 경오년(庚午年)에도 여의치 못했다. 이것은 금유년(金流年)이고, 토금대운(土金大運)이기 때문이다. 이후 금년(金年)이 수목대운(水木大運)을 만나 장애가 없었으며 계축

운(癸丑運)에는 하북성(河北省) 국민대표(國民代表)에 당선되어 30년간 연임했다. 96세에도 건재하였으며 사람됨이 더없이 아름답게 빛났다.

97. 건명(乾命) 계미년(癸未年) 3月 27日 오시생(午時生)

```
庚 己 丙 癸
午 未 辰 未

39 29 19  9
壬 癸 甲 乙
子 丑 寅 卯
```

신강하므로 금수(金水)를 희(喜)하고 화토(火土)를 기(忌)하며, 목(木)은 한신(閒神)이다. 30세 임자년(壬子年)에 결혼하였으며 자식은 2남 1녀이며, 계축운(癸丑運) 36세 무오년(戊午年)에는 세운 천간인 무토(戊土)가 계수(癸水)를 극합(剋合)하고 지지가 원국(原局)과 이오(二午)가 이미(二未)을 합(合)하고 축미충(丑未冲)되므로 무오년(戊午年)에 이층에서 떨어져 사망했다. 이는 화토(火土)의 힘이 금수(金水)보다 크기 때문이다.

98. 건명(乾命) 신해년(辛亥年) 8月 13日 오시생(午時生)

```
庚 己 丁 辛
午 未 酉 亥

39 29 19  9
癸 甲 乙 丙
巳 午 未 申
```

금수(金水)가 왕상(旺相)하여 그 힘이 화토(火土)보다 크므로 화토(火土)를 희(喜)하고 수목(水木)을 기(忌)하며 금(金)이 한신(閒神)이다. 3세 계축년(癸丑年)에는 타인의 양자가 되었으며, 병신운(丙申運) 12세 임술년(壬戌年)에는 첫째, 대운과 원국이 병신합수(丙辛合水)가 되고 둘째, 원국과 세운의 지지가 신유술삼회서방금(申酉戌三會西方金)이 되어 수(水)를 생하고 셋째, 유년천간(流年天干)인 임수(壬水)가 대운천간인 병화(丙火)를 극하므로 입추(立秋)후에 소아마비증의 병을 얻어 불행하게도 사망하였다.

99. 건명(乾命) 임진년(壬辰年) 10月 1日 유시생(酉時生)

```
己 丁 辛 壬
酉 卯 亥 辰

38 28 18  8
乙 甲 癸 壬
卯 寅 丑 子
```

토금수(土金水)의 극설(剋洩)이 심하여 신약하므로 목화(木火)를 희(喜)하고 금수(金水)를 기(忌)한다. 계축대운(癸丑大運) 26세 정사년(丁巳年) 2月 21日 교통사고로 사망하였는데 사고가 난 날짜는 정사년(丁巳年) 갑진월(甲辰月) 병신일(丙申日)이다. 사망한 원인을 살피자면 첫째, 대운천간(大運天干)인 계수(癸水)가 유년천간(流年天干)인 정화(丁火)를 극하고, 둘째 원국(原局)과 세운(歲運) 지지가 사유축삼합금국(巳酉丑三合金局)이 되고, 셋째 사해충(巳亥冲)이 되어 희신(喜神)이 패전했으며, 기신(忌神)인 금수(金水)가 희신인 목화(木火)에게 승전한 까닭이다.

100. 건명(乾命) 임술년(壬戌年) 6月 27日 술시생(戌時生)

```
甲 己 戊 壬
戌 未 申 戌

58 48 38 28 18  8
甲 癸 壬 辛 庚 己
寅 丑 子 亥 戌 酉
```

일간이 왕하므로 금수(金水)를 희(喜)하고 화토(火土)를 기(忌)한다. 28세 이후 신해(辛亥), 임자운(壬子運)에는 금수(金水)가 유기(有氣)하므로 많은 재물을 벌었으며 아내가 자식을 3남 4녀를 낳고 첩이 아들 한명을 낳았다. 53세 갑인년(甲寅年) 이후 장사가 밑지기 시작했다. 57세 무오년(戊午年)에는 식도암(食道癌)을 얻게 되었으며 첩이 낳은 아들이 대학졸업을 하고 차사고로 사망했다. 본인은 58세 기미년(己未年) 무진월 (戊辰月) 임(壬寅日) 경술시(庚戌時)에 사망했다.

101. 건명(乾命) 경진년(庚辰年) 1月 18日 축시생(丑時生)

癸 戊 戊 庚
丑 戌 寅 辰

64 54 44 34 24 14 4
乙 甲 癸 壬 辛 庚 己
酉 申 未 午 巳 辰 卯

신강하므로 금수(金水)를 희(喜)하고, 화토(火土)를 기(忌)하며, 식신생재(食神生財)함을 용(用)한다. 형제자매는 4남 3녀이며, 조부모는 자선가(慈善家)였으며, 조부는 의사였고, 부친도 의사였으나 불행하게도 일찍 죽었다. 동생 셋은 미국에서 의사가 되었으며, 모친은 늘 왕래하였다. 38세 정사년(丁巳年), 39세 무오년(戊午年), 40세 기미년(己未年)에 전자회사를 경영하였으나 실패했으며 자식은 1남 1녀이다. 41세 경신년(庚申年)에는 조금 좋아졌으며, 이후에는 한의사가 되었다.

102. 곤명(坤命) 기묘년(己卯年) 11月 10日 진시생(辰時生)

壬 辛 丙 己
辰 卯 子 卯

67 57 47 37 27 17 7
癸 壬 辛 庚 己 戊 丁
未 午 巳 辰 卯 寅 丑

금수(金水)가 음한(陰寒)하므로 목화(木火)를 희(喜)한다. 지력(智力)은 고강하나 발표력이 부족하고 심장이 약하며, 혈압이 비교적으로 낮고 담력이 작은 사람이다. 대학을 졸업하고 미국유학을 가서 두 개의 박사학위를 취득했으며 천주교도가 되어 결혼을 하지 않고 수녀(修女)가 되었다.

103. 건명(乾命) 임술년(壬戌年) 1月 18日 유시생(酉時生)

辛 癸 壬 壬
酉 丑 寅 戌

57 47 37 27 17 7
戊 丁 丙 乙 甲 癸
申 未 午 巳 辰 卯

금수(金水)가 많으므로 목화(木火)를 희(喜)하고 금수(金水)를 기(忌)한다. 형제자매는 5명 이상이고, 중앙경관학교를 졸업하고 42세부터 52세를 전후하여 기륭시(基隆市) 경찰국 보안과장, 분국장(分局長), 공차처(公車處) 처장(處長)을 역임하였다. 이것은 행운(行運)이 인오술삼합화(寅午戌三合火)되고, 병화(丙火)가 천간에 투출하고 정화(丁火)가 천투지장(天透地藏)되며, 정임합목(丁壬合木)된 까닭이다. 정미운(丁未運) 53세 갑인년(甲寅年)에 간병(肝病)을 얻어 54세 을묘년(乙卯年)에 일주인 계축(癸丑)과 대운이 충극(冲剋)되고, 을묘유년(乙卯流年)과 시주인 신유(辛酉)가 충극되므로 청명일(淸明日) 낮에 간암으로 세상을 떠났으며 자식궁은 2남 1녀이다.

104. 건명(乾命) 임진년(壬辰年) 5月 12日 묘시생(卯時生)

己 庚 丙 壬
卯 戌 午 辰

52 42 32 22 12 2
壬 辛 庚 己 戊 丁
子 亥 戌 酉 申 未

지지에 오술합화(午戌合火)되고, 묘술합화(卯戌合火)되어 병화(丙火)가 투출되며, 비록 식신(食神)이 고(庫)에 좌(坐)하여 제살(制殺)할 수 있다. 일간은 극설(剋洩)이 교집(交集)되어 신약하므로 정인(正印)으로 화살생신(化殺生身)해야 하므로 토금(土金)을 희(喜)하고, 목화(木火)를 기(忌)한다. 형제자매는 1남 4녀이다.

19세 경술년(庚戌年)에는 천간병화(天干丙火)가 경금(庚金)을 극하고 지지에 묘술합화(卯戌合火)되므로 부친이 사망했다. 후에 부친의 뜻을 받들어 대대의학원(台大医學院)을 졸업하고, 29세 경신년(庚申年)에는 신유술삼회서방금(申酉戌三會西方金)이 되므로 결혼하였다. 가산(家産)은 10억이나 되며, 인성(印星)이 용신(用神)이므로 자비심이 있고, 선량한 사람이다.

105. 건명(乾命) 을해년(乙亥年) 4月 13日 오시생(午時生)

```
甲 辛 辛 乙
午 卯 巳 亥

53 43 33 23 13 3
乙 丙 丁 戊 己 庚
亥 子 丑 寅 卯 辰
```

연,월(年,月)이 천극지충(天剋地冲)되므로 고향을 떠나 살 팔자요. 형제는 3명이다. 일간이 약하므로 토금(土金)을 희(喜)하고, 목화(木火)를 기(忌)한다. 초등학교를 졸업했으며 결혼하여 아들 한 명을 낳았다. 정축운(丁丑運)에는 장사를 하였는데 37세 신해년(辛亥年), 38세 임자년(壬子年), 39세 계축년(癸丑年)에는 수 억의 돈을 벌었는데 이는 금고(金庫)인 축운(丑運)을 행하고 유년(流年)에 금수(金水)가 자윤(滋潤)하기 때문이다. 40세 갑인년(甲寅年), 41세 을묘년(乙卯年)에는 장사가 잘 안되었으며, 44세 무오년(戊午年)에는 작은 질병을 얻었으며 장사가 잘 안되어 이천오백만원 밑졌다. 45세 기미년(己未年)에는 암(癌)으로 사망하였다. 이것은 해묘미삼합목국(亥卯未三合木局)이 되고, 자오충(子午冲)이 되기 때문이다.

106. 건명(乾命) 임오년(壬午年) 5月 9日 유시생(酉時生)

```
丁 丙 丙 壬
酉 午 午 午
```

```
66 56 46 36 26 16  6
癸 壬 辛 庚 己 戊 丁
丑 子 亥 戌 酉 申 未
```

일간(日干)이 득시(得時), 득지(得地), 득세(得勢)하므로 금수(金水)를 희(喜)하고, 화토(火土)를 기(忌)하며, 목(木)은 한신(閒神)이다. 신운(申運) 중에는 공학원(工學院)을 졸업했으며 성적이 우수하였다. 29세 경술년(庚戌年) 동지(冬至)후에 결혼하였으며 자식은 1남 3녀이다. 유운(酉運)에는 장사를 하여 수 십억원을 벌었으며 형제와 벗을 도와주어 사람마다 칭찬하였다. 36세 이후 경술운(庚戌運)에는 경금(庚金)이 화고(火庫)에 앉고 원국(原局)의 정화(丁火)가 경금을 극하고 지지에 오술합화(午戌合火)하여 유금(酉金)을 극하며, 40세 신유년(辛酉年) 후에 병오극벌(丙午剋伐)을 만나고 처궁에 기신(忌神)이 놓이므로 도박으로 수식억을 잃고 정식이혼을 하였다. 그 후 신해(辛亥) 임자(壬子), 계축운(癸丑運) 30년에는 금수일편(金水一片) 이므로 재기하여 대길대리(大吉大利)하였다.

107. 건명(乾命) 임인년(壬寅年) 1月 20日 유시생(酉時生)

```
丁 辛 壬 壬
酉 巳 寅 寅
```

```
83 73 63 53 43 33 23 13  3
辛 庚 己 戊 丁 丙 乙 甲 癸
亥 戌 酉 申 未 午 巳 辰 卯
```

이 사주는 수목화(水木火)의 극설(剋洩)이 심하여 신약하므로 토금(土金)을 희(喜)하고, 목화(木火)를 기(忌)한다. 형제자매는 5남 5녀인데 모두 자신보다 먼저 죽었다. 진운(辰運)에는 진유합금(辰酉合金)되므로 상해법정대학(上海法政大學)을 졸업했으며, 19세 경신년(庚申年)에 결혼하여 딸 셋을 두었다. 31세 임신년(壬申年)에 재취(再娶)하였으나 자식을 낳지 못했고, 41세 임오년(壬午年)에 제 3차 결혼하여 2남 3녀를 낳았다. 사운(巳運)에는 사유합금(巳酉合金)되므로 29세부터 32세 까지 고향에서 구장(區長)이 되어 7만 여명을 관장하였다. 이는 인성(印星)이 용신(用神)인 까닭이며, 자선심(慈善心)을 갖고 있으므로 뭇 사람에게 존경을 받아 뜻을 얻었다. 후에 대륙에 항전과 평정으로 인해 생활이 점차 나빠지자 대만으로 들어갔다. 53세 후에는 날로 점차 호전되었으며 59세부터 68세 까지 국민대회(國民大會) 비서처 직원으로 근무하다가 퇴직하였으며 80세가 넘도록 신체 건강하였다.

108. 건명(乾命) 계사년(癸巳年) 11月 3日 축시생(丑時生)

```
癸 癸 甲 癸
丑 巳 子 巳

61 51 41 31 21 11  1
丁 戊 己 庚 辛 壬 癸
巳 午 未 申 酉 戌 亥
```

금수(金水)가 음한(陰寒)하므로 목화(木火)를 희(喜)하고, 금수(金水)를 기(忌)한다. 형제자매는 5명인데 1명은 일찍 죽었으며 화고(火庫)인 술운(戌運)에는 공업 전문학교를 졸업하였다. 22세 갑인년(甲寅年)에 결혼하였으며, 23세 을묘년(乙卯年)에는 딸 한 명을 낳았고, 24세 병진년(丙辰年), 25세 정사년(丁巳年), 26세 무오년(戊午年), 27세 기미년(己未年)에는 건축사업에 종사하여 많은 돈을 벌었다. 이는 유년(流年)이 일편(一片) 목화토(木火土)인 까닭이며, 28세 경신년(庚申年)에도 괜찮았다. 그러나 29세 신유년(辛酉年)에는 5천만원이나 손실을 입었는데 이는 세운(歲運)이 함께 임하여 사유축삼합금국(巳酉丑三合金局)이 된 까닭이며, 후에 사오미남방운(巳午未南方運)에는 크게 발전할 것이다.

109. 건명(乾命) 신묘년(辛卯年) 1月 13日 해시생(亥時生)

```
乙 己 庚 辛
亥 丑 寅 卯

55 45 35 25 15  5
甲 乙 丙 丁 戊 己
申 酉 戌 亥 子 丑
```

이 사주는 극벌(剋伐)과 도설(盜洩)이 교집(交集)되어 신약하므로 종세격(從勢格)이 되어 금수목(金水木)을 희(喜)하고, 화토(火土)를 기(忌)한다. 자운(子運)에는 대학교를 졸업하고 고등학교 교원이 되었으며 후에 초등학교 교원이 되었다. 32세 임술년(壬戌年)에는 건강이 좋지 않아 퇴직을 하고 시내에 대서소(代書所)를 개설하였으나 하반년(下半年)에 돈벌이가 신통치 않았다. 33세 계해년(癸亥年)에는 계수(癸水)와 정화(丁火)를 극하고, 삼해(三亥)가 인묘(寅卯)와 합(合)하고, 일편(一片) 수목(水木)이므로 형편이 호전되었으며, 11월에는 해자축북방수(亥子丑北方水)가 되어 결혼하게 되었다.

110. 건명(乾命) 무진년(戊辰年) 8月 23日 해시생(亥時生)

```
乙 己 辛 戊
亥 丑 酉 辰

62 52 42 32 22 12  2
戊 丁 丙 乙 甲 癸 壬
辰 卯 寅 丑 子 亥 戌
```

식신제살(食神制殺)하고 극벌(剋伐)과 도설(盜洩)이 심하여 신약하므로 화토(火土)를 희(喜)하고, 수목(水木)을 기(忌)하며, 금(金)은 한신(閒神)이다. 형제자매는 5명이며 서로의 감정은 좋다. 농업고등학교를 졸업했으며, 27세 갑오년(甲午年)에 결혼하고, 30세 정유년(丁酉年)에 장녀(長女)를 낳고, 31세 무오년(戊午年)에 장자(長子)를 낳고, 32세 기해년(己亥年)에 차자(次子)를 낳았다. 조부의 재산을 많이 물려 받았으며 많은 토지를 사들여 농장을 경영하였으며 중망(衆望)도 얻었다. 42세 이전 16년간 간병(肝病)으로 위(胃) 출혈을 다섯 번 하였으나 병운(丙運)에는 약을 먹지 않았는데도 저절로 치유되어 건강하였다. 이는 정인(正印)이 화살생신(化殺生身)하고 식상(食傷)을 제(制)하기 때문이다. 다년간 수목(水木) 사업에 종사하여 자산이 100억이나 되었으나 얻는 바가 많지 않았다. 이는 첫째, 용인(用印)하므로 정직하고 사특함이 없음이요. 둘째, 남을 돕는데 힘을 아끼지 않음이요. 셋째 수목(水木)은 기신(忌神)이므로 산림, 과수원 경영은 맞지 않는 까닭이다. 이전에 부친을 따라 목재사업에 종사하여 비교적 이(利)를 얻었으며, 친구와 선업(船業)을 하게 되었으나 선박을 모두 도둑맞고 후에 화토(火土)에 관한 사업에 종사하였다.

111. 건명(乾命) 임신년(壬申年) 9月 21日 해시생(亥時生)

辛 丁 庚 壬
亥 巳 戌 申

66 56 46 36 26 16 6
丁 丙 乙 甲 癸 壬 辛
巳 辰 卯 寅 丑 子 亥

이 사주는 도설(盜洩)이 심하여 신약하므로 목화(木火)를 희(喜)하고, 금수(金水)를 기(忌)한다. 처음 수운(水運)에는 생활이 곤고하였으며 공업전문학교를 졸업하고 23세 갑오년(甲午年)에 결혼하였다. 자식은 아들 셋을 두었으며 장자는 대학을 졸업하고, 미국유학을 갔다 왔으며 차자와 삼자는 고등학교를 졸업했다. 36세 이후 갑인(甲寅), 을묘운(乙卯運)에는 날로 점점 발전하였으며 43세 갑인년(甲寅年)부터 45세 기미년(己未年)까지는 유년(流年)이 일편(一片) 목화(木火)이므로 운이 좋아서 건축 및 플라스틱사업에 종사하여 돈을 5억원 벌었다. 49세 경신년(庚申年)에 상업에 실패하고, 건축업 불경기로 인하여 4억이나 손실을 입었다. 50세 신유년(辛酉年)에는 대운과 천극지충(天剋地冲)되고, 다시 사유축합금(巳酉丑合金)되어 소인배가 도처에서 악선전을 하여 마침내 도산되어 실업자가 됐으며, 51세 임술년(壬戌年)에는 자동차 운전교습 기사가 되었다.

112. 건명(乾命) 을축년(乙丑年) 8月 1日 묘시생(卯時生)

```
己 乙 乙 乙
卯 巳 酉 丑

64 54 44 34 24 14 4
戊 己 庚 辛 壬 癸 甲
寅 卯 辰 巳 午 未 申
```

사유축삼합살국(巳酉丑三合殺局)이 되어 식상제살(食傷制殺)을 용(用)하므로 목화(木火)를 희(喜)하고, 토금(土金)을 기(忌)한다. 계미운(癸未運)에는 원국(原局)의 기토(己土)가 계수(癸水)를 극거(剋去)하고, 지지에 묘미합목(卯未合木)되므로 충(冲)이 플리므로 과학전문학교를 졸업하고, 은행원이 되었으며 지점지배인으로 승진되었다. 결혼하여 아들 둘을 두었으며, 44세 무신년(戊申年)에는 불길한 조짐이 있었으며, 45세 기유년(己酉年)에는 아내가 도박을 하여 1천만원을 날렸다. 48세 임자년(壬子年)에는 도박을 좋아하는 아내와 이혼하게 되었다. 이것은 원국(原局)과 대운(大運), 유년(流年)이 을경합금(乙庚合金)되고,

진자합수(辰子合水)되며, 진유합금(辰酉合金)되어 천간에 금수(金水)가 상생한 까닭이다.

113. 건명(乾命) 경진년(庚辰年) 11月 4日 미시생(未時生)

辛 己 丁 庚
未 卯 亥 辰

53 43 33 23 13 3
癸 壬 辛 庚 己 戊
巳 辰 卯 寅 丑 子

지지에 해묘미삼합목국(亥卯未三合木局)이 되고 천간에 경금(庚金)이 수고(水庫)에 좌(坐)하여 극벌(剋伐)과 도설(盜洩)이 교가(交加)되어 신약(身弱)하므로 화토(火土)를 희(喜)하고, 수목(水木)을 기(忌)하며, 금(金)은 한신(閑神)이다. 원국(原局)에 관(官)이 많으면 살(殺)로 변하는데 묘운(卯運)에 또 살지(殺地)를 만나므로 41세 경신년(庚申年) 가을에 해상사고로 바다에 빠져 죽었다.

114. 건명(乾命) 계미년(癸未年) 3月 19日 자시생(子時生)

戊 辛 丙 癸
子 亥 辰 未

66 56 46 36 26 16 6
己 庚 辛 壬 癸 甲 乙
酉 戌 亥 子 丑 寅 卯

이 사주는 토금(土金)을 희(喜)하고, 목화(木火)를 기(忌)하며, 수(水)는 한신(閑神)이다. 26세 이전에는 생활이 매우 곤고하였으며 고등학교를 졸업했다. 계축대운(癸丑大運) 31세 계축년(癸丑年)에는 땅을 천여평 사들였는데 후에 그 땅값이 높이 치솟아 20억이나 되었다. 38세 경신년(庚申年)에는 신자진삼합수국(申子辰三合水局) 되므로 남의 투기와 무고로 인하여 벌금형을 받아 벌금을 내었으며, 39세 신유년(辛酉年) 입추(立秋)후 소송이 무사히 해결되었다. 자식은 3남 1녀이다.

115. 건명(乾命) 임술년(壬戌年) 5月 21日 술시생(戌時生)

```
丙 乙 丙 壬
戌 卯 午 戌
```

```
64 54 44 34 24 14  4
癸 壬 辛 庚 己 戊 丁
丑 子 亥 戌 酉 申 未
```

화토(火土)가 조열(燥熱)하여 신약하므로 금수(金水)를 희(喜)한다. 임수(壬水)가 년주에 있으므로 조상덕이 있으며 서방운(西方運)에는 상당한 교양을 받았다. 신해운(辛亥運)에는 천간이 병신합수(丙辛合水)되고 지지는 해묘합목(亥卯合木)되어 희용(喜用)이 함께 임하므로 명의(名醫)가 되어 의원(醫院)을 개설하여 돈을 많이 벌었다. 자식궁은 2남 2녀를 두었다. 57세 무오년(戊午年)에는 대운 임자(壬子)를 충극(冲剋)하므로 신장(腎臟)이 조금 좋지 않더니 60세 신유년(辛酉年)에는 자오묘유(子午卯酉)가 모두 충(冲)되므로 갑오월(甲午月)에는 입원하여 신장수술을 받았다. 그러나 암증(癌症)까지 얻어 마침내 신유년(辛酉年) 12月 22日 오시(午時)에 사망하였다.

116. 건명(乾命) 경인년(庚寅年) 2月 19日 축시생(丑時生)

```
丁 庚 己 庚
丑 午 卯 寅
```

```
51 41 31 21 11  1
乙 甲 癸 壬 辛 庚
酉 申 未 午 巳 辰
```

이 사주는 토금(土金)을 희(喜)하고, 목화(木火)를 기(忌)한다. 공업고등학교를 졸업하고 노동자가 되었다. 결혼 후 아들 둘을 낳았으며 조부는 매우 좋은 사람이었다. 이 사람은 몇 차례 교통사고를 만났으나 죽지 않고 경상(輕傷) 뿐 이었다. 31세 경신년(庚申年)에는 이천만원 복권에 당첨되었으며, 32세 신유년(辛酉年)에 또다시 이천만원 복권에 당첨되었다. 집 한 채를 사들여 동생과 함께 철공장을 운영한다.

117. 건명(乾命) 기사년(己巳年) 10月 10日 오시생(午時生)

```
庚 己 乙 己
午 未 亥 巳
```

```
62 52 42 32 22 12  2
戊 己 庚 辛 壬 癸 甲
辰 巳 午 未 申 酉 戌
```

사오미남방화국(巳午未南方火局)을 이루어 생하므로 약하지는 않다. 상관합살(傷官合殺)함을 용신으로 삼으니 토금(土金)을 희(喜)하고, 목화(木火)를 기(忌) 한다. 신운(申運)과 신운(辛運)에는 가게를 열고 장사를 하여 2억이나 벌었다. 그러나 미운(未運)에 사오미남방화(巳午未南方火)가 되므로 37세 을사년(乙巳年)에는 1억이나 본전에 밑졌으며, 38세 병오년(丙午年)에는 부주의로 깊은 구덩이에 떨어져 상처를 입었으나 죽지는 않았다. 39세 정미년(丁未年)에는 택시에 부딪혀 죽을 뻔 하였다. 이것은 목화(木火)를 꺼리는데 세운(歲運)이 목화(木火)를 행(行)한 까닭으로 을사(乙巳), 병오(丙午), 정미년(丁未年)에 크게 불리했던 것이다. 이후 토금세운(土金歲運)에는 매우 좋았다.

118. 곤명(坤命) 을축년(乙丑年) 윤(閏) 4月 16日 오시생(午時生)

```
甲 辛 辛 乙
午 酉 巳 丑
```

```
71 61 51 41 31 21 11  1
己 戊 丁 丙 乙 甲 癸 壬
丑 子 亥 戌 酉 申 未 午
```

원국(原局)에 목화(木火)의 힘이 토금(土金)보다 크므로 사월화왕(巳月火旺)이면 금사(金死)하므로 토금(土金)을 희(喜)한다. 지지에 사유축삼합금국(巳酉丑三合金局)이 되고, 신금(辛金)이 투출하여 희신(喜神)이 유력(有力)하다. 자식궁은 5자를 두었으며, 41세 을사년(乙巳年)에는 병술운(丙戌運)으로 바뀌고 화(火)가 화고(火庫)에 좌(坐)하므로 부군(夫君)이 상망(傷亡)하였다. 42세 병오년(丙午年), 43세 정미년(丁未年)에는 오천만원이나 실재(失財)하였다.

119. 곤명(坤命) 갑오년(甲午年) 2月 20日 자시생(子時生)

```
甲 己 丁 甲
子 卯 卯 午

57 47 37 27 17  7
辛 壬 癸 甲 乙 丙
酉 戌 亥 子 丑 寅
```

일, 월지(日,月支)의 칠살(七殺)이 도화(桃花)가 되고, 시지(時支)는 일지(日支)의 장외도화(牆外桃花)가 된다. 신약사주이므로 화토(火土)를 희(喜)하고, 수목(水木)을 기(忌)한다. 17세 후에는 무녀(舞女)겸 스틱걸이 되어 음란하였다. 이는 첫째, 살(殺)이 도화(桃花)를 띠어 빈천하고 탐하며, 둘째, 행운(行運)에 관살(官殺)을 병견(並見)하며, 셋째, 장외도화(牆外桃花)가 되어 뭇사람의 여자가 되었다. 갑자운(甲子運) 계해운(癸亥運)은 좋은 운이라고 할 수 없다.

120. 건명(乾命) 갑오년(甲午年) 3月 26日 미시생(未時生)

```
辛 甲 戊 甲
未 寅 辰 午

63 53 43 33 23 13  3
乙 甲 癸 壬 辛 庚 己
亥 戌 酉 申 未 午 巳
```

갑목(甲木)이 천투지장(天透地藏)되어 약하지 않으므로 화토(火土)를 희(喜)하고, 금수(金水)를 기(忌)한다. 형제자매는 5명이며, 오운(午運)에는 대학교를 졸업하고, 24세 정사년(丁巳年),

25세 무오년(戊午年), 26세 기미년(己未年)에는 건축사업에 종사하여 돈을 수천만원 벌었다. 그러나 27세 경신년(庚申年) 11월에는 신자진삼합수국(申子辰三合水局)이 되고, 28세 신유년(辛酉年)에는 진유합금(辰酉合金)되므로 수천만원 손해보았다. 29세 임술년(壬戌年)에는 인오술삼합화국(寅午戌三合火局)이 되므로 점차 좋아졌다.

121. 건명(乾命) 기묘년(己卯年) 1月 18日 묘시생(卯時生)

```
己 庚 丙 己
卯 子 寅 卯

70 60 50 40 30 20 10
己 庚 辛 壬 癸 甲 乙
未 申 酉 戌 亥 子 丑
```

칠살(七殺)의 세력이 천투지장(天透地藏)되어 지맹(至猛)하므로 기토(己土)가 용신(用神)이다. 그러므로 토금(土金)을 희(喜)하고, 목화(木火)를 기(忌)하며, 수(水)가 한신(閒神)이다.

20세 무술년(戊戌年), 21세 기해년(己亥年), 22세 경자년(庚子年), 23세 신축년(辛丑年)에는 토금(土金)이 힘이 있으므로 대학교를 졸업했다. 이후 플라스틱제품 장사를 하여 무오년(戊午年), 기미년(己未年)에는 토신(土神)이 천투지장(天透地藏)되므로 돈을 많이 벌었다. 42세 경신년(庚申年)에는 원래 길하나 불행하게도 원국(原局)의 병인(丙寅)과 충극(沖剋)되고, 43세 신유년(辛酉年)에도 원래 길하나 원국의 천간 병화(丙火)와 신금(辛金)이 극합(剋合)되고, 지지에 이묘(二卯)와 일유(一酉)가 충(沖)되므로 일,이억원 밑졌다. 임술운(壬戌運) 44세 임술년(壬戌年)에는 대운과 세운이 함께 임하므로 여름에 가장 긴장되었다.

122. 건명(乾命) 갑오년(甲午年) 4月 15日 인시생(寅時生)

```
甲 癸 己 甲
寅 酉 巳 午
```

```
58 48 38 28 18  8
乙 甲 癸 壬 辛 庚
亥 戌 酉 申 未 午
```

사주에 극설(剋洩)이 교집(交集)되어 신약하므로 금수(金水)를 희(喜)하고, 화토(火土)를 기(忌)하며, 목(木)이 한신(閑神)이다. 공업고등학교를 졸업했으며 형제는 3명이다. 미운(未運)에는 사오미삼회(巳午未三會) 남방화(南方火)가 되므로 22세 을묘년(乙卯年)에 모친이 사망했다. 23세 병진년(丙辰年) 군대에 있을 때 전화선 전주위에서 작업하다가 떨어져 다리를 다쳐 장애인이 되어 의퇴(義腿)를 하고, 장애인용 자동차를 탄다. 27세 경신년(庚申年), 28세 신유년(辛酉年)에는 시계수리 기술을 배워 29세 임술년(壬戌年)에는 신유술삼회서방금(申酉戌三會西方金)이 되므로 시계점을 개업하였다.

123. 건명(乾命) 정묘년(丁卯年) 10月 24日 신시생(申時生)

```
甲 乙 辛 丁
申 卯 亥 卯
```

```
54 44 34 24 14  4
乙 丙 丁 戊 己 庚
巳 午 未 申 酉 戌
```

신강사주이므로 화토(火土)를 희(喜)하고, 수목(水木)을 기(忌)하며 금(金)이 한신(閑神)이다. 농가출신으로 초등학교를 졸업했으며 형제는 넷이고, 자신의 한쪽 귀가 찌그러진 기형이라 부모의 사랑을 받지 못하고 밖으로 기술을 배우러 나갔다. 무신운(戊申運)에는 무토(戊土)가 천투지장(天透地藏)하므로 결혼하여 자식을 5남 2녀를 두었다. 34세 후 정미운(丁未運)에는 화토(火土)가 유력

(有力)하므로 돈을 2억원 벌었다. 48세 갑인년(甲寅年), 49세 을묘년(乙卯年)에는 다른 사람과 공동으로 땅을 사들이는데 1억원을 투자하였으나 물거품이 되었으며 늘 위병(胃病)이 있었는데 목극토(木剋土)가 있기 때문이다. 50세 병진년(丙辰年)에는 몸이 좋지 않아 입원치료를 받았으며 청명(淸明) 3일전에 갑자기 죽었다. 죽은 날짜는 병진년(丙辰年) 신묘월(辛卯月) 계미일(癸未日) 계해시(癸亥時)인데 병신합수(丙辛合水)되고, 해묘미삼합목(亥卯未三合木)이 되고, 이계(二癸)가 투출되어 일편수목(一片水木)인 까닭이다.

124. 곤명(坤命) 갑신년(甲申年) 1月 22日 술시생(戌時生)

```
甲 己 丙 甲
戌 酉 寅 申

54 44 34 24 14  4
庚 辛 壬 癸 甲 乙
申 酉 戌 亥 子 丑
```

관(官)이 많으면 살(殺)로 변하며 지지에 인신충(寅申冲)되고, 신유술삼회서방금(申酉戌三會西方金)되므로 종세격(從勢格)인 정관격(正官格)이므로 금수목(金水木)을 희(喜)하고, 화토(火土)를 기(忌)한다. 병화(丙火)를 용신(用神)이라고 생각하는 사람이 있겠지만 그렇지 않다. 계해운(癸亥運) 28세 신해년(辛亥年)에 결혼하였으며, 31세 갑인년(甲寅年) 32세 을묘년(乙卯年)에는 연이어 딸을 낳았는데 인신충(寅申冲) 묘유충(卯酉冲)되므로 제왕절개수술로 아기를 낳았다.

125. 건명(乾命) 계사년(癸巳年) 7月 19日 인시생(寅時生)

```
庚 辛 庚 癸
寅 亥 申 巳

58 48 38 28 18 8
甲 乙 丙 丁 戊 己
寅 卯 辰 巳 午 未
```

금수(金水)가 음한(陰寒)하므로 목화(木火)를 희(喜)하고, 금수(金水)를 기(忌)한다. 사주에 인사신삼형(寅巳申三刑)이 있으므로 경관(警官)학교를 졸업했으며, 사람됨이 지력(智力)이 총명하고, 의기(義氣)와 책임감이 있어 윗사람의 신임을 얻었다. 정사운(丁巳運) 30세 임술년(壬戌年)에는 천간에 정임합(丁壬合)되고, 지지 사술(巳戌)은 화토왕지(火土旺地)이므로 여름에 현장실(縣長室) 비서(秘書)로 임명되었다. 원국(原局)의 지지가 인해합목(寅亥合木)되므로 아내가 현혜(賢慧)하며 자식은 1남 1녀를 두었으며 앞으로 을묘(乙卯), 갑인운(甲寅運)에는 큰 일을 할 수 있다.

126. 건명(乾命) 경오년(庚午年) 6月 2日 술시생(戌時生)

```
壬 戊 癸 庚
戌 寅 未 午

65 55 45 35 25 15 5
庚 己 戊 丁 丙 乙 甲
寅 丑 子 亥 戌 酉 申
```

인오술삼합화국(寅午戌三合火局)이 되어 신강하므로 금수(金水)를 희(喜)하고, 화토(火土)를 기(忌)한다. 형제자매는 8명이며 자식은 1남 3녀이다. 을유운(乙酉運)에는 을경합금(乙庚合金) 되므로 우수한 성적으로 대학교 화공계(化工系)를 졸업했다. 병술운(丙戌運)에는 평범하였으며 35세 이후 북방운(北方運)에는 임계(壬癸)가 정화(丁火)를 극(剋)하므로 날로 발달하여 공장 공무처(工務處) 처장(處長)이 되었다. 계축년(癸丑年) 12月에는 마침내 타인의 모해(謀害)를 받아 사망했다. 사망한 연, 월, 일, 시는

계축년(癸丑年) 을축월(乙丑月) 병진일(丙辰日) 갑오시(甲午時)
이다. 이것은 원국(原局)과 대운(大運)이 인해합목(寅亥合木),
정임합목(丁壬合木)되어 사살(四殺)이 공신(攻身)하므로 죽게 되
었다.

127. 건명(乾命) 무진년(戊辰年) 3月 13日 축시생(丑時生)

辛 壬 丙 戊
丑 寅 辰 辰

62 52 42 32 22 12 2
癸 壬 辛 庚 己 戊 丁
亥 戌 酉 申 未 午 巳

신약하므로 금수(金水)를 희(喜)하고,
화토(火土)를 기(忌)한다. 남방운(南
方運)에는 고등교육을 받지 못했으며,
인수(印綬)가 용신(用神)이므로 사람
됨이 자선심(慈善心)이 있고, 남을 속

일 줄 모른다. 형제자매는 5명 이상이며, 처는 평범하고 자식은
아들 세명이다. 사주에 경금(庚金)이 결여되어 병화(丙火)가 경
금(庚金)을 극(剋)하므로 대장(大腸)에 병이 있다. 남방운(南方
運)에는 화토(火土)가 득지(得地)하므로 매우 근면하였다. 경신
운(庚申運) 33세 경자년(庚子年), 34세 신축년(辛丑年)에는 크게
진보됨이 있었다. 이후 신유운(辛酉運)에는 천간이 병신합수(丙
辛合水)되고, 지지가 진유합금(辰酉合金)되며, 유축합금(酉丑合
金)되므로 일편금수(一片金水)인지라 득(得)은 있고 실(失)은 없
으며 대길대리(大吉大利)하였다. 48세 을묘년(乙卯年)에는 대운
과 세운이 천극지충(天剋地冲)되므로 수리회(水利會) 주임(主任)
이 되어 남과 경쟁하였으며, 놀라는 일은 있어도 위험함은 없었
다. 이것은 희신(喜神)이 싸움에서 이기고 기신(忌神)이 싸움에
서 패한 까닭이다.

128. 곤명(坤命) 경인년(庚寅年) 2月 2日 묘시생(卯時生)

乙 癸 己 庚
卯 丑 卯 寅

65 55 45 35 25 15 5
壬 癸 甲 乙 丙 丁 戊
申 酉 戌 亥 子 丑 寅

신약하므로 금수(金水)를 희(喜)하고, 화토(火土)를 기(忌)한다. 아버지는 시멘트공이며 생활은 평범하였다. 인년(寅年) 기준으로 묘월묘시(卯月卯時)는 도화(桃花)이며, 월간 기토(己土)는 칠살(七殺)로서 묘목도화(卯木桃花)위에 놓이므로 삼류고등학교를 졸업했으며, 19세 무신년(戊申年)에 처자식이 있는 선생님과 동거생활을 하여 아들 한명을 낳았으며 십년간 마음대로 왕래하였다. 정한 남편은 따로 없었으며, 32세 신유년(辛酉年)에 이르러 병신합수(丙辛合水)되므로 비로소 의지할 만한 남자친구를 만났다. 월,시(月,時) 기준으로 자운(子運)은 도화(桃花)가 되기 때문이며, 살(殺)이 도화(桃花)를 띠면 남자를 탐하거나 천하다.

129. 건명(乾命) 을유년(乙酉年) 11月 5日 사시생(巳時生)

乙 壬 戊 乙
巳 子 子 酉

62 52 42 32 22 12 2
辛 壬 癸 甲 乙 丙 丁
巳 午 未 申 酉 戌 亥

형제자매가 아홉명이지만 도와줄 사람은 아무도 없다. 12세 이후에 서점 점원이 되었으며 사람됨이 충후하고, 근면하며, 책임감이 있어서 윗사람이나 함께 일하는 사람들로부터 애호를 받았다. 저혈압이 있고 담력이 크지 못하며 을운(乙運) 25세 기유년(己酉年)에 결혼하였으며 자식은 1남 3녀를 두었다. 을사목화

(乙巳木火)가 자식궁에 있으므로 아들이 공부를 잘하여 사람들의 칭찬을 받았다. 30세 갑인년(甲寅年), 31세 을묘년(乙卯年)에는 좋았으며, 33세 정사년(丁巳年), 34세 무오년(戊午年), 35세 기미년(己未年)에는 지배인으로 승진되어 매우 좋았다. 36세 경신년(庚申年)에는 천간에 을경합금(乙庚合金)되고, 지지에 신사합수(申巳合水) 신자합수(申子合水)되며 대운(大運)에 갑(甲)이 투출하므로 평범하여 장애가 없었다. 37세 신유년(辛酉年) 칠,팔월에는 소인의 방해가 있었으나 십이월에는 소인이 스스로 물러가므로 남방운(南方運)에는 무계합화(戊癸合火)되고, 무토(戊土)가 임수(壬水)를 극(剋)하므로 대길대리하다.

130. 건명(乾命) 병인년(丙寅年) 2月 15日 묘시생(卯時生)

```
辛 丙 辛 丙
卯 辰 卯 寅

64 54 44 34 24 14  4
戊 丁 丙 乙 甲 癸 壬
戌 酉 申 未 午 巳 辰
```

사주에 인묘진동방목국(寅卯辰東方木局)을 이루고 병화(丙火)가 양투(兩透)되어 신강(身强)하므로 토금(土金)을 희(喜)하고, 목화(木火)를 기(忌)한다. 형제자매는 7남 6녀이며, 처궁에 습토희신(濕土喜神)이 임하므로 처의 내조를 많이 받는다. 32세 정유년(丁酉年)에 결혼하였으며, 34세 기해년(己亥年)에 딸을 낳고, 36세 신축년(辛丑年)에 아들을 낳았다. 44세 이후 서방운(西方運)에는 비교적으로 좋았다. 승진도 하고, 돈도 벌었다. 병신운(丙申運) 48세 계축년(癸丑年)에는 천간 계수(癸水)가 병화(丙火)를 극하고, 지지에 일편습토(一片濕土)가 금(金)을 생하므로 집도 사고 이천만원을 벌었다. 49세 갑인년(甲寅年)에는 아내가 백피병(白皮病)을 얻었으며, 50세 을묘년(乙卯年) 신사월(辛巳月)에는 타인에게 천오백만원을 빌려주었는데 병술월(丙戌月)에 채무자가 홍콩으로 도망을 가버렸다. 51세 병진년(丙辰年) 갑오월(甲午月)에는 타인에게 일천만원 빚지게 되었다.

131. 건명(乾命) 정미년(丁未年) 8月 16日 진시생(辰時生)

```
庚 乙 己 丁
辰 亥 酉 未

66 56 46 36 26 16  6
壬 癸 甲 乙 丙 丁 戊
寅 卯 辰 巳 午 未 申
```

사주에 금수(金水)가 한습(寒濕)하므로 목화조열(木火燥熱)을 희(喜)한다. 년주에 용신(用神)이 놓이므로 조상덕이 있으며 운이 남방(南方)으로 흘러 고등교육을 받았으며 의사가 되어 명성이 자자하였다. 자식궁은 3남 2녀이며, 자식궁에 기신(忌神)이 놓이므로 아들 셋이지만 의지할 만한 자식은 없다. 장자는 상업에 종사했으나 수억원 손해를 보았으며, 세 번이나 감옥에 갔다 왔으며 차자는 유산문제로 집안을 시끄럽게 했으며, 삼자는 밖에 처첩을 여러명 두었다. 70세 병진년(丙辰年) 8月 21日 해시(亥時)에 혈암(血癌)으로 세상을 떠났는데 유산이 20억이 되었다.

132. 건명(乾命) 을유년(乙酉年) 10月 6日 진시생(辰時生)

```
丙 癸 丁 乙
辰 未 亥 酉

62 52 42 32 22 12  2
庚 辛 壬 癸 甲 乙 丙
辰 巳 午 未 申 酉 戌
```

금수(金水)가 음한(陰寒)하므로 목화조열(木火燥熱)을 희(喜)한다. 형제자매는 많으나 도와줄 사람은 없다. 중학교를 졸업하고, 17세부터 목공(木工)기술을 익혔으며 21세에 군대에 갔다가 23세 정미년(丁未年)에 제대를 하고, 목재기구를 가공하여 외국에 수출하여 돈을 벌었다. 27세 신해년(辛亥年)에 결혼하였으며 28세 임자년(壬子年)에는 매형이 상업에 실패하자 자살하였으므로 그 수표를 사용하여 매형 대신 오천만원을 갚아주었다. 29세 계축년(癸丑年)에도 불리하였으며 이것은 임자년(壬子年) 계축년(癸丑年)은 원국(原局)과 세운(歲運)이 신자진삼합수(申子辰三合水)되고, 진유육합금(辰酉六合金), 축유반합금(丑酉半合金), 신유회서방(申酉會西方)되므로 기신(忌神)인 금수(金水)가 유력(有力)한 까닭이다. 30세 갑인년(甲寅年)에는 아들을 낳았고, 31세 을묘년(乙卯年)에도 좋았으며 2년동안 5천만원을 벌었다.

133. 건명(乾命) 정해년(丁亥年) 1月 16日 인시생(寅時生)

```
庚 丙 壬 丁
寅 辰 寅 亥

51 41 31 21 11 1
丙 丁 戊 己 庚 辛
申 酉 戌 亥 子 丑
```

연,월천간이 정임합목(丁壬合木)되고, 지지가 인해합목(寅亥合木)되어 화(火)를 생하여 신강하므로 금수(金水) 및 습토(濕土)를 희(喜)하고, 목화토조열(木火土燥熱)을 기(忌)한다. 북방운(北方運)에는 총명함이 절정에 이르러 사랑을 받았다. 9세 을미년(乙未年)에는 대운과 천극지충(天剋地沖)되므로 방광수술을 받았다. 후에 경자(庚子), 기해(己亥), 북방운(北方運)에는 대학을 졸업하고, 미국에 유학가서 컴퓨터 박사학위를 취득했으며 31세 정사년(丁巳年)에 결혼하였다. 관인상생(官印相生)에 지살관(地殺官) 역마인(驛馬印)을 놓으므로 외국유학을 하게 되었다.

134. 건명(乾命) 기사년(己巳年) 10月 8日 사시생(巳時生)

乙 丁 乙 己
巳 巳 亥 巳

61	51	41	31	21	11	1
戊	己	庚	辛	壬	癸	甲
辰	巳	午	未	申	酉	戌

사주에 년,월이 천극지충(天剋地冲)되므로 고향떠나 타인의 양자가 되었다. 목생화(木生火)하고 겁재(劫財)가 많아 신강하므로 토금(土金)을 희(喜)하고, 목화(木火)를 기(忌)한다. 초등학교를 졸업했으며 철로국(鐵路局) 및 금광의 노동자가 되었다. 전처가 딸 1명을 낳고 후처가 4남 3녀를 낳았는데 이는 서방운(西方運)으로 흘렀기 때문이며, 경오운(庚午運) 병진년(丙辰年), 을미월(乙未月)에는 지지가 사오미삼회남방화(巳午未三會南方火)가 되고, 천간의 병화(丙火)가 경금(庚金)을 극하므로 중풍(中風)을 맞아 반신불수가 되었다. 진사(辰巳)는 손풍(巽風)으로 인간에게는 중풍, 연애요. 묘에는 산바람, 골풍인데 기신운(忌神運)을 만나거나 흉살을 만나게 되면 중풍이나 묘탈로 가정이 불안하게 된다.

135. 건명(乾命) 무오년(戊午年) 4月 15日 유시생(酉時生)

丁 辛 丁 戊
酉 巳 巳 午

66	56	46	36	26	16	6
甲	癸	壬	辛	庚	己	戊
子	亥	戌	酉	申	未	午

이 사주는 칠살(七殺)이 득시(得時)하여 강하므로 무토인성(戊土印星)으로 화살생신(化殺生身)한다. 그러므로 토금(土金)을 희(喜)하고, 목화(木火)를 기(忌)하며, 수(水)는 한신(閑神)이다. 용신(用神)이 년에 있으므로 조상덕이 있으며 사람됨이 정인군자(正人君子)이고 개성은 급하다. 군대에서 중령으로 퇴역하였

으며 후에 연합신문 수관조(收款組) 주임(主任)이 되었다. 자식궁은 2남 3녀이며, 65세 임술년(壬戌年)에는 아내가 사망했다.

136. 건명(乾命) 기묘년(己卯年) 6月 17日 사시생(巳時生)

癸 辛 辛 己
巳 卯 未 卯

59 49 39 29 19 9
乙 丙 丁 戊 己 庚
丑 寅 卯 辰 巳 午

년,월 지지가 묘미합목(卯未合木)되고, 일,시가 묘사(卯巳)이며 천간에 기토(己土)가 투출되므로 목화토(木火土)가 조열(燥熱)하니 금수(金水)를 희(喜)하고, 화토(火土)를 기(忌)한다. 고등학교를 졸업하고 군대에 갔다와서 남부지방에서 열심히 일하면서 공부를 게을리 하지 않더니 마침내 29세 가을에는 의학원(醫學院)에 합격하여 7년간 공부를 열심히 하더니 마침내 36세에 정식으로 졸업하였다. 이는 무진(戊辰) 대운이므로 습토(濕土)가 금(金)을 생하고 유년(流年)에는 금수(金水)가 있었던 까닭이다. 37세에 결혼하고 38세 병진년(丙辰年)에는 의원(醫院)을 개업하였으며 딸을 낳았다. 봄, 여름에는 영업이 시원치 않았으나 가을,겨울에는 비교적으로 잘 되었다.

137. 곤명(坤命) 계유년(癸酉年) 12月 24日 묘시생(卯時生)

丁 己 丙 甲
卯 酉 寅 戌

62 52 42 32 22 12 2
己 庚 辛 壬 癸 甲 乙
未 申 酉 戌 亥 子 丑

이 사주는 신약하므로 화토(火土)를 희(喜)하고, 수목(水木)을 기(忌)한다. 21세 갑오년(甲午年)에 결혼을 하게 된 것은 인오술삼합화국(寅午戌三合火局)이 되고, 자오묘유(子午卯酉)

가 모두 충(冲)이 된 까닭이다. 남편은 페인트 도장공이다. 결혼 후 오래지 않아 남자친구를 사귀게 되었는데 한 여자가 이,삼명의 남자를 섬기는 격이다. 이는 묘시(卯時)가 년,월의 장외도화(牆外桃花)가 되고, 남편궁에 기신(忌神)이 놓이고 묘유충(卯酉冲)된 까닭이다. 그러므로 남녀관계를 아이들 장난 쯤으로 보는 우를 범하게 된다. 아들 둘을 낳았으며, 39세 이후에 남편이 집을 나가게 되었는데 수년이 지나도록 귀가를 하지 않아 이혼 수속을 처리할 수가 없었다.

138. 건명(乾命) 무오년(戊午年) 8月 23日 사시생(巳時生)

```
乙 丁 辛 戊
巳 丑 酉 午

65 55 45 35 25 15 5
戊 丁 丙 乙 甲 癸 壬
辰 卯 寅 丑 子 亥 戌
```

사유축삼합금(巳酉丑三合金)되고, 신금(辛金)이 투출하였으며, 사오(巳午)가 있고, 무토(戊土)가 투출하여 극벌(剋伐)과 도설(盜洩)이 교집(交集)되어 신약하므로 목화(木火)를 희(喜)하고, 금수(金水)를 기(忌)한다. 출신은 평범하여 어릴 때는 조모의 특별한 사랑과 배려를 얻었다. 32세 이전에는 도처에서 분파(奔波)가 많았으며 자식궁은 아들 둘을 두었다. 45세 이후 병인(丙寅) 정묘운(丁卯運)에는 일편목화(一片木火)이므로 장관의 배려와 부하의 애호를 받았으며 교통부 총무국장이 되었다.

139. 건명(乾命) 계유년(癸酉年) 윤(閏) 5月 18日 묘시생(卯時生)

칠살(七殺)이 공신(攻身)하므로 식신(食神)으로서 제살(制殺)하니 기토(己土)가 용신(用神)이다. 그러므로 화토(火土)를 희(喜)

```
癸 丁 己 癸
卯 丑 未 酉

62 52 42 32 22 12 2
壬 癸 甲 乙 丙 丁 戊
子 丑 寅 卯 辰 巳 午
```

하고, 수목(水木)을 기(忌)한다. 기신(忌神)인 칠살(七殺)이 년상(年上)에 거(居)하므로 조부의 개성이 만횡(慢橫)하고 처첩을 세명이나 거느리는 악질이다. 기미희용신(己未喜用神)이 부모궁에 놓이므로 부모는 선량하고, 이웃마을 사람들로부터 존경을 받았다. 3세 을해년(乙亥年)에 백부(伯父)의 양자가 되었는데 이는 천간 을목(乙木)이 기토(己土)를 극하고 지지에 해묘미삼합목(亥卯未三合木)이 된 까닭이다. 12세 갑신년(甲申年)에 생부(生父)가 세상을 떠났으며, 병운(丙運) 22세 갑오년(甲午年) 23세 을미년(乙未年)에는 복권에 당첨되어 이백만원 벌었다. 33세 을사년(乙巳年)에는 어머니가 사망했으며, 38세 경술년(庚戌年)에 결혼하였으며 또 다시 복권에 당첨되어 이백만원 벌었다. 그러나 42세 갑인년(甲寅年)에는 대운과 세운이 함께 임하므로 사업에 참패를 하여 2억이나 밑졌으며, 44세 병진년(丙辰年)에는 인묘진삼회동방목(寅卯辰三會東方木)이 되므로 도산되어 실업(失業)하였다.

140. 곤명(坤命) 계미년(癸未年) 10月 20日 신시생(申時生)

```
壬 己 癸 癸
申 卯 亥 未

68 58 48 38 28 18 8
庚 己 戊 丁 丙 乙 甲
午 巳 辰 卯 寅 丑 子
```

지지가 해묘미삼합목국(亥卯未三合木局)이 되고, 천간의 임계(壬癸)는 신, 해(申亥)에 통근(通根)되어 전국(全局)이 일편수목(一片水木)이므로 수목(水木)의 기(氣)에 종(從)하므로 수목

(水木)을 희(喜)하고, 토금(土金)을 기(忌)한다. 을축운(乙丑運)에는 고등교육을 받지 못했으며, 남부지방에서 출생하였으나 북부지방으로 이사를 가서 모친과 함께 상업에 종사하여 괜찮았다. 30세 임자년(壬子年)에 결혼하였으며, 31세 계축년(癸丑年)에 아들을 낳고, 33세 을묘년(乙卯年)에는 딸을 낳았다. 정묘운(丁卯運)에는 정임합목(丁壬合木)되고, 남편궁에 희신(喜神)이 놓이므로 그의 남편은 어질고 의지할만하다. 부부가 근검절약하여 집을 새로 구입하였으며, 남편은 승진하여 주임이 되었다.

141. 건명(乾命) 경신년(庚申年) 2月 1日 술시생(戌時生)

```
庚 丁 己 庚
戌 丑 卯 申
```

```
66 56 46 36 26 16  6
丙 乙 甲 癸 壬 辛 庚
戌 酉 申 未 午 巳 辰
```

이 사주는 도설(盜洩)이 심하여 신약하므로 묘목(卯木)이 용신(用神)이다. 그러므로 목화(木火)를 희(喜)하고 금수(金水)를 기(忌)한다. 사범대학교를 졸업했으며 26세 이후 임오(壬午), 계미운(癸未運)에는 원국(原局)의 기토(己土)가 임계(壬癸)를 극(剋)하고, 남방운(南方運)이므로 중학교 교원이 되었으며, 이어서 출판사 대표이사가 되고, 회사 대표이사가 되었으며 도서출판 상업공회 상무이사가 되어 뜻을 얻었다. 자식은 4남 1녀를 두었으며 을유운(乙酉運)에는 천간이 을경합금(乙庚合金)되고, 지지에 신유술회서방금(申酉戌會西方金)이 되므로 몸이 점점 좋지 않았다. 60세 기미년(己未年)에는 토생금(土生金)되고, 정월 병인(丙寅)과 년주 경신(庚申)이 천극지충(天剋地冲)되고, 대운 을유(乙酉)와 월주 기묘(己卯)가 천극지충(天剋地冲)되어 심신(心身)

이 좋지 않고 당뇨병이 악화되더니 눈이 점점 보이지 않게 되자 의원을 찾아가서 치료하여 조금 치유되었다.

142. 곤명(坤命) 신묘년(辛卯年) 1月 10日 자시생(子時生)

```
戊 丙 庚 辛
子 戌 寅 卯

37 27 17 7
甲 癸 壬 辛
午 巳 辰 卯
```

신강한 사주이므로 금수(金水)를 희(喜)하고, 목화(木火)를 기(忌)한다. 묘년(卯年) 기준 자시(子時)는 장외도화(牆外桃花)가 되고, 인월술일(寅月戌日) 기준으로 묘년(卯年)은 장내도화(牆內桃花)가 되므로 남자친구와 교제가 문란하더니 24세 갑인년(甲寅年) 5月에 음독자살하였다. 이것은 첫째 인묘진 삼회동방목(寅卯辰三會東方木)이 되고, 둘째 인오술삼회남방화(寅午戌三會南方火)가 되어 목화기신(木火忌神)이 유력(有力)하고, 셋째 진술충(辰戌冲)과 망신살(亡身殺)이 임하고, 기신(己身)에 백호대살(白虎大殺)이 놓이고 매우 예쁘게 생긴 까닭이다.

143. 건명(乾命) 경진년(庚辰年) 8月 25日 인시생(寅時生)

```
壬 壬 乙 庚
寅 申 酉 辰

55 45 35 25 15 5
辛 庚 己 戊 丁 丙
卯 寅 丑 子 亥 戌
```

신강사주이므로 목화(木火)를 희(喜)하고, 금수(金水)를 기(忌)한다. 형제자매는 여러명이고 이 사람은 고등학교를 졸업했으며 해운(亥運)에는 인해합(寅亥合)되어 인신충(寅申冲)이 풀리므로 결혼하였으며 아들 둘을 낳았다. 무자운(戊子運) 29세 무신년(戊申年)에는 지지가 신자진삼합수국(申子辰三合水局)이 되고, 또 이신

(二申)이 일인(一寅)을 충(沖)하므로 큰 병으로 죽을 고생을 하였다. 32세 신해년(辛亥年), 33세 임자년(壬子年), 34세 계축년(癸丑年)에는 아내가 삼년동안 구병(久病)으로 고생하였으며, 병원비로 일천오백만원을 날렸다. 그러나 계축년(癸丑年) 동지(冬至)후부터 차츰 호전되더니 갑인년(甲寅年)에는 목(木)이 왕기(旺氣)를 얻으므로 구질(久疾)이 치유되어 건강을 회복하였다.

144. 건명(乾命) 정사년(丁巳年) 5月 25日 자시생(子時生)

```
戊 丙 丁 丁
子 辰 未 巳

53 43 33 23 13  3
辛 壬 癸 甲 乙 丙
丑 寅 卯 辰 巳 午
```

신강사주이므로 토금(土金)을 희(喜)하고 목화(木火)를 기(忌)한다. 빈궁한 집안 출신으로서 학교 교육을 받지 못했으며 어릴 때부터 개성은 강하여 일하기를 싫어하고 먹는 것은 좋아 했으며 가정을 이루지 못하고 부모는 의지가 안되고 형제자매는 무정하였다. 계묘운(癸卯運)에는 무계합화(戊癸合火)되고, 묘미합목(卯未合木)되므로 38세 갑오년(甲午年), 39세 을미년(乙未年)에는 이 거리 저 거리 골목 골목을 유랑하였는데 의복도 없고 양식도 없었다. 다행히 떠돌이 부랑자를 위한 구제 양식을 얻어 연명하였다. 이후 신축운(辛丑運)에는 금(金)이 금고(金庫)에 좌(坐)하므로 사회과(社會科)에서 구제하여 그 어려움을 면하였다. 그러나 58세 갑인년(甲寅年) 5월 대장암(大腸癌)을 얻어 병사(病死)하였다.

145. 건명(乾命) 신미년(辛未年) 8月 23日 신시생(申時生)

戊 壬 丁 辛
申 辰 酉 未

69 59 49 39 29 19 9
庚 辛 壬 癸 甲 乙 丙
寅 卯 辰 巳 午 未 申

이 사주는 수목(水木)을 희(喜)하고, 토금(土金)을 기(忌)하며, 화(火)는 한신(閒神)이다. 초등학교를 졸업하고 이발 견습공이 되었으며, 을미운(乙未運), 갑오운(甲午運)에는 이발관을 운영하여 생활이 평범하였으며, 아내는 어질고 아들 셋을 낳았다. 계사운(癸巳運)에는 차츰 좋아졌으며 48세 무오년(戊午年) 무오월(戊午月)에 아들 둘과 아저씨를 태우고 놀러가다가 차가 깊은 구덩이에 추락했으나 다행이도 두 나무사이에 걸려 죽음을 면하였으며 차수리비로 천만원을 허비하였다. 이는 천간 무계(戊癸)가 합화(合火)되고, 지지에 사오미삼회(巳午未三會)하여 남방화(南方火)가 된 까닭이다.

146. 건명(乾命) 신사년(辛巳年) 윤(閏) 6月 26日 사시생(巳時生)

丁 戊 丙 辛
巳 戌 申 巳

64 54 44 34 24 14 4
己 庚 辛 壬 癸 甲 乙
丑 寅 卯 辰 巳 午 未

이 사주는 화토(火土)를 희(喜)하고 수목(水木)을 기(忌)하며 금(金)이 한신(閒神)이다. 얼핏보면 신강사주인데 년,월간이 병신합수(丙辛合水)되고, 년,월지가 사신합수(巳申合水)되므로 신약사주로 보아야 한다. 형제자매는 육남매였으나 세명은 요절하였다. 오운(午運)에 공업전문학교를 졸업하였다. 술(戌)은 화고(火庫)인데 희신(喜神)이 처궁에 임하므로 아내는 어질고 지혜로우며 2남 1녀를 낳았다. 처가로부터 재정적으로 많은 도움을 받았으며, 37세 정사년(丁巳年), 38세 무오년(戊午年), 39세 기미년(己未年)에는 건축업에 종사하여 돈을 많이 벌었다. 40세 경신년(庚申年), 41세 신유년(辛酉年)에는 불리하였으나 42세 임술년(壬戌年)에는 괜찮았다.

147. 건명(乾命) 무인년(戊寅年) 7月 14日 오시생(午時生)

```
戊 癸 庚 戊
午 酉 申 寅

61 51 41 31 21 11
丙 乙 甲 癸 壬 辛
寅 丑 子 亥 戌 酉
```

관(官)이 많으면 살(殺)로 변하므로 인목식신(寅木食神)으로 제살(制殺)하게 된다. 그러므로 수목(水木)을 희(喜)하고, 토금(土金)을 기(忌)하며, 화(火)는 한신(閑神)이다. 21세 이전 신유운(辛酉運)에는 가운(家運)이 좋지 않았으며 임운(壬運)에는 대학교를 졸업했으며, 술운(戌運)에는 신유술삼회서방금(申酉戌三會西方金)이 되어 불리하였다. 31세 무신년(戊申年)에 결혼하였으며, 계해운(癸亥運)에는 조미료공장장이 되었으며, 신옥(新屋) 일동(一棟)을 구입했으며, 자식궁은 1남 1녀를 두었다. 갑자운(甲子運) 41세 무오년(戊午年)에는 세운과 대운이 천극지충(天剋地冲) 되므로 5월에는 소인배의 해(害)를 입어 공장장에서 한직(閑職)으로 좌천되어 대재소용(大才小用)이라 뜻을 얻지 못하였다.

148. 곤명(坤命) 경진년(庚辰年) 4月 23日 진시생(辰時生)

```
甲 壬 辛 庚
辰 申 巳 辰

59 49 39 29 19  9
乙 丙 丁 戊 己 庚
亥 子 丑 寅 卯 辰
```

사신합수(巳申合水) 되고 천간에 경,신, 임(庚,辛,壬)이 각각 통근(通根)되어 금수일편(金水一片)으로 음한(陰寒)하므로 목화(木火)를 희(喜)하고, 금수(金水)를 기(忌)한다. 결혼 후 1남 1녀를 낳았다. 무인운(戊寅運) 35세 갑인년(甲寅年)에는 인신충(寅申冲)되고 삼형(三刑)을 범(犯)하여 이혼하였다. 이후에는 재신야녀궁주(財神爺女宮主)가 되어 신도가 매우 많았다. 정축운(丁丑運) 41세 경신년(庚申年) 입추(立秋)후에 대병(大病)으로 일어나지 못해 마침내 을유월(乙酉月)에 세상을 떠났다. 이는 사유축삼합금국(巳酉丑三合金局)이 되고 을경합금(乙庚合金된 까닭이며, 기신(忌神)이 유력(有力)한 때문이다.

149. 건명(乾命) 을해년(乙亥年) 8月 4日 해시생(亥時生)

```
丁 庚 甲 乙
亥 辰 申 亥

69 59 49 39 29 19  9
丁 戊 己 庚 辛 壬 癸
丑 寅 卯 辰 巳 午 未
```

경금(庚金)이 득록(得祿)하고, 일진이해(一辰二亥)로 금수(金水)가 음한(陰寒)하므로 목화조열(木火燥熱)을 희(喜)한다. 대운이 남동(南東)으로 흘러 대길대리(大吉大利)하다. 임오운(壬午運)에는 정임합목(丁壬合木)되므로 대학을 졸업하고, 미국유학을 가서 기업관리 박사가 되었다. 45세 기미년(己未年)에는 시(市) 입법위원(立法委員)에 당선되었다. 결혼 후 아내는 세 번이나 임신이 되었지만 모두 실패하고, 결국 양녀 1명 뿐이다. 기

묘(己卯) 무인운(戊寅運)에는 원국(原局)의 갑,을(甲,乙)이 무기
(戊己)를 극거(剋去)시키므로 큰 일을 하게 된다.

150. 건명(乾命) 경진년(庚辰年) 7月 8日 묘시생(卯時生)

```
辛 丙 甲 庚
卯 戌 申 辰

60 50 40 30 20 10
庚 己 戊 丁 丙 乙
寅 丑 子 亥 戌 酉
```

이 사주는 금수(金水)를 희(喜)하고 화토
(火土)를 기(忌)한다. 대학교 야간부를
졸업하였으며, 32세 신해년(辛亥年), 33
세 임자년(壬子年), 34세 계축년(癸丑
年), 35세 갑인년(甲寅年), 36세 을묘년
(乙卯年)에는 매우 좋았다. 39세 무오년(戊午年), 40세 기미년
(己未年)에는 일편(一片) 화토(火土)이므로 본전에 밑졌다. 41세
경신년(庚申年), 42세 신유년(辛酉年)에는 좋았다. 무자운(戊子
運) 43세 임술년(壬戌年)에는 천간 무토(戊土)가 임수(壬水)를
극거(剋去)하므로 불리하였다. 그 후 미국 북부로 이사를 가게되
었다. 이는 신자진삼합수(申子辰三合水)가 되고 유년(流年)에 계
해(癸亥), 갑자(甲子), 을축(乙丑)이 비교적으로 유리(有利)하기
때문이다.

151. 건명(乾命) 임오년(壬午年) 10月 16日 유시생(酉時生)

```
乙 庚 辛 壬
酉 辰 亥 午

66 56 46 36 26 16 6
戊 丁 丙 乙 甲 癸 壬
午 巳 辰 卯 寅 丑 子
```

전국(全局)이 금수음한(金水陰寒) 하
므로 목화조열(木火燥熱)함을 희(喜)
한다. 북방수운(北方水運)을 행(行)할
시에는 생활이 곤고하였으며 처음에는
외삼촌댁에 있다가 일본으로 건너가

타인의 목장에서 방목일을 하였다. 후에는 정거장에서 얼음을 팔았으며, 시장에서 노점상을 하였다. 26세 이후 동방(東方) 갑인(甲寅), 을묘운(乙卯運)에는 신발공장을 하면서 피륙도매점과 소매점을 운영하였다. 뒤에 컴퓨터 자수(刺繡)공장을 건립하였는데 자산(資産)이 수백억 되었다. 운(運)에서 인해합목(寅亥合木)하고 인오반합화(寅午半合火)가 되므로 희신(喜神)과 용신(用神)이 함께 이르러 대발전을 하게 되었다.

152. 건명(乾命) 무인년(戊寅年) 4月 7日 자시생(子時生)

```
壬 戊 丙 戊
子 戌 辰 寅

61 51 41 31 21 11  1
癸 壬 辛 庚 己 戊 丁
亥 戌 酉 申 未 午 巳
```

이 명조는 화토(火土)를 희(喜)하고 수목(水木)을 기(忌)하며 금(金)은 한신(閒神)이다. 형제자매는 5명이상 된다. 오운(午運)에는 인오술삼합화(寅午戌三合火)가 되므로 대학에 들어갔으며, 경신운(庚申運)에는 상업에 종사하였으나 지지가 신자진삼합수국(申子辰三合水局)이 되므로 몇 차례 본전에 밑지는 손실을 입었는데, 특히 임자년(壬子年), 을묘년(乙卯年)에 가장 큰 실패를 보았다. 부친의 도움을 많이 받았는데 매번 2천만원씩 얻었다. 아내는 어진데 오직 시어머니와 불화한 것은 어머니궁인 월지와 처궁인 일지가 진술충(辰戌沖)이 된 까닭이다. 자녀는 1男 3女인데 시주가 임자기신(壬子忌神) 이므로 아들 숫자가 많지 않는 것이다.

153. 건명(乾命) 임신년(壬申年) 8月 11日 신시생(申時生)

```
甲 乙 己 壬
申 亥 酉 申

60 50 40 30 20 10
乙 甲 癸 壬 辛 庚
卯 寅 丑 子 亥 戌
```

이 명조는 수목(水木)을 희(喜)하고 토금(土金)을 기(忌) 한다. 출신은 한미(寒微)했으며 기축년(己丑年)에 중국대륙이 적의 손에 들어가자 학생신분으로 고향을 떠나 대만에 오게 되었다. 남의 도움으로 국방의학원(國防醫學院)을 졸업하고 후에 진료소를 개설하였으며, 계속하여 중의서(中醫書)를 많이 읽고 중의(中醫)고시에 참가하여 가장 우수한 성적을 얻었다. 후에 미국에 가서 의학박사 학위를 받고 미국에서 중국의학과 서양의학을 중심으로 의원을 개설하여 수입이 매우 풍족하였다. 그러나 축운(丑運) 신유년(辛酉年)에는 유축합금(酉丑合金)되므로 갑자기 병을 얻어 인사불성이 되어 긴급히 피를 빼고 보름간 입원하였다. 그 후 완치하였으며 자녀는 1男 4女이다.

154. 건명(乾命) 임오년(壬午年) 6月 10日 술시생(戌時生)

```
戊 丙 丁 壬
戌 子 未 午

56 46 36 26 16 6
癸 壬 辛 庚 己 戊
丑 子 亥 戌 酉 申
```

목화토(木火土)가 조열(燥熱)하므로 금수음한(金水陰寒)함을 희(喜)한다. 형제자매는 7명이상이지만 서로 도움은 되지 않았다. 유운(酉運)에 대학교육을 마쳤으며, 술운(戌運) 31세 임자년(壬子年)에는 교통사고로 죽을 뻔 하였다. 32세 계축년(癸丑年)에 결혼한 다음 군에 복역하였으며 뜻을 얻지 못하다가 신운(辛運) 39세 경신년(庚申年), 40세 신유년(辛酉年)에는 세관의 컴퓨터 중심 주임(主

任)이 되어 비교적으로 뜻을 얻었다. 이후 금수운(金水運)에는 큰 발전이 있다. 조부는 한문(漢文) 교수였는데 학식과 도덕이 풍부하여 남들에게 존경을 받았으며, 아내는 어질고 자녀는 1男 1女이다.

155. 곤명(坤命) 정해년(丁亥年) 11월 12日 자시생(子時生)

```
戊 丙 壬 丁
子 子 子 亥

56 46 36 26 16  6
戊 丁 丙 乙 甲 癸
午 巳 辰 卯 寅 丑
```

원국(原局)에 칠살(七殺)과 3개의 양인도화(陽刃桃花)를 띠고 있으나, 다행한 것은 정임합화목(丁壬合化木) 한 것이므로 목화(木火)를 희(喜)하고 금수(金水)를 기(忌)한다. 을묘운(乙卯運) 을묘년(乙卯年)에는 세운병림(歲運併臨) 하므로 결혼하여 딸 한 명을 낳았다. 사람됨이 남성화되어 남장(男裝)을 할 뿐만 아니라 성격도 강렬하다. 남편은 소형 인쇄점을 하였는데 본인도 직접 영업에 뛰어들었으며 여자 점원과 한 방에 동거하며 내실에 침대매트, 텔레비젼, 비디오까지 설치하고 동성연애를 하였으므로 남편과는 화합치 못하였다.

156. 건명(乾命) 정축년(丁丑年) 6月 20日 축시생(丑時生)

```
丁 乙 丁 丁
丑 卯 未 丑

57 47 37 27 17  7
辛 壬 癸 甲 乙 丙
丑 寅 卯 辰 巳 午
```

목화(木火)가 조열(燥熱)하므로 금수(金水)를 희(喜)하고 화토(火土)를 기(忌)한다. 형제자매는 5명 이상이지만 도움되는 사람은 한 명도 없으며, 부모의 재산도 얻지 못했다. 세무서에 연속 20년 근무하였으며 42세 무오년(戊午年)에 기관차에 받쳐 쓰러져 인사불성이 되어 병원에 긴급 후송되었으나 다행히 죽음을 면하였는데 손바닥에 음덕문(陰德紋)이 있는 까닭이다. 자녀는 2男 2女인데 모두 영리하고 약삭 빠르다. 세무서에 25년간 근무하고 퇴직 후 사업에 종사하게 되었으며, 금수(金水) 사업에 관한 일이므로 더욱 좋았다.

157. 건명(乾命) 정사년(丁巳年) 6月 8日 묘시생(卯時生)

```
丁 己 丁 丁
卯 巳 未 巳

77 67 57 47 37 27 17  7
己 庚 辛 壬 癸 甲 乙 丙
亥 子 丑 寅 卯 辰 巳 午
```

화토(火土)가 왕하여 묘중을목(卯中乙木)이 용신(用神)하다. 재자약살(財滋弱殺)을 희(喜) 하므로 수목(水木)을 희(喜)하고, 화토(火土)를 기(忌)하며 금(金)은 한신(閒神)이다. 평범한 가정출신이며 형제자매는 여러 명이다. 사관학교 14기생으로 27세이후 호북성(湖北省) 주석(主席)의 딸과 결혼하여 슬하에 1男 1女를 두었으며, 장총통(蔣總統)의 시위관(侍衛官)이 되었다. 퇴역후 대만(臺灣)은행 총행 안전실(總行 安全室) 주임(主任)이 되어 20여년 직무를 잘 수행하여 공헌하였다. 신축운(辛丑運) 65세 신유년(辛酉年)에는 사유축삼합금국(巳酉丑三合金局)이 되어 묘목(卯木)을 충(冲) 하므로 소인배들의 공격이 심해지자 결국 임술년(壬戌年) 8月 1日 퇴직하였다. 이후 북방운(北方運) 이므로 만년에 매우 좋다.

158. 건명(乾命) 병신년(丙申年) 10月 21日 미시생(未時生)

```
辛 甲 己 丙
未 子 亥 申

54 44 34 24 14 4
乙 甲 癸 壬 辛 庚
巳 辰 卯 寅 丑 子
```

식신, 정관, 정재가 각각 통근(通根)되고, 극벌(剋伐)과 도설(盜洩)이 겹쳐 일주(日主)가 약하므로 수목(水木)을 희(喜)하고, 토금(土金)을 기(忌) 한다. 신축운(辛丑運)에는 천간이 병신합화수(丙辛合化水)가 되고, 지지가 해자축삼회북방수(亥子丑三會北方水)가 되므로 중앙경관(中央警官)학교 대학부 소방계(消防系)를 좋은 성적으로 졸업했다. 임인운(壬寅運)에는 천간 오행(五行)이 유통(流通)되고 지지가 인해합목(寅亥合木) 되므로 소방분대장(消防分隊長)이 되었으며 책임감이 강하여 상하인(上下人)의 사랑을 받았다. 형제자매는 4명이며, 본인은 계해년에 결혼하였다.

159. 곤명(坤命) 갑신년(甲申年) 4月 5日 사시생(巳時生)

```
癸 辛 戊 甲
巳 酉 辰 申

58 48 38 28 18 8
壬 癸 甲 乙 丙 丁
戌 亥 子 丑 寅 卯
```

사유반합금(巳酉半合金) 되고 진유육합금(辰酉六合金) 하며, 신진공수(申辰拱水) 되고 천간 무토(戊土)는 통근(通根) 하고, 습토(濕土)가 금(金)을 생(生)하여 일주가 강하므로 수목(水木)을 희(喜)하고, 토금(土金)을 기(忌) 하며 화(火)는 한신(閑神)이다. 형제자매는 많고, 국립예전(國立藝專)을 졸업했으며 결혼하여 2男 1女를 낳았다. 을축운(乙丑運)인 임자(壬子), 계축(癸丑), 갑인(甲寅), 을묘(乙卯), 병진(丙辰), 정사(丁巳), 무오(戊午), 기미유년(己未流年)에는 토지대서(土地代書)를 하여 매우 뜻을 얻었다. 37세 경신년(庚申年) 3月에는 지하 금융업자와 짜고 사문서 위조를 하여 의도적인 폭리를 취하였다. 38세 신유년(辛酉年)에는 천간 신금(辛金)이 을목(乙木)을 극(剋)하고, 지지가 사유축삼합금(巳酉丑三合金)이 되므로 기소를 당하였으며, 39세 임술년(壬戌年)에는 신유술삼회서방금(申酉戌三會西方金)이 되므로 6개월 형(刑)을 받았다. 이후 수목운(水木運)에는 큰 일을 할 수 있다.

160. 곤명(坤命) 을유년(乙酉年) 5月 2日 유시생(酉時生)

```
丁 辛 壬 乙
酉 亥 午 酉

60 50 40 30 20 10
戊 丁 丙 乙 甲 癸
子 亥 戌 酉 申 未
```

목생화(木生火) 되어 칠살(七殺)이 당령(當令)하니 상관(傷官)으로 합살(合殺)함이 마땅하므로 금수(金水)를 희(喜)하고 화토(火土)를 기(忌) 한다. 처음 남방화운(南方火運)에는 타인의 양녀가 되어 소학교를 졸업 후 대북(臺北)에 와서 간호원이 되었다. 병원에서 입원 치료중이던 남자를 알게 되어 애정으로 까지 진전되어 신운(申運) 27세 신해년(辛亥年)에 정식결혼을 하게 되었다. 이것은 금수운(金水運)에 금수유년(金水流年)을 만나 희신(喜神)과 용신(用神)이 함께 임한 까닭이다. 슬하에 2男 1女를 두었으며 양녀 1명을 키웠다. 을유운(乙酉運) 36세 경신년(庚申年)에는 서방운인데 을경합금(乙庚合金) 되므로 국대(國大) 대표에 당선되었으며, 37세 신유년(辛酉年)에도 매우 좋았다. 임술유년(壬戌流年)에는 수(水)가 화고(火庫)에 앉아 그의 남편이 낙선하여 시장 임기를 마쳤다.

161. 건명(乾命) 병신년(丙申年) 1月 22日 진시생(辰時生)

庚 庚 庚 丙
辰 午 寅 申

61 51 41 31 21 11 1
丁 丙 乙 甲 癸 壬 辛
酉 申 未 午 巳 辰 卯

토금(土金)이 많으므로 형제자매가 7男1女이다. 이른 봄에는 아직 추우므로 목화(木火)를 희(喜)하고 금수(金水)를 기(忌)한다. 년(年)에 화(火)가 있으므로 조상덕이 있었으며, 임진운(壬辰運)에는 어머니가 돌아가셨다. 계사운(癸巳運) 목화유년(木火流年)에는 문화(文化)대학을 졸업하고, 26세 경신년(庚申年), 27세 신유년(辛酉年)에는 뜻을 얻지 못했으나 28세 임술년(壬戌年)에는 인오술삼회남방화(寅午戌三會南方火)가 되므로 결혼을 했다. 이것은 재관(財官)이 삼합(三合)한 까닭이며, 뜻을 얻을 시기를 만난 것이다. 갑오(甲午), 을미운(乙未運)에는 목화통명(木火通明)이 되어 큰 일을 할 수 있다.

162. 건명(乾命) 임자년(壬子年) 8月 21日 사시생(巳時生)

乙 壬 己 壬
巳 戌 酉 子

55 45 35 25 15 5
乙 甲 癸 壬 辛 庚
卯 寅 丑 子 亥 戌

일주가 강하므로 형제자매가 9명이다. 본명조는 상관견관(傷官見官)하므로 마땅히 목화(木火)를 희(喜)하고 금수(金水)를 기(忌)한다. 경술운(庚戌運) 9세 경신년(庚申年)에는 신유술삼회서방(申酉戌三會西方)이 되므로 몸이 비교적 약했으며, 7월에는 눈이 점점 근시(近視)현상을 보이더니 10세 신유년(辛酉年)에는 눈병과 심장병이 점차 심해져 입동(立冬)후에는 눈이 완전히 동서를 구분하지 못하게 하였다. 12월에는 사유축합금국(巳酉丑合金局)이 되므로 몇 차례 죽을 고비를 넘겼으나 장수하기 어렵다.

163. 건명(乾命) 신묘년(辛卯年) 4월 2일 묘시생(卯時生)

```
癸 丁 癸 辛
卯 未 巳 卯

61 51 41 31 21 11  1
丙 丁 戊 己 庚 辛 壬
戌 亥 子 丑 寅 卯 辰
```

신강하므로 금수(金水)를 희(喜)하고 화토(火土)를 기(忌)한다. 형제자매는 5명 이상이며 어머니는 아버지와 이혼한 후 재가하였다. 경운(庚運)에 취업을 했으며 금수유년(金水流年)에는 매우 좋았다. 기축운(己丑運) 31세 신유년(辛酉年)에는 원국(原局)과 세운(歲運)이 사유축삼합금(巳酉丑三合金)이 되므로 가을 이후에 결혼을 하게 된 것은 재관(財官)이 삼합(三合)한 까닭이다. 32세 임술년(壬戌年)에는 택시기사가 되었는데, 병오월(丙午月)에 오술반합화(午戌半合火)가 되고 묘술육합화(卯戌六合火)가 되므로 어떤 사람이 부주의하여 고속도로상에서 차에 받쳐 급히 병원으로 싣고 가서 치료하게 했는데 의약비 수십만원을 배상하였다.

164. 건명(乾命) 임진년(壬辰年) 7月 3日 진시생(辰時生)

```
庚 庚 戊 壬
辰 子 申 辰

67 57 47 37 27 17  7
乙 甲 癸 壬 辛 庚 己
卯 寅 丑 子 亥 戌 酉
```

신강하므로 형제자매가 5명이상이다. 본 명조는 수목(水木)을 희(喜)하고 토금(土金)을 기(忌)한다. 지지에 신자진삼합수(申子辰三合水)가 되어 연간(年干)에 투출하므로 조부께서 상당히 성취하였으므로 부친,백부,숙부에게 유산을 물려 주었다. 그러나 부친께서 재산을 다 털어먹은 것은 월간 무토(戊土)가 연상(年上)의 임수(壬水)를 극(剋) 한 탓이다. 부친과 모친이 이혼하였으며 모친 밑에서 성장하여 소년시기에 평범하였다. 초· 중학교를 졸업하고 공예수습공이 되었다. 후에 가까운 좋은 친구 여섯 명과 합작으로 건축사업에 종사했으나 27세 무오년(戊午年), 28세 기미년(己未年), 29세 경신년(庚申年), 30세 신유년(辛酉年)에는 밑천을 크게 손해보았다. 이것은 일편(一片) 토금(土金)인 까닭이며 수목운(水木運)에는 큰 일을 하게 된다.

165. 건명(乾命) 계묘년(癸卯年) 8月 5日 해시생(亥時生)

```
己 丙 辛 癸
亥 辰 酉 卯

77 67 57 47 37 27 17 7
癸 甲 乙 丙 丁 戊 己 庚
丑 寅 卯 辰 巳 午 未 申
```

금수(金水)가 한(寒)하므로 목화(木火)를 희(喜)한다. 경신운(庚申運)에는 한미(寒微)한 출신으로 형제자매가 없고 독자이다. 학교에 가서 공부 할 생각은 않고 과일을 팔며 생활하였다. 남방운에는 기회를 만나 차츰차츰 돈을 벌더니 을묘(乙卯) 갑인운(甲寅運) 20년간 크게 많은 돈을 벌어 부자가 되었는데, 재산이 약 350억에 달하였다. 이것은 진신(眞神)이 득용(得用)한 까닭이다. 자식은 3男2女이며 묘운(卯運)에 아내가 죽었다. 인성(印星)이 용신(用神)이므로 모친은 장수하였다. 계축운(癸丑運)에는 수(水)가 금고(金庫)에 앉으므로 발전에 한계가 있다.

166. 건명(乾命) 정축년(丁丑年) 7月 4日 묘시생(卯時生)

```
乙 戊 戊 丁
卯 辰 申 丑

61 51 41 31 21 11 1
辛 壬 癸 甲 乙 丙 丁
丑 寅 卯 辰 巳 午 未
```

토(土)가 왕하여 신강하므로 형제자매는 5男1女이다. 이 명조는 수목(水木)을 희(喜)하고 화토(火土)를 기(忌)하며, 금(金)은 한신(閑神)이다. 보통가정 출신으로 처음 남방운(南方運)에는 생활이 평범하였으며 고등학교를 졸업했다. 사람됨이 정직하고 사특함이 없으며, 결혼하여 슬하에 2男1女를 두었으며 아내는 현모양처이다. 36세 임자년(壬子年), 37세 계축년(癸丑年), 38세 갑인년(甲寅年), 39세 을묘년(乙卯年)에는 돈을 3억이나 벌었다. 후에 타인을 지나치게 믿다가 공금을 빚지게 되어, 누적된 5억 때문에 전재산을 팔아 정리하고도 1억5천만원이 부족했다. 42세 무오년(戊午年), 43세 기미년(己未年)에는 마침내 도망갔는데 지명수배가 되었다. 이것은 유력한 화토(火土)가 계묘운(癸卯運)에 저지를 받은 까닭이다. 임인운(壬寅運)에는 정임합화목(丁壬合化木)이 되고, 인묘진 동방(寅卯辰 東方)이 되므로 충(沖)이 풀리어 오히려 좋아질 것이다.

167. 건명(乾命) 병오년(丙午年) 8月 15日 해시생(亥時生)

```
乙 己 丁 丙
亥 卯 酉 午

71 61 51 41 31 21 11 1
乙 甲 癸 壬 辛 庚 己 戊
巳 辰 卯 寅 丑 子 亥 戌
```

사주가 신강하므로 금수(金水)를 희(喜)하고 화토조열(火土燥熱)을 기(忌)한다. 황포(黃埔)사관학교 제3기 졸업생으로 경자(庚子), 신축운(辛丑運)에는 북벌(北伐)과 비적을 토벌하고 항전(抗戰)을 두루 경험했다. 소대장· 중대장· 대대장· 연대장을 역임하면서 위험을 무릅썼으며, 공(功)은 국가의 노전사(老戰士)로 남아 있다. 41세 이후에는 정임합화목(丁壬合化木)이 되므로 군(軍)을 떠나 경찰에 종사하여 경찰계의 선배가 되어 항경소(港警所) 소장을 역임하였다. 자식은 2男이며, 장자는 외교관이 되었는데 불행하게도 남아프리카에서 죽었다. 72세 정사년(丁巳年)에는 이사(二巳)가 일해(一亥)를 충(沖)하므로, 차자가 상업에 실패하자 아들을 대신하여 약 1억을 배상해 주었다. 그 후에 자비(自費)로 노인원(老人院)을 건축하고 거기서 휴양하였다.

168. 건명(乾命) 계미년(癸未年) 11月 18日 묘시생(卯時生)

辛 丙 甲 癸
卯 午 子 未

63	53	43	33	23	13	3
丁	戊	己	庚	辛	壬	癸
巳	午	未	申	酉	戌	亥

일주가 신강하므로 금수(金水)를 희(喜)하고 목화토 조열(木火土 燥熱)함을 꺼린다. 형제자매는 6명이며, 11세 계사년(癸巳年)에 부친이 죽었는데 그것은 첫째 사오미삼회화(巳午未三會火)가 되고, 둘째 해묘미삼합목(亥卯未三合木)이 되어 기신(忌神)인 목화(木火)를 함께 본 까닭이다. 술운(戌運)에는 오술합화(午戌合火), 묘술합화(卯戌合火) 되어 고등학교를 졸업하고 대학시험에 불합격했다. 30세 임자년(壬子年)에 결혼하고, 31세 계축년(癸丑年)에 아들을 낳았다. 강철사업을 경영하여 임자(壬子) 계축년(癸丑年)에 큰 돈을 벌었으나, 갑인(甲寅),을묘년(乙卯年)에는 본전에 밀졌다. 34세 병진년(丙辰年) 하반기에는 매우 좋았

으며, 35세 정사년(丁巳年) 상반기에는 신통치 않았으나 입추(立秋)한 후 하반기에는 비교적으로 좋았다.

169. 곤명(坤命) 경신년(庚申年) 5月 16日 신시생 (申時生)

```
甲 庚 壬 庚
申 申 午 申

59 49 39 29 19  9
丙 丁 戊 己 庚 辛
子 丑 寅 卯 辰 巳
```

명조가 금수음한(金水陰寒) 하므로 목화(木火)를 희(喜)한다. 처음 신사운(辛巳運)은 신사육합수(申巳六合水)되고, 경진운(庚辰運)은 신진공수(申辰拱水)되어 민며느리가 되었다. 결혼후 두 아들을 낳았으며 첫째는 뛰어나나 둘째는 뒤떨어진다. 장자는 장사를 하여 2억을 벌어 생활이 매우 좋았으나, 차자는 군인이 되어 군용품을 훔쳐내다가 6년형을 받았다. 인운(寅運)에는 삼신(三申)이 일인(一寅)을 충(冲)하므로 남편이 바깥에 정부를 두고 가정을 돌아보지 않으므로 고향에서 농사를 지으며 살았다. 52세 신해년(辛亥年), 53세 임자년(壬子年)에는 눈의 백내장으로 수술을 받았는데 이것은 금수(金水)가 목화(木火)를 극(剋)하고 있기 때문이다.

170. 곤명(坤命) 경오년(庚午年) 7月 9日 묘시생(卯時生)

```
丁 甲 甲 庚
卯 寅 申 午

69 59 49 39 29 19  9
丁 戊 己 庚 辛 壬 癸
丑 寅 卯 辰 巳 午 未
```

명조가 목화조열(木火燥熱) 하므로 금수음한(金水陰寒)함을 희(喜)한다. 오년(午年) 인일(寅日)에서 묘시(卯時)는 장외도화(牆外桃花)가 되므로 남편이 둘이며 자녀는 1男6女이다. 사람됨이 강개(慷慨)하고 의(義)를 좋아하며 남자친구를 잘 사귄다. 처음 남방운(南方運)에는 초등학교를 졸업하고, 29세 이전에는 농사를 지어 채소를 판매하는 것을 업으로 삼아 생활은 평범하고 단조로웠다. 신사운(辛巳運)에는 천간의 신금(辛金)이 갑목(甲木)을 극(剋)하고 지지에 신사합수(申巳合水)가 되므로 남자친구를 사귀어 동거했으며 생활은 비교적으로 좋았다. 39세 이후 경진운(庚辰運)에는 토생금(土生金) 되므로 희신(喜神)과 용신(用神)이 잇달아 오므로 경지를 대지로 바꾸어 10여동의 양옥집을 지어 생활이 크게 진보하였다. 기묘운(己卯運) 50세 기미년(己未年)에는 묘미합목(卯未合木)하고, 조토(燥土)는 금(金)을 생하기 어려우므로 아들이 장사를 하다가 2억이나 사기를 당하여 며느리와 늘 다투므로 매우 괴로웠다.

171. 건명(乾命) 무오년(戊午年) 8月 14日 해시생(亥時生)

```
癸 戊 辛 戊
亥 辰 酉 午

68 58 48 38 28 18  8
戊 丁 丙 乙 甲 癸 壬
辰 卯 寅 丑 子 亥 戌
```

상관생재(傷官生財)하고 도설(盜洩)이 심하여 일간이 약하므로 화토(火土)를 희(喜)하고 수목(水木)을 기(忌)한다. 어릴 때에는 조부모님의 특별한 사랑을 받았다. 일찍 결혼하여 밖에서 독립생활을 했으며 자녀는 5男 4女를 두고 생활은 평범하였다. 48세 이후 병인운(丙寅運)에는 천간에 병화(丙火)가 투출하고 지지에 인오합화(寅午合火) 하므로 경지를 대지로 바꿔 적지 않은 양옥집을 건축하고 잇달아 며느리 넷을 보고 생활이 변모했다. 타인을 위해 늘 집수리를 하고 부지런한 것은 인성(印星)을 용신

(用神)한 까닭이다. 이것은 진신(眞神)이 득용(得用)한 것이 아니고 가신(假神)을 용신(用神)하였기에 평범한 사람이 된 것이다.

172. 건명(乾命) 기해년(己亥年) 1月 15日 자시생(子時生)

```
丙 乙 丙 己
子 亥 寅 亥

52 42 32 22 12  2
庚 辛 壬 癸 甲 乙
申 酉 戌 亥 子 丑
```

목왕(木旺)하므로 형제자매가 많다. 본명조는 화토(火土)를 희(喜)하고 수목(水木)을 기(忌)한다. 처음 을축운(乙丑運)에는 해자축삼회북방수(亥子丑三會北方水)가 되어 사람은 비록 총명하지만 놀기를 좋아하고 싸움을 좋아하며 공부하기를 싫어했다. 갑자운(甲子運) 14세 임자년(壬子年)은 일편(一片) 수목기신(水木忌神)이므로 중학교 때 왕초노릇을 하며 버릇없이 제멋대로였다. 한 두번 부형(父兄)에게 혼쭐이 났으나 오히려 더 심해졌다. 고등학교를 졸업하고 마침내 건달 부랑자가 되어 도처에서 나쁜 짓을 하여 사람마다 싫어했으며 결국 깡패가 되었다. 25세 계해년(癸亥年)에는 세운(歲運)이 함께 임하므로 큰 걱정이다.

173. 건명(乾命) 경자년(庚子年) 1月 23日 신시생(申時生)

```
戊 丁 戊 庚
申 丑 寅 子

66 56 46 36 26 16  6
乙 甲 癸 壬 辛 庚 己
酉 申 未 午 巳 辰 卯
```

일주가 약하므로 목화(木火)를 희(喜)하고 금수(金水)를 기(忌)한다. 부친은 목재장사를 하였다. 묘운(卯運)에는 부모의 말씀 잘 듣고 공부하기를 좋아하여 모친에게 사랑을 받았다. 16

세 이후 경진운(庚辰運)에는 금(金)이 수고(水庫)에 좌(坐)하여 기신(忌神)이 이르는 데, 첫째 천간에 경금(庚金)이 투출하고, 둘째 지지에 신자진삼합수국(申子辰三合水局)이 되므로 불량배들과 사귀어 도처에 외상을 달아 놓아 부모가 대신 갚아주었다. 나아가 협박,공갈,사기등을 몇 차례 쳤으며 수차 감옥에 들어가더니 마침내 큰 건달 무뢰한이 되었다.

174. 건명(乾命) 정사년(丁巳年) 7月 10日 술시생(戌時生)

辛 辛 戊 丁
卯 丑 申 巳

67 57 47 37 27 17 7
辛 壬 癸 甲 乙 丙 丁
丑 寅 卯 辰 巳 午 未

신강사주이므로 식신제살(食神制殺)함을 용신(用神)으로 삼으니 수목(水木)을 희(喜)하고 토금(土金)을 기(忌)한다. 형제자매는 6명이상이며 감정은 평범하다. 21세에 결혼했으며 22세부터 27세까지는 일본군대에 징집되어 광동(廣東), 홍콩 남양(南洋) 각지에서 복역하였다. 그 후 고향에서 살았는데 생활은 평범하였다. 명조에 칠살(七殺)을 띄었으므로 개성이 굳세어 항상 타인으로 부터 오해를 불렀다. 그러나 사람됨이 마음에 자선심이 많아 남을 돕는 것을 즐거워했으며 감히 닭도 잡지 못했다. 처궁에 기신(忌神)이 놓이므로 아내가 자궁이 내려 앉아 자식을 낳을 수 없어 겨우 양녀 한 명을 길렀다.

175. 곤명(坤命) 임신년(壬申年) 7月 13日 유시생(酉時生)

己 丁 戊 壬
酉 未 申 申

63 53 43 33 23 13 3
辛 壬 癸 甲 乙 丙 丁
丑 寅 卯 辰 巳 午 未

명조에 극설(剋洩)이 교집(交集)되어 신약하므로 목화(木火)를 희(喜)하고 금수(金水)를 기(忌)한다. 동남행운(東南行運)에 사람 역시 동남으로 가서 길리(吉利)하였다. 19세 경인년(庚寅年), 20세 신묘년(辛卯年)에는 대운인 병화(丙火)가 경(庚)을 극(剋)하고 신(辛)과 합(合)하며 인묘목기(寅卯木氣)에 득지(得地)하므로 대학에 들어갔다. 23세 갑오년(甲午年), 24세 을미년(乙未年)에는 목화통명(木火通明)이 되므로 대학교를 졸업하고 어진 남편을 만나 결혼하였다. 남편은 경제부에서 일했으며, 전문기술을 갖춘데다가 정직하고 온후하다. 자녀는 2男 2女를 두었고 인성(印星)을 용신(用神)하므로 충직, 온후, 소박, 검소, 성실한 모범을 잃지 않았다.

176. 건명(乾命) 병인년(丙寅年) 11月 15日 자시생(子時生)

庚 壬 庚 丙
子 午 子 寅

68 58 48 38 28 18 8
丁 丙 乙 甲 癸 壬 辛
未 午 巳 辰 卯 寅 丑

금수(金水)가 왕(旺)하므로 목화(木火)를 희(喜)하고 금수(金水)를 꺼린다. 신강하므로 형제는 여러 명이다. 하지만 부모형제 서로간에 도와주는 사람이 없으며, 처음 신축운(辛丑運)에는 교육을 많이 받지 못했다. 또한 양인(陽刃)이 충(沖)을 만나는 것은 명리(命理)에서 가장 꺼리는 것이지만, 다행히 연주에 병인(丙寅) 희용(喜用)이 놓여 조상음덕이 있으며, 자녀는 3男 3

女를 두었다. 인운(寅運)에는 인오합화(寅午合火)가 되므로 처남의 도움을 받아 큰 재물을 벌어 생활이 변모하였다. 계운(癸運) 29세 갑오년(甲午年)에는 사주인 경자(庚子)와 천극지충(天剋地冲)이 되므로 군법에 저촉되어 군사재판소에서 6년형을 받고 복역중 재봉기술을 학습하였다. 출옥 후 살아갈 방도를 궁리하였는데 동방운(東方運)으로 흐르자 확실히 후회가 되었다. 그러나 39세 갑진년(甲辰年)에 대운과 세운이 함께 임하여 복음이 되므로 얼음조각에 상처를 입었으며, 49세 갑인년(甲寅年)에는 손에 화상을 입었다.

177. 건명(乾命) 을유년(乙酉年) 8月 14日 사시생(巳時生)

```
癸 辛 乙 乙
巳 卯 酉 酉

65 55 45 35 25 15 5
戊 己 庚 辛 壬 癸 甲
寅 卯 辰 巳 午 未 申
```

금(金)이 왕하여 신강하므로 목화(木火)를 희(喜)하고 금수(金水)를 기(忌)한다. 형제자매는 5남매이다. 미운(未運)에는 묘미합목(卯未合木)되고, 을사(乙巳), 병오(丙午), 정미유년(丁未流年)에는 공군사관학교를 졸업했다. 임오운(壬午運) 28세 임자년(壬子年)에는 자오묘유(子午卯酉)가 모두 충(冲) 되므로 직업을 바꿔 장사를 하게 되었다. 30세 갑인년(甲寅年)에는 인오합화(寅午合火)되어 결혼하였다. 원국(原局)의 일월이 묘유충(卯酉冲)되므로 시어머니와 며느리가 뜻이 맞지 않아 내외가 따로 살았으며, 자식은 1男 1女이다. 오운(午運) 31세부터 35세까지 목화유년(木火流年)에는 큰 회사에서 근무하여 매우 좋았다. 36세 경신년(庚申年), 37세 신유년(辛酉年)에는 신통치 못했으며, 38세 임술년(壬戌年)에는 묘술합화되므로 친구와 공동으로 회사를 설립하였다. 처궁에 희신(喜神)이 놓여 어진아내의 도움을 많이 받았다.

178. 건명(乾命) 임신년(壬申年) 4月 22日 진시생(辰時生)

```
丙 戊 乙 壬
辰 子 巳 申

64 54 44 34 24 14 4
壬 辛 庚 己 戊 丁 丙
子 亥 戌 酉 申 未 午
```

신강사주인데 지지에 신자진삼합수국(申子辰三合水局)이 되어 천간에 수목(水木)이 투출(透出)되었으니, 마땅히 수목(水木)을 희(喜)하고 화토(火土)를 기(忌)하며 금(金)은 한신(閑神)이다. 처음 화토운(火土運)에는 신통치 못하였으나, 신운(申運)에는 합수(合水)가 되므로 상당한 교양을 얻어 보국위민(保國衛民)하는 국방에 종사했다. 해군 소령으로 있다가 퇴역 후 항해원(航海員)이 되었다. 43세 갑인년(甲寅年)에 결혼하여 1男 2女를 두게 되었으며, 아내는 어질고 지혜로우며 만년에는 매우 길하다.

179. 건명(乾命) 갑오년(甲午年) 10月 19日 진시생(辰時生)

```
戊 甲 乙 甲
辰 戌 亥 午

59 49 39 29 19 9
辛 庚 己 戊 丁 丙
巳 辰 卯 寅 丑 子
```

목(木)이 많으므로 형제가 5명 이상이다. 신강사주이므로 화토(火土)를 희(喜)하고, 수목(水木)을 기(忌)하며, 금(金)은 한신(閑神)이다. 출신은 한미(寒微) 하였으나 어릴 때 조모의 특별한 사랑을 받았으며 부모의 재산은 얻지 못했다. 초등학교를 졸업하고 수습공이 되어 19세에 기능을 다 배우고 돈을 벌었다.25세 무오년(戊午年)에 결혼하였으며, 26세 경신년(庚申年), 27세 신유년(辛酉年)에는 평범하였다. 29세 임술년(壬戌年) 4월에 차 사고를 당했으나 죽지는 않았다.

180. 건명(乾命) 무인년(戊寅年) 8月 6日 묘시생(卯時生)

```
丁 甲 辛 戊
卯 子 酉 寅

64 54 44 34 24 14  4
戊 丁 丙 乙 甲 癸 壬
辰 卯 寅 丑 子 亥 戌
```

극설(剋洩)이 교가(交加)되어 상관견관(傷官見官)하므로 인성(印星)을 용신(用神)한다. 수목(水木)을 희(喜)하고 토금(土金)을 꺼린다. 형제자매는 4명이상이며 사람됨이 자비심이 있고 양심적이므로 도리어 타인에게 오해 혹은 이용을 당하기 쉽다. 아내는 어질고 자녀는 아들 3명을 두었다. 계해운(癸亥運)에는 천간에 오행(五行)이 구족(俱足)하고 지지에 인해합목(寅亥合木), 해묘합목(亥卯合木)이 되므로 순풍에 돛단배와 같았으며 갑자운(甲子運)에는 매우 좋았다. 34세 이후 을축운(乙丑運)에는 천간의 을목(乙木)이 원국(原局)의 신금(辛金)에게 극(剋)이 되고, 지지에 유축합금(酉丑合金)되므로 타인의 보증을 서게 되어, 36세 계축년(癸丑年)에는 8천만원을 배상하였다. 38세 을묘년(乙卯年) 2월에는 식당에서 까닭없이 불량배에게 칼에 찔리는 일이 있었으며, 가을에 해결을 보았다. 그 동안 누적된 채무가 2억 5천만원이 되었으며, 그래도 도산하지 않고 유지하려고 많은 고생을 하였다.

181. 건명(乾命) 계미년(癸未年) 9月 29日 사시생(巳時生)

```
丁 戊 壬 癸
巳 午 戌 未

65 55 45 35 25 15 5
乙 丙 丁 戊 己 庚 辛
卯 辰 巳 午 未 申 酉
```

지지에 사오미삼회남방화(巳午未三會南方火)가 되고, 천간 정인(正印)이 천투지장(天透地藏)되어 무토(戊土)를 생하므로 신강하다. 그러므로 금수(金水)를 희(喜)하고 화토(火土)를 꺼린다. 형제자매는 4명이며 경신운(庚申運)에 담강(淡江)학원 국문계(國文系)를 졸업했다. 25세 이전에는 신체 건강하여 아무런 병도 없었다. 그러나 25세 정미년(丁未年)에 는 일편(一片) 기신화토(忌神火土) 이므로 군복무중 수차례 졸도하였다. 이때부터 신체가 날로 약해졌으며 때로는 병환이 있었다. 29세 신해년(辛亥年)에 결혼했으며, 31세 계축년(癸丑年)에 아들 하나를 낳았다. 32세 갑인년(甲寅年)에는 인오술삼회남방화(寅午戌三會南方火)가 되므로 내외가 감정대립으로 늘 다투었다. 33세 을묘년(乙卯年)에는 마침내 이혼했으며, 34세 병진년(丙辰年)에는 심신(心腎)에 병이 있어 몸이 더욱 약해졌다. 무오운(戊午運) 36세 무오년(戊午年)에는 무오일생(戊午日生)이므로 매우 좋지 않았다.

182. 곤명(坤命) 무인년(戊寅年) 9月 28日 유시생(酉時生)

```
乙 乙 癸 戊
酉 卯 亥 寅

65 55 45 35 25 15 5
丙 丁 戊 己 庚 辛 壬
辰 巳 午 未 申 酉 戌
```

신강사주이므로 토금(土金)을 희(喜)하고 수목(水木)을 기(忌)한다. 고결한 출신으로 형제자매는 많으며, 경신운(庚申運)에는 대학교를 졸업하고, 결혼하여 아들 4명을 낳았다. 남편은 말레이시아 농약공장장 겸 지배인이 되었다. 35세 임자년(壬子年), 36세 계축년(癸丑年)에는 다소 불리했으며, 39세 병진년(丙辰年) 임진월(壬辰月)에는 1천만원 손실을 입었다.

183. 건명(乾命) 을미년(乙未年) 1月 23日 축시생(丑時生)

```
辛 丁 戊 乙
丑 未 寅 未

54 44 34 24 14  4
壬 癸 甲 乙 丙 丁
申 酉 戌 亥 子 丑
```

본 명조는 토금(土金)을 희(喜)하고 목화(木火)를 기(忌)하며, 수(水)는 한신(閒神)이다. 처음 축운(丑運)에는 독서를 좋아하여 성적도 우수하였으며 항상 시험에 1등을 차지했다. 고등학교를 졸업했으며 제대후에 인쇄점을 운영하였다. 23세 정사년(丁巳年), 24세 무오년(戊午年)에는 친척에게 사기를 당하여 오해로 문서를 위조했다가 한 두번 재판을 받았다. 또한 사법브로커에게 4천만원을 사기당하였다. 26세 경신년(庚申年), 27세 신유년(辛酉年)에는 무사했으나, 28세 임술년(壬戌年) 5월에 재판에서 1년형을 확정받았다. 이것은 을해운(乙亥運) 유년(流年) 유월(流月) 및 원국(原局)이 인오술삼합화국(寅午戌三合火局)이 되고 인해합목(寅亥合木) 해미합목(亥未合木)되어 일편(一片) 목화(木火)인 까닭이다.

184. 건명(乾命) 경인년(庚寅年) 9月 27日 해시생(亥時生)

```
丁 乙 丙 庚
亥 巳 戌 寅

62 52 42 32 22 12  2
癸 壬 辛 庚 己 戊 丁
巳 辰 卯 寅 丑 子 亥
```

극설(剋洩)이 교가(交加)되어 신약하므로 수목(水木)을 희(喜)하고 토금(土金)을 기(忌)한다. 형제자매는 5남매였으나 1명은 일찍 죽었다. 어릴 때

부모가 사이가 나빠 다투었으므로 따로 살았다. 조모님의 양육을 받았으며 전문대학을 졸업하였다. 13세때 부터 항상 귀가 울었는데, 이것은 신허증(腎虛症)으로서 무기토(戊己土)가 계수(癸水)를 극(剋)한 까닭이다. 25세 갑인년(甲寅年), 26세 을묘년(乙卯年)에는 수천만원을 벌었다. 29세 무오년(戊午年), 30세 기미년(己未年)에는 장사를 했으나 본전에 밑졌다. 31세 경신년(庚申年)에는 사신합수(巳申合水)되어 무사했으나, 32세 신유년(辛酉年) 가을에 실업(失業)한 것은 사유축삼합금(巳酉丑三合金)이 된 까닭이다. 결혼은 늦은 편이다.

185. 건명(乾命) 을축년(乙丑年) 5月 14日 유시생(酉時生)

```
癸 己 壬 乙
酉 丑 午 丑

69 59 49 39 29 19 9
乙 丙 丁 戊 己 庚 辛
亥 子 丑 寅 卯 辰 巳
```

극설(剋洩)이 교가(交加)되어 신약하므로 오화(午火)로서 화살생신(化殺生身)하고 식상(食傷)을 제(制)하므로 용신(用神)을 삼는다. 그러므로 화토(火土)를 희(喜)하고 수목(水木)을 기(忌)하며, 금(金)은 한신(閒神)이다. 형제자매는 2男 3女이며 처음에 모친의 특별한 사랑을 받았다. 기,무운(己,戊運)에는 원국(原局)의 임수(壬水)를 극하나 연상의 을목(乙木)에게 회극(回剋)되므로 생활은 보통이었다. 인운(寅運)에 이르러 인오합화(寅午合火)되므로 점점 진보되었다. 48세 임자년(壬子年), 49세 계축년(癸丑年)은 일편(一片) 금수(金水)이므로 큰 재물을 벌지는 못하였다. 정운(丁運) 50세 갑인년(甲寅年), 51세 을묘년(乙卯年), 52세 병진년(丙辰年), 53세 정사년(丁巳年)에는 목생화(木

生火), 화생토(火生土)하므로 수억을 벌었다. 54세 무오년(戊午年) 갑자월(甲子月)에는 유년세월(流年歲月)이 천극지충(天剋地沖)되므로 수억이나 도산되었으나, 후에 차차 회복된 것은 세운(歲運)이 고루 길한 까닭이다.

186. 건명(乾命) 경오년(庚午年) 2月 16日 미시생(未時生)

辛 甲 己 庚
未 子 卯 午

68 58 48 38 28 18 8
丙 乙 甲 癸 壬 辛 庚
戌 酉 申 未 午 巳 辰

목왕(木旺)하므로 화토(火土)를 좋아한다. 형제궁은 5남매이나 도와주는 사람 한 명도 없고, 도리어 형제를 도와준다. 선박사업에 종사하였으며 임오운(壬午運) 37세 병오년(丙午年)에는 임수(壬水)가 원국(原局)에 있는 기토(己土)에게 극거(剋去) 당하고 지지에 오미합(午未合)하여 화토(火土)가 유력(有力)하므로 돈을 벌기 시작했다. 계미운(癸未運)에는 원국(原局)의 기토(己土)가 계수(癸水)를 극거(剋去)하고, 유년(流年)이 일편(一片) 화토금(火土金)이므로 여전히 돈을 벌고 매우 뜻을 얻었다. 45세 갑인년(甲寅年), 46세 을묘년(乙卯年)에는 크게 본전에 밑졌다. 이 것은 목년(木年)이 빌미가 된 탓이다. 47세 병진년(丙辰年)에는 수(水)가 수고(水庫)에 앉고, 병신합화수(丙辛合化水), 자진반합수(子辰半合水), 묘미합목(卯未合木)되므로 임진월(壬辰月)에는 자금을 회수하지 못하였다.

187. 곤명(坤命) 임진년(壬辰年) 10月 27日 유시생(酉時生)

辛 癸 壬 壬
酉 巳 子 辰

63 53 43 33 23 13 3
乙 丙 丁 戊 己 庚 辛
巳 午 未 申 酉 戌 亥

지지에 진자반합수(辰子半合水)하여 천간에 임계(壬癸)가 투출되고, 사유반합금(巳酉半合金)하여 신(辛)이 투출하였으므로 마땅히 종왕격(從旺格)이 되어 금수목(金水木)을 희(喜)하고 화토(火土)를 기(忌)한다. 형제자매는 6명 이상이며, 본인은 전문대학을 졸업했다. 24세 을묘년(乙卯年)에 결혼했으며, 결혼후에 남편과 함께 미국에 갔다. 남편은 의원이 되어 진료소를 개설하여 환자들을 보았다. 26세 정사년(丁巳年), 27세 무오년(戊午年), 28세 기미년(己未年)에는 별로 좋지 않았으나, 29세 경신년(庚申年), 30세 신유년(辛酉年)에는 크게 진보함이 있었으며 아들을 낳았다. 31세 임술년(壬戌年)에도 아들을 가졌는데, 이것은 서방 유금운(酉金運)인 까닭이다.

188. 건명(乾命) 기해년(己亥年) 2月 17日 오시생(午時生)

甲 丙 丁 己
午 午 卯 亥

57 47 37 27 17 7
辛 壬 癸 甲 乙 丙
酉 戌 亥 子 丑 寅

목화(木火)가 왕(旺)하므로 금수(金水)를 희(喜)하고 목화조열(木火燥熱)함을 꺼린다. 형제자매는 4男3女인데, 1男3女만 생존하였다. 17세 이전인 병인운(丙寅運)에는 목화조열(木火燥熱)하여 생활이 보통이었고, 17세 이후 북방운(北方運)에는 공부에 뜻을 세워 지혜가 열렸으며 가정생활은 비교적 진보하였다. 24세 임술년(壬戌年)에는 동해(東海)대학 화공계(化工系)를 졸업하고 가을에는 군대에 갔다. 본 명조는 일,시(日,時)에서 보면 월지 묘(卯)가 도화(桃花)가 되므로 사람됨이 장엄하고 대범하였으며, 얘기를 잘하고 여자친구들로부터 경애(敬愛)를 받았다. 이후 금수운(金水運)에 는 대사(大事)를 할 수 있을 것이다.

189. 건명(乾命) 병자년(丙子年) 9月 11日 미시생(未時生)

```
癸 庚 戊 丙
未 辰 戌 子

66 56 46 36 26 16  6
乙 甲 癸 壬 辛 庚 己
巳 辰 卯 寅 丑 子 亥
```

본 명조는 병화칠살(丙火七殺)이 술화고(戌火庫)와 미목고(未木庫)에 통근(通根)하여 오는 세력이 매우 사나우므로 마땅히 진수고(辰水庫)에 통근한 계수(癸水)가 제살(制殺)하므로 용신(用神)이 된다. 그러므로 금수(金水)를 희(喜)하고 화토(火土)를 꺼린다. 일,월(日,月)지지가 진술충 (辰戌沖)이 되므로 시어머니와 며느리의 연분이 비교적으로 박하다. 경자운(庚子運)에는 상당한 교양을 받았으며, 신축운(辛丑運)에는 상업을 경영하여 큰돈을 벌었는데 금수운(金水運)을 행(行)하므로 소년득지(少年得志)한 것이다. 임운(壬運)도 꽤 좋았으나, 인운(寅運) 43세 무오년(戊午年)에는 천간 무토(戊土)가 임수(壬水)를 극거(剋去)하고, 지지에 원국(原局)과 대,세운(大,歲運)이 인오술삼합화국(寅午戌三合火局)이 되어 일편(一片) 화토(火土)이므로, 크게 파재(破財)하고 가게가 부도났다. 형제는 2명이며, 자녀는 1男1女를 두었다.

190. 곤명(坤命) 갑술년(甲戌年) 5月 8日 신시생(申時生)

```
丙 辛 庚 甲
申 酉 午 戌

64 54 44 34 24 14 4
癸 甲 乙 丙 丁 戊 己
亥 子 丑 寅 卯 辰 巳
```

지지가 신유술삼회서방(申酉戌三會西方)되어 천간에 경신(庚辛)이 투출하여 신강하므로 목화(木火)를 희(喜)하고 금수(金水)를 꺼린다. 형제자매는 9남매이며, 19세이전의 생활은 평범하였다. 중학교를 졸업하고 집에서 오빠내외의 닭과 오리 판매를 도와주었다. 21세 갑오년(甲午年)에 결혼하였으며, 늘 독학으로 자습하더니 특고(特考)에 참가하여 마침내 뛰어난 성적을 얻었다. 영어와 일어도 읽고 쓸 줄 알았으며, 정묘운(丁卯運)에는 묘술합화(卯戌合火)되므로 승진하여 심사계장이 되어 중망(衆望)을 얻었다. 34세 이후 부부가 함께 미국으로 갔다. 남편은 미국에서 경찰이 되어 경위가 되었다. 41세 갑인년(甲寅年)에는 미국에서 국제무역을 시작하여 46세 기미년(己未年)에 이르러 큰 돈을 벌었다. 이것은 인오술삼합화국(寅午戌三合火局)이 되고 유년(流年)에 목화(木火)가 있는 까닭이다. 슬하에는 2男2女를 두고 있다.

191. 건명(乾命) 신묘년(辛卯年) 1月 1日 자시생(子時生)

```
庚 丁 庚 辛
子 丑 寅 卯

61 51 41 31 21 11 1
癸 甲 乙 丙 丁 戊 己
未 申 酉 戌 亥 子 丑
```

금수(金水)가 많아 음한(陰寒)하므로 목화조열(木火燥熱)을 희(喜)하고 금수(金水)를 꺼린다. 21세 이전에 고등학교를 졸업하고 삼류대학에 들어가 공부를 하지 않았다. 후에 중의약(中

醫藥)에 관한 서적을 공부하여 날로 진보되었으며 중의(中醫) 검정고시에 합격하여 한약방을 개업하였다. 목화유년(木火流年)에는 꽤 좋았으나, 30세 경신년(庚申年), 31세 신유년(辛酉年)에는 신통치 못했으며, 32세 임술년(壬戌年)에는 매우 좋았다. 25세 을묘년(乙卯年)에 결혼하였으며, 27세 정사년(丁巳年)에 딸을 낳았고, 29세 기미년(己未年)에 장자를 낳았으며, 31세 신유년(辛酉年)에 차자를 낳았다. 36세 병인년(丙寅年), 37세 정묘유년(丁卯流年)에는 목화(木火)가 인오술삼합화국(寅午戌三合火局)이 되므로 크게 돈을 벌게 되었다.

192. 건명(乾命) 무진년(戊辰年) 6月 16日 인시생(寅時生)

```
甲 癸 己 戊
寅 酉 未 辰

63 53 43 33 23 13  3
丙 乙 甲 癸 壬 辛 庚
寅 丑 子 亥 戌 酉 申
```

관살혼잡(官殺混雜)되고 상관견관(傷官見官)하며 극벌(剋伐)과 도설(盜洩)이 교가(交加)되므로, 마땅히 유금(酉金)으로 화살생신(化殺生身)하고 제상(制傷)하므로 유금(酉金)이 용신(用神)이다. 그러므로 금수(金水)를 희(喜)하고 화토(火土)를 꺼리며, 목(木)은 한신(閒神)인다. 서북운(西北運)은 일편(一片) 금수(金水)이므로 시내 요충지에 거주하여 뜻을 얻었다. 어진 아내를 얻어 자식을 2男4女 두었으며, 모두 어질고 지혜로웠다. 인성(印星)이 용신(用神)이므로 사람됨이 어질고 남을 해칠 줄 모른다. 유(酉)가 도화(桃花)이자 용신(用神)이므로 여자친구의 경애(敬愛)를 받았다. 51세 무오년(戊午年)에는 유일(酉日)에서 보면 오(午)가 도화(桃花)이므로 여자친구를 사귀었다. 후에 아내가 반대하므로 왕래를 단절했다. 54세 신유년(辛酉年)은 또 도화(桃花)의 해 이므로 여자를 사귀었으나 가정과 자식을 돌보는 일을 쉬지 않았다.

193. 건명(乾命) 기축년(己丑年) 2月 11日 오시생(午時生)

```
庚 己 丁 己
午 亥 卯 丑

62 52 42 32 22 12  2
庚 辛 壬 癸 甲 乙 丙
申 酉 戌 亥 子 丑 仁
```

칠살격(七殺格) 사주로서 상관합살(傷官合殺) 해야 하므로 토금(土金)을 희(喜)하고 목화(木火)를 꺼리며, 수(水)는 한신(閒神)이다. 형제자매는 3男3女이며, 병인운(丙寅運)에는 가정 생활이 평범하였다. 을축운(乙丑運)에는 을경합화금(乙庚合化金) 되고, 유년(流年)이 무신(戊申), 기유(己酉), 경술년(庚戌年)에는 보인(輔仁)대학을 졸업하고, 그 후 전신국(電信局) 회계실에서 근무하였다.

194. 건명(乾命) 무인년(戊寅年) 7月 17日 해시생(亥時生)

```
己 丙 庚 戊
亥 子 申 寅

70 60 50 40 30 20 10
丁 丙 乙 甲 癸 壬 辛
卯 寅 丑 子 亥 戌 酉
```

상관생재(傷官生財)하는 명조로서 도설(盜洩)이 지나쳐 신약하므로, 목화(木火)를 희(喜)하고 금수(金水)를 기(忌)한다. 과학전문학교를 졸업했으며, 전기와 전기(電機)에 관한 기능을 지니고 있다. 결혼 후 아들 3명을 두었으며, 해운(亥運)에는 인해합목(寅亥合木)되어 충(沖)이 풀리고, 마침 목화유년(木火流

年)이므로 집을 몇 채 구입했으며, 공장을 설립하고 매우 좋았다. 43세 경신년(庚申年)에는 유년천간(流年天干)인 경금(庚金)이 대운인 갑목(甲木)을 극하고 지지에 신자합수(申子合水)되므로, 청명(淸明) 이후 본전에 밑지자 집 두 채를 팔아 버리고, 한 채는 채무관계로 타인에게 넘겨주었다. 이것은 금수(金水)가 목화(木火)를 제(制)한 까닭이다.

195. 건명(乾命) 갑오년(甲午年) 9月 30日 자시생(子時生)

```
丙 乙 甲 甲
子 卯 戌 午

66 56 46 36 26 16  6
辛 庚 己 戊 丁 丙 乙
巳 辰 卯 寅 丑 子 亥
```

신강하므로 화토(火土)를 희(喜)하고 수목(水木)을 기(忌)한다. 형제자매는 5명이며, 지지에 묘술합화(卯戌合火), 오술합화(午戌合火)하여 시상(時上)에 병화(丙火)가 투출하여 수기(秀氣)가 외설(外洩)하여 재(財)를 생하기에 족하다. 16세 이전 을해운(乙亥運)에는 수목(水木)이 병행하므로 생활이 평범하였다. 병자운(丙子運)에는 총명함이 나타나 경관(警官)학교 대학부에 합격하였으며, 이자(二子)가 일오(一午)를 충(沖)하므로 만족하지 못하고 퇴학하였다. 후에 화토유년(火土流年)을 만나 다시 정치대학에서 공부하여 좋은 성적으로 졸업했다. 무인운(戊寅運)에는 갑생병(甲生丙), 병생무(丙生戊)로 연생하고, 지지에 인오술삼합화국(寅午戌三合火局)을 이루므로 큰 일을 하게 되었다.

196. 건명(乾命) 갑오년(甲午年) 11月 28日 사시생(巳時生)

乙 壬 丙 甲
巳 子 子 午

66 56 46 36 26 16 6
癸 壬 辛 庚 己 戊 丁
未 午 巳 辰 卯 寅 丑

임수(壬水)가 득지(得地)하여 신강하므로 목화(木火)를 희(喜)하고 금수(金水)를 꺼린다. 형제자매는 2男6女이며, 16세 이전 북방운에는 가정생활은 평범했으며, 부친은 권술 권법을 하는 권사(拳師)로서 상과의사(傷科醫師)를 하였다. 본인은 무인운(戊寅運)에 과학전문학교를 졸업하고 결혼했으며, 딸 2명을 두었다. 29세 임술년(壬戌年)에는 한약방을 건립하였으며, 앞 길이 매우 길하다.

197. 곤명(坤命) 경인년(庚寅年) 1月 1日 인시생(寅時생)

甲 癸 戊 庚
寅 未 寅 寅

65 55 45 35 25 15 5
辛 壬 癸 甲 乙 丙 丁
未 申 酉 戌 亥 子 丑

무계합화화(戊癸合化火)가 되어 신약하므로 특별격국으로 보므로 목화(木火)를 희(喜)하고 금수(金水)를 기(忌)한다. 형제궁은 3男2女이며, 국산 자동차 이사장의 딸로서 부모의 깊은 사랑을 받았다. 조부모궁에 경인(庚寅)이 놓여 조부가 46세에 사망했고, 조모는 85세에 사망했다. 본인은 15세 이전에는 몸이 약하여 병이 많았으나, 15세 이후 몸이 날로 건강해졌으며 간호전문학교를 졸업했다. 22세에 결혼하였으며, 아들 2명을 두었다. 25세 갑인년(甲寅年)에는 남편이 의원에 근무하면서 진료소를 개설하였는데, 을해운(乙亥運)은 인해합목(寅亥合木)하고 해미공목

(亥未拱木)하므로 육,칠년간 큰 돈을 벌었다. 그 후 본인도 산부인과의원을 개업하였으며, 갑술운(甲戌運)에는 목(木)이 되고 화고(火庫)에 좌(坐)하여 앞길이 순탄하였다. 다만 신운(申運)은 위험하다.

198. 곤명(坤命) 기사년(己巳年) 6月 24日 자시생(子時生)

```
戊 丙 辛 己
子 子 未 巳
```

64	54	44	34	24	14	4
戊	丁	丙	乙	甲	癸	壬
寅	丑	子	亥	戌	酉	申

극설(剋洩) 지나쳐 신약하므로 목화(木火)를 희(喜)하고 금수(金水)를 꺼린다. 24세 이전 금수운(金水運)에는 생활이 곤고했으며, 24세 임진년(壬辰年)에 남편이 사망하였다. 자식은 1男 2女인데, 아들은 미국에서 결혼하여 귀국하지 않았고, 장녀는 애인과 사통하여 도망갔다. 이것은 남편궁과 자식궁인 일,시에 자수기신(子水忌神)이 놓인 까닭이다. 갑술(甲戌), 을해운(乙亥運)에는 친동생의 도움으로 집이 흥왕하기 시작하여 30여년간 큰 돈을 벌었으며, 공장 4개와 많은 토지를 소유한 부자가 되었다. 52세 경신년(庚申年) 이후는 별로 신통치 않았다.

199. 건명(乾命) 을묘년(乙卯年) 11月 10日 사시생(巳時生)

```
癸 辛 戊 乙
巳 巳 子 卯
```

74	64	54	44	34	24	14	4
庚	辛	壬	癸	甲	乙	丙	丁
辰	巳	午	未	申	酉	戌	亥

음한(陰寒)하므로 목화(木火)를 희(喜)하고 금수(金水)를 기(忌)한다. 병술운(丙戌運)에 절강(浙江) 경관(警官)학교를 우수한 성적으로 졸업했으며, 졸업후 대륙 각지에서

근무했는데 항일(抗日), 비적토벌, 간악한 무리를 제거했으므로 때로는 위험한 지경에 이르기도 했다. 적과 싸우던 중 을유운(乙酉運) 을유년(乙酉年)에 지지가 이사(二巳)와 이유(二酉)가 합(合)하고, 천간 을목(乙木)이 힘이 없고, 또한 세운(歲運)이 병림(併臨)하므로 그 해 가을 적에게 포위가 되어 수일간 양식을 얻지 못하여 굶어죽을 지경에 이르자 다행하게도 오래지 않아 일본군에게 투항하여 대만(臺灣)으로 가게 되었다. 그 후 46세부터 51세까지는 병동경국(屛東警局) 부국장이 되고, 51세부터 55세까지는 성(省) 경무처 감찰이 되었으며, 55세부터 58세까지는 화련(花蓮) 경찰국장이 되고, 59세에는 경무처 감찰 겸 당부(黨部) 서기장(書記長)이 되었으며, 어진 아내와 슬하에 3男1女가 있다.

200. 건명(乾命) 신유년(辛酉年) 1月 15日 인시생(寅時生)

庚 丙 庚 辛
寅 辰 寅 酉

66	56	46	36	26	16	6
癸	甲	乙	丙	丁	戊	己
未	申	酉	戌	亥	子	丑

경신금(庚辛金)이 천투지장(天透地藏)되어 목(木)을 극하여 신약하므로 목화(木火)를 희(喜)하고 금수(金水)를 기(忌)한다. 정해운(丁亥運) 27세 병술년(丙戌年)에 결혼하였으며 아내가 4세 연상이다. 이로부터 동남으로 가서 더욱 좋았으며, 자식은 1男2女를 두었다. 아들은 미국에서 박사학위를 취득했고 두 딸도 좋았다. 49세 기유년(己酉年)에는 도화운(桃花運)에 도화년(桃花年)을 만나 미용사 여자와 사귀었다. 57세 정사년(丁巳年)부터 59세 기미년(己未年)까지 목운(木運)에 화년(火年)이라서 매우 좋았다. 그러나 60세 경신년(庚申年)에는 별로 좋지 못하였다.

명조록(命造錄)

이태조(李太祖)
甲 己 丁 乙
子 未 未 亥

영조(英祖)
甲 甲 甲 甲
戌 戌 戌 戌

고종(高宗)
己 癸 己 壬
未 酉 酉 子

순종(純宗)
辛 辛 丁 甲
卯 巳 卯 戌

이승만(李承晚)
庚 丁 己 乙
子 亥 卯 亥

윤보선(尹潽善)
癸 壬 戊 丁
卯 寅 申 酉

박정희(朴正熙)
戊 庚 辛 丁
寅 申 亥 巳

최규하(崔圭夏)
庚 己 辛 己
午 巳 未 未

전두환(全斗煥)
戊 癸 辛 辛
午 酉 丑 未

노태우(盧泰愚)
丁 庚 戊 壬
丑 戌 申 申

김영삼(金泳三)
甲 己 乙 戊
戌 未 丑 辰

명태조(明太祖)
丁 丁 壬 戊
未 丑 戌 辰

명숭정(明崇禎)
己 乙 庚 辛
卯 未 寅 亥

청태조(淸太祖)
丁 戊 戊 甲
巳 申 辰 午

청건륭(淸乾隆)
丙 庚 丁 辛
子 午 酉 卯

청광서(淸光緒)
壬 丁 丙 辛
寅 亥 申 未

청선통(淸宣統)
壬 壬 庚 丙
寅 午 寅 午

원세개(袁世凱)
丁 丁 癸 己
未 巳 酉 未

손문(孫文)	장개석(蔣介石)	모택동(毛澤東)
庚 辛 己 丙	庚 己 庚 丁	甲 丁 甲 癸
寅 卯 亥 寅	午 巳 戌 亥	辰 酉 子 巳

김대중(金大中)	등소평(鄧小平)	세종(世宗)
乙 乙 己 乙	甲 甲 乙 乙	甲 壬 乙 丁
酉 巳 丑 丑	子 子 酉 巳	辰 辰 巳 丑

김일성(金日成)	김정일(金正日)	박준규(朴浚圭)
壬 辛 甲 壬	丁 戊 乙 癸	丙 丙 丙 乙
辰 酉 辰 子	巳 寅 卯 未	申 戌 戌 丑

구자춘(具滋春)	나웅배(羅雄培)	박태준(朴泰俊)
己 丙 丙 壬	壬 丙 壬 甲	戊 辛 庚 丁
亥 午 午 申	辰 子 申 戌	戌 卯 戌 卯

고흥문(高興文)	최광수(崔光洙)	최남선(崔南善)
壬 壬 丁 辛	庚 癸 己 乙	丙 乙 壬 庚
寅 午 酉 酉	申 未 卯 亥	戌 丑 午 寅

단종(端宗)	연산군(燕山君)	이준(李儁)
丙 丁 丙 辛	癸 丁 己 丙	癸 癸 丁 己
午 巳 申 酉	卯 未 亥 申	丑 丑 丑 未

홍사익(洪思翊)	우장춘(禹長春)	소화(昭和)
乙 庚 丙 己	戊 辛 丙 戊	癸 丁 壬 辛
酉 辰 寅 丑	子 丑 辰 戌	卯 丑 辰 丑

이등박문(伊藤博文)	송자문(宋子文)	김우중(金宇中)
癸 癸 戊 辛	己 庚 乙 甲	癸 戊 辛 丙
丑 丑 戌 丑	卯 辰 亥 午	亥 午 丑 子

엄앵란	이주일	유일한
戊 癸 壬 丙	壬 庚 丁 庚	丙 丁 戊 乙
午 亥 辰 子	午 午 亥 辰	午 亥 寅 未

이미자	혜은이	이은하(李銀河)
丁 甲 戊 辛	乙 癸 丁 丙	乙 戊 戊 己
卯 午 戌 巳	卯 未 酉 申	卯 子 辰 亥

허장강(許長江)	한진희(韓振熙)	노주현(盧宙鉉)
壬 癸 壬 乙	壬 癸 丙 己	壬 乙 丙 丙
子 未 午 丑	子 巳 寅 丑	午 丑 申 戌

김진규(金振奎)	윤수일(尹秀一)	장동건(張東健)
丁 庚 乙 壬	丁 庚 戊 乙	壬 丁 癸 壬
亥 辰 巳 戌	丑 申 寅 未	寅 酉 卯 子

유동근	신성일(申星一)	최무룡(崔戊龍)
丁 戊 丁 丁	癸 乙 乙 丁	辛 乙 乙 戊
巳 子 未 酉	未 未 巳 丑	巳 卯 卯 辰

김동원(金東元)	정인섭(鄭寅燮)	전계현(全桂賢)
丁 乙 己 丙	戊 乙 戊 庚	戊 癸 丁 丙
丑 卯 亥 辰	寅 巳 寅 辰	午 丑 酉 子

김재박(金在博)	조치훈(趙治勳)	김승호(金勝鎬)
辛 庚 庚 甲	乙 乙 乙 丙	甲 戊 庚 戊
巳 戌 午 午	酉 未 未 申	寅 戌 申 午

박찬숙(朴贊淑)	홍수환(洪秀煥)	이민자(李民子)
甲 甲 庚 己	甲 庚 甲 庚	甲 戊 戊 戊
子 申 午 亥	申 辰 申 寅	寅 戌 午 辰

이율곡(李栗谷)	대원군(大院君)	송우암(宋尤庵)
壬 丁 辛 丙	癸 壬 己 庚	戊 辛 壬 丁
寅 未 丑 申	卯 戌 丑 辰	戌 丑 子 未

김하서(金河西)	이완용(李完用)	유길준(兪吉濬)
戊 壬 甲 庚	乙 辛 己 戊	戊 己 戊 丙
申 寅 申 午	未 亥 未 午	辰 卯 戌 辰

장면(張勉)	허정(許政)	김구(金九)
丁 戊 壬 己	甲 癸 癸 丙	甲 己 丙 丙
巳 辰 申 亥	寅 酉 巳 申	子 巳 申 子

조소앙(趙素昻)	장택상(張澤相)	신익희(申翼熙)
壬 乙 甲 丁	辛 庚 癸 癸	乙 甲 辛 甲
午 丑 辰 亥	巳 午 亥 巳	亥 寅 未 午

이기붕(李起鵬)	김준연(金俊淵)	백두진(白斗鎭)
庚 庚 辛 丙	乙 乙 庚 乙	乙 己 壬 戊
辰 辰 丑 申	酉 酉 辰 未	亥 未 戌 申

이범석(李範石)

戊	戊	戊	庚
午	午	子	子

김도연(金度演)

丙	辛	辛	甲
申	酉	未	午

윤치영(尹致暎)

庚	甲	甲	戊
午	辰	寅	戌

송진우(宋鎭禹)

己	丙	壬	庚
亥	子	午	寅

박충식(朴忠植)

庚	丁	丙	癸
戌	卯	辰	卯

박병배(朴炳培)

丁	戊	戊	丁
巳	申	申	巳

서홍석(徐弘錫)

壬	戊	庚	辛
戌	戌	寅	未

이순신(李舜臣)

丙	庚	己	乙
子	午	卯	巳

안중근(安重根)

癸	戊	壬	己
巳	子	申	卯

유서애(柳西崖)

甲	丁	辛	壬
辰	丑	亥	寅

이갑성(李甲成)

甲	丙	辛	丁
午	午	亥	亥

이형근(李亨根)

己	癸	戊	庚
未	卯	子	申

민기식(閔璣植)

丁	庚	甲	辛
亥	申	午	酉

정호용(鄭鎬溶)

丙	乙	戊	壬
子	丑	申	申

이상해(李相海)

癸	丙	甲	辛
巳	辰	午	未

김신(金信)

戊	甲	己	庚
辰	子	卯	申

신태영(申泰英)

甲	癸	丁	庚
寅	未	亥	申

김종갑(金鍾甲)

壬	辛	己	庚
辰	巳	丑	申

손원일(孫元一)

乙	癸	庚	己
卯	丑	午	酉

이성가(李成佳)

乙	己	辛	壬
亥	亥	亥	戌

김유신(金庾信)

庚	庚	庚	庚
辰	辰	辰	辰

한신(韓信)	항우(項羽)	김종필(金鍾泌)
乙 乙 丁 辛	壬 庚 壬 庚	辛 己 庚 丙
酉 卯 酉 酉	午 午 午 午	未 卯 寅 寅

정일권(丁一權)	김재규(金載圭)	이후락(李厚洛)
丁 庚 壬 丁	辛 丁 丁 乙	辛 壬 丙 甲
亥 戌 子 巳	丑 未 亥 丑	丑 申 寅 子

민영환(閔泳煥)	최린(崔麟)	장기영(張基榮)
戊 辛 丙 辛	戊 乙 甲 戊	丙 己 壬 丙
子 亥 申 酉	寅 亥 寅 寅	寅 亥 辰 辰

주요한(朱耀翰)	김두한(金斗漢)	이민우(李敏雨)
戊 壬 丁 庚	己 辛 戊 戊	戊 丙 甲 乙
申 子 亥 子	丑 丑 午 午	戌 申 申 卯

김병로(金炳魯)	남덕우(南悳祐)	태완선(太完善)
丙 丁 癸 丁	戊 甲 己 甲	戊 己 戊 乙
午 酉 丑 亥	辰 辰 巳 子	寅 未 寅 卯

최두선(崔斗善)	조병옥(趙炳玉)	유진산(柳珍山)
丙 癸 乙 甲	庚 壬 丁 甲	辛 丁 丁 乙
辰 酉 亥 午	子 戌 卯 午	巳 巳 亥 巳

유진오(兪鎭午)	이철승(李哲承)	서영훈(徐英勳)
甲 丁 癸 丙	丙 己 丙 壬	癸 癸 己 癸
辰 巳 巳 午	寅 酉 午 戌	丑 未 未 亥

이은(李垠)				김태선(金泰善)				염보현(廉普鉉)			
己	辛	庚	丁	戊	辛	己	癸	癸	戊	甲	壬
亥	亥	戌	酉	戌	丑	未	卯	亥	午	辰	申

이종찬(李鍾贊)				박철언(朴哲彦)				최창규(崔昌圭)			
己	庚	辛	丙	乙	庚	丁	壬	庚	辛	丙	丁
卯	戌	卯	子	酉	寅	未	午	寅	巳	午	丑

이석영(李錫暎)				최도화(崔道和)				박재완(朴在玩)			
庚	壬	壬	庚	癸	乙	癸	乙	丁	乙	甲	癸
戌	子	午	申	未	巳	未	卯	亥	亥	子	卯

신기원(申基元)				장태상(張泰相)				엄윤문(嚴允文)			
乙	癸	甲	己	癸	癸	己	甲	庚	甲	乙	辛
卯	未	戌	卯	亥	巳	巳	申	午	子	未	未

이기목(李奇穆)				류래웅(柳來雄)				신수훈(申修勳)			
甲	丙	庚	辛	壬	甲	丙	癸	甲	壬	丙	戊
午	午	寅	未	申	辰	辰	巳	辰	申	辰	子

김백만(金柏滿)				전태수(全泰樹)				김명제(金明濟)			
壬	丙	壬	辛	辛	癸	丙	丁	辛	丁	庚	辛
辰	寅	辰	酉	酉	巳	午	丑	亥	亥	寅	酉

김우제(金于齋)				전백인(全白人)				전학봉(全鶴奉)			
己	甲	壬	戊	丙	乙	甲	癸	癸	戊	丁	己
巳	午	戌	午	戌	丑	子	亥	亥	申	丑	丑

김동초(金東楚)	채청남(蔡靑南)	이남원(李南園)
乙 壬 癸 壬	丁 庚 壬 丁	丙 丙 癸 壬
巳 子 卯 寅	丑 戌 寅 未	申 辰 丑 子

제갈공명(諸葛孔明)	박도사(朴道士)	김일장(金日場)
庚 丙 辛 壬	己 丁 戊 乙	甲 丁 丙 庚
寅 午 亥 申	酉 卯 子 亥	辰 未 戌 午

권영일(權榮一)	임철초(任鐵樵)	김희갑(金喜甲)
癸 壬 乙 乙	壬 丙 戊 癸	丙 甲 庚 癸
卯 寅 卯 亥	辰 午 午 巳	寅 戌 申 亥

논개(論介)	임영신(任永信)	김활란(金活蘭)
甲 甲 甲 甲	乙 甲 丙 己	丁 丙 丙 己
戌 戌 戌 戌	亥 子 子 亥	酉 寅 寅 亥

육영수(陸英修)	박순천(朴順天)	김월하(金月荷)
癸 丁 丁 乙	丁 庚 壬 戊	庚 丁 甲 戊
卯 巳 亥 丑	亥 申 戌 戌	子 亥 寅 午

장덕조(張德祚)	구인회(具仁會)	전경환(全敬煥)
丁 庚 乙 甲	丁 戊 戊 丁	壬 丁 丙 己
丑 申 亥 寅	巳 申 申 未	寅 未 子 卯

최창학(崔昌學)	박흥식(朴興植)	이병철(李秉喆)
乙 乙 戊 辛	乙 丁 辛 癸	壬 戊 戊 庚
酉 亥 戌 卯	巳 巳 酉 卯	戌 申 寅 戌

정주영(鄭周永)	김성기(金聖基)	양주동(梁柱東)
丁 庚 丁 乙	乙 甲 甲 乙	己 丙 庚 癸
丑 申 亥 卯	丑 子 申 亥	亥 子 申 卯

한하운(韓何雲)	김태동(金泰東)	황희(黃喜)
丙 丁 丙 己	丙 甲 乙 戊	丁 癸 乙 癸
午 未 寅 未	寅 寅 卯 午	巳 巳 卯 卯

석숭(石崇)	공자(孔子)	맹자(孟子)
壬 丙 壬 己	戊 庚 乙 庚	丙 庚 丙 庚
辰 申 申 卯	寅 子 酉 戌	戌 戌 戌 戌

안자(顔子)	주자(朱子)	소강절(邵康節)
戊 丙 辛 己	庚 甲 丙 庚	甲 甲 辛 辛
子 午 未 丑	午 寅 戌 戌	戌 子 丑 亥

소동파(蘇東坡)	도연명(陶淵明)	한퇴지(韓退之)
乙 癸 辛 丙	辛 庚 己 丙	丙 癸 庚 戊
卯 亥 丑 子	巳 申 亥 寅	辰 酉 申 申

조맹부(趙孟頫)	광성선인(廣城仙人)	여동빈(呂洞賓)
己 己 甲 甲	庚 戊 戊 戊	癸 辛 癸 丙
巳 酉 戌 寅	申 午 午 午	巳 巳 巳 子

왕희지(王羲之)	최제우(崔濟愚)	김대건(金大建)
辛 壬 癸 乙	壬 丁 丙 甲	甲 丁 戊 壬
丑 子 未 卯	寅 亥 子 申	辰 丑 申 午

서경보(徐京保)	문선명(文鮮明)	이순자(李順子)
甲 己 己 甲	壬 癸 戊 庚	己 庚 丁 己
戌 未 巳 寅	子 丑 寅 申	卯 申 卯 卯

최진실	김원희	윤정희(尹靜姬)
癸 戊 甲 戊	庚 辛 丁 壬	戊 己 癸 乙
丑 辰 子 申	寅 亥 未 子	辰 丑 未 酉

정윤희(丁允姬)	한혜숙(韓惠淑)	김지미(金芝美)
丙 庚 庚 甲	丙 壬 丙 辛	癸 壬 戊 庚
戌 申 午 午	午 辰 申 卯	卯 午 寅 辰

간디	스탈린	처칠	드골
辛 乙 癸 己	甲 丙 丙 己	辛 庚 乙 甲	癸 甲 戊 庚
巳 丑 酉 巳	午 寅 子 卯	巳 寅 亥 戌	酉 戌 寅 寅

닉슨	케네디	히틀러	레이건
丙 庚 癸 壬	己 辛 乙 丁	戊 丙 戊 己	戊 丁 庚 辛
戌 寅 丑 子	丑 未 巳 巳	寅 寅 辰 丑	申 未 寅 亥

미테랑	카터	네루	나세르
甲 丙 戊 丙	戊 癸 癸 甲	乙 甲 乙 己	壬 壬 癸 戊
午 申 戌 辰	午 巳 酉 子	亥 午 亥 丑	寅 戌 丑 午

맥아더	톨스토이	피카소	에디슨
甲 丙 戊 庚	戊 乙 庚 戊	庚 己 丁 辛	戊 戊 丙 甲
午 寅 寅 辰	寅 卯 申 子	午 丑 酉 巳	午 戌 寅 戌

헨리 키신저　　　케야르　　　　괴테　　　　이멜다

丁	庚	丁	癸	庚	辛	丁	庚	丙	壬	壬	己	己	戊	庚	己
丑	子	巳	亥	寅	巳	亥	申	午	戌	申	巳	未	申	午	巳

염석산(閻錫山)　　　이홍장(李鴻章)　　　강유위(康有爲)

丁	乙	辛	癸	己	乙	甲	癸	庚	壬	乙	戊
亥	酉	酉	未	卯	亥	寅	未	子	子	卯	午

단기서(段祺瑞)　　　유용(劉鏞)　　　장작림(張作霖)

癸	乙	己	乙	甲	己	丙	甲	丁	庚	己	乙
未	亥	卯	丑	子	丑	寅	子	丑	辰	卯	亥

박찬호

甲	乙	己	癸
申	丑	未	丑

◀ 내정법(來情法) ▶

(1) 당일지(當日支)와 점시(占時)가 충(冲)이 되면 이동, 변화, 이별같은 동요건이나 타인으로부터 침해를 받는 일이다.

(2) 당일지(當日支)와 점시(占時)가 같으면 모든 일이 막히거나 타인으로 인하여 금전의 손실, 또는 여인과의 관계된 일이다.

(3) 당일지(當日支)와 점시(占時)가 육해(六害)가 되면 신경성 질병, 이별, 남에게 침해 받아 억울한 일등 손해를 보는 일이 생기거나 불측의 일이다.

(4) 당일지(當日支)와 점시(占時)가 파(破)가 되면 파재(破財)나 실주건(失走件), 사업부진, 타인에게 침해받는 일, 이별, 신기(神氣), 질병에 관한 일이다.

(5) 당일지(當日支)와 점시(占時)가 형(刑)이 되면 관(官)으로 인한 근심, 관재구설, 교통사고, 질병, 수술수, 소송, 이별 관계가 있거나 급속건(急速件)이 있다.

(6) 당일지(當日支)와 점시(占時)가 삼합(三合)이나 육합(六合)이 되면 화합의 일로써 동업건, 협동건, 애정, 사랑, 외부의 구재건(求財件), 시행건(施行件), 통신(通信)의 즐거움이 있다.

(7) 당일지(當日支)와 점시(占時)가 원진(怨嗔)이나 귀문관살(鬼門關殺)이 되면 질병이나 신기(神氣)에 관한 일이다.

(8) 점시(占時)가 일주(日柱)의 공망(空亡)이 되면 하고자 하는 일은 모두 불성(不成)하거나 재물손실이나 실탈(失脫)의 일이다.

(9) 점시(占時)가 당일지(當日支)을 생(生)하면 타인으로 부터 은혜를 받는 일이다. 당일지(當日支)가 점시(占時)를 생(生)하면 내가 타인에게 은혜를 베푸는 일이다.

(10) 점시(占時)가 당일지(當日支)의 역마(驛馬)가 되면 이동, 변동의 일이다.

(11) 점시(占時)가 당일지(當日支)의 도화(桃花)가 되면 남녀 문제다.

(12) 점시(占時)가 당일지(當日支)의 겁살(劫殺)이 되면 도난 분실의 일이다.

(13) 점시(占時)가 당일간(當日干)의 건록(建祿)이 되면 직위나 녹위(祿位)를 구하는 입신상의 일이다.

(14) 점시(占時)가 당일간(當日干)의 천을귀인(天乙貴人)이 되면 귀인사(貴人事)에 관여하거나 또는 손위 사람이 발탁하는 일이다.

(15) 점시(占時)가 당일간(當日干)의 일덕(日德)이 되면 상(賞)을 받는 일이다.

(16) 점시(占時)가 당일간(當日干)의 묘(墓)가 되면 전토(田土), 분묘(墳墓), 불사(佛事)의 건(件)으로 왕상(旺相)은 전토사(田土事)이고, 수사(囚死)는 묘사(墓事)이다.

(17) 당일간(當日干)과 점시(占時)가 비겁(比劫)이 되면 형제나 친구, 동료, 소송, 투쟁사 이다.

(18) 당일간(當日干)과 점시(占時)가 식상(食傷)이면 자손, 부하, 종업원, 수하인, 투자, 직업변동의 일이다.

(19) 당일간(當日干)과 점시(占時)가 정재(正財)이면 금전,재물 문제요, 남자는 부인, 애인, 여자 문제다.

(20) 당일간(當日干)과 점시(占時)가 편재(偏財)이면 재물, 금전, 상업, 여자 문제이다.

(21) 당일간(當日干)과 점시(占時)가 편관(偏官)이면 여자는 남편,애인 문제요, 남자는 질병, 직업, 인기, 귀신 문제다.

(22) 당일간(當日干)과 점시(占時)가 정관(正官)이면 남자는 관직, 직장, 인기, 명예의 일이다.

(23) 당일간(當日干)과 점시(占時)가 인성(印星)이 되면 부모님, 각종문서, 학문의 일이다.

(24) 식상(食傷)이 충(冲), 파(破)된 남자는 직원이나 손아래 사람으로 인하여 오고, 여자는 자식 문제로 왔다.

(25) 재성(財星)이 충(冲), 파(破)된 남자는 부도나 사업 실패로 오고, 여자는 곗돈 문제나 경제적인 문제로 왔다.

(26) 관성(官星)이 충(冲), 파(破)된 남자는 관재구설로 오고, 여자는 부부관계나 남자문제로 왔다.

(27) 관성(官星)이나 재성(財星)이 합(合)된 남자는 동업관계로, 관성(官星)이 합(合)된 여자는 남편의 동업관계로 왔다.

(28) 인성(印星)이 충(冲), 파(破)된 남자나 여자는 명예나 문서 관계로 왔다.

(29) 월지(月支)가 충(冲), 파(破)된 남자나 여자는 이사나 변동 문제로 왔다.

(30) 시지(時支)가 충(冲), 파(破)된 여자는 자식의 우환이나 가출문제로 왔다.

(31) 일주천간(日柱天干) 상충월(相冲月)에는 남편의 외도, 건강, 수술등에 관한 문제다.

(32) 일주지지(日柱地支) 상충월(相冲月)에는 아내의 외도, 건강, 수술등에 관한 문제다.

(33) 간여지동월(干與支同月)에는 망설임, 의심, 의처, 의부, 애인등에 관한 문제다.

(34) 삼형(三刑), 육해월(六害月)에는 형사, 민사, 부도수표, 어음등에 관한 문제다.

(35) 역마(驛馬), 지살월(地殺月)에는 이사, 변동, 기획, 인테리어등에 관한 문제다.

(36) 견겁월(肩劫月)에는 건축, 동업, 친구, 동기간의 금전에 관한 문제다.

(37) 식상월(食傷月)에는 자손의 유무, 아들, 딸 출산에 관한 문제다.

(38) 재성월(財星月)에는 금전, 자산, 유산, 투기, 투자에 관한 문제다.

(39) 관성월(官星月)에는 시비, 송사, 취업, 승진시험, 직장 변동에 관한 문제다.

(40) 인성월(印星月)에는 진학시험, 취직시험, 학업, 부모, 문서등에 관한 문제다.

(41) 백색상의(白色上衣)를 입은 여성은 남편을 갈아치우거나 업무 및 상친(上親) 이별이다.

(42) 황색상의(黃色上衣)를 입은 여성은 별남중(別男中)이다.

(43) 청색상의(靑色上衣)를 입은 여성은 남편이 사업으로 거금

횡재를 노리는 것이고, 청색하의(靑色下衣)를 입은 남자는 욕심스레 여성을 구하는 중이다.

(44) 적색(赤色) 원피스를 입은 가정부인은 주택과 부부지간에 내쫓긴 상태에 있거나 남편을 내쫓을 입장에 있다.

(45) 흑색상의(黑色上衣)를 입은 여자는 썩은 냄새가 물씬 나는 남편과 상친(上親)을 갖고 있다는 표시인 바, 배우자가 병중(病中)이거나 징그러운 남편이 있다.

(46) 자일(子日) 해,자시(亥,子時) 손님은 금전 손재, 관재, 구설, 소송, 여자, 망신수, 불화, 변동 문제다. 축,진시(丑,辰時) 손님은 결혼, 이성, 직장, 시험, 타협 문제다. 인,묘시(寅,卯時) 손님은 자식, 이사, 변동, 사업, 질병, 관재, 소송 문제다. 사시(巳時) 손님은 실물, 도적수, 금전, 여자 문제다. 오시(午時) 손님은 금전, 여자, 이동, 변동, 사업 문제다. 미,술시(未,戌時) 손님은 남편, 직장, 자식, 질병, 재수, 침해받는 문제다. 신,유시(申,酉時) 손님은 문서, 동업, 변동, 합의, 신병, 이성 문제다.

(47) 축일(丑日) 해,자시(亥,子時) 손님은 문서, 금전, 여자, 이사, 타협, 다툼 문제다. 축,진시(丑,辰時) 손님은 질병, 조상, 재수 문제다. 인,묘시(寅,卯時) 손님은 남편, 남자, 실물, 도적, 직장, 질병, 소송 문제다. 사,오시(巳,午時) 손님은 문서, 동업, 인연, 구설, 질병, 이사, 변동 문제다. 미,술시(未,戌時) 손님은 관재, 구설, 소송, 문서, 가옥, 재수, 변동 문제다. 신,유시(申,酉時) 손님은 자식, 혼인, 개업, 이동, 이혼, 가출 문제다.

(48) 인일(寅日) 해,자시(亥,子時) 손님은 자손, 인연, 관재, 구
　　 설, 도적, 이전, 상속 문제다. 축,진시(丑,辰時) 손님은 그
　　 전, 아내, 여자, 문서, 이동, 변동, 자손, 가출 문제다.
　　 인,묘시(寅,卯時) 손님은 친구, 형제, 금전, 여자, 이동,
　　 변동, 원행, 가출 문제다. 사,오시(巳,午時) 손님은 관재,
　　 구설, 소송, 사고, 문서, 개업, 재수, 자식 문제다. 신,유
　　 시(申,酉時) 손님은 남자, 직장, 사고, 관재, 질병 문제다.
　　 미,술시(未,戌時) 손님은 여자, 금전, 동업, 사업, 타협,
　　 연애 문제다.

(49) 묘일(卯日) 해,자시(亥,子時) 손님은 문서, 부모, 이별, 관
　　 재, 구설, 질병, 연애 문제다. 축,진시(丑,辰時) 손님은 금
　　 전, 여자, 문서, 땅 문제다. 인,묘시(寅,卯時) 손님은 망
　　 신, 구설, 이별, 형제, 친구, 금전, 상업, 변동 문제다.
　　 사,오시(巳,午時) 손님은 이동, 이사, 이별, 질병, 문서,
　　 개업, 가출 문제다. 미,술시(未,戌時) 손님은 결혼, 연애,
　　 금전, 동업, 시비, 구설 문제다. 신,유시(申,酉時) 손님은
　　 남편, 남자, 사고, 관재, 의심, 실물, 가출 문제다.

(50) 진일(辰日) 해,자시(亥,子時) 손님은 금전, 여자, 질병, 이
　　 동, 문서, 개업 문제다. 축,진시(丑,辰時) 손님은 형제, 친
　　 구, 소송, 관재, 이동, 변동, 이혼, 손재 문제다. 인,묘시
　　 (寅,卯時) 손님은 남편, 남자, 직장, 자식, 이동, 질병, 가
　　 출 문제다. 사,오시(巳,午時) 손님은 부모, 문서, 형제, 사

기, 실물, 개업 문제다. 미,술시(未,戌時) 손님은 관재, 구설, 이동, 변동, 친구, 형제, 동업, 금전 문제다. 신,유시(申,酉時) 손님은 자식, 개업, 사업, 합의, 결혼, 이성, 가출 문제다.

(51) 사일(巳日) 해,자시(亥,子時) 손님은 남편, 남자, 직장, 이동, 관재, 구설, 색정 문제다. 축,진시(丑,辰時) 손님은 자식, 결혼, 개업, 사업 문제다. 인,묘시(寅,卯時) 손님은 부모, 질병, 이동, 변동, 개업, 관재, 실물 문제다. 사,오시(巳,午時) 손님은 침해받는 일, 대립, 친구, 형제, 사업 재수, 색정, 고민 문제다. 미,술시(未,戌時) 손님은 자식, 혼인, 신병, 정신, 신경성, 가출 문제다. 신,유시(申,酉時) 손님은 금전, 여자, 문서, 개업, 사업, 결혼, 동거, 신병 문제다.

(52) 오일(午日) 해,자시(亥,子時) 손님은 남편, 남자, 이별, 실물, 이사, 질병 문제다. 축,진시(丑,辰時) 손님은 자식, 배우자 의심, 이혼, 사업, 가옥, 묘지, 질병 문제다. 인,묘시(寅,卯時) 손님은 부모, 문서, 인연, 대인 소식 문제다. 사,오시(巳,午時) 손님은 금전, 여자, 관재, 사고, 친구, 형제, 망신수, 사업부진 문제다. 미,술시(未,戌時) 손님은 금전, 자식, 동업, 사업, 타협, 소송, 망신수 문제다. 신,유시(申,酉時) 손님은 금전, 여자, 이동, 변동, 점포, 가출인 문제다.

(53) 미일(未日) 해,자시(亥,子時) 손님은 여자, 금전, 결혼, 질
병, 소송, 가출인 문제다. 축,진시(丑,辰時) 손님은 침해받
는 일, 친구, 형제, 동업, 이동, 변동, 상업재수, 여자, 소
송, 질병 문제다. 인,묘시(寅,卯時) 손님은 남편, 남자, 직
장, 자식, 결혼, 관재, 질병 문제다. 사,오시(巳,午時) 손
님은 부모, 문서, 결혼, 인연, 동업, 사업, 이동, 가출인
문제다. 미,술시(未,戌時) 손님은 침해받는 일, 친구, 형
제, 여자, 관재, 손재, 변동 문제다. 신,유시(申,酉時) 손
님은 자식, 실물, 도적, 질병, 개업, 매매 문제다.

(54) 신일(申日) 해,자시(亥,子時) 손님은 자식, 결혼, 애인, 시
험, 망신수, 가출인 문제다. 축,진시(丑,辰時) 손님은 부
모, 문서, 개업, 취업, 가옥, 토지, 묘지 문제다. 인,묘시
(寅,卯時) 손님은 금전, 여자, 이동, 변동, 부부대립, 신
병, 관재, 소송 문제다. 사,오시(巳,午時) 손님은 남편, 남
자, 직장, 이동, 질병, 실물, 도적, 관재, 구설 문제다.
미,술시(未,戌時) 손님은 부모, 문서, 이동, 개업 문제다.
신,유시(申,酉時) 손님은 금전, 사업, 친구, 형제, 고민,
색정 문제다.

(55) 유일(酉日) 해,자시(亥,子時) 손님은 자식, 질병, 가출, 이
성 문제다. 축,진시(丑,辰時) 손님은 부모, 문서, 가옥, 토
지, 인연, 변동, 사업 문제다. 인,묘시(寅,卯時) 손님은 실
물, 손재, 금전, 아내, 여자 문제다. 사,오시(巳,午時) 손
님은 남편, 남자, 직장, 자식, 질병, 결혼, 색정, 관재, 신

병 문제다. 미,술시(未,戌時) 손님은 부모, 문서, 토지, 묘지, 인연, 실물, 이동 변동 문제다. 신,유시(申,酉時) 손님은 침해받는 일, 충돌, 사고, 수술, 친구, 형제, 사업, 구설, 여자 문제다.

(56) 술일(戌日) 해,자시(亥,子時) 손님은 돈, 아내, 여자, 실물, 금전 문제다. 축,진시(丑,辰時) 손님은 형제, 친구, 이동, 변동, 금전, 침해받는 일, 질병, 소송 문제다. 인,묘시(寅,卯時) 손님은 남편, 남자, 직장, 직업, 색정, 화합, 사고 문제다. 사,오시(巳,午時) 손님은 부모, 문서, 형제, 결혼, 인연, 동업, 개업, 매매, 귀신병 문제다. 미,술시(未,戌時) 손님은 금전, 보증, 형제, 친구, 질병, 관재, 구설, 소송, 불화, 여자, 사업부진 문제다. 신,유시(申,酉時) 손님은 자식, 사업, 재수, 이사, 신병 문제다.

(57) 해일(亥日) 해,자시(亥,子時) 손님은 형제, 친구, 금전, 색정, 인연, 이동, 변동, 소송 문제다. 축,진시(丑,辰時) 손님은 남편, 남자, 관재, 자식, 직장, 직업, 망신수, 질병, 귀신병 문제다. 인,묘시(寅,卯時) 손님은 자식, 망신수, 사업, 혼인, 관재, 질병, 도움받는 문제다. 사,오시(巳,午時) 손님은 금전, 아내, 여자, 이동, 변동, 사고, 병 문제다. 미,술시(未,戌時) 손님은 남편, 남자, 사업, 관직, 이별, 병 문제다. 신,유시(申,酉時) 손님은 부모, 문서, 매매, 사업, 망신수, 신병 문제다.

(58) 소꿈을 꾼 날 첫 문점객은 조상관계와 가족관계로 찾아온다. 말꿈을 꾼 날 첫 문점객은 여행, 이동, 변동, 이사에 관하여 찾아온다. 개꿈을 꾼 날 첫 문점객은 상문살이 들었거나, 집안 식구에게 상문살이 들었다. 돼지꿈을 꾼 날 첫 문점객은 사업, 변동, 재수에 관해서 찾아온다. 군인, 경찰, 학생 꿈을 꾼 날 첫 문점객은 승진, 입학, 퇴직, 신규사업에 관하여 찾아온다. 똥꿈을 꾼 날 첫 문점객은 재수에 관한 것을 묻고 물장사, 음식업, 선박 어업을 하는 자가 찾아와서 재수를 묻는다. 맑은 물이 넘치거나 보이는 꿈을 꾼 날 첫 문점객은 목욕탕, 술집, 수산업, 어물가게 등에 종사하는 자가 재수에 관해서 묻게 된다.

(59) 문점객의 동작으로 찾아온 뜻을 추단한다. 귀를 만지면 남녀간의 애정 문제다. 눈을 만지면 자손의 문제이거나, 어떤 명예에 관계되는 일이다. 입을 만지면 실직자나 구직을 원하는 사람, 어떤 사업을 하면 좋을까, 먹는 것과 관계된 일이다. 목을 만지면 부모와 재산문제, 계약등에 관계되는 일이다. 손을 만지면 분실, 도난, 사기, 손재에 관한 일이다. 코를 만지면 부동산 매매에 관한 일이다. 이마를 만지면 부모와의 재산관계, 계약관계, 관공서와 관계되는 일이다. 눈썹을 만지면 형제 또는 집안에 관계된 일이다. 배를 만지면 부동산 취득이나 재물을 얻고자 하는 일이다. 발을 만지면 원행 택일, 데이트에 관계된 일이다. 수염을 만지면 도난, 사기등에 관계되는 일이다. 등을 긁으면 권력중책, 임명,

선거등에 관계된 일이다. 다리를 만지면 은밀한 출국이나 도피, 도주에 관계된 일이다. 사타구니와 생식기를 만지면 남녀의 애인, 첩, 정부등 사통에 관계된 일이다.

(60) 문점객이 들어와서 앉는 방위를 보고 온 뜻을 알 수 있다. 봄에 손님이 찾아와 서쪽에 앉으면 재물문제나 송사 관계다. 여름에 찾아 온 손님이 동쪽에 앉으면 문서 계약이나 부모와 관계된 일이다. 가을에 온 손님이 남쪽에 앉으면 싸움 관계나 질병에 관한 일이다. 겨울에 온 손님이 북쪽에 많으면 자녀문제나 부하, 종업원, 손아랫사람 문제이다.

第2章. 행운론(行運論)

1. 대운(大運) 대 용신(用神)의 길흉(吉凶)

① 행운(行運)의 간(干)과 지(支)가 모두 용신(用神)을 이익(利益)하게 하면 대길운(大吉運)이 된다.

② 행운(行運)의 간(干)과 지(支)가 모두 용신(用神)을 손상(損傷)하면 대흉운(大凶運)이 된다.

③ 행운(行運)의 간(干)은 용신(用神)을 이익(利益)하게 하고, 지지(地支)는 손상(損傷)하게 하면 길흉이 상반(相半)하는 운이다.

④ 행운(行運)의 간(干)은 용신(用神)을 해(害)하고, 지지(地支)는 용신(用神)을 이익(利益)하게 하면 길흉을 호견(互見)한다.

⑤ 행운(行運)의 간(干)은 용신(用神)을 이(利)하게 하고, 지지(地支)는 운간(運干)을 도우면 길함은 증대한다.

⑥ 행운천간(行運天干)은 용신(用神)을 해(害)하고, 지지(地支)

는 운간(運干)을 도우면 흉해(凶害)는 크다.

⑦ 행운(行運)의 지지(地支)에서 용신(用神)을 이(利)하게 하고, 천간(天干)은 이것을 도우면 길함이 다시 크다.

⑧ 행운(行運)의 지지(地支)는 용신(用神)을 해(害)하고, 운간(運干)에서 지지(地支)를 도우면 흉해(凶害)가 크다.

⑨ 행운(行運)의 천간(天干)은 용신(用神)을 이(利)하게 하나, 지지(地支)에서 운간(運干)을 극(剋)하게 하면 길한 힘은 감소한다.

⑩ 행운천간(行運天干)은 용신(用神)을 해(害)하고, 지지(地支)에서 이것을 제극(制剋)하면 흉은 가볍다.

⑪ 행운(行運)의 지지(地支)는 용신(用神)을 이(利)하게 하고, 운간(運干)에서 이것을 제극(制剋)하면 길한 힘은 약하다.

⑫ 행운(行運)의 지지(地支)는 용신(用神)을 해(害)하나 운간(運干)에서 이것을 제극(制剋)하면 흉해(凶害)는 경미(輕微)하다.

2. 유년간법(流年看法)

① 유년간지(流年干支)가 용신(用神)을 이롭게 하면 좋은 운이다.

② 유년간지(流年干支)가 용신(用神)에 이롭지 않으면 나쁜 운이다.

③ 유년간지(流年干支)가 용신에 이롭다고 해도 명국중(命局中)의 타신(他神)이 이를 극거(剋去)하거나 합(合)이 되어있으면, 좋으면서도 좋지 않고 나쁘면서도 나쁘지 않은 평용(平庸)한 운세일 뿐이다.

④ 유년간지(流年干支)가 용신(用神)에 이롭지 않다고 하더라도 명국중(命局中)의 타신(他神)이 극거(剋去)하거나 합(合)이 되었을 때는, 나쁘면서도 나쁘지 않고 좋으면서도 좋지 않은 평용(平庸)한 운세일 따름이다.

3. 유년(流年)과 운(運)의 관계(關係)

① 유년(流年)이 좋고, 대운(大運)이 좋으면 매우 양호한 운이다.
② 유년(流年)이 좋고, 대운(大運)이 나쁘면 길흉이 상반(相半)한다.
③ 유년(流年)이 나쁘고, 대운(大運)도 나쁘면 매우 나쁜 운이다.
④ 유년(流年)이 나쁘고, 대운(大運)이 좋으면 길흉이 상반(相半)한다.
⑤ 유년(流年)이 좋고, 다만 명국중(命局中)의 타신(他神)에서 극합(剋合)이 되었을 때 대운(大運)이 극합(剋合)하는 신(神)을 제(制)하고 있다면 매우 양호한 운세이다.
⑥ 유년(流年)이 나쁘고 명국중(命局中)의 타신(他神)에서 극합(剋合)이 되어 있을 때 대운(大運)이 극합(剋合)하는 신(神)을 제(制)하고 있다면 곤란함이 많은 좋지 않은 운이다.
⑦ 유년(流年)이 좋고 명국중(命局中)의 타신(他神)에서 극합(剋合)되어 있을 때, 대운(大運)에 생보(生輔)되거나 극합(剋合)되어 있을 때는 흉(凶)은 많고 길(吉)함은 적은 운세이다.
⑧ 유년(流年)이 나쁘고 명국중(命局中)의 타신(他神)에서 극합(剋合)되어 있으나 만약 대운(大運)에서 생보(生輔)되거나 극합(剋合)되어 있으면 길(吉)함은 많고, 흉(凶)함은 적은 운세이다.

⑨ 유년(流年)이 좋고 대운(大運)이 그것을 생조(生助)하면 더욱 좋은 운세이다.

⑩ 유년(流年)이 나쁘고 대운(大運)이 그것을 생조(生助)하면 더욱 나쁜 운세이다.

⑪ 유년(流年)이 좋고 대운(大運)이 그것을 극(剋)하고 있을 때는 좋은 운세의 힘은 감하여진다.

⑫ 유년(流年)이 나쁘고 대운(大運)이 그것을 극(剋)하고 있을 때는 나쁜 운세의 힘은 덜어진다.

4. 유년(流年)의 간지(干支)

① 유년간지(流年干支)가 다 용신(用神)을 이롭게 한다면 대길한 년운(年運)이다.

② 유년간지(流年干支)가 다 용신(用神)에 불리한 것이면 대흉한 년운(年運)이다.

③ 유년천간(流年天干)은 용신(用神)에 유리하고, 지지(地支)는 용신(用神)에 불리하다면 길흉이 상반(相半)하는 년운(年運)이다.

④ 유년천간(流年天干)이 용신(用神)에 불리하고, 지지(地支)가 용신(用神)을 돕는 경우에는 길흉이 함께 나타나는 년운(年運)이다.

⑤ 유년천간(流年天干)이 용신(用神)에 이롭고, 지지(地支)가 다시 그것을 돕는다면 대길한 운세의 해다.

⑥ 유년천간(流年天干)이 용신(用神)에 불리한데 지지(地支)가 그것을 돕는다면 대흉한 운세의 해다.

⑦ 유년지지(流年地支)가 용신(用神)에 이롭고, 천간(天干)이 다시 그것을 돕는다면 대길한 년운(年運)이다.

⑧ 유년지지(流年地支)가 용신(用神)에 불리하고, 천간(天干)이 다시 그것을 돕는다면 대흉의 년운(年運)이다.

⑨ 유년천간(流年天干)이 용신(用神)에 이롭고, 지지(地支)가 그것을 극(剋)하면 길한 운세는 감소하게 된다.

⑩ 유년천간(流年天干)이 용신(用神)에 이롭지 않으면서 지지(地支)가 그것을 극(剋)하면 흉한 운세는 경감(輕減)하여진다.

⑪ 유년지지(流年地支)가 용신(用神)에 이로우면서 천간(天干)이 그것을 극(剋)한다면 길한 운세의 힘은 덜어진다.

⑫ 유년지지(流年地支)가 용신(用神)에 불리하면서 천간(天干)이 이것을 극(剋)하고 있다면 흉한 운세의 힘은 감하여진다.

5. 월건간법(月建看法)

① 월건간지(月建干支)가 용신(用神)에 유리하면 매우 좋은 월운(月運)이다.

② 월건간지(月建干支)가 용신(用神)에 불리하면 나쁜 월운(月運)이다.

③ 월건간지(月建干支)가 용신(用神)에 유리하나 명국중(命局中)의 타신(他神)으로부터 극(剋)이나 합(合)이 될 때는 좋은 것 같으나 좋지 못하고, 나빠 보이나 나쁘지 않은 평용(平庸)한

운세일 따름이다.

④ 월건간지(月建干支)가 용신(用神)에 불리하나 명국중(命局中)
의 타신(他神)으로부터 극(剋)이나 합(合)이 될 때는 나쁜 것
같으나 나쁘지 않고, 좋아 보이나 좋지 아니한 평용(平庸)한
운세일 따름이다.

6. 월건(月建)과 유년(流年)의 관계(關係)

① 월건(月建)이 선(善:좋음)하고, 유년(流年)도 선(善)하면 매
우 좋은 운세이다.
② 월건(月建)이 선(善)하고, 유년(流年)이 악(惡:나쁨)하면 좋
은 운세 중에 나쁜 상태가 나타난다.
③ 월건(月建)이 악(惡)하고, 유년(流年)도 악(惡)하다면 매우
나쁜 운세이다.
④ 월건(月建)이 악(惡)하고, 유년(流年)이 선(善)하면 나쁜 운
세 중에 좋은 상태가 나타난다.
⑤ 월건(月建)이 선(善)하고 명국중(命局中)의 타신(他神)에서
극합(剋合)이 되어 있어도, 유년(流年)이 다시 월건(月建)을
극(剋)하는 타신(他神)을 제(制)하거나 극합(剋合)하고 있으
면 그 월(月)은 양호한 운세이다.
⑥ 월건(月建)이 악(惡)하고 명국중(命局中)의 타신(他神)에서
극합(剋合)이 되어 있어도, 유년(流年)이 다시 월건(月建)을
극(剋)하는 타신(他神)을 제(制)하거나 극합(剋合)하고 있으
면 곤란이 많은 좋지 않은 운이다.

⑦ 월건(月建)이 선(善)하고 명국중(命局中)의 타신(他神)에서 극합(剋合)이 되고, 유년(流年)이 다시 극합(剋合)하는 신(神)을 도우면, 흉은 많고 길함이 적은 운세이다.

⑧ 월건(月建)이 악(惡)하고 명국중(命局中)의 타신(他神)에서 극합(剋合)되어 있고, 유년(流年)에서 다시 극합(剋合)하는 신(神)을 도우면, 길함이 많고 흉함이 적은 운세이다.

⑨ 월건(月建)이 선(善)하고 유년(流年)이 다시 이를 생조(生助)한다면 매우 좋은 운세이다.

⑩ 월건(月建)이 악(惡)하고 유년(流年)이 다시 이를 생조(生助)한다면 매우 나쁜 운세이다.

⑪ 월건(月建)이 선(善)하고 유년(流年)이 만약 이를 극(剋)한다면 좋은 운세의 길한 힘은 감하여진다.

⑫ 월건(月建)이 악(惡)하고 유년(流年)이 이를 극좌(剋挫)한다면 나쁜 악운(惡運)의 힘이 감소된다.

7. 연운(年運)과 월운(月運)의 대조(對照)

① 연운(年運)이 길하고, 월운(月運)도 길하면 길(吉)이 후(厚)하다.

② 연운(年運)이 흉하고, 월운(月運)이 길하면 반길반흉(半吉半凶)한 운이다.

③ 연운(年運)이 흉하고, 월운(月運)도 흉이면 흉(凶)은 더 중하다.

④ 연운(年運)이 길하고, 월운(月運)이 흉하면 길흉상반(吉凶相半)이다.

⑤ 연운(年運)이 길하고, 월운(月運)에서 도우면 길(吉)이 후(厚)하다.

⑥ 연운(年運)이 흉하고, 월운(月運)에서 도우면 흉(凶)이 중하다.

⑦ 연운(年運)이 길하나 월운(月運)에서 극(剋)하면 소길(소吉)하다.

⑧ 연운(年運)이 흉하고, 월운(月運)에서 극제(剋制)하면 소흉(小凶)하다.

⑨ 월운(月運)이 명조(命造)의 희신(喜神)이면 그 달은 길운(吉運)이다.

⑩ 월운(月運)이 명조(命造)의 기신(忌神)이면 그 달은 흉운(凶運)이다.

⑪ 월운(月運)이 명조(命造)의 구신(仇神)이면 초길후흉(初吉後凶)하다.

⑫ 월운(月運)이 명조(命造)의 구신(救神)이면 초흉후길(初凶後吉)하다.

第3章. 운세비결(運勢秘訣)

1. 겁살년(劫殺年)

 라이벌이 생기고 시비와 구설이 많게 되며, 하는 일마다 장애가 따른다. 실물, 도난, 강도, 투자실패, 손재, 부부이별, 질병, 교통사고, 겁탈, 강요, 억압, 지배, 공포, 두려움이 앞선다. 여명(女命)은 관살합신(官殺合身)하고, 겁살년(劫殺年)이면 강간을 당한다. 칠살(七殺)이 겁살(劫殺)과 역마(驛馬)와 합신(合身)이면 여행중에 강간당한다. 여명은 칠살(七殺)이 겁살(劫殺)인데, 일지(日支)와 원진(怨嗔)이면 친한 남자에게 몸을 준다. 남명(男命)은 칠살이 겁살인데, 일지(日支)와 원진(怨嗔)이면 아랫사람에게 이용당한다. 자녀의 유괴사건, 철거, 차압, 수표 부도, 처녀 총각은 결혼문제 발생, 심신 불안정, 수술, 사망 등이 있다.

2. 재살년(災殺年)

시비, 관재 구설, 소송, 감금, 즉결심판, 납치, 입원, 차 사고, 우쭐하다가 자승자박, 싸움하고나면 함정에 빠지고 답답한 운수다. 여자는 결혼· 수술· 상해· 부상운, 상업자는 여의치 못하고 천재지변· 분쟁· 신경질이 일어난다. 사주에 재살(災殺)이 있고, 세운(歲運)에 오면 관재나 사상효복사(死喪孝服事)가 있다.

3. 천살년(天殺年)

비행기 탈 일이 생긴다. 불의의 재난, 하늘에서 노하여 운세를 막음이 많다. 한해(寒害), 수해(水害), 설해(雪害)를 입을 우려가 있으며 기도 불공을 해야 길하다. 사주에 천살(天殺)이 있고, 다시 세운(歲運)에서 천살(天殺)을 만나면 관재구설이 있던가 사상효복사(死喪孝服事)가 있다. 신분과 명예는 상승하나 실속이 없으며 몸이 괴롭고 아프다. 동조자가 없으며 괴롭고 고독하게 지낸다. 여자는 남자를 멀리하고, 남자는 맥을 못쓴다. 사업가는 큰도시에 나가 사업한다.

4. 지살년(地殺年)

바쁘다 바뻐 내가 제일 바쁘다. 이동, 이사, 변동, 여행, 환경변화, 해외 출장, 취직, 취업, 승진, 승급, 영전, 문서 등 분주 다사하다. 나의 일, 남의 일 간섭할 일이 생긴다. 지살(地殺)이 일지(日支)를 형,충(刑,冲)하면 도로법규 위반, 교통사고, 삼형살(三刑殺)이 되거나, 역마(驛馬)와 충(沖)되면 교통사고 등에 조심하여야 하고, 도화(桃花), 망신(亡神), 목욕(沐浴) 등과 같이 있으면 생정지난으로 실패한다. 지살년(地殺年)에는 금전운 호전, 새집·새 가구를 장만할 운, 부부불화, 별거, 이별하는 수도 있다.

5. 년살년(年殺年)

어느날 갑자기 바람피울 일이 생기니 이성 구설을 조심해야 되며, 남에게 잘해주고 오해 구설을 받기 쉽다. 풍류호색, 주색잡기, 친구교제, 이성에 망신, 인정에 손해, 사치와 허영으로 낭비하기도 하며, 활동적으로 사업이나 장사를 하기도 하며, 남녀 모두 재해 또는 불행 상복(喪服)의 근심이 있고, 말 못할 비밀이 탄로나서 망신당하는 수가 있으며, 다방업, 주점, 여관, 목욕탕 등의 직업에 종사하기도 한다. 부부불화로 가정파탄, 별거, 이별하게 된다.

6. 월살년(月殺年)

잠자리가 불안하고 정신적인 갈등이 있고, 식욕이 없으며 불안하다. 근심 걱정, 매사에 갈등, 용기가 부진하고, 재수가 없으며, 고갈, 실패, 후퇴의 운수다. 질병에 걸리거나 하는 일이 용두사미격이다. 답답한 운세로서 발전이 없고, 공직자는 좌천, 감봉, 가택 요란, 여자는 남편과 별거, 이혼을 하려고 하거나 남에게 이용을 잘 당한다.

7. 망신살년(亡身殺年)

이성의 망신, 재물의 망신, 도로의 망신, 명예의 망신, 계획이 수포로 돌아가거나 활동적인 운세, 색정난, 구설수, 실물, 투기, 도박, 투자 실패. 견겁망신(肩劫亡身)은 재물에 망신, 상관망신(傷官亡身)은 관재망신, 역마망신(驛馬亡身)은 노상에서 망신, 관합망신(官合亡身)은 이성 망신, 남명(男命)은 재합망신(財合亡身)이면 여자로 인한 망신이 있다. 여자는 자식을 낳거나 산부인과에 출입이 많으며 자궁병을 조심해야 한다. 망신 횡액수, 불측의 재해가 일어난다.

8. 장성년(將星年)

매사에 자신감이 넘치고 강한 활동력의 운세이며 고집이 세진다. 자기 주관, 명예 욕망, 번영, 승진, 이동, 출장, 외국 내왕, 나라와 민족 혹은 가정과 가족을 위해 전쟁이나 직업 전선에 나간다. 여자는 남자 대리 역할로 가정과 자식을 위해 돈벌이에 나선다.

9. 반안년(攀鞍年)

취직, 승진, 번영, 출세, 문서를 잡거나 장롱, 냉장고, 세탁기, 텔레비젼, 피아노, 승용차, 컴퓨터, 비디오, 전축 등을 장만하는 운이다. 대운, 세운에 오면 지대한 복록을 받으며, 신규사업, 건축, 시험공부에 길하며 세월이 화살처럼 빠름을 느낀다. 웃어른의 우환 질병 및 상복수도 있다.

10. 역마살년(驛馬殺年)

이동, 이사, 변동, 해외여행, 출장, 이민, 분주다사, 환경변화, 지살(地殺)과 충(沖), 형(刑), 원진(怨嗔)되면 여행함이 불리하고, 교통사고, 관재구설, 부상, 수술, 이별, 별거, 이혼 등의 흉운이 따른다. 역마합신(驛馬合身)이면 여행해서 좋은 일이 있고 돈도 번다. 동분서주해도 별로 소득이 없고, 가족을 위해 뛰어보니 신병이 염려되고, 객지생활하게 된다. 처녀는 옹기그릇 깨지기 쉬우니 처신을 잘 해야 한다.

11. 육해살년(六害殺年)

끙끙, 꽁꽁 신음할 일이 생기거나 옛날병이 재발하기 쉬우며 병원 출입을 하거나 긴 병을 얻는다. 화병 발생, 육친을 해(害)한다. 부모의 근심, 앞이 막힘, 답답한 운세, 요통, 희생정신으로 노력하나 심신은 고달프다. 책임이 무겁다. 취재(取財)코저 모사(謀事)한다. 다성다패(多成多敗) 분주다사하다. 석양길 나그네 격이다. 년운(年運), 월운(月運)에 오면 친족 또는 친구와 불화가 생긴다.

12. 화개살년(華蓋殺年)

근면 성실하나 가끔 싫증을 느낀다. 사치, 허영, 낭비할 일이 생긴다. 좋은 공부 인연이 있거나 믿음 인연이 발생하여 기술,

예술, 철학, 종교 등에 심취한다. 신경성 신경통에 주의하고 엉뚱한 일을 주의하라. 일확천금을 꿈꾸다가 함정에 빠지며 여자는 음란 방탕한다. 남녀가 바람나며 춤바람, 꽃바람, 도박바람이 난다. 부부지간 생사이별 많이 하고 남자는 사업에 실패수가 있다. 축(丑)이 화개(華蓋)인 남명(男命)은 처로 인하여 패가망신하며 사유축(巳酉丑)이 일,시(日,時)에 있으면 처로 인한 망신이다.

13. 건록년(建祿年)

세운(歲運)이나 대운(大運)에서 녹(祿)을 형,충,파,해(刑,冲,破,害)하면 직장 변동이 있고, 이사나 이변이 생기며, 건강상의 질병을 초래하고, 갖가지 손재의 형상이 일어난다.

14. 괴강년(魁罡年)

괴강일주(魁罡日柱)가 괴강년(魁罡年)을 만나면 십년 공부 도로 아미타불이다. 파산, 부도가 있게 된다. 매사에 욕심을 내지 않는 것이 부도를 막는 첩경이다. 임술일주(壬戌日柱)는 계해년(癸亥年)에 부도가 난다. 가정고난, 파란이 들어온다. 인간에 절망, 배신, 아픔. 싸워보았자 자신만 손해, 큰 재난을 당한다. 괴강일주(魁罡日柱) 여명(女命)은 괴강일(魁罡日)에 남편이 죽는 경우가 있으며, 혹은 사기라도 당해서 손해를 보아야 한다.

15. 천을귀인년(天乙貴人年)

개운 발달하여 명리(名利)가 향상되고, 매사가 순조롭게 풀려나간다. 우연히 귀인을 만나 어려운 난관이 해소되고, 길운(吉運)이 되면 재운도 길하다. 특히 남녀 연정관계사가 발생하기 쉬운데 좋은 인연으로 본다.

16. 태극귀인년(太極貴人年)

횡재가 있는 길운이며, 충,파,해(沖,破,害)가 되면 안된다.

17. 천주귀인년(天廚貴人年)

행운(行運)에 만나면 진급, 영전의 기쁨이 있다.

18. 천덕귀인년(天德貴人年)

재운(財運)이 왕성하여 하는 일이 순조롭고 만사 형통하다. 새로운 직업을 가져서 성공과 출세의 운이 되며, 특히 의원(議員)에 출마하면 당선될 가능성이 높다.

19. 월덕귀인년(月德貴人年)

귀인을 만나거나 귀자를 잉태 생남하게 되며, 원행갔던 친척이나 외국에 갔던 친척이 찾아오고 오랫동안 못본 사람을 만나게 되며 재수대길하다.

20. 천전살년(天轉殺年)

직업에 실패가 많거나 변화하며 만사 대흉하게 된다.

21. 효신살년(梟神殺年)

분가 또는 동업, 사업 시작되는데 반드시 손재 및 사기를 당하게 되거나 부부 이별도 된다.

22. 괴강충년(魁罡沖年)

재액 백출, 험난 고초, 진실외면이 있게 된다.

23. 금여년(金輿年)

사회적으로 귀인을 만나고 대발전의 운세가 된다. 남자는 재산이 많은 여자가 나를 따라서 여자의 덕을 보게 되고, 여자는 재산이 많은 남자에게 사랑을 받으며 물질적인 재물의 도움을 받게 된다.

24. 암록년(暗祿年)

횡재운이 있고 귀인의 협조가 발생한다. 주택복권 관광복권, 퀴즈 등이 당첨되는 수가 많다.

25. 교록년(交祿年)

 사업, 직업의 변동이 되어서 실패 주의, 매매에 운이 좋아 이득이 많다. 그러나 여자는 불운하여 이별수가 있다. 일주(日柱)가 교록년(交祿年)을 만나면 부부 언쟁이 심하며 다른 여자와 연정 관계가 있다.

26. 구신살, 교신살년(勾神殺, 絞神殺年)

 세운(歲運)에 만나면 재해(災害)가 있고, 상신(傷身) 또는 산재(散財)의 근심이 있고, 흉해(凶害)가 따른다. 재앙이 늘 체류하여 퇴재(退財)와 구속, 납치, 포로의 일이 있고, 또 구신(勾神), 교신(絞神)에 삼형살(三刑殺)이 가하면 재혼이나 첩을 두게 되며 구설수와 형옥(刑獄)의 재액이 따른다.

27. 천라지망년(天羅地網年)

 행운(行運)에 만나면 무슨 일이든지 지체됨이 많다. 악살(惡殺)을 대동(帶同)하며 오행(五行)이 무기(無氣)하면 반드시 죽는다. 관재구설, 소송유발, 손재피해, 수족부상, 납치, 조난, 가족사망, 개천이나 맨홀 등에 빠진다.

28. 혈인살년(血刃殺年)

 각종 피를 보는 사고, 자상(刺傷) 등이나 각종 출혈과 관계되는 질병이 발생한다.

29. 급각살년(急脚殺年)

 신경통, 척추관계 질병, 뼈의 질병, 치통, 생리통, 두통, 낙상, 감기몸살, 수족부상, 중풍, 여명(女命)은 임신하면 손발이 붓는다.

30. 단교관살년(斷橋關殺年)

 각종 사고로 인한 수족의 부상, 소아마비, 신경통, 두통, 치통, 생리통, 감기, 중풍, 여명(女命)은 임신하면 수족이 붓는다.

31. 낙정관살년(落井關殺年)

 절벽, 계단, 맨홀, 강물, 바다 등에 떨어질 염려가 있으므로 등산, 피서, 뱃놀이 등을 조심하는 것이 좋다. 중상모략 모함을 당하여 함정에 걸린다. 사주에 낙정관살(落井關殺)이 있고, 운에서 낙정관살(落井關殺)을 만나면 액을 당할 확률이 아주 높고 신약(身弱)한데, 운에서 낙정관살(落井關殺)을 만나면 50%정도 당하고, 신강(身强)이면 거의 당하지 않는다. 병신일주(丙申日柱) 경신년(庚申年)이면 사정없이 당한다.

32. 탕화살년(湯火殺年)

 군인, 경찰, 데모대 등은 각종 파편으로 인한 부상을 당할 가능성이 많다. 전시에는 총, 칼이나 폭탄에 맞아 죽거나 병신된다. 화상, 각종 가스중독, 식중독, 약물중독, 신세한탄, 인생비관, 자살충동으로 인한 음독자살, 가스폭발, 인질극, 탈영, 은거, 정신이상 등을 당할 가능성이 있다.

33. 양인년(羊刃年)

자만하지 말고 타인을 무시하지 말라. 시비 구설, 부부싸움, 부부이별, 대립과 갈등이 있어본다. 신액(身厄), 수술, 재난, 파재, 손재, 돈쓸 일이 있고, 낙직(落職)되는 수도 있다. 양인(羊刃)이 세군(歲君) 유년(流年)을 충(冲)하거나 합(合)하면 갑자기 화를 당한다. 양인(羊刃)이 왕성하고 신약한데 양인운(羊刃運)을 만나면 반드시 아내를 극한다. 명중(命中)에 칠살(七殺)과 양인(羊刃)을 대동하고, 다시 살(殺)과 양인(羊刃)의 운을 만나면 공업(功業)을 이룩하여 명성이 높지만 흉사(凶死)할 수 있다. 명중(命中)에 원래 살(殺)과 양인(羊刃)이 있고 세운(歲運)에 또 만나면 그 화(禍)가 비상하지만, 양인(羊刃)만 있고 살(殺)이 없는데 세운(歲運)에서 살왕(殺旺)한 운을 만나면 전화위복한다.

양인(羊刃)과 인수(印綬)가 있고, 살(殺)이 없는데 세운(歲運)에 살왕(殺旺)한 운을 만나면 도리어 후복(厚福)을 받는다. 신왕하면 양인운(羊刃運)을 두려워하는 것은 재물의 손해와 화환(禍患)을 당하기 때문이다. 양인충년(羊刃冲年)에는 동분서주, 분노폭발, 신액사고, 구설시비가 있다.

34. 상문, 조객살년(喪門, 弔客殺年)

명조(命造)에 있는데 년운(年運), 월운(月運)에 재차 오게 되면 그 해 또는 그 월에 상복사(喪服事)가 일어난다. 보통 년운(年運), 월운(月運)에 오면 친족 또는 붕우(朋友)등과 불화가 생긴다. 가벼우면 친척 또는 원친에 불행사가 있다. 어른우환, 상문

복건, 조상으로 돈 쓸일 있다. 관직자는 승진불리, 지위불안, 사업자는 재수불리, 손재주의, 불의의 교통사고, 여행자는 건강불리, 질병주의 ,학업자는 학문불리, 시험주의, 연애자는 진실불리, 오해주의를 해야한다. 상문(喪門)과 칠살(七殺)이 병림(並臨)하면 필상(必喪)이며, 을축년(乙丑年) 연월(年月)에 기묘(己卯)가 있으면 필상운(必喪運)이고, 을축년운(乙丑年運)중 제일 나쁜 사람은 기묘일주(己卯日柱)이며, 계묘일주(癸卯日柱)는 중상모략을 당한다.

35. 고신살년(孤神殺年)

남자는 상처 또는 부부 이별하게 되며 그렇지 않으면 사업 실패한다. 여자는 남자에 근심이 발생하여 간부(姦夫)가 생기게 되는 망신의 운세이다.

36. 과숙살년(寡宿殺年)

행년(行年)에 만나면 추창살(惆悵殺)이라 하고, 상하를 불문하고 재해를 면치 못한다. 되는 일이 없고 남편과 생이사별하여 과부가 되는 운이며, 재산에 실패도 있게 된다. 남자는 건강에 질병이 침범하고 부부간에 언쟁사 많으며, 가정이 온화하지 못한 운이 된다.

37. 귀문관살년(鬼門關殺年)

각종 신경계통 질환, 쇠에 부딪친 듯이 띵하다. 신경쇠약, 노이로제, 히스테리 등에 주의를 요한다. 정신나간 짓을 하거나 엉뚱한 사고, 사건, 도주, 도망, 고민, 번뇌망상이 따른다. 각종 비정상적인 행동을 하게 되거나 변태적 애정행각에 주의를 요한다. 근친사모 상사병, 자신이 잘 한다고 한 짓이 남보기에는 미친 짓으로 보인다. 잠 못 이루는 일을 자초한다. 혹자는 죽은 조상이나 망령이 자주 보이고, 신을 받아 무당·박수가 되기도 하며 흉살(凶殺)이 겹치면 정신병이 염려된다. 남명(男命)은 귀문관살이 재(財)가 되면 아무 여자에게나 달라고 보채며, 여명(女命)은 귀문관살이 관(官)이 되면 아무 남자에게나 달라고 보챈다.

39. 백호대살년(白虎大殺年)

해당되는 육친으로 크게 놀랄 일 생긴다. 재앙, 사고, 대경실색, 어처구니 없는 사건 내용에 고뇌를 하게 되며, 교통사고가 가장 우려된다. 년주(年柱)에 백호살(白虎殺)이 있는데 백호년(白虎年)을 만나면 조부모가 해롭거나 사회적으로 악흉한 운이 된다. 월주(月柱)에 백호살(白虎殺)이 있는데 백호년(白虎年)을 만나면 환경에 놀랄 일이 있거나 부모형제가 액을 당한다. 일주(日柱)에 백호살(白虎殺)이 있는데 백호년(白虎年)을 만나면 부부간에 놀랄 일이나 부부, 첩 등이 흉액을 당하고, 시주(時柱)에 백호살(白虎殺)이 있는데 백호년(白虎年)을 만나면 자손이 악사하거나 자식간에 놀랄일이 있다.

39. 원진년(怨嗔年)

원진살년(怨嗔殺年)에는 주로 미워하고 짜증날 일이 많으며 도둑, 분실, 손재를 조심해야 한다. 첫째 외우내환, 둘째 가내우환, 셋째 사업부진, 넷째 의외의 재난, 다섯째 심신의 장애, 여섯째 처궁이나 남편궁에 액운이 있다. 원진살년(怨嗔殺年)에는 재물이 바람에 날아가듯 하고, 동요하여 불안정하고, 내질(內疾)이 있지 않으면 외난(外難)이 있고, 관계(官界)에 있는 자는 좌천·감봉되며, 평인(平人)은 흉화가 따른다. 대운(大運)이 바뀌는 즈음에 년운(年運)이 원진(怨嗔)되는 해는 수명이 위태롭다. 대운(大運)이 길(吉)하면 먼곳, 외국여행, 관재구설, 사고, 놀람, 불목질시할 운이고, 대운(大運)이 흉하면 부모의 상(喪)을 당하거나 중병수(重病數)가 있고, 교통사고, 타향고생, 직장 및 학교 중단수가 있고, 재수가 없으며, 매사에 되는 것이 없고, 병액이나 대액(大厄)이 생긴다. 년지(年支)가 원진(怨嗔)되면 윗사람으로부터 미움·냉대를 받고, 조상이나 부모님을 원망하고 고향사람과도 불화한다.

명조(命造)에 원진이 있고, 재차 원진운이 오면 가난하지 않으면 생명이 위태롭다. 대운(大運)에 원진을 만나면 십년이 두려운데 조정, 정부기관에 있으면 귀양, 해임, 좌천, 감봉을 당하고 사가(私家)에 있어도 역시 화를 당한다. 비록 길신(吉神)이 도와주더라도 화환을 면키 어려우며, 대운이 발왕(發旺)하기 전후에는 더욱 더 화를 피할 수 없다. 유년지(流年支)와 월지(月支)가 원진(怨嗔)이면 운이 길하면 전 애인과 이별수요. 새 애인과도 불성공, 운이 흉하면 죽으라 사업부진, 갖가지 몸부림이 소용없다. 월지(月支) 원진년에는 주로 부부불화, 원망, 형제충돌 대립, 직장 불만, 주거불안, 직업고뇌, 여명(女命)은 친정을 원망한다. 명조(命造)의 일지(日支)나 년지(年支)를 기준하여 월지(月支)와 원진(怨嗔)이면 운이 길하면 구설수, 계획 불성실 실망이요. 운이 흉하면 탈재수(奪財數), 관재구설, 앞뒤가 막힘, 고생이 심하다. 일지 원진년(日支 怨嗔年)에는 손재망신, 분실사고, 자신원망, 배우자 탓, 자신의 질환, 소인배의 침해, 도둑 침해, 몸에 칼 댈일이 있다. 시지 원진년(時支 怨嗔年)에는 자식으로 신경쓰고 돈 나간다. 진로에 시비가 많다.

40. 견겁원진년(肩劫怨嗔年)

형제, 친구 피해주의, 모략, 중상 주의, 형제나 친구의 우환 사고, 재난, 위로할 일이 생긴다. 동업자 불화, 합자(合資) 불리, 믿는 도끼에 발등 찍힌다.

41. 식상원진년(食傷怨嗔年)

투자 불리, 손해, 멍청한 짓을 자초한다. 여명(女命)은 자식에 근심, 걱정, 신경쓸 일이 많다. 중년부인은 자궁질환, 종양우려, 임신부는 자연유산 조심하고 제왕절개 대비한다.

42. 재성원진년(財星怨嗔年)

재산이동, 재물이동, 남명(男命)은 부부간 충돌, 처첩우환, 여자를 잘 건드린다. 재물분실, 손재요인, 여명(女命)은 시어머니가 죽이고 싶도록 밉다. 만사에 자만우려가 있다.

43. 관살원진년(官殺怨嗔年)

관재, 송사, 범법주의, 직업불만, 재앙, 이동, 신중히 대처하라. 여명(女命)은 남편 증오, 혐오, 사고, 정부(情夫)가 그리워지거나 바람난다. 남명(男命)은 자식 근심, 걱정, 신경쓸 일이 있다. 대체적으로 무모하게 명예욕이 발동한다.

44. 인성원진년(印星怨嗔年)

주거불안, 문서발동, 문서주의, 의외의 매매, 여명(女命)은 친정근심, 자궁질환 우려, 학생은 공부하기 싫어지고 학문에 게을러진다. 대체적으로 정서불안, 인격파괴, 고생자초를 많이 한다.

45. 공망년(空亡年)

계획의 불성, 친한 사람에게 배신당함, 길흉을 불문하고 계속성이 없다. 공망(空亡)이 되는 해는 행운(行運)에 일을 시작해도 도중에서 그만두게 된다. 유년지(流年支)가 년주지(年柱支)를 공망(空亡)하면 사회적으로 하는 일이 잘 되지 않는다. 유년지(流年支)가 일주(日柱)를 공망(空亡)하면 가정에 풍파와 부부 이별하게 된다. 형제간에 언쟁사가 발생한다. 유년지(流年支)가 시지(時支)를 공망(空亡)하면 자손의 근심발생 또는 장자가 신병(身病)으로 앓거나 죽게 되며 혹은 무단가출하는 수가 있다.

46. 복음살년(伏吟殺年)

세운(歲運)에 오면 슬픈 일이 생기거나 자기에 재해(災害)가 없으면 타인에게 폐를 끼친다. 혹은 처자를 극하지 않으면 생활상 근심이 있다. 매사에 막힘이 많고 재액이 백출한다. 혼자 끙끙 꽁꽁 신음, 답답고뇌, 남의 일로 복음(伏吟) 생긴다. 태세(太歲)와 년(年)이 복음살년(伏吟殺年)은 살소탈운, 죽는 사람이 생긴다. 관복음(官伏吟)이면 남명(男命)은 직업과 자식으로 끙끙 꽁꽁, 여명(女命)은 남편으로 끙끙 꽁꽁한다. 인수복음(印綬伏吟)은 문서의 복음(伏吟)으로 문서줬다 다시 받는다. 샀다가 되 물른다.

47. 월지복음년(月支伏吟年)

환경의 변화, 환경 답답, 짜증난다. 부모형제로 짜증. 직업으로 짜증난다. 대운(大運)이 길하고 희신(喜神)이면 도리어 길하다. 부동산을 취득하기도 한다. 월지복음년(月支伏吟年)에는 매사 될 듯 하나 틀어지고 신음 사기가 생기고 자기를 증오한다.

48. 일지복음년(日支伏吟年)

대인(大人)은 길하나 소인(小人)은 흉하다. 잘 한다고 하다가 아차 실수 고뇌가 든다. 매사에 막힘이 많아 뜻한 바 성취가 어렵다. 자신에 대한 회의감이 생겨 스스로를 미워하고, 자신에게 화가 미칠 일을 잘 저지르기도 한다. 소망하는 것이 될 듯 하면서 미결, 자신에게 불리한 일들이 생긴다. 길운(吉運)에는 무사, 구설, 누명, 유혹 손재, 변동, 사기, 신규사업을 도모하면 자승

자박, 흉운(凶運) 중에는 곡읍(哭泣), 파재(破財)가 있다.

49. 시지복음년(時支伏吟年)

자식이 말썽, 진로가 답답, 미래가 불확실, 강태공(姜太公)처럼 순리를 무시하지 말고 때를 기다리라. 할 일이 막연하니 망서린다. 다시 기신(忌神)이면 관재문제, 재물손재 당한다.

50. 반음살년(反吟殺年)

세운(歲運)에 오면 슬픈 일이 생긴다. 자기에 재해가 없으면 타인에게 폐를 끼친다. 혹은 처자를 극하지 않으면 생활상 근심이 있다. 반음(反吟)은 반복·무상하고, 간반음(干反吟)은 불거이거(不去而去) 안간다. 지반음(支反吟)은 거이상반(去而傷反) 갔다가 상처입고 되돌아 온다.

51. 진신년(進神年)

무슨 일이라도 노력만 하면 성공된다. 송사문제 성공되며, 결혼 및 재혼이 성공된다. 전에 실패했던 일이 성공되고, 고등고시 및 각종 시험에 합격되는 해다.

52. 홍염살년(紅艶殺年)

실실대고 웃을 일이 많다. 실실대고 웃다가 망신주의, 정주고 망신당한다. 여명(女命)은 술집, 다방에 나갈 유혹이 많다.

53. 탄함살년(呑陷殺年)

사주 일,시(日,時)에 띠고 대운(大運) 또는 세운(歲運), 월운(月運)에 오면 골육과 형해(刑害), 불화 등이 일어난다.

54. 천액살년(天厄殺年)

세운(歲運)에 오면 재해(災害)가 생긴다. 월운(月運)에 오면 불시의 액난이 있다.

55. 복덕년(福德年)

년운(年運), 월운(月運)에 오면 여행, 전택(轉宅)등의 생각이 생긴던가, 기쁜 일이 있다.

56. 천희년(天喜年)

세운(歲運)에 만나면 일년(一年)의 기쁨이 있고, 월운(月運)에 만나면 그 월중(月中)의 기쁨이 있다.

57. 세합년(歲合年)

대운(大運)에 오면 목적을 순조롭게 달성한다. 세운(歲運)도 역시 길하다.

58. 격각살년(隔角殺年)

행운(行運)에 오면 원행할 일이 생긴다.

59. 검봉살년(劍鋒殺年)

행운(行運)에 오면 재해(災害)를 면치 못한다.

60. 태양년(太陽年)

세운(歲運), 월운(月運)에 오면 모든 흉재(凶災)가 풀린다.

61. 음살년(陰殺年)

사주에 있고 년운(年運), 월운(月運)에 오면 암(暗)으로 재화(財貨)를 잃는다.

62. 천형살년(天刑殺年)

사주에 천형살(天刑殺)이 있는데 또 세운(歲運)에 오면 친족 골육의 형각(刑角)을 생한다.

63. 파쇄살년(破碎殺年)

사주에 파쇄살(破碎殺)이 있는데 형,충(刑,冲)이 되고, 또 세운(歲運)에 오면 파재(破財) 또는 형사 문제가 일어난다.

64. 천곡살년(天哭殺年)

행운(行運)에 오면 효복(孝服)의 근심이 일어난다.

65. 홍란년(紅鸞年)

세운(歲運)에 오면 가정에 기쁨이 있다.

66. 피두살년(披頭殺年)

대운(大運), 세운(歲運)에 오면 사상효복(死喪孝服)의 근심이 생긴다.

67. 비부살년(飛符殺年)

세운(歲運), 월운(月運)에 오면 관사(官事)의 화(禍)가 일어난다.

68. 천모살년(天耗殺年)

세운(歲運), 월운(月運)에 오면 관재 구설이 있다.

69. 지모살년(地耗殺年)

세운(歲運), 월운(月運)에 오면 관재 구설이 잇다.

70. 표미살년(豹尾殺年)

행운(行運)에 오면 구설, 가정에 불안이 일어난다.

71. 병부살년(病符殺年)

사주에 띠고 세운(歲運)에 오면 두렵다.

72. 음인살년(陰刃殺年)

세운(歲運), 월운(月運)에 오면 연담상(緣談上) 고정(苦情)이 있다.

73. 암금살년(暗金殺年)

상고(喪故)나 도적의 침범 또는 구설수 등이 따른다.

74. 형살년(刑殺年)

구설, 시비, 쟁투, 관재, 송사, 망신주의, 찢고·째며 다치는 재앙주의, 생각지도 않은 가지가지 재난이 닥치는 우려가 있다. 신약(身弱)은 무겁게, 신강(身强)은 가볍게 당한다. 대운(大運)이 길하면 다사 분주하나 소득은 없다. 원지(遠地)에 가거나 심하면 부부이별, 상신(傷身), 수술이 염려되고, 대운(大運)이 흉하면 수술, 상신, 관재, 낙직, 주거 이동, 하늘보고 원망한다. 년지 형년(年支 刑年)에는 조상, 종손문제, 고부간 갈등, 위험소지, 고문서(古文書)나 골동품 손실, 이장 및 사초하는 일이 있다. 월지 형년(月支 刑年)에는 환경변화, 고향이별, 직업변동, 가정불화, 가출소동, 결혼가능, 과업후회, 결과후회가 있다. 일지 형년(日支 刑年)에는 심신불안정, 관재구설, 노력무공, 변화이동, 시비송사, 교제불능이다. 시지형년(時支 刑年)에는 자녀액운, 자녀가출, 부하와 충돌, 제자비애, 부부갈등, 계획중단, 미래불안, 진로를 바꿈, 애완동물, 피습유괴, 고향에 돌아옴이 있다.

75. 축술미삼형년(丑戌未三刑年)

대운(大運)이나 유년운(流年運)을 만나면 재물을 파산하고, 관직에 있으면 동료와 불화한다. 상인(常人)은 투쟁하거나 시비가 분운(紛紜)하고 부인은 구설수를 만난다. 교통사고나 관재, 입원, 수술 등을 주의해야 한다.

76. 인사신삼형년(寅巳申三刑年)

대운(大運)이나 유년운(流年運)에 만나면 관직이 불리하거나 집안의 하인이 사망한다. 상인(常人)은 구설이 형해(刑害)하며 육친의 덕이 없다. 부인은 낙태하고 승려는 환속한다. 관인(官人)은 낙직, 상인(常人)은 파재, 평인(平人)은 손재, 교통사고나 관재 구설도 주의해야 한다.

77. 자묘형년(子卯刑年)

자묘년(子卯年), 묘자형년(卯子刑年)에는 대운이나 유년운을 만나면 인민이 소송을 일으켜 상관(上官)이 해를 당하고, 부하들이 불목한다. 상인(常人)은 재물을 파산하고 부부간에 불화하여 별거나 이혼하며 부인 낙태한다. 바람을 많이 피우는 남녀는 성병이 우려된다.

78. 자형년(自刑年)

진진(辰辰), 오오(午午), 유유(酉酉), 해해자형(亥亥自刑)이 대

운(大運)이나 유년운(流年運)을 만나면 질병으로 수고롭고 불안하며, 무엇을 어찌해야 할 바를 몰라 편안치 않다.

79. 년지(年支)가 충(沖)되는 해

사회활동에 문제가 생긴다. 골동품이나 고문서(古文書) 손실 위험소지, 매사에 막힘이 많고 노력에 비하여 소득이 적다. 소송사건등이 있으면 패소하기 쉽다. 쓸데없는 일을 잘 만들어내고 수습을 못한다. 조상발동, 조상관계로 돈 쓸 일이 있다. 조상의 비석건립, 사초 분묘 이장, 화장(火葬)관계, 종손문제, 유산소모, 족보수단, 기념사업 문집을 낸다. 고향사람에게 손재끼칠 일이 있다. 대운(大運)과 년지(年支)와의 충(沖)은 생가 고국을 떠나던가 부모와의 의견을 달리한다.

80. 월지(月支)가 충(沖)되는 해

환경의 변화, 짜증 권태, 가정불화, 주위의 육친에 변동 및 사고가 혹 있다. 여자는 시집가는 수가 있다. 변동, 원행, 이사운이 발생한다. 직장인은 전직, 전보 등 직장 내에서 변화가 있게 된다. 직장인은 직장에 대해 불만을 느낀다. 그렇다고 변동을 하면 후회를 하게 된다. 부모형제와 불화가 발생된다. 고향이별, 가출, 출가, 직업불만 아니면 전직하게 된다. 학생의 경우는 공부에 싫증을 내고 가출 사건이 많다. 여명(女命)은 친정으로 걱정 근심할 일이 생긴다. 남녀간에 부모 형제의 우환, 사고, 재앙이 있다.

81. 일지(日支)가 충(沖)되는 해

노력에 비해 결화가 신통치 않다. 계획한 일이 뜻대로 이루어지지 않는다. 배우자와 관계가 나빠진다. 건강이 나빠지고 정신적 동요가 심하다. 어떠한 일을 하더라도 만족감을 못 느낀다. 조그마한 일에도 짜증이 나고 화를 잘 낸다. 심란하여 좌불안석이며, 시비송사, 교제불능, 부부충돌, 의견대립, 심하면 이별수가 있다. 언행을 이랬다 저랬다 하여 일정하지 않다. 일지(日支)가 관성(官星)과 양인(羊刃)이 동주(同柱)일 경우는 관재 구설이 있다. 범사가 위축되고, 상신, 수술, 원행, 심신이 산란하다. 일지(日支)가 상관(傷官)이나 양인(羊刃)이면 관재구설이 있고, 일지(日支)가 백호대살(白虎大殺)이거나 역마살(驛馬殺) 또는 지살(地殺)이면 교통사고를 주의해야 한다.

82. 시지(時支)가 충(沖)되는 해

노년기이면 정신상 혼미와 불안정을 의미하고, 생활상에도 안정을 못한다. 계획중단, 미래불안, 현재를 탈출한다. 자녀와 충돌, 불화문제, 자식 근심, 신경쓸 일이 있다. 가출이나 반항, 사고, 변화, 재앙발생, 학업에 부진, 진로(進路) 수정, 개혁, 혁신, 생활 재점검, 아랫사람이나 부부간에 불화가 생긴다. 제자비애, 애완동물, 피습유괴, 회향(回鄕)이 있다.

83. 천지동년(天地同年)

나와 동일자 자가 출현하니 주인이 둘이 됨과 같다. 신약(身弱)

한 경우나 비견(比肩)이 용신(用神)인 자는 길(吉)이 되지만 그렇지 않을 때는 일반적으로 다툼, 구설, 누명, 사기, 손재, 이동, 이사, 전직, 전업, 유혹, 의외의 재난이 발생하거나 부친에 불리하고, 처의 신상에 재난이나 애정문제가 발생한다. 집단 행동에 참여하기 쉬우니 조심해야 한다.

84. 천충지충년(天沖地沖年)

적을 만나게 되니 필사적 투쟁으로 자기 역량을 최대한 발휘하나, 신약한 명조(命造)는 관재, 구설, 도난, 횡액, 교통사고, 질병, 이혼, 대수술, 비운 암시, 기진 맥진 등의 대흉은 물론 심하면 생명까지 위태롭다. 자살, 부모·자녀·배우자의 비운을 암시도 하며 그렇지 않으면 크게 놀랄 일이 일어난다. 그러나 이사, 직장 옮김, 결혼을 하면 대액(大厄)을 면한다. 관살(官殺)을 용신(用神)으로 하거나 신왕(身旺)하고, 편관(偏官)이 미약하거나 없을 경우에는 변동에 의해 발복·발전한다.

85. 천동지충년(天同地沖年)

동상이몽(同床異夢)의 형상이므로 뜻대로 잘 되지 않고, 배우자와의 다툼으로 문제가 발생하고, 각종 변화가 있으며 구설이 따른다. 특히 친밀한 사람을 조심해야 한다. 배우자나 본인이 가출하는 수도 있다. 본인의 좌불안석 심란하다. 자기의 예상이나 기대가 어긋나는 결과를 암시한다. 만사에 세심한 검토가 필요하다.

86. 대운(大運)과 년운(年運)과의 천충지충(天冲地冲)

신약(身弱)이고 흉이 되면 흉작용이 매우 심하고, 생명이 위태롭기 까지하다. 신왕(身旺)하면 각종 변동과 정신적인 동요는 있어도 흉이 가볍다.

87. 대운(大運)과 세운(歲運)과의 충(冲)

불안, 동요, 건강, 사고, 재액, 실재(失財)등 불행의 발생, 건강면에 저해가 있기 쉽고, 타인과의 불화, 사업상의 손실 변화가 있다. 부부간에 별거, 이혼의 화가 있다. 가족의 병이나 불행한 일이 있다. 수험(受驗)의 실패, 꾀하는 일이 깨어지는 등 불안의 일로 고심 번민하는 일이 많다.

88. 대운(大運)과 일지(日支)와의 충(冲)

어려운 일과 장애가 생긴다. 심신 불안, 정신의 혼미가 많고, 때로는 건강을 해하는 일이 있다. 또 가정내에 안정하기 어렵고 부처상쟁(夫妻相爭)한다. 근친건(近親件)으로 번민 다망(多忙)하다.

89. 대운(大運)이나 세운(歲運)에서 일지충년(日支沖年)

부부지간에 우연히 불평이 생기며 마음이 불안전해 진다. 자기 스스로 화가 나서 일을 저지르고 쓸데없이 자기가 불평불만을 하게 되며, 이로 인하여 관재 송사까지 발생하게 된다. 처첩과 사별하기도 하며, 여성은 남편을 무시하며, 가면 가고, 오면 오는 식으로 한해를 이렇게 보내야 한다.

90. 삼재살년(三災殺年)

　삼재(三災)란 천재(天災), 인재(人災), 지재(地災)를 말하며 팔난(八難)은 손재, 주색, 질병, 관재, 부모 형제, 부부, 자식, 학업 등을 말하며 전란, 병난, 기근, 물, 불, 추위, 더위, 목마름, 굶주림, 도(刀), 병(兵) 등으로 인한 천재지변과 인간으로 인한 손재, 실패, 유혹, 사기, 관재, 구설, 시비, 망신, 상해 등에 걸려 고생한다. 삼재팔난에는 수해, 한해, 설해, 냉해, 풍해, 벼락, 전기, 전염병, 지진, 화재, 붕괴, 산사태, 화산폭발, 낙석, 급변사고, 낙상, 교통사고, 토지, 가옥, 대지 문서, 구설, 시비, 관재, 감옥, 매매상의 손해, 손재, 실패, 도난, 형액, 질병, 수술, 구타, 사망, 유괴, 강간, 실직, 좌천, 퇴직, 학업 저조, 시험낙방, 부부파탄, 유산, 낙태, 조상(弔喪)등이 있다. 삼재(三災)는 대운(大運)이 흉하면 반드시 흉하나, 구신(救神) 은성(恩星)이 있으면 소흉(小凶)하다. 삼재는 대운, 유년이 길하면 삼배(三倍)의 길경사(吉慶事)가 있다. 사주 생생불식(生生不息)하고, 은성(恩星)이 많으면 삼재(三災)가 못낀다.

91. 비견, 겁재, 형, 충, 원진년(比肩, 劫財, 刑, 冲, 怨嗔年)

　형제나 친구의 우환사고, 재난, 불화, 이별, 갈등, 피해, 모략, 중상주의, 동업자와 불화·분쟁, 합자(合資) 불리, 사업을 분리하는 일이 생기기도 하며 믿는 도끼에 발등 찍힌다.

92. 식신, 상관, 형, 충, 원진년(食神, 傷官, 刑, 冲, 怨嗔年)

상신, 수술, 수하자나 부하와 대립, 충돌, 불화, 조모나 장모의 신액이 생긴다. 남자는 처에게 질병이 생기고, 여명은 인공유산, 자연유산, 제왕절개, 자궁질환, 종양우려, 유방수술, 자식으로 인하여 근심, 걱정, 신경쓸 일이 많다. 투자 불리, 멍청한 짓 자초하여 손해본다.

93. 편재, 정재, 형, 충, 원진년(偏在, 正財, 刑, 冲, 怨嗔年)

처로 인한 파산이나 처의 질병, 생이사별 등이 생긴다. 수표 부도, 채권 독촉, 재산 압류, 기물 손괴, 재물로 인한 관재, 소송, 실물, 도둑을 맞는 수도 있으며 재산이동, 재물이동, 남명은 부부간 충돌, 처첩우환, 부모질병, 재(財)가 충(冲)이면 바람난다. 이성구설, 여자를 잘 건드린다. 만사 자만 우려, 여명은 시모가 죽이고 싶도록 밉거나 흉화가 생긴다.

94. 편관, 정관, 형, 충, 원진년(偏官, 正官, 刑, 冲, 怨嗔年)

관재구설, 송사, 범법, 언쟁이 떠날 날이 없다. 몸에 병이 생기고 수술, 상해, 부상 등이 발생한다. 직업불만, 남명은 자식으로 근심걱정, 신경쓸 일이 있다. 직장의 일로 해직이나 퇴직을 당한다. 대체적으로 무모하게 명예욕이 발동한다. 여명은 남편 증오, 혐오, 이별, 재앙, 사고가 있다.

95. 편인, 인수, 형, 충, 원진년(偏人, 印綬, 刑, 冲, 怨嗔年)

어머니가 질병에 걸리거나 죽는 수도 있다. 이사, 학업중단, 학생은 공부하기 싫어진다. 주거불안, 문서사고, 계약 해약, 부동산 매매로 인한 관재 구설수나 언쟁이 일어나며, 보증서준 것을 대납하거나 수표부도 등이 생긴다. 공직자는 직업을 바꾸고 나서 크게 후회한다. 여명은 친정근심, 자궁질환 우려, 대체적으로 정서불안, 인격파괴, 고생을 자초한다.

96. 목성 충극년(木星 冲剋年)

서쪽으로 가면 머리 쓸 일이 생기고, 손발부상, 손가락 다침이 우려되며, 간담부실, 두통, 풍증 재발, 신경번다. 안목이상, 모발 빠짐, 사지허약 발병우려, 담석증, 우울증 등이 있다.

97. 화성 충극년(火星 冲剋年)

북쪽으로 가면 가슴 뛸 일 생긴다. 눈을 다쳐 고민하거나 눈병, 시력약화, 화병, 심장질환, 정신초조, 혈압상승, 고혈압, 뇌일혈이 염려되며, 혀 이상, 다한증이 있으며 화용신(火用神)은 더욱 심하다.

98. 토성충극년(土星冲剋年)

동쪽으로 가면 속 터질 일이 생긴다. 비위약화, 위장 질환, 위경련, 위궤양, 위산과다, 피부질환, 식체, 주체 등 식중독이 염려된다. 생리불순, 허리, 배, 치통, 종기, 창독, 건망증 등이 생긴다.

99. 금성충극년(金星沖尅年)

남쪽으로 가면 뼈아픈 일 당한다. 감기, 기침, 폐, 기관지, 설사, 복통, 편도선염, 대장질환, 맹장, 치질, 변비, 늑막염, 골절, 치아, 토혈, 콧병이 염려된다.

100. 수성충극년(水星沖尅年)

토왕지(土旺地)로 출행치 마라. 요도염, 신장염, 결석, 방광염이 들고, 바람나면 물줄 막히니 성병조심, 물 한모금 못 마실 수도 있다. 귓병, 난청, 당뇨병, 부인병, 정력감퇴, 복막염, 생식기 발병이 우려된다.

101. 일지 재고년(日支 財庫年)

의외의 횡재, 빚 얻기가 용이함, 은행 대출이 가능함. 처첩 질병, 사고, 근심이 우려됨. 시어머니의 질병, 사고, 근심, 부친의 질병, 사고, 근심이 우려된다.

102. 관고년(官庫年)

의외의 횡재, 공금에 돌려쓰기에 유리하다. 남명은 자식 질병, 재난, 사고가 우려되고, 매형, 매제가 세상뜨기 쉽다. 여명은 남편 질병, 재난, 사고가 우려된다.

103. 인고년(印庫年)

문서가 막힌다. 모친질병, 재난, 사고가 우려된다. 친정에 질병, 재난, 사고가 염려된다.

104. 도화살 일지 합년(桃花殺 日支 合年)

연애를 하거나 바람을 피운다.

105. 천지합년(天地合年)

갖가지 유혹이 몰아치고 깨가 쏟아지듯 일확천금이나 달콤한 유혹에 빠져서 크나 큰 일을 저지르고 크게 실패한다. 특히 애정 문제가 발생하기 쉽다. 후회막심이지만 눈뜨고 도둑맞는 격이나 어찌할 도리가 없다. 만사가 유혹과 오판, 그리고 한눈을 팔다가 그르치고 손재하니 일체의 유혹이나 욕심을 물리치고 분수를 지켜 안정하라. 만사 불성이요. 실패하고 정리할 단계에 이르는 동시에 뜻하지 않는 갖가지 이변이 발생한다. 부모와 배우자의 이변도 암시하고 자칫하면 생명에 중대한 이변이 생길 수도 있는 일생 일대의 가장 큰 위기이니, 신규 사업이나 확장 등은 일체 금물이며 투자나 모험을 하지 않는 것이 상책이다. 불의의 재난으로 손재는 본다해도 신상은 안전하니 현명한 처신이다. 이 운에서 저지른 사태와 상처는 좀처럼 쉽게 아물기 어렵고 여파가 오래간다.

106. 년지(年支)와 세운,대운(歲運,大運)이 삼합(三合)이나 육합(六合)되면

조상의 일이나 족보상 모든 일, 묘지, 산지의 일이나 가옥이나 전답 문서 등 좋은 변동이 있게 된다.

107. 정관합신년(正官合身年)

이성교제, 인간 교우 반드시 성립된다. 실업자는 반드시 직업, 직장을 구한다. 주위 사람이 반드시 귀인으로 보이며 도와줄 것처럼 보인다.

108. 정재합신년(正財合身年)

반드시 금전이 들어온다. 남자는 세상 여자가 다 자기 것으로 보인다. 정당한 노력, 수고한 대가를 얻는다.

109. 정인합신년(正印合身年)

소망했던 집을 마련한다. 좋은 선생을 만날 수 있다. 자기발전에 진일보 한다.

110. 편인합신년(偏印合身年)

잘 한다고 한 일이 엉뚱한 방향으로 가기 쉽다. 물에 씻긴 듯이 망하는 수가 잇다.

111. 월지(月支)와 세운, 대운(歲運, 大運)이 삼합(三合)이나 육합(六合)되면

부모형제 문제가 일어나는데 합(合)이기 때문에 집이나 전답, 임야를 사게 되면 반드시 가정이 합하는 문제가 발생한다. 부모형제 또는 친구의 도움을 받거나 손 잡을 만한 일이 생긴다. 공직자는 승진되던가 다른 데로 발령되던가 하며, 기혼자는 집이나 가옥의 증진 문제가 일어나던가, 사업가는 사업이 잘 되던가 하며, 미혼자는 새로운 가정을 마련하게 되니 결혼을 하든가 한다.

112. 일지(日支)와 세운, 대운(歲運, 大運)이 삼합(三合)이나 육합(六合)이 되면

처가 부정하거나 배우자와 사이가 좋아지던가 새로운 사랑을 하게 된다. 애인을 만날 운이다. 화합, 결혼, 협조, 단결, 동업, 합작 등의 일이 있다. 타주(他柱)와의 지합(支合)은 그 해당 통변성의 역량이 강해진다.

113. 시지(時支)와 세운, 대운(歲運, 大運)이 삼합(三合)이나 육합(六合)이 되면

자식에 기쁨과 경사가 있게 되고, 성장한 자식이 있으면 혼인관계가 이루어진다. 자녀 또는 아랫사람의 도움을 받는다.

114. 일지(日支)와 세지(歲支)가 삼합(三合)되면

천재일우(千載一遇)의 좋은 기회요. 명(命)에서 삼합(三合)을 파(破)하면 좋은 기회이지만 호사다마로 기회를 놓친다. 이성교제, 연애 또는 결혼하거나 동업할 일이 생긴다.

115. 일간(日干)과 세간(歲干)이 합(合)되면

이성교제, 타인과 동모동사(同謀同事), 손잡음, 매사가 반복되기 쉽다. 큰 재난과 질액이 발생하기도 한다. 갑(甲)과 기(己)가 합(合)하는 해는 나를 도와주는 사람을 만나게 되며, 직장인은 승진을 하게 되고, 실업자는 직장을 얻는다. 을(乙)과 경(庚)이 합(合)하는 해는 나를 도와주는 사람을 만나게 되며, 새로 경영하는 일이 발생한다. 병(丙)과 신(辛)이 합하는 해는 관재 구설이 발생하고, 직장인은 휴직 등이 있게 되며, 직장 문제로 고통을 받게 된다. 정(丁)과 임(壬)이 합하는 해는 남녀간에 바람이 난다. 무(戊)와 계(癸)가 합하는 해는 친구 또는 친척과 같은 근친자로부터 피해를 당하는 일이 발생한다.

116. 년지(年支)와 세운, 대운(歲運, 大運)이 형, 충, 파, 해 (刑, 沖, 破, 害)가 되면

조상의 일이나 족보, 선산의 산지문제, 조상의 제사 문제, 비석 좌판, 이장, 축대 등의 모든 흉한 일이 발생하며, 또는 가옥이나 토지 문제도 일어날 수 있다.

117. 월지(月支)와 세운, 대운(歲運, 大運)이 형, 충, 파, 해 (刑, 沖, 破, 害)가 되면

직업에 변동이 있고 이사, 이동이 있으며, 가사(家事)에 어떤 변동이라도 반드시 발생한다. 월지(月支)에 비견(比肩), 겁재(劫財)가 있으면 형제의 일이나 동기간에 서로 속상하는 문제든지 신경쓰이는 일이 반드시 생긴다.

118. 일지(日支)와 세운, 대운(歲運, 大運)이 형, 충, 파, 해 (刑,沖,破,害)가 되면

처와 별거하던가, 부부가 이별하던가 죽던가, 사랑하는 애인도 떨어진다. 일지(日支)가 대운(大運)과 파, 해(破, 害)가 되면 건강이 나쁘거나 가정불화가 발생한다.

119. 시지(時支)와 세운, 대운(歲運, 大運)이 형, 충, 파, 해 (刑,沖,破,害)가 되면

자식 때문에 걱정 근심이 일어나고, 교통사고, 상해, 부상등 갖가지 자식문제로 인하여 고민과 신경이 쓰이게 된다.

120. 일간(日干)을 충(沖)하는 년(年)

신상 변동, 일이 강하면 무방하나 일이 약하면 흉하다. 마음산란, 직장 변동, 주거의 이동, 허욕이 발생, 갑경충년(甲庚沖年)에는 직업의 변동 및 주거의 변동이 발생한다. 을신충년(乙辛沖

年)에는 관재 구설과 휴직 등으로 인한 고통이 따른다. 병임충년 (丙壬沖年)에는 금융과 재정의 악화로 경제적 고통이 따른다. 정계충년(丁癸沖年)에는 야간 관재 구설이 발생한다. 무갑충년(戊甲沖年)에는 가족 중에 우환이 발생하게 되며 직업의 이동 및 좌천이 있게 된다. 기계충년(己癸沖年)에는 애인 및 배우자와의 불화가 심하고, 또는 문서의 분실 등에 유의하여야 한다. 병경충년 (丙庚沖年)에는 금전 손해가 있고 자기의 비행이 폭로되어 망신하게 된다. 정신충년(丁辛沖年)에는 손재가 있고 관재 구설이 따른다. 임무충년(壬戊沖年)에는 남과 다투는 일이 있고, 학생은 휴학하는 일이 있으므로 교육에 피해가 있다. 을기충년(乙己沖年)에는 사기수가 있고, 조직이 붕괴되므로 계 같은 금전놀이에 유의해야 한다.

121. 시간 충년(時干 沖年)

직업을 변동하기 쉬우며 자식 걱정이 염려된다.

第4章. 신수(身數) 보는 법

▶ 비견(比肩)이 희신(喜神)이면

1. 친구, 친척, 형제나 주위의 도움으로 모든 일이 잘 진전된다.
2. 대인 관계의 모든 일들이 잘 풀리어 진다.
3. 비견 희신(比肩 喜神)이 삼형(三刑)되면 분주 다사하거나 수술수, 관재, 구설, 교통사고 등이 일어나는 수가 있다.
4. 친구, 친척과 동업이나 도움으로 일을 성사시킨다.
5. 학생들은 친구나 선배의 도움으로 학업이 진전된다.
6. 건강이 좋아지며, 승진, 승급, 취직, 합격이 된다.
7. 여성은 남편과 사이가 좋아지며 시집 식구들과의 유대 관계가 좋아진다.
8. 합작투자, 주식투자, 계(契)운영 등이 길하다.
9. 자립하여 독립 사업을 펼치게 된다.
10. 사업이 확장되고 거래선이 늘어난다. 강왕격(强旺格)은 개운 발달한다.
11. 결혼을 하게 되고 아이를 갖는다.

12. 일간(日干)이 약하고 관살(官殺)이 왕할 경우는 형제, 동료, 타인의 도움으로 취직, 승진 등의 기쁨이 있다.

13. 재왕(財旺)한 사주가 비견(比肩)을 만나면 용이 물을 얻음과 같다.

14. 일간(日干)이 약하고 재성(財星)이 왕할 경우는 형제 동료의 도움으로 재물이 불어난다.

▶ 비견(比肩)이 흉신(凶神)이면

1. 경제적 사정이 급격히 나빠진다. 우연찮은 병에 걸려 고생해 본다.

2. 친구나 형제, 친척, 동료, 선후배, 동업자등 남에게 재산상의 피해를 보거나 불화하여 소송, 암투 등 협력이 잘 안 되어 피해를 보는 수가 있다.

3. 부부간에 불화하여 별거, 이별해 보는 수가 있다.

4. 부친과 이별, 사별하는 수가 있다.

5. 공무원, 직장인은 시기와 질투, 모함하는 자들이 많아 고민해 본다.

6. 남편이 외정이 생겨 고민해 본다.

7. 시부모, 시집, 동서간 과의 유대관계에서 불화가 생겨 고민해 본다.

8. 학생은 불량한 친구들과 어울려서 학업을 기피하고 성적이 떨어지거나 자퇴(自退)하는 경우가 생긴다.

9. 혼인 적령기 남녀는 자존심 대립으로 성립이 잘 안된다.

10. 비견(比肩)이 상형(相刑)되면 친구, 형제, 친척 혹은 주위와 재산 문제로 관재 구설, 소송의 다툼이 있거나, 자신의 건강 관계로 수술수가 있거나, 차 사고등 불의의 사고수를 주의해야 한다.

11. 불량배나 강도 혹은 취객에게 곤욕을 치르는 수도 있다.

12. 소송, 쟁투, 시비, 구설수가 있다.

13. 수입보다 지출이 많으며, 불의의 재난으로 파산하는 경우도 있다.

14. 부자는 많은 손실을 당하고 가난한 자는 돈 때문에 많은 어려움을 겪는다. 손재수가 생긴다.

15. 중상과 모략을 당하거나 친구나 형제로부터 배신을 당한다.

16. 친구간에 경쟁이 벌어지고 암투가 시작된다.

17. 아내가 불경, 불손, 부정, 부패등의 일을 저질러 놓게 된다.

18. 부부간에 생이별, 사별하는 경우도 있다.

19. 부친과 불화, 부친의 사업실패, 부친과 별거 또는 사별한다.

20. 명조(命造)에 정재(正財)는 없고 편재(偏財)만 있으면 부부 이별하기 쉽다.

21. 비견(比肩)이 희신(喜神)인데 공망(空亡)되면 합작사업은 부진하고 지점(支店)등은 폐쇄된다.

22. 남자는 아내에게 트집을 잡고 짜증을 부린다.

23. 남녀 모두 배우자가 두 마음을 가지게 되며 삼각 관계가 발생한다.

24. 비견(比肩)이 재성(財星)과 합(合)이 되면 뻔히 알면서도 재물을 손해보거나 처의 조행상(操行上) 문제가 발생한다.

▶ 겁재(劫財)가 희신(喜神)이면

1. 형제, 친척, 친구 등 주위의 협조를 얻어 일들이 잘 풀리어 진다.
2. 재산이 증식되어 저축을 할 수 있으며, 안 좋던 건강이 차차 좋아진다.
3. 혼인 적령기 남녀는 서로 이해하여 성립된다.
4. 공부하는 학생은 선배나 친구의 도움을 얻어 학교 성적이 올라간다.
5. 식신격(食神格)이면 겁재운(劫財運)에서 크게 개운 발달된다. 다만 명조(命造)에 식신(食神)이 강하지 않고 겁재(劫財)도 이위(二位) 미만일 경우에 한(限)한다.
6. 정재(正財)가 있어 인수격(印綬格)이 파격(破格)된 사람은 겁재운(劫財運)에서 개운 발복된다.
7. 재격(財格)의 사주가 겁재운(劫財運)을 만나면 개운 발복된다. 특히 재성격(財星格)에 신약(身弱)한 경우는 개운 득재한다.

▶ 겁재(劫財)가 흉신(凶神)이면

1. 형제, 친척간에 재산 문제로 불화가 생겨 관재, 구설, 이별, 다툼이 일어나는 수가 있다.
2. 형제, 친척 간에 동업을 했다면 서로 반목하여 헤어지는 수가 있다.
3. 남자의 사주에 정재(正財)가 약한 사람은 겁재운(劫財運)에서

상처한다. 다만 정관(正官)이 있으면 면한다.

4. 타인으로부터 재산상에 피해를 입는 수가 있다.

5. 친구, 부하, 상사, 주위로부터 사기 모함을 당하는 수가 있다.

6. 재물로 인한 손재와 피해가 크게 발생한다.

7. 처의 질병이나 천재지변으로 놀라는 수가 있다.

8. 남편이 첩을 두거나 바람을 피워 재산을 탕진하여 부부간에 갈등이 심화되어 이별해 보는 수가 있다.

9. 혼인 적령기 남녀는 서로 상대방에게 자존심 대립으로 혼인이 안된다.

10. 학생은 못된 친구들과 어울려 다니면서 불량 청소년이 되는 수가 있거나 성적이 오르지 못하여 고민 방황하는 수가 있다.

11. 건강이 나빠져서 질병에 시달려 보는 수가 있다.

▶ 식신(食神)이 희신(喜神)이면

1. 식욕이 왕성해지고 몸이 비대해진다.

2. 남자는 처가로부터 도움을 받고, 여자는 자식을 얻는다.

3. 학생은 기억력이 증진되고, 성적이 향상된다.

4. 취직, 시험, 승진, 당선되며, 특히 양일생(陽日生)으로 명조(命造)에 정관(正官)이 있는 사람은 틀림없다.

5. 자녀가 큰 상을 받는다던가, 각종 시험에 합격하는등의 기쁨이 있다.

6. 사업가는 크게 사업이 번창되고, 새로운 사업을 경영한다

7. 신규 주택 구입 또는 재산을 늘려 주택을 이전한다.

8. 병약한 자는 치료되어 건강을 회복한다.

9. 채무자는 빚을 청산하고 채권자가 된다.

10. 직장에 있던 사람이 사업을 하여 성공할 수 있는 터전을 마련한다.

11. 대체로 재물이 불어나고 사업가는 자금 사정이 호전된다.

12. 직장인은 승진, 승급되거나 자리바꿈 등으로 길하여 진다.

13. 주택을 장만하거나 건축, 신축하는 시기가 되며, 여자는 가재도구나 자동차등 살림도구를 장만한다.

14. 창의, 창안, 발명, 개발, 연구 등이 잘 진척되어 성과를 거둔다.

▶ 식신(食神)이 흉신(凶神)이면

1. 직장인은 갑자기 직업을 바꾸거나 부하 직원들 때문에 직장에서 문제가 생겨 본의 아니게 고통을 당해보는 수가 있다.

2. 남녀 모두 자손 문제로 인하여 고통을 당해보는 수가 있다. 심하면 자식을 잃는 수도 있다. 최악의 경우는 자녀가 불구 또는 사망하게 된다.

3. 어떤 일을 추진하려고 투자하였다가 실패하는 수가 있으며, 적극적인 투자나 신규사업은 금물이다.

4. 관성(官星)이 용신(用神)인 자는 생명에 위험도 있다.

5. 남자는 아내와의 불화가 심하고 바람이 나며, 여자는 남편을 극하니 부부 이별수가 생길 수 있다.

6. 학생은 퇴폐적인 음악을 듣거나 성인용 비디오를 즐기며, 불

량한 친구들과 어울려져서 학업 성적이 떨어진다.

7. 재난, 도난, 분실, 하자 발생 등 재산권의 손실이 크게 된다.
8. 남자는 처갓집과 관계된 골치 아픈 일이나 마찰이 발생하며, 여자는 시가와의 마찰이 발생한다.
9. 여자 사주에 편관(偏官)이 많으면 남편이 불구가 되거나 이별, 사망하는 경우도 있다.
10. 관재, 구설, 송사, 시비, 쟁투가 발생하거나 화재등을 당하는 경우도 있다.
11. 선한 일을 베풀고도 오히려 욕을 먹으며, 건강상 문제가 발생한다.
12. 금전문제로 인하여 고통을 당하거나, 식생활 문제로 걱정을 당하는 일도 있다.

▶ 상관(傷官)이 희신(喜神)이면

1. 병약자는 건강이 회복되고, 질병에 시달리던 자는 양약을 구하여 병이 치유된다.
2. 여자는 자녀의 기쁨이 있으며 득남하게 되고, 그 자녀에게도 경사로운 일이 발생한다.
3. 사업에 투자하거나 확장하여 기반을 다진다.
4. 미혼 남자는 연담(緣談)이 많아진다. 다만 관성(官星)이 왕한 경우 상관(傷官)이 희신(喜神)이 될 경우다.
5. 남자는 부인에게 경사가 있거나 부인으로 인해 재물을 얻는다.
6. 포악한 성질을 잘 부리던 사람이 온순해진다.

7. 학생은 학업 성적이 올라간다.

8. 혼인 적령기 남녀는 혼인이 성사된다.

9. 여성은 남편의 문제에 희비가 엇갈린다.

10. 탁월한 재능이 발휘되어 주위로부터 재능을 크게 인정받아 명예를 떨치는데, 특히 예체능, 기술, 학술, 언론 방면에서 크게 명성을 얻고, 사업가는 중개업, 고물 및 재고품 취급에서 등으로 크게 성공한다.

▶ 상관(傷官)이 흉신(凶神)이면

1. 공무원, 직장인은 낙직 또는 퇴직을 당하는 수가 있다.

2. 직장인은 직장 다니기가 싫어진다.

3. 타인과의 불화나 관재, 소송, 필화, 설화, 시비, 흉운이 일어나는 수가 있으며 명예가 실추되니 말조심을 하여야 된다.

4. 유흥에 젖어 방탕하는 수가 있으며, 관재, 차 사고를 주의해야 한다.

5. 여자는 남편을 잃던가 자식 때문에 애를 태우는 수가 있으며, 남자 역시 자식의 흉운을 당해보는 수가 있다.

6. 사업 투자나 확장을 하였다가 사기를 당하는 수가 있으며, 사업자는 휴업이나 폐업을 하기도 한다.

7. 건강이 안 좋아 고생해 보는 수가 있으며 질병을 얻는다.

8. 학생은 퇴폐적인 행위에 젖어 불량 서클에 가담하여 보든가, 학업 성적이 오르지 않아 고민해 보는 수가 있다.

9. 진상관격(眞傷官格)은 상관운(傷官運)이 오면 복력이 쇠퇴하

여 빈한하지 않으면 질병으로 고생한다. 일간(日干)이 강하면 조금 덜하다.

10. 상관격(傷官格)에 약한 정관(正官)이 명조(命造)에 있는데, 상관운(傷官運)이 오면 큰 병에 걸리거나 죽는다. 거기에다 각종 구설이 겹친다.

11. 혼인 적령기 남녀는 다 불길하다.

12. 여자 사주에 상관(傷官)이 흉신(凶神)인데 대운(大運) 혹은 년운(年運)에서 상관을 만나고 삼형(三刑)이 되면 남편의 교통사고 수나 수술수, 송사수가 있던가 불행한 흉운을 당해보며, 남녀 모두 자식의 흉운을 당해보던가 본인의 흉운을 당해보는 수가 있다.

13. 남자는 아내가 싫어지고, 여자는 남편이 미워져 이혼한다.

14. 질병을 얻으며 건강이 대체로 나빠지고 소송, 시비, 쟁투가 발생한다.

15. 손재, 실물수가 있고 파산 및 도산되는 경우도 있으며, 재산 상의 손해를 본다.

16. 일지(日支)에 상관(傷官)이 있고, 상관운을 만나면 얼굴에 흉터가 생기는 사고가 발생한다.

17. 직장인은 파직 또는 자의반 타의반으로 직업을 잃게된다. 심하면 파면, 가벼우면 직위해제, 사표로 실직 또는 좌천, 강등, 감봉 등의 불이익이 초래된다.

18. 여자는 상관운(傷官運)에서 남편 및 애인과 사별 및 이별한다.

19. 대운(大運)이 관성운이고, 세운(歲運)이 상관운일 때 각종 재난이 발생한다.

20. 상관(傷官)이 왕한데 상관운(傷官運)을 만나면 눈병이 발생
    한다.
21. 상관운(傷官運)에서 관(官)이 충(冲)을 맞거나 형(刑)을 맞
    으면 실직 및 파직되거나 전직한다. 만약 이때 명조(命造)에
    정관이 있으면 더욱 심하다.

▶ 편재(偏財)가 희신(喜神)이면

1. 사업이나 상업을 하여 큰 돈을 벌고, 횡재하는 수가 있다.
2. 공직자나 직장인은 승진, 승급의 기쁨이 있으며, 포상을 받기
   도 한다.
3. 남자는 결혼하고, 그의 아내는 현모양처이다. 특히 명조에 재
   성(財星)이 없는 사람은 틀림없다.
4. 질병에 시달리는 사람들은 치료가 되고, 명예· 인기인은 명예
   나 인기가 상승한다.
5. 부동산이나 가옥, 토지 등을 장만하고, 학생은 학업 성적이
   오른다.
6. 사업이 확장되고, 크게 발전하고, 여자도 사업, 상업으로 성
   공한다.
7. 주식, 경마, 복권등 당첨되는 경우도 있다. 목적 이상의 재물
   을 얻는다.
8. 신왕(身旺)한 사람은 재물이 불어난다.
9. 여자도 관성(官星)이 약하면 편재운(偏財運)에서 결혼한다.
10. 좋은 일로 해외에 출입하게 된다.

▶ 편재(偏財)가 흉신(凶神)이면

1. 재물과 권위에 욕심으로 일확천금만 꿈구다가 실패한다.
2. 사기, 손재 등 재물로 손해를 본다. 돈으로 복잡한 문제가 발생한다.
3. 투기, 도박, 증권, 경마 같은 모험성 도박을 하다가 실패하여 고민해본다.
4. 신규 사업이나 사업 확장으로 인한 큰 손해를 본다.
5. 여색을 탐하다가 실패한다. 남자는 여자와의 삼각관계 또는 염문을 일으킨다. 특히 정재(正財)가 명조에 있는 자는 틀림없다.
6. 공직자나 일반 회사 간부직에 있는 사람은 주위와 충돌이 자주 일어난다.
7. 실직, 파직의 우려가 있고 관재 시비가 분분하다. 사업가는 부도가 나고, 직장인은 친구나 형제로부터 돈을 뜯긴다.
8. 부모님의 건강이 나빠지거나 이별하는 수가 있다. 편재(偏財)가 묘운(墓運)이 되면 아버지가 죽는다.
9. 학생은 학업이 부진해진다. 학업을 포기하고 돈을 벌려고 하거나 이성교제로 인하여 학업을 포기하는 수가 있다.
10. 여자 문제가 자주 일어나 재산상 피해를 보거나, 본부인과 마찰 때문에 편안한 날이 없거나 재산상 피해본다.
11. 신약 사주에 재운(財運)이 오면 돈에 대한 욕심이 강렬해지나 끝내는 손을 털고 물러선다. 돈으로 인해 구설, 다툼, 법적인 문제, 부도, 소송 등으로 구속까지 되는 수 있다.

▶ 정재(正財)가 희신(喜神)이면

1. 직장인은 승진, 승급 운이 있고, 취업을 원하는 자는 취직된다.
2. 사업이나 상업이 잘되어 돈을 번다.
3. 당첨, 합격, 당선 등의 영광을 얻는다
4. 학생은 학업이 올라가고 합격의 영광을 누리게 된다.
5. 친지, 동료, 친구의 도움을 받아 사업을 경영하게 된다.
6. 남녀노소를 불문하고 더욱 근검절약하여 성실한 생활을 하게 된다.
7. 증축, 개축, 신축하여 새로운 터전을 마련한다.
8. 금전의 융통이 잘 이루어지고, 우연한 기회에 횡재하는 수도 있으며, 금전운이 좋아 돈으로 인한 실패가 없다.
9. 혼기에 있는 남녀는 좋은 배필을 만난다. 연인이 생기게 되며 나에게 힘이 된다. 남자는 결혼하고 처의 도움이 크다. 여자는 결혼하고 남편의 덕이 크며 아기를 갖는다. 미혼 여성은 내외적으로 기반을 착실히 다지는 가운데 역시 연인이 생기며 결혼할 수 있는 좋은 시기이다.
10. 여자는 계(契)나 돈놀이 등으로 재산을 증식한다.

▶ 정재(正財)가 흉신(凶神)이면

1. 직장인은 직업에 변화를 가지려고 한다.
2. 투기성이나 도박 따위에 휘말리어 실패한다.

3. 재산으로 인한 다툼이 일어나는 수가 있고, 여자로 인한 곤욕을 치르는 수가 있다.

4. 가까운 사람과 돈 문제로 다투는 일이 발생한다. 동료나 형제간에 금전 문제로 적게는 언행이요. 심하면 법적인 문제로 까지 비화되어 원수가 되기도 한다.

5. 여자는 남편의 신상에 누가 되는 일을 본의든 본의가 아니든 저지르게 되며, 바가지를 극성스럽게 긁고 투정을 부린다.

6. 명예를 손상하는 일이 있게 되고, 특히 남자는 아내로 인하여서 이다.

7. 학생은 학교를 다니기 싫어하고 돈을 벌려고 하며, 공부하기 싫고, 돈씀씀이가 헤퍼진다.

8. 명조에 인수(印綬)가 희신(喜神)인데 정재운(正財運)이 와서 인수를 극함이 심하면 학생은 공부하기 싫어지고 성적이 급격히 떨어진다.

9. 여자는 자녀의 성적이 떨어지고 자녀 문제로 근심하는 일이 있고, 남녀 다 자식 문제로 골치를 썩는 수가 있다.

10. 정재운이 명조의 관살(官殺)을 충돌질해서 기신운(忌神運)이 되면 적게는 구설, 크게는 관재가 있게 된다.

11. 남녀 모두 시기를 놓치는 수가 있다. 수험생은 대부분 낙방의 고배를 들게 된다.

12. 부모님의 건강이 나빠 고생하거나 이별수가 있으며, 정재(正財)가 지극히 기신(忌神)이면 모친이 죽는다.

▶ 편관(偏官)이 희신(喜神)이면

1. 직장인은 승진, 승급 등의 관운이 좋아지고 명예가 높아진다.
2. 상업인은 장사가 잘 되고, 사업이 급격히 성장·발달한다.
3. 인기를 얻거나 명예의 감투를 많이 쓰게 된다.
4. 각종 중책을 성공적으로 수행함으로써 표창장 등을 받는다.
5. 질병에 있던 자는 좋아진다.
6. 막혔던 일이 풀리고 해결되며, 실업자는 취직이 된다.
7. 학생은 학업성적이 올라간다. 명조에 관살(官殺)이 없고, 인성(印星)이 있으면 수험생은 각종 시험에 합격한다.
8. 소송사건이나 관(官)과 관계되는 각종 인허가 건이 쉽게 해결된다.
9. 여자는 남자의 도움을 받고 재기한다. 혼기에 있는 여자는 좋은 배필을 만나며 결혼을 하기도 한다. 기혼녀는 남편의 애정을 더 많이 받게 되거나 남편에게 경사가 있다. 남자는 자손의 경사가 생기며 득남한다.

▶ 편관(偏官)이 흉신(凶神)이면

1. 건강 수명에 관계되는 사고수에 주의해야 한다. 신약(身弱)하고 살강(殺强)한 사람은 생명이 위험하다.
2. 관재, 구설, 언쟁, 시비, 손재, 필화, 사고가 뒤따르며 경찰서 등에 출입해보는 흉사가 생긴다.
3. 형제간에 불행사가 일어나거나 마찰이 생기며 걱정되는 일이 발생한다.

4. 의협심, 영웅 심리가 발동하여 희생을 당하는 수가 있다.
5. 공무원이나 직장 근무자는 과다 업무에 시달리거나 동료, 상
   사와 불화하여 불명예 퇴직을 당하는 수가 있다.
6. 배신을 당해보며, 각종 질병 등의 발생으로 심신이 고달프다.
7. 직장인은 감봉, 좌천, 강등, 실직 등의 흉이 겹치며, 좌천,
   승진 누락 등이 발생한다. 무직자는 계속 직장을 구하기가 힘
   이 든다.
8. 갑자기 금전에 곤란, 질병 등으로 고생해 보는 수가 있다.
9. 사기, 도박등에 말려들어 관재, 구설이 따른다.
10. 학생은 가정의 곤란이나 질병으로 학업을 계속 못하거나 시
    험에 낙방한다. 못된 친구들과 어울려 관재를 당해보는 수가
    있으며, 학생은 긴장감이 고조되어 노력한 만큼 성적이 향상
    되지 않는다.
11. 강도, 강탈, 겁탈 등의 수모와 봉변을 당해보며, 마음이 흉
    포해지고 도적질하고 싶은 마음이 생긴다.
12. 사업 상업자는 재수가 부진하니 금전난으로 관재, 소송 등에
    휘말리는 수가 있고, 사업가는 사업 부진, 각종 재난, 과중
    한 세금, 자금 사정의 악화 등으로 고전한다.
13. 혼인 적령기 남녀는 서로 고집으로 성사되지 않는다.
14. 여자는 남자를 잘못 사귀어 곤욕을 치르거나 질병에 걸려 고
    생해 보는 수가 있다.
15. 주부는 남편과의 사이가 좋지 않든지, 이혼하던가 질병에 걸
    려 고생해 보는 수가 있다. 남자는 속을 썩이는 자녀가 있게
    된다.

16. 각종 재난, 화재, 폭발사고, 교통사고 등을 당하기도 한다.
17. 여자는 남자와 결별하고 후회한다. 남자의 유혹에 빠져 불명
    예를 얻거나 탈선하기도 한다.
18. 남편으로부터 구타를 당해보거나 남편이 술주정, 노름, 질병
    등으로 어려움이 겹친다.
19. 모함, 배신 등을 당하거나 본의 아닌 실수로 문책을 당한다.
    심하면 형사상의 처벌을 받는다.

▶ 정관(正官)이 희신(喜神)이면

1. 공직자, 직장인은 진급, 승진, 당선, 포상, 합격등 명예가 높
   아진다.
2. 권익과 명예가 따르며 하고자 하는 일이 성취된다.
3. 실직자, 무직자는 취직이 되고, 건강이 나쁜 사람들은 건강이
   좋아진다.
4. 정부 기관이나 각종 단체로부터 포상을 받기도 하고 각종 매
   스컴을 타기도 한다.
5. 여성은 남자나 남편운이 좋아 혜택을 받는 수가 있으며, 기혼
   여성은 남편에게 기쁜 일이 있다.
6. 남명은 자식을 얻거나 자식의 경사가 있고, 가정이 화목해진
   다.
7. 사업자, 상업자는 장사가 잘 되고 재수도 좋아지며, 관공서와
   유대도 좋아진다.

8. 건강이 나쁜 사람들은 건강이 좋아지고, 송사 사건등에서 이긴다.
9. 혼인 적령기 여성은 좋은 신랑감을 얻는다.
10. 막힌 일이 뚫리고 관(官)과 협조하는 일이 성사된다. 주위로부터 도움이 많다.
11. 학생은 학업 성적이 올라간다. 각종 시험에도 합격한다.
12. 제품하는 사람은 특허품 같은 작품을 히트쳐서 성공한다. 인허가 등록등의 일들이 쉽게 처리된다.

▶ 정관(正官)이 흉신(凶神)이면

1. 직장을 잃게 되고 좌천, 감봉, 승진 누락, 명예 퇴직등이 있다. 실직자나 무직자는 계속 직장을 얻기 힘들다.
2. 몸을 다치거나 질병에 걸리며, 관재, 구설이 발생하며 재산상의 손해를 볼 수도 있다.
3. 명예, 의협심, 영웅심리의 발동으로 희생을 당하는 수가 있다.
4. 지나치게 안전 제일주의로 흐르다가 주위에게 폐를 끼치는 수가 있다.
5. 자식 문제로 곤욕을 치르게 된다. 남명은 자식이 사고를 당하거나 탈선을 하며, 시험 낙방 등 속상하는 일이 생긴다.
6. 중상과 모략이 겹친다. 사업이나 상업하는 사람들은 재수가 부진하여 관재, 소송 등에 걸려오는 수가 있다.
7. 학생은 학업을 그만두고 돈을 벌려고 한다. 시험에 불합격되는 불운이 따른다.

8. 여명이 편관격인 자는 강간, 외간 남자의 유혹에 빠져 일신을 망칠수도 있다.

9. 혼인 적령기 남녀는 경제적인 관계로 성립이 안 되는 수가 있다.

10. 여성은 남자의 감언이설에 주의해야 하고, 남자를 잘못 사귀어 곤욕을 치르는 수가 있다. 남자에게 배신을 당하고 강간과 겁탈을 당해본다.

11. 남편과 다투는 일이 많고, 시집 식구와의 불화가 생겨 근심해 보는 수가 있다.

12. 형제간에 불행사가 일어나 보는 수가 있으며, 형제간에 다툼이 발생되고 의절하기도 한다.

13. 명조에 관살이 중첩하여 신약한 자는 심신이 고달프고 최악의 경우 죽을 수도 있다.

14. 강탈, 강도, 소매치기등의 불의의 사고를 당할 수도 있다.

15. 약한 재성격(財星格)은 자금 사정상 어려움을 겪게 된다.

▶ 편인(偏印)이 희신(喜神)이면

1. 승진, 영전, 표창, 인허가 성립등이 있고, 인기, 문서상의 희운(喜運)이 있으며, 손윗사람, 귀인, 다른 사람으로 부터 도움이 크다.

2. 발명의 일에 종사하는 사람이나 인기인은 크게 상승하여 기쁜 일이 일어난다.

3. 가옥, 토지, 문서를 잡거나 신축, 개축하는 일이 일어나거나 가재도구등을 사들이는 수가 있다.
4. 매사가 순조롭고 승승장구하며, 여러 가지 매매사가 비교적 쉽게 성사가 된다.
5. 여행의 기쁨이 따르고, 사회적인 취미활동등에 적극 참여하여 좋은 결과를 얻게 된다.
6. 학생은 학업 성적이 오르고, 시험에 응시하면 합격한다.
7. 여성은 자녀의 일이 희비가 엇갈리는 수가 있다.
8. 새로운 분야로 진출하게 되며, 신규사업의 발판이 마련된다.
9. 학위, 논문, 연구, 발표, 기술 등 전문 분야에서 일이 쉽게 풀리며, 명예로운 표창을 받는 일도 일어난다.

▶ 편인(偏印)이 흉신(凶神)이면

1. 직장인은 권태증이 나서 직장 생활을 싫어하거나, 불화로 인하여 퇴직하는 수도 있다.
2. 사업가, 상업자는 경영 부진과 종업원의 배신이나 사기, 도난, 부도수표등으로 실패가 따른다.
3. 명예 손상이나 질병 등의 불길사가 일어난다.
4. 문서 건의 모든 일이 불리하며, 문서, 인감, 보증등의 부주의로 인한 손해나 곤란함을 당해보는 수가 있다.
5. 배신 등으로 인한 싸움으로 쟁투가 극심하며, 범죄 조직에 가담하게 된다.

6. 각종 재난으로 억울한 누명을 쓸 가능성도 있으며, 관재, 구설, 송사가 분분하다.

7. 남녀간에 식신격인 사람은 각종 재난이 닥친다. 최악의 경우 죽을 수도 있다. 단 강한 편재가 있으면 면한다.

8. 자금을 투자하는 사업은 불의의 손해를 입기 쉬우니 기술 아이디어를 활용하는게 좋다.

9. 직장인은 좌천, 감봉, 파면, 경고등 불명예가 따른다.

10. 격국이 불량한 사람은 사기, 도적행위등의 범죄를 저지르게 된다.

11. 정신적 방황과 안정을 찾지 못하며, 각종 매매사는 성사가 잘 되지 않는다. 유동자산(流動資産)에서 크게 손재한다.

12. 대운이 편인이고 세운이 식신이면 관재 등의 재난과 건강상 이상이 생긴다. 여명일 경우는 자녀 문제로 고민 거리가 발생하거나 산액을 당한다.

13. 혼인 적령기 남녀는 혼인이 안되며 오해가 생긴다. 미혼녀는 사기 결혼을 당하는 수가 있다. 남자는 여자 문제로 이성간에 불화가 극심하다.

14. 사기, 도박, 협잡꾼에게 말려들어 봉변 당한다.

15. 수험생은 고전하게 된다. 각종 시험, 면허, 인허가, 승진등은 여의치 못하다. 학생은 마음의 변화로 학업이 부진하거나 불량한 선배들과 함께 어울려 다니는 수가 있다.

16. 여성은 금전의 손실, 남편의 배신, 자녀를 미워하는 변태적 성질이 생겨 본의 아니게 정신불안 병에 시달려 보는 수가 있다.

17. 가옥이나 토지를 잘못 팔아 곤란을 겪는 수가 있다.

18. 여자는 하복부 질환 또는 유방에 질병을 얻는다.

19. 여성은 자식의 불행을 당하는 수가 있다. 유산, 낙태의 경험을 하게 되며, 자녀에 대한 근심 걱정이 발생된다.

▶ 인수(印綬)가 희신(喜神)이면

1. 명예, 인기등이 높아져 이름을 날린다. 학위, 논문 발표, 연구등은 다 성과가 좋다. 논문에 패스하고 학위를 받는다.

2. 가옥이나 토지를 매매하여 재산을 늘린다. 집을 새로 사거나 토지 문서를 잡을 수며, 자동차나 가재도구를 장만하는 수가 있다.

3. 직장인은 승진, 진급의 명예가 따르며, 주택 구입, 이사, 표창, 관인, 허가 사항 각종 매매 계약의 체결등이 이뤄진다.

4. 학생은 학업 성적이 점차 상승하여 좋아지며 시험도 합격하고 명예를 얻으며 공부하기를 좋아한다.

5. 선조나 윗대의 재산을 상속받는 수가 있으며, 부모나 스승의 도움을 받는다.

6. 질병으로부터 해방되고 건강을 회복하며, 장래성이 유망한 신규 사업을 시작하게 된다.

7. 혼인 적령기 남녀는 윗사람의 중매로 뜻을 이룬다. 미혼녀는 결혼하게 되고, 기혼녀는 여러 가지 방법으로 재산 증식에 힘쓰게 되며 이익이 크다.

8. 종교, 신앙을 성실하게 믿는다. 막혔던 일이나 꼬였던 일이 풀리고 성사된다. 귀인의 도움으로 뜻한 바 성취된다.
9. 은행에 담보 없이 융자의 혜택이나 보증인의 도움으로 은행 돈도 풀리고 성사된다.
10. 사업가는 각종 계약사가 체결되어 이익됨이 많고, 영업 활동이 순조롭게 확장·발전된다.
11. 분묘 이장, 분묘 개수, 사초, 족보 정리, 문집등과 같은 일이 생기며 적극 참여함이 좋다.

▶ 인수(印綬)가 흉신(凶神)이면

1. 신왕 사주에 인수운이 오면 교만·불손해지고 타로부터 질시와 질타를 받는다.
2. 가옥이나 토지를 매도·매입할 경우 문서상의 하자로 곤란을 겪는 수가 있다. 주택과 관계되는 각종 문제로 걱정이 있게 되며, 계약상 손해, 마음에 안듬, 전세 보증금을 못 받는 등 주택 문제가 발생된다.
3. 문서 보증, 인감 등의 부주의로 곤란을 당해보는 수가 있으며, 문서 부도수표, 어음, 도난, 사기등 문서 관계로 송사가 발생된다. 각종 보증을 서게 되면 크게 화를 당하므로 절대로 피해야 한다.
4. 직장에서 명예롭지 못한 일이 일어나 퇴직 당하는 수가 있다.

5. 부모님의 질병 문제나 이별수가 일어나는 수가 있다. 남명은 어머니에 대한 근심 걱정되는 일이 발생한다. 특히 인수운(印 綬運)이 명조와 충(沖)이나 형(刑)되면 어머니가 사고, 수술 등의 재난을 당한다.

6. 학생은 불량한 선배들의 꼬임에 넘어가 학업을 중단하는 수가 있다. 시험운도 없어 각종 시험에 낙방의 고배를 마시게 된다.

7. 여성은 자식과 생사 이별수도 있으며, 남편의 배신등으로 곤란을 받아 보거나, 남편의 건강이 안 좋아 곤란을 당해보는 수가 있거나, 이별하는 수도 있다. 명조에 관성(官星)이 약한 여자는 남편의 일에 막힘이 많다.

8. 파혼하는 경우도 있으며 자궁, 유방 질병, 사산, 낙태 또는 자식이 중병에 걸려 시달리는 경우가 있다. 여자는 하복부 질환에 문제가 발생한다.

9. 종교 문제로 갈등을 느껴보는 수도 있다.

第5章. 목적(目的)에 의한 행운론(行運論)

1. 부친운(父親運)

① 년간(年干)이나 월간(月干)이 충(冲)되는 운(運)은 흉운(凶運)이다.

② 재성(財星)이 약할 경우 충,형(冲,刑)이나 사,절,묘(死.絕,墓)가 되는 운은 흉운(凶運)이다.

③ 비겁(比劫)이 태왕(太旺)한 명조(命造)는 재성운(財星運)이 흉운(凶運)이다.

④ 재성(財星)이 약한데 왕(旺)한 비겁운(比劫運)이 흉운(凶運)이다.

⑤ 재성(財星)이 한조(寒燥)가 심한 행운(行運)이 흉운(凶運)이다.

2. 부망운(父亡運)

① 사주에 견겁(肩劫)이 강왕(强旺)한데 유년(流年)의 간지(干支)가 동일 견겁(肩劫)이면 대운(大運)에서 재성운(財星運)이고, 그 해에 양포태(陽胞胎)로 재성입묘월(財星入墓月)에 사망하는 수가 있다.

② 사주에 견겁(肩劫)이 왕(旺)한데 대운(大運)도 견겁운(肩劫運)이고, 유년(流年)의 간(干)은 재성(財星)이고 지(支)는 견겁(肩劫)이고 간지(干支) 충(沖)하거나 유년간(流年干)과 일간(日干)과 상충(相沖)하면 이 해에 부망(父亡) 아니면 부친께서 심히 상신(傷身)함을 당한다.

③ 주중(柱中)에서 일주(日柱)는 약하고 재성(財星)이 태과(太過)하면 가림(加臨) 재성운(財星運)이거나, 자좌 재성입묘(自坐 財星入墓) 유년(流年)이면 부친 사망수가 있다.

④ 대운지(大運支)와 유년지(流年支)가 충(沖)을 하는데, 이 때 대운지(大運支)가 재성(財星)일 때 부사망(父死亡)한다.

⑤ 년간(年干)이나 월간(月干)이 극(剋)을 당할 때 부망(父亡)한다.

3. 모친운(母親運)

① 년지(年支)나 월지(月支)가 충,형(沖,刑)되는 행운(行運)은 흉운(凶運)이다.

② 인수(印綬)가 충,형(沖,刑)되면 손재, 사고, 질병, 수술등의 흉운(凶運)이다.

③ 인수(印綬)가 사,절,묘(死,絶,墓)가 되는 해는 흉운(凶運)이다.

④ 인수(印綬)가 태왕(太旺)해 지는 운은 흉운(凶運)이다.

⑤ 인수(印綬)가 한조(寒燥)가 심한 운이 흉운(凶運)이다.

4. 모망운(母亡運)

① 대운(大運)이 흉(凶)하고 원국(原局)과 운로(運路)에서도 재(財)가 왕(旺)하고, 인(印)이 극제(剋制)를 심히 받을 때와 반대로 전체에서 인(印)이 도리어 너무 태왕(太旺)하여질 때

② 대운(大運)이 재운(財運)이고 유년(流年)의 간(干)은 인수(印綬)가 되고, 지(支)는 인수입묘(印綬入墓)가 되면 모망(母亡)수 이다.

③ 상문(喪門), 조객(弔客)이 들 때나 년지(年支) 혹은 월지(月支)가 충극(冲剋)을 당할 때

5. 남편운(男便運)

① 약(弱)한 정관격(正官格)이나 명조(命造)에 정관(正官)이 약할 경우 상관운(傷官運)에 남편을 극한다. 다만 관살혼잡(官殺混雜)이 아니고 인수(印綬)의 구신(救神)이 없을 경우.

② 약한 편관격(偏官格)이나 명조(命造)에 편관(偏官)이 약할 경우 식신운(食神運)에 남편을 극한다. 다만 관살혼잡(官殺混雜)이 아니고 인수(印綬)의 구신(救神)이 없을 경우.

③ 보통이하의 역량을 가진 관성(官星)이 사,절,묘(死,絕,墓)나 충,형(冲,刑)이 될 경우는 남편의 질병, 사고, 사망등이 있게 된다.

④ 관성(官星)이 태왕(太旺)한 명조(命造)는 재성(財星)이 흉운 (凶運)이다.

⑤ 일지(日支)가 충,형(冲,刑)이 되면 흉운(凶運)이다.

⑥ 식상(食傷)이 왕(旺)하고 관성(官星)이 없는 명조(命造)는 관 성운(官星運)에 남편을 극한다.

⑦ 신약(身弱)하고 재성(財星)이 왕(旺)한 명조(命造)는 관성운 (官星運)이 오면 남편으로 인해 각종 재난과 고난을 당한다.

⑧ 약한 정관(正官), 편관격(偏官格)이나 명조(命造)에 정관(正 官)이나 편관(偏官)이 약(弱)할 경우, 재성운(財星運)이나 관 성운(官星運)이 오게 되면 남편은 개운발전(開運發展)한다.

⑨ 관살혼잡격(官殺混雜格)이나 관살(官殺)이 혼잡(混雜)된 명조 는 어느 하나를 거(去)하는 운이 길운(吉運)이다.

⑩ 역마(驛馬) 상식(傷食)이 관(官)을 충(冲)하거나, 관살(官殺) 이 망신(亡身), 겁살(劫殺)에 해당할 때는 흉운(凶運)이다.

6. 처운(妻運)

① 일지(日支)가 충,형(冲,刑)되는 행운(行運)은 질병으로 고생 하거나 죽을 수도 있다.

② 신왕(身旺) 사주에 비겁행운(比劫行運)이 오면 처(妻)의 질환 이나 고심이 있고, 심하면 상처한다.

③ 명조(命造)에 재성(財星)이 왕(旺)한데 행운(行運)에서 또 재 성운(財星運)이 오면 금전과 자녀 문제로 고심하고, 재성(財 星)이 아주 약할 때는 관성운(官星運)이 흉운(凶運) 이다.

④ 재성(財星)의 간(干)에서 행운 지지(行運 地支)가 사,묘,절 (死,墓,絶)이나 충,형(沖,刑)되면 재물과 여자 문제로 재난이 있다.

⑤ 명조(命造)에 재성(財星)이 행운(行運)과 합(合)되면 처(妻)는 외정(外情), 외간 남자와 사통하는 수가 있다.

⑥ 인수격(印綬格) 자는 재성운(財星運)에 처(妻)로 인해 손재와 망신을 당하게 된다. 다만 인수격(印綬格)이 태왕(太旺)하지 않을 경우와 비겁(比劫)의 구신(救神)이 없을 경우이다.

⑦ 관성(官星)이 왕(旺)한 명조는 재성운(財星運)이 오면 처(妻)로 인한 재산상의 손실이나 관재구설을 당하게 된다.

⑧ 관약(官弱) 사주에 재운(財運)을 만나면 처(妻)로 인하여 출세한다.

⑨ 약한 재성격(財星格)이나 재약(財弱) 사주에 재운(財運)을 만나면, 처(妻)로 인해 재물을 모으게 된다.

⑩ 약한 관성격(官星格)이나 관약(官弱) 사주에 재운(財運)을 만나면, 처(妻)로 인해 직위나 명예를 얻고 매사가 잘 풀려 나간다.

7. 처첩 생이사별운(妻妾 生離死別運)

① 재성(財星) 형,충,극운(刑,沖,剋運)
② 재성(財星) 사,묘,절운(死,墓,絶運)
③ 재성(財星) 삼형살운(三刑殺運)
④ 주중(柱中) 견겁태왕(肩劫太旺)에 또다시 견겁태왕운(肩劫太旺運)
⑤ 대운(大運)이 나빠도 년운(年運)이 좋으면 비켜갈 수 있다.

8. 자녀운(子女運)

① 남녀 간에 시주(時柱)를 극(剋), 충(沖), 형(刑), 원진(怨嗔) 하는 운은 흉운(凶運)이다.

② 남명(男命)은 식상운(食傷運)이 흉운(凶運)이나 주위 환경에 따라 다르다.

③ 남명은 관성(官星)이 사(死), 묘(墓), 절(絶), 충(沖), 형(刑)되는 운은 흉운(凶運)이다.

④ 남명은 관성(官星)이 약할 때 인성운(印星運)도 흉운(凶運)이다.

⑤ 남명은 관왕(官旺)할 때 재성(財星)이나 관성운(官星運)은 흉운(凶運)이다.

⑥ 남명은 관약(官弱)할 때 재성(財星)이나 관성운(官星運)이 길운(吉運)이 된다.

⑦ 여명(女命)은 편인(偏印), 인수운(印綬運)이 흉운(凶運)이다.

⑧ 여명(女命)은 인성(印星)이 태왕(太旺)할 때 식상운(食傷運)이 오면 자식을 극한다.

⑨ 여명은 식상(食傷)이 약한데 재성운(財星運)이 오면 흉운(凶運)이 된다.

⑩ 여명은 식상(食傷)에 사,절,묘(死,絶,墓)나 형,충,파,해(刑,沖,破,害)가 되면 흉운(凶運)이다.

9. 형제자매운(兄弟姉妹運)

① 신약(身弱)한 명조(命造)가 아닌 한 비겁운(比劫運)에 손재가 있다.

② 신강(身强)한 명조(命造)가 아닌 한 관성운(官星運)이 흉운(凶運)이다.

③ 비겁(比劫)이 사(死), 묘(墓), 절(絶)이 되는 운이 흉운(凶運)이다.

④ 식상운(食傷運)에 여자 형제 중에서 결혼하거나 자식을 얻는다.

⑤ 관성(官星)과 비겁(比劫)이 합(合)이 되는 행운(行運)에 여자 형제 중에서 결혼이 있다. 흉작용이 되면 실연(失戀)등의 상처를 입는다.

⑥ 견겁(肩劫)이 극(剋), 충(冲)을 당하는 때나, 월주(月柱)가 극,충(剋,冲)을 당할 때는 형제에 재액(災厄)이 있다.

10. 시험운(試驗運)

① 관성운(官星運)이 희신(喜神)이 될 경우 길운(吉運)이다.

② 인수년(印綬年)은 특별한 기신(忌神)이 아닌 한 길운(吉運)이다.

③ 명조(命造)에 희신(喜神)이 되는 운은 길운(吉運)이다.

④ 식상(食傷)은 기신(忌神)이 아닌 한 중길운(中吉運)이다.

⑤ 명조(命造)가 탁(濁)하게 되는 년(年)은 흉운(凶運)이다.

⑥ 재성(財星)은 희신(喜神)이 되지 않는 한 흉운(凶運)이다.

⑦ 기타 기신(忌神)이 되는 년(年)은 흉운(凶運)이다.

⑧ 격국 용신(格局 用神)과 혼잡이 되는 년(年)은 흉운(凶運)이다.

⑨ 인수(印綬)가 기신(忌神)인 해는 불합격한다.

⑩ 인수년(印綬年), 용신년(用神年), 희신년(喜神年), 식상년(食傷年), 조후년(調候年)은 길(吉)하고, 정관년(正官年)은 중길

(中吉), 견겁년(肩劫年)은 평(平), 기신년(忌神年), 재년(財年), 혼탁년(混濁年), 칠살년(七殺年), 편인년(偏印年)은 흉하다.

⑪ 대운(大運)이 길(吉)하고 유년(流年)이 길(吉)하면 합격수가 있다.

⑫ 대운(大運)은 길(吉)하고 유년(流年)이 대흉(大凶)하면 소길(小吉)하여 불합격 되기 쉽다.

⑬ 대운(大運)은 흉(凶)하고 유년(流年)이 길(吉)하면 평길(平吉)하니, 평범한 학교면 합격수가 있으나 욕심을 내면 불합격한다.

11. 학업중단운(學業中斷運)

① 대운(大運)이 재운(財運)이고 유년(流年)이 기신 인수년(忌神印綬年)이면서, 인수입묘(印綬入墓)의 년(年)일 때.

② 사주에 재성(財星)이 많고 인(印)이 미약하거나, 운로(運路)에서 가림 재성(加臨 財星)하거나, 혹은 인수(印綬)의 해를 만나면 학업이 중지하는 수이다.

12. 영전,승진운(榮轉, 昇進運)

① 정관년(正官年), 정재년(正財年), 명조(命造)의 용신, 희신운(用神, 喜神運)

② 관성운(官星運)이 희신(喜神)이 될 경우, 기신(忌神)이 아닌

한 인수년(印綬年)은 길운(吉運)이다.

④ 용신합신년(用神合身年), 정관(正官)이 합귀인(合貴人), 합신
년(合身年), 녹마동향 합신년(祿馬同鄕 合身年), 정재 합귀
합신년(正財 合貴 合身年), 녹마(祿馬)가 정록(正祿)과 합
(合)이 되어 합신(合身)일 때 정관패인년(正官佩印年)

13. 이사운(移徙運)

① 일지(日支)나 월지(月支)가 충(冲)이 되는 년(年)

② 일간(日干)이나 월간(月干)을 충(冲)하는 년(年)

③ 일지(日支)와 년지(年支)가 지합(支合), 반합(半合), 삼합(三
合)되는 년(年)

④ 일주(日柱)를 기준으로 해서 지살(地殺)이나 역마(驛馬)가 되
는 년(年)

⑤ 행운(行運)의 천간은 인수(印綬)가 되고 지지에 일지(日支)와
합(合)이 되는 년(年)

⑥ 용신 충년(用神 冲年)은 흉운(凶運)으로 이동한다.

⑦ 인수 합신년(印綬 合身年), 지살 역마 합신년(地殺 驛馬 合身
年), 특히 일주(日柱)기준 역마살년(驛馬殺年)

⑧ 년지 삼합년(年支 三合年), 용신(用神), 희신년(喜神年)은 길
(吉)하나, 일지 삼합년(日支 三合年)은 삼재삼합년(三災三合
年)이면 흉(凶)하다. 월지 충년(月支 冲年)은 무리하고, 칠살
년(七殺年)은 갑자기 의외로 이사하게 되고, 기신년(忌神年)
은 흉(凶)하다.

14. 해외운(海外運)

① 일주(日柱)는 합(合)되고 월주(月柱)는 충(沖)이 되는 년(年)
② 재성(財星)이나 관성(官星)이나 역마(驛馬)가 일주(日柱)와 합(合) 되는 년(年)
③ 일지(日支)나 시지(時支)에 역마(驛馬) 또는 지살(地殺)이 있으면서 충(沖)이 되는 년(年)
④ 행운(行運)의 인수(印綬)가 일주(日柱)와 합(合)이 되는 년(年)
⑤ 월주(月柱)에 역마(驛馬)나 지살(地殺)이 있으면서 합(合)이 되는 년(年)
⑥ 일지(日支)나 시지(時支)에 역마(驛馬)가 되는 년(年)

15. 여명임신년(女命姙娠年)

① 관성(官星)이 합(合)되는 년(年)
② 식상년(食傷年)
③ 식상(食傷)이 충,형(沖,刑)되는 년(年)
④ 인수년(印綬年)
⑤ 인수(印綬)가 충,형(沖,刑)되는 년(年)
⑥ 명조(命造)의 시주(時柱)와 대운(大運), 세운(歲運)이 연결되어 삼합(三合)이나 방합(方合)되는 운(運)
⑦ 일지(日支)를 포함하여 삼합(三合)이나 방합(方合)이 되는 년운(年運)

16. 출생자(出生子)하는 년(年)

① 대운(大運)이 흉(凶)하고 유년(流年)이 흉(凶)이더라도, 유년지(流年支)가 천희신(天喜神)이거나 일지(日支)와 합(合)하는 해가 되면 생자(生子)가 된다.

② 대운(大運)이 길(吉)하고 용귀인(用貴人), 희귀인(喜貴人), 일귀인(日貴人)과 허공(虛空)으로 육합(六合)하는 해, 혹은 금여년(金輿年)에도 생자(生子)가 된다.

③ 남아(男兒)는 대운(大運)이 길(吉)하고 유년(流年)도 길년(吉年)이면 출생자(出生子)하게 된다.

④ 아들, 딸 막론하고 금여년(金輿年), 정록년(正祿年), 암록년(暗祿年), 용귀인(用貴人)과 허(虛)로 육합(六合)하는 해에 출생자(出生子)가 많다.

⑤ 양(陽)이 많은 사주는 양운(陽運)에 들면, 냉한(冷寒) 사주는 온난년운(溫暖年運)에 들면, 온난(溫暖) 사주는 냉한년운(冷寒年運)에 들면, 용신운(用神運)에 들면 생자(生子)한다.

⑥ 남자는 신왕운(身旺運), 관살운(官殺運)에, 여자는 재관왕운(財官旺運)에 생자(生子)한다.

17. 관재, 구설, 소송년(官災, 口舌, 訴訟年)

① 수옥살(囚獄殺)이 흉운(凶運)이다.

② 신약(身弱)한 자는 관살년(官殺年), 칠살(七殺)이 많은 자는 칠살년(七殺年), 관살혼잡(官殺混雜)되는 년(年)이 흉운(凶運)이다.

③ 관성(官星)이 태과(太過)되는 년(年)이 흉운(凶運)이다.

④ 일지(日支)가 삼형(三刑)되는 년(年)이 흉운(凶運)이다.

⑤ 일주(日柱)가 천충지충(天冲地冲)되는 년(年).

⑥ 상관운(傷官運)이 와서 정관(正官)을 극함이 심할 경우는 상관(傷官)이 되는 년(年)이 흉운(凶運)이다.

⑦ 태왕(太旺)한데 비겁(比劫)이 되는 년(年).

⑧ 기신(忌神), 구신년(仇神年), 기신(忌神) 중첩년.

⑨ 천라지망(天羅地網) 중첩운, 신강(身强)사주 양인살년(羊刃殺年).

⑩ 재다신약격(財多身弱格)은 관살년(官殺年), 모쇠자왕격(母衰子旺格)은 관살년(官殺年).

18. 교통사고(交通事故) 당할 운(運)

① 일지(日支)가 용신(用神), 희신(喜神)인데 형,충(刑,冲)이 되는 년(年)

② 관살(官殺)이 태왕(太旺)한데 관살운(官殺運)이 되는 년(年)

③ 관살혼잡(官殺混雜)이 되는 년(年)

④ 일주(日柱)에 역마(驛馬)나 지살(地殺)이 동주(同柱)해 있는데 충,형(冲,刑)이 되는 년(年)

⑤ 계일 갑인시생(癸日 甲寅時生)자가 기,사,신(己,巳,申) 삼자 중 어느 한 자가 들어 있는 년(年)

⑥ 신약(身弱) 사주가 역마(驛馬)와 식상(食傷)이 재살국(財殺局)을 이루어 합신(合身)이 되는 년(年)

19. 질병운(疾病運)

① 신약(身弱)에 편관운(偏官運)은 흉운(凶運)이다.

② 육해(六害), 형(刑), 양인(羊刃)이 되는 운은 흉운(凶運)이다.

③ 양인(羊刃)이 충(沖)되는 운도 흉운(凶運)이다.

④ 격국용신(格局用神)과 충극(沖剋)이 되는 운이 흉운(凶運)이다.

⑤ 일간(日干)이 유년 천간(流年 天干)과 간합(干合)이 되고, 일지(日支)가 유년지(流年支)와 형(刑)이 되면 성병에 걸린다.

⑥ 명조(命造)에 도화살(桃花殺)이 있는데 유년지(流年支)가 형, 충(刑,沖)하면 성병에 걸린다.

⑦ 질병의 종류는 기신(忌神)이 되는 오행(五行)으로 논한다.

20. 손재운(損財運)

① 겁살년(劫殺年), 겁재년(劫財年), 편관년(偏官年), 상관운(傷官運)

② 재성(財星)이 망신년(亡身年), 정관충극년(正官沖剋年)

③ 비겁(比劫)이 왕(旺)한 명조(命造)에 재성(財星)이 되는 년(年)

④ 명조(命造)의 인수(印綬)가 극을 받음이 심한 해는 각종 매매 건으로 사기를 당하기 쉽다.

⑤ 양인살년(羊刃殺年), 재다(財多) 사주 재년(財年), 간투견겁년(干透肩劫年), 용신(用神)이 충(沖)을 당할 때

⑥ 사주에 비겁(比劫)이 많은데 또 비겁운(比劫運)을 만날 때

⑦ 재(財)를 충파(沖波)하는 운을 만날 때

⑧ 재성(財星)과 합(合)한 오행(五行)이 회두극(回頭剋)할 때

⑨ 일간(日干)과 합(合)한 오행(五行)이 기신(忌神)이 될 때

⑩ 사주에 편인(偏印)이 많은데 또 편인(偏印)을 만날 때

21. 재운(財運)

① 신약(身弱)하고 재성(財星)이 왕(旺)한 명조(命造)는 신강(身強)해지는 년(年)

② 신강(身強)하고 재성(財星)이 약한 명조(命造)는 재성(財星)이 왕(旺)해지는 식상(食傷)이나 재성(財星)이 되는 년(年)

③ 신왕(身旺)하고 정관(正官)이나 편관격(偏官格)이 약할 경우는 왕(旺)한 재성운(財星運)이 오면 재물과 명예가 동시에 생긴다.

④ 신왕하고 재성격(財星格)이 약한 명조(命造)는 재성(財星)이 왕(旺) 해지는 년(年)

⑤ 체(體)도 보통 이상인데 식신격(食神格)이나 상관격(傷官格)이 더 왕(旺)하여, 체(體)보다 용(用)이 더 강할 때는 재성운(財星運)이 오면 재물이 불어난다.

⑥ 인성(印星)이 왕(旺)하여 신강(身強)하고 어느 격(格)이든 용(用)이 약하여 균형이 맞지 않을 때는 강한 재성운(財星運)에 재물이 생긴다.

⑦ 재고충년(財庫沖年), 재용신(財用神)에 재합년(財合年), 왕재합신년(旺財合身年), 용신희신년(用神喜神年)

22. 이성건(異性件)으로 인한 구설 망신운(口舌 亡身運)

① 남녀 간에 일간(日干)과 합(合)이 되는 년(年)과 망신(亡身)이 되는 년(年)

② 여명(女命)은 관살혼잡(官殺混雜)에 도화(桃花)가 되는 년(年)

③ 여명(女命)은 재성(財星)이 기신(忌神)이 되는 년(年)

④ 남녀 공(共)히 상관(傷官)이 되는 년이나 상관 도화운(傷官桃花運)

⑤ 남명(男命)은 정재(正財), 편재(偏財)가 혼잡(混雜)되는 년(年)

⑥ 남명(男命)은 재성(財星)이 망신(亡身)되는 년(年)이나 겁살년(劫殺年)

⑦ 남명(男命)은 정재합신년(正財合身年), 정관합신년(正官合身年), 도화년(桃花年), 홍염살년(紅艶殺年), 목욕년(沐浴年), 여명(女命)은 관식 합신년(官食 合身年), 관살(官殺)이 망신 합신년(亡身 合身年)

⑧ 홍염(紅艶), 도화 합신자(桃花 合身年)는 간합지형년(干合支刑年), 망신살(亡身殺) 형충년(刑冲年), 칠살 도화년(七殺 桃花年)에는 이성 구설이 있다.

23. 귀인(貴人) 상봉(相逢) 및 합년(合年)

① 금여(金輿)의 유년(流年) 용귀인월(用貴人月)에 연인이 발생하고, 차월(此月)에 작합(作合)하는 일이 있다.

② 용귀인년(用貴人年), 희귀인년(喜貴人年)에 연인을 만나면 금

여월(金輿月)에 작합(作合)하게 된다. 그러나 이 때 금여(金輿)와 일지(日支)가 상충(相冲)하면 인연이 좋다가도 차년(此年)에 인연이 파탄되고 만다.

③ 대운(大運)이 길하고 년운(年運)이 길하면 이 때에도 연인이 생긴다.

④ 사주의 일,시(日,時)에 도화살(桃花殺)이나 홍염살(紅艶殺)이 있는 자는 왕왕 엽색행각이 심하다.

⑤ 관살합신년(官殺合身年), 식상합신년(食傷合身年), 일주합년(日柱合年)에는 연애하거나 정을 통한다.

24. 결혼운(結婚運)

① 남녀 간에 희신(喜神)이 일주(日柱)와 합(合) 되는 년(年), 도화(桃花)가 되는 년(年), 용신 합신년(用神 合身年), 일간(日干)만 합(合) 되거나 일지(日支)만 합(合)되거나 천지덕합(天地德合)이 되는 년(年)

② 남명(男命)은 관성(官星)이 일주(日柱)와 합(合) 되는 년(年), 재성(財星)이 일주(日主)와 합(合) 되는 년(年)

③ 남명(男命)은 재성(財星)이 약할 경우 재성운(財星運)이나 식상(食傷)이 되는 년(年)

④ 남명(男命)은 관성(官星)이 왕(旺)한데 관운(官運)이 와서 일주(日主)와 합(合)되면 구설이 많은 곡절이 있다. 남명은 재관(財官)이 절지(絶地)에 있으면 언다곡절(言多曲折)이 있다.

⑤ 남명(男命)의 명조(命造)중 재성(財星), 관성(官星), 식신(食

神), 상관(傷官)이 충,형(冲,刑)되는 해는 혼사가 될 듯 하면서도 잘 안되는 경우가 많거나, 결혼하면 언다곡절(言多曲折)이 있게 된다.

⑥ 남명(男命)의 정,편재(正,偏財) 혼잡사주는 편재합거년(偏財合去年)에 결혼하고, 헌 남자· 헌 여자는 재혼하고, 탁한 남자· 탁한 여자는 바람난다.

⑦ 편관(偏官)이 있고 정관 합신년(正官 合身年)은 흉하고, 편재 합신년(偏財 合身年)에는 복잡 강요가 있다.

⑧ 여명(女命)은 정관년운(正官年運), 여명은 관성(官星)이 태왕(太旺)할 경우 식신, 상관년(食神, 傷官年)

⑨ 여명(女命)은 월지(月支)가 충(冲)되는 해, 여명(女命)은 인수(印綬)가 되는 해

⑩ 여명(女命)은 관성(官星)이 약할 경우에 재성(財星)이 되는 년(年)

⑪ 여명(女命) 관살혼잡(官殺混雜) 사주는 칠살합거년(七殺合去年)에 결혼하고, 상관견관(傷官見官) 사주는 상관합거년(傷官合去年)에 결혼한다.

⑫ 일주(日柱) 정관(正官)이나 편관년(偏官年)은 강제성을 띤 결혼을 하기 쉽다. 여자가 을일생(乙日生)이고 경년(庚年) 병일생(丙日生)이고, 신년(辛年)을 만나는 년운(年運)일 때, 본인의 의사와는 관계 없이 강압· 강제적인 결혼을 하게 되거나 전 애인이 나타나서 망신을 당하는 경우가 있는등, 본의든 타의든간에 몸을 버리는 경우가 있다. 단 명조(命造)가 불량한 경우에 한해서이다.

25. 매매(賣買),문서(文書), 신규사업(新規事業)의 운(運)

① 인수(印綬)가 되는 년(年)에 계약, 매매, 신규사업, 창건, 변동등이 있게 된다. 길흉(吉凶)의 작용은 인수(印綬)가 명조(命造)에 미치는 영향에 따라 달라지며, 용신(用神)에 따라 판단한다.

② 역마(驛馬)나 인수(印綬)가 충,형(沖,刑)되면 계약 매매사는 구설과 시비가 있게 되고, 중요한 서류의 분실, 학문상의 장애, 노상에서 각종 물건의 분실등이 있다.

③ 재성운(財星運)은 희신(喜神)이 아닌 한 흉운(凶運)이다.

④ 편관년운(偏官年運), 겁재년운(劫財年運), 상관년운(傷官年運)에 매매하면 사기 당한다. 도난· 분실 수가 있다.

⑤ 재용신(財用神)은 팔고 난 후 입재(入財), 축재(蓄財)한다.

⑥ 문서에 귀문관살(鬼門關殺)이 있으면 신경쓰는 일이 생긴다.

⑦ 일반적으로 인수년(印綬年), 용신합년(用神合年), 일지충년(日支沖年), 간극지충년(干剋支沖年)에는 신규도모, 신축 또는 개업하는 해다.

26. 객사시체(客死屍體) 집에 온다.

① 명조(命造)에 역마(驛馬)와 관살(官殺)이 있는데 귀문관살(鬼門關殺) 세운(歲運)을 만나던지, 상문(喪門), 조객살(弔客殺)이 되면서 합(合)이 되면 객사시체(客死屍體) 집에 온다.

② 명조(命造)에 상문살(喪門殺)이나 조객살(弔客殺), 역마살(驛馬殺), 관살(官殺)이 있고 세운(歲運)이 관살운(官殺運)이 되

면서 합(合)이 될 때는 객사시체(客死屍體)가 집에 온다.

27. 직업이동(職業移動) 불길년(不吉年)

① 관살(官殺)의 칠살년(七殺年), 식상년(食傷年)에는 전입, 이동
② 관살(官殺)이 형, 충년(刑, 冲年)
③ 월지충년(月支冲年)
④ 기신년(忌神年)

28. 남편(男便) 불화, 증오하는 운(運)

① 상관년(傷官年) 서로 무시
② 칠살년(七殺年) 서로 대립
③ 일지 충년(日支 冲年)
④ 주중(柱中) 관살 형충년(官殺 刑冲年)
⑤ 천간 관(天干 官)과 합(合)되는 견겁년(肩劫年)

29. 처첩(妻妾) 의심, 증오하는 운

① 견겁년(肩劫年)
② 양인년(羊刃年)
③ 주중(柱中) 재성(財星)을 형, 충, 극년(刑, 冲, 剋年)
④ 주중(柱中) 투재(透財)의 합(合)되는 견겁년(肩劫年)

30. 의처증(疑妻症) 발작 극처년(剋妻年)

① 재성암합(財星暗合) 사주는 재성암합년(財星暗合年)
② 신왕사주(身旺四柱)는 비겁, 인성년(比劫, 印星年)

31. 의부증(疑夫症) 발작 극부년(剋夫年)

① 비겁합살(比劫合殺) 사주는 비겁합살년(比劫合殺年)
② 식상(食傷)이 관성(官星)을 극상(剋傷)하는 해
③ 관살(官殺)이 충극(冲剋)되거나 입묘(入墓)하는 해

32. 화액(火厄), 수액(水厄), 흉액운(凶厄運)

① 탕화 가중년(湯火 加重年)
② 주중(柱中) 탕화 형,충년(湯火 刑,冲年)
③ 갑술일생(甲戌日生)이 신약(身弱)한데 충(冲)을 만나는 년(年)
④ 임술일생(壬戌日生)이 신약(身弱)한데 충(冲)을 만나는 년(年)
⑤ 목일생(木日生)이 화다(火多)하고 화국(火局)을 이루는 년(年)
⑥ 화일생(火日生)이 화다(火多)하고 또 화(火)를 만날 때
⑦ 오일생(午日生)이 술년(戌年), 인일생(寅日生)이 오년(午年),
   술일생(戌日生)이 인년(寅年)을 만날 때

33. 가축(家畜)이 죽는다.

① 정축(丁丑), 계축(癸丑)이 있는 사주가 오,미,술년(午,未,戌年)에는 소가 죽는다.

② 병술(丙戌), 임술(壬戌)이 있는 사주는 진,축,미년(辰,丑,未年)에 개가 죽는다.

③ 갑진(甲辰), 을미(乙未), 병술(丙戌), 정축(丁丑), 무진(戊辰), 임술(壬戌), 계축일생(癸丑日生)은 축산업(畜産業)을 하면 안된다.

34. 겁탈(劫奪), 강간(强姦), 망신(亡身) 당하는 해

① 신약(身弱) 사주는 칠살년(七殺年)에 겁탈당한다.

② 칠살 망신(七殺 亡身)이 겹쳐 합신년(合身年)에는 강간, 망신 당한다.

35. 관직자(官職者) 구설년(口舌年)

① 상관견관(傷官見官) 관살년(官殺年)

② 주중관살(柱中官殺) 파극년(破剋年)

第6章. 일주(日柱)에 의한 운세법(運勢法)

1. 갑자일생(甲子日生)

① 조심할 일진은 경오일(庚午日)과 무오일(戊午日)이다.
② 신,자,진년,월,일(申,子,辰年,月,日)에는 항상 변동이 있다.
  직장, 해외, 이사, 전근, 전직 등의 변화가 발생한다.
③ 묘년(卯年)에는 관재, 송사나 사고, 수술수가 염려된다.
④ 오년(午年)에는 화재, 관재, 구설, 시비, 재난이 우려된다.
⑤ 유년(酉年)에는 이성교제로 인해 건강, 명예, 금전상 문제가
  발생하기 쉽다.

2. 을축일생(乙丑日生)

① 조심한 일진은 신미일(辛未日)과 기미일(己未日)이다.
② 사,유,축년(巳,酉,丑年)에는 직장 변동이나 이사 또는 환경
  변화가 있다.

③ 오년(午年)에는 이성이 따르나 오래가지 못한다. 이성교제를
주의해야 한다.
④ 미,술년(未,戌年)에는 관재, 소송, 시비, 복통, 수술등 어려
움이 따르고 비밀이 노출된다.

3. 병인일생(丙寅日生)

① 조심할 일진은 경신일(庚申日)과 임신일(壬申日)이다.
② 인,오,술년(寅,午,戌年)에는 신상에 변화, 원행, 이동, 이사,
전근이 있다. 자신감이 넘쳐 경거망동하기 쉽고, 직장이나 경
영하는 일에 변화를 모색하거나 이사, 이동을 하고 싶은 충동
을 느낀다.
③ 묘년(卯年)에는 이성으로부터 인기를 얻으므로 이성이 따르
고, 이성교제에 유리한 시기이다.
④ 사,신년(巳,申年)에는 몸이 아프거나 교통사고를 당할 우려가
있고, 시비, 소송, 관재에 휘말리거나 화재를 만난다.

4. 정묘일생(丁卯日生)

① 조심할 일진은 계유일(癸酉日)과 신유일(辛酉日)이다.
② 자년(子年)에는 관재구설이나 재액이 일어나기 쉽고, 본인이
자제력을 잃기 때문에 이성교제를 조심해야 되고, 건강상의
적신호가 온다.
③ 해,묘,미년(亥,卯,未年)에는 소극적이던 성격이 적극적으로
바뀌므로 이사, 전직 등 신상에 변동이 있다.

④ 유년(酉年)에는 신상이나 배우자 문제로 고민하거나 이사하게
  되며 재액을 주의해야 된다.
⑤ 술년(戌年)에 상하가 동화한다.

5. 무진일생(戊辰日生)

① 조심할 일진은 임술일(壬戌日), 갑술일(甲戌日), 해일(亥日)
  이다.
② 신,자,진년(申,子,辰年)에는 해외여행, 이사, 변동수가 있다.
③ 오년(午年)에는 화재, 화상, 불조심을 해야 된다.
④ 유년(酉年)에는 이성교제에 조심, 이성이 따른다.
⑤ 술년(戌年)에는 위장 장애가 생기기 쉽고, 복통, 수술을 주의
  해야 한다.
⑥ 해년(亥年)에는 신경이 예민해진다.

6. 기사일생(己巳日生)

① 조심할 일진은 을해일(乙亥日), 계해일(癸亥日)이다.
② 계해년(癸亥年)에는 매사에 조심해야 한다.
③ 사,유,축년(巳,酉,丑年)에는 매사에 조심해야 한다.
④ 신,해년(申,亥年)에는 교통사고, 소송, 화재, 수재를 조심해
  야 한다.
⑤ 술년(戌年)에는 신경과민에 실물수가 있다.

7. 경오일생(庚午日生)

① 조심할 일진은 갑자일(甲子日)과 병자일(丙子日)이다.
② 자,축년(子,丑年)에는 화재, 고소, 소송, 관재에 조심해야 한다.
③ 인,오,술년(寅,午,戌年)에는 발전적인 변화 가능성이 높다.

8. 신미일생(辛未日生)

① 조심할 일진은 을축일(乙丑日)과 정축일(丁丑日)이다.
② 자,미년(子,未年)에는 이성이 따르나 인연이 길지 못하므로 이성 교제를 조심해야 한다.
③ 축,술년(丑,戌年)에는 소송, 수술, 사고, 복통이 따르며, 술년(戌年)에는 재수는 있다.
④ 해묘미년(亥卯未年)에는 변화의 시기로 신상에 변화가 있다.

9. 임신일생(壬申日生)

① 주의할 일진은 병인일(丙寅日), 무인일(戊寅日), 경인일(庚寅日)이다.
② 신,자,진년(申,子,辰年)에는 환경이나 직업 변동, 원행수가 있다.
③ 인,사년(寅,巳年)에는 교통사고, 수술, 송사가 있다.
④ 병인년(丙寅年)과 무인년(戊寅年)에는 가장 조심해야 한다.
⑤ 묘년(卯年)에는 신경이 예민하고 수하인을 조심해야 한다.

10. 계유일생(癸酉日生)

① 조심할 일진은 정묘일(丁卯日)과 기묘일(己卯日)이다.
② 사,유,축년(巳,酉,丑年)에는 변동이 있다.
③ 유년(酉年)에는 이사, 직장 변동이 있다.

11. 갑술일생(甲戌日生)

① 조심할 일진은 진일(辰日)이며, 특히 무진일(戊辰日), 경진일(庚辰日)을 조심해야 한다.
② 자년(子年)에는 시비, 송사를 주의해야 한다.
③ 축,진,미년(丑,辰,未年)에는 수술, 복통, 관재, 송사, 사고가 있다. 특히 무진년(戊辰年), 경진년(庚辰年)에는 조심해야 된다.
④ 인,오,술년(寅,午,戌年)에는 환경에 변화, 신상에 변화, 원행수가 있다.
⑤ 묘년(卯年)에는 이성에게 배신이 있거나 손재수가 있으니, 이성교제에 신중해야 하며 다른 일에 까지 영향을 미쳐 실패하게 된다.
⑥ 임년(壬年) 혹은 임월(壬月) 또는 임일(壬日)에는 크게 성공한다.

12. 을해일생(乙亥日生)

① 조심할 일진은 신사일(辛巳日)과 기사일(己巳日)이다.
② 자년(子年)에는 이성이 따르며 애인이 생긴다.
③ 사년(巳年)에는 출장 중 사고, 교통사고가 우려된다.
④ 해,묘.미년(亥,卯,未年)에는 원행, 해외여행, 환경에 변화가
　있다. 특히 미년(未年)에는 이혼이 염려된다.

13. 병자일생(丙子日生)

① 조심할 일진은 임오일(壬午日)과 경오일(庚午日)이다.
② 신,자,진년(申,子,辰年)에는 신상에 변동, 이사, 해외 출입이
　있다.
③ 묘년(卯年)에는 성병, 화류병, 자궁암, 수술수가 있다.
④ 오년(午年)에는 관재구설, 화재수가 있다.
⑤ 유년(酉年)에는 남녀문제, 이성으로 고민한다.

14. 정축일생(丁丑日生)

① 주의할 일진은 계미일(癸未日)과 신미일(辛未日)이다.
② 사,유,축년(巳,酉,丑年)에는 변동, 변화수가 있다.
③ 오년(午年)에는 이성교제로 고민한다.
④ 미,술년(未,戌年)에는 수술, 소송, 재판수가 있다.

15. 무인일생(戊寅日生)

① 주의할 일진은 갑신일(甲申日)과 임신일(壬申日)이다.
② 사,신년(巳,申年)에는 교통사고, 수술, 송사, 시비, 관재, 기둥 서방을 조심해야 한다.
③ 신년(申年)에는 직장 변동, 환경 변화, 이사수가 있다.
④ 인,오,술년(寅,午,戌年)에는 자만심으로 즉흥적인 요소가 나타나 안정감을 잃기 쉽다.
⑤ 유년(酉年)이나 유월(酉月), 혹은 유일(酉日)에는 배우자에 대해 원망하는 마음이 생긴다.

16. 기묘일생(己卯日生)

① 조심할 일진은 계유일(癸酉日)과 을유일(乙酉日)이다.
② 자년(子年)에는 이성교제로 인한 건강 악화나 화류병, 수술, 시비, 소송수가 있다.
③ 해,묘,미년(亥,卯,未年)에는 변화와 변동, 부부의 합함이나 헤어짐이 있다.
④ 신년(申年)에는 정서불안, 노이로제, 짜증, 불면증이 있다.
⑤ 유년(酉年)에는 신상에 변화, 배우자와 헤어짐, 사고나 관재수가 있다.

17. 경진일생(庚辰日生)

① 조심할 일진은 갑술일(甲戌日)과 병술일(丙戌日)이다.

② 신,자,진년(申,子,辰年)에는 신상에 변동이 있다.
③ 유년(酉年)에는 이성교제로 고민, 이성으로 인한 손재수가 있다.
④ 술년(戌年)에는 관재구설, 부부에 이상이 있다.
⑤ 해년(亥年)에는 신경과민이 있다.

18. 신사일생(辛巳日生)

① 조심할 일진은 을해일(乙亥日), 정해일(丁亥日)이다.
② 사,유,축년(巳,酉,丑年)에는 신상에 변동, 고집을 부리면 실패 할 우려가 있다.
③ 인,신,해년(寅,申,亥年)에는 교통사고, 수술, 건강, 화재, 관재, 소송등이 우려가 된다. 해년중(亥年中)에는 을해년(乙亥年)과 정해년(丁亥年)을 조심해야 한다.
④ 오년(午年)에는 이성교제의 기회가 있으니 신중히 행동해야 한다.
⑤ 술년(戌年)에는 신경질적이 되어 부부간에 어려움을 겪게 된다.

19. 임오일생(壬午日生)

① 조심할 일진은 병자일(丙子日)과 무자일(戊子日)이다.
② 자년(子年)에는 소송, 시비, 관재, 사고, 수술수가 있다.
③ 축년(丑年)에는 화재에 주의, 신경과민으로 정신적 고통, 비관하는 수가 있다.
④ 인,오,술년(寅,午,戌年)에는 환경의 변화, 해외출입, 이사수가 있다.

⑤ 묘년(卯年)에는 이성문제에 조심, 이성을 우레처럼 만났다가 번개처럼 헤어지니 상심만 크다.

20. 계미일생(癸未日生)

① 조심할 일진은 정축일(丁丑日)과 기축일(己丑日)이다.
② 자년(子年)에는 이성교제에 조심, 이성을 만난다 해도 오래가지 않는다.
③ 축,술년,월,일(丑,戌年,月,日)에는 심신이 불안정하고 비밀이 폭로되거나 건강에 조심, 복통, 수술, 사고, 관재, 구설이 발생한다.
④ 인년(寅年)에는 신경이 더욱 예민해 진다.
⑤ 오년(午年)에는 이성의 합(合)이요, 길한 인연이 되겠다.
⑥ 해,묘,미년(亥,卯,未年)에는 신상에 변화, 환경에 변화, 해외나 원근 출입이 많다.

21. 갑신일생(甲申日生)

① 조심할 연,월,일은 경인년,월,일(庚寅年,月,日)과 무인년,월,일(戊寅年,月,日)이다.
② 신,자,진년(申,子,辰年)에는 변동이 있다.
③ 인,사년(寅,巳年)에는 관재, 수술, 교통사고를 조심해야 한다.
④ 묘년(卯年)에는 세상을 비관하고 신경질적 이다.

22. 을유일생(乙酉日生)

① 조심할 연,일(年,日)은 신묘년,일(辛卯年,日)과 기묘년,일(己卯年,日)이다.

② 자년(子年)에는 신경쇠약, 넓은 마음으로 이해와 느긋함을 지녀야 한다.

③ 사,유,축년(巳,酉,丑年)에는 환경변화, 이사, 전근, 원행이나 해외여행, 건강에 유의해야 한다.

④ 묘년(卯年)에는 관재구설, 시비가 우려된다. 사고, 손재, 실물수, 가정적인 불안이나 주위 사람의 방해로 모든 일에 어려움을 겪을 우려가 있다.

23. 병술일생(丙戌日生)

① 주의할 일진은 임진일(壬辰日)과 경진일(庚辰日)이다.

② 축,진년(丑,辰年)에는 관재, 송사, 배신, 사고, 수술, 복통이 있다.

③ 인,오,술년(寅,午,戌年)에는 환경에 변화, 원행, 이동, 이사수가 있다.

④ 묘년(卯年)에는 이성이 따르니 그 정이 오래 간다.

⑤ 사년(巳年)에는 신경성 질환에 주의해야 한다.

24. 정해일생(丁亥日生)

① 조심할 일진은 계사일(癸巳日)과 신사일(辛巳日)이다.
② 진년(辰年)에는 신경과민, 노이로제, 금전의 지출도 심하다.
③ 사년(巳年)에는 차액, 사고, 도난, 관재, 배신이나 부부 함께
   액을 당하기 쉽다.
④ 해,묘,미년(亥,卯,未年)에는 신상에 변화가 있다.

25. 무자일생(戊子日生)

① 조심할 연,일은 임오년,일(壬午年,日)과 갑오년,일(甲午年,
   日)이다.
② 신,자,진년(申,子,辰年)에는 변동이 있고, 해외출입, 금전운
   이 있고, 늘 이성교제를 조심해야 되며, 이성이 따르고 백년
   가약을 맺는다.
③ 축년(丑年)에는 행운이 깃든다.
④ 묘년(卯年)에는 이성교제로 망신을 당하거나 성병에 걸릴 염
   려가 있으므로 조심해야 되며, 수술이 염려된다.
⑤ 오년(午年)에는 화재나 관재구설을 조심해야 한다.
⑥ 미년(未年)에는 신경과민, 타인과의 시비나 원한을 살 우려가
   있다
⑦ 유년(酉年)에는 이성으로 인한 고심이 있다.

26. 기축일생(己丑日生)

① 주의할 연,일은 계미년,일(癸未年,日)과 을미년,일(乙未年, 日)이다.
② 사,유,축년(巳,酉,丑年)에는 변동, 신상에 변화, 여행, 이사 수가 있다.
③ 오년(午年)에는 신경쇠약에 처첩이나 부모의 걱정이 생긴다.
④ 미,술년(未,戌年)에는 건강과 시비나 소송 혹은 금전상의 어려움, 위경련, 위장병, 수술, 송사, 화재를 주의해야 한다.

27. 경인일생(庚寅日生)

① 조심할 연,일은 병신년,일(丙申年,日)과 갑신년,일(甲申年, 日)이다.
② 인,오,술년(寅,午,戌年)에는 직장 변동, 환경의 변화가 있다.
③ 묘년(卯年)에는 이성이 따르고 돈도 생긴다.
④ 사,신년(巳,申年)에는 교통사고가 염려되며, 수술, 송사, 배신, 손재가 있다.

28. 신묘일생(辛卯日生)

① 조심할 일진은 을유일(乙酉日), 정유일(丁酉日), 기유일(己酉日)이다.
② 자년(子年)에는 이성교제로 망신당할 염려가 있고 고난이 따

른다.

③ 해,묘,미년(亥,卯,未年)에는 신상에 변동이 있다.

④ 신년(申年)에는 신경 계통이나 생활에 짜증이 난다.

⑤ 유년(酉年)에는 질병, 사고, 수족에 이상, 관재구설, 부부 풍파에 주의해야 한다.

29. 임진일생(壬辰日生)

① 주의할 연,일은 무술년,일(戊戌年,日)과 병술년,일(丙戌年,日)이다.

② 신,자.진년(申,子,辰年)에는 신상의 변동이 있고, 물조심을 해야 한다.

③ 유년(酉年)에는 이성과 교제하게 된다.

④ 술년(戌年)에는 관재, 송사, 사고, 복통, 개종(改宗)등이 있다.

⑤ 해년(亥年)에는 실물수가 있고, 신경과민, 노이로제나 원한 관계에 휘말린다.

30. 계사일생(癸巳日生)

① 주의할 연,일은 정해년,일(丁亥年,日)과 기해년,일(己亥年,日)이다.

② 인,신,해년(寅,申,亥年)에는 교통사고, 소송, 건강에 적신호 가 들어오며, 동업은 이롭지 못하고 모든 행동을 신중히 하여 야 되며, 이성교제에 탐닉하면 실패한다.

③ 오년(午年)에는 이성교제가 있게 된다.
④ 사,유,축,년(巳,酉,丑年)에는 변동, 변화가 있으나 결과는 불리하다.
⑤ 술년(戌年)에는 신경과민, 신경쇠약, 원한 관계가 발생할 우려가 있다.

31. 갑오일생(甲午日生)

① 주의할 연,일은 경자년,일(庚子年,日)과 무자년,일(戊子年,日)이다.
② 자년(子年)에는 소송, 시비, 관재, 사고가 있다.
③ 축년(丑年)에는 신경과민, 노이로제, 신경질환이 염려된다.
④ 인,오,술년(寅,午,戌年)에는 변동, 변화, 여행수가 있다.

32. 을미일생(乙未日生)

① 주의할 연,일은 신축년,일(辛丑年,日)과 기축년,일(己丑年,日)이다.
② 자년(子年)에는 이성문제, 신경과민에 원한 관계가 있다.
③ 축,술년(丑,戌年)에는 복통이나 사고의 위험이 있고, 개종(改宗)등이 있다.
④ 인년(寅年)에는 신경이 예민하다.
⑤ 해,묘,미년(亥,卯,未年)에는 자만과 교만이 심해 인간관계가 나쁘며, 신상에 변화가 있다.

33. 병신일생(丙申日生)

① 조심할 일진은 임인일(壬寅日)과 경인일(庚寅日)이다.

② 신,자,진년(申,子,辰年)에는 변화, 변동이 있다.

③ 인,사년(寅,巳年)에는 소송, 차액, 사고, 수술수가 있다.

④ 묘년(卯年)에는 신경과민, 불면증이 있다.

⑤ 오년(午年)에는 친구로 인한 송사가 있다.

⑥ 유년(酉年)에는 이성이 따른다.

34. 정유일생(丁酉日生)

① 주의할 연,일은 계묘년,일(癸卯年,日), 신묘년,일(辛卯年,日)
   신유년,일(辛酉年,日), 신미년,일(辛未年,日)이다.

② 자년(子年)에는 신경과민, 심신 불안이 있다.

③ 사,유,축년(巳,酉,丑年)에는 분주다사, 환경의 변화, 원근에
   여행이나 출장이 있다.

④ 묘년(卯年)에는 관재구설, 이성문제로 송사, 사고, 성병 위
   험, 고부간 불화로 손재한다.

35. 무술일생(戊戌日生)

① 주의할 연,일은 갑진년,일(甲辰年,日)과 임진년,일(壬辰年,
   日)이다.

② 자년(子年)에는 여자로 인한 송사가 있다.

③ 축년(丑年)에는 관재구설, 건강문제로 염려가 되고 ,앙화가

발생한다.

④ 인,오,술년(寅,午,戌年)에는 신상에 변동이 있다.

⑤ 묘년(卯年)에는 이성이 따르는데 여자는 연하의 남자가 따른다.

⑥ 진년(辰年)에는 부부 사이에 불화가 심하며 앙화가 발생한다.

⑦ 사년(巳年)에는 신경과민과 불면 증세가 있다.

36. 기해일생(己亥日生)

① 조심할 연,일은 을사년,일(乙巳年,日), 계사년,일(癸巳年, 日), 기사년,일(己巳年,日)이다.

② 해,묘.미년(亥,卯,未年)에는 교통사고나 형액의 위험이 있다.

③ 진년(辰年)에는 신경과민, 불면증, 인간 관계에서는 원한 관계나 마찰이 발생한다.

37. 경자일생(庚子日生)

① 조심할 연,일은 병오년,일(丙午年,日)과 갑오년,일(甲午年, 日)이다.

② 신,자,진년(申,子,辰年)에는 환경의 변화가 있으나 일반적으로 불리하다.

③ 묘년(卯年)에는 건강상 수술이나 시비, 소송 등에 휘말린다.

④ 오년(午年)에는 부부 관계나 배우자 문제로 변동이 있다.

⑤ 미년(未年)에는 신경과민, 노이로제가 있다.

38. 신축일생(辛丑日生)

① 조심할 연,일은 정미년,일(丁未年,日)과 을미년,일(乙未年, 日)이다.
② 사,유,축년(巳,酉,丑年)에는 변동이 있으며, 여행, 이사, 전 근, 전직이 있다.
③ 오년(午年)에는 화재나 화상을 주의하고, 이성으로 신경 쓸 일이 있다.
④ 미,술년(未,戌年)에는 사고, 수술, 시비, 송사, 복통이 있다.

39. 임인일생(壬寅日生)

① 조심할 연,일은 병신년,일(丙申年,日)과 무신년,일(戊申年, 日)이다.
② 인,오,술년(寅,午,戌年)에는 변동이 있으며, 경사로운 일이 있다.
③ 묘년(卯年)에는 이성이 따르게 된다.
④ 사,신년(巳,申年)에는 원행이나 해외여행을 삼가야 한다. 차 액, 사고, 송사, 실물, 수술, 화재를 주의해야 한다.

40. 계묘일생(癸卯日生)

① 조심할 연,일은 정유년,일(丁酉年,日)과 기유년,일(己酉年, 日)이다.

② 유년(酉年)에는 환경 변화가 있다. 숨통 막히는 운세다.

③ 자년(子年)에는 시비, 송사, 사고, 수술, 성병을 조심해야 한다.

④ 해,묘,미년(亥,卯,未年)에는 신상에 변동, 자손이 가출하기 쉽다.

⑤ 신년(申年)에는 신경과민, 짜증, 원한 관계를 조심해야 한다.

41. 갑진일생(甲辰日生)

① 조심할 연,일은 경술년,일(庚戌年,日)과 무술년,일(戊戌年,日)이다.

② 경술년(庚戌年)에는 상하가 이탈되고, 감금, 협박, 사고, 조난, 누명, 관재, 이별, 부도, 파산하기 쉽다.

③ 신,자,진년(申,子,辰年)에는 변동이 있다.

④ 해년(亥年)에는 신경과민, 노이로제, 불만이 생긴다.

42. 을사일생(乙巳日生)

① 조심할 연,일은 기해년,일(己亥年,日)과 신해년,일(辛亥年,日)이다.

② 사,유,축년(巳,酉,丑年)에는 변동이 있다.

③ 인,신년(寅,申年)에는 시비, 소송, 교통사고, 건강에 이상이 있을 수 있다.

④ 술년(戌年)에는 신경과민, 노이로제, 불면증이 있다.

⑤ 해년(亥年)에는 부부간에 다투는 일이 많다.

43. 병오일생(丙午日生)

① 조심할 일진은 임자일(壬子日)과 경자일(庚子日)이다.
② 자년(子年)에는 시비, 소송이 우려되며, 심장병과 눈병을 조심해야 한다.
③ 축년(丑年)에는 신경과민, 짜증, 마음이 답답하다.
④ 인,오,술년(寅,午,戌年)에는 신상에 변동, 경영하는 일은 순조롭게 진행된다.

44. 정미일생(丁未日生)

① 조심할 연,일은 계축년,일(癸丑年,日)과 신축년,일(辛丑年,日)이다.
② 자년(子年)에는 원한 관계나 시비에 휘말리거나 불면증이 염려된다.
③ 축,술년(丑,戌年)에는 사고, 수술, 관재, 소송, 복통, 술주정, 비관, 수하인에 문제가 있다.
④ 해,묘,미년(亥,卯,未年)에는 변동, 변화가 있다.

45. 무신일생(戊申日生)

① 주의할 연,일은 갑인년,일(甲寅年,日)과 임인년,일(壬寅年,日)이다.
② 신,자,진년(申,子,辰年)에는 변동이 있다.

③ 인,사년(寅,巳年)에는 교통사고, 소송, 관재, 액난을 조심해
  야 한다.
④ 묘년(卯年)에는 원한 관계나 배우자와 다툼·분쟁이 발생한다.
⑤ 유년(酉年)에는 이성교제에 신중을 기해야 한다.

46. 기유일생(己酉日生)

① 조심할 연,일은 을묘년,일(乙卯年,日)과 계묘년,일(癸卯年,
  日)이다.
② 자년(子年)에는 신경과민, 꿈자리가 어지럽다.
③ 사,유,축년(巳,酉,丑年)에는 환경의 변화가 있다.
④ 인년(寅年)에는 신경과민이나 원한 관계가 생긴다.
⑤ 묘년(卯年)에는 건강에 조심. 머리나 수족에 흉이 생기기 쉬
  우며, 성병에 주의해야 되며, 사고, 소송, 관재, 좌불안석,
  시비가 염려된다.

47. 경술일생(庚戌日生)

① 조심할 연, 일은 갑진년,일(甲辰年,日)과 병진년,일(丙辰年,
  日)이다.
② 인,오,술년(寅,午,戌年)에는 환경의 변화, 모든 일이 순조롭
  게 진행된다.
③ 진년(辰年)에는 타인과 충돌하거나 다툰다.
④ 사년(巳年)에는 시비나 원한 관계를 조심해야 되며, 신경과민
  으로 노이로제, 불면증이 있다.

48. 신해일생(辛亥日生)

① 조심할 연,일은 을사년,일(乙巳年,日)과 정사년,일(丁巳年, 日)이다.
② 사년(巳年)에는 송사나 시비가 발생한다.
③ 진년(辰年)에는 신경과민, 노이로제가 있다.
④ 해,묘,미년(亥,卯,未年)에는 신상에 변동이 있다.

49. 임자일생(壬子日生)

① 주의할 연,일은 병오년,일(丙午年,日)과 무오년,일(戊午年, 日)이다.
② 오년(午年)에는 파탄을 겪기 쉬우며, 겸손하게 행동하면 모면한다.
③ 미년(未年)에는 신경성 질환이나 원한 관계를 조심해야 한다.
④ 신,자,진년(申,子,辰年)에는 경영하는 일이 실패하기 쉬우며불리하다.

50. 계축일생(癸丑日生)

① 주의할 연,일은 정미년,일(丁未年,日)과 기미년,일(己未年, 日)이다.
② 사,유년(巳,酉年)에는 신상에 변동이 있다.
③ 오년(午年)에는 신경과민, 신상에 불리하거나 시비와 원한 관계를 조심해야 한다.

④ 미년(未年)에는 송사에 조심해야 한다.

51. 갑인일생(甲寅日生)

① 주의할 연, 일은 경신년, 일(庚申年, 日)과 무신년, 일(戊申年, 日)이다.
② 인, 오, 술년(寅, 午, 戌年)에는 신상에 변동이 있다.
③ 사, 신년(巳, 申年)에는 수술, 사고, 관재가 우려된다.
④ 신년(申年)에는 환경의 변화, 이동수가 있다.
⑤ 유년(酉年)에는 신경과민, 짜증, 시비를 조심해야 한다.

52. 을묘일생(乙卯日生)

① 주의할 연, 일은 기유년, 일(己酉年, 日)과 신유년, 일(辛酉年, 日)이다.
② 유년(酉年)에는 관재나 사고, 재앙이 이른다.
③ 자년(子年)에는 질병에 걸릴 위험이 많고, 수술이나 이성문제로 망신을 당하거나 배우자 문제로 고민하게 된다.
④ 해, 묘, 미년(亥, 卯, 未年)에는 신상에 변화, 원행, 이사수가 있으며, 자만심이 더하여 불행을 자초하기 쉽다.
⑤ 신년(申年)에는 신경과민이나 소송, 시비가 있다.

53. 병진일생(丙辰日生)

① 조심할 연,일은 임술년,일(壬戌年,日)과 경술년,일(庚戌年,日)이다.

② 신,자,진년(申,子,辰年)에는 변동이 있다.

③ 축,술년(丑,戌年)에는 매사를 주의해야 되며 인간의 배신을당하기 쉽다. 특히 술년(戌年)에는 배우자에게 신상 변동이 있다.

④ 해년(亥年)에는 시비, 구설수가 있으니 입조심을 하여야 한다. 신경과민이나 노이로제가 생긴다.

54. 정사일생(丁巳日生)

① 조심할 연,일은 계해년,일(癸亥年,日)과 신해년,일(辛亥年,日)이다.

② 사,유,축년(巳,酉,丑年)에는 해외출입, 이사수등 환경에 변화가 있다.

③ 인,신년(寅,申年)에는 교통사고, 소송, 수술, 건강에 조심해야 되며 가정불안이 있다.

④ 오년(午年)에는 이성이나 금전손해가 있다.

⑤ 술년(戌年)에는 원한 관계로 시비, 사고가 발생하기 쉬우며 신경쇠약과 잔질이 염려되며, 남에게 원망을 듣게 된다.

⑥ 해년(亥年)에는 신상에 변동이 있으며 부부 문제로 고민한다.

55. 무오일생(戊午日生)

① 조심할 년,일은 임자년,일(壬子年,日)과 갑자년,일(甲子年, 日)이며 모든 것을 조심하고 항상 화재나 약물 중독을 주의해야 한다.
② 자년(子年)에는 사고, 송사나 비밀이 탄로나고, 건강도 좋지 못하다.
③ 자,인,오,술년(子,寅,午,戌年)에는 환견에 변화가 있다.
④ 축년(丑年)에는 시비나 원한 관계를 조심해야 되며, 부부간에 파란이 염려된다.

56. 기미일생(己未日生)

① 주의할 연,일은 을축년,일(乙丑年,日)과 계축년,일(癸丑年, 日)이다.
② 자년(子年)에는 원한, 소송등에 조심해야 한다.
③ 축년(丑年)에는 신상에 변동이 있다.
④ 축,술년(丑,戌年)에는 수술, 사고, 시비, 구설이 있다.
⑤ 해묘미년(亥卯未年)에는 변동수가 있다.

57. 경신일생(庚申日生)

① 주의할 연,일은 갑인년,일(甲寅年,日)과 병인년,일(丙寅年, 日)이다.

② 신,자,진년(申,子,辰年)에는 신상에 변동이 있다.
③ 인년(寅年)에는 심신이 불안정 하며, 교통사고나 관재를 조심
　해야 한다.
④ 인,사년(寅,巳年)에는 관재, 사고, 수술, 차액이 우려된다.
⑤ 묘년(卯年)에는 소송이나 신경과민, 원한 관계가 있게 된다.

58. 신유일생(辛酉日生)

① 조심할 연,일은 정묘년,일(丁卯年,日)과 을묘년,일(乙卯年,
　日)이다.
② 사,유,축년(巳,酉,丑年)에는 변동이 있다.
③ 자년(子年)에는 신경예민에 불면증이 두렵다.
④ 묘년(卯年)에는 차액, 관재, 부부 이탈 등이 염려된다.
⑤ 술년(戌年)에는 원한 관계나 소송에 휘말린다.
⑥ 해년(亥年)에는 신상에 변동이 있다.

59. 임술일생(壬戌日生)

① 조심할 연,일은 병진년,일(丙辰年,日)과 무진년,일(戊辰年,
　日)이다.
② 인,오,술년(寅,午,戌年)에는 환경 변화나 직장 변동이 있으
　며, 이성이 따르고 매사가 순조롭다.
③ 축,미,진년(丑,未,辰年)에는 복통, 사고, 관재, 구설, 재난에
　조심해야 되며, 비밀이 누설되기 쉬우니 행동에 세심한 주의

를 해야 한다.

④ 묘년(卯年)에는 연애하는 운이며, 이성교제를 조심해야 한다.

⑤ 사년(巳年)에는 부부 화목에 신경을 쓰고, 배우자를 원망하지
마라.

60. 계해일생(癸亥日生)

① 조심할 일진은 정사일(丁巳日), 기사일(己巳日), 무진일(戊辰
日)이다.

② 진년(辰年)이나 진월(辰月) 혹은 진일(辰日)에는 부부 싸움에
서 무조건 양보하거나 후퇴해야 한다.

③ 사년(巳年)에는 사고, 관재, 시비, 이별 등이 염려된다.

④ 해,묘,미년(亥,卯,未年)에는 변화수가 있으며, 재물과 금전
사정도 좋아지나 지나친 확장이나 규모를 넓히면 위험하다.

십이운성 유년운(十二運星 流年運)

日干 \ 運星	胞·絶	胎	養	長生	沐浴	冠帶	建祿	帝旺	衰	病	死	葬·墓
甲	庚	辛	戊	壬	癸	己	甲	乙	戊	丙	丁	己
乙	辛	庚	己	丁	丙	戊	乙	甲	己	癸	壬	戊
丙	壬	癸	己	甲	乙	戊	丙	丁	己	庚	辛	戊
丁	癸	壬	戊	辛	庚	己	丁	丙	戊	乙	甲	己
戊	壬	癸	己	甲	乙	戊	丙	丁	己	庚	辛	戊
己	癸	壬	戊	辛	庚	己	丁	丙	戊	乙	甲	己
庚	甲	乙	戊	丙	丁	己	庚	辛	戊	壬	癸	己
辛	乙	甲	己	癸	壬	戊	辛	庚	己	丁	丙	戊
壬	丙	丁	己	庚	辛	戊	壬	癸	己	甲	乙	戊
癸	丁	丙	戊	乙	甲	己	癸	壬	戊	辛	庚	己

1. 절운(絶運)에는 매사에 불길하며 재물에 손재수가 있고, 부부
   운이나 건강이 나쁘며 자손에 근심걱정이 있을 수가 있다. 좌
   절, 정체, 이별, 소멸을 뜻하며 건강과 생명에 불리하다.

2. 태운(胎運)에는 부부운이 나쁘며, 오랜만에 희망이 보이기 시작한다. 남명(男命)은 초곤후태(初困後泰)하며, 여명(女命)은 유산 낙태수가 있다.

3. 양운(養運)에는 지금까지의 노력이 차츰 결실이 되고, 모든 것이 순조롭고 귀인을 만나며, 마음이 편해지고 재정적으로 좋아진다.

4. 장생운(長生運)에는 의욕이 생겨나고 운세가 좋은 시기로 다방면에서 발달 성장을 이루고 모든 일이 잘 풀려나가며, 득남하거나 신규사업을 하게 된다.

5. 목욕운(沐浴運)에는 지금가지의 발달과 성장이 잠시 정체기로서 건강이 나빠지거나 주색으로 망신을 당하며, 인간 관계에서 신용이 떨어지고 망신을 당하는 수가 있다.

6. 관대운(冠帶運)에는 정체되었던 모든 일이 전진 발전되며 매사에 의욕이 넘쳐나고, 좋은 운으로서 승진 또는 사업이 번창한다.

7. 건록운(建祿運)에는 사업이 번창하고 금전운이 좋으며, 모든 일이 순조롭게 잘 이루어지며 출세한다. 직장 변동, 직업 전환, 독립등에 길하며 육친의 경사가 있으나 주색과 재난을 당하는 수가 있다.

8. 제왕운(帝旺運)에는 운세가 가장 왕한 상황이며 매사 순조롭고 좋으나 이성문제가 발생하기 쉬우며, 이사 이동하면 좋다. 운이 가장 왕성할 때는 쇠해질 때를 생각해야 한다. 자,오,묘,유월(子,午,卯,酉月)에는 명진사해 한다.

9. 쇠운(衰運)에는 순탄하던 운세가 점차 쇠퇴해지므로 매사에 주의를 해야 되며, 특히 건강이 나빠지기 쉬우며 역마살(驛馬殺)이 있으면 장사하여 성공한다.

10. 병운(病運)에는 건강과 재물운이 나쁘며 여러 방면에 장애가 많고 기운이 떨어진다. 성정이 만약 조급하면 병패(病敗)가 있게 된다.

11. 사운(死運)에는 모든 일이 정지되는 상태로서, 노력은 하나 결실을 얻지 못하고 재물운이 없으며 점차 수렁에 빠진다.

12. 묘운(墓運)에는 정체나 이별수가 생기고 고통스러운 일이 많으며. 육친이나 자손에 근심이 있고 재물에 손재수가 있다. 장성(將星)이 있으면 재산이 많이 불어난다. 진,술,축,미월(辰,戌,丑,未月)에 횡재수(橫財數)가 있다.

運星＼日干	胞·絶	胎	養	長生	沐浴	冠帶	建祿	帝旺	衰	病	死	葬·墓
甲	申	酉	戌	亥	子	丑	寅	卯	辰	巳	午	未
乙	酉	申	未	午	巳	辰	卯	寅	丑	子	亥	戌
丙,戊	亥	子	丑	寅	卯	辰	巳	午	未	申	酉	戌
丁,己	子	亥	戌	酉	申	未	午	巳	辰	卯	寅	丑
庚	寅	卯	辰	巳	午	未	申	酉	戌	亥	子	丑
辛	卯	寅	丑	子	亥	戌	酉	申	未	午	巳	辰
壬	巳	午	未	申	酉	戌	亥	子	丑	寅	卯	辰
癸	午	巳	辰	卯	寅	丑	子	亥	戌	酉	申	未

십이운성 운세(十二運星 運勢)

1. 절운(絶運)에는 마음을 조용히 가라앉히고 사물을 관찰해야 한다. 공허한 마음이 생긴다. 모든 일이 의도대로 되지 않는 때이므로 매사를 자신이 직접해야 한다. 저항력이 부족하다.

2. 태운(胎運)에는 새로운 사업을 시작하는데 좋고, 지금까지의 나빴던 일도 점차 호전된다. 새로운 의욕을 갖고 시작의 마음이 생긴다. 그러나 복안(腹案)의 계획 뿐이고 실행이 불가능한 경우가 많다.

3. 양운(養運)에는 어떤 계획이 곧 실행단계에 있는 운세로, 큰 행운은 기대할 수 없지만 실패가 적고 경제적으로 변혁을 꾀하는 시기이다. 신체의 신진대사 기능이 발달되고 의욕적인 마음이 생긴다.

4. 장생운(長生運)에는 사업에 착수, 희망이 있는 운세로 사업등 무엇을 시작하여도 좋다. 신체의 기능이 활발하다. 과욕으로 흐른다.

5. 목욕운(沐浴運)에는 호르몬 분비가 왕성하며 이성교제에 관심이 높고 부침과 기복이 많다. 남녀 모두 주거를 옮기거나 가택수리 등을 하게 된다. 또 사물을 보고 판단하는데 혼돈이 오는 시기로 신용을 잃게 되거나 색정문제 등이 일어나기 쉽다.

6. 관대운(冠帶運)에는 행운의 시기로 매사 타인이 우러러 보는 길운이다. 사업등이 호전되고 공직자나 회사원은 승진, 승급의 기회가 온다. 신체의 균형이 잡히고 안정감이 유지된다.

7. 건록운(建祿運)에는 승승장구 하는 길운으로 소득도 많아지고 경사스러운 일도 많지만 과욕은 금물이다. 신체가 팽창하고 자만심이 흐른다.

8. 제왕운(帝旺運)에는 만인이 우러러보는 최대의 길운으로 가정내에 기쁜 일이 많지만 좋은 운일 때 긴축해 두어야 한다. 신체의 상태가 가장 왕성하며 투쟁적이고 고집이 세다.

9. 쇠운(衰運)에는 신체의 기능이 쇠약하고 의욕을 상실하는 쇠퇴일로의 운이다. 매사가 잘 풀리지 않고 손실등이 많으며, 여러 가지 재난이 일어나기 쉬우므로 주의해야 한다.

10. 병운(病運)에는 집안에 환자가 생기고 생각지 않은 곳에서
    손실이 온다. 불의의 사고, 중절 상태, 매사에 여의치 못하
    고 신체의 균형이 무너지고 우울증에 빠진다.
11. 사운(死運)에는 어떠한 일도 도모할 수 없으며 모든 사업운
    이 막혀 절망상태, 재기불능의 상태로 재난이 많고 친족간에
    이별을 하게 되므로 주의해야 한다. 무기력해지고 염세적이
    며 도피적이 된다.
12. 묘운(墓運)에는 신체활동에 어려움이 있고 판단력과 행동력
    이 없어진다. 종결, 과직사태, 사업은 폐업하기 쉽다. 중년
    까지의 묘운(墓運)은 좋지 않지만 노년에 있어서는 좋다. 인
    수(印綬)가 묘운(墓運)에 있으면 모친과 사별하거나 사별에
    실패를 보고, 편재(偏財)가 묘운(墓運)에 있으면 부친과 사
    별하게 된다.

적천수 정설
유백온 선생의 적천수 원본을 정석으로 해설

원래 유백온 선생이 저술한 적천수의 원문은 그렇게 많지가 않으나 후학들이 각각 자신의 주장으로 해설하여 많아졌다. 이 책은 적천수 원문을 보고 30년 역학의 경험을 총동원하여 해설했다. 물론 백퍼센트 정확하다고 주장할 수는 없다. 다만 한국과 일본을 오가면서 실제의 경험담을 함께 실었다. 공부하는 사람들에게는 많은 도움이 될 것이라 믿는다.

신비한 동양철학 82 │ 역산 김찬동 편역 │ 692면 │ 34,000원 │ 신국판

궁통보감 정설
궁통보감 원문을 쉽고 자세하게 해설

『궁통보감(窮通寶鑑)』은 5대원서 중에서 가장 이론적이며 사리에 맞는 책이며, 조후(調候)를 중심으로 설명하며 간명한 것이 특징이다. 역학을 공부하는 학도들에게 도움을 주려고 먼저 원문에 음독을 단 다음 해설하였다. 그리고 예문은 서낙오(徐樂吾) 선생이 해설한 것을 그대로 번역하였고, 저자가 상담한 사람들의 사주와 점서에 있는 사주들을 실었다.

신비한 동양철학 83 │ 역산 김찬동 편역 │ 768면 │ 39,000원 │ 신국판

연해자평 정설(1·2권)
연해자평의 완결판

연해자평의 저자 서자평은 중국 송대의 대음양 학자로 명리학의 비조일 뿐만 아니라 천문점성에도 밝았다. 이전에는 년(年)을 기준으로 추명했는데 적중률이 낮아 서자평이 일간(日干)을 기준으로 하고, 일지(日支)를 배우자로 보는 이론을 발표하면서 명리학은 크게 발전해 오늘에 이르렀다. 때문에 연해자평은 5대 원서 중에서도 필독하지 않으면 안 되는 책이다.

신비한 동양철학 101 │ 김찬동 편역 │1권 559면, 2권 309면 │ 1권 33,000원, 2권 20,000원 │ 신국판

명리입문
명리학의 정통교본

이 책은 옛부터 있었던 글들이나 너무 여기 저기 산만하게 흩어져 있어 공부하는 사람들에게는 많은 시간과 인내를 필요로 하였다. 그래서 한 군데 묶어 좀더 보기 쉽고 알기 쉽도록 엮은 것이다.

신비한 동양철학 41 │ 동하 정지호 저 │ 678면 │ 29,000원 │ 신국판 양장

조화원약 평주
명리학의 정통교본

자평진전, 난강망, 명리정종, 적천수 등과 함께 명리학의 교본에 해당하는 것으로 중국 청나라 때 나온 난강망이라는 책을 서낙오 선생께서 자세하게 설명을 붙인 것이다. 기존의 많은 책들이 오직 격국과 용신을 중심으로 감정하는 것과는 달리 십간 십이지와 음양오행을 각각 자연의 이치와 춘하추동의 사계절의 흐름에 대입하여 인간의 길흉화복을 알 수 있게 했다.

신비한 동양철학 35 │ 동하 정지호 편역 │ 888면 │ 46,000원 │ 신국판

사주대성
초보에서 완성까지

이 책은 과거 현재 미래를 모두 알 수 있는 비결을 실었다. 그러나 모두 터득한다는 것은 어려울 것이다.역학은 수천 년간 동방의 석학들에 의해 갈고 닦은 철학이요 학문이며, 정신문화로서 영과학적인 상수문화로서 자랑할만한 위대한 학문이다.

신비한 동양철학 33 │ 도관 박흥식 저 │ 986면 │ 46,000원 │ 신국판 양장

쉽게 푼 역학(개정판)
쉽게 배워 적용할 수 있는 생활역학서 !

이 책에서는 좀더 많은 사람들이 역학의 근본인 우주의 오묘한 진리와 법칙을 깨달아 보다 나은 삶을 영위하는데 도움이 될 수 있도록 가장 쉬운 언어와 가장 쉬운 방법으로 풀이했다. 역학계의 대가 김봉준 선생의 역작이다.

신비한 동양철학 71 | 백우 김봉준 저 | 568면 | 30,000원 | 신국판

사주명리학 핵심
맥을 잡아야 모든 것이 보인다

이 책은 잡다한 설명을 배제하고 명리학자에게 도움이 될 비법들만을 모아 엮었기 때문에 초심자가 이해하기에는 다소 어려운 부분도 있겠지만 기초를 튼튼히 한 다음 정독한다면 충분히 이해할 것이다. 신살만 늘어놓으며 감정하는 사이비가 되지말기를 바란다.

신비한 동양철학 19 | 도관 박흥식 저 | 502면 | 20,000원 | 신국판

물상활용비법
물상을 활용하여 오행의 흐름을 파악한다

이 책은 물상을 통하여 오행의 흐름을 파악하고 운명을 감정하는 방법을 연구한 책이다. 추명학의 해법을 연구하고 운명을 추리하여 오행에서 분류되는 물질의 운명 줄거리를 물상의 기물로 나들이 하는 활용법을 주제로 했다. 팔자풀이 및 운명해설에 관한 명리감정법의 체계를 세우는데 목적을 두고 초점을 맞추었다.

신비한 동양철학 31 | 해주 이학성 저 | 446면 | 34,000원 | 신국판

신수대전
흉함을 피하고 길함을 부르는 방법

신수는 대부분 주역과 사주추명학에 근거한다. 수많은 학설 중 몇 가지를 보면 사주명리, 자미두수, 관상, 점성학, 구성학, 육효, 토정비결, 매화역수, 대정수, 초씨역림, 황극책수, 하락리수, 범위수, 월영도, 현무발서, 철판신수, 육임신과, 기문둔갑, 태을신수 등이다. 역학에 정통한 고사가 아니면 추단하기 어려우므로 누구나 신수를 볼 수 있도록 몇 가지를 정리했다.

신비한 동양철학 62 | 도관 박흥식 편저 | 528면 | 36,000원 | 신국판 양장

정법사주
운명판단의 첩경을 이루는 책

이 책은 사주추명학을 연구하고자 하는 분들에게 심오한 주역의 이해를 돕고자 하는 의도에서 시작되었다. 음양오행의 상생상극에서부터 육친법과 신살법을 기초로 하여 격국과 용신 그리고 유년판단법을 활용하여 운명판단에 첩경이 될 수 있도록 했고 추리응용과 운명감정의 실례를 하나하나 들어가면서 독학과 강의용 겸용으로 엮었다.

신비한 동양철학 49 | 원각 김구현 저 | 424면 | 26,000원 | 신국판 양장

내가 보고 내가 바꾸는 DIY사주
내가 보고 내가 바꾸는 사주비결

기존의 책들과는 달리 한 사람의 사주를 체계적으로 도표화시켜 한 눈에 파악할 수 있고, DIY라는 책 제목에서 말하듯이 개운하는 방법을 제시한다. 초심자는 물론 전문가도 자신의 이론을 새롭게 재조명해 볼 수 있는 케이스 스터디 북이다.

신비한 동양철학 39 | 석오 전광 저 | 338면 | 16,000원 | 신국판

인터뷰 사주학
쉽고 재미있는 인터뷰 사주학

얼마전만 해도 사주학을 취급하면 미신을 다루는 부류로 취급되었다. 그러나 지금은 하루가 다르게 이 학문을 공부하는 사람들이 폭증하고 있는 것으로 보인다. 젊은 층에서 사주카페니 사주방이니 사주동아리니 하는 것들이 만들어지고 그 모임이 활발하게 움직이고 있다는 점이 그것을 증명해준다. 그뿐 아니라 대학원에는 역학교수들이 점차로 증가하고 있다.

신비한 동양철학 70 | 글갈 정대엽 편저 | 426면 | 16,000원 | 신국판

사주특강
자평진전과 적천수의 재해석
이 책은 『자평진전』과 『적천수』를 근간으로 명리학의 폭넓은 가치를 인식하고, 실전에서 유용한 기반을 다지는데 중점을 두고 썼다. 일찍이 『자평진전』을 교과서로 삼고, 『적천수』로 보완하라는 서낙오의 말에 깊이 공감한다.
신비한 동양철학 68 │ 청월 박상의 편저 │ 440면 │ 25,000원 │ 신국판

참역학은 이렇게 쉬운 것이다
음양오행의 이론으로 이루어진 참역학서
수학공식이 아무리 어렵다고 해도 1, 2, 3, 4, 5, 6, 7, 8, 9, 0의 10개의 숫자로 이루어졌듯이 사주도 음양과 오행으로 이루어졌을 뿐이다. 그러니 용신과 격국이라는 무거운 짐을 벗어버리고 음양오행의 법칙과 진리만 정확하게 파악하면 된다. 사주는 음양오행의 변화일 뿐이고 용신과 격국은 사주를 감정하는 한 가지 방법에 지나지 않는다.
신비한 동양철학 24 │ 청암 박재현 저 │ 328면 │ 16,000원 │ 신국판

사주에 모든 길이 있다
사주를 알면 운명이 보인다!
사주를 간명하는데 조금이라도 도움이 됐으면 하는 바람에서 이 책을 썼다. 간명의 근간인 오행의 왕쇠강약을 세분하고, 대운과 세운, 세운과 월운의 연관성과, 십신과 여러 살이 미치는 암시와, 십이운성으로 세운을 판단하는 법을 설명했다.
신비한 동양철학 65 │ 정담 선사 편저 │ 294면 │ 26,000원 │ 신국판 양장

왕초보 내 사주
초보 입문용 역학서
이 책은 역학을 너무 어렵게 생각하는 초보자들에게 조금이나마 도움을 주고자 쉽게 엮으려고 노력했다. 이 책을 숙지한 후 역학(易學)의 5대 원서인 『적천수(滴天髓)』, 『궁통보감(窮通寶鑑)』, 『명리정종(命理正宗)』, 『연해자평(淵海子平)』, 『삼명통회(三命通會)』에 접근한다면 훨씬 쉽게 터득할 수 있을 것이다. 이 책들은 저자가 이미 편역하여 삼한출판사에서 출간한 것도 있고, 앞으로 모두 갖출 것이니 많이 활용하기 바란다.
신비한 동양철학 84 │ 역산 김찬동 편저 │ 278면 │ 19,000원 │ 신국판

명리학연구
체계적인 명확한 이론
이 책은 명리학 연구에 핵심적인 내용만을 모아 하나의 독립된 장을 만들었다. 명리학은 분야가 넓어 공부를 하다보면 주변에 머무르는 경우가 많아, 주요 내용을 잃고 헤매는 경우가 많다. 그러므로 뼈대를 잡는 것이 중요한데, 여기서는 「17장. 명리대요」에 핵심 내용만을 모아 학문의 체계를 잡는데 용이하게 하였다.
신비한 동양철학 59 │ 권중주 저 │ 562면 │ 29,000원 │ 신국판 양장

말하는 역학
신수를 묻는 사람 앞에서 술술 말문이 열린다
그토록 어렵다는 사주통변술을 쉽고 흥미롭게 고담과 덕담을 곁들여 사실적으로 생동감 있게 통변했다. 길흉을 어떻게 표현하느냐에 따라 상담자의 정곡을 찔러 핵심을 끌어내 정답을 내리는 것이 통변술이다.역학계의 대가 김봉준 선생의 역작.
신비한 동양철학 11 │ 백우 김봉준 저 │ 576면 │ 26,000원 │ 신국판 양장

통변술해법
가닥가닥 풀어내는 역학의 비법
이 책은 역학과 상대에 대해 머리로는 다 알면서도 밖으로 표출되지 않아 어려움을 겪는 사람들을 위한 실습서다. 특히 실명 감정과 이론강의로 나누어 역학의 진리를 설명하여 초보자도 쉽게 이해할 수 있다. 역학계의 대가 김봉준 선생의 역서인 『알기 쉬운 해설·말하는 역학』이 나온 후 후편을 써달라는 열화같은 요구에 못이겨 내놓은 바로 그 책이다.
신비한 동양철학 21 │ 백우 김봉준 저 │ 392면 │ 26,000원 │ 신국판

술술 읽다보면 통달하는 사주학
술술 읽다보면 나도 어느새 도사

당신은 당신 마음대로 모든 일이 이루어지던가. 지금까지 누구의 명령을 받지 않고 내 맘대로 살아왔다고, 운명 따위는 믿지 않는다고, 운명에 매달리지 않는다고 말하는 사람들이 많다. 그러나 우주법칙을 모르기 때문에 하는 소리다.

신비한 동양철학 28 | 조철현 저 | 368면 | 16,000원 | 신국판

사주학
5대 원서의 핵심과 실용

이 책은 사주학을 체계적으로 공부하려는 학도들을 위해서 꼭 알아두어야 할 내용들과 용어들을 수록하는데 중점을 두었다. 이 학문을 공부하려고 많은 사람들이 필자를 찾아왔을 깨 여러 가지 질문을 던져보면 거의 기초지식이 시원치 않음을 보았다. 따라서 용어를 포함한 제반지식을 골고루 습득해야 빠른 시일 내에 소기의 목적을 달성할 수 있을 것이다.

신비한 동양철학 66 | 글갈 정대엽 저 | 778면 | 46,000원 | 신국판 양장

명인재
신기한 사주판단 비법

이 책은 오행보다는 주로 살을 이용하는 비법을 담았다. 시중에 나온 책들을 보면 살에 대해 설명은 많이 하면서도 실제 응용에서는 무시하고 있다. 이것은 살을 알면서도 응용할 줄 모르기 때문이다. 그러나 이 책에서는 살의 활용방법을 완전히 터득해, 어떤 살과 어떤 살이 합하면 어떻게 작용하는지를 자세하게 설명하였다.

신비한 동양철학 43 | 원공선사 저 | 332면 | 19,000원 | 신국판 양장

명리학 | 재미있는 우리사주
사주 세우는 방법부터 용어해설 까지!!

몇 년 전 『사주에 모든 길이 있다』가 나온 후 선배 제현들께서 알찬 내용의 책다운 책을 접했다는 찬사를 받았다. 그러나 사주의 작성법을 설명하지 않아 독자들에게 많은 질타를 받고 뒤늦게 이 책을 출판하기로 결심했다. 이 책은 한글만 알면 누구나 역학과 가까워질 수 있도록 사주 세우는 방법부터 실제간명, 용어해설에 이르기까지 분야별로 엮었다.

신비한 동양철학 74 | 정담 선사 편저 | 368면 | 19,000원 | 신국판

사주비기
역학으로 보는 역대 대통령들이 나오는 이치!!

이 책에서는 고서의 이론을 근간으로 하여 근대의 사주들을 임상하여, 적중도에 의구심이 가는 이론들은 과감하게 탈피하고 통용될 수 있는 이론만을 수용했다. 따라서 기존 역학서의 아쉬운 부분들을 충족시키며 일반인도 열정만 있으면 누구나 자신의 운명을 감정하고 피흉취길할 수 있는 생활지침서로 활용할 수 있을 것이다.

신비한 동양철학 79 | 청월 박상의 편저 | 456면 | 19,000원 | 신국판

사주학의 활용법
가장 실질적인 역학서

우리가 생소한 지방을 여행할 때 제대로 된 지도가 있다면 편리하고 큰 도움이 되듯이 역학이란 이와같은 인생의 길잡이다. 예측불허의 인생을 살아가는데 올바른 안내자나 그 무엇이 있다면 그 이상 마음 든든하고 큰 재산은 없을 것이다.

신비한 동양철학 17 | 학선 류래웅 저 | 358면 | 15,000원 | 신국판

명리실무
명리학의 총 정리서

명리학(命理學)은 오랜 세월 많은 철인(哲人)들에 의하여 전승 발전되어 왔고, 지금도 수많은 사람이 임상과 연구에 임하고 있으며, 몇몇 대학에 학과도 개설되어 체계적인 교육을 하고 있다. 그러나 아직도 실무에서 활용할 수 있는 책이 부족한 상황이기 때문에 나름대로 현장에서 필요한 이론들을 정리해 보았다. 초학자는 물론 역학계에 종사하는 사람들에게 큰 도움이 될 것이라고 믿는다.

신비한 동양철학 94 | 박흥식 편저 | 920면 | 39,000원 | 신국판

사주 속으로
역학서의 고전들로 입증하며 쉽고 자세하게 푼 책

십 년 동안 역학계에 종사하면서 나름대로는 실전과 이론에서 최선을 다했다고 자부한다. 역학원의 비좁은 공간에서도 항상 후학을 생각하는 마음으로 역학에 대한 배움의 장을 마련하고자 노력한 것도 사실이다. 이 책을 역학으로 이름을 알리고 역학 으로 생활하면서 조금이나마 역학계에 이바지할 것이 없을까라는 고민의 산물이라 생각해주기 바란다.

신비한 동양철학 95 │ 김상회 편저 │ 429면 │ 15,000원 │ 신국판

사주학의 방정식
알기 쉽게 풀어놓은 가장 실질적인 역서

이 책은 종전의 어려웠던 사주풀이의 응용과 한문을 쉬운 방법으로 터득하는데 목적을 두었고, 역학이 무엇인가를 알리고자 하는데 있다. 세인들은 역학자를 남의 운명이나 풀이하는 점쟁이로 알지만 잘못된 생각이다. 역학은 우주의 근본이며 기의 학 문이기 때문에 역학을 이해하지 못하고서는 우리 인생살이 또한 정확하게 해석할 수 없는 고차원의 학문이다.

신비한 동양철학 18 │ 김용오 저 │ 192면 │ 8,000원 │ 신국판

오행상극설과 진화론
인간과 인생을 떠난 천리란 있을 수 없다

과학이 현대를 설정하여 설명하고 있으나 원리는 동양철학에도 있기에 그 양면을 밝히고자 노력했다. 우주에서 일어나는 모든 일을 과학으로 설명될 수는 없다. 비과학적이라고 하기보다는 과학이 따라오지 못한다고 설명하는 것이 더 솔직하고 옳은 표 현일 것이다. 특히 과학분야에 종사하는 신의사가 저술했다는데 더 큰 화제가 되고 있다.

신비한 동양철학 5 │ 김태진 저 │ 222면 │ 15,000원 │ 신국판

스스로 공부하게 하는 방법과 천부적 적성
내 아이를 성공시키고 싶은 부모들에게

자녀를 성공시키고 싶은 마음은 누구나 같겠지만 가난한 집 아이가 좋은 성적을 내기는 매우 어렵고, 원하는 학교에 들어가기 도 어렵다. 그러나 실망하기에는 아직 이르다. 내 아이가 훌륭하게 성장해 아름답고 멋진 삶을 살아가는 방법을 소개한다.

신비한 동양철학 85 │ 청암 박재현 지음 │ 176면 │ 14,000원 │ 신국판

진짜부적 가짜부적
부적의 실체와 정확한 제작방법

인쇄부적에서 가짜부적에 이르기까지 많게는 몇백만원에 팔리고 있다는 보도를 종종 듣는다. 그러나 부적은 정확한 제작방법 에 따라 자신의 용도에 맞게 스스로 만들어 사용하면 훨씬 더 좋은 효과를 얻을 수 있다. 이 책은 중국에서 정통부적을 연구 한 국내유일의 동양오술학자가 밝힌 부적의 실체와 정확한 제작방법을 소개하고 있다.

신비한 동양철학 7 │ 오상익 저 │ 322면 │ 20,000원 │ 신국판

수명비결
주민등록번호 13자로 숙명의 정체를 밝힌다

우리는 지금 무수히 많은 숫자의 거미줄에 매달려 허우적거리며 살아가고 있다. 1분 ·1초가 생사를 가름하고, 1등·2등이 인 생을 좌우하며, 1급·2급이 신분을 구분하는 세상이다. 이 책은 수명리학으로 13자의 주민등록번호로 명예, 재산, 건강, 수명, 애정, 자녀운 등을 미리 읽어본다.

신비한 동양철학 14 │ 장충한 저 │ 308면 │ 15,000원 │ 신국판

진짜궁합 가짜궁합
남녀궁합의 새로운 충격

중국에서 연구한 국내유일의 동양오술학자가 우리나라 역술가들의 궁합법이 잘못되었다는 것을 학술적으로 분석·비평하고, 전적과 사례연구를 통하여 궁합의 실체와 타당성을 분석했다. 합리적인 「자미두수궁합법」과 「남녀궁합」 및 출생시간을 몰라 궁합을 못보는 사람들을 위하여 「지문으로 보는 궁합법」 등을 공개하고 있다.

신비한 동양철학 8 │ 오상익 저 │ 414면 │ 15,000원 │ 신국판

주역육효 해설방법(상·하)
한 번만 읽으면 주역을 활용할 수 있는 책
이 책은 주역을 해설한 것으로, 될 수 있는 한 여러 가지 사설을 덧붙이지 않고, 주역을 공부하고 활용하는데 필요한 요건만을 기록했다. 따라서 주역의 근원이나 하도낙서, 음양오행에 대해서도 많은 설명을 자제했다. 다만 누구나 이 책을 한 번 읽어서 주역을 이해하고 활용할 수 있도록 하는데 중점을 두었다.
신비한 동양철학 38 | 원공선사 저 | 상 810면·하 798면 | 각 29,000원 | 신국판

쉽게 푼 주역
귀신도 탄복한다는 주역을 쉽고 재미있게 풀어놓은 책
주역이라는 말 한마디면 귀신도 기겁을 하고 놀라 자빠진다는데, 운수와 일진이 문제가 될까. 8×8=64괘라는 주역을 한 괘에 23개씩의 회답으로 해설하여 1472괘의 신비한 해답을 수록했다. 당신이 당면한 문제라면 무엇이든 해결할 수 있는 열쇠가 이 한 권의 책 속에 있다.
신비한 동양철학 10 | 정도명 저 | 284면 | 16,000원 | 신국판

나침반 | 어디로 갈까요
주역의 기본원리를 통달할 수 있는 책
이 책에서는 기본괘와 변화와 기본괘가 어떤 괘로 변했을 경우 일어날 수 있는 내용들을 설명하여 주역의 변화에 대한 이해를 돕는데 주력하였다. 그러나 그런 내용을 구분할 수 있는 방법을 전부 다 설명할 수는 없기에 뒷장에 간단하게 설명하였고, 다른 책들과 설명의 차이점도 기록하였으니 참작하여 본다면 조금이나마 도움이 될 것이다.
신비한 동양철학 67 | 원공선사 편저 | 800면 | 39,000원 | 신국판

완성 주역비결 | 주역 토정비결
반쪽으로 전해오는 토정비결을 완전하게 해설
지금 시중에 나와 있는 토정비결에 대한 책들은 옛날부터 내려오는 완전한 비결이 아니라 반쪽의 책이다. 그러나 반쪽이라고 말하는 사람은 없다. 그것은 주역의 원리를 모르기 때문이다. 그래서 늦은 감이 없지 않으나 앞으로 수많은 세월을 생각해서 완전한 해설판을 내놓기로 했다.
신비한 동양철학 92 | 원공선사 편저 | 396면 | 16,000원 | 신국판

육효대전
정확한 해설과 다양한 활용법
동양고전 중에서도 가장 대표적인 것이 주역이다. 주역은 옛사람들이 자연을 거울삼아 생활을 영위해 나가는 처세에 관한 지혜를 무한히 내포하고, 피흉추길하는 얼과 슬기가 함축된 점서인 동시에 수양·과학서요 철학·종교서라고 할 수 있다.
신비한 동양철학 37 | 도관 박흥식 편저 | 608면 | 26,000원 | 신국판

육효점 정론
육효학의 정수
이 책은 주역의 원전소개와 상수역법의 꽃으로 발전한 경방학을 같이 실어 독자들의 호기심을 충족시키는데 중점을 두었습니다. 주역의 원전으로 인화의 처세술을 터득하고, 어떤 사안의 답은 육효법을 탐독하여 찾으시기 바랍니다.
신비한 동양철학 80 | 효명 최인영 편역 | 396면 | 29,000원 | 신국판

육효학 총론
육효학의 핵심만을 정확하고 알기 쉽게 정리
육효는 갑자기 문제가 생겨 난감한 경우에 명쾌한 답을 찾을 수 있는 학문이다. 그러나 시중에 나와 있는 책들이 대부분 원서를 그대로 번역해 놓은 것이라 전문가인 필자가 보기에도 지루하며 어렵다는 느낌이 들었다. 그래서 보다 쉽게 공부할 수 있도록 이 책을 출간하게 되었다.
신비한 동양철학 89 | 김도희 편저 | 174쪽 | 26,000원 | 신국판

완벽 사주와 관상
우리의 삶과 관계 있는 사실적 관계로만 설명한 책
이 책은 우리의 삶과 관계 있는 사실적 관계로만 역을 설명하고, 역에 대한 관심과 흥미를 갖게 하고자 관상학을 추록했다. 여기에 추록된 관상학은 시중에서 흔하게 볼 수 있는 상법이 아니라 생활상법, 즉 삶의 지식과 상식을 드리고자 했다.
신비한 동양철학 55 │ 김봉준·유오준 공저 │ 530면 │ 36,000원 │ 신국판 양장

사람을 보는 지혜
관상학의 초보에서 실용까지
현자는 하늘이 준 명을 알고 있기에 부귀에 연연하지 않는다. 사람은 마음을 다스리는 심명이 있다. 마음의 명은 자신만이 소통하는 유일한 우주의 무형의 에너지이기 때문에 잠시도 잊으면 안된다. 관상학은 사람의 상으로 이런 마음을 살피는 학문이니 잘 이해하여 보다 나은 삶을 삶을 영위할 수 있도록 노력해야 한다.
신비한 동양철학 73 │ 이부길 편저 │ 510면 │ 20,000원 │ 신국판

한눈에 보는 손금
논리정연하며 바로미터적인 지침서
이 책은 수상학의 연원을 초월해서 동서합일의 이론으로 집필했다. 그야말로 논리정연한 수상학을 정리하였다. 그래서 운명적, 철학적, 동양적, 심리학적인 면을 예증과 방편에 이르기까지 상세하게 기술했다. 이 책은 수상학이라기 보다 바로미터적인 지침서 역할을 해줄 것이다. 독자 여러분의 꾸준한 연구와 더불어 인생성공의 지침서가 될 수 있을 것이다.
신비한 동양철학 52 │ 정도명 저 │ 432면 │ 24,000원 │ 신국판 양장

이런 집에 살아야 잘 풀린다
운이 트이는 좋은 집 알아보는 비결
한마디로 운이 트이는 집을 갖고 싶은 것은 모두의 꿈일 것이다. 50평이니 60평이니 하며 평수에 구애받지 않고 가족이 평온하게 생활할 수 있고 나날이 발전할 수 있는 그런 집이 있다면 얼마나 좋을까? 그런 소망에 한 걸음이라도 가까워지려면 막연하게 운만 기대하고 있어서는 안 된다. 좋은 집을 가지려면 그만한 노력이 있어야 한다.
신비한 동양철학 64 │ 강현술·박흥식 감수 │ 270면 │ 16,000원 │ 신국판

점포, 이렇게 하면 부자됩니다
부자되는 점포, 보는 방법과 만드는 방법
사업의 성공과 실패는 어떤 사업장에서 어떤 품목으로 어떤 사람들과 거래하느냐에 따라 판가름난다. 그리고 사업을 성공시키려면 반드시 몇 가지 문제를 살펴야 하는데 무작정 사업을 시작하여 실패하는 사람들이 많다. 그래서 이 책에서는 이러한 문제와 방법들을 조목조목 기술하여 누구나 성공하도록 도움을 주는데 주력하였다.
신비한 동양철학 88 │ 김도희 편저 │ 177면 │ 26,000원 │ 신국판

쉽게 푼 풍수
현장에서 활용하는 풍수지리법
산도는 매우 광범위하고, 현장에서 알아보기 힘들다. 더구나 지금은 수목이 울창해 소조산 정상에 올라가도 나무에 가려 국세를 파악하는데 애를 먹는다. 따라서 사진을 첨부하니 많은 활용하기 바란다. 물론 결록에 있고 산도가 눈에 익은 것은 혈 사진과 함께 소개하였다. 이 책을 열심히 정독하면서 답산하면 혈을 알아보고 용산도 할 수 있을 것이다.
신비한 동양철학 60 │ 전항수·주장관 편저 │ 378면 │ 26,000원 │ 신국판

음택양택
현세의 운·내세의 운
이 책에서는 음양택명당의 조건이나 기타 여러 가지를 설명하여 산 자와 죽은 자의 행복한 집을 만들 수 있도록 했다. 특히 죽은 자의 집인 음택명당은 자리를 옳게 잡으면 꾸준히 생기를 발하여 흥하나, 그렇지 않으면 큰 피해를 당하니 돈보다도 행·불행의 근원인 음양택명당에 관심을 기울여야 한다.
신비한 동양철학 63 │ 전항수·주장관 지음 │ 392면 │ 29,000원 │ 신국판

용의 혈 │ 풍수지리 실기 100선
실전에서 실감나게 적용하는 풍수의 길잡이

이 책은 풍수지리 문헌인 만두산법서, 명산론, 금랑경 등을 이해하기 쉽도록 주제별로 간추려 설명했으며, 풍수지리학을 쉽게 접근하여 공부하고, 실전에 활용하여 실감나게 적용할 수 있도록 하는데 역점을 두었다.

신비한 동양철학 30 │ 호산 윤재우 저 │ 534면 │ 29,000원 │ 신국판

현장 지리풍수
현장감을 살린 지리풍수법

풍수를 업으로 삼는 사람들이 진가를 분별할 줄 모르면서 많은 법을 알았다고 자부하며 뽐낸다. 그리고는 재물에 눈이 어두워 불길한 산을 길하다 하고, 선하지 못한 물을 선하다 한다. 이는 분수 밖의 것을 바라기 때문이다. 마음가짐을 바로 하고 고대 원전에 공력을 바치면서 산간을 실사하며 적공을 쏟으면 정교롭고 세밀한 경지를 얻을 수 있을 것이다.

신비한 동양철학 48 │ 전항수·주관장 편저 │ 434면 │ 36,000원 │ 신국판 양장

찾기 쉬운 명당
실전에서 활용할 수 있는 책

가능하면 쉽게 풀어 실전에 도움이 되도록 했다. 특히 풍수지리에서 방향측정에 필수인 패철 사용과 나경 9층을 각 층별로 설명했다. 그리고 이 책에 수록된 도설, 즉 오성도, 명산도, 명당 형세도 내거수 명당도, 지각형세도, 용의 과협출맥도, 사대혈형 와겸유돌 형세도 등은 국립중앙도서관에 소장된 문헌자료인 만산도단, 만산영도, 이석당 은민산도의 원본을 참조했다.

신비한 동양철학 44 │ 호산 윤재우 저 │ 386면 │ 19,000원 │ 신국판 양장

해몽정본
꿈의 모든 것

시중에 꿈해몽에 관한 책은 많지만 막상 내가 꾼 꿈을 해몽을 하려고 하면 어디다 대입시켜야 할지 모르는 경우가 많았을 것이다. 그러나 최대한으로 많은 예를 들었고, 찾기 쉽고 명료하게 만들었기 때문에 해몽을 하는데 어려움이 없을 것이다. 한집에 한권씩 두고 보면서 나쁜 꿈은 예방하고 좋은 꿈을 좋은 일로 연결시킨다면 생활에 많은 도움이 될 것이다.

신비한 동양철학 36 │ 청암 박재현 저 │ 766면 │ 19,000원 │ 신국판

해몽 │ 해몽법
해몽법을 알기 쉽게 설명한 책

인생은 꿈이 예지한 시간적 한계에서 점점 소멸되어 가는 현존물이기 때문에 반드시 꿈의 뜻을 따라야 한다. 이것은 꿈을 먹고 살아가는 인간 즉 태몽의 끝장면인 죽음을 향해 달려가고 있는 인간이기 때문이다. 꿈은 우리의 삶을 이끌어가는 이정표와도 같기에 똑바로 가도록 노력해야 한다.

신비한 동양철학 50 │ 김종일 저 │ 552면 │ 26,000원 │ 신국판 양장

명리용어와 시결음미
명리학의 어려운 용어와 숙어를 쉽게 풀이한 책

명리학을 연구하는 이들은 기초공부가 끝나면 자연스럽게 훌륭하다고 평가하는 고전의 이론을 접하게 된다. 그러나 시결과 용어와 숙어는 어려운 한자로만 되어 있어 대다수가 선뜻 탐독과 음미에 취미를 잃는다. 그래서 누구나 어려움 없이 쉽게 읽고 깊이 있게 음미할 수 있도록 원문에 한글로 발음을 달고 어려운 용어와 숙어에 해석을 달아 이 책을 내게 되었다.

신비한 동양철학 103 │ 원각 김구현 편저 │300면 │ 25,000원 │ 신국판

완벽 만세력
착각하기 쉬운 서머타임 2도 인쇄

시중에 많은 종류의 만세력이 나와있지만 이 책은 단순한 만세력이 아니라 완벽한 만세경전으로 만세력 보는 법 등을 실었기 때문에 처음 대하는 사람이라도 쉽게 볼 수 있도록 편집되었다. 또한 부록편에는 사주명리학, 신살종합해설, 결혼과 이사택일 및 이사방향, 길흉보는 법, 우주천기와 한국의 역사 등을 수록했다.

신비한 동양철학 99 │ 백우 김봉준 저 │ 316면 │ 20,000원 │ 사륙배판

정본만세력

이 책은 완벽한 만세력으로 만세력 보는 방법을 자세하게 설명했다. 그리고 역학에 대한 기본적인 내용과 결혼하기 좋은 나이·좋은 날·좋은 시간, 아들·딸 태아감별법, 이사하기 좋은 날·좋은 방향 등을 부록으로 실었다.

신비한 동양철학 45 │ 백우 김봉준 저 │ 304면 │ 사륙배판 26,000원, 신국판 16,000원, 사륙판 10,000원, 포켓판 9,000원

정본 │ 완벽 만세력

착각하기 쉬운 서머타임 2도인쇄

시중에 많은 종류의 만세력이 있지만 이 책은 단순한 만세력이 아니라 완벽한 만세경전이다. 그리고 만세력 보는 법 등을 실었기 때문에 처음 대하는 사람이라도 쉽게 볼 수 있다. 또 부록편에는 사주명리학, 신살 종합해설, 결혼과 이사 택일, 이사 방향, 길흉보는 법, 우주의 천기와 우리나라 역사 등을 수록하였다.

신비한 동양철학 99 │ 김봉준 편저 │ 316면 │ 20,000원 │ 사륙배판

원심수기 통증예방 관리비법

쉽게 배워 적용할 수 있는 통증관리법

『원심수기 통증예방 관리비법』은 4차원의 건강관리법으로 질병이 악화되는 것을 예방하여 건강한 몸을 유지하는데 그 목적이 있다. 시중의 수기요법과 비슷하나 특장점은 힘이 들지 않아 어린아이부터 노인까지 누구나 시술할 수 있고, 배우고 적용하는 과정이 쉽고 간단하며, 시술 장소나 도구가 필요 없으니 언제 어디서나 시술할 수 있다.

신비한 동양철학 78 │ 원공 선사 저 │ 288면 │ 16,000원 │ 신국판

운명으로 본 나의 질병과 건강

타고난 건강상태와 질병에 대한 대비책

이 책은 국내 유일의 동양오술학자가 사주학과 정통명리학의 양대산맥을 이루는 자미두수 이론으로 임상실험을 거쳐 작성한 자료다. 따라서 명리학을 응용한 최초의 완벽한 의학서로 질병을 예방하고 치료하는데 활용하면 최고의 의사가 될 것이다. 또한 예방의학적인 차원에서 건강을 유지하는데 훌륭한 지침서로 현대의학의 새로운 장을 여는 계기가 될 것이다.

신비한 동양철학 9 │ 오상익 저 │ 474면 │ 26,000원 │ 신국판

서체자전

해서를 기본으로 전서, 예서, 행서, 초서를 연습할 수 있는 책

한자는 오랜 옛날부터 우리 생활과 뗄 수 없음에도 잘 몰라 불편을 겪는 사람들이 많아 이 책을 내게 되었다. 이 책에서는 해서를 기본으로 각 글자마다 전서, 예서, 행서, 초서 순으로 배열하여 독자가 필요한 것을 찾아 연습하기 쉽도록 하였다.

신비한 동양철학 98 │ 편집부 편 │ 273면 │ 16,000원 │ 사륙배판

택일민력(擇日民曆)

택일에 관한 모든 것

이 책은 택일에 대한 모든 것을 넣으려고 최선을 다하였다. 동양철학을 공부하여 상담하거나 종교인·무속인·일반인들이 원하는 부분을 쉽게 찾아 활용할 수 있도록 칠십이후, 절기에 따른 벼농사의 순서와 중요한 과정, 납음오행, 신살의 의미, 구성조견표, 결혼·이사·제사·장례·이장에 관한 사항 등을 폭넓게 수록하였다.

신비한 동양철학 100 │ 최인영 편저 │80면 │ 5,000원 │ 사륙배판

모든 질병에서 해방을 1·2

건강실용서

우리나라는 아주 오랜 옛날부터 건강과 관련한 약재들이 산천에 널려 있었고, 우리 민족은 그 약재들을 슬기롭게 이용하며 나름대로 건강하게 살아왔다. 그러나 오늘날 현대의학에 밀려 외면당하며 사라지게 되었다. 이에 옛날부터 내려오는 의학서적인 『기사회생』과 『단방심편』을 바탕으로 민가에서 활용했던 민간요법들을 정리하고, 현대에 개발된 약재들이나 시술방법들을 정리했다.

신비한 동양철학 102 │ 원공 선사 편저 │1권 448면·2권 416면 │ 각 29,000원 │ 신국판

참역학은 이렇게 쉬운 것이다② - 완결편
역학을 활용하는 방법을 정리한 책

『참역학은 이렇게 쉬운 것이다』에서 미처 쓰지 못한 사주를 활용하는 방법을 정리한다는 의미에서 다시 이 책을 내게 되었다. 전문가든 비전문가든 이 책이 사주라는 학문을 이해하는 데 도움이 되고, 사주에 있는 가장 좋은 길을 찾아 행복하게 살았으면 합니다. 특히 사주상담을 업으로 하는 분들도 참고해서 상담자들이 행복하게 살도록 도와주었으면 한다.

신비한 동양철학 104 │ 청암 박재현 편저 │ 330면 │ 23,000원 │ 신국판

인명용 한자사전
한권으로 작명까지 OK

이 책은 인명용 한자의 사전적 쓰임이 본분이지만 그것에 국한하지 않고 작명법들을 그것도 일반적으로 통용되는 기본적인 것 외에 주역을 통한 것 등 7가지를 간추려 놓아 여러 권의 작명책을 군살없이 대신했기에 이 한권의 사용만으로 작명에 관한 모든 것을 충족하고도 남을 것이다. 5,000자가 넘는 인명용 한자를 실었지만 음(音)으로 한 줄에 수십 자, 획수로도 여러 자를 넣어 가능한 부피를 줄이려고 노력하였다. 그리고 작명하는데 한자에 관해서는 다양하게 활용할 수 있도록 하였고, 일반적인 한자자전의 용도까지 충분히 겸비하도록 하였다.

신비한 동양철학 105 │ 임삼업 편저 │ 336면 │ 24,000원 │ 신국판

바로 내 사주
행복한 인생을 만들어 갈 수 있는 방법을 소개하는 책

역학이란 본래 어려운 학문이다. 수십 년을 공부해도 터득하기 어려운 학문이라 많은 사람이 중간에 포기하는 일이 많다. 기존의 당사주 책도 수백 년 동안 그 명맥을 유지해왔으나 적중률이 매우 낮아 일반인들에게 신뢰를 많이 받지 못했다. 그래서 지금부터 30여 년 동안 공부하며 터득한 비법을 토대로 이 책을 내게 되었다. 물론 어느 역학책도 백 퍼센트 정확하다고 장담할 수는 없다. 이 책도 백 퍼센트 적중률을 목표로 했으나 적어도 80% 이상은 적중할 것이라고 자부한다.

신비한 동양철학 106 │ 김찬동 편저 │ 242면 │ 20,000원 │ 신국판

주역타로64
인간사 주역괘 풀이

타로카드는 서양 상류사회의 생활상을 담은 그림으로 되어 있다. 그 속에는 자연과 인간이 겪을 수 있는 경험과 역사가 압축되어 있다. 이러한 타로카드를 점(占) 목적으로 사용하는 것인데, 주역타로64점은 주역의 64괘를 64매의 타로카드에 담아 점 도구로 사용한다. 64괘는 우주의 모든 형상과 형태의 끊임없는 변화의 원리로 나타난 것이다. 그리고 주역타로는 일반 타로의 공통적인 스토리와는 다른 점이 많으나 그 기본 이론은 같다. 주역타로의 추상적이며 미진한 정보에 더해 인간사에 대한 주역 괘풀이를 보탰으니 주역타로64를 점 도구로 활용하는 데 도움이 되었으면 한다.

신비한 동양철학 107 │ 임삼업 편저 │ 387면 │ 39,000원 │ 사륙배판

주역 평생운 비록
상수역의 하락이수를 활용한 비결

하락이수의 평생운, 대상운, 유년운, 월운은 주역의 표상인 괘효의 숫자로 기록했고, 그 해석 설명은 원문에 50,000여 한자 사언시구로 구성되어 간혹 어려운 글자, 흔히 쓰지 않는 낯선 글자, 주역의 괘효사를 인용한 것도 있어 한문 문장의 해석은 녹록치 않은 것이어서 원문 한자 부분은 제외시키고 한글 해석만을 수록했다.

신비한 동양철학 109 │ 경의제 임삼업 편저 │ 사륙배판

명리정종 정설(근간)
명리정종의 완결판

이 책의 원서인 명리정종(命理正宗)은 중국 명대의 신봉(神峰) 장남(張楠) 선생이 저술한 명리서(命理書)다. 명리학(命理學)의 5대 원서는 어느 것 하나 귀하지 않은 것이 없지만 명리정종(命理正宗)은 연해자평(淵海子平)을 깊이 분석하며 비판한 것이 특징이다. 따라서 초학자는 연해자평(淵海子平)을 공부한 후 이 책을 공부하는 것이 좋다.

신비한 동양철학 108 │ 역산 김찬동 편역 │ 신국판

기문둔갑 비급대성
기문의 정수
기문둔갑은 천문지리·인사명리·법술병법 등에 영험한 술수로 예로부터 은밀하게 특권층에만 전승되었다. 그러나 아쉽게도 기문을 공부하려는 이들에게 도움이 될만한 책이 거의 없다. 필자는 이 점이 안타까워 천견박식함을 돌아보지 않고 감히 책을 내게 되었다. 한 권에 기문학을 다 표현할 수는 없지만 이 책을 사다리 삼아 저 높은 경지로 올라간다면 제갈공명과 같은 지혜를 발휘할 수 있을 것이다.
신비한 동양철학 86 │ 도관 박홍식 편저 │ 725면 │ 39,000원 │ 신국판

기문둔갑옥경
가장 권위있고 우수한 학문
우리나라의 기문역사는 장구하나 상세한 문헌은 전무한 상태라 이 책을 발간하였다. 기문둔갑은 천문지리는 물론 인사명리 등 제반사에 관한 길흉을 판단함에 있어서 가장 우수한 학문이며 병법과 법술방면으로도 특징과 장점이 있다. 초학자는 포국편을 열심히 익혀 설국을 자유자재로 할 수 있도록 하고, 개인의 이익보다는 보국안민에 일조하기 바란다.
신비한 동양철학 32 │ 도관 박홍식 저 │ 674면 │ 39,000원 │ 사륙배판

오늘의 토정비결
일년 신수와 죽느냐 사느냐를 알려주는 예언서
역산비결은 일년신수를 보는 역학서이다. 당년의 신수만 본다는 것은 토정비결과 비슷하나 토정비결은 토정 선생께서 사람들에게 용기와 희망을 주기 위함이 목적이어서 다소 허황되고 과장된 부분이 많다. 그러나 역산비결은 재미로 보는 신수가 아니라, 죽느냐 사느냐를 알려주는 예언서이이니 재미로 보는 토정비결과는 차원이 다르다.
신비한 동양철학 72 │ 역산 김찬동 편저 │ 304면 │ 16,000원 │ 신국판

國運 │ 나라의 운세
역으로 풀어본 우리나라의 운명과 방향
아무리 서구사상의 파고가 높다기로 오천 년을 한결같이 가꾸며 살아온 백두의 혼이 와르르 무너지는 지경에 왔어도 누구 하나 입을 열어 말하는 사람이 없으니 답답하다. 불확실한 내일에 대한 해답을 이 책은 명쾌하게 제시하고 있다.
신비한 동양철학 22 │ 백우 김봉준 저 │ 290면 │ 9,000원 │ 신국판

남사고의 마지막 예언
이 책으로 격암유록에 대한 논란이 끝나기 바란다
감히 이 책을 21세기의 성경이라고 말한다. 〈격암유록〉은 섭리가 우리민족에게 준 위대한 복음서이며, 선물이며, 꿈이며, 인류의 희망이다. 이 책에서는 〈격암유록〉이 전하고자 하는 바를 주제별로 정리하여 문답식으로 풀어갔다. 이 책으로 〈격암유록〉에 대한 논란은 끝나기 바란다.
신비한 동양철학 29 │ 석정 박순용 저 │ 276면 │ 16,000원 │ 신국판

원토정비결
반쪽으로만 전해오는 토정비결의 완전한 해설판
지금 시중에 나와 있는 토정비결에 대한 책들을 보면 옛날부터 내려오는 완전한 비결이 아니라 반면의 책이다. 그러나 반면이라고 말하는 사람이 없다. 그것은 주역의 원리를 모르기 때문이다. 따라서 늦은 감이 없지 않으나 앞으로의 수많은 세월을 생각하면서 완전한 해설본을 내놓았다.
신비한 동양철학 53 │ 원공선사 저 │ 396면 │ 24,000원 │ 신국판 양장

나의 천운 │ 운세찾기
몽골정통 토정비결
이 책은 역학계의 대가 김봉준 선생이 몽공토정비결을 우리의 인습과 체질에 맞게 엮은 것이다. 운의 흐름을 알리고자 호운과 쇠운을 강조하고, 현재의 나를 조명하고 판단할 수 있도록 했다. 모쪼록 생활서나 안내서로 활용하기 바란다.
신비한 동양철학 12 │ 백우 김봉준 저 │ 308면 │ 11,000원 │ 신국판

역점 | 우리나라 전통 행운찾기
쉽게 쓴 64괘 역점 보는 법
주역이 점치는 책에만 불과했다면 벌써 그 존재가 없어졌을 것이다. 그러나 오랫동안 많은 학자가 연구를 계속해왔고, 그 속에서 자연과학과 형이상학적인 우주론과 인생론을 밝혀, 정치·경제·사회 등 여러 방면에서 인간의 생활에 응용해왔고, 삶의 지침서로써 그 역할을 했다. 이 책은 한 번만 읽으면 누구나 역점가가 될 수 있으니 생활에 도움이 되길 바란다.
신비한 동양철학 57 | 문명상 편저 | 382면 | 26,000원 | 신국판 양장

이렇게 하면 좋은 운이 온다
한 가정에 한 권씩 놓아두고 볼만한 책
좋은 운을 부르는 방법은 방위·색상·수리·년운·월운·날짜·시간·궁합·이름·직업·물건·보석·맛·과일·기운·마을·가축·성격 등을 정확하게 파악하여 자신에게 길한 것은 취하고 흉한 것은 피하면 된다. 이 책의 저자는 신학대학을 졸업하고 역학계에 입문했다는 특별한 이력을 갖고 있기 때문에 더 많은 화제가 되고 있다.
신비한 동양철학 27 | 역산 김찬동 저 | 434면 | 16,000원 | 신국판

운을 잡으세요 | 改運秘法
염력강화로 삶의 문제를 해결한다!
행복과 불행은 누가 주는 것이 아니라 자기 자신이 만든다고 할 수 있다. 한 마디로 말해 의지의 힘, 즉 염력이 운명을 바꾸는 것이다. 이 책에서는 이러한 염력을 강화시켜 삶에서 일어나는 문제를 해결하는 방법을 알려준다. 누구나 가벼운 마음으로 읽고 실천한다면 반드시 목적을 이룰 수 있을 것이다.
신비한 동양철학 76 | 역산 김찬동 편저 | 272면 | 10,000원 | 신국판

복을 부르는방법
나쁜 운을 좋은 운으로 바꾸는 비결
개운하는 방법은 여러 가지이나, 이 책의 비법은 축원문을 독송하는 것이다. 독송이란 소리내 읽는다는 뜻이다. 사람의 말에는 기운이 있는데, 이 기운은 자신에게 돌아온다. 좋은 말을 하면 좋은 기운이 돌아오고, 나쁜 말을 하면 나쁜 기운이 돌아온다. 이 책은 누구나 어디서나 쉽게 비용을 들이지 않고 좋은 운을 부를 수 있는 방법을 실었다.
신비한 동양철학 69 | 역산 김찬동 편저 | 194면 | 11,000원 | 신국판

천직 | 사주팔자로 찾은 나의 직업
천직을 찾으면 역경없이 탄탄하게 성공할 수 있다
잘 되겠지 하는 막연한 생각으로 의욕만 갖고 도전하는 것과 나에게 맞는 직종은 무엇이고 때는 언제인가를 알고 도전하는 것은 근본적으로 다르고, 결과도 다르다. 만일 의욕만으로 팔자에도 없는 사업을 시작했다고 하자, 결과는 불을 보듯 뻔하다. 그러므로 이런 때일수록 침착과 냉정을 찾아 내 그릇부터 알고, 생활에 대처하는 지혜로움을 발휘해야 한다.
신비한 동양철학 34 | 백우 김봉준 저 | 376면 | 19,000원 | 신국판

운세십진법 | 本大路
운명을 알고 대처하는 것은 현대인의 지혜다
타고난 운명은 분명히 있다. 그러니 자신의 운명을 알고 대처한다면 비록 운명을 바꿀 수는 없지만 향상시킬 수 있다. 이것이 사주학을 알아야 하는 이유다. 이 책에서는 자신이 타고난 숙명과 앞으로 펼쳐질 운명행로를 찾을 수 있도록 운명의 기초를 초연하게 설명하고 있다.
신비한 동양철학 1 | 백우 김봉준 저 | 364면 | 16,000원 | 신국판

성명학 | 바로 이 이름
사주의 운기와 조화를 고려한 이름짓기
사람은 누구나 타고난 운명이 있다. 숙명인 사주팔자는 선천운이고, 성명은 후천운이 되는 것으로 이름을 지을 때는 타고난 운기와의 조화를 고려해야 한다. 따라서 역학에 대한 깊은 이해가 선행함은 지극히 당연하다. 부연하면 작명의 근본은 타고난 사주에 운기를 종합적으로 분석하여 부족한 점을 보강하고 결점을 개선한다는 큰 뜻이 있다고 할 수 있다.
신비한 동양철학 75 | 정담 선사 편저 | 488면 | 24,000원 | 신국판

작명 백과사전
36가지 이름짓는 방법과 선후천 역상법 수록
이름은 나를 대표하는 생명체이므로 몸은 세상을 떠날지라도 영원히 남는다. 성명운의 유도력은 후천적으로 가공 인수되는 후존적 수기로써 조성 운화되는 작용력이 있다. 선천수기의 운기력이 50%이면 후천수기도의 운기력도50%이다. 이와 같이 성명운의 작용은 운로에 불가결한조건일 뿐 아니라, 선천명운의 범위에서 기능을 충분히 할 수 있다.
신비한 동양철학 81 ｜ 임삼업 편저 ｜ 송충석 감수 ｜ 730면 ｜ 36,000원 ｜ 사륙배판

작명해명
누구나 쉽게 활용할 수 있는 체계적인 작명법
일반적인 성명학으로는 알 수 없는 한자이름, 한글이름, 영문이름, 예명, 회사명, 상호, 상품명 등의 작명방법을 여러 사례를 들어 체계적으로 분석하여 누구나 쉽게 배워서 활용할 수 있도록 서술했다.
신비한 동양철학 26 ｜ 도관 박흥식 저 ｜ 518면 ｜ 19,000원 ｜ 신국판

역산성명학
이름은 제2의 자신이다
이름에는 각각 고유의 뜻과 기운이 있어 그 기운이 성격을 만들고 그 성격이 운명을 만든다. 나쁜 이름은 부르면 부를수록 불행을 부르고 좋은 이름은 부르면 부를수록 행복을 부른다. 만일 이름이 거지같다면 아무리 운세를 잘 만나도 밥을 좀더 많이 얻어 먹을 수 있을 뿐이다. 저자는 신학대학을 졸업하고 역학계에 입문한 특별한 이력으로 많은 화제가 된다.
신비한 동양철학 25 ｜ 역산 김찬동 저 ｜ 456면 ｜ 26,000원 ｜ 신국판

작명정론
이름으로 보는 역대 대통령이 나오는 이치
사주팔자가 네 기둥으로 세워진 집이라면 이름은 그 집을 대표하는 문패라고 할 수 있다. 따라서 이름을 지을 때는 사주의 격에 맞추어야 한다. 사주 그릇이 작은 사람이 원대한 뜻의 이름을 쓰면 감당하지 못할 시련을 자초하게 되고 오히려 이름값을 못할 수 있다. 즉 분수에 맞는 이름으로 작명해야 하기 때문에 사주의 올바른 분석이 필요하다.
신비한 동양철학 77 ｜ 청월 박상의 편저 ｜ 430면 ｜ 19,000원 ｜ 신국판

음파메세지 (氣)성명학
새로운 시대에 맞는 새로운 성명학
지금까지의 모든 성명학은 모순의 극치를 이룬다. 그러나 이제 새 시대에 맞는 음파메세지(氣) 성명학이 나왔으니 복을 계속 부르는 이름을 지어 사랑하는 자녀가 행복하고 아름다운 삶을 살아갈 수 있도록 하는데 도움이 되었으면 한다.
신비한 동양철학 51 ｜ 청암 박재현 저 ｜ 626면 ｜ 39,000원 ｜ 신국판 양장

아호연구
여러 가지 작호법과 실제 예 모음
필자는 오래 전부터 작명을 연구했다. 그러나 시중에 나와 있는 책에는 대부분 아호에 관해서는 전혀 언급하지 않았다. 그래서 아호에 관심이 있어도 자료를 구하지 못하는 분들을 위해 이 책을 내게 되었다. 아호를 짓는 것은 그리 대단하거나 복잡하지 않으니 이 책을 처음부터 끝까지 착실히 공부한다면 누구나 좋은 아호를 지어 쓸 수 있을 것이라고 생각한다.
신비한 동양철학 87 ｜ 임삼업 편저 ｜ 308면 ｜ 26,000원 ｜ 신국판

한글이미지 성명학
이름감정서
이 책은 본인의 이름은 물론 사랑하는 가족 그리고 가까운 친척이나 친구들의 이름까지도 좋은지 나쁜지 알아볼 수 있도록 지금까지 나와 있는 모든 성명학을 토대로 하여 썼다. 감언이설이나 협박성 감명에 흔들리지 않고 확실한 이름풀이를 볼 수 있을 것이다. 그리고 아름답고 멋진 삶을 살아갈 수 있는 이름을 짓는 방법도 상세하게 제시하였다.
신비한 동양철학 93 ｜ 청암 박재현 지음 ｜ 287면 ｜ 10,000원 ｜ 신국판

비법 작명기술
복과 성공을 함께 하려면
이 책은 성명의 발음오행이나 이름의 획수를 근간으로 하는 실제 이용이 가장 많은 기본 작명법을 서술하고, 주역의 괘상으로 풀어 길흉을 판단하는 역상법 5가지와 그외 중요한 작명법 5가지를 합하여 「보배로운 10가지 이름 짓는 방법」을 실었다. 특히 작명비법인 선후천역상법은 성명의 원획에 의존하는 작명법과 달리 정획과 곡획을 사용해 주역 상수학을 대표하는 하락이수를 쓰고, 육효가 들어가 응험률을 높였다.
신비한 동양철학 96 │ 임삼업 편저 │ 370면 │ 30,000원 │ 사륙배판

올바른 작명법
소중한 이름, 알고 짓자!
세상 부모들에게 가장 소중한 것이 뭐냐고 물으면 자녀라고 할 것이다. 그런데 왜 평생을 좌우할 이름을 함부로 짓는가. 이름이 얼마나 소중한지, 이름의 오행작용이 일생을 어떻게 좌우하는지 모르기 때문이다.
신비한 동양철학 61 │ 이정재 저 │ 352면 │ 19,000원 │ 신국판

호(雅號)책
아호 짓는 방법과 역대 유명인사의 아호, 인명용 한자 수록
필자는 오래 전부터 작명연구에 열중했으나 대부분의 작명책에는 아호에 관해서는 전혀 언급하지 않고, 간혹 거론했어도 몇 줄 정도의 뜻풀이에 불과하거나 일반작명법에 준한다는 암시만 풍기며 끝을 맺었다. 따라서 필자가 참고한 문헌도 적었음을 인정한다. 아호에 관심이 있어도 자료를 구하지 못하는 현실에 착안하여 필자 나름대로 각고 끝에 본서를 펴냈다.
신비한 동양철학 97 │ 임삼업 편저 │ 390면 │ 20,000원 │ 신국판

관상오행
한국인의 특성에 맞는 관상법
좋은 관상인 것 같으나 실제로는 나쁘거나 좋은 관상이 아닌데도 잘 사는 사람이 왕왕있어 관상법 연구에 흥미를 잃는 경우가 있다. 이것은 중국의 관상법만을 익히고 우리의 독특한 환경적인 특징을 소홀히 다루었기 때문이다. 이에 우리 한국인에게 알맞는 관상법을 연구하여 누구나 관상을 쉽게 알아보고 해석할 수 있도록 자세하게 풀어놓았다.
신비한 동양철학 20 │ 송파 정상기 저 │ 284면 │ 12,000원 │ 신국판

정본 관상과 손금
바로 알고 사람을 사귑시다
이 책은 관상과 손금은 인생을 행복하게 만든다는 관점에서 다루었다. 그야말로 관상과 손금의 혁명이라고 할 수 있다. 여러분도 관상과 손금을 통한 예지력으로 인생의 참주인이 되기 바란다. 용기를 불어넣어 주고 행복을 찾게 하는 것이 참다운 관상과 손금술이다. 이 책이 일상사에 고민하는 분들에게 해결방법을 제시해 줄 것이다.
신비한 동양철학 42 │ 지창룡 감수 │ 332면 │ 16,000원 │ 신국판

이런 사원이 좋습니다
사원선발 면접지침
사회가 다양해지면서 인력관리의 전문화와 인력수급이 기업주의 애로사항이 되었다. 필자는 그동안 많은 기업의 사원선발 면접시험에 참여했는데 기업주들이 모두 면접지침에 관한 책이 있으면 좋겠다는 것이다. 그래서 경험한 사례를 참작해 이 책을 내니 좋은 사원을 선발하는데 많은 도움이 될 것이라고 믿는다.
신비한 동양철학 90 │ 정도명 지음 │ 274면 │ 19,000원 │ 신국판

핵심 관상과 손금
사람을 볼 줄 아는 안목과 지혜를 알려주는 책
오늘과 내일을 예측할 수 없을만큼 복잡하게 펼쳐지는 현실에서 살아남기 위해서는 사람을 볼줄 아는 안목과 지혜가 필요하다. 시중에 관상학에 대한 책들이 많이 나와있지만 너무 형이상학적이라 전문가도 이해하기 어렵다. 이 책에서는 누구라도 쉽게 보고 이해할 수 있도록 핵심만을 파악해서 설명했다.
신비한 동양철학 54 │ 백우 김봉준 저 │ 188면 │ 14,000원 │ 사륙판 양장

저자 **박흥식**

·주역·명리·기문·육임·유·불·선 연구가
·저서로는 『사주대성』, 『사주명리학 핵심』, 『신수대전』, 『명리실무』,
『기문둔옥경』, 『기문둔갑 비급대성』, 『작명해명』이 있다.

전화 (054)634-1383

사주대성

1판 1쇄 발행일 | 2002년 9월 16일
1판 3쇄 발행일 | 2015년 10월 16일

발행처 | 삼한출판사
발행인 | 김충호
지은이 | 박흥식

신고년월일 | 1975년 10월 18일
신고번호 | 제305-1975-000001호

411-776 경기도 고양시 일산서구 고양대로 724-17호
(304동 2001호)

대표전화 (031) 921-0441
팩시밀리 (031) 925-2647

ISBN 978-89-7460-081-5 03180